阿多诺选集

整合与分裂

社会学文集

［德］阿多诺◎著
Theodor W. Adorno

侯振武 等◎译

SOZIOLOGISCHE
SCHRIFTEN I

上海人民出版社

国家社科基金重大项目资助

阿多诺哲学文献的翻译与研究（编号：20&ZD034）

目　录

1

第 二 部 分

附 录

总　　序

　　如果没有特奥多·W.阿多诺,没有这个哲学家、音乐理论家和社会学家,就不会有批判理论。当然,还有其他人,为20世纪哲学的这个重要流派奠定了基石;也还有其他人,在这个学派的最初岁月里就公开地铸就了其知识形象(intellektuelles Erscheinungsbild)。马克斯·霍克海默开启了后来被称为"法兰克福学派"的批判理论传统,他于1930年被聘为社会研究所的所长,这个研究所是1923年在法兰克福建立的。在霍克海默还未被委以新任的时候,他身边就聚拢了一个由志同道合的科学家构成的圈子,一起以一种非正统的马克思主义精神来研究当时资本主义的结构和动力;此时他特别重视研究规划的经验性方向,采取学科交叉的项目形式,对西欧资本主义社会的实际发展——而不仅仅是假设的发展——进行探索。在开始的阶段,霍克海默认为意义特别重大的问题是,考虑到历史形势的改变,坚持马克思主义关于无产阶级革命潜力的旧有信条,是否还是合时宜的。与此相应的,是关于无产阶级成员的社会化条件和人格性形成的受精神分析影响的研究,这些研究从根本上规定了那时批判理论在公共领域中的形象。而阿多诺则相反,他受他的朋友霍克海默之托,在研究所从事哲学和美学方面的基础课题,从一开始就完全处于这种经验研究活动的阴影之中;他关于方法论、音乐理论和历史哲学的作品,虽然正合西方马克思主义的激进代表人物的小圈子的兴趣，但是最初在研究所的内部并没有更大的影响。当社会研究所结束美国的流亡，迁回法兰克福之后，这个由霍克海默建立的批判理论，除了阿多诺之外，就没有任何别的名字能够代表，而这已然是 20 年之后的事了；又过了 20 年，阿多诺被西德学生运动视为理论学派的知识分子首领，人们将反抗联邦共和国国内复辟和固化的关系的本质性冲动归功于这个理论学派。如今，被称为批判理论或者法兰克福学派的东西，几乎等同于特奥多·W.阿多诺的著作。因此，这个思想家对这个 20 世纪哲学最重要的流派之一所具有的杰出意义，乃是源于其否定主义方法的激进性，源于其理论工作的令人惊叹的涉猎范围，源于其思想姿态的刚正不阿。

在特奥多·W.阿多诺，这个天资聪慧的学生于 1930 年成为社会研究所的成员之时，他才刚刚 27 岁；此时他已经在维也纳跟随十二音音乐之父学习了音乐理论，并在他的家乡美因河畔法兰克福学习了哲学。在他关于一种批判理论的方法论的诸多早期作品中，就已经显露出否定主义的特征了，这些在后来构成了他的整个哲学和社会理论的根本特征。在结束了对格奥尔格·卢卡奇的《历史与阶级意识》的开创性研究之后，青年阿多诺便认为，社会世界处于资本主义经济的统治之下；只有在对外部自然和内部本性的控制可能性的工具性计算形式下，这种经济才允许人类理性的潜能发挥出来。阿多诺哲学的独特面貌是在其因纳粹掌权而被迫于 1938 年流亡美国期间才获得的，而在此之前他已经在英国的牛津大学停留了 3 年作学术研究。在美国，快要 40 岁的阿多诺，开始逐渐意识到，被资本主义强迫推行的理性单一化在当时已经达到了如此程度，以至于社会生活的所有冲动和实施都受到了它的损害。因此阿多诺从现在开始将蔓延到全球的资本主义统治理解为一种"总体的蒙蔽关联"（totalen Verblendungszusammenhang），在其中主体、自然，包括心理感受，都被按照同一种模型来处理，这种模型将所有鲜活事物都归结为某种单纯物性的可支配的东西。阿多诺这种否定主义最终影响如此深远，以至于他同时作为音乐理论家和作曲家能够辨认出，只有在现代的、加密的艺术作品中，还留有反抗理性的社会病理学的一席之地；阿多诺的所有后期著作，无论是《否定的辩证法》《美学理论》《最低限度的道德》，还是那许多文化批判文集，都是这种思考的见证，它试图对抗资本主义对我们理性能力的肢解，回忆那沉睡在艺术中的、一种非同一化的世界关系的力量。借助于这个动机和基本思想，特奥多·W.阿多诺成为了所有批判理论在精神上的核心人物；任何在今天努力接续法兰克福学派传统的人，都必须接受阿多诺哲学的严格、严肃和远见的衡量。

因为阿多诺的著作在 20 世纪哲学中是如此独一无二和不可分割，现在上海人民出版社已经作出决定，出版一套规模宏大的著作选集，以让中国的公众能够受惠，这是功德无量的。这勇敢的一步，不仅仅标志着东西方知识文化之间迟来的接近；而且，它还是一个明确的信号，即无论在东方还是西方，在经济的应用兴趣和政治的权力诉求重新占据主导地位的今天，都需要一种思维，这种思维在对工具合理性的批判中，呼唤我们真实理性的人道和负责任的潜力。我们，在西方想要推进批判理论传统的我们，只能希望，这个宏大的、令人钦佩的阿多诺著作中文出版计划，对它自己的国度亦不无裨益。

阿克塞尔·霍耐特
2020 年 7 月于美因河畔法兰克福

第 一 部 分

社　会

根据尼采的洞见,很少有概念会容许一种口头定义(Verbaldefini-
tion),"在这些概念中,以符号学的方式概括了整个过程",社会概念就
是这方面的典型。社会在本质上是过程;关于它,它的运动规律所说
的,不仅仅是从中得出的不变的东西。由此也证实了对它作出说明的
那些努力。例如,如果有人将社会概念理解为人类连带一切群体(社会
分裂为它们并由它们构成)之概念,或者更简单地理解为生活在某一时
期的人的总体,那么,他就会错失在"社会"这个词中被一并思考的东
西。这种听起来极端形式化的定义假定的是,社会是由人组成的社会,
它是人性的,是与其主体直接一致的;似乎特殊的社会性的东西并不在
于关系对人的压倒优势,人逐渐成为这些关系的被剥夺掉力量的产物。
在过去的时代,情况是不一样的(如石器时代),在那时,人们几乎不能
像在发达资本主义中那样来谈论社会。一百多年前,宪法学家 J. C. 布
伦奇利(Johann Caspar Bluntschli)将社会刻画为"第三等级的概念"。
它之所以是这样的,不仅是因为渗入这一概念之中的、将它同封建—专
制主义的"良善社会"区别开的平等主义趋势,还因为这一概念的结构
服从于资产阶级社会的模式。

总的来说,这样的社会概念不是一个分类概念,不是社会学的最高
抽象,将其他所有社会形成物包含于其下。这种看法将会把通行的科学
主义理想——连续的、等级制的范畴序列——与认识对象相混淆。社会
这一对象不是合理地连续着的。它也不是其要素的总和(Universum);

它不仅是一个动态范畴，而且也是一个功能范畴。在最初的、依然十分抽象的近似性上，我们想起如下一点，即所有个别都依赖于它们所形成的总体。在这种总体中，一切东西都是相互依赖的。整体只有凭借其成员执行的功能的统一才能持存。一般而言，每一个别都必须承担自己的功能，以勉强活下去，并且只要它具有一种功能，它就被教导要心怀感激。

因其功能性规定的缘故，社会概念既不能被直接把握，也不能像自然科学规律那样立即得到验证。因此，社会学的实证主义思潮想将这一概念当作哲学余孽从科学中驱逐出去。这种实在论（Realismus）是不切实际的（unrealistisch）。这是因为，虽然既不能从任何个别事实中抽象出社会，也不能像抓住事实那样抓住社会本身，但是，没有任何一种社会事实不是由社会所决定的。社会在事实性的社会情境中显现出来。冲突，如上司和属员之间的典型冲突，在其发生的地方并不是最终的、不可还原的东西。毋宁说，它们是基础性对抗的面具。不能将这些对抗当作更一般的东西，并将个别冲突归摄于其下。首先，这些对抗以先行的、规律的方式产生了此时此地的冲突。因此，总是被当代企业社会学当作主题的所谓"工资满意度"，只是看起来取决于一定工作内的、一定部门内的条件。此外，它不仅依赖于一般的工资率制度（Tarifordnung），即它同特定部门的关系，而且还依赖于"力的平行四边形"（Kräfteparallelogramm），其合力是工资率制度，并且其本身进一步作为企业主与工人在制度上被编入其中的、相互斗争的组织延伸开来，因为在工人方面，对一种组织上定义的选民潜能的考虑已经表现出来了。最终，权力关系，即企业主对生产设备的支配，对于工资满意度也是起决定性作用的，尽管这种作用是间接的。如果没有清晰地意识到这一点，那么就不能充分理解任何个别情境，也就不会将科学列为只有在整体中才有其重要意义的部分。因此，社会中介如果没有被中介者、没有要素（个别的人、个别的制度、个别的情境）就无法存在，而后者如果没有中介也不会存在。在细节因其有形的直接性而被当作最现实的东西接受的地方，它们同时是迷惑人的。

4

　　因为社会既不能按照通行的逻辑被定义为概念,也不能"直指地"(deiktisch)证明,然而同时,社会现象又无可辩驳地要求其概念,所以,这种概念的工具是**理论**。只有一种真正的社会理论才能说社会是什么。近来有人提出异议,认为坚持社会之类的概念是不科学的,因为我们只能对命题的真与假作判断,而不能对概念作判断。这种异议是将社会概念这类我们着重强调的概念与惯常定义的概念相混淆了。它必须被展开,而不能为了某种臆想的规整,随意地以术语学的方式固定下来。

　　通过理论来规定社会这一要求(这根据的是一种社会理论),还会招惹来如下疑虑,即它落后于被默认为具有约束力的自然科学典范。在自然科学中,理论要涉及精确定义的概念和可重复的实验之间的清晰联系。但是,一种真正的社会理论并不在意这一令人印象深刻的典范,因为它吁求不可思议的中介。前述异议以社会的直接既定性为标准来衡量社会概念,从本质上来说,这种异议没有认识到社会恰恰是中介。结果,接下来就是从内部认识事物本质的理想被启用了,社会理论在这一理想背后构筑防御工事。这只会阻碍科学的进步,并且在卓有成效的科学中早就被成功清除掉了。然而,社会既是从内部认识的,又不是从内部认识的。在社会这一人的产物中,活生生的主体仍然总是能够再次发现自身,尽管就像从很远的地方看到的那样,这不同于化学和物理学中的情况。实际上,在资产阶级社会,作为合理性的行为在很大程度上不仅是客观上"可理解的",而且也是从客观角度作出说明的。12马克斯·韦伯和狄尔泰那一代正确地想到了这一点。这种理解的理想是片面的,因为它排除了社会中与理解者作出的辨识相对立的东西。这涉及的是涂尔干的规则,即人们应当像对待物那样对待社会事实,这在原则上就是要放弃对社会事实的理解。他坚信,社会主要是作为非同一的东西、作为"强制"与每个个人相遇。就此而言,对社会的反思就要从可理解性终结的地方开始。在涂尔干那里,他所捍卫的科学方法记录下了黑格尔所说的"第二自然",这是由与活生生的人相对的社会凝结而成的。可是,这一与韦伯相对的反题依然与后者的正题一样偏狭,因为它就像后者停留于可理解性假定那样停留于不可理解性。取而代之的应当是去理解不可理解性,也就是从人与人的关系中推导出相对于人而独立化为不透明性的关系。今天,社会学尤其要去理解不可理解的东西,去理解人类如何走向了非人性。

此外,脱胎于哲学的社会学的那些敌视理论的概念,也是被遗忘的或被压制的理论的碎片。德国20世纪最初几十年的理解概念,将黑格尔所说的精神,即有待把握的整体,世俗化为单个的行为或理想型意义上的形成物,没有考虑社会总体,而有待理解的现象只有从这一总体中才能获得意义。与之相对,对不可理解的东西的热衷将持续的社会对抗转化为"事实问题"(quaestiones facti)。针对理论的禁欲单纯地接纳了未曾和解的状况,这种被接纳的东西最终将社会颂扬为集体性的强制机制。

同样不幸的是,在当今社会学中占统治地位的范畴,也是那些理论关联的断片,这些范畴从实证主义意向出发拒绝了那些理论关联。最近,"角色"* 经常被用作社会学的钥匙之一,即完全开启对社会行为的洞察的钥匙。这个概念取自个别的人的"为他存在",这种"为他存在"并未使他们和解,并且每个人都是与自身不同一的,是在"社会约束"(contrainte sociale)下被相互拴在一起的。人们在社会的结构关联中拥有角色,这种结构关联将他们规训为纯粹的自身保存,同时又拒绝了他们的自身保存。统治一切的同一性原则,即他们的社会劳动的抽象的可比较性,推动着他们,直到毁灭他们的同一性。并非无缘无故的是,以价值中立姿态出现的"角色"概念起源于戏剧,在那里,演员并不真的就是他们所扮演的那个人。这种分歧以社会的方式表达了对抗。社会理论必须从这种对抗的直接的明见性,推进到对其社会根据的认识:为什么人们总还是向角色宣誓效忠?"性格面具"

---

* 20世纪30年代,一些社会学家将这一原属戏剧领域的概念引入社会学,美国芝加哥学派系统地运用了这一概念,并将之视为社会学的基本概念。其中,芝加哥学派的领袖人物乔治·米德关于社会角色的研究最为知名。米德使用此概念旨在说明在人们的交往中可以预见到的互动模式以及个人与社会的关系。——译者注

(Charaktermaske)* 这一马克思主义的概念逐渐提供了这种根据,这一概念不仅预见到那种范畴,而且也以社会的方式推断出了它。如果关于社会的科学使用这些概念,但又在理论面前退缩了(这些概念是理论的因素),那么,它就是在为意识形态效劳。角色概念未经分析地与社会表面联系起来,它有助于将角色的非本质永恒化。

　　一种不满足于此的社会概念将是**批判性的**。它将超越如下老生常谈,即万事万物都是有联系的。这种说法的糟糕的抽象性不仅是贫乏的思维产物,而且也是糟糕的社会基本构件(Grundbestand),即现代社会中的交换这一基本构件。在交换的普遍执行过程中,而不仅仅是在科学反思中,客观抽象发生了;生产者与消费者在质上的特性被忽视了、生产模式被忽视了,甚至连需求(社会机制顺带将之当作次要的东西来满足)也被忽视了。利润是首要的。即使是被归为顾客的人类,即需求的主体,也是被社会地预先确定了,这超越了一切天真的想法,确而言之,不仅是被生产力的技术水平预先确定,而且恰恰也被经济关系预先确定,所以这主体也难以在经验上被检验。交换价值的抽象性先于一切特殊的社会层面,因而同一般对特殊的统治、同社会对其所约束的成员的统治相适宜。它并非社会性地中立的,就像向统一体的还原过程的逻辑性以及社会平均劳动时间所假装的那样。在将人还原为商品交换的行为者和承载者的过程中,隐藏着人对人的统治。尽管困难重重(当时,政治经济学批判的某些范畴要面对这些困难),这依然是真的。总体关联具有如下形态,即所有人如果不想毁灭,那么就必须服从交换规律,这与他们在主观上是否受"利润动机"的引导无关。

　　交换规律性(Tauschgesetzlichkeit)绝没有受到落后地区和社会形式的限制。早先的帝国主义理论已经指明,发达资本主义国家的经济趋势和当时所称的"非资本主义地区"之间,也存在着一种功能关联。它们并非单纯并列的,毋宁说,它们相互维持着对方的生存。在旧式殖

---

*　在《资本论》中,马克思指出:"在研究进程中我们会看到,人们的经济的性格面具不过是经济关系的人格化,人们是作为这种关系的承担者而彼此对立着的。"(《马克思恩格斯文集》第 5 卷,人民出版社 2009 年版,第 104 页,译文有改动。)——译者注

民主义被消灭之后,这就过渡为直接的政治利益。合理的发展援助似乎不是奢侈品。在交换社会内部,前资本主义的残余和飞地绝不仅仅是一种与之相异的东西、一种过去的遗迹:它需要这些残余和飞地。对于一个手段合理但目的不合理的社会中的顽固的不合理性来说,不合理的制度是有利的。一种源于自然纽带、其内部结构不受等价交换调节的制度(如家庭),应当将其相对的抵抗力量归功于如下一点:如果没有其不合理的因素的协助,某些特殊的生产关系(比如小农的生产关系)就几乎不可能继续存在,如果不撼动整个资产阶级架构,这些生产关系本身就不会被合理化。

社会化过程并不是在冲突和对抗的彼岸进行的,也没有不顾及它们。对抗本身就是它的媒介,同时,这些对抗撕裂了社会。在社会交换关系本身中,对抗被设定了,并被再生产出来,它随时都能凭借全面灾难来毁灭有组织的社会。只有通过贯通着的利润旨趣和内在于整个社会中的崩裂,商业才会持续至今,其中伴随着吵嚷、悲叹,付出了不可言表的牺牲。一切社会,就如其概念出现的时代那样,依然是阶级社会;东方国家中的巨大压力表明,那里的情况并没有什么不同。尽管长期以来关于贫困化的预测并未得到证实,但阶级的消失是次生现象。在发达资本主义国家,主体的阶级意识可能是被削弱了,在美国,这种阶级意识总是缺乏的。但是,它从来不是社会地直接既定的,根据理论,它是从社会中产生出来的。社会越是去整合意识的各种形式,意识就越会陷入困难。然而,就连经常被引证的消费习惯和教育机会之间的平衡,也属于被社会化了的人的意识,而非社会的客观性,该社会的生产关系难以维持旧有的对立。即使从主观角度来看,阶级关系也不是像占统治地位的意识形态所感觉的那样被完全清除掉了。在最近,经验的社会研究能够突出最粗糙的统计学特征标明的上层阶级与下层阶级在基本观点上的本质差异。下层阶级的幻象更少,也没有那么"唯心主义"。用"快乐的少数"(happy few)来指责下层阶级,说这是"唯物主义"。工人始终认为社会被分裂为上层和下层。众所周知,例如,工人子弟在大学生群体中的占比绝不符合教育机会的形式平等。

虽然在主观上被掩盖了，但阶级差异在客观上凭借资本的不可遏止的不断集中而扩大。阶级差异的确在个别人的生存中起着决定性的作用；否则的话，阶级概念就是一种物神了。虽然彼此之间的消费需要日益接近——不同于封建阶级，资产阶级除了在偶尔的繁荣时期，总是为了积累而抑制支出——社会权力（die gesellschaftliche Macht）和社会无权（die gesellschaftliche Ohnmacht）之间的差异却比以往要大得多。几乎每个人都自在地经验到，他几乎不再从自己的主动性出发来规定其社会实存，而是必须寻找空隙、空着的职位、"职业"（jobs），这些可以维持他的生计，但不考虑出现在他眼前的作为他自己的人性规定的东西，只要他对这样一种规定还有一些预感的话。"适应"概念（它取自生物学，之后传播并规范地应用到所谓关于人的科学中）从其内在处以社会达尔文主义的方式表达了这一点，并因此是意识形态。依然没有考虑到的是，阶级关系是否以及在何种程度上，被转移到技术高度发达的地区与落后地区之间的关系上。

尽管平衡极其脆弱，但这一点还是在不断蔓延，这要归因于对社会力量的相互影响的控制，这种控制早就在世界各地形成了。但是，这种控制必然会增强社会秩序的极权主义趋势，即对全面社会化的政治适应。由此，至少在某些地区，控制和干预想要防止的威胁将会增大。不应将这一切都推到技术本身上。技术只是人类生产力的一种形态，是控制论意义上肢体在机械上的延伸，因而，它本身只是生产力与生产关系辩证法中的一个因素，而不是第三者、不是恶魔般的独立者。当前，它以集中化的方式运作着；就其本身而言，它是可以以其他方式运作的。在人自认为最接近这一点的地方，如在看电视（Fernsehen）（这是"送货上门"的）时，这种接近是以社会之远（Ferne）即集中起来的权力为中介的。最有说服力的象征莫过于如下一点：对于他们来说，他们的生活的具体内容在很大程度上是从上分配下来的，这生活是他们拥有的，他们误以为掌握了它，并认为它是最切近的、最现实的。超出一切想象的是，个别人的实存是单纯的再度私有化；人们紧握住的那最现实的东西同时也是非现实的。"生活不再活着。"（Das Leben lebt nicht.）

一个合理透明的、真正自由的社会不能缺少管理,正如不能没有一般分工那样。但是,在整个地球上,管理在强制下趋向独立于被管理者,并将后者贬低为抽象规范化了的程序的客体。按照马克斯·韦伯的洞见,这些趋势可以回溯到经济的目的—手段的合理性上。因为只要这种合理性对它的目的(即一个合理的社会)漠不关心,它对于主体来说就是不合理的。专家总是扮演这种不合理性的合理形态。他的合理性是以技术过程及与之相适应的过程的专门化为基础的,但也有其意识形态的一面。各种被肢解为越来越小的单位、日趋去资格化的劳动过程相互之间是差不多的。

压倒性的社会过程和制度是在人的过程和制度中产生的,鉴于这一事实,从本质上来说,活生生的人的对象化了的劳动,既具有作为压倒性东西的独立性,同时也具有意识形态的特征,这是一种社会必然的假象,是必须看透和改变的假象。但是,这种假象对于人的直接生活来说是"最真实的存在者"(ens realissimum)。社会关系的重力所做的一切都是在巩固这种假象。在 1848 年左右的尖锐对立中,当阶级关系表现为内在于社会的集团即资产阶级集团和半外在于社会的集团即无产阶级集团之间的冲突时,斯宾塞构想的整合(他将之视为一般社会化的基本规律)抓住了那些作为社会之客体的人的意识。整合与分化不再如斯宾塞设计的那样紧密联系着。主体被自动地、有计划地阻止将自己作为主体来认识。淹没了他们的商品供应造成了这一结果,就像文化工业以及无数直接的与间接的精神控制机制那样。文化工业是从资本的增殖倾向中产生的。它在必须适应其消费者这一市场规律下发展,但之后,它被翻转为主管者,巩固并增强了现存的意识形式,即精神意识的现状(status quo)。社会需要的,总归是在精神上对某个东西的没完没了的复制,因为如果不去赞美始终等同的东西,不去徒劳地努力以"定在者在这里"为理由来为这定在者辩护,那人们最终还是会摆脱掉它。

整合还在延伸。人对社会关系和过程(历史是由它们构成的,如果没有它们,人难以继续生存)的适应以如下方式沉淀在人当中:没有了不堪忍受的驱力冲突,只是想在意识中突破这一点的可能性也就萎缩了。这是整合的胜利,人直至其最内在的行为方式都与他们遇到的东西相等同。在轻蔑地反对哲学的希望时,主体与客体和解了。这一过程依靠的是,人也将其生活归功于他的遭遇。情感上对技术的占有、大众对体育的热衷、消费品的拜物教化,都是这种趋势的征候。曾经由意识形态扮演的黏合剂,现在由这些意识形态渗透进压倒性地存在着的关系本身中,也渗透进人的心理状态中。关键在于人的概念,如果说,这一概念因如下一点变成了意识形态,即人依然不过是机器的附属物,那么,可以毫不夸张地说,在当前情境中,只能如是存在的人本身严格来说就是意识形态,这种意识形态打算将错误生活永恒化,尽管其有着显而易见的颠倒。循环闭合了。为了改变僵化的状况,需要活生生的人,但是,这些状况已经如此深刻地延伸到活生生的人中,并使其付出了牺牲生活与个性化的代价,以至于他们看起来几乎不再能够有一切所依赖的自发性。现存东西的辩解者由此获得了支持如下论点的新力量:人类还是不够成熟。对上述循环的演示已经违犯了完整社会(die integrale Gesellschaft)的禁忌。这种社会越是不能容忍截然不同的东西,它也就越严格地监管社会中哪些思想和言论会对哪怕是局部的改变有利,或者如它所称,提供了一种肯定性的贡献。思维服从于对"终点"(terminus ad quem)的周密审查:只要它以批判的方式出现,它就必须勾画出它所想要的肯定性的东西。如果它发现这种肯定性被阻隔了,那么它就会放弃和厌倦,就好像这种阻碍是它的罪过而非实事的标记似的。然而,首先必须认识到,这种社会是普遍的障碍(Block),它围绕着人并在人之中。前面关于改变的建议不过是有助于这种障碍,这些建议要么是作为对不可管理的东西的管理,要么是因为它们立刻通过庞大的整体而引发反驳。关于社会的概念和理论只有做到如下这点才是合法的,即不是受这两者的诱惑,而是否定地坚持使自己具有生命力的可能性:也就是说,这种可能性面临着被扼杀的危险。这种认识没有预设要引出什么东西,它是打破社会之魔力的第一个条件。

(1965 年)

被修正的精神分析

大约二十五年以来，在精神分析中有着如下明显的趋势，即赋予那些社会的或文化的动机（它们很容易被意识到）比以往更具决定性的作用，而牺牲了隐藏着的无意识机制。这样做，是为了实现诸如精神分析的社会学化之类的目标。人们指责弗洛伊德说，他将社会结构和经济结构仅仅视为心理冲动的效果，而后者本身或多或少源于人的无历史的驱力构造。自恋、受虐狂或肛门综合征等性格特征都是社会和环境的产物，同时，这些性格特征也以社会和环境为条件，这一点，是与诸如从毁灭冲动出发来解释战争或从肛欲收集驱力（analerotische Sammeltrieb）出发来解释资本主义体系之类的企图相抵触的。从这些推论的无可争辩的不足中可以得出结论：真正的科学必须目不转睛地盯住社会因素和心理因素的相互影响，因而，分析的对象不应当是个体内部原子般孤立的驱力动态，而应当是在其总体中的生活过程。

事实上，作为分工科学的一个部门，心理学并不能完全解决社会问题和经济问题。精神分析本身无意于不惜一切代价为拉福格 * 之流的狭隘性作辩护，他在其关于波德莱尔的书中将这位诗人当成神经症患者来对待，认为只需摆脱与母亲的联系，他的生活就会变得完全不同，

---

* 勒内·拉福格（René Laforgue，1894—1962），法国精神分析学家，曾担任法国第一个精神分析协会"巴黎精神分析学会"的主席。拉福格在其所写的《波德莱尔的失败》中，从精神分析角度研究波德莱尔的作品，将文学创作视为精神病症的表达。——译者注

就会更加幸福。毋宁说,精神分析必须重视的是,从根本上来探讨它同社会理论关系的方法论问题。指出这一点,是新弗洛伊德学派或修正主义学派[1]的优点。而他们直接将精神分析社会学化的尝试是否实际上也导致了对社会本质的批判性洞察(精神分析本就能够提供这类洞察),我们将会予以讨论。在这里,批判被应用到社会学化了的精神分析的真正的社会学方面,这种批判是坚持弗洛伊德原理的分析学家在心理学领域已经对这一方面作出的:这一方面倒退到阿德勒*的肤浅观点中,因为它用单纯的自我心理学取代了弗洛伊德基于快乐原则的动态心理学。

    本文第一部分讨论了能够决定性地刻画修正主义方法之特征的一些主旨和论证关联;第二部分论述了修正主义关于文化与个体之间关系的理论及其内涵,并展示了对于社会学说的一些后果;第三部分试图从社会学角度,对新弗洛伊德主义者及其与弗洛伊德本人的关系进行简短的评估。

一

    当霍妮说"精神分析是驱力心理学和遗传心理学,这就给精神分析设定了界限,而它应当超越之"[2]时,她就说出了新弗洛伊德主义对弗洛伊德偏离的核心。驱力心理学概念充当了令人憎恶的东西,它模糊地指这样一种心理学,如在 19 世纪晚期的一些学派中发生的那样,这种心理学或多或少机械地将灵魂的一部分划分为一些驱力,另一部分划分为心理程序,这种程序不满足于将理性和社会规定的行为方式束之高阁,而是尝试从对自身持存和快乐的追求出发,得出灵魂本身分化了的行为方式。将心灵僵硬地划分为不可还原的驱力是不可能的,驱力的具体显现能够在最大程度上经历变形和动态变化,上述观点绝不

---

*   阿尔弗雷德·阿德勒(Alfred Adler, 1870—1937),奥地利精神分析学家。阿德勒曾是弗洛伊德时代精神分析学派的核心成员之一,后来因强调社会因素,成为精神分析学派内部反对弗洛伊德体系的第一人,并创立了个体心理学。——译者注

会被第二种方法排除在外,只有在这个意义上,弗洛伊德的力比多理论才应该被称为驱力心理学的。

现在,修正主义者立场的最鲜明特征莫过于,他们自己一方面攻击弗洛伊德,说他受限于源自 19 世纪的机械论思维习惯,而另一方面又将理论建立在仅作为心理动态之结果的范畴上,人们将这些范畴实体化了,并假称为绝对的。新弗洛伊德学派对性格特征所做的,与弗洛伊德对驱力所做的,是一样的。这一学派坚持这些性格特征的历史意义,并指责弗洛伊德天真地坚持自然科学方法,这一点可能是一种投射:该学派在弗洛伊德那里看到了一种理性主义的图式,这一图式将灵魂分解成对预先固定下来的驱力的一种安排,它自己以理性主义的方式行事,因为它将自我从其同本我(Es)的发生意义上的联系中分离出来,并赋予"合理的"灵魂能力的总和以一种自在存在,仿佛这总和是从天上掉下来的。

霍妮想"添入情感驱动、冲动、需求或热情"[3]以取代力比多。如果说,这些尚未被分析的范畴,不应是力比多的另一种说法或独断假设的实体,那么,它们只能起源于一个从发生角度来说与力比多没有关系的自我(因为据说它们的起源也不能被回溯到力比多能量上去),相反,这个自我作为并列的主管者站在力比多旁边。但是,只因为在发达的文明中自我实际上成了一个独立的主管者,所以,从心理学的历史维度来说,修正主义者的心理学范畴似乎比弗洛伊德的心理学范畴更恰当。这是需要付出代价的:它直接以当前情境之图景为导向,而这是以牺牲对人们所称的内在历史性的分析为代价的。具体来说,对弗洛伊德驱力心理学的拒绝导致的,是对如下一点的否认,即"文化通过对力比多驱力,特别是破坏驱力施加限制,有助于产生压抑、负罪感和对自身惩罚的需求。因而,他(弗洛伊德)始终坚信,我们必须用不满和不幸来换取文化上的'好处'"[4]。仿佛弗洛伊德对文化冲突的不可避免性,即对进步的辩证法的洞察,并没有要求揭示出更多的历史本质,而只是草率地诉诸环境因素,在修正主义者看来,这些因素应当解释神经症冲突的出现。

挑战弗洛伊德驱力心理学所造成的最为严重的后果是,童年记忆的中心作用(这属于精神分析理论的核心)遭到了质疑。弗洛伊德的如下假设尤其令修正主义者反感:"后来的经历很大一部分是对童年经历的一种重复。"[5]弗洛伊德以创伤模型为导向,试图将神经症性格特征及其他性格特征尽可能地追溯到儿童生活的具体进程上、追溯到经历上,而霍妮则认为,"一个人的一定驱力和反应必然会反复带来相同的经历。因而,例如英雄崇拜的偏好可以是由以下相互矛盾的驱力所规定的:无限的野心,这种野心是如此具有破坏性,以至于相关者害怕地屈服于它;或崇拜、爱恋成功之人并分享他们的成功(而不必自己做某些事)的倾向,但同时,这种倾向又是一种对他们的嫉妒,这种嫉妒是破坏性的、隐藏着的"[6]。那些只会带来问题的命名,如"无限的野心"或"对成功之人的崇拜",被表达得好像它们就是一种解释似的。同时,弗洛伊德理论的一个决定性因素被略过了。实际上,弗洛伊德之所以特别重视儿童时期的具体进程,是因为"伤害"概念,尽管这一点还不是很明确。修正主义者将性格之总体预设为既定的,但它是一种只有在没有创伤的社会中才能实现的理想。谁要是像大多数修正主义者那样批判当前社会,那他就不能忽视如下一点:当前社会正经历着一种冲击,一种突然的、猛然的冲击,它恰恰是因个体与社会相异化而引起的,一些修正主义者在从社会学角度谈论时正确地强调了这种异化。他们所实体化了的性格,更多地是这种冲击的效果,而不是连续的经验的效果。它的总体是被虚构的:差不多可以将之称为一个伤痕体系,这些伤痕只有在遭受苦难的情况下才会被整合,不过其从来没有被完全整合过。这些伤痕的施加,实际上是社会得以贯彻在个体身上的形式,而非虚幻的连续性,修正主义者为了支持这种连续性而忽略了令人震惊的具体经验结构。弗洛伊德不仅灵巧地瞥见了社会环境,而且保留了社会化的本质,因为他坚持逗留在个体的原子式的实存上。

根据这样的洞见,这些看似相当可信的论断暴露出了一种自鸣得意的乐观主义和顺世主义的附加物(当然,这种附加是无意的):"不存在诸如孤立经验的孤立重复之类的情况,相反,婴儿期经历的整体性有

助于一定性格结构的形成,而后来的困难正是从这种结构中产生
25 的。"[7]有些心理特征和冲动并非直接重复童年经历,而是由固化了的
性格结构所中介的,这一点并不排除这种结构本身可以追溯到儿童生
活中的孤立事件。此外,真正要批判的心理显象,即广义上的征候,总
是服从于重复强制的图式,这一图式因以辩解的方式将性格学高估为
实证的而被证伪了。与独特的、零碎的冲动相反,对总体的坚持意味着
对人的统一的和谐信念,而这种统一在现存社会中是不可能的,甚至可
能根本就不是人们所渴望的。弗洛伊德摧毁了心灵有机结构的神话,
这是他最伟大的成就之一。由此,相比于任何将性格和社会影响直接
对应的做法,他更深切地认识到社会性的致残这一本质。性格沉淀了
的总体(这是修正主义者所凸显的),实际上是真实经验的物化的结果。
如果绝对地设定它,那么它很容易由此为个体心理现状提供意识形态
上的避难所。一旦心理力量的相互作用的硬化结果被理论奉为原初力
量,主要的创伤经验(其单纯的衍生物形成了绝非"自然的"性格)就会
被驱逐到无关紧要和无害的东西的领域中:"那么,在神经症的产生中,
起决定性作用的因素就既不是俄狄浦斯情结,也不是任何儿童般的快
乐欲望,相反,起决定性的是所有那些不利影响,它们给儿童带来无助
感和无力感,并使他觉得世界是潜在的威胁。"[8]对于可怕而明确的现
象,如阉割的威胁来说,被强加了或多或少模糊地设想出来的"不利影
响"(其中,父母之爱的缺乏排名特别高)。但是,由于新弗洛伊德学派
将这些现象逐出精神分析,因此阉割了精神分析本身。这一学派的性
26 格概念是一种随意的抽象,它恰恰忽略了推动心理学认识的东西。而
后被占上风的一般概念所掩盖的,如果不是性格特征产生的创伤本身,
那么至少是这些创伤的令人痛苦的严重性。这一点,在霍妮对肛欲的
讨论中体现得尤为明显:"换言之,吃喝所表现出的贪婪难道不应该是
一种一般贪婪的众多表现之一,而非其原因吗?功能性便秘难道不应
该是占有意愿和统治意愿的一般趋势的众多表现之一吗?"[9]这样一
来,正是那些因其不合理性而最迫切需要心理学解释的现象,被作为解
释原则而再次引入,并被肤浅地当作不证自明的。顺便说一句,同样的

图式也成为霍妮攻击力比多理论的基础。她用"两个主导原则:安全和满足"[10]来反对弗洛伊德的快乐原则,而没有进一步关注弗洛伊德如下洞见,即安全不过是快乐追求在时间中的客观化。

二

修正主义者引入的是环境,而不是驱力动态(其结果是性格):"整个重点在于塑造性格的生活条件,我们必须重新探讨导致神经症冲突出现的环境因素。"[11]其结果便是,"与邻人关系领域的紊乱成为神经症出现的主要因素"[12]。这样一来,这种建构的心理学方面是可疑的,这种建构必须引入至少在某种程度上预先确定了的自我,外部世界在这个自我身上留下其印记;同样可疑的还有其社会学方面,尤其是不加批判的"影响"观念。因丹纳*而闻名的环境理论的前提是幼稚的个体主义。遵循着 19 世纪的思维习惯,这一理论假定个体是独立的、自律的、生存着的单子,受所谓的外部力量的影响。完全类似的是,修正主义者不加批判地按照原始实在论的认识论方式来理解个体与社会的分离,这种分离是他们的主要论题之一。他们不停地谈论社会对个体的影响,然而他们却忘记了,不仅是个体,还有个体性这一范畴,都已经是社会的产物。分析的社会心理学不是首先将个体排除出社会过程之后再描述这些过程起着塑形作用的影响,而是必须在个人最内在的机制中发现起着规定性作用的社会力量。一般地谈论社会影响的做法是可疑的:这只是在重复具有意识形态色彩的个体主义社会观念。在大多数情况下,只有在个体身上已经形成了的趋势才会被外部影响所加强和揭示。心理学对个体内部关键区域的探索越深入,它就会更为充分地察觉到产生个体性的社会机制。与之相对,内心世界与外部世界

27

---

* 伊波利特·阿道尔夫·丹纳(Hippolyte Adolphe Taine, 1828—1893),法国文艺理论家和史学家,历史文化学派的奠基者。丹纳在其《艺术哲学》中,强调了种族、环境、时代等三个因素对精神文化的制约作用。其中环境是外部压力,包括地理环境和社会环境。——译者注

的相互作用越是被毫不迟疑地提到明面上,社会理论的思考就越是会应用到心理学上去。霍妮的基本信念是,性格与其说是由性冲突决定的,不如说是由文化压力决定的。但是,这一信念呈现的文化决定因素和个体心理的结合将两者的分离永久化了,而彻底的精神分析通过指向力比多(它作为前社会性的东西),在种系发育和个体发生的意义上,实现了统治的社会原则与驱力压抑的心理原则相一致。然而,新弗洛伊德学派只是在将这两个原则事先淡化之后,才将它们结合起来;统治表现为家庭纪律,即爱的缺乏和其他次生现象;驱力压抑表现为恐惧,这处于自恋的外层以及冲突(这些冲突发生在前意识而非无意识中)当中。精神分析越是社会学化,在认识社会引起的冲突中,它的工具就越是迟钝。同样的趋势也可以在对一切真正躯体性观念的排斥中看到。因而,精神分析被转化为一种更高的社会关怀。修正主义者不是去分析升华,而是将分析本身升华了。这使得他们被普遍接受。

这一点尤为体现在他们对待性的态度上。这种态度按照老规矩,宣称是无偏见的、客观的科学家的注视,这种科学家常常在弗洛伊德认为是性的现象中找不到任何性的东西。从根本上来说,这种态度是敌视理论的。它与健全人类知性一道,反对显象与本质的区分,而如果没有这一区分,精神分析就失去了其批判冲动。作为以社会学之名进行的去性化,它证实了如下社会偏见:"尚未得到证明的是,一种偏好(例如母性关怀和保护的表达)不能产生于各种非力比多的源泉。"[13]这些断言很难同那些说存在着更高尚的驱力的人的义愤区分开来,通过这样说,后者不仅诋毁性,同时也美化了现存的家庭形式。霍妮的断言也是如此:"对权力的施虐狂般的渴望,产生于软弱、畏惧和复仇冲动。"[14]

这种施虐狂理论将施虐狂稀释成一种纯粹的社会行为方式,当霍妮提出这一理论时,法西斯的灭绝政策为所谓只具有性冲动的社会权力追求的同一性提供了残酷的证据,正是对这种同一性的模糊化在很大程度上导致了野蛮的释放。这可能与理论上对性的作用的低估有关,修正主义者最初抵制弗洛伊德观念中的清教要素,而在他们后来的出版物中,轻蔑地对待性的倾向渗透进来了。她在变态上找到了最小抵抗点:"这些活动不仅限于性变态,它们的迹象也可以在其他方面健康的人的身上找到。"[15] 这是霍妮特有的失误,她很清楚"正常"(Normalität)这个概念背负的问题,但她却如此直接地谈到性正常者,仿佛这是一个自明的理想。在其他地方,她故意向读者点出,在爱情生活中谈论幸福并不意味着性关系。[16] 这些表述表明,社会顺世主义是新弗洛伊德主义观念的一个本质因素。尤其是,这种顺世主义解释了将精神分析的概念分为建构性的概念和非建构性的概念的做法。一个守规矩的人不需为之绞尽脑汁的一切东西实际上都被消灭了,只留下了鼓励社会适应的东西。

这既适用于修正主义的氛围,也适用于其具有典范性的社会学概念。这包括与性别评价密切相关的道德评估。在早期阶段,有一些修正主义者(包括弗洛姆)这样描述弗洛伊德理论中的矛盾:一方面,从发生角度得出道德,但另一方面,正式的道德标准,如社会效用观念和生产力观念等,都没有受到影响。这一批判包含了真理,因为弗洛伊德没有触及各门科学之间现有的分工,也几乎不允许自己被批判性洞见(他作为专家被推到了这些洞见上)所干扰,在这一点上,他的特定的心理学理论没有受到直接攻击。修正主义者试图通过简单的颠倒来克服这一矛盾。弗洛伊德毫不犹豫地接受了道德规范,就像任何一个19世纪的物理学家所做的那样,而他们从看似自由的反思中,将既定的道德规范作为独断的假定再生出来。他们摆脱了道德偏见,但同时也摆脱了消解道德偏见的分析。以这种反思,他们拒斥了对于心理学进步来说具有决定性的冲动,并以个体与社会的福利为名,宣扬道德规范的必要性,而不在乎这些规范本身是否为真。他们盲目地为当今的传统道德背书:"另一方面,道德难题变得重要了。认真对待患者据说应该伤脑筋的那些道德难题('超我'、神经症的内疚感)似乎会导致死胡同。这些都是伪道德难题,它们必须被这样揭示出来。但是,也有必要帮助患者诚实地面对任何神经症固有的真正道德难题,并对之采取立场。"[17] 伪道德难题与真道德难题的区分,是以威权的和抽象的方式得出的,而没有客观标准或有意义的方法来命名这种区分。不应指责霍妮没有这样做;但的确可以指责说,她制止了思考,因为她绝对地设定了一种差别,而这种差别本应是分析的对象,而不应作为解决办法提出来。她唯一试图做的,是从内容上对道德理想作出规定:"一种内在的自由状态,在其中,一切能力都是可以完全使用的",但这一尝试失败了。这种道德理想不仅是含糊不清的,而且也是不可靠的。完全可用性更多地是与完全就业这一工业概念有关,而不是与对技能存在的目的的反思有关。进步的辩证法的方面是不可否认的,即理念越是因对其神话特征的揭示而被消解,个体和社会就越受到全面倒退的威胁。但是,必须去理解精神分析作为一种启蒙参与其中的这种二律背反:今

31 天哲学思维的展开首先包括对这两个对抗因素的说明。理智上的失败主义就是让绝境保持原状,并宣布一种双重道德:一方面,通过还原到超我和神经症的内疚感的起源,从心理—发生角度消解道德观念;另一方面,在不受心理学洞见影响的情况下抽象地宣告道德价值。新弗洛伊德主义的观念,根据它自己的客观意义,导致了这样一种对带着单调良心的传统惯例的确认,导致了双重化的道德之道德。它可能会温顺地适应变化着的环境。

在社会学上同样有问题的,是关于一些冲突之原因的修正主义理论,霍妮在《我们时代的神经症人格》[18]这样一个成问题的标题下将这些冲突摆了出来。她认为,竞争是当代社会中人们性格扭曲的主要原因。我们的文化是建立在个体竞争上的,这一点在产生潜在敌意的西方文明因素中可能排在第一位。[19]这听起来,至少比弗洛姆的《逃避自由》[20]对今天个体遭受的自律和自发性的丧失的强调还要奇怪——这些事实显然与大型企业的自由竞争日益减少有关。心理学的"文化堕距"(cultural lag)假设将难以为继,这种假设认为,虽然在社会现实中竞争正在减少,但个体仍然坚持竞争精神。意识形态的变革可能比支撑性的经济结构的变革更加缓慢:但心灵的反应形式却并非如此。更确切地说,中产阶层早期的竞争精神正在绝望地挣扎着,为的是

32 进入新的技术等级制中。正是修正主义者坚持的自我心理学,将不得

不由此得出结论。但是,这种最新的动向不曾是决定性的。即使在高度自由的社会,竞争也不是它据以运行的规律。这始终是一种表面现象。社会是通过身体暴力的威胁(尽管这种威胁通常是间接的)维系在一起的,"潜在的敌意"来源于这种暴力,而这种敌意导致了神经症和性格障碍。在其理论的每一步,弗洛伊德自己都牢记着,暴力是被个体内在化了的;与之不同的是,修正主义学派用温和的竞争概念取代了未被升华的威胁,在当今社会中,这类威胁并不比古代社会少。弗洛伊德虽然没有从社会学范畴出发,但他至少和他的社会学化了的后继者一样,以其具体形式去理解社会对个体的压力。对于社会现实来说,在集中营时代,阉割比竞争更具典型性。在修正主义的观念中,没有任何一种因素像它的多元主义那样清楚无误地带着无害性的印记,这种多元主义将社会的不受约束的表面现象和其本质规定并排地列举出来:"众所周知,竞争斗争不仅支配着我们的职业关系,而且渗透到我们的社会关系、我们的友谊、我们的性关系以及家庭内部关系中,从而将破坏性的对抗、贬低、猜疑、怨恨和嫉妒的种子带入每一种人际关系中。不仅在财产方面,而且在给予个人教育(Erziehung)、娱乐、维持和恢复健康的可能性方面,严重的不平等继续助长潜在的敌意的形成。最后,另一个因素在于相互剥削的可能性,无论这种剥削是对群体而言的,还是对个人而言的。"[21]古典经济学理论一直努力将经济过程理解成一个内在 [33] 合规律的总体,但在霍妮这里,在与经济的群体联系相同的层面显现出的是"贬低和猜疑"。这一图式类似于将性心理学的具有批判性的现象中立化。

相当多的新弗洛伊德主义的表述实际上处于那些报纸读者来信和流行文章的水平上,在后者那里,心理学被视为一种实现成功和社会适应的手段:"如果自恋不是从发生的角度考虑的,而是着眼于它的实际意义,那么在我看来,它应该被描述为对自我的高估或自身美化。也就是作为一种精神上的通货膨胀,就像经济上的通货膨胀一样,假装比实际存在的价值更大。"[22]尽管人们总是抱怨社会阻碍了个体的发展,但这些关于社会的表述是反对个体的;如果个体不屈服于起效的价值,那么社会针对个体所做的事就是正当的。今天的自恋形式不过是个体的一种绝望的努力,即试图至少部分地对不正当作出补偿;在普遍交换的社会,没有谁过得快活。上述洞见被霍妮的生物学—社会学—经济学的多元主义阻断了。她忽略了自恋的社会学根源:因几乎无法克服的困难,个体被迫将其未使用过的驱力能量导向自己,今天,这些困难阻碍了人与人之间任何自发的和直接的关系。浮现在她眼前的健康来自社会的打击,而她又正是让这个社会为神经症的产生负责:"一种健康的和安全的自信建立在人类品质的广泛基础上,例如决心、勇气、独立、才能、性爱价值和掌握情况的能力。"[23]

与对适应的同情紧密相关的,是霍妮对过多卷入过去的反感。她为占统治地位的精神密谋划策,这一精神想要驱逐一切非实证的、非此时此地有形的事实。她反对弗洛伊德对如下必要性的不断强调,即必须从自己的童年中重新发现意识,这一反对类似于实用主义,它遮住了过去,因为它不适于控制未来:"在我看来,放弃这种努力(重建童年)并将兴趣指向那些真正驱动和抑制一个人的力量是更为有益的;即使没有对童年的深入了解,也可以逐渐认识到这些力量……然而,我们并不将过去视为长期寻找的宝藏,而只是用于了解患者发展的受欢迎的辅助。"[24]"对失去的时间的追寻正在失去时间"(La recherche du temps perdu est du temps perdu) *。霍妮的这个新鲜的、令人愉快的提议,恰恰取消了它本应服务的个体性。如果人们想要遵从这一提议,那么就必须最终消除一切超出直接在场的东西,从而消除构成自我的一切东西。被治愈者似乎只不过是条件反射的焦点。

三

对弗洛伊德思维中某些专制特征的反抗,最初是新弗洛伊德主义

---

* 这里阿多诺化用了法国小说家马塞尔·普鲁斯特的长篇小说的标题《追忆似水年华》(A la recherche du temps perdu)。——译者注

运动从正统中分裂出来的社会理论动机。不可以简单地否认这些特征的存在或对它们的疑虑。然而，一旦根据修正所作的发展来看它们，一种真理因素就出现了。这种修正的最初想法是将精神分析从它与权威的纠缠中解救出来，但结果却恰恰相反，与在弗洛伊德那里相比，精神分析与压抑更为紧密地交织在一起，而弗洛伊德并没有明确地挑战社会的现状。这种功能转换并不是偶然发生的。对温情和人类偏好的热情辩护反对它们可能植根于性这种猜测；这种辩护证明了，禁忌对修正主义者的影响要比对弗洛伊德的影响更大。如果说他们是以爱的名义反对他的性理论，那么从一开始，他们就同时拾起性欲之爱与崇高之爱之间的传统区分来反对他；并且，他们并不想像抵御对崇高之爱的虚假非乱交性（Unvermischtheit）的攻击那样，抵御对性爱的压抑。总的来说，弗洛伊德思维中使他们感到不安的不一致之处是，他一方面以性为中心，但另一方面又坚持性禁忌，这绝非一种单纯的思维错误。与这种不一致相应的客观实情是，快乐和禁令不能被机械地拆开，相反，两者是互为条件的。必须在它们的相互作用中来理解它们：没有禁令的快乐就像没有快乐的禁令一样，都是难以想象的。如果精神分析否认这种纠缠，那它就简化为了一种健康地解决自我冲突的社会疗法，并终止于对父权社会的确认，而这一社会正是快乐和禁令相互脱离时想要回避的。

弗洛伊德在他错的地方是对的。他的理论之所以具有暴力，是因为他没有看到社会学与心理学的分离，不过，这种分离是社会过程的结果，一些修正主义者用德国哲学传统的语言，将之称为人的自身异化。如果说，这些修正主义者正是被对这种分离的破坏性方面的批判性洞见所引诱，而假装个体的私人存在与社会存在之间的对立可以通过心理治疗来治愈，那么，弗洛伊德恰恰通过他关于一种现实的心理学上的原子论将这种分离充分表达了出来，在这种现实中，人实际上被原子化了，彼此之间被不可逾越的鸿沟隔开。这是对其方法所作的中肯的辩护，这一方法探究个体的旧时的内心深处，并将个体视为绝对的，这种绝对只有通过苦难、通过生活的困苦才与总体联系在一起。虽然弗洛伊德天真地接受了社会的单子论结构，而新弗洛伊德学派则采用了对这种结构的批判意识。但是,这一学派并非始终如此,而是想克服这种否定的东西,因为它在处理非人关系时,就好像这些关系已经是人的关系似的。在定在的现存状态中,人与人之间的关系既不是来自他们的自由意志,也不是来自他们的驱力,而是来自超出他们的头脑而运作着的社会规律和经济规律。在这种状态中,当心理学以人的或社会的方式展开时,就好像社会是人的社会并是由其最内在的自身所规定的,如此一来,它就将人的光辉出借给了一个非人的现实。那些阴郁的思想家——除了霍布斯、曼德维尔和萨德之外,也包括弗洛伊德——坚持认为人的本性是卑劣的和不可救药的,并悲观地宣称权威的必要性,但不能草率地将他们视为反动分子。他们在自己的阶层从来是不受欢迎的。人们应该谈论个体和社会的光明面而非黑暗面,这正是官方接受和尊敬的意识形态。对反动分子弗洛伊德感到愤慨的新弗洛伊德主义者陷入了这种意识形态,而他那不可调和的悲观主义却证明了关于他没有谈及的关系的真理。

这方面的分歧在修正主义者讨论新概念时体现得尤为明显。在霍妮看来,弗洛伊德的思维是"进化论的,但是是一种机械形式的进化论。从图式的角度来看,他的观点可以这样说,在五岁以后,我们的发展中不再出现任何明显的新东西,后来的反应或经验只是在重复早年的生活"[25]。"弗洛伊德的机械进化论思维最一般的表达就是他的强迫性重复理论。"[26]实际上,对于弗洛伊德来说,在第一个发展阶段之后就没有什么真正的新东西了。心理反应的同一重复标志着这样一个历史阶段,在该阶段,文明的古老特征再次出现。霍妮忽略了这一点。当她指责弗洛伊德不相信新东西时,她似乎相信,新东西在任何时候都是可能的,仿佛是可以定做的。她将新东西理解为批量生产,它用标准化了的小工具(gadget)宣称,这是前所未有的:"过去总是以某种形式被包含在当下中……我想说的是,这涉及的不是'当下对过去'的问题,而是发展原则与重复原则的对立。"[27]但是,只有当理论称呼重复之名并坚持认为在看似新的东西中存在着否定性的始终等同的东西时,它才能迫使这始终等同的东西承诺新的东西。但这被霍妮斥为神经症的或机械论的。在她信誓旦旦地说事情并没有那么糟糕的地方，乐观主义是伪激进的，对人的无限可能的相信只是嘴上说说而已。如果问那些修正主义者，他们反对这位导师的主要原因是什么，那他们可能会说，他缺少爱。人们曾将格罗德克*的宽容大度和费伦齐**的共情的温情同弗洛伊德的冷漠和超然作对比。任何先进的思想家或艺术家都逃不过这种指责。因为他非常认真地对待乌托邦及其实现，所以他不是一个乌托邦主义者，而是考虑到现实的本来面目，以免被现实愚弄。他想将现实中包含着的更好的东西的要素，从其束缚中解放出来。他使自己像石化的关系一样坚硬，为的是打破这些关系。转变的可能性不是靠"我们都是兄弟"这样的谎言来传送的，而只有靠现有的对抗才得以实现。拒绝任何虚构的医患直接关系，并公开承认治疗的职业中介性质，弗洛伊德的这种冷漠通过无情地排斥人性的假象，相比于命令下的安慰性的赞许和温暖，为人性的理念增添了更多荣耀。在一个爱已 38 成为心理技术工具的世界里，对爱的忠诚是通过一种思维来维持的，这种思维坚持认为，医生必须治愈病人，而不能假装有"人情味"。社会已经发展为一种极端情况，在此，爱也许只能是作为对现存东西的抵抗才还是爱："如果我不恨恶，我就不能爱善！"[28]斯特林堡（Strindberg）的《黑旗》（Schwarzen Fahnen）如是说道。看看修正主义关于爱的假设的具体应用是有启发意义的。对病人的个人同情被规定为建立良好移情的手段，爱的无性本性受到赞扬。但是，一旦爱情不再是实际的，也就是说，一旦它不再导致一种快乐的、真实的客体关系，它就会遭到漫骂。在她的《自我分析》[29]一书中，霍妮引入了病态依赖的概念。她将这种现

---

* 　格奥尔格·格罗德克（Georg Groddeck，1866—1934），德国医生。他将弗洛伊德的精神分析融入自己的临床方法。同时，他在《它之书》中所创造的概念"它"（Es），为弗洛伊德所借鉴，形成了其"本我"概念。——译者注

** 　桑多尔·费伦齐（Sándor Ferenczi，1873—1933），匈牙利心理学家，早期精神分析的代表人物之一，也是弗洛伊德最早的追随者之一。1908 年，费伦齐连同另一个匈牙利医生第一次拜访了弗洛伊德，由此，两人结成了亲密的友谊。费伦齐对精神分析的理论和实践作出了巨大的贡献。在理论层面，他提出了内射的概念，首次将焦点放在了客体关系上，还发展了创伤和退行理论。同时，作为一名精神分析师，费伦齐在临床实践中发展出了多种非常成功的治疗技术。——译者注

象描述为对一个人超出满足的性爱联系,她认为这完全是神经症的。她认为这种联系是一种疾病,这种疾病"隐藏在诸如'爱'和'忠诚'等自负的概念背后"。根据她的图式,一个人在付出感情时从不会超出自己所接受的,才是健康的和适应能力强的。爱也应该在心理上变成终归是社会性的东西,即一种等价交换。问题仍然是,超越了占统治地位的交换关系圈子的爱,是否必然包含了修正主义者想要驱除的绝望。也许,弗洛伊德对人的敌视不过是这种无望的爱,是依然存在着的希望的唯一表达。

弗洛伊德的复杂思维包含了一个方面,该方面比其初看起来更接近新弗洛伊德主义运动的总体意图。这一运动只需单方面地催促该方面,以达到与弗洛伊德理论核心不相容的结果。在他的"技术"著述中,

39 弗洛伊德为治疗阐述了灵活性、不断修正和实际态度等假设,修正主义者可以方便地引用这些假设来为他们的方法辩护。当霍妮将不幸的爱归入神经症范畴时,她对弗洛伊德精神的亵渎更多的是由于她对心灵健康的不加批判的赞扬,而不是由于思想的内容。因此,在他的《评移情之爱》(Bemerkungen über die Übertragungsliebe)一文中,弗洛伊德甚至说,每一次热恋"都是由旧特征的重新出现构成的,并且重复了婴儿期的反应……没有一个不是在重复婴儿期的样板。正是构成了其强迫性的、回忆病态的特征的东西,源于其婴儿期的局限性"[30]。如果说,弗洛伊德将热恋称为婴儿期的,而没有将其主要的力比多特征与压抑所产生的特征区分开来,那么,修正主义者也可以斥责与现实原则不相容的爱是致病因。

如下窘境拒绝精神分析本身。一方面,精神分析认为力比多是真正的心理现实;认为满足是肯定性的,而拒绝则是否定性的,因为它导致了疾病。但是另一方面,它接受了产生出拒绝的文明(如果不是不加批判地径直接受,那也是屈从之)。它以现实原则的名义,为个体的心灵牺牲作辩护,而没有使现实原则本身接受理性的检验。评估力比多时的二重性必然被这种二重性所驱除,它使我们想起了教育问题。作为既定社会关系中的医疗方法,教育必须促进患者对社会的适应,必须激励他在这些条件中劳动和享乐。但是在此,它不可避免地会接受甚

或加强某些行为方式和满足形式,如果用精神分析学说的核心即力比多理论来衡量的话,它们是可疑的替代品。在弗洛伊德自己的表述中也经常会明确地出现这种不一致。在《评移情之爱》的一段话中,他警告分析师不要屈服于女性患者的性爱欲望,而后继续说道:"因而,他可能会欣赏爱情,但他必须将如下一点放在更高的位置上,即他有机会将他的患者经由其生活的一个决定性阶段而提升起来。她必须从分析师这里学会克服享乐原则,学会放弃唾手可得的,但与社会不相适应的满足,为的是获得一个远期的或根本不确定的,但从心理上和社会上来说无可非议的满足。"[31]弗洛伊德没有去分析什么是"无可非议的"。所要求的满足形式是不确定的,这引发了对要求满足的原则的怀疑。

40

弗洛伊德的伟大之处,就像所有激进的资产阶级思想家的伟大之处一样,在于他没有解决这些矛盾,而且摒弃了在实事本身被撕裂的情况下假装体系性和谐的倾向。就他的理论与实践在预先确定的分工之内展开而言,他揭示了社会现实的对抗特征。适应的真正目的的不确定性,也就是精神分析所揭示的合乎理性的行为的非理性,反映了某种客观的非理性。它成了对文明的控诉。修正主义者只需将弗洛伊德概念的实际—现实的一面隔离出去,毫无保留地使精神分析方法服务于适应,以便同时感到自己是弗洛伊德意图的执行者,并打断这些意图的命脉。与其说他们是对弗洛伊德学说的异端偏离,不如说是对该学说的矛盾的随意抚平。在他们的手中,弗洛伊德理论成为将心灵动势(Regung)整合进社会现状的另一种手段。他们将对无意识的分析变成了工业化了的大众文化的一部分;他们将启蒙的工具变成了一种假象的工具,这种假象是指,社会与个体是相吻合的,对全能现实的适应与幸福是相吻合的。这种假象日益成为一个世界的无处不在的意识形态,这个世界毫无保留地将个体圈进天衣无缝的组织中,然而在这里,与个体曾遭受的心理创伤一样,这个世界依然是强迫性的和不合理的。

41

由莱纳·克内(Rainer Koehne)译为德文

(1952 年)

注释

［1］接下来的讨论只涉及笔者已有较为详尽研究的修正主义者的出版物。这里涉及的主要是卡伦·霍妮的《精神分析的新方法》(Karen Horney, *Neue Wege in der psychoanalysis*, übers. Von Heinz Neumann, Stuttgart 1951)。修正主义者之间存在着的相当大的理论差异不得不被忽略了。然而,他们都有一个共同点,那就是倾向于将精神分析推向"现实主义的"方向,这将在本文中提到。

［2］Karen Horney, *Neue Wege in der psychoanalysis*, a. a. O., S. 9.

［3］a. a. O., S. 21.

［4］a. a. O., S. 173.

［5］a. a. O., S. 31.

［6］a. a. O., S. 138.

［7］a. a. O., S. 9.

［8］a. a. O., S. 10.

［9］a. a. O., S. 59.

［10］a. a. O., S. 72.

［11］a. a. O., S. 9.

［12］a. a. O.

［13］a. a. O., S. 57.

［14］a. a. O.

［15］a. a. O., S. 47.

［16］a. a. O., S. 116.

［17］a. a. O., S. 10 f.

［18］Karen Horney, *The Neurotic Personality of Our Time*, New York 1937;德文版:*Der neurotische Mensch unserer Zeit*, Stuttgart 1951.

［19］Vgl. a. a. O., S. 10 f.

［20］Vgl. Erich Fromm, *Escape from Freedom*, New York, Toronto 1941;德文版:*Die Furcht vor der Freiheit*, Zürich 1945.

［21］Karen Horney, *Der neurotische Mensch unserer Zeit*, a. a. O., S. 175 f.

［22］a. a. O., S. 87.

［23］a. a. O., S. 116.

［24］a. a. O.

［25］a. a. O., S. 42.

［26］a. a. O., S. 43.

［27］a. a. O., S. 154.

［28］August Strindberg, *Schwarze Fahnen*, München und Berlin 1917, S. 254.

［29］Vgl. Karen Horney, *Selfanalysis*, New York 1942.

［30］Sigmund Freud, *Gesammelte Werke*, Bd. 10, London 1946, S. 317.

［31］a. a. O., S. 319.

论社会学与心理学的关系

三十多年以来,在高度工业化国家的大众中有一种趋势,即屈服于灾难政策,而不去追求合理的利益,特别是保护自己的生命。虽然他们被承诺会有好处,但同时,他们的幸福理念被威胁和暴力断然取代,他们被要求作出过多的牺牲,他们的生存直接受到威胁,并诉诸潜在的死亡愿望。这其中有一些事情对相关主体来说是如此明显,以至于那些努力寻求理解的人很难满足于决定性的东西,即对大众运动的客观条件的证明,并且不屈服于"客观规律不再适用"的暗示。有一种旧的解释认为,得益者控制了所有公共舆论的手段,但这种解释是不充分的。因为大众几乎不会被拙劣的、挤眉弄眼的虚假宣传所俘获,如果这些宣传中有些东西不符合关于牺牲和危险生活的信息的话。因而,面对法西斯主义,人们认为有必要用心理学,特别是分析取向的社会心理学来补充社会理论。关于社会决定因素的认识和大众中居支配地位的驱力结构之间的相互作用,曾允诺充分洞察到总体的凝聚力。东方集团(Ostblock)的顺从的科学将分析心理学——它是唯一认真研究客观不合理性的主观条件的科学——视为洪水猛兽而驱逐之,并且如卢卡奇带来的那样,将弗洛伊德连同斯宾格勒和尼采一起归入法西斯主义;然而,在铁幕的这一边,人们有些愉悦地将重点转移到心灵中的东西上、转移到人及其所谓的实存上,从而规避了一种有约束力的社会理论。最后,就像弗洛伊德晚期关于文化中的不满的著述已经做过的那样,那些东西被怀疑地拉平为毫无根据的、单纯的主观动机。当人们思考社会理论与心理学之间的关系时,只是给这两个学科指派了它们在科学系统论中的地位,并将它们之间的关系所引起的困难视为所使用的概念模型的问题。社会现象究竟是源于客观条件,还是源于社会化个体的心灵生活,抑或两者皆有;这两类解释是相互补充还是排斥,或者是否需要对它们之间的关系本身作进一步的理论考虑——所有这些都被还原为方法论。对于这些意图来说具有典型意义的是塔尔科特·帕森斯,他在《精神分析与社会结构》[1]一文中正确地强调了社会系统的独立性和分离性(Abgesetztheit),这与古老的德国传统以及涂尔干的观点是一致的。他认为,必须在社会系统本身的层面上来理解它,而不是将之作为个体行为的单纯结果。[2]但是,在他这里,这种区别也与这位社会学家"感兴趣"的东西有关:行为方式和态度同社会系统相关。仅仅出于这个原因,他要求社会学动机问题必须在"社会系统的参照系"(frame of reference of the social system)而不是"人格"(personality)的范畴中来表述。只不过,社会学的思维模式应当与既定的心理学洞见是一致的。[3]如果不考虑在实事本身中是否有差异,那么在选择社会学视角或是心理学视角时,就是保留了学科分工的任意性。与统一科学的原初性相对的是,帕森斯并不反对"心理学家的和社会学家的典型难题是不同的"。

44 然而,正是出于这个原因,"两者必须在不同的抽象水平和不同的组合中使用相同的术语"[4]。无论对象的性质如何,只有消除了社会学与心理学的分歧之后,这才是可能的。如果在不断进步的组织中,这两门科学明确了它们概念的逻辑结构,那么根据这种观点,它们就可以无缝地结合起来。帕森斯认为,如果人们最终有了一个完全充分的关于人类动机的动态理论,那么"抽象水平"之间的差异就会消失。客观—社会因素和心灵—个体因素如何相互关联,应该仅取决于这些因素在学术活动中经历的概念铸造,这种活动通常带有如下限制:对于综合来说,人们收集更多的事实还为时过早,相反,必须将概念打磨得更清晰。在马克斯·韦伯的教导下,帕森斯敏锐地察觉到了众多通行的关于社会的心理学解释的不充分性,而他怀疑,在这种不适当性背后,并没有特殊与一般之间的真实冲突,也没有自在存在着的生活过程与单纯自为存在着的个体之间的不对等，相反，对于他来说，对抗成为了科学组织的一个难题，在稳步的进步中，这一问题被和谐地解决了。然而，取自自然科学的概念统一化的理想，并不能毫不迟疑地适用于这样一个社会，它的统一性正在于它不是统一的。关于社会的科学和关于心理的科学，就它们互不关联而言，一般都屈从于将知识的分工投射到知识的基底上的暗示。社会与心理的分离是虚假意识；这种分离以范畴的方式，将活生生的主体和凌驾于主体之上而又源于主体的客观性分开。但是，这种虚假意识不会因方法论的指令而被釜底抽薪。人无法在社会中重新认出自己，也无法在自身中重新认出社会，因为人们彼此之间   45
是相异化的，并且也是与整体相异化的。[5]对于人来说，他们的对象化了的社会关系必然呈现为一种自在存在。分工科学投射到世界上的东西，只反射出了世界上发生的事情。虚假意识同时也是正确意识，内在生活和外在生活是相互撕裂的。只有通过对差异作出规定，而不是通过扩大概念，才能恰当地表达它们之间的关系。整体的真理存在于片面性上，而不存在于多元的综合上：一种不愿倾听社会、格格不入地坚持个体及其古老遗产的心理学就社会性的宿命所说出的，要多于一种通过考虑社会"因素"或通过不复存在的"知识的总汇"(universitas lite-rarum)的"整全方法"(wholistic approach)来整合自身的心理学。

　　心理学和社会学通过在不同的抽象水平上使用相同的术语来实现统一，从内容上来说，这必然意味着协调一致。例如，帕森斯认为，如果一个社会的功能需求——作为客观的社会因素——与"平均超我"的模式是一致的，那么这个社会的整合就会成功，他一般默认这种整合就是实证的。[6]人与系统的这种彼此相配被提升为规范，而不需要追问这两个"标准"在社会过程整体中的地位，特别是"平均超我"的起源和正当性要求。即使是糟糕的、压抑的状况也能在这种超我中被规范地反映出来。帕森斯必须为这种概念上的协调一致付出的代价是，他的整合概念，即主体与客体之间的同一性这种实证主义残像，将为一种不合乎理性的社会状况留下空间，只要这种状况拥有足够的权力提前形塑   46
与之相近的东西。在赫胥黎的《美丽新世界》(Brave New World)中，平均超我与社会系统的功能需求(即社会系统自身的永存)之间的吻合胜利达成了。当然,这样的结果并不是帕森斯理论的本意。经验主义的意向使他不能假定那种同一性已经实现。他强调了作为心理存在的人——“人格结构”——与当今世界的客观设施——“制度结构”之间的分歧。[7]与社会学传统一致的是,以精神分析为取向的帕森斯解释了非心理动机,也就是使人按照客观制度的期望行事的机制,即使这样行事与心理中的人格结构相反。[8]个体的被社会目的合理性所中介的一般目标设定,将优先于他们的主观倾向。当然,相较于马克斯·韦伯[9],帕森斯对这种起决定性作用的中介,即自身持存的理性,强调得更少。显然,帕森斯将这些社会规范本身理解为沉淀下来的适应图式,然而也可以说,最终又是将之理解为本质上是心理的。但无论如何,与占统治地位的主观经济学相比,他看到经济动机并没有融入“逐利”等心理动机当中。[10]可以肯定的是,个体的合理的经济行为并不仅仅是通过经济计算即对利润的追求而产生的。毋宁说,人们是事后建构了这一点,为的是通过一个几乎没有给事态增添新东西的公式,在某种程度上编造了平均经济行为的合理性,而这种合理性从个体的角度来看绝非自明的。比客观合理性的主观动机更为本质性的是畏惧。它是被中介的。在今天,那些不按经济规则行事的人很少会立即灭亡。但是,降级已经近在眼前。显而易见的是,铁路变成了反社会的、犯罪的:拒绝合作让人生疑,甚至使那些还不需要挨饿和睡在桥下的人也都遭受了社会报复。但是,对被驱逐的畏惧,即对经济行为的社会制裁,早已与其他禁忌一起内在化了,并具体地表现了出来。从历史上来看,这种畏惧已经成为了第二自然;并非无缘无故的是,在哲学上没有堕落的语言用法中,实存既意味着自然性的定在,也意味着经济过程中自身持存的可能性。超我,即良心的主管者,不仅向个人展示了被社会视为自在的邪恶而唾弃的东西,而且不合理地将对肉体毁灭的古老畏惧与很久以后出现的对不能从属于社会社团(它取代了自然而将人包围起来)的畏惧融合起来。这种社会性的畏惧由返祖的根源所助长,而且常常被过分夸大,无疑,它现在随时都可能变成真实的畏惧,它已经积聚了这样的暴力：即使当一个人彻底看穿了这种畏惧中的虚妄性时，他也必须已经是一位摆脱了这种畏惧的道德英雄。据推测，人们之所以如此绝望地抓住长期以来备受质疑的、在很大程度上是荒谬的文明成果，这些成果应当保证他们的行为在经济上是合乎理性的，是因为他们曾经难以言喻地将自己带入文明，而交往手段则促使他们参与其中。在这里，"经济人"（homo economicus）对"心理人"（homo psychologicus）下达命令，"经济人"的驱力能量是对人们曾经所恨的东西的一种强迫性的、被反复灌输的爱。这种"心理学"标明了合理交换关系同暴力的界限，但它同时也限制了主体自己的心理的权力。相信经济的透明合理性，与相信心理是行动的充分理由一样，都是资产阶级社会的自欺欺人。这 48 种合理性是建立在肉体强迫即身体折磨中的，也就是建立在一种物质因素中的，这种因素超越了内在于经济中的"物质动机"，也超越了心理上的驱力经济。在发达的交换社会中，鉴于制度权力与个人无权之间的不相称，这种畏惧变得如此普遍，以至于需要超人的力量才能置身事外，然而同时，传动装置（Getriebe）不断地减少每个个人的反抗。尽管不可否认的是，在个人行为中，经济是优先于心理的，但是依然不能确定的是，他的合理性是否就是合理的，并且这种合理性是否任何时候都不能被心理学揭露为过度合理化。只要经济理智（ratio）是局部的，只要整体的理性是可疑的，不合理的力量就会被用来将这种理智永恒化。合理系统的不合理性在被捕获的主体的心理中显现出来。关于合理行为的学说导致了矛盾。系统理性对其成员所提的要求是内在的不合乎理性的，因为一切经济上合目的的行为的总体，连同整体的再生产，都促发了崩溃；反过来，系统超越了合理性的绝对的"终极目的"（τέλος）、超越了实现、超越了合理性本身。合理性总是一种衡量徒劳牺牲的尺度，并因此与一个不再需要理智的无牺牲状况一样，都是不合理的。

帕森斯面临着一种只有通过对对抗状况的批判才能消除的选择：在虚假意识的两个永远相互对立的形态之间作出选择，也就是在理性主义心理学和心理主义社会理论之间作出选择。然而，在这里，反思中断了。不是从内容上对动机作出规定，而是对科学参照系进行选择，这

与马克斯·韦伯对理想型的选择[11]是类似的,都是听凭研究者的心
49 愿。有这样一种假定,即社会学的动机理论必须与已获得的关于人格
结构的知识相一致;这种假定为了科学解释的统一,用一种一致的对象
替代分裂的对象;个体是社会整体的产物,而他们作为这样的产物,又
必然是与整体相矛盾的。当帕森斯满足于均衡的科学节奏的成就时,
他想统一起来的诸范畴之间的不兼容性,指出了系统与构成系统的人
之间的不兼容性。帕森斯以社会学所曾是的样子顺从地接纳了社会
学:"社会学家的问题是不同的。"[12]但是,这样一来就几乎再也不能
看清,为何心理学家应当在不同的抽象水平和不同的组合中使用相同
的术语。[13]这涉及的绝不是单纯的抽象水平,这些抽象水平之间的裂
隙只是由于我们经验知识的不完备而造成的。[14]客观矛盾不是智力
上暂时的、会随着时间而消失的东西。在现存社会中,经过短时间在一
定部门内可以缓解但无法消除的张力,被不恰当地投射到如下静态的
概念图式上:更一般的—社会的和更特殊的—心理的。这两类概念暂
时没有形成连续体,因为缺乏足够量的资料来将个体性的东西一般化。
但是,个体与社会之间的区别不仅仅是量上的:因而,这种区别只是在
社会过程的魔力下被设想出来的,这个过程预先将个别主体塑造为他
们在整个过程中的功能的承担者。没有什么未来的、科学的综合能够
使有着原则性纷争的东西协调一致。

　　社会规律不能从心理学的发现中"推断"出来,然而,它的对极(Ge-
50 genpol)即个体,不仅仅是个体,不仅仅是心理学的基底,而且只要他的
行为是合理的,他就始终同时是塑造他的那些社会规定的承载者。他
的"心理"作为不合理性的地带,同理智一样,都拒斥社会因素。个人的
特殊差异既是人类自由的密码,也是社会压力的标志。科学的一般化
图式不能在这两个领域的对立上耍把戏,但这种对立也不能被绝对化。
否则,个人的自身意识,即使是一种个体主义社会的短暂产物,也会被
当真。个体与社会的分歧本质上是社会起源的分歧,并且以社会方式
延续着,其表现必须事先从社会上加以解释。即使是将个体的反应形
式建立在坚实的利润旨趣基础上的庸俗唯物主义,也遵循客观经济规

律,其正确地针对那些心理学家,他们从成年人的童年出发推导出经济
行为方式;并且,对于对手所说的个体性质,这种庸俗唯物主义根本没
有将之或只是将之作为附属物延伸到经济规律中。即使如帕森斯提出
的那样,有可能使心理学概念适应关于社会的理论的精确要求,对此也
是无所助益的。这是因为,通过人与人之间的抽象规定的引入,特别是
等价交换的引入,通过一种已形成的器官即理智(它以这种与人相分离
的规定的模型为根据)的统治,具体的社会现象摆脱了心理。因而,"主
观"经济学是意识形态的:它用来解释市场进程的心理因素只是这些进
程当中偶然的东西,而重点的转移将显象呈现为本质。帕森斯有理由
怀疑,精神分析专家无法主动将分析概念充分地应用于社会问题;这种
怀疑不仅命中了这些专家将其局部概念扩展到一种他们已经脱离了的
总体上的普遍倾向,而且表明了,根本不可能从心理学上来解释那些并
非源于个别的人的心灵生活的东西。个体行为方式的可通约性,即真 51
实的社会化,所仰赖的是如下一点,即这些行为方式作为经济主体,根
本不是直接对立的,而是根据交换价值的尺度行动的。这为科学之间
的关系定下了规则。它们的专门化是不能通过博学者理想(即有这样的
人,不管是社会学还是心理学,他都能理解得很好)来纠正的。要求整合
科学的呼声所表达的是无助而非进步。我们宁可希望,对一种特殊的、
分离的东西坚持打破其单子论特征,并在其核心中察觉到一般;也不希
望,对真实瓦解了的东西进行概念性综合来制止其瓦解。除了对抗的总
体之外,认识不会有其他总体,并且只有凭借矛盾它才能达到总体。特
殊的心理天赋几乎总是包含着一种不合理的、无论如何是反体系的因
素,这一点本身并非心理上的偶然,而是来自对象、来自分裂了的不合理
性,它是对占统治地位的理智的补充。弗洛伊德在科学策略上的成功主
要仰赖于如下一点:在他这里,伴随着心理学洞见的,是一种体系特征,
该特征是同排他性和统治欲纠缠在一起的。正是将他的发现推向总体
东西的意图导致了精神分析中的非真理性因素,而精神分析恰恰将其启
发性力量归功于这种极权主义的东西。它被当作承诺解决一切问题的
咒语接纳了下来。伟大的精神效果总是献身于一种暴力因素即对人的

统治;如弗洛伊德所知道的[15],正是发号施令者的自恋和孤立招引来了集体。伟大的和强大的人格这种意识形态,倾向于将这种作为人之等级的人格归为非人的东西,即对非同类东西的野蛮支配。真理为了是真理,恰恰必须摆脱这种强制因素,这表明真理在现世中是无力的。

对帕森斯的研究发表了意见的精神分析学家海因茨·哈特曼(Heinz Hartmann)和帕森斯一样,对这两个学科共同的概念语言抱有好感,但是他承认,社会科学可以在不考虑个体人格结构的情况下作出有效预测[16],这与主流的弗洛伊德式正统理论的心理主义形成了不明确的对立。在此,他指的是有意识的或前意识的自我行为与无意识行为之间的内在分析性的差异。他没有像修正主义者那样,为了社会性的解释而将无意识回溯到直接的社会影响上去,而是与弗洛伊德对自我与本我的区分相联系。自我作为从原始驱力能量中分离出来的主管者,其任务是"检查"现实[17],并且在本质上负责适应事务;而根据哈特曼的潜在逻辑,这样的自我从心理动机中分离出来,并作为现实原则执行着逻辑—客观化功能。严格的精神分析(它了解精神力量的彼此对立)可以断言的是客观性,特别是经济运动规律相对于主观驱力动势的客观性,而不是教义,这种教义只是为了建立社会与心理之间的连续体,否认了分析理论的核心,即否认了自我与本我之间的冲突。[18]哈特曼坚持认为有一个自成一体(sui generis)的心理领域。精神病患者以及患有性格神经症的人,尽管智力功能是"正常的",但却不断地在世界中受到伤害;事实上,他们的行为比一个商人的行为更加"心理化",后者可能具备也可能不具备他所扮演的角色的特征,但他一旦接受了这个角色,当他在不同情境中行事时,都不会被认为是神经症患者。可以肯定的是,即使是精神病患者的完全自恋的行为也并非没有其社会性的方面。可以根据一个病态社会的模式来建构某些类型的精神疾病。早在三十年前,卢卡奇就将精神分裂症理解为主体与客观性之间的社会异化的极端结果。但是,如果说,在患有自闭症的人那里,心理领域的密闭本身具有社会根源,那么,这种密闭一旦形成,它就设定了一种相对一致的且封闭的心理动机结构。与之相对,他的强大的自我是在同现实的深刻关系中所激发的；他的心理通常只表现为紊乱，并被客观地体现着社会利益的理智的赤裸裸的优势所反复击退。自我的目标不再与主要的驱力目标相同一，不再能被回译为后者，而且经常与它们相矛盾。心理的东西的概念是否能够扩展到包括心理能量之"逻辑化"，这不仅仅是一个命名法的事情。这种概念只能在不合理性同合理东西的对立（这种对立是外在于心理的）中才拥有其实质。并非偶然的是，精神分析是在私人生活领域、在家庭冲突领域构想出来的，从经济上来说，这些是消费领域：这是它的地盘，因为真正心理的相互作用本身仅限于私人区域，而对物质生产领域几乎没有什么权力。

再生产出人的生活的社会行为与人本身的分离，使他们无法看透 54 传动装置，并将他们交付给"一切都在于人"这句话，而在以前，人几乎从未像流水线时代这样被消费。社会趋势超出人的头脑而运行着，他们并不知道这些趋势是他们自己的，这一点构成了社会的面纱。特别是那些以劳动养活自己和整体而其生活又不透明地依赖于整体的人，无法认识到，社会既是他们的总和，也是他们的对立面。异化了的客观性的不透明性将主体抛回到他们受限的自身上，并欺骗他们说，这种自身的分裂了的自为存在，即单子论的主体及其心理是本质性的东西。同时，在美国，对心理（它劝说人们接受人性）的崇拜用弗洛伊德制作出了一种淡而无味的国民食品，这种崇拜是对非人化的补充，是无力者的如下幻觉，即他们的命运取决于他们的特性。相当讽刺的是，在这里，恰恰是他们希望自己在其中被当作主体的科学，根据其自己的形态，再一次将他们变为了客体，这是受一种整体状态（Gesamtverfassung）之托而行的，它不再容忍一种并非社会准备的、某种程度上独立的主体性可以躲藏其中的藏身洞。作为一种相对独立于外部的内部，心理对于它不断劳烦的社会来说，实际上已经成为一种疾病：因而，心理治疗接受了这个社会的遗产。主体（在其中，心理作为一种摆脱社会合理性的东西而据上风）总是被视为反常的、被视为怪物；在极权主义时代，这种主体的处所是劳动营或集中营，在那里，它被"完成了"，被成功地整合了。但是心理的其余部分，即具有决定性意义的人，却畸变为极权主义等级制的顶端,愚人或有心理障碍的人很容易抵达那里,因为正是他们的缺陷,即真正的心理上的东西,与目的即最高的决定的不合理性相一致,那么对于这些决定来说,其仅通过空洞宣言而区分开的各种体系的一切合理性,都被当作手段来使用。即使是这最后一个未被掌握的保留领域(它允许或规定独裁者在地上打滚、大哭、痉挛或揭露想象出来的阴谋)——也不过是社会疯狂的面具。[19]心理领域在意识形态中越是取代对客观性的洞见,该领域本身也就日益缩小;不仅如此,心理的其余部分也被歪曲为讽刺画和假面具。心理变成了一种疾病,这一点不仅表达了社会来自自身的虚假意识,而且同时也表达了社会中人的实际情况。因为心理的基底即个体本身反映了现在已经过时的社会化形式。正如哲学上的纯粹"这个"($\tau\acute{o}\delta\varepsilon\tau\iota$)即认识的具体化极点(Konkretionspol),作为未被规定的东西是完全抽象的那样,所谓的社会性的具体即作为对手的个人,只是在抽象的交换行为这种物性的东西中有其规定性,而这种行为脱离了他的特殊规定。这种行为是一个核心,个体性格围绕着它而形成,起着物化作用的心理用这个核心自己的尺度来衡量它。孤立化了的个体,即自身持存的纯粹主体,处于与社会的绝对对立中,但是它又体现了社会最内在的原则。构成它的东西、在它之中相互碰撞的东西,也就是它的"性质",同时总是社会总体的因素。从严格意义上来讲,它是一个单子,因为它凭借其矛盾将整体呈现了出来,然而从来没有意识到整体。但是,在其矛盾的形态中,它并不总是始终如一地与整体相沟通,它并不是直接源于对整体的经验。社会给它烙上了孤立化的印记,这种孤立化作为一种社会关系,参与到了它的命运当中。"心理动态"是社会冲突在个体身上的再生产,但这种动态不仅反映了现实的社会张力。而且,由于它作为与社会相隔离和分离的东西而存在,它再次从自身中发展出一种社会总体的致病因,孤立化的诅咒支配着这种致病因本身。

任何形态的心理主义,即对个体的无所顾忌的处理,都是意识形态。它将个体主义的社会化形式变幻为一种对个体的自然规定,这种规定是外在于社会的。借助启蒙的其他概念,心理主义从根本上改变了个体的功能。一旦实际上脱离了个体自发性、在抽象主体之间悬而未决的过程被从心灵出发来解释，人们似乎就感到欣慰地将已被物化的东西人化了。但是，自身异化了的人仍然是人，历史趋势不仅是与人相对立地实现的，而且是在人之中并凭借人而实现的，他们的平均心理性质本身进入到他们的平均社会行为中。他们及其动机并未在客观合理性中耗尽自身，有时也会违背这种合理性。尽管如此，他们还是这种合理性的功能执行者。甚至重新进入心理的条件也被社会预先确定为现实对主体的苛求。否则，社会客观性中明显的或被压抑的驱力因素只能作为一个成分存在，即需求的成分，而它至今完全变成了利润旨趣的功能。主观理智及其存在理由是彼此分离的。即使计算理性使人们取得了它所承诺的所有好处，人们也不能将这些好处当作幸福来享受，而是必须作为消费者，再次适应社会预先确定的东西，适应控制生产的那些人所提供的东西。需求总是由社会中介的；今天，需求对于其承载者来说变成完全外在的了，需求的满足转变成对广告的游戏规则的遵从。对于个人来说，自身持存的合理性的总和注定是不合理性，因为没有形成一种合乎理性的社会总主体（Gesamtsubjekt）即人类。反过来，每个人都还在为此而徒劳地努力着。弗洛伊德的命令"本我过去在哪里，自我即应在哪里"[20]保留了一些斯多葛式空洞的、不明显的东西。 57
合乎现实的、"健康的"个体几乎没有应对危机的能力，就像合理经营着的主体几乎并不节约那样。社会不合理的后果也变成了个体不合理的。因而，就形式而言，神经症实际上不得不从无法废除神经症的社会结构中派生出来。即使是成功的治愈也带有受损的印记、带有徒劳的和可悲夸张的适应的印记。自我的胜利是通过特殊的东西造成的欺骗。这是所有心理治疗之客观非真理性的根据，这种非真理性诱使治疗师去施用诡计。正是由于模仿疯狂的整体，被治愈者才会患病，而未被治愈者也并未因此变得更加健康。

　　社会学与心理学的分离是不正确的，同时也是正确的。之所以说是不正确的，是因为这种分离支持放弃对总体的认识，而总体仍然在指挥着分离；之所以说是正确的，是因为这种分离相较于概念中的仓促联合,以更加不可调和的方式记录了现实发生的断裂。特定意义上的社会学,诚然总是以主观的方式软化了的,即使在马克斯·韦伯那里也是如此,但它抓住了社会过程的客观因素。但是,这种社会学越是严格地无视主体及其自发性,它就越是只能去处理一种物化了的、似乎属于自然科学的边角料(caput mortuum)。因而,模仿自然科学的理想和处理方式的诱惑从未掌握社会对象本身。这些理想和处理方式吹嘘自己具有严格的客观性,但是,它们必须满足于已经由科学活动中介的东西,即部门和因素,就好像这些东西直接就是实事本身似的。这导致的就是无社会的社会学,是对一种遗忘了人本身的状况的描绘。只有从整体的本质规律出发才能开始谈论对个别发现的确证,但这种确证却拼命挤到了本质规律之前。与之相对,心理学察觉到了主体的旨趣,但同样是孤立地、"抽象地"察觉到的。它忽视了社会生产过程,而且自己也绝对地设定了一个被生产者,即具有资产阶级形态的个体。这两门学58 科都意识到了自己的不充分性,然而没有能力去纠正。它们的不可避免的二元论不能被纯粹地保持住。社会学试图将"主观因素"纳入,并且想由此深化自己,而不再仅仅是对实情的接受。在这样做时,它处处都陷入了困境中。因为它是在凝固的结果中,而不是在产生这一结果的过程中获得其客观性概念的,并且没有将这一过程当作总体掌握住,所以,它会被诱使着,再次无所顾忌地将个别的个体及其意识内容当作明确的素材,并以之作为其静态的发现的基础。现在,它处处都会遭遇心理主义的威胁:在人的行动被客观地决定的地方,它必须用人对自己的意识,也就是其总具有欺骗性的"意见"来阐明这种行动,而在这里,这种意见本身也是需要阐明的;或者,它必须追索无意识的驱动力,这种驱动力对社会总体作出反应,但并没有激发这种总体。国家社会主义也许能够利用其追随者的死亡驱力,然而,这种驱力肯定是源于最强大群体的物质性的生命意志。相反,心理学由此发现,它所揭示的机制并不能解释与社会相关的行为。无论关于这些机制的假设在个体动态中是多么有说服力,它们在面对政治和经济时往往具有荒谬和妄想的特征。因而,在自身批判中忧虑不安的深层心理学(Tiefenpsychologie)

认为自己必须向社会心理层面作扩展。这些扩展只会增强其非真理性，这是因为，一方面，它们稀释了心理学洞见，特别是关于有意识与无意识的区分，另一方面，它们将社会驱动力伪造成心理驱动力，准确说来是一种肤浅的自我心理驱动力。实际上，个别的人的行为中的合理性绝非本身透明的，相反，这种合理性在很大程度上是他律的和被迫的，并因此必须与无意识混合起来才能发挥一定程度的作用。几乎没有人会计算他的作为整体的生活，甚或只是完全地计算自己的行为后果，即使是在最发达的国家，每个人计算的，无疑都比心理学的学派智慧所能想象的要多。在彻底社会化了的社会，大多数的决策发生情境都是预先确定的，自我的合理性被简化为对最小步骤的选择。这里涉及的，无非最小限度的选择、对较小劣势的衡量，以及作出那些正确决策的人是"切合实际的"。与之相比，个体的不合理性几乎没有什么分量。就连无意识的选择可能性都被缩减了，如果这些可能性并非从一开始就如此稀薄，以至于起着决定作用的利益集团用一些方法（这些方法早已在极权主义国家和非极权主义国家中被心理学技术测试过了）将它们引导到为数不多的渠道中的话。通过操纵而小心翼翼地屏蔽了自我的目光，无意识因其贫困和无差别性，幸运地同标准化和被宰制的世界联合起来。因而，极权主义宣传者绝不是他们的下层宣传者所吹捧的天才。他们不仅与现实中较强的团队合作，不仅与个体的很多短期利益合作，而且也与那些最符合肆无忌惮的现实原则的心理偏好合作。从个体的抽象观点看来更为轻易的事情，即屈服于本能，从具体社会的角度来说则是更为困难的，因为这遭到了社会的惩罚，并且在今天恰恰预设了不合理的行为者所缺乏的力量。本我与超我走向了联合，理论已经核准了这种联合，而且，正是在大众本能地行动的地方，他们由审查塑形，并得到了权力的祝福。因此，如下论点几乎不是完全的真理并且总是事后有效的：在极权主义时代，大众会违背自己的利益而行事。追随者被诱导着作出的个别行动（这些行动转变为荒唐的过程呈现出了一种临界值）总是首先提供预先给付的满足。而只有在出账单时，失望才会随之而至。实际上，极权主义行为对于犯案者来说是合乎

59

60 理性的,正如对于其竞争者来说并非合乎理性那样。他们是凭借理性本身才落入辩证法之手的。

　　但是,这种辩证法不仅影响主体对外部世界的态度,也影响主体本身。适应僵化关系的机制,同时也是主体本身的僵化机制之一:主体越是变得合乎现实,它本身就越是成为物,它就越是不能活着,它的整个"现实主义"就越是荒唐,这种"现实主义"摧毁了一切,为此,自身持存的理性真正起作用了,从而威胁到赤裸生命。主体分解为内在延续的社会生产机器和一种未被消解的残余,在面对繁茂丛生的"合理的"成分时,这种残余作为无力的保留领域,堕落为稀奇古怪的东西。最终,不仅是被遏制的、被压抑的驱力,而且恰恰是要达成自己的实现的原初驱力,都表现为"病态的",爱表现为神经症。精神分析的实践,根据其意识形态,仍然声称可以治愈神经症;这种实践因与流行的实践及其传统相一致,已经使人戒除爱和幸福,以有利于工作能力和健康的性生活(healthy sex life)。幸福变成了幼稚,净化内心的方法变成了邪恶的、敌对的、非人的。因此,社会动态也影响了心理科学的最新形态。尽管心理和社会之间存在差异,它们往往越来越远离彼此,然而,社会作为压倒性的东西,作为审查和超我,延伸到一切心理上的东西当中。在整合的过程中,社会——合理行为与心理残余融合在一起。只不过,看到这一点的修正主义者过于简单地描述了自我和本我这两个相互疏离的主管者之间的交往。他们认为,驱力生活与社会经验之间有着一种直接的关联。但是,这只是在拓扑学意义上发生在自我的外层,根据弗洛伊德,其负责检查现实。然而,在驱力动态的内部,现实被"翻译"为它的语言。弗洛伊德关于"古老"(Archaik)(在这里根本没有无意识的"永恒性")的观点是如此正确,以至于具体的社会关系和动机都不会转化,

61 而只是以"缩减"的方式进入那个领域。无意识与有意识的非共时性本身就是充满矛盾的社会发展的印记。往往在主体中并非随同出现的东西,也就是进步和启蒙必须付出的代价,都沉淀在无意识中。残渣变成"永恒之物"。对幸福的要求也落入其中,事实上,这种要求一旦仅针对躯体——局部满足的扭曲形态(这种形态是与整体实现相分离的),它就

显得是"古老的";这种满足越是热忱地追求成年的意识生活,它就越是
彻底地转变为"一些乐趣"(some fun)。就像社会被心理包裹那样,心
理也被社会包裹,并且变得幼稚可笑。在社会压力下,心理层面仍然只
对始终等同的东西感兴趣,并且在关于特殊的经验面前是无效的。创
伤是抽象的。在此,无意识与社会是相似的,无意识对社会一无所知,
并且社会本身服从于抽象的规律;这种无意识适合于作为社会的黏合
剂。我们不应该指责弗洛伊德忽视了具体的社会性的东西,而是应该
指责说,他太容易满足于抽象性即无意识的僵化性的社会起源,他凭借
自然研究者的坚定不移的品格认识到了这种起源。他将无休止的否定
传统造成的贫困实体化为一种人类学的规定。历史性的东西成为不变
的,为此,心灵中的东西变成历史事件。在从心理想象过渡到历史现实
时,他忘记了自己发现的、对无意识中一切真实东西的修正,因此错误
地解释了诸如原始部落中谋杀父亲等实际事件。无意识与现实之间的
短路使得精神分析具有了伪造的特征。通过官方科学来抵御这些特征
(如抵御对摩西传说所作的粗糙的字面解释)是轻而易举的。卡丁纳*
所称的弗洛伊德的"神话",即内在于心智中的东西向不确定的事实性
的转变,在他推进自我心理学(只不过恰恰是无意识的自我心理学)和 62
处理本我(就好像它拥有维也纳银行经理的敏锐理性似的,顺便说一
下,它有时候真的类似于这种理性)时也常有发生。在追求为无可辩驳
的事实寻找支持时(这种追求很容易被驳倒),弗洛伊德这里表现出一
种未加详察就被肯定的社会性的东西,即对他所挑战的那种科学的通
行标准的相信。为了这些标准,弗洛伊德所说的孩子是一个小大人,他
的世界是大人的世界。因此,自给自足的心理学虽然禁止自己向社会
"使眼色",但社会对这种心理学的模仿,并不比精通社会学的心理学少。

---

* 阿布拉姆·卡丁纳(Abram Kardiner, 1891—1981),美国心理学家、人类学家,精神
分析的社会文化学派的主要代表人物之一。1921—1922 年曾在维也纳接受弗洛伊
德的精神分析训练。1939 年出版《个人及其社会:原始社会组织的心理机制》一书,
书中运用精神分析技术,研究了五种土著社会的文化形态及其基本人格结构,阐述
了文化与人格相互作用理论,并由此对弗洛伊德的经典精神分析理论提出了批判和
修正。——译者注

脱离了社会辩证法的心灵，在放大镜下被抽象自为地接受，它作为"研究客体"很好地适应于社会，后者将主体仅仅"用作"抽象劳动力的参照点。有人喜欢指责弗洛伊德有机械论思维。他的决定论既让人联想到自然科学，也让人联想到诸如以下这些潜在范畴：能量守恒、一种能量形式向另一种能量形式的可转换性、将先后发生的事件纳入一般规律。就内容而言，他的"自然主义"意向导致从原则上排除了新东西，导致了将心灵生活还原为对已经存在的东西的重复。所有这些都有其显著的启蒙意义。只有在弗洛伊德这里，康德对心灵本体论、对"理性心理学"的批判才是真的有效了：他处理的心灵中的东西，作为已经建构起来的世界的一部分，服从于经验概念形成的秩序图式。弗洛伊德终结了对心灵中的东西的意识形态变形，这种变形是万物有灵论的遗迹。也许，关于儿童性欲的学说最为果决地动摇了心灵意识形态。分析理论谴责人在不自由的社会中遭受的不自由和屈辱，这就像唯物主义批判谴责一个盲目地由经济主导的状况那样。但是，在它的与死亡相密谋的医学视角下，不自由凝结为人类学上的不变项，因此，准自然
63 科学的概念设施在它的对象那里，错过了不仅仅是对象的东西：自发性的潜能。心理领域越是被视为一个自身封闭的、自给自足的力场，主体性就越是被完全地去主体化。被抛回自身的、似乎无客体的心灵，凝固成了客体。它不能从其内在出发来打破，而是在其能量公式中耗尽自己。被严格按照自己的规律来研究的心灵变得毫无生气：似乎心灵只是对它本身所不是的东西的摸索。这不仅仅是一个认识论上的事态，而且还延续到治疗的结果中，延续到那些绝望地合乎现实的人中，他们实际上将自己改造成了各种设施，为的是能够在他们有限的利益领域，即在他们的"主观主义"中取得更大的成功。

一旦心理学的概念形成过程就像在弗洛伊德这里一样一贯地进行，心理与社会之间被忽视的分歧就会报复这种形成过程。例如，可以在琼斯最初引入的合理化概念[21]上证明这一点，后来，这一概念进入了整个分析理论中。它包含的那些陈述，无论其真理内容如何，全都在言说者的心灵事务中起着作用，绝大部分是起着抵御无意识趋势的作

用。根据一个经常被注意到的与马克思主义意识形态学说的类比,完全可以从精神分析的角度来批判这些陈述:它们具有客观地掩盖功能,而分析学家的目的是,证明它们的虚假性和必要性,并揭示被掩盖的东西。但是,对合理化所作的这种内在于心理学中的批判,绝没有与实事内容处于先定和谐中。同样的陈述可以是真的,也可以是假的,而这取决于,它是以现实还是以其心理动态的意义来衡量的;的确,这种双重特征对于合理化来说是本质性的,因为无意识遵循着抵抗最弱的路线,也就是依赖于现实向它提出的东西,此外,它所基于的真实因素越是无可辩驳的,它的运作就越不会受到挑战。合理化既是理智,也是不合理 64 东西的表现;在这种合理化中,心理主体就不再是单纯心理的了。因而,以其现实主义为荣的分析学家,一旦对合理化的真实因素避而不见,转而支持封闭的心理内在关联,他就会变成顽固的独断论者。但是反过来,不折不扣地接受合理化的社会学同样也是可疑的。私人合理化,即主观精神的自欺,并不是与意识形态、客观精神的非真理一样的东西。然而,个人的防御机制一次又一次地在已经建立并经常得到肯定的社会中寻求加强。在合理化中暴露出来的,不仅有神经症,还有虚假社会;这些合理化指的是,客观上真的东西可以为主观上非真的东西服务,正如关于典型的当代防御机制的社会心理学经常指出的那样。即使是客观真理,也必然一直是非真理,正如它不是主体的全部真理那样;并且,由于它的功能以及它对主观发生过程的漠不关心,它适合于掩盖单纯局部的利益。合理化是理智在非理性状态下烙下的伤疤。

费伦齐也许是最坚定、最自由的精神分析学家,他将超我就当作合理化来处理;这些合理化指的是个体行为的集体规范,心理学上未反思的道德将之称为良心。只有在这里才明确显示出了精神分析的历史变化,这种变化是指,它从一种激进的启蒙媒介,转变成一种实际适应现有条件的媒介。曾几何时,人们强调超我中的强迫特征,并要求去分析超我对这些特征的清除。启蒙的意图不能容忍任何无意识的控制者,即使它是为了控制无意识。当代的精神分析文献几乎不再坚持这一点。弗洛伊德曾因意识—前意识—无意识这一原初"体系"引发了困

65 难,而将分析性的拓扑学引入本我—自我—超我的范畴之中,在此之后,关于正确生活的分析性图景,就很容易导向这些主管者之间的和谐。特别是,精神病患者(这一概念在今天是忌讳)可以被解释为缺乏一个得到良好发展的超我,在一定程度上,这种超我在合乎理性的范围内是需要的。之所以容忍不合理性,只是因为这些不合理性来自社会,是因为没有它们就无法想象有组织的社会;但是,这种容忍是不能适用分析原则的。最近流行的关于"神经症的"(即强迫性的)超我和"健康的"(即有意识的)超我之间的区别,带有辅助结构的痕迹。一个"有意识的"超我,由于其不透明性,恰恰失去了为它辩护的理论所坚持的权威。在康德的伦理学中居于中心地位的良心概念完全是在非心理学意义上来构思的,并且被赋予了理智特征;这一伦理学不能与被修正的精神分析混为一谈,后者终止了对心理的启蒙,因为其害怕,如果不这样做,良心就会有生死之忧。康德很清楚地知道,他为什么要与心理学的自由理念相对照:在他看来,精神分析关注的力量之间的相互作用属于"显象",即因果性的领域。他的自由学说的核心是那种不可与经验性的东西相调和的理念,即道德客观性——其背后是关于正确创立世界的思想——不能用当下如此这般的人的状况来衡量。心理学对良心的小心翼翼的容忍恰恰破坏了这种客观性,因为这是将良心用作单纯的手段。"良好整合了的人格"这一目标是应当受到谴责的,因为这将现存社会中并不存在且根本不应该存在的力量平衡强加给个体,因为这些力量不是平等的权利。这是在教导个人忘记必然会在每个人身上重复出现的客观冲突,而不是帮助他解决这些冲突。一个整合了的人指的是,不再感到心理主管者之间的私人分歧以及自我与本我之间的不可调和性;由此,他就不会自行扬弃社会分歧。他将其心灵经济的偶然

66 机会与客观状态混为一谈。他的整合将是与不可和解的世界的虚假和解,并且,这种整合大概相当于"对攻击者的认同",仅仅是屈服的性格面具。特别是在今天的治疗中,整合概念变得越来越流行,它否认发生原则,并将意识与本能等所谓原初的心灵力量实体化了,据说必须在两者之间建立一种均衡,而不是将它们理解为一种在心灵区域内悄悄进

行的自身分裂的因素。弗洛伊德坚决反对心理综合概念[22]，反对善于经营的学者发明的这种对声望的表达，为的是自为地索取那种架构，为的是在没有打上分解烙印的地方，将作为机械论的认识扩展到理想的整合上去，这种理想是糟糕的旧人格的脆弱残像。整体性的、完善的、全面发展的人的概念究竟是否适合效仿，这是值得怀疑的。本雅明已经将一位金发的齐格弗里德取名为生殖性格的理想，大约二十年前，这种理想在精神分析学家中是流行的，当时，比起这种理想，他们更喜欢的是拥有发达超我（well developed superego）的人。在现存的索取型社会中，弗洛伊德方案意义上"正确的"人，即没有被压抑肢解的人，因与具有健康食欲的掠夺者相混淆，而看起来与之是相似的，因此，关于一种独立于社会而实现的主体的抽象乌托邦将受到打击，在今天，这种乌托邦作为"人的形象"本身而颇为流行。对社会的批判可以将心理学对替罪羊群的指责，连本带利地还给权力欲很强的人，只要这种人的自由是以不自由为前提的，那么这种自由就依然是虚假的、是神经症般的贪得无厌，是处于"口欲期"的。每一种人的形象，除了否定的形象之外，都是意识形态。例如，如果今天面对专门化特征（这些特征是与分工纠缠在一起的）而吁求完整的人，那么这就是向更无差别的、更粗鲁的、更原始的东西允诺奖赏，最终，"实干家"（go-getter）的外向性就得到了颂扬，这种外向性卑鄙到足以在卑鄙的生活中站稳脚跟。无论今天如何以人的方式真正预示一种更高的状态，根据现存东西的尺度，这也总是受损的，而不是更为和谐的。曼德维尔认为，私人恶习是公共美德，这一观点可以化用到心理与社会之间的关系上：性格学上可疑的往往代表客观上更好的——释放的主管者，其不是规范性的东西，而是能够进行抵抗的专家。就像在资产阶级时代之初已经是只有压迫的内在化才能使人提高生产力（这能赋予人此时此地一切丰富的东西）那样，心理缺陷在纷杂的整体中的样貌，与在个人心灵事务中是完全不同的。例如，心理学可以很容易地将过去收藏家的行为方式诊断为神经症的，并将之与肛欲综合征结合在一起；但是，如果没有力比多固定在物上，传统，甚至人性本身，都几乎是不可能的。一个为了将一切物当作罐头盒扔掉而摆脱这种综合征的社会,几乎不会以别的方式对待人。我们也知道,即便今天对技术的力比多式占有是退行者(Regredierter)的行为,但是,如果没有其退行,有朝一日可能将饥饿和无谓痛苦赶出世界的技术发明是很难做出来的。心理学家可以信心十足地指责不随大流的政治家,说他们没有克服俄狄浦斯情结,但是,如果没有他们的自发性,社会将永远是这样的:在这个社会中,每个社会成员身上都再生产出俄狄浦斯情结。任何超出现存之物的东西,都会遭遇腐朽的威胁,并因此大部分时候更受现存之物的摆布。与能够无限适应的、无主体的主体相对的对立面,即性格,无疑是古老的。最终,性格不是显露为自由,而是显露为过时的不自由阶段:美国人所说的"he is quite a character",就是说他是一个滑稽的人、古怪的人、可怜的家伙。今天,就像在尼采的时代一样,不仅这些具体的心理学理想要受到批判,而且心理学理想本身都要受到批判,无论其处于何种形态。人不再是人性的关键。但是,今天所认可的智慧和善良,只是领袖宣传的变种。

对超我的照料任意地斩断了精神分析的启蒙。但是,宣布社会中没有良心的做法认可了恐怖。社会洞见与心理洞见之间的冲突很难衡量。在康德那里就已经预先形成的安慰仍然是无力的:迄今为止不合理的、带着无法言说的心理上的虚假费用(faux frais)的良心成就,可以通过对公众的生活必需品的有意识洞察来实现,而又不会出现尼采哲学在谴责良心时提到的那种灾难。只要社会苛求个体放弃驱力的做法既没有因其真理性和必要性而被客观地合法化,也没有为主体创造推延了驱力目标,那么扬弃一般与特殊之间的二律背反的理念就不过是意识形态。这种不合理性被良心主管者盖过了。对心灵经济的渴望和对社会生活过程的渴望根本就不能相提并论。社会为了生存下来而对每个个体提出的正确要求,对每个个体来说总是同时不正确的,最终即便对于社会来说也是不正确的;心理学以为的单纯合理化,往往是社会上必要的。在对抗性的社会,人,也就是每个人,都与自己、与社会性格[23]、与心理性格不一致,并且因这种分裂而先天地遭受损害。并非无缘无故的是,资产阶级现实主义艺术有着如下母题,即从未被削减的、从未残缺的实存,不能与资产阶级社会协调一致:从《堂吉诃德》,到菲尔丁的《汤姆·琼斯》,再到易卜生和现代派。正确的东西变成了虚假的,变成了愚蠢或罪责。

主体觉得是自己本质的东西,在面对异化了的社会必然性时它认为自己所拥有的东西,用那种必然性来衡量的话,只不过是幻觉。这给一切心理上的东西带来了虚荣和虚无的因素。如果说,康德和黑格尔的宏大的唯心主义哲学贬低了今天被称为心理的领域,相对于先验的、客观的精神领域,它被当作偶然的和无关紧要的,那么,这种哲学比经验主义更能看透社会,经验主义自认为是怀疑论的,但又坚持着个体主义的外表。几乎可以说,从心理角度对人的理解越精确,也就越会远离对人的社会命运以及社会本身的认识,从而越会远离对人本身的知识,然而,不能由此说,心理洞察丧失了自己的真理性。但是,当代社会也是"极权主义的",因为在这个社会中,人本身以其自我的能量,也许比以前更为完美地适应了社会的特征;因为人的自身异化使其变得盲目,以至于他们误以为,他们自为地所是和他们自在地所是,是一回事。由于在适应之后就不再需要客观可能性,所以简单的适应已经不足以在现存的东西中坚持下去。只有当个体未能形成其自身时,他才会通过 70
自己设定的退行而实现自身持存。

自我也属于心理,它是一切心灵动势的组织形式,是真正建构起个体性的同一性原则。但是,"检查现实"的自我不仅近乎于一种它所适应的非心理的、熟记下来的东西,而且就是由避开心灵内在关联的客观因素构成的,这种因素是指它的判断与事态的契合性。尽管它本身是原初心灵的东西,但它应当终止各种心灵力量之间的相互作用,并在现实中控制这种相互作用:这是其"健康"的主要标准。自我概念是辩证的,是心灵的与非心灵的,是一种力比多,是世界的代表。弗洛伊德没有处理这种辩证法。因而,他对自我所作的诸种内在于心理学中的规定不得不相互矛盾,并打破了他所追求的体系封闭性。在这些矛盾中,最引人注目的是如下一点:自我虽然包含意识所完成的东西,但它本身在本质上被设想为无意识的。外部的、起着简化作用的拓扑学只是以极为不完善的方式正确适应了这一点,因为它将意识驱逐到自我的外沿上,即驱逐到直接朝向现实的边界区域上。[24]但是,这种矛盾导致的是,自我既作为意识而应当是压抑的对立面,又作为本身无意识的自我而应当是起着压抑作用的主管者。大概可以将超我的引入追溯到想在某种程度上厘清漫无头绪的关系的意图上去。在弗洛伊德的体系中,没有足够的标准来区分"肯定的"和"否定的"自我功能,特别是区分升华和压抑。取而代之的是社会有用性或生产性的概念,这在某种程度上是因轻信而从外部被召唤来的。但是,在一个不合理的社会,自我根本无法充分履行这个社会赋予它的功能。与精神分析的自我概念不一致的心理任务必然落在自我身上。为了在现实中坚持住,自我必须认识到这些任务并有意识地行使功能。但因此,如果个体要完成强加给他的、往往是荒唐的放弃,自我就必须设立起无意识的禁令,并且很大程度上使自己保持为无意识的。弗洛伊德并没有隐瞒如下一点,即那些补偿与对个体所要求的放弃驱力并不相符,凭借这些补偿,那些放弃只能由意识来辩护。[25]但是,由于驱力生活并不服从于它的这位研究者的斯多葛式哲学——没有人比他自己更清楚这一点,因此,根据弗洛伊德确立的心灵经济原则,合理的自我显然还是不够用的。这种自我本身必然变成无意识的,变成一种驱力动态;然而,它应当超出这种驱力动态而再次提升。自我为了自身持存而取得的认识成就,往往为了自身持存而必然同时中断自我,自身意识也必然是失败的。因而,这种概念上的矛盾(它可以如此灵巧地抗衡弗洛伊德)不是缺乏逻辑清晰性之错,而是"至关重要的需求"(Lebensnot)之错。

但是,作为现实之载体的自我,同时又总是非我,它因其自身架构而被事先确定了双重角色。只要它既必须代表力比多需求,又必须代表真实的、与前者不相容的自身持存的需求,它就会被不断地苛求。它绝不具有它在面对本我时所坚持的那种坚定性和安全性。那些伟大的自我心理学家就像马塞尔·普鲁斯特(Marcel Proust)那样,恰恰强调了自我的弱点,即心理同一性形式的弱点。当然,应当担责的,与其说是流动的时间,不如说是心灵的内容性的动态。在自我未能形成本身、未能分化的地方,它就会退行,特别是会退行到与其关系密切的、弗洛伊德所称的自我力比多上[26],或者至少是将其有意识的功能与无意识的功能相融合。曾真的想要超越无意识的东西将再次为无意识服务,并因此可能增强其冲动。这就是"合理化"的心理动态图式。迄今为止分析的自我心理学没有足够有力地追踪自我对本我的回退式参照,因为其从弗洛伊德的系统论出发,预先确定了自我和本我的确凿概念。自身退回到无意识的自我不会简单地消失,而是保留了它作为社会动因(agens)所获得的一些性质。但是,它使这些性质服从于无意识的优先地位。如此,现实原则与快乐原则之间的和谐假象就出现了。随着自我变换为无意识,驱力的性质就又发生了变化,这驱力本身的注意力就被转移到与原初力比多朝向的东西相矛盾的、真正属于自我的目标上。根据弗洛伊德的依附类型,当自我开始成为最高的牺牲者即意识本身的牺牲者时,自我所依赖的驱力能量的形态就是自恋。社会心理学[27]关于今天占统治地位的退行(在其中,自我被否定了,同时又以虚假的、不合理的方式被硬化了)的所有发现,都以不可抗拒的证明力指出了这种自恋。社会化了的自恋,正如它所刻画的最新风格的大众运动和大众气质那样,始终将自身利益的毫无顾忌的局部合理性,与那些破坏性的、自身毁灭性的不合理的畸变结合起来,弗洛伊德将对这种畸变的阐明同麦独孤(William McDougall)和勒庞(Gustave Le Bon)的发现联系起来。自恋的引入可算是他最伟大的发现之一,不过,直到今天,精神分析理论还没有证明自己能与这种引入相匹配。在自恋中,自我的自身持存功能得以保留,至少表面上是这样,但同时,这种功能是与意识的功能相分离的,并被移交给不合理性。自恋性的特征(cachet)具有所有的防御机制:自我在面对驱力时经验到自己的弱点,如作为"自恋性的侮辱"的真实的无力。但是,防御的成就没有意识到一种看似未被污染的、指向自我的,因此未升华和未分化的力比多(自我本身几乎不可能意识到这一点,而是由一种心理动态衍生物意识到的)。自我是否行使压抑功能(这是所谓的防御中最重要的),这一点本身就是成问题的。也许"压抑者"本身可以被视为一种自恋的力比

51

多,这种力比多从其真实的目标中反弹回来并因此指向主体,而后无疑与特定的自我因素合并了。那么,"社会心理学"就并非如今天人们乐于说的那样,本质上是自我心理学,而是力比多心理学。

在弗洛伊德看来,压抑和升华是同样棘手的。他认为,本我的力比多份额要比自我的力比多份额大得多,以至于前者在冲突状况中总是占上风。正如神学家一直教导的那样,精神固然愿意,肉体却是软弱的,而且,自我形成机制本身也是脆弱的。因而,这恰恰很容易与退行联系起来,这些退行是通过压制驱力而在驱力身上造成的。这给了修正主义者一些理由以指责弗洛伊德低估了社会性的、由自我中介的因素,而这些因素又是与心理相关的。例如,针对弗洛伊德,卡伦·霍妮认为,从儿童早期和俄狄浦斯情境中得出无力感的做法是非法的;在她看来,这种无力感源于真实的社会性的无力,正如儿童时期可能已经经验过的那样,当然,霍妮对儿童时期并不感兴趣。现在,如果将修正主义者非常巧妙地描述的、无所不在的无力感[28],与这种无力感的现实的社会条件分开,那肯定是独断的。但是,对真实无力的经验绝不是不合理的;甚至几乎也不是真正心理上的。这些经验只能期待对社会体系的抵抗,而不能期待人们再次占有社会体系。关于自己在社会中的无力这一点,他们所知道的东西属于自我,当然,也属于自我与现实之间的整个关系网络,而不仅仅属于完全有意识的判断。但是,一旦经验变成无力的"感觉",就会增添特殊的心理上的东西:个体恰恰无法经验到他们的无力,也不能正视它。这种对无力的压抑不仅表明个人与其在整体中的力量之间是不相称的,而且更看清了对自恋的侵犯,看清了如下忧虑,即他们完全有理由躲避的虚假优越感实际上是由他们自己组成的。他们必须将对无力的经验处理成"感觉",并在心理上将之沉淀下来,以免在思考时超出无力。他们将这种无力内在化了,就像一如既往地将社会命令内在化那样。在煽动和大众文化的帮助下,本我心理被自我心理唤醒了。这种煽动和大众文化只管理着它们揉捏出的大众的心理动态为之提供的原材料。对于自我来说几乎别无选择,要么改变现实,要么再次撤回到本我中。这被修正主义者误解为浅显的自我心理的简单实情。实际上,这些幼稚的防御机制是被有选择地动员起来的,根据历史情况,它们是最适合于自我的社会冲突图式的。只有这一点,而不是经常被引用的愿望实现,才能解释大众文化对人的暴力。"我们时代的神经症人格"是不存在的,取这个名字不过是一次佯攻;但是,客观情境指出了退行的方向。相比于六十年前,自恋领域中的冲突更为引人注目了,而转换的歇斯底里(Konversionshysterie)则消退了。偏执倾向的表现更为明显了。是否真的比以前有更多的偏执狂,这一点还有待观察;最近一段时间缺乏对比数据。但是,一种威胁所有人,并以某些成就超越偏执幻想的情境,会特别地引发偏执狂,历史的辩证节点可能对这种偏执狂特别有利。与修正主义者的外表—历史主义(Fassaden-Historismus)相反,哈特曼洞察到,一个既定的社会结构选择了特定的心理倾向[29],而不是"表达"了这些倾向。可以肯定的是,与弗洛伊德关于无意识之永恒性的粗糙学说相反,具体的历史成分已经进入儿童早期经验中。但是,小孩子的模仿性的反应形式并不是自我的反应形式,他们在父亲身上察觉到,他并未向他们担保他们所渴望的那种保护。在面对他们时,就连弗洛伊德的心理学也是过于"自我"(ichlich)了。当人们学会理解儿童那无限微妙但又完全是性的动势时,他关于儿童性欲的伟大发现才会摆脱暴行。儿童的感知世界与成年人是如此不同,以致在这一世界中,一种转瞬即逝的气味或一个手势都属于那种数量级,分析学家想根据成人世界的尺度而将这种数量级只归因于对父母性交的观察。

心理学在设立自我时遇到的困难,在安娜·弗洛伊德(Anna Freud)的所谓防御机制理论中体现得最为明显。这一理论从分析最初所认为的对"意识到本我"这一点的抵抗开始。"由于分析方法的任务是为代表被压抑的驱力的观念创造进入意识的通道,也就是要求这些推进,所以,自我针对驱力代表的防御行为自动成为对分析工作的积极抵抗。"[30]弗洛伊德在《歇斯底里研究》(Studien über Hysterie)中已经强调的防御概念[31]随后被应用于整个自我心理,九种从实践中获知的防御机制也被列了出来,这些防御机制都应当呈现自我针对本我

的无意识措施:"压抑、退行、反向形成(Reaktionsbildung)、隔离、抵消
(Ungeschehenmachen)、投射、内射、转向自身(Wendung gegen die
eigene Person)、反转。"[32]属于此列的,"还有第十种防御机制,它更多
76 地是属于对正常的研究,而不是属于对神经症的研究,这就是驱力目标
的升华或推移"[33]。这些截然分离的机制是数得过来的,这一点引发
的怀疑在进一步的研究中得到了证实。西格蒙德·弗洛伊德已经用
"压抑"这一最初的核心概念制造出了一种单纯的"防御特例"。[34]但
是,毫无疑问的是,他颇为明智地从未严格区分过的压抑和退行,在安
娜·弗洛伊德列出的所有"自我活动"中都一并起作用,而这种活动的
其他机制,如"抵消"或安娜·弗洛伊德非常可信地描述的"对攻击者的
认同"[35],即对压抑机制与退行机制的认同,作为这种机制的特例,几
乎不属于同一逻辑层次。在将确实并非同类的机制并列起来时,与经
验观察材料相对的严格理论低声宣告自己有些气馁。相比于弗洛伊
德,他的女儿更为根本地放弃了将压抑与升华彼此区分开的做法,因为
她将两者都归入防御概念之下。在弗洛伊德那里仍然会是一种"文化
成就"的东西,即对于个人的驱力满足或自身持存没有直接好处的心理
成就,在她看来则是病态的,而且绝不是她一个人这样认为。因此,今
天的精神分析理论相信,在临床观察的基础上,可以通过关于防御偏执
狂的论点来详尽阐明音乐,并且,如果它只是前后一贯的,那它就必须
驱逐一切音乐。[36]那些传记性的精神分析并没有比这走得更远,它们
可能想谈谈贝多芬身上本质性的东西,它们指出了这个人的偏执特征,
而后惊讶地问道,为什么这样一个人写出的音乐,其名望给它们留下的
77 印象,会比它们的体系阻碍它们去领悟的真理内容还要深刻。防御理
论同将精神分析拉平为一种现实原则(它是以顺世主义方式来解释的)
的做法之间的这些关系,即使在安娜·弗洛伊德的著作中也并不缺乏。
她用了一章来描述自我与本我在青春期时的关系。对于她来说,青春
期本质上是"力比多突进心理中"[37]与本我通过自我进行的防御之间
的冲突。这也被认为是"青春期中的理智化(Intellektualisierung)"[38]。
"有一类青少年,他们的理智发展的向前飞跃与其他领域的发展过程一

样引人注目和令人惊讶……这时,性潜伏期的具体兴趣可以从前青春期开始越来越引人注目地转化为抽象的东西。特别是,伯恩菲尔德(Siegfried Bernfeld)在他的'被延长的青春期'类型中描述的青年,对于思考、冥想、谈论抽象的话题,有一种永不满足的欲望。许多青年人的友谊是在这种共同冥想和讨论的需求的基础上建立和维持的。这些青年关心的话题和他们试图解决的难题有着十分深远的影响。他们通常关注自由恋爱的形式或婚姻和家庭的建立、自由或职业、流浪或定居,诸如宗教或思想自由之类的世界观问题、各种形式的政治、革命或屈服、各种形式的友谊本身。如果在分析中,我们有机会如实报道青年的对话,或者——像许多青春期研究者所做的那样——追踪青年的日记和记录,那么,我们不仅惊讶于青年思维的广度和不受限制,而且也会完全尊重青年对移情的作用程度和理解程度的尊重、在处理最困难的难题时明显的优势和差不多偶尔体现出来的智慧。"[39]但是,尊重这一方面很快就消失了:"当我们把观察从追踪理智进程本身转移到将它 78 们列入青年的生活中时,我们的态度就会发生改变。然后,我们惊讶地发现,所有这些高智力成就与青年本人的行为几乎没有关系,甚至根本没有关系。他对陌生人心灵生活的移情作用并没有阻止他对其最亲近的对象的最粗暴的无情。他对爱情的崇高观念和对爱人的义务,对他在其不断变化的迷恋中不断犯下的不忠和残暴没有什么影响。即使融入社会生活也丝毫不会带来缓解,因为对社会建设的理解和兴趣往往远远超过其之后的岁月。他的兴趣的多样性并不妨碍这位青年将自己的生活集中在一个点上:专注于他自己的人格。"[40]以这些判断,曾力图打破父亲意象中那控制人的力量的精神分析,现在已坚定地走向了父亲,这些父亲要么撇着嘴讥笑孩子的雄心壮志,要么相信生活会教会孩子更多的东西,而且他们都认为,赚钱比进行愚蠢的思考更重要。精神与直接的目的保持着距离,并且那些年给予了它这样做的可能性,在这些年中,它能支配自己的力量,而后这力量就被谋生的压力吸收和钝化了;而这种精神被污蔑为单纯的自恋。那些仍然相信这是可能的人的无力和易犯错误,都被归咎于他们的虚荣心;他们主观上的不足所承担的责任过重了,在此,秩序应当承担的罪责要大得多,它一次又一次地阻止他们,并在人所处的其他情况中突然冒出来。关于防御机制的心理学理论符合旧资产阶级敌视精神的传统。甚至是从这一传统的武器库中拿出了老一套的东西,由于理想的无力,这套东西没有谴责扼杀 79 理想的条件,而是谴责理想本身和怀有理想的人。出于现实的原因(这不亚于出于心理原因),安娜·弗洛伊德所说的"青年的举止"可能总是与他们的意识内容不同,然而,相比于存在与意识的直接同一性这种规范(即一个人只能如其实存所实现的那样来思考),正是这种差异包含着更高的潜能。似乎成年人身上没有安娜·弗洛伊德指责"青年"时所说的无情、不忠和残暴——只不过,野蛮只要与关于可能更好的东西的知识相冲突,甚至转而反对它后来认同的东西,那么它就会失去至少仍然适合它的矛盾心理。安娜·弗洛伊德说道,"我们认识到,这里涉及的,根本不是日常意义上的理智(Intellektualität)"[41]。"日常意义上的"理智,无论可能是多么的日常,都是与空想的青少年相对立的,不过,心理学没有反思如下一点:即使是"日常"的理智,也是源自不那么日常的理智,而且几乎没有一个知识分子(Intellektueller)会像高中生或青年大学生那样卑劣,后者后来在竞争斗争中将精神售卖给了企业。如安娜·弗洛伊德给其计算清楚的那样,青年"在思考、冥想和讨论时,显然已经感到了满足"[42],他完全有理由感到满足:他必须尽快戒除特权,而不是像市侩一样"为自己的行为找到准绳"[43]。"友谊和永恒忠诚这种理想画面必然只不过是他自己的自我的忧虑的一种反映,这种自我感觉到,它的一切新的、迅猛而来的客体关系已经变得多么地站不住脚"[44],而后这意味着[要感谢布达佩斯的玛吉特·杜博维茨 80 (Margit Dubowitz)提供的指引],"青年对生与死的意义的沉思指的是自己内心中的破坏性的劳作的一种反映"[45]。资产阶级的生存至少给予处境较好的人以精神的喘息之机,这些人是精神分析的证明材料;这种喘息之机是否像它在躺在沙发上、进行着联想的病人身上表现得那样无用和无能于事,还有待观察;但是,如果没有这种喘息之机,肯定不会有友谊和忠诚本身,也不会有关于任何本质性的东西的思想。无疑,当代社会正打算在被整编了的精神分析的意义上,也借助这种精神分析,来削减这种喘息之机。心灵家政的结算表必然将之当作防御、幻觉、神经症而登记入账,自我借此攻击迫使它变成防御、幻觉和神经症的条件;前后一贯的心理主义用思想的发生取代了思想的真理,它变成了对真理的破坏,并为否定状态提供了支持,而它同时又谴责了对这种状态的主观反映。后来的资产者不能在效用和发生的统一性与差异性中同时思考两者。对于他来说,凝结了的劳动之墙,即对象化了的结果,已经变得难以看透,已经变成一种永恒的东西;而他又从后者这里抽离出一种动态(事实上,作为劳动,这种动态本身形成一种客观性因素)并将之转移进孤立的主体性中。但因此,主观动态的份额就被贬低为单纯的假象,同时又被转过来反对对客观性的洞察:每一种这样的洞察都被怀疑是虚妄主体的单纯反映。胡塞尔反对心理主义的斗争恰逢精神分析的产生,其逻辑绝对主义学说在一切阶段上都将精神形成物的效用与其发生分开,并将这种效用拜物教化了,形成对一种做法的补充,这种做法仍然只是在精神性的东西中保留了发生,而没有保留它同客观性的关系,并最终为了现存东西的再生产而废除了真理本身的理念。这两种极端对立的方法都是在奥地利的一种过时的、辩解式的半封建主义中设想出来的,最终殊途同归。现状要么被绝对化为"意向" 81 的内容,要么免受任何批判,因为这种批判本身就是从属于心理学的。

被精神分析细致入微地分离开的各种自我功能之间,是不可消解地相互限制着的。事实上,它们之间的差异,就是社会要求与个体要求之间的差异。因而,在自我心理中,这两个迥异的方面是彼此不能分离的。最初的宣泄方法要求无意识变得有意识。但是,由于弗洛伊德的理论也将实际上必须应对矛盾着的东西的自我定义为起着压抑作用的主管者,因此,分析——同样根据总体结果——同时应当拆除自我,即拆除抵抗中表现出的防御机制,然而,如果没有这些机制,自我原则相对于大量被压制的冲动的同一性就是不可想象的。由此得出了实际治疗的荒谬性:应当打破还是加强防御机制,这要视情况而定——这是安娜·弗洛伊德明确赞同的观点。[46]

据说,在精神病患者身上防御应当是得到了促进,而在神经症患者身上防御则应当是被消除了。在精神病患者身上,自我的防御机制应该阻止本能的混乱和腐朽,人们满足于"支持性疗法"(supportive therapy)。而在神经症的情况中,人们坚持传统的宣泄技术,因为在这里,自我似乎可以应对驱力。这种荒谬的二元论实践超出了神经症与精神病之间原则上的亲缘性,这种亲缘性是精神分析所教导的。如果有人真的设想强迫神经症和精神分裂症之间的连续性,那么就不能:在强迫神经症的情况中,推动病人被意识到;在精神分裂症的情况中,试图使病人维持"正常运作",并使他免受最大的危险,而另一方面,这种危险又被说成是拯救者。如果有人最近将自我的削弱视为最基本的神经症结构之一[47],那么任何进一步削减自我的做法似乎就都是成问题的。社会对抗在分析的目标中再生产出来,这种分析不再知道也不可能知道,它想带给患者的是什么,是自由的幸福还是不自由中的幸福。它之所以摆脱了麻烦,是因为它长期用宣泄法来治疗可以支付费用的富有患者,但只是以心理疗法来对待必须很快能再次工作的贫穷患者——这种二分将那位富者视为神经症患者,而将那位贫者视为精神病患者。这与统计数据相符,其指明精神分裂症与低下的社会地位之间存在相关性。[48]此外,更深层的程序是否真的比表层的程序更可取;至少依然有劳动能力且没有完全献身于分析学家的患者是否根本就没有好转,这些都还是未定之论,因为存在着如下模糊的前景,即逐年增强的传染终有一天会消解。即使是心理治疗也因社会学与心理学之间的矛盾而受损:无论它开始做什么,都是错误的。如果分析消解了反抗,那么它就会削弱自我,并且,固定在分析学家身上的不再仅仅是一个暂时的阶段,而是对从患者身上取走的主管者的替换;如果增强了自我,那么根据正统理论,这也经常会增强那些力量,自我通过它们来压制无意识,还会增强防御机制,这些机制允许无意识继续推进其破坏性的本质。

心理不是使特殊免受一般影响的保护区。社会对抗越是增长,彻头彻尾自由主义和个体主义的心理概念本身显然就越失去其意义。前资产阶级世界还不懂得心理,而完全社会化了的世界也不再懂得心理。与后者相应的是精神分析中的修正主义。对于社会与个人之间的力量转移来说,这种修正主义是合适的。社会权力几乎不再需要自我和个体性这些起着中介作用的机构。而后,这恰恰表现为所谓的自我心理的成长,但实际上,个体的心理动态被个人对社会的适应所取代,这种适应一部分是有意识的,一部分是退行性的。不合理的残余恰恰还是作为人性之润滑油而注入机器。合乎时代的是这样一些人,他们既没有一种自我,也没有真的无意识地行动,而是反射性地反映了客观特征。他们共同进行着一场毫无意义的仪式,遵循着重复的强迫性节奏,在情感上变得贫乏:随着自我遭到破坏,自恋或其集体主义的衍生物增加了。外部的野蛮,即制造等同的总体社会需要差异化,它充分利用了无意识的原始核心。两者相互配合,一起毁灭起着中介作用的主管者。胜利了的古老动势,即本我战胜自我,与社会对个人的胜利是协调一致的。精神分析以其真实的、在历史上已经过时的形态获得了其真理,即对毁灭力量的报告,这些力量在毁灭性的一般当中蔓延,这种一般是在特殊当中的。在精神分析中,依然非真的,是它自己从历史特征中学到的东西,即它的总体性要求,这与早期弗洛伊德的如下保证是相反的,即分析只想给已知添加上一些东西,而这种要求在后期弗洛伊德的如下格言中达到了顶峰:"就算是处理社会中人的举止的社会学,也只能是熟练的心理学。"[49]存在或曾经存在一个有着具体证据的精神分析 84 的固有领域;分析离此越远,它的论点就越受到如下二选其一的威胁:要么扁平化,要么变成妄想体系。如果一个人口误了并且说出带有性色彩的话;如果一个人患上了幽闭恐惧症或是一个女孩梦游,那么,分析不仅有其最好的治疗机会,而且也有其适当的对象,即相对独立的、单子论式的个体,这一个体是驱力动势与禁令之间的无意识冲突的发生地。分析离这个区域越远,它就越是必须变得专横,就越是必须将属于现实的东西拖入内在于心理的阴暗领域。在此,它的幻觉与"思想的全能"那种幻觉根本就没什么不同,后者将它本身批判为幼稚的。在此应当承担责任的,不是如下一点,即自我与本我相对是心理的第二个独立源泉,只要分析仍然有其恰当的对象,它就有权集中在这个自我上;毋宁说,应当担责是如下一点,即无论好坏,自我已经独立于驱力动势的纯粹直接性了,而精神分析的领域,即那个冲突区域正是由此而生。这个自我,作为产生出来的自我,是一种驱力,同时也是另一种自我。精神分析的逻辑不会这样想,并且必然将一切都统一到自我的曾经所是上。由于精神分析取消了自我所意味的差异化,它本身就变成了它最后想要的:一种退行。因为本质不是被抽象地重复的东西,而是作为被区分开来的一般。人道的东西是作为对差异的感知,在人最有力的经验中,即关于性别的经验中形成的。在将对于它来说意味着无意识的东西拉平的过程中,最终是在将一切人的东西拉平的过程中,精神分析看起来是受制于一种同性恋类型的机制:看不到任何不同的东西。因而,同性恋者表明了一种经验上的色盲,也就是不能认识个体性的东西;对于他们来说,所有女性在双重意义上是"平等的"。这个图式是:

85 不能去爱——因为爱不可消解地意味着特殊之中的一般——是修正主义者过于表面地攻击分析之冷酷的根据,这种冷酷与攻击倾向相结合,这种倾向应当是隐藏了真的驱力方向。精神分析在其起源时就已经匹配于占统治地位的物化,而不是在其市场上的衰败形式中才是如此的。一位著名的分析教育家提出了如下基本原理,即人们必须向反社会的和精神分裂的孩子保证,人们是多么地喜欢他们,因而,爱一个令人厌恶的、具有攻击性的孩子这种要求,就是对分析所代表的一切东西的讥讽;正是弗洛伊德曾经拒绝过无差别地去爱人这种诫命。[50] 这种爱是与对人的蔑视相配合的:因而它非常适合心灵助手这个行业。根据其原则,它倾向于捕捉和控制它所释放的自发动势:无差别的东西,它将偏差归属于这个概念之下,这个概念同时总是一种控制。这种技术旨在治愈驱力在资产阶级时代遭遇的损害,但又通过对驱力的解放而伤害了驱力。它鼓励人去承认自己的驱力,训练他们成为破坏性整体的有用成员。

(1955 年)

注释

[1] Vgl. Talcott Parsons，"Psychoanalysis and the Social Structure"，in：*The Psychoanalytic Quarterly*，Vol. XIX，1950，No. 3，S. 371 ff.

[2] Vgl. a. a. O.，S. 372.

[3] Vgl. a. a. O.，S. 375.

[4] a. a. O.，S. 376.

[5] 经验的社会学由此引出了"人格化"，即倾向于将客观引起的社会进程编造为好人或坏人的行为，公共信息手段将那些社会进程与这些人的名字结合起来。(Vgl. Theodor W. Adornou. a.，*The Authoritarian Personality*，New York 1950，S. 663 ff.)

[6] Vgl. Talcott Parsons，a. a. O.，S. 373.

[7] Vgl. a. a. O.

[8] Vgl. a. a. O.，S. 374.

[9] Vgl. Max Werber，*Über einige Kategorien der verstehenden Soziologie*，in：*Gesammelte Aufsätze zur Wissenschaftslehre*，Tübingen 1922，S. 412.

[10] Vgl. Talcott Parsons，a. a. O.，S. 374.

[11] Vgl. Max Weber，*Die Objektivität sozialwissenschaftlicher und sozial-politischer Erkenntnis*，a. a. O.，S. 190 ff.

[12] Talcott Parsons，a. a. O.，S. 376.

[13] Vgl. a. a. O.

[14] Vgl. a. a. O.

[15] "即使在今天，群体中的个体仍然需要一种幻觉，即他们的领袖平等地、公正地爱着他们；但是，领袖自己不需要爱别人，他可能有[？]一种卓绝的天性：绝对自恋，但又自信且独立。"(Sigmund Freud，*Gesammelte Werke*，Bd. 13，London 1940，*Massenpsychologie und Ich-Analyse*，S. 138.)

[16] Vgl. Heinz Hartmann，"The Application of Psychoanalytic Concepts to Social Science"，in：*The Psychoanalytic Quarterly*，Vol. XIX，1950，No. 3，S. 385.

[17] "检查现实是自我的伟大制度之一，我们将之与我们所熟知的心理系统之间的审查放在一起，并期望对自恋情感的分析将有助于我们揭穿其他此类制度。"(Freud，*Gesammelte Werke*，Bd. 10，London 1946，*Meta-psychologische Ergänzung zur Traumlehre*，S. 424.)

[18] Vgl. Theodor W. Adorno，"Zum Verhältnis von Psychoanalyse und Ge-sellschaftstheorie"，in：*Psyche* 6(1952)，S. 17 f. 中译参见本书《被修正的精神分析》一文，第26—27页。

[19] "就个人而言，疯狂是罕见的——但在群体、党派、民族和时代中，它则是规则。"(Nietzsche，*Jenseits von Gut und Böse*，Aph. 156.)

[20] Freud，*Gesammelte Werke*，Bd. 15，London 1944，*Neue Folge der Vor-*

lesungen zur Einführung in die Psychoanalyse，31. Vorlesung，S. 86.

［21］Vgl. Ernest Jones，"Rationalization in Every-Day Life"，in：*Journal of Abnormal Psychology*，1908.

［22］"但我不会相信……我们在这种心理综合中有新的任务。如果我允许自己是坦率的和粗鲁的，我会说这是一个轻率的短语。我冒昧地说，这里有的，只是对一种比较所作的毫无内容的过度扩展，或者……对命名的不合理利用。……心理是如此独特，以至于任何零星的比较都无法反映它的本性。……与化学分析的比较受限于如下一点：在心灵生活中，我们必须处理的那些追求，服从于统一化和联合的强迫。……神经症患者给我们带来一个被反抗所撕裂的、破碎的心灵生命，当我们分析它并消除反抗时，这个心灵生命就同时成长起来了，我们称之为他的自我的伟大统一，也就增添上了以前从他身上分离出来并被束缚的所有驱力动势。因此，在接受分析治疗的人中，心理综合在没有我们干预的情况下自动且不可避免地发生。……如下说法是不正确的：病人身上的某些东西被分解成他的组成部分，现在，这些东西正在悄悄地等待我们以某种方式把它们组合在一起。"（Freud，*Gesammelte Werke*，Bd. 12，London 1947，*Wege der psychoanalyrischen Therapie*，S. 185 f.）

［23］Vgl. Walter Benjamin，"Zum gegenwärtigen gesellschaftlichen Standort des französischen Schriftstellers"，in：*Zeitschrift für Sozialforschung* 3 (1934)，S. 66.

［24］Vgl. Freud，*Gesammelte Werke*，Bd. 15，a. a. O.，S. 63 und 81.

［25］Vgl. Freud，*Gesammelte Werke*，Bd. 7，London 1941，*Die "kulturelle" Sexualmoral und die moderne Sexualität*，S. 143 ff.

［26］Vgl. Freud，*Gesammelte Werke*，Bd. 3，a. a. O.，*Kurzer Abriß der Psychoanalyse*，S. 420 und passim.

［27］Vgl. William Buchanan and Hadley Cantril，*How Nations See Each Other*，Urbana 1953，S. 57.

［28］Vgl. Erich Fromm，"Zum Gefühl der Ohnmacht"，in：*Zeitschrift für Sozialforschung* 6(1937)，S. 95 ff.

［29］Vgl. Heinz Hartmann，a. a. O.，S. 388.

［30］Anna Freud，*Das Ich und die Abwehrmechanismen*，London 1946，S. 36 f.

［31］Vgl. Sigmund Freud，*Gesammelte Werke*，Bd. 1，London 1952，*Zur Psychotherapie der Hysterie*，S. 269.

［32］Anna Freud，a. a. O.，S. 52.

［33］a. a. O.

［34］Vgl. Sigmund Freud，*Gesammelte Werke*，Bd. 4，London 1948，*Hemmung, Symptom und Angst*，S. 96，und Anna Freud，a. a. O.，S. 51.

［35］Anna Freud，a. a. O.，S. 125 ff.

［36］精神分析理论关于音乐的争论，可特别参见 Heinrich Racker，"Contribu-
tion to Psychoanalysis of Music"，in：*American Imago*，Vol. VIII，No. 2
（June 1951），S. 129 ff.，特别是 S. 157。

［37］Anna Freud，a. a. O.，S. 167.

［38］a. a. O.，S. 182.

［39］a. a. O.，S. 183 f.

［40］a. a. O.，S. 184 f.

［41］a. a. O.，S. 185.

［42］a. a. O.，S. 186.

［43］a. a. O.，S. 185 f.

［44］a. a. O.，S. 187.

［45］a. a. O.，S. 187，Fußnote.

［46］"由于畏惧驱力的增强而进行防御的情境，是分析学家无法信守承诺的
唯一情境。这是自我对抗来自本我的洪流的最重大的斗争，就如精神病
发作时那样，这场斗争主要是定量问题。在这场斗争中，自我只渴望增强
来帮助它。如果分析可以通过使它意识到无意识的本我内容来给予它
这种增强，那么在这里，增强也起到了治疗作用。但是，如果分析通过使
它意识到无意识的自我活动来揭示防御进程并将之设定在活动之外，那
么增强起到的作用就是削弱自我，并助长了疾病过程。"（Anna Freud，
a. a. O.，S. 76 f.）但是，根据这一理论，这种"唯一情境"，即对驱力增强的
畏惧，是每种防御的根据。

［47］Vgl. Herrmann Nunberg，"Ichstärke und Ichschwäche"，in：*Internation-
aleZeitschrift für Psychoanalyse*，Bd. 24，1939.

［48］Vgl. August B. Hollingshead and Frederidk C. Redlich，"Social Stratifica-
tion and Schizophrenia"，in：*American Sociological Review*，Vol. 19，
No. 3，S. 302 ff.

［49］Sigmund Freud，*Gesammelte Werke*，Bd. 15，a. a. O.，S. 194.

［50］"对于我们来说，一种不做选择的爱，因为没有公正地对待对象而失去了一
部分自己的价值……并非所有的人都是值得爱的。"（Freud，*Gesammelte
Werke*，Bd. 4，a. a. O.，*Das Unbehagen in der Kultur*，S. 461.）

会 议 后 记

　　1965 年 11 月 6 日，举行了一次与德国社会学协会会员大会和理事会会议相关的内部工作会。它的主题是社会学与心理学之间的关系；这是由名誉主席利奥波德·冯·维塞（Leopold von Wiese）发起的，他谈到了社会性格和私人性格。紧接着的是这里刊印的亚历山大·米切利希（Alexander Mitscherlich）的补充报告[1]；随后进行了非常热烈的讨论。

　　如果允许我补充几点的话，那么，我想首先就米切利希的发言谈一谈。我自己曾在《社会学》（sociologica）第一卷中以"论社会学与心理学的关系"为题发表了一篇关于同一主题的论文*。它更需要与米切利希的文本相对照，因为它在各个方面都不再使我满意。接下来我以提纲方式作一表述。

　　1. 鉴于个体——所有个体——在当前是无力的，在解释社会进程和趋势时，社会以及与之相关的社会学和经济学等学科具有优先性。即使在个体以个体的方式行动（也就是马克斯·韦伯所说的社会行动）的地方，这种行动的器官，即理智，本质上也是社会的，而非心理的主管者。因而，韦伯的理解学说将目的合理性概念置于中心位置。作为社会认识的媒介，心理只有在面对个人的，尤其是群体的不合理行为方式时才变得有意义。在当代的大众运动中，以及在过去的情况中无疑都

---

　　* 见本书第三篇《论社会学与心理学的关系》。——译者注

是这样的。只要少数当权者的利益凌驾于多数人的合理利益之上,这 87
就不是毫不迟疑地针对多数人发生的,而是通过后者发生的。可操纵
的心理机制之所以适合于此,恰恰是因为这些情境中的统治趋势所需
的行为方式是不合理的。这一点的根据是,这些过程虽然以个体为舞
台,并仰赖于个体的驱力能量,但却是如此有害地、整齐划一地运行着。
分析的心理学是认识到了这一根据的。就形式而言,个体过程与一般
社会进程过于协调一致了。在此,有必要考虑到弗洛伊德描述的每个
人的无意识的前个体的、未分化的特性,也要考虑到,个体在其决定性
的早期发展阶段经历的冲突是他与社会机构(如具有典型本质的家庭)
之间的冲突。弗洛伊德用俄狄浦斯模型证明了这一点。虽然集体意识
或集体无意识没有被实体化;虽然冲突似乎是以无窗(fensterlos)的方
式在个人身上发生的,并且是以唯名论的方式从他们的个体本能经济
中衍生出来的,然而,这些冲突在无数个体中有着相同的形态。所以,
社会心理这个概念并不像胡诌的语词及其司空见惯的使用所猜想的那
样不合情理。那些典型的心理过程以反作用的方式增强了社会的优先
地位,但在这里并没有显现出个体与社会之间的平衡或和谐。

2. 记录在科学地图上的心理学与社会学的分离并不是绝对的,但
也不是无意义的和可随意撤销的。在这种分离中,表达了一种持久虚
假的状态,即一般及其规律性与社会中的个体之间的分歧。如果社会
不再是压制性的,那么社会学与特定心理之间的区别就会消失,尽管上
层建筑——在经济占据优势时,整个心理领域都被归入了上层建筑
中——的变革是更为缓慢的;还需经过很长时间,社会性的一般才会真 88
正成为个体需求的集合,个体才会摆脱那些作为其永不休止的压制之
标志的那些特征。只要科学分工与那种真实的分歧相适合,它就是合
法的。即使是最完美的部门间合作也无法消除实事中的分歧。根据通
行的科学理想,这种合作的时髦概念是以在断裂真正占统治地位的地
方保持一致的连续性为前提的。因而,这一概念容易履行意识形态
功能。

3. 需要对社会学与心理学等科学之间的分工进行批判,因为这种

分工本身认可了个体与社会之间不可调和的分裂状态,并将这种分离设想为自然差异。弗洛伊德的优点中最重要的,是他没有将勒庞处理的现象回溯到大众情绪(Massensuggestion)、大众倾向,更没有回溯到一种集体无意识上去,而是从个体驱力动态中得出了所谓的大众情绪。正是这一点表明,在心理学中,以化学的方式纯粹将社会与个体分离开是多么不可能。弗洛伊德并非没有专家的扩张冲动,他最终希望社会学被理解为应用心理学,但悖谬的是,他在最内在的心理细胞中,遇到了诸如乱伦禁忌、父亲形象的内化和原始部落形式等社会性的东西。谁要是严格区分心理学与社会学,那他就会消除这两门学科的本质旨趣:社会学的本质旨趣在于它无论如何都以中介方式溯及活生生的人;心理学的本质旨趣在于其单子论式的范畴的社会因素。即使在弗洛伊德那里,这种社会因素也只是显得有些抽象,因为它被当作心理之外的东西,即"至关重要的需求"。他已经默认,仅凭驱力学说并不能为社会行为奠基,自为的人与作为社会存在的人是不同的。在自我驱力与客体驱力的区分中,这种差异还是被编入了心理学中。然而,精神分析一贯首先处理的是客体驱力;当它被应用到现实的社会现象上时,对自我心理的忽视有时会影响它。

4. 谁要是与弗洛伊德一样认为社会学是实用心理学,那他就会沉溺于意识形态,即便他有着颇具启蒙的意图。由于社会不直接是人的社会,毋宁说是人与人之间的关系独立了,所以,这些关系以压倒性的方式与所有个人相对立,并且将心理动势视为传动装置的紊乱而不能容忍,这些紊乱是要尽可能地被整合起来的。谁要是想使企业主的心理对企业社会学来说是富有成效的,那他显然就会陷入胡说八道中。

5. 精神分析同样也不能社会学化。修正主义学派试图以经验和反对理论的名义这样做,这阉割了精神分析:通过高估自我心理相对于性的重要性,并且将精神分析作为一种成功适应的技术,这就以社会的方式整编了精神分析。这也会影响到其引入的社会范畴。例如,对于修正主义者来说如此重要的社会声望原则,是以资产阶级社会的竞争机制为取向的;但是,在资产阶级社会,相对于生产领域而言,竞争是一种次生现象。在社会性的东西和心理认识之间,一方从另一方那里直接借来的东西越少,它们就越具干预性,并且彼此能够意味着更多的东西。

6. 社会优先于心理,这从根本上得到了贯彻,因为社会地建构的精神分析增强了人在功能社会中发挥功能的能力;用霍克海默的话来说就是变成了"按摩"(Massage)。这一点至少已经被纳入弗洛伊德的如下要求中:"本我过去在哪里,自我即应在哪里。"精神分析的另一个潜能是驱力的释放。严格的性理论服务于此。这是必须被坚持的。将对这种理论的驱逐作为正统,以及将之追溯到19世纪的渴望,就像此外整个同类的惯用语句那样,证明了对启蒙的抵抗。特别是,将分析与存在主义哲学相混合的企图将它翻转为了它的对立面。在德国,弗洛伊德一如既往地遭受着排挤;用卢卡奇的表述来说就是:因深刻而肤浅。他过时了,这种断言只不过是德国蒙昧主义的表述;他似乎首先必须迎头赶上。 90

7. 这两个领域的分离不是绝对的,在今天,这一点被恐怖地证明了。在洗脑技术(brain washing)中已经预示出来的东西,即通过酷刑来整合背离者,在米切利希提及的现象中达到了其全部后果。科学综合心理学与社会学的尝试失败了,因为诸如个人在其群体中的效用等社会因素被直接解释为心理决定因素,而从心理角度来看,这些因素只触及人的专注于现实的外层,而未触及即使是精神分析的修正主义者也不感兴趣的无意识的深层过程。与之相对,激进集体化的实践孤注一掷,它领导并令人震惊地加速了历史上长期推进着的个体的解体。因而,米切利希描述的社会教育的可憎之处遗留下的,是所有对心理的习以为常的社会"影响",因为这些可憎之处不再满足于灌输内容和降低自我抵抗力,而是控制其形式成分,直至无意识的生活。如果说精神分析曾经想成为再教育(Nacherziehung),那么,颠倒过来的精神分析就变成了对儿童早期情境的字面意义上的恢复,为的是根除自我的形成。这种完整的心灵控制明显贯彻了被操控的退行趋势,例如,所谓的大众媒介的累积效应粗略地(并且鉴于其是新东西而无害地)表明了这一点。个体与社会合而为一了,因为社会侵入了个体化进程中的人,并阻止了这种个体化。但是,这种统一不是主体的更高形态,而是将主体抛回了一个远古的阶段,这一点可以从在此过程中进行的野蛮压制中得到证明。这种黑云笼罩的同一性不是一般与特殊的和解,而是作为绝对者的一般,特殊消失于其中。个人被有计划地比拟于盲目的生物行为方式,变得就像贝克特 * 的小说和戏剧中的人物那样。所谓的荒诞戏剧是现实主义的。

91

8. 正如历史进程和心理发生所教导的那样,个体是产生出来的;个体不能自为地主张不变性,他在一个个体主义社会的时代曾假定了这种不变性的假象,这一点可以证成对个体的历史判决。但是,这个判断不是绝对的。根据尼采的洞见,产生出来的东西可以高于其起源。对个体的批判并不意味着对个体的废除。否则,世界进程就会以过于现实主义的唯心主义的形式变成末日审判,制度设置的原初性就会与"政治动物"(zoon politikon)的现实化相混淆。社会与个体之间的同一性在其出现的形式中就已经是完成了的否定:个人就是如此,即通过一种极端的身体痛苦和心理苦楚经验到了这种同一性。

社会学与心理学的分离本身是从占统治地位的社会原则中得出的,在两者分道扬镳之后,它们相互之间是相对独立发展的,就像两个继承国(Diadochenstaaten)那样;对这种分离的理论建构必须加以纠正,因为它过于忽视了分离开的两者真正相互接触的关键区域。对抗着的"一"即使在其对抗中也还是统一体。因而,心理与社会之间没有如人们根据一种模型所设想得那样直接地相互影响着,这种模型将分裂视为逻辑之外的,同时也将之视为在物性对象中的,而不是结构上的;根据一个原则而被划分开的东西,实际上很少是相互独立地运行着的。不仅抽象的原则统一将社会与个体、将它们的科学反思形式即社会学与心理学相互结合起来,而且两者从来都不是如合唱队(choris)那样出现的。因而,最重要的,即社会现实的最具威胁性因而被压抑的因

---

* 塞缪尔·贝克特(Samuel Beckett, 1906—1989),爱尔兰作家,创作的领域主要有戏剧、小说和诗歌,尤以戏剧成就最高,是荒诞派戏剧的重要代表人物。——译者注

素,进入了心理中,进入了主体的无意识中。但是,这些因素转变为了
集体意象(imagine),就像弗洛伊德在讲座中用齐柏林飞船*所展示的　92
那样。他将齐柏林飞船列入古老的意象中,而荣格用它取代了对这种
古老的意象的发现,以便将后者完全从心理动态中分离出来并规范地
翻转之。这种意象(imagerie)是神话的一种当前形态,其对社会性的东
西进行了加密:本雅明的辩证意象的概念想在理论上穿透它。神话是
严格意义上的。因为社会性的东西向内在的、看似永恒的东西的转变,
使得这变成非真的。意象,如果从字面意义上来理解和接受,那就是必
要的虚假意识。适用于这种意象的艺术冲击尤其想爆破这种非真理。
另一方面,现代性的神话又是真理,因为世界本身仍然是神话,仍然是
旧的蒙蔽关联(Verblendungszusammenhang)。或许可以从一些梦中
看出这一真理因素。人们有时也会知道,即使在最扭曲的梦中,相比于
在清醒状态的控制下,他们所熟悉的人也是更真实的即否定性的、是更
加摆脱了意识形态的。就像这样的人是在梦中那样,世界也是如此。

　　从社会的角度来说,接触区域是自发性的区域。心理不仅作为适
应的媒介而变得至关重要,而且当社会化在主体中发现其边界时也变
得至关重要。主体反对社会魔咒,其凭借的力量来自这样一个层次,在
该层次中,文明得以贯彻的个体化原则(principium individuationis)仍
然坚持反对清除这主体的文明化过程。最强的抵抗(résistance)并非在
资本主义最发达的国家中。至今几乎没有人去深刻地探问,整合过程
如其外表那样只是将自我削弱为一种临界值,还是说,如在过去那样,
整合过程仍然能够总是或再次加强自我。一种穿透心理之社会内核的
社会心理学,不是要将心理与社会学概念的贫乏附加搅和在一起,而是
要解决上述问题;对主体的考虑可以对之作出裁决。

(1966 年)

---

* 在《精神分析引论》第十讲"梦的象征作用"中,弗洛伊德说道,"阳具因为有违反地心
吸力高举直竖的特性,所以也用气球,飞机,近时且用齐柏林飞船为象征"([奥]弗洛
伊德:《精神分析引论》,高觉敷译,商务印书馆 1986 年版,第 116 页)。——译者注

注释

[1] Vgl. Alexander Mitscherlich，"Das soziale und das persönliche Ich"，in：*KölnerZeitschrift für Soziologie und Sozialpsychologie* 18（1966），S. 21—36.——德文版编者注

半教育理论

今天显而易见的教育危机,既不仅仅是必须直接处理它的教育专业学科的对象,也不可能由一种连字符社会学(Bindestrichsoziologie)——确切地说是关于教育的连字符社会学*——来解决。教育衰颓的征候随处可见,即便在有教养者(Gebildente)本身这个层面也是如此,这不仅限于数代人以来一直在责备的教育体系和教育方法上的不足。单靠孤立的教育改革,无论这种改革是多么不可避免,都将是无济于事的。有时,在减少对有待教育者的精神要求时,以及在毫无戒心地忽视教育外的现实对他们的影响时,这些改革都有可能加剧危机。对影响与损害教育的社会因素、教育的当前功能、教育与社会之间关系的无数方面进行孤立的反思和研究,都无法接近正在发生的暴力。对于这些反思和研究来说,教育本身的范畴,以及在社会整体内起作用的、内在于体系中的部分因素,依然是被预先确定的;它们在自身有待穿透的关联框架内活动着。源出于教育而现在则沉淀为一种否定的、客观的精神(这绝不仅限于德国)的东西,自身就是从社会运动规律,甚至是从教育概念当中得出来的。教育已经变成社会化了的半教育,变成异化精神之无所不在。就发生和意义来说,这不是先于教育,而是在教育之后的。这里的一切都被社会化之网捕获,不再有未被赋形的自然;但是,自然

---

* 连字符社会学是指,与研究社会一般原则与规律等的社会学相对而言的、研究特定领域的社会学,在这里,这种连字符社会学则是指教育—社会学。——译者注

的粗野,即旧的非真东西,依旧顽强地活着,并再生扩大。作为一种被
94 剥夺了自身规定的意识的缩影,半教育不得不抓住被准许的文化要素。
但在它的魔咒下,这些文化要素作为腐朽的东西趋向于野蛮。这不能
仅仅用最近的发展来解释,当然也不能用"大众社会"这种陈词滥调来
解释,它什么也解释不了,而只是指出了一个必须去认识的盲点。半教
育变成了当代意识的主导形式,在这一过程中,它置一切启蒙和传播开
来的信息于不顾却又借助它们——正是这一点需要更为广泛的理论。

对于这种理论来说,文化的理念绝不能如半教育自身的惯例所说
的那样是神圣的。因为教育不过就是对文化的主观挪用。但是,文化
具有双重特征。这种特征退回到社会,并且在社会与半教育之间起着
中介作用。根据德语语言用法,只有精神文化才能被视为文化,而这种
文化总是与实践形成鲜明对比。这反映了如下一点:资产者的全面解
放并没有成功,或者说,只在这样一个时刻上才算是成功了,即资产阶
级社会不再能等同于人类。想在西方国家将文化概念作为自由实现出
来的革命运动失败了,这种失败似乎将这些运动的理念抛回到自身上,
不仅模糊了它们与它们的实现之间的关联,而且使之成为禁忌。文化
变得安于现状了,最后用词穷的哲学语言来说就是变成了"价值"。宏
大的思辨形而上学,以及与它一起成长为最内在东西的宏大音乐,可能
都要归功于它的自给自足。但是,与此同时,在文化的这种精神化中,
它的无力实际上已经得到证实,这种无力将人的现实生活交付给盲目
存在着的、盲目运动着的关系。对此,文化并非漠不关心的。马克斯·
弗里施(Max Frisch)注意到,那些有时充满激情和理解地参与到所谓
文化商品中的人,可以毫无异议地致力于国家社会主义的谋杀行为;这
95 不仅是意识逐渐分裂的指标,而且客观地制裁了那些文化商品的内容,
也就是人道和其中固有的一切,假如它们只不过是文化商品的话,那么
它们就是谎言。文化商品自己的意义与对人类事物的创设是分不开
的。如果教育忽视了这一点,而是自己设定自己并将自身绝对化,那么
它就已经变成半教育了。威廉·狄尔泰的著作可以证明这一点,相比
于其他任何人,他更能使作为目的自身的精神文化这种概念符合崛起

的德国中产阶层的口味,并将这种概念交给了教师。尽管他博学多才,但他最为著名的那部书中的那些话,如关于荷尔德林的那句话:"哪里有另一种由如月光般精美布料编织而成的诗人生活!他的生活是怎么样的,他的诗就是怎么样的"[1],已无法与埃米尔·路德维希* 风格的文化工业的成果区分开来。

反过来,在将自己理解为现实生活之形态的地方,文化片面地突出了适应因素,这指的是人们相互之间被磨平了。这之所以是必需的,为的是加强一直不稳定的社会化关联,并阻遏那些招致混乱的爆发,这些爆发显然恰恰周期性地发生在自律的精神文化传统建立起来的地方。哲学的教育理念在其鼎盛时期曾想以保护的方式造就自然定在。这种理念有两层意思:一是通过动物性的人的相互适应来驯服他们,二是通过抵抗过时的人造秩序的压力来拯救自然的东西。席勒、康德派哲学家以及康德批判者的哲学最为确切地表达了这两个因素之间的张力,而在黑格尔的教育学说中,在外化的名义下,就像在晚期歌德那里一样,对适应的亟需在人道主义自身中取得了胜利。一旦这种张力消散,适应就会变得无所不在,它的尺度就会变成一切遇到的东西的尺度。它不允许从关于遇到的东西的个体规定出发提出肯定的东西。凭借它施加给人的压力,它使畸形的东西(它误以为其是成形了的)即攻击在人身上永恒化了。在弗洛伊德看来,这就是文化中的不满的根据。它 96 的概念以精神史的方式提醒说,完全适应了的社会是单纯达尔文式的自然史。它所鼓励的是"适者生存"(survival of the fittest)。——如果教育所意味的力场僵化为固定的范畴,无论这些范畴是精神还是自然,是主权还是适应,这些孤立的范畴中的每一个都会与它们所意味的东西相矛盾,并会献身于意识形态,即导致退化。

文化的这种双重特征(这种特征的平衡似乎只有在一瞬之间才能取得)源自不可调和的社会对抗,而文化想治愈这种对抗,又不能仅作

---

* 埃米尔·路德维希(Emil Ludwig, 1881—1948),德国著名传记作家,代表作有《歌德传》《拿破仑传》,以描写人物的心路历程以及性格分析而著名。——译者注

为文化来治愈。在通过文化所实现的精神实体化的过程中,反思将社会造就的体力劳动与脑力劳动的分离美化了。旧的不公正被证明具有作为统治原则的客观优越性,而只有通过与被统治者的分离,才有可能终结统治关系的顽固重复。但是,适应直接是不断进展的统治的图式。只有通过使自己与自然相等同,通过面对定在者时进行自身限制,主体才能控制定在者。这种控制作为一种对人的驱力的控制,最终作为对整个社会生活过程的控制,以社会的方式继续存在。但是,这付出的代价是,自然正是凭借对它的驯服一次又一次地战胜了驯服者,后者并不是无来由地与前者相似的,从前是通过魔法,最后是通过严格的科学主义的客观性。在这种相似化的过程中,在为了主体自身持存而消除主体的过程中,与他所知相反的东西得到了坚持,即单纯的非人的自然关系。这种自然关系的因素以负有罪责的方式交织着,因而必然相互对立着。鉴于对自然的不断掌控,精神变得过时了,并被它曾在自然信仰上留下的魔法污点所取代:它强加的是主观幻觉而非事实的暴力。它自己的本质,即真理的客观性,变成了非真理。但是,在现存的、盲目地97 持续着的社会中,适应并没有超出这一点。自然关系的形成触及了权力的界限;在以合乎人道的方式建立权力的意愿中,权力作为阻止和解的原则而存活下来。由此,适应就被拦回去了:它就像精神那样,变成了物神:普遍组织起来的手段相对于任何合乎理性目的的优先性、无概念的伪合理性的圆滑;它建造了一个自称是自由的玻璃屋,这种虚假意识与精神关于自身的同样虚假的、臃肿的意识融合在一起。

这种动态与教育的动态是一回事。后者不是不变的;在不同的时代,其内涵和制度都会有所不同,而且,即使作为理念也是不能随意转换的。教育的理念随着资产阶级而获得了解放。封建主义的社会性格(如上层人物和绅士的社会性格),特别是旧的神学学识,摆脱了其传统的定在与特殊的规定,独立于其以前所处的生活背景。它们被反思到、意识到了自身并全然传递到人身上。其实现应当同自由和平等的资产阶级社会相符。但同时,这种实现放弃了目的、放弃了其真正的功能,而是像康德美学中那样激进地要求无目的的合目的性。对于自由的个体来说,教育应当纯粹作为他自己的精神而归于自己,这个个体奠基于自己的意识,但又在社会中继续起作用并升华自己的驱力。教育被默认为一个自律社会的条件:部分越是清澈,整体就越会被照得更清楚。然而,它同一种在其彼岸的实践的关系似乎充满了矛盾,因为它堕落为一种他律的东西,堕落为在动荡的"一切人反对一切人的战争"(bellum omnium contra omnes)中感知利益的手段。毫无疑问,教育理念必然会假定一种没有地位和欺诈的人类状态,一旦它允许由此占些便宜并卷入作为社会有用劳动而被给予报酬的特定目的的实践中,它就会亵渎自身。但是,它因其纯粹性而同样是负有罪责的;这种纯粹性变成了意识形态。只要在教育理念中各种有目的的因素发生了共鸣,那么,根据这种意识形态,这些因素最多应该能够使个人证明自己在一个合乎理性的社会中是合乎理性的,在一个自由的社会中是自由的,根据自由主义的模式,当每个人都为了自己而接受教育时,这就真正是成功实现了的。社会状况,特别是经济差异越是不能兑现这种承诺,关于教育之目的关系的思想就越不受欢迎。不可触及的创伤是,单靠教育并不能保证一个合乎理性的社会。人们对一个从一开始就在欺骗的希望咬住不放,据说这种希望能够自行给予人那些现实已经拒绝给予他们的东西。教育的梦、摆脱手段之指令的自由、死板且微薄的有用性,被伪造成对世界的辩护,而这个世界正是根据那种指令建立的。教育理想绝对地设定了文化,而文化的可疑之处渗透在这种理想中。 98

　　与封建主义相对的新兴资产阶级认为的教育进步,绝不像这种希望所暗示的那样率直。当资产阶级在17世纪的英国和18世纪的法国夺取权力时,它在经济上比封建制度更发达,但可能在意识上也是如此。后来被命名为教育的那些品质,使这个新兴阶级能够执行其在经济和管理方面的任务。教育不仅是资产阶级解放的标志,不仅是资产者先于底层民众、先于农民享有的特权。如果没有教育,资产者无论是作为企业主、作为经纪人还是作为公务员都几乎不可能成功,甚至可以说,在任何地方都很难成功。对于资产阶级社会产生的新阶级,情况就不同了,它刚刚真正站稳脚跟。当社会主义理论试图唤醒无产阶级的自身意识时,无产阶级在主观上绝不比资产阶级更先进;并非无缘无故的是,社会主义者是从无产阶级的客观经济地位,而非从其精神特性中得出其在历史上的关键地位的。即使是在形式上平等的社会中,有产99 者也垄断了教育;资本主义生产过程的非人化剥夺了劳动者接受教育的所有前提,首先就是闲暇。教育学上的补救措施的尝试失败了,变成了一幅讽刺画。面对由社会导致的无产阶级被排除在教育之外的状况,一切所谓的国民教育——在此,人们打起精神以规避这个词——都患上了一种妄想症,即认为能够通过单纯的教育来改变之。

但是,教育与社会之间的矛盾并不仅仅导致旧式的、农民式的缺乏教育(Unbildung)。更确切地说,今天的农村地区是半教育的温床。在那里,尤其是由于广播和电视等大众媒介,前资产阶级的、基本上依附于传统宗教的观念世界突然被打破了。它被文化工业的精神所排挤;然而,真正的资产阶级教育概念的先天,即自律,还没来得及形成。意识直接从一种他律变为另一种他律;《圣经》的权威被运动场、电视和"真实故事"的权威所取代,这些权威基于字面东西的主张,即生产性的想象力这一边的事实性。[2]直到今天,还很少有人看到此处的威胁,在希特勒的帝国中,这种威胁被证明远比单纯教育社会学意义上的威胁更为剧烈。应对这种威胁是社会地反思的文化政策的紧迫任务,尽管鉴于半教育,这几乎不是核心任务。半教育的标志最初仍然是资产阶级的,就像教育理念自身那样。它戴着中产阶级下层(lower middle class)的面相。教育并没有简单地从中消失,而是被那些没有分享教育特权的人的利益所拖累。为了能够从事他的职业,一个按传统标准来说没有受过教育的无线电修理工或汽车修理工需要一些知识和技能,100 而如果没有一点儿数学—科学知识,这些知识和技能是无法获得的,顺便说一句,正如托尔斯坦·凡勃伦(Thorstein Veblen)已经观察到的那样,学术上的傲慢低估了所谓的下层阶级对这种数学—科学知识的接近。

然而,单靠资产阶级意识的现象学还不足以解释这种新状况。与资产阶级社会关于自己本身的观念相反,发达资本主义初期的无产阶级是被社会排斥在外的,是生产关系的对象,只有在作为生产者时才是主体。早期的无产者是遭到剥夺的小资产者、手工业者和农民,无论如何,他们都处在资产阶级教育的彼岸。《资本论》和《英国工人阶级状况》中提及的生活条件的压力、过长的劳动时间、数十年微薄的工资,起初使他们对教育望而却步。但是,关系的经济基础、经济上权力与无权的对抗以及在因此而来的客观设定的教育界限上,意识形态都发生了更为彻底的变化。它在很大程度上掩盖了分裂,甚至对那些背负重担的人来说也是如此。在过去的一百年里,他们一直被编织在体系的网络中。这用社会学术语来说就是整合。从主观上来说,也就是根据意识,社会界限日益液化,就像美国长期以来的情况那样,通过无数渠道为大众提供教育商品。这些教育商品作为中立化了的、石化了的东西,有助于促使大众继续坚持认为,没有什么过于高级和昂贵的东西。这一点之所以能够实现,是因为经由市场机制,教育的内容适应了那些被排除在教育特权之外的人的意识,而这些人只有教育才能改变。这个过程是被客观地决定了的,而不是被恶意地(mala fide)筹办起来的。因为社会结构及其动态阻止了文化商品的存在,阻止这些文化商品被"新受洗者"(Neophyt)占有,就像在其概念中的情况那样。数以百万计的人过去对它们一无所知,现在则因它们而被淹没,即使在心理上也几乎没有为此作好准备,这一点可能是最无害的。但是,物质生产本身的条件,很难容忍与传统教育内容(这些内容是打一开始就被传播的)协调一致的那些经验类型。因此,尽管有各种挑战,教育本身还是命门。[101] 在许多地方,作为不切实际的繁杂和徒劳的固执,它已经阻碍了进步:那些仍然知道诗歌是什么的人几乎找不到高薪的撰稿人职位。社会权力和社会无权之间日益扩大的差异拒绝给予无权者——也倾向于拒绝给予有权者——自律的真实前提,而教育概念在意识形态上保留了这些前提。正是由于这个原因,各个阶级在其意识上正在趋近,尽管根据最新的研究成果,这种情况几乎没有几年前看起来那么明显。终归可以仅从社会心理角度(充其量是着眼于人员变动)来谈论平均化了的中产社会,而不是从客观—结构角度来谈论。但两者都是被主观地呈现出来的:整合的面纱,特别是消费范畴中的整合的面纱,然而,在主体触及根深蒂固的利益对抗的地方,持续不断的二分法随处可见。那么,下层人群(underlying population)就是"现实主义的";其他人感觉像是理想的代言人。[3]因为整合是意识形态,所以,即使作为意识形态,它仍然是脆弱的。

　　所有这一切肯定都超出了目标。但是,理论构想的特点就在于:它们与研究结果并非显而易见地一致;相对于研究结果,这些理论构想会招惹是非,因为它们过于冒险,或者用社会研究的语言来说是倾向于作错误的概括。这就是为什么除了行政管理需求和商业需求之外,经验—社会学方法的发展仍然是必要的。然而,如果没有这种过于冒险的思辨,如果理论中没有不可避免的非真理因素,理论就根本是不可能的:它将安于事实的单纯缩写,因此它就以不可理解的、真正意义上前科学的方式使这些事实保持原状。关于教育的消亡、半教育的社会化及其在大众身上扩展的论点,可能是要用有效的经验发现来反驳。在今天,半教育模式仍然是中层雇员的层次,而它在真正的下层中的机制显然很难得到清楚的证明,就像整个被拉平了的意识那样。如果以此时此地的状况来衡量的话,关于半教育的普遍性的断言是不分青红皂白的、夸张的。但是,这种断言根本就不想将一切人和阶层不加区分地归入半教育概念之下,而是要构思一种趋势,勾画一种规定着时代印记的精神的面相学,即使这种精神的效用范围在量和质上都是相当受限的。无数的工人、小雇员和其他群体可能还没有被纳入半教育的诸范畴当中,这尤其是因为阶级意识仍然存在,尽管它正在减弱。但是,从生产方面来看,这些范畴相当强大,它们的建立与具有决定性的利益相当一致,它们塑造了无处不在的文化显现形式,以至于它们值得被表现出来,即使这种表现不能作为统计性的得到证实。然而,如果社会化了的半教育的反题不是别的,而正是遭到批判的传统教育概念,那么,这就表达了一种情境之危难,这种情境没有比那可疑的标准更好的标准,因为它已经错过了其可能性。既不希望恢复过去,也丝毫没有减轻对过去的批判。在今天的客观精神身上,不会发生任何即使在高度自由主义时代也没有在它身上发生的事情,就连推到它身上的旧的罪责也不会有。但是现在,教育领域发生的事情,如果不以其意识形态的旧形式来理解,那就根本不能理解。因为僵化了的关系已经被潜在地切断了,精神由此超出了传统的教育。能够衡量新的坏东西的,只有先前的东西。后者在如下时刻表现了出来:在面对令人震惊的东西的新近形式时,它被谴责为带着和解色彩的正在消失的东西。之所以援引传统教育,仅仅 103 是为了这种新近形式,为了不"厚古薄今"(laudatio temporis acti)。

在半教育的气氛中,教育的真正物化了的实事内容之所以被存留下来,是以牺牲其真理内容及其与活生生的主体的活生生的关系为代价的。这大致符合对半教育的定义。今天,它的名字与国民教育一样带着过时和傲慢的腔调,这并不表明半教育这种现象已经消失,而是表明它的反概念,即教育本身的概念(只有在这一概念中,它才能被理解)真的已经不复存在了。只有那些没有完全陷入熔炉的个别个体,或喜欢庆祝自己成为精英的专业资格团体,还能(有幸地或不幸地)参与到这一概念中。然而,最宽泛的文化工业,即作为大众媒介的行话以确认方式规整了的一切东西,通过利用那种状况而使之持久化了,坦率而言,对于那些被文化拒绝的人来说,文化是对仍然未被整合的东西的整合。半教育是这种文化的精神,是失败的认同的精神。关于搞混外来词的暴发户的野蛮笑话之所以如此顽固,是因为随着对那种机制的表达,这些笑话加强了所有嘲笑这种机制的人的如下信念,即他们已经成功地实现了认同。但是,他们的失败与认同的企图一样是不可避免的。这是因为,曾经达致的启蒙,也就是在完全资本化的国家的所有个体中都有效的(无论是多么无意识的)观念,迫使他们至少表现得真如该观念所以为的那样,这种观念认为,他们是自由的人、自我规定的人,是绝不需要被愚弄的人。在他们看来,这只有在作为精神而与他们相遇的东西的迹象中,即在客观上衰颓的教育中才是可能的。半教育的极权主义形态不仅可以用社会的和心理的既定情况来解释,而且同样可以用更好的潜能来解释:曾经在资产阶级社会中假定的意识状态指向了自己生活的真实自律的可能性,这种自律被生活的制度所否认,并被推

104 到单纯的意识形态上。但是,这种认同必然是失败的,因为个人在形式和结构上都没有从社会中获得任何东西,这个社会已被交换原则之全能(Allherrschaft)取消了资格,由此,他似乎以被保护的方式认同了自己,在此,他能够教育自己(最字面意义上的"教育");而另一方面,整体超出个体之上的暴力已经发展到如此不成比例的地步,以至于个体必须在自己身上重复畸形的东西。曾经如此塑形了的,以至于主体可以一如既往地从中获得其成问题形态的东西,现在已经过去了;但是,他们自己仍然如此不自由,以至于他们自愿的共同生活肯定不是真实的。"榜样"这一尴尬的语词表达了这一点,上面刻写着共同生活之不可能性。它证明了在社会的和精神的宇宙缺席的情况下的痛楚,用黑格尔的话来说,这种宇宙是"实质的"、没有暴力的,对于个人毫无疑问是具有约束力的,是一个正确的、与个人和解了的整体。但同时,"榜样"这个词表达了一种贪得无厌,即出于任意——就像尼采对他的"新的法版"(neue Tafeln)*所做的那样——而竖立起这种实质的东西,而且,语言感受能力已经变得迟钝了,以至于无法感觉到,正是追求榜样时所拥向的暴力行为证明了,人们想占为己有的那种实质性是一种谎言。这样一种法西斯主义特征使这种暴力行为得以存活下来。但是,它可以追溯至教育本身的理念。这一理念本身就是反律法的(antinomisch)。它以自律和自由为其条件,然而同时,直到今天,它指的都是一种先于个人而被预先给予的、在某种意义上他律的并因此过时的秩序的结构,而个人只有在这种秩序中才能得到教育。因而,一旦有教育时,这一理念就已根本不复存在了。在其起源之时,它的衰颓已在目的论的意义上被设定了。

目前,实际上起作用的榜样是意识形态观念的集合体,这些观念是在主体之中的,而它们又拼命挤进主体与现实之间,并过滤现实。它们

---

* 此处指尼采《查拉图斯特拉如是说》的"古老的法版和新的法版"一节,在这一节中,尼采批判了古老的法版为代表的基督教旧道德,提示了新的法版为代表的新道德。参见[德]尼采:《查拉图斯特拉如是说》(详注本),钱春绮译,商务印书馆 2007 年版,第 228 页。——译者注

是在情感上被占用的,以至于很难被理智清除掉。半教育将它们结合
起来。缺乏教育,作为单纯的幼稚、单纯的无知,允许与客体建立直接
关系,并且可以凭借其怀疑、机智和讽刺——这些是在未被完全驯化的
东西中生长起来的品质——的潜能而被提升为批判意识。半教育不想
做到这一点。在教育的诸种社会条件中,不论其他,传统——桑巴特
(Werner Sombart)和马克斯·韦伯所认为的前资产阶级的东西——从
本质上来说与资产阶级的合理性是根本不相容的。但是,世界的祛魅
所导致的传统丧失以一种无形象性(Bilderlosigkeit)的状态告终,这是
一种将自己变成了纯粹手段的精神的荒芜化,这种荒芜化从一开始就
是与教育不相容的。再也没有任何东西将精神与带有理念的身体接触
联系起来了。权威在传统与主体之间起着中介作用,但这种中介与其
说是恰当的,不如说是糟糕的。教育是以社会的方式展开的,这就像弗
洛伊德认为的,自律,即自我原则,源于对父亲形象的认同,而由此获得
的范畴转而反对家庭关系的不合理性。学校改革的人道必要性毋庸置
疑,这些改革消除了过时的权威;但也因此进一步削弱了对精神的已经
减少的挪用和内化,这种挪用和内化是自由所坚持的。直到今天,这种
挪用和内化,作为强制的反面,在没有强制的情况下消失了;然而为了
自由,又不能建议强制。上过高中的人不会在他必须倒背如流的席勒
诗歌和贺拉斯颂歌(Horazoden)下哀叹;他不会被那些年长的亲戚惹
烦,后者自愿地、不停地从他们的记忆中诵读着这些东西。几乎没有人
再去熟记了;在此,最枯燥无聊的(geistlos)东西引证了枯燥无聊的东
西,即机械的东西。但是,通过这些过程,精神被剥夺了它赖以教育自
己的养料。对精神的信仰可能已经将神学信仰世俗化为无本质的东
西,并且,当所谓的年轻一代唾弃这种信仰时,对这种信仰,他们就会以
其人之道还治其人之身。但是,在缺乏这种信仰(其本身是一种意识形
态)的地方,一种更为糟糕的意识形态就会出现。社会性格(有人用一
个自身相当声名狼藉的德语词"精神之人"来命名这个概念)正在消亡。
然而,继承它的遗产的所谓实在论并不更接近实事,而只是准备好放弃
栉风沐雨(toil and trouble),舒适地(komfortabel)安排精神性的生存,

105

106

并吞下塞进它里面的东西。因为几乎不再有青年梦想成为伟大的诗人或作曲家，因而也许——夸张些说——成年人中再也没有伟大的经济理论家，最终没有真正的政治自发性。教育需要免受外部世界的逼迫，需要对个别主体进行某种保护，甚至可能还需要社会化的不完备性。荷尔德林写道，"我理解以太的语言，但我从来不理解人的语言"；一百五十年后，一个这样想的年轻人会被嘲笑，或是因其自闭症而被送去接受仁慈的精神病治疗。但是，在教育上发生的事情是：不再能够感觉到以太的语言（即一种真实语言的理念、实事本身的语言）与传播的实用语言之间的区别。完全可以肯定的是，德国教育在其伟大时代也并不全然包括同时代哲学的知识，即使 1790 年至 1830 年之间的哲学知识也很少被保留下来。但是，这种哲学却是内在于教育中的。它不仅在发生的意义上促使洪堡和施莱尔马赫等人构想教育的本质，而且，思辨唯心主义的核心，即关于客观特征（这种特征超出了单纯心理上的个别的人）之学说，同时也是教育的原则，也就是一种精神的原则，这种精神不直接臣服于其他的精神，也不可直接由其目的来衡量。精神形而上学的不可逆转的垮台将教育埋葬了。这不是孤立的精神史的实情，而是一种社会的精神史的实情。精神受到如下一点的影响，即它及其作为教育的客观化根本就不再被期望，因此一种社会的教育得到了证明。这是对如下这样一种教育的广泛亟需：它可以通过考试来保证，也许能够通过考试来检验。这种亟需仍只是那种期望的影子。可控的教育已经成为一种规范、一种资格，它本身并不比退化为售卖员废话的普及教育更像是一种教育。非任意性（Unwillkürlichkeit）的因素，正如柏格森的理论和普鲁斯特的小说赞美的那样，正如它将教育描述为不同于社会对自然的掌控机制那样，它在可验证性的耀眼光芒中被破坏了。与浮士德的说法相反，教育根本就是买不到的；购买和糟糕的拥有是一回事。但是，正是由于它不服从于意志，它才会被卷入特权的罪责关联中：只有已经拥有了它的人，才不需要购买它、拥有它。因此，它落入了自由与不自由的辩证法中。作为旧的不自由的遗产，它必须走下去；但是，只要不自由的条件客观地持续着，它就不可能处于单纯的主观自由之下。

在美国这个最先进的资产阶级国家(其他国家落后于它),可以明显地观察到,定在的无形象性是普遍的半教育的社会条件。为定在者注入超出其自身的色彩的那种宗教性的形象宝库已经褪色,与宗教形象一起成长的封建主义的不合理的想象完全消失了。本身就没有在人为合成的古代民间传说中存留下来的东西是不能抗拒这一点的。但是,释放了的定在本身是没有意义的;作为祛魅化了的定在,即使在否定性的理解中,它也依然是平淡无奇的;最后分支都是根据等价原则而塑造的生活,在其自身的再生产中,即"传动装置"的重复中耗尽了自己,并且,它对个人提出的要求是如此苛刻和暴力,以至于它既不能主张自己能够自行指引个人的生活从而与个人相对,也不能将这些要求视为与人的规定融为一体的。因而,绝望的实存,即心灵,在生活中没有其神圣的权利,它需要通过半教育来进行形象替代。其诸要素之间的已经增大到混乱地步的差异、对个别"记忆断片"(membra disiecta)的充分合理性本身的放弃,通过匮乏性的意识助长了魔法化(Magisierung)。[4] 108
大众媒介用狂野的西部准备了一个替代神话,没有人将之与一个根本不遥远的过去的事实相对照。电影明星、流行歌曲、流行歌词和流行标题带来了类似的经过计算了的光芒。正是因此,语词——在这些语词下,自身已经是神话的"路人"(man on the street)几乎不再能思考任何东西了——变得流行起来了;一首受欢迎的流行歌曲在提到一个女孩时唱到"你是一首狂想曲"(You are a rhapsody),在这里,没有人想到与狂想曲的比较是多么不讨人喜欢,这是一种大杂烩般的未成型作曲方式。有时,即使是外表端庄、往往惊为天人的女性,作为半教育的形象文字[如有着蒙特斯潘(Montespan)或汉密尔顿夫人那样的容貌],也再无法说出任何自己的句子,而是条件反射般喋喋不休地谈论她们期待的每种情况,以便尽可能获得有利结果:伊夫林·沃(Evelyn Waugh)记录下了这一点。半教育不再仅局限于精神,而且也扭曲了感性生活。它回答了如下心理动态问题,即主体如何能够忍受最终是不合理的合理性。

原初的社会性的差异化因素被取消了，教育存在于这些因素当中——教育与差异性实际上是一回事，而一种替代品在其位置上开始生长起来。长期以来的地位社会吸收了教育的残余，并将其转化为地位的象征。这对资产阶级教育来说从来都不是陌生的。正如叔本华相当天真地认为的那样，这种教育从来都是在贬低自己，将其所谓的承担者（以前是那些会拉丁语的人）与民众分离开。只不过，即使在他们特权的围墙背后，人道的力量也可以活动起来，这些力量转回到实践上，承诺了一个无特权的状况。教育的这种辩证法因其社会整合，即它被直接纳入管理而沉默了。半教育是被商品的拜物教特征所捕获的精神。正像办事员即旧式伙计的社会性格在这期间作为一种雇员文化已经到处蔓延——甚至追溯这一过程起源的卡尔·克劳斯（Karl Kraus）

109　也谈到了伙计的审美专政——那样，教育的使人敬畏的利润动机如霉菌般覆盖了整个文化。它几乎不再让偏离它的东西通过，只有这种具有极权主义性质的东西才是新状况中的新东西。在此，随着整合的不断进行，半教育不再天真，这与雇员文化清除伙计别无二致。它也揪住了它曾经所是的精神，并根据自己的需求修剪这种精神。由此，它不仅部分地寄生于这种精神那最初未被缩减的声望，而且还剥夺了后者的距离和批判潜能，并最终剥夺了后者的声望本身。这一点的模型就是所谓的古典作家的命运。在整个19世纪的德国，在这些古典作家的作品的各种版本——如当时由出版商利益操控并服从于可疑的社会选择机制那样——中所收集的，至少是组成教育准则的东西，无疑，这种教育准则已经因此退化为了库存；席勒是基于格言进行教育的缩影。即便有着这种稀薄的权威，它还是结束了；青年一代可能甚至不再熟悉许多知名古典作家的名字，而他们曾被仓促地证明为不朽的。这种能量已从教育涉及的，并为之注入生命的理念中消散出来。它们既不再作为认识而吸引人——这些理念本身被认为是落后于科学的，也不再作为规范而掌管人。例如，自由和人道在被联合为强迫体系的整体中失去了光彩，因为它们再也不能被仿效；即便它们在审美上的约束性也不再存在；它们所体现的精神形成物被广泛地看成微弱无力的、言之无物的、意识形态的。不仅对于不再受教育的人来说，而且就其自在即就其真理内容而言，教育商品都是崩溃了的。这种真理内容并不像唯心主义所想要的那样是永恒不变的，而是像人一样生存于历史社会动态中的，并且是会消逝的。

即使有着明显的进步，即随着物质生产力的发展，生活水平得到了普遍的提高，但也不能由此祈祷在精神上取得同样的进步。与基础相比，上层建筑发生变革的速度是更为缓慢的，这导致了各种不平衡，它们已经加剧为意识的回退。半教育寄居于"文化堕距"（cultural lag）中。技术和更高的生活水准很容易有益于教育，因为所有人都能接触到文化上的东西，这是伪民主的卖家意识形态——"音乐进入批量生产"（Music goes into mass production），而且，音乐之所以如此，并不是因为那些怀疑它的人遭到附庸风雅之人的斥责。经验的社会研究可以反驳它。在美国，爱德华·萨齐曼（Edward Suchmann）在一项富有创造性的研究中表明，在听所谓严肃音乐的两个比较组中，一组通过生动的表演了解这种音乐，另一组则只通过收音机了解这种音乐，后者的反应比前者更肤浅和更不理解。就像对于后一组来说严肃音乐可能变成了轻音乐那样，一般来说，精神形成物（人凭借那种被克尔凯郭尔等同于恶魔的突然性扑向了这种形成物）冻结成了文化商品。对它们的接受不遵循内在标准，而只遵循客户相信从中得到的东西。但同时，教育要求随着生活水准而增长了，这种要求是如下愿望，即能被算作上层社会的一员，人们总归是在主观上与上层社会的差异较小。作为对这一点的回应，庞大的各个阶层被鼓励去要求他们从不曾拥有的教育。过去只为摆阔的人和"暴发户"（nouveau riche）保留的东西变成了民众精神。文化工业生产的很大一部分以此为生，反过来又产生了受过半教育的需求；报道教育事实的小说传记，同时带来了廉价的和无意义的认同；贩卖如考古学或细菌学等全部科学，这将它们伪造成粗糙的刺激物，并说服读者说这是"与时俱进的"（au courant）。文化市场依赖的愚蠢通过这种文化市场再生产出来并得到增强。在各种占统治地位的条件下，教育的新鲜的—愉快的传播直接就是对它的破坏。

对当前条件下教育的普及所具有的必然启蒙性的价值的怀疑,使自己遭受到"反动派"这一指责。例如,一个人不能反对以口袋书的方式出版重要的哲学文本,指出这种形式和功能会有损内容;否则,他就会使自己成为历史上受到谴责的教育理念的可笑的致祝词者,这种理念只会认可一些过时的人和事的伟大与荣耀。事实上,在技术状况和经济利益正在融合为批量生产的时代中,想将这些文本以小型的和昂贵的科学版本方式来保密的做法是荒谬的。但是由此,人们不应因畏惧不可避免之事,就对其包含的东西,特别是其陷入与教育民主化本身的内在要求的矛盾的原因视而不见。因为传播开来的东西往往会通过其传播,改变人们引以为豪而进行传播的意义。只有认为精神进步是直截了当的、不间断的观念,才会漫不经心地忽视已经被社会化为半教育的教育的质的内容。与之相对,辩证的概念并没有被压制性的总体中的进步的模糊性所欺骗。对抗日益加剧,这意味着,自由意识中的一切局部进步也都有助于维持不自由。本雅明的一篇关于历史哲学的论文引用了一句来自旧社会民主党观念宝库的激动人心的虚幻句子作为座右铭:"我们的事务一天比一天清晰,民众一天比一天聪明"[5],这句话揭示了整个领域。正如艺术中没有近似值那样;正如一部音乐作品的半好演奏绝不能实现其内容的一半那样(相反,除了完全充分地演奏之外,任何演奏都是无意义的),这里的关键在于完整的精神经验。半理解、半体验不是教育的初级阶段,而是它的死敌:进入意识,却没有融化进其连续体当中的教育要素,转变为邪恶的毒素、逐渐转变为迷信,即使在它们本身批判迷信时亦是如此——就像那位在追求更高东西时抓住了纯粹理性批判的"高级箍桶匠"(Oberküfer),他以占星术作结,这显然是因为,只有在此,他才能将我们内心的道德法则与我们头顶的星空结合起来。未被同化的教育要素增强了教育本应避免的意识物化。一个没作准备的人碰到了斯宾诺莎的伦理学,并且没有在笛卡尔的实体学说的背景中、没有在中介"思维"(res cogitans)和"广延"(res extensa)的困难中来看待这一学说;那么,对于他来说,作品由以开始的那些定义都是独断的、不透明的,具有深奥的任意性特征。只有当理性主义的概念和动态,连带其中的定义的作用被理解时,这种特征才会消失。没有成见的人既不会知道这些定义应该是什么,也不会知道它们固有的理由是什么。他要么将它们当作连篇废话拒斥掉,而后轻而易举地以一种顺从性的傲慢将自己与哲学彻底隔绝开来,要么因名人的权威而将它们囫囵吞下,并以权威主义的方式翻转它们,这就像在蹩脚作家的世界观手稿中到处援引所谓的伟大思想家,以证实他们那无关紧要的看法。仅凭历史性的介绍和解释(它们从一开始就把实事推开了),那些定义很难在拿着《伦理学》的人的意识中获得其恰当的重要性,这些人对斯宾诺莎回答的那些特殊问题并不熟悉。结果就是混乱和蒙昧主义;但最重要的,是与没有真正得到欣赏的文化产品的盲目关系,这种关系使精神变得残缺,而这些产品作为活生生的东西恰恰是要帮助这种精神表达出来的。但是,这公然违背了哲学的意志,这种哲学只承认直接可见的东西(无论对错)是认识的最终源泉。正像适用于一切哲学家那样,类似情况也适用于所有艺术。独创的和伟大的东西是直接从自身出发起作用并变得可以理解的,这种观念是一种基于天才崇拜的美学的残渣,它隐瞒了如下一点,即能有充分理由被称为教育的东西,都是不能被无条件地掌握的。 113

　　一个极端的例子可以说明这一点。在美国,有一本非常受欢迎的书,西格蒙德・斯佩思(Sigmund Spaeth)的《伟大的交响曲》(*Great Symphonies*)[6]。该书是毫无顾忌地为受过半教育化了的需求量身定制的:人们能够立即认出音乐活动中交响曲文学的不可回避的标准作品,由此,他们就被证明是有修养的。方法是这样的:交响曲的主旋律,有时只有其中的个别动机,被置于乐章之下,这些乐章可以演唱出那些主题和动机,并按照流行歌曲的方式塑造所涉及的音乐乐章。这样一来,贝多芬《第五交响曲》的主旋律就是用这样一句歌词来演唱的:"我是你的命运,来吧,让我进去!"(I am your Fate, come, let me in!);《第九交响曲》的主旋律被剪成两半,因为它的开头不够好唱,并且只给最后的动机配上了文字:"站住!非凡的第九交响曲现在就在眼前!"(Stand! The mighty ninth is now at hand!)但是,斯佩思将以下几行文字献给了柴可夫斯基的《悲怆交响曲》中以前经常被自愿模仿的副部主题：

> 这音乐少了哀伤的调（This music has a less pathetic strain），听起来更清醒，痛苦渐消（It sounds more sane and not so full of pain）。
>
> 悲伤已止，伤痕可疗（Sorrow is ended, grief may be mended），柴可夫斯基似重归静好（It seems Tschaikowsky will be calm again）！

野蛮的这种爆发无疑损害了数百万人的音乐意识，在这种爆发中，可以了解到很多关于更加隐秘的中等的半教育的情况。吟唱出来的愚蠢乐章与作品的内容无关，而是像水蛭一样紧紧吸附在作品的成就上，在与其对象的关系中简洁地证明了半教育的拜物教。艺术作品的客观性因人格化而遭到歪曲：据此，一段平静下来成为抒情插曲的暴风雨般
114 的乐章就是柴可夫斯基的肖像。虽然他自己实际上已经涉足文化工业，但他的音乐，按照长鬃毛的斯拉夫人的陈词滥调，被归结为一个发狂的半疯之人的概念，这样的人至少还有其平静的阶段。此外，交响音乐中的主题，不是主要事项（Hauptsache），而在很大程度上只是素材；将注意力转移到主题上的通俗化，从音乐的本质、音乐的结构性运作上偏离开来，转向原子的、零碎的个别旋律。这样一来，传播的辅助工具就破坏了被传播的东西。但最终——这是一个几乎不配拥有比撒旦更温和的名字的方面——对于那些曾经用可憎的语词来熟记那些主题的人来说，很难能够再次从这些语词中解脱出来并还将音乐当作其所是来聆听。伪装成热爱艺术的文化信息表明自己是破坏性的。但是，斯佩思的某些东西可能仍然拥有最无辜的口袋书版本。任何不敢对这种类型进行反思的启蒙，都配不上"启蒙"这个名字。

从主观上来说，如下这种机制是一种集体自恋[7]，它提升了一种不再被经验到且几乎根本不再存在的教育的声望、提升了对这种教育的不幸认同。半教育使秘密的王国成为所有人的王国。集体自恋导致

的是,人对于其社会无权的意识(这种意识一直延伸到他们的个体驱力星丛中)被抵消了,同时负罪感也被抵消了,因为他们没有成为按照自己的概念所应当是的样子,也没有去做按照自己的概念所应做之事;这种抵消是通过如下一点实现的,即他们(真实地或仅在想象中)成为一个更高的、包罗万象的东西的环节,他们将自己缺乏的一切属性都归于它,并从它那里回收一些具有代表性的东西,如分有那些品质。教育理念注定是要如此的,因为它——就像种族妄想(Rassewahn)那样——只向个体要求一种最低限度的东西,个体因此赢得了集体自恋的奖赏; 115 上一所更高级的学校就够了,偶尔还会想象出身于一个好家庭。半教育和集体自恋结合而成的态度,是支配的态度、参与决定的态度、作为专家的举动的态度、归属感的态度。卡尔·科恩(Karl Korn)最近构想的被宰制的世界中的语言现象学,特别是"告发者的语言",几乎就是半教育的本体论,他所解释的语言怪物是对告发者的客观精神的失败认同的标志。为了满足社会对人提出的要求,教育被还原为社会内在性和整合性的识别符号,并且本身不加掩饰地变成了一种可交换的、可增殖的东西。教育与财产是统一的(在威廉二世时代的普鲁士,人们用这种统一来为选举权作辩护),这种相对而言无辜的谎言,变成了癫狂的真理。但因此,半教育的精神就向顺世主义宣誓效忠了。半教育不仅被剥夺了批判和反对的"酵素"(这指的是18世纪的教育反对既定的权力),而且被剥夺了对总归变成自己内容和合法证明的东西的肯定和精神上的二重化。但是,批判被贬低为纯粹的狡诈(它不允许自己被欺骗并使对手就范),被贬低为进展的手段。

受过半教育的人是在没有自身的情况下进行着自身持存。在根据任何资产阶级理论来说都是实现了主体性的地方,经验和概念是他再也负担不起的:这从主观上侵蚀了教育的可能性,正如一切在客观上都与教育相反那样。经验是非在场者在其中得以持续的意识连续体,在经验中,练习与联想在每个个别中促成了传统;现在,经验被准时的、无联系的、可互换的和短暂的信息(Informiertheit)所取代,已经可以注意到的是,它在下一刻就会被其他信息抹去。这取代了持续的时间

(temps durée)、取代了一个本身相对一致的生活背景而进入判断当中,因而出现了一个不加判断的"这就是"(Das ist),就像特快列车上那些乘客的说话方式那样,他们在每个经过的地方都会列举出滚珠轴承厂、水泥厂或新营房,并准备好回答每一个未被问到的问题而又不承担后果。半教育是对时间的削弱[8]、是对记忆的削弱,而只有通过时间和记忆,才能意识到曾经意味着教育的经验活动的综合。并非无缘无故的是,受过半教育的人吹嘘自己记性不好,为自己的忙碌和超负荷感到自豪。也许,在当前的哲学意识形态中,时间之所以被取消了,是因为它被人遗失了,并且应该被召回。但是,广为人知的具体主义和抽象主义(它仍只将个别视为一般的代表,前者是因后者之名而被命名的)是相辅相成的。这个概念被指定归入某些现成的、没有经过辩证修正的陈词滥调之下,它们揭示了其在极权主义体系下的有害暴力:即便它们的形式是孤立的、穿透性的、无可争议的"这就是"。然而,由于半教育仍然紧紧抓着它不再满足的传统范畴,所以,意识的这种新形态没有意识到自己的畸变。因而,半教育是神经过敏的和邪恶的;全面的熟知(Bescheidwissen)同时也总是一种对更好知识的欲求。一种曾经见过更好日子的受过半教育的口号是怨恨;但是,半教育本身就是一个怨恨领域,它向那些保留了自身思索火花的人展示了这一点。显而易见的是,半教育的破坏潜能隐藏在占统治地位的顺世主义的表面之下。半教育以拜物教的方式将文化商品作为财产没收了,而又总是处于将它们砸碎的边缘。

伴随它而来的是偏执狂、是妄想狂。但是,如果一种意识状态(如半教育)同无意识的精神病过程的显著的密切关系是一种神秘的先定和谐,那么,妄想体系除了在个人的心理经济中有其重要性之外,还具有其客观的社会功能。这些妄想体系取代了被半教育所阻碍的基本洞见。它们向背叛了判断与经验之连续体的人提供了应对现实的图式,虽然这些图式并不接近现实,但弥补了对不可理解的东西的畏惧。在此,精神病式成品的消费者觉得得到了所有同样孤立的人的庇护,他们在其孤立中、在彻底的社会异化中,被共同的妄想联系在了一起。处于秘密之中又与其他被选之人达成一致,这种自恋性的奖赏一旦超出了眼前的利益,就会从对现实的测试中解脱出来,根据弗洛伊德,旧式自我在这种测试中负有最主要的任务。半教育的妄想体系是持久的短路。人们喜欢以如下一点来解释对那些意识形式[索雷尔(Georges Eugène Sorel)和罗森伯格(Marshall Rosenberg)一致认为它们是神话]的集体偏好:当前的社会现实本身,以难以对付的、复杂的和不可理解的方式挑战了这种短路。但是,这种看似客观的推论恰恰是过于简略的。在许多方面,社会比以往任何时候都更加透明,因为它取消了无数指向市场的机制、清除了各个部门中力量的盲目的相互作用。如果认识只依赖于社会的功能性质,那么在今天,人所周知的女佣大概就可以真的理解"传动装置"。相反,主观性质是客观地产生的,这种性质使得客观上可能的洞察变得不再可能。仍然与现存东西的权力无法匹敌,不得不向它屈膝投降,这种感觉也使认识的驱力动势变得残缺。在主体看来不可改变的东西被拜物教化了,变得看不透和不被理解。人们根据预先得救与预先被诅咒这种二分图式进行思考。受过半教育的人总是把自己算作得救的,一切能够质疑其王国——因此质疑这一王国所属之现存东西——的东西都是被诅咒的。对手往往是他们自己选择的,并且是经过建构才出现的;在关于这种对手的判决中渗透着粗鲁的因素,这种因素正是坚持文化的人自己的文化失败客观造成的。半教育是防御性的,它避免了可能会揭示其一些可疑之处的接触。118

　　不是复杂性,而是异化创造了对社会的精神病式的反应形式:精神病本身就是主体直至其最内在之处的客观异化。半教育的集体妄想体系将不可结合的东西结合了起来;这些体系说出了异化、认可了异化,就好像它是一个阴郁的秘密似的,并将之带给看似接近的、欺骗性的、取代了崩溃经验的替代经验。一切间接的东西因其直接性而吸引着受过半教育的人,但两者之间还是有着压倒性的距离。因而,人格化的趋势是:客观关系被归由个别的人负担,或者由个别的人期待救赎。他们的妄想性的崇拜随着世界的去人格化而加剧。另一方面,半教育作为一种异化意识,又与任何东西都没有直接关系,而总是固定在将其带入实事的观念上。其态度是"将某事视为理所当然的"(taking something for granted);其语调不断地表达着一种"怎么,你不知道?",这一点在最疯狂的猜测中尤为明显。批判意识被削弱成窥探内幕的混沌倾向:里斯曼(David Riesman)用"熟悉内情者"(inside dopester)类型来描述之。然而,半教育的最高答案和定理仍然是不合理的:因而,它同情任何色彩的非理性主义,特别是恶变了的非理性主义,即赞美自然和心灵的非理性主义。它既在精神上自命不凡,又野蛮地反对理智。半教育与小资产阶级之间的亲缘关系是显而易见的;但是,随着半教育的社会化,其病态特征也开始感染整个社会,相应地,被推动起来的小资产者的复兴(Instauration)开始成为主要的社会特征。妄想与半教育之间的社会关联几乎没有被科学看到,相反,这已被从未得到适当尊重的文献看到了。贝内迪克斯(Julius Benedix)那落满灰尘的喜剧《麻烦制造者》(Der Störenfried)对把一切都搞得一团糟的婆婆的描述,勾画出了半教育的完整面相。社会学也许能够展开其整个本体论,即它的一切承载性的、

119 同时源自社会条件的诸范畴的结构关联。作为被排除在文化之外但仍然肯定它的人,受过半教育的人拥有第二种自成一体的文化、一种非官方的文化,当然,这种文化同时与文化工业准备的真正相遇欢聚一堂:书的世界,这些书没有被放在书柜里,而是被阅读,它们似乎是没有历史的、是对历史灾难不敏感的,就像无意识本身那样。与之类似,半教育日趋反应迟钝:这使得从教学法上来纠正它变得相当困难。也许只有以深度心理学的方式才能抵消它:在早期发展阶段就溶解其硬化过程,并增强批判性的思索。

然而,这种要求很快就遭遇了障碍。对半教育的社会性非本质的认识证明了,由客观的既定性生产和再生产出的东西,是不能被孤立地改变的,意识领域对这种既定性是无能为力的。在充满矛盾的整体中,教育问题也陷入了二律背反。文化逐渐被清除,这种趋势是被客观地表现出来的,并且跨越了政治体系的一切界限;有鉴于此,对文化的不断谈论是与世隔绝的、意识形态的。因而,尤其是抽象的(in abstracto)文化不允许自己上升为规范或所谓的价值,这是因为,这种基调的断言

切断了所有文化上的东西与符合人道的生活的实现（这是通过生活强大的自身意识做到的）之间的关系，并有助于精神的中立化，这种中立化本身破坏了教育。但是反过来说，即使是社会理论和任何以社会为导向的实践，也不能以绝望的勇气影响、触及更强有力的趋势，不能使下落的东西、使对文化的清除变成自己的事情；否则，它就会紧接着成为重新陷入野蛮的帮凶。在心理学中被安娜·弗洛伊德称为"对攻击者的认同"[9]（顺从地批准所谓不可避免的东西）的那种最无害的诱惑，并不次于本身已经发疯的精神的诸种诱惑。当前，与其说是批判性的知识分子在茁壮成长，不如说是，他用理智的手段或他与这种手段相混淆的东西来掩盖真相。但是，就连如下这种自负也是徒劳的，即某人——人们总是用这个"某人"来指自己——不受社会化了的半教育的趋势的影响。能有充分的理由被称为意识的进步的，是对与教育之丧失相适应的东西的洞见，这种洞见是非虚幻的、是批判性的；清醒和传统教育是不相容的。并非偶然的是，在马克思和恩格斯构思批判的社会理论时，教育概念的主要目标领域，即哲学和艺术，就已经变得粗糙和原始了。这种简化变得与最终摆脱野蛮这一社会意图不相容；与此同时，在东方，它有助于赤裸裸的恐怖。进步着的意识抵制从属的、因变成财产而面目不堪的文化，这种意识不仅没有超出教育，而且同时总是低于教育。新兴的新质总是比正在下降者多一些东西，也少一些东西。进步本身，即新的东西的范畴，作为酵素混合了一种野蛮的附加物：有人将之清扫干净了。应当设想这样一种状况：不召回文化、保留其残余，但也不废除文化，而本身又超出了教育与缺乏教育的、文化与自然的对立。但是这意味着，不仅文化的绝对化被打破了，而且，文化的见解作为一种非独立东西的见解，也没有被实体化、没有凝结为非辩证的论点，在这里，文化是实践的单纯功能，是对实践的单纯指引。产生出来的东西不能被还原为它的起源、不能被等同于它的来源，这种洞见也指向了精神，后者很容易被引诱着将自己当作起源。对于精神来说，当它将这种主张当作对自己的提升时，它必须应对它对现实的生活关系的依赖性、它与这些关系之形态的不可分割性以及最后它自己的

120

自然发生性。但是,如果精神被赤裸裸地还原为这种依赖性,并且它自
121 愿地适应纯粹手段这一角色,那么就有必要回忆起相反的情况。就此
而言,对处于当前历史时刻中的教育的忧虑是有道理的。精神与现实
的生活关系相分离并独立于它们,这不仅是它的非真理,而且也是它的
真理;任何有约束力的认识、任何可取的艺术作品都不能通过援引其社
会性发生来反驳。如果说,人是为了使自己活着而发展了精神,那么,
没有这一目的就不会存在的精神形成物却不再是食粮(Lebensmittel)
了。精神相对于社会而言的不可逆转的独立性,即对自由的承诺,本身
就是社会性的,这就像两者的统一也是社会性的那样。如果简单地否
定这种独立化,精神就会遭到压抑,就会变成意识形态,这不亚于它在
意识形态上篡夺了绝对性。可以毫不愧疚地称为文化的东西,即超越
文化拜物教的东西,只能是凭借自己精神形态的完整性来实现自身的
东西,并且只有通过这种完整性以中介的方式,而不是通过直接适应其
命令回过头来影响社会。但是,无论在哪,这样做的力量都不会落在精
神身上,而是来自曾经是教育的东西。而后,精神就只做社会意义上正
当的事情,只要它不消融在与社会的无差别的同一性中,那么时代错位
就是正当其时:在社会剥夺了教育的基础之后坚持教育。但是,除了对
它必然变成的半教育进行批判性的自身反思之外,它没有其他的活下
来的可能性。

(1959 年)

注释

[1] Wilhelm Dilthey, *Das Erlebnis und die Dichtung*, Leipzig und Berlin 1919, S. 441.
[2] Vgl. Karl-Guenther Grüneisen, "Landbevölkerung im Kraftfeld der Stadt", in: *Gemeindestudie des Instituts für sozialwissenschaftliche Forschung*, Darmstadt 1952.
[3] Vgl. "Zum politischen Bewußtsein ausgewählter Gruppen der deutschen Bevölkerung". *Unveröffentlichtes Manuskript im Institut für Sozialforschung*, Frankfurt a. M. 1957.

[4] Vgl. u. a. *Ernst Lichtenstein im Handbuch für Sozialkunde*，Berlin und München 1955，Abteilung AII，S. 1 ff.

[5] Josef Dietzgen，*Die Religion der Sozialdemokratie*，in：*Walter Benjamin*，*Schriften I*，Frankfurt a. M. 1955，S. 502.

[6] Sigmund Spaeth，*Great Symphonies*，*How to Recognize and Remember Them*，New York 1936.

[7] Vgl. Theodor W. Adorno，"Aberglaube aus zweiter Hand"，unten S. 155 ff. 中译参见本书第 125—126 页。

[8] Vgl. Theodor W. Adorno，"Über Statik und Dynamik als soziologische Kategorien"，unten S. 230. 中译参见本书第 185 页。

[9] Vgl. Theodor W. Adorno，"Aberglaube aus zweiter Hand"，unten S. 168. 中译参见本书第 135 页。

文 化 和 宰 制 *

　　谈论文化的人,也就是在谈论宰制,无论他是否愿意如此。将相当不同的东西(如哲学与宗教、科学与艺术、生活形式与习俗),最终将一个时代的客观精神归并在"文化"这唯一一个词之下,这种做法从一开始就透露出了行政管理的视角,这种视角从上而下地对所有这一切进行收集、分配、权衡和组织。"文化"这个词本身,就其特殊用法而言,几乎不会早于康德,它那常见的敌手(在德国尤其如此),"文明",直到19世纪才被引入来。通过斯宾格勒,文化变成了口号。无论如何,在今天,文化概念和宰制概念是如何相互接近的,这在语言用法中就能认识到,在广播节目中,这种语言用法为一个职责范围保留了"文化的词汇"的头衔,在其之下有着一切可能的东西,如果它仅符合一种或多或少准确的关于水准和精致(Gepflegtheit)的观念的话,那么这个职责范围就是(与普遍领域相对)宰制的职责范围,这是为那种精神保留的,它不是精神,而是应当为顾客服务的,也就是为轻音乐及其在文学和戏剧上的对应物服务的。

　　但同时,恰恰是按照德国的概念,文化和宰制是对立的。文化应当是更高级的、更纯粹的,是未被损害的,是没有按照某种策略的或技术

---

*　在日常语境中,Verwaltung意味着"管理",而在阿多诺的语境中,该词还有"宰制"的含义,例如在die verwaltete Welt("被宰制的世界")这一概念中,并且这一含义是更为重要的。因此,为凸显阿多诺的理论意图,本书一般将该词译为"宰制",而在非阿多诺理论语境及该译法不符合中文用语习惯时译为"管理"。——译者注

的考量来修剪的。在教养的语言中,这被称为文化的自律。流行的看法乐于将这与人格结合起来。文化被认为是纯粹的人之本质(Menschenwesen)的展现,而没有考虑社会中的功能关联。尽管"文化"这个词有些自负的弦外之音,但又不能回避它,这一点证明了,这个百分之百有理由被批判的范畴,是多么地效忠于和适合于这个被宰制的世界。尽管如此,没有哪个还算敏感的人能够摆脱这样一种被宰制的文化造成的不满。如爱德华·施托伊尔曼(Eduard Steuermann)所言,对于文 123化来说发生得越多,事情对于它来说就越糟糕。这一悖论可以展开如下:如果它被计划和管理,它就会遭受损害;但是,如果任文化自行其是,那么一切由文化的东西起作用的可能性将会受到威胁,就连其生存都是岌岌可危的。既不能非批判地接受幼稚的、长久以来凭借职责范围观念而贯彻的文化概念,也不能顽固地、保守地否定全面组织化时代中文化所遭遇的事情。

对这个词的反感没有欺瞒如下一点,即这个词与其真理是相适宜的,顺便说一下,这种反感没有摆脱野蛮、没有摆脱拉开左轮手枪保险的冲动。这种真理使得这类文化能够被当作统一体来对待,就像城市的那些文化部门惯常所做的那样,它们将一系列对象统一在一位负责人手中,这些对象最初确实有某些共同之处。这种共同性是与一切服务于物质生活再生产的东西,根本上来说是与服务于人的自身保存(字面意义上的)的东西相对立的,是与人的单纯定在的持存相对立的。人人皆知的是,这些界限是变动的。一直以来,对于法权领域和政治领域是否应被归入文化这一点就是有分歧的——无论如何,它们并未出现在文化管理部门中。难以否认的是,在当今的总趋势下,许多传统上属于文化的方面,日益接近物质生产:从自然科学直至其最高的理论(按照较为古老的语言用法来说就是"哲学的")学科,它们肯定不是从文化理念出发得出来的,它们日益深刻地制约着人的现实命运,反过来说,那些科学的进步直接依赖于物质生活的力量,即经济的力量。但是,如果由于求助于臆想的过渡现象而从世界出发进行讨论,那么就不能切中今天面临的并且使人不安的东西。必须抵制当前的如下倾向,即通

过概念的区分和操作(一种粗鄙的认识论)来否认实事当中令人不快的
124 矛盾。首先必须掌握的一个简单情况是,特殊的文化的东西恰恰是被
从纯粹的生活必需品中删除掉的东西。

　　这并没有免除对如下问题的思考,即"宰制"指的是什么:它不再仅
仅是国家或社区的、和社会力量的自由相互作用截然分开的制度。每
一制度的全面扩张——无论是量上的还是质上的——趋势,在马克
斯·韦伯的《经济与社会》[1]中的官僚制游戏(Bürokratiespiel)中都被
揭示出来了,根据他后期著作的形式定义方法,这种趋势被视为内在
的:官僚机构会自行地、根据自身规律铺展开来。最近为这一论点提供
了最为恐怖的例证的,是纳粹党卫军的历史。从本质上来说,韦伯是以
管理的组织类型相对于传统组织类型的技术优越性来作为这一论点的
理据的:"官僚组织的传播的决定性的根据,是它在纯技术层面始终优
越于其他任何形式。高度发达的官僚机制同其他形式的关系,犹如一
架机器同非机械化的商品制造的关系。精确、迅速、明断、有档可查、连
续性、审慎、统一性、严格的服从、减少摩擦、节约物力人力成本,是严格
的官僚组织特有的:在独断的管理中,这些因素可以通过训练有素的官
员(而不是以任何合作的或荣誉的形式与兼任的形式)达到最佳状
态。"[2]但是,正是从纳粹党卫军方面可以认识到,韦伯提出的形式合
理性概念(仅限于目的—手段关系)在何种程度上妨碍了对目的本身之
合理性的判断;人们可以怀疑,在韦伯自己的合理性理论中反映着宰制
思维。应当对组织的独立化机制作出相较于韦伯甚或齐美尔的形式社
125 会学来说更为具体的规定,齐美尔直截了当地将社会僵化现象视为形
而上学式的既定性而与生活对立起来。对抗着的社会中的目的组织必
然遵循着局部的目的:以其他群体的利益为代价。因而,这些组织必然
会走向冷酷无情和对象化。如果它们在面对它们的成员及其直接要求
时,坚持不断地向下完全开放,那么它将无法行动。它们越是被牢固地
结合在一起,在面对其他组织时贯彻自身的愿景就越强烈。今天,在国
际上,从极权主义的、"整体式的"(monolithisch)国家相对于自由主义

国家的强权政治的优势中看到的东西,也适用于更小组织的结构。其向外的作用,是其向内的团结一致的功能,而后者又依赖于如下一点,即所谓的整体获得了相对于个别利益的优先地位,机构通过组织取代了个别利益。自身持存迫使组织开始了独立化,然而同时,它通过这种独立化同其目的和组成它的人相异化。最终,为了能够恰当地遵奉其目的,它必然与人处于矛盾中。

只用宰制(作为单纯的统治形式)的内在扩张趋势和独立化趋势,很难解释旧的语词意义上的宰制机器向被宰制的世界中的这种宰制机器的过渡,很难解释宰制进入了先前未被宰制的领域。应负其责的,是交换关系由于日益增长的垄断而扩张到整个生活上。等价物中的思维自行生产着一种原则上与宰制合理性具有亲缘性的合理性,因为这种思维创造了一切对象的可通约性以及它们可被纳入抽象规则的可归摄性。领域之间的,以及每一个别领域内的质上的差异都遭到了削减,因此,这些领域对宰制的反抗也就减弱了。同时,日益增长的集中所导致的各种统一体,其规模是任何传统的"不合理的"方法都再也无法应对的。在经济上,因统一体的庞大,风险的强度也在增长,并且需要计划 ¹²⁶ 时至今日,它至少是需要马克斯·韦伯定义的"一元制的"(monokratisch)统治类型。不过,由于不以利润为取向的机构(如教育事业或广播)过于庞大,随着对组织分级的追求,所以就要求管理实践。这些实践通过技术发展而得以加强:例如,在广播中,要传达的东西被高度集中了,并且被最大范围地散播出去。马克斯·韦伯依然主要是局限在狭义的管理即官僚等级制上。在赞同罗伯特·米歇尔斯*时,他只注意到在政党,当然还有教育课程部门中有类似趋势。与此同时,这种趋势绝不仅限于经济垄断,而是已经深入一切东西的背后并全面扩展开来了。宰制机器的数量增长产生了一种新的质。宰制再也不会去考虑一种按照自由主义模式所设想的"传动装置",或者说再也不会与之混

---

* 罗伯特·米歇尔斯(Robert Michels, 1876—1936),德裔意大利籍政治社会学家,著有《寡头政治铁律》一书,认为寡头统治是任何试图实现集体行动的组织的必然结果,是任何有着良好愿望的人们无法改变的"铁律"。——译者注

杂在一起,相反,宰制远远压过了自由领域,以至于这些领域似乎只能忍受;卡尔·曼海姆(Karl Mannheim)在前法西斯主义时期就已经预测到了这一点。

对于这种趋势来说,就算是文化也并非不可触犯的。韦伯考虑的是,在经济部门中,管理者的权限是否与他们对其必须去解决的客观难题的理解相称。在他看来,"只有'经济'领域私营经济的受益者的专业知识才是优于官僚机构的专业知识的。这是因为,对于这些受益者来说,对其领域的事实的准确了解直接就是经济生存问题:官方统计资料的错误并不会给责任官员带来直接的经济后果——一个资本主义企业的计算错误却会导致亏损,甚至可能威胁其生存。"[3]然而同时,韦伯在考虑到经济时所提出的官僚机构的资质问题,恰恰就像社会中的宰制本身那样散布开来了。在文化领域,这一问题变成关键性的了。韦伯在附带的一句话中触及了逐渐显露出来的东西,但在四十多年前构思其杰作时,他并没有预见到他的观察的影响。在"官僚制"章中所作的在教育社会学意义上注解的极为特殊的语境中,他谈到,对教育专利的占有不断压制着天赋即"超凡魅力"(Charisma);"因为教育专利的'精神'成本总是很低,而且,随着规模化,这些成本不是增加,而是降低"[4]。据此,那种不合理的、不会被列入计划的规定,被从精神本身当中剥夺掉,而根据传统观点,这种规定是适合于精神的。在一则补论中,韦伯强调了这一点:"当前,围绕教育事业的基本处境进行的所有讨论的背后,在任何关键的地方,都可以看到'专业人士'类型反对旧式'文化人性'的斗争,这场斗争深入到一切最隐秘的文化问题中,而限制着这场斗争的,是所有公共的和私人的统治关系官僚化的不可阻挡的蔓延,以及专业知识不断增长的重要性。"[5]韦伯在这里对"专业人士"的反对,就像自易卜生的《海达·高布乐》(Hedda Gabler)以来在晚期自由主义社会中流行的那样。然而,与此不可分割的是,管理权限在其实质上并无相应管辖权的地方也不可避免地增加了。专家必须在他们并无专业资格的领域行使权威,而人们需要的是他们特殊的、抽象—管理技术能力,以此使活动发挥功能并持续运转。

127

文化与宰制的辩证法揭示出的,绝非来自文化的神圣的不合理性——对文化最无经验的那些人自以为文化是最不合理的,而是宰制(无论是从其客观范畴上来说,还是从其人格组成上来说)与文化不断相异化。对于被宰制者来说,宰制是外在的,是要被纳入其中的,而不是要去理解掌握的。这恰恰处于宰制合理性的本质中,这种合理性是 128 单纯的整理和织网。在《纯粹理性批判》关于"歧义"的那一章* 中,康德反对莱布尼茨,否认知性具有认识"物的内部"的能力。困境存在于对文化的东西的绝对必要的规定与宰制的绝对必要的合理性之间,后者不过是科学主义的知性。有理由被称为文化的东西,一定会以回忆的方式接收在对自然的不断掌控过程中被遗留下来的东西,这一过程反映在不断增长的合理性以及总是合理的统治形式中。文化是特殊对一般性的持续不断的抗议,只要后者未与特殊实现和解的话。这一点,至少可以从德国西南学派关于"法则性的"和"个别性的"的区分(这种区分总是成问题的)中看出来,马克斯·韦伯本人在哲学上是支持这一学派的。但是,宰制必然代表着与那种特殊相对的一般(这不是主观过错,也不是个体意愿)。紧随而来的是纠结的情感,即文化与宰制的关系中不可调和的东西。它见证了,在一个不断一体化的世界中仍然存在着持续的对抗特征。宰制对文化的要求本质上是他律的:无论文化的东西是什么样的,宰制都要它去符合一些规范,这些规范并不内在于它,与客体的质是没有什么关系的,而只是与某种程度上抽象地外在强加的尺度有关,然而同时,宰制者按其规章与自身特性,大多数情况下都必然会拒绝涉及关于内在的质的问题,即实事自身的真理的问题、其客观理性的问题。宰制资质就这样被扩展到一个领域中,该领域的理念是与那种处于宰制规范概念当中的平均的一般性相矛盾的,这种扩展本身是不合理的,是异于实事的内在理性(如艺术作品的质)的,是与实事对立的偶然。由此,对这种二律背反的自身意识及其后果,就被要

---

* 即《纯粹理性批判》中的两则附录:"由知性的经验性运用与先验的运用相混淆而引起的反思概念的歧义"和"对反思概念的歧义的注释",中译参见《纯粹理性批判》,邓晓芒译、杨祖陶校,人民出版社 2004 年版,第 235—257 页。——译者注

129 求作为对康德意义上成熟的、启蒙了的宰制实践的最初的自身意识。

文化早就开始——自19世纪中期以来——抵抗这种"目的合理性"。在象征主义和青年风格运动时期,如王尔德(Oscar Wilde)等艺术家就挑衅地声称文化是无用的。但是,在资产阶级社会中,在有用的东西和无用的东西之间有一种相当复杂的关系在起支配作用,而且这并非从今天开始才是如此的。有用的东西的益处本身绝非不容置疑的,而无用的东西则占据了那个再也不会被利润所扭曲的位置。有用的商品中的大多数都超出了生命的直接生物学上的再生产。这一再生产本身并不是在历史之彼岸的,而是依赖于被列为文化的东西。如果工业时代的人要在石器时代那样的条件下苦熬日子,那么他们肯定会崩溃。批判的社会理论在如下这句话中表达了这一点:劳动力的再生产只是紧随着各自历史地达到的文化状况,而不是静态的自然范畴。一种潜能内在于走向对抗的东西中。不必追随美国经济学家凡勃伦将技术统治论追溯到这种对抗上,他倾向于认为,一切不是迫切需要的商品都是对统治、地位和夸耀的表达,用被宰制的世界的随意行话来说,整个文化都是"吹牛"(Angabe)。但是,不能对如下这点视而不见:在总体系中,有用的东西本身跟利润比起来,从来不是一种直接有利于人的,而是变成了一种次级的、被机械一起拖着走的东西。几乎没有什么比这更让社会意识敏感了。恰恰由于有用的东西的有用性如此不靠谱,所以对于这种设施来说,更为重要的是展现出,它是一件有用的东西,是为了消费者而运行着的东西。对此,意识形态相当严格地划定了有用的东西和无用的东西之间的分界线。为了使文化作为一种独立于物质条件的自在存在者登上王位,对有用的东西本身的纯粹有用性的信念,紧密地顺从于这种独立于物质条件的、对这些物质条件漠不关心130 的东西。文化应当是完全无用的,因此也应当超越了物质生产的计划方法和管理方法,由此,有用的东西的正当要求恰如无用的东西的正当要求那样被凸显了出来。

一种现实积淀在这种意识形态中,即文化与物质生活过程的分离最终是体力劳动与脑力劳动之间的社会断裂。这种断裂在文化与宰制的二律背反中继续着。宰制散发出的那种庸人气息（不仅仅是在语言学上）与古代对低等的、有用的、最终是体力的劳动的敌意是同一种类型。然而，文化与宰制在思维中的僵硬对立总是可疑的，它是一种社会的与精神的状况的产物，它同时也将文化与宰制不择手段地弄在一起。特别是，对于艺术史来说，如下一点是众所周知的：在过去，一旦手工艺品要求集体劳动——这也深入到了著名的建筑师、雕塑家和画家的个人作品中——宰制就会发表意见。宰制的影响依然是外在的，而非实事本身所共有的。因而，即便在过去，宰制与那些在今天被毫不迟疑地称为文化创造者的人相处得一点也不幸福和谐，那种和谐不过是浪漫主义愿望在思古恋旧时投射出来的。在其同文化领域的关系方面，教会、后来的意大利邦国的君主及之后的专制主义都呈现出了管理机关。这些管理机关同文化生产的关系，大概远比今天宰制与被宰制的文化之间的关系更具实质性。宗教的无可争辩的预先确定性减少了文化同实际生活的对立，从前起支配作用的强势主人（当然，雇佣兵队长往往就够了）要比细密分工的社会中的许多管理专家更贴近文化。因此，他们对文化上的东西的控制也就更为直接和严格，而不会受到权限范围和合理规约的妨碍。无论如何，在那时，文化形成物的内在真理同今天被含糊地称为"委托"的东西之间的关系，几乎与今天一样是充满悲苦的。某类看起来在很大程度上赞同其时代的有着客观约束力精神的伟大艺术家，如巴赫，本身就生活在与对他们的宰制的永恒冲突之中。在中世纪的鼎盛时期，这类冲突的确不太为人所知，因为在那时，这些冲突原则上是为起着宰制作用的权力服务的，与这种权力相对的要求几乎是没有机会的，一直到了现代的个体主义概念中，这些要求本身才被恰当地意识到。

尽管如此，文化与有组织的权力之间的关系还是发生了某种本质性的变化。文化超越了种的自身保存的体系，它必然包含着一种针对一切现存东西、一切制度的批判因素。这绝不仅仅是某些文化形成物体现出的趋势，而是对整合的抗议，这种整合粗暴地降临在质上有所不同的东西头上，概莫能外：在某种意义上，这是对一体化理念本身的抗

131

议。兴盛繁荣的东西就是有所不同的东西,是不能被利用的东西,因此它同时证明了占统治地位的实践是可疑的。艺术不仅通过它表露的实践意图,也通过它的单纯实存,事实上正是通过它的非实践性,表明了其论战性的、潜在的实践特征。但是,这种特征与如下一点是不相容的:艺术作为一个部门、作为"文化活动"(cultural activities)被纳入占统治地位的实践的总体中,因此它就如在当下条件下那样畅通无阻。在以前,现实与文化的分界线既没有这么尖锐,也没有这么深;例如,艺术作品仍然没有反映其自律、没有反映其独有的形式规律,而是在某些关联中先天地拥有其位置,在这些关联中,艺术作品实现了无论如何都是间接的功能。它们的完整的、全面的成功恰恰就在于,它们根本没有像后来差不多被视为理所当然的那样将自己设定为艺术作品,这对于它们的艺术力量来说的确是有好处的。保尔·瓦雷里(Paul Valéry)强调了这一点,而没有沉溺于那句关于人的故作庄重的废话中:一切都是为了人而存在着的;人只有在变得可以被完全替代的时候才是时髦的。

132　例如,如果今天去读瓦萨里(Giorgio Vasari)的《大艺术家传》,那么就会惊讶地注意到,他总是强调,文艺复兴时期的画家模仿自然的能力(即提供类似肖像的能力)是特别出彩的。自摄影术发明以来,绘画中这种与实用目的交缠在一起的能力就变得越来越无关紧要;这种状况也蔓延到更古老的绘画上。但是,瓦雷里已经怀疑,那种绘画恰恰将其审美真诚性(Authentizität)归功于如下一点,即它还没有向一种化学意义上纯粹的审美概念宣誓效忠;他认为,最终,艺术只有在其根本不具有作为艺术之雄心的地方,才能作为艺术而兴盛繁荣;然而,这种纯洁无邪是不能由自以为是的共同体意志重新建立起来的。

无论如何,随着资产阶级的兴起和启蒙,文化概念被从现实生活过程中解放了出来,通过这种解放,文化概念在很大程度上被中立化了。它针对现存东西的尖刺被磨平了。晚年变得保守的黑格尔的理论,与《精神现象学》相反,只将绝对精神概念留给狭义的文化领域,这一理论是这种事态在理论上的第一个,也是至今最为著名的凝结物。中立化进程——也就是将文化转变为一种独立的、取消了与可能实践之联系的东西——使得如下一点变得可能:使文化不作反抗地且没有危险地适应于那种它一直在不懈涤除的经营活动。今天,极端的艺术呈现能够由官方制度提供和设想,如果这些艺术呈现还想被创作出来,甚至还想走向公众,那它们就需要这样,而它们却又谴责制度的、官方的东西——在此就可以看到,文化上的东西的中立化以及被中立化了的东西的一致性,都是带有宰制的。由于文化概念丧失了其与实践的可能联系,因此它本身就变成了经营活动的一个因素;在此,挑衅性的无用的东西,变成了一种被容忍的虚无甚或糟糕的有用的东西,变成了润滑油,变成了一种为他者而存在的东西,变成了非真理,变成了为顾客考虑的文化工业商品。今天,这一点由文化与宰制之间关系上的不愉快记录下来。 133

　　什么都无法逃脱彻底社会化了的社会,由此,这种社会影响到被牢牢掌控的文化,可以简单地说明这一点。曾经出版过一种"小册子",这显然是为满足那些到欧洲来做文化旅行的人的需求所写的,对此,这种小册子可能是不错的。其中提纲挈领地记载着夏季(可能也有秋季)的一切更为重要的艺术节日。这样一种模式的理性是很明显的:它能够让文化旅行者分配自己的时间,挑选出自己认为能够从中获益的东西;简单来说就是作出计划,就像所有这些节日都可以由一个联合会来包揽和安排那样。但是,内在于一种节日(即便是艺术节)理念——无论这节日怎么被世俗化、被削弱——当中的,是对无与伦比的、不可替代的东西的主张,是对真正的瞬间的主张。节日在什么时候就应该在什么时候庆祝,而不应分配节日并预防节日的交叠。强占了节日并将之合理化的宰制理性使节日丧失了节日性。某些由此强化为荒诞不经的东西被所谓的文化活动(甚至是先锋派的文化活动)中较为敏感的神经捕捉到了。人们虽然故意维持与流程化(streamlining)的对立,仍然让文化乘着一种吉卜赛大篷车*(Zigeunerwagen)兜风,但是这大篷车偷偷地跑进了一间怪异的大厅,不过自己还没有发觉。由此或许很大程

---

*　最早的吉卜赛大篷车是英国吉卜赛人使用的马拉大四轮车,它们样式不一、色彩迥异,其中内部摆设齐全。阿多诺以此为比喻,来说明文化领域保留着的与流线化相对的繁复性。——译者注

度上解释了内在张力的丧失,在今天,这种丧失甚至在进步的文化生产中也能随处看到,更不用说在其他领域了。自发地要求成为自律的、批判的和反题的东西(当然,它从来不能完全纯粹地确保这种要求),当这种要求的各种冲动已经被纳入一种异于这些冲动的、自上预先设想好的东西当中时,或者说,当它或许从它所反叛的对象的恩赐中获得了呼吸的空间时,它肯定会枯萎。

这里涉及的不是一种变得野蛮的经理人性质(Managertum)的那些已被合理批判过的弊病。在被宰制的世界中,经理和官僚差不多,都是替罪羊;客观的功能关联和罪责关联被指派给某些人,这种指派本身就是占统治地位的意识形态的一部分。悖谬的发展是不可避免的。社会的和经济的总趋势摧毁了自由主义风格或个体主义风格的传统文化的物质基础。诉诸文化创作者(他们想摆脱宰制过程并始终在这一过程之外),这种做法听起来就是空洞贫乏的。这不仅使他们不能养家糊口,而且也切断了一切影响,即作品与社会之间的联系,最无可指摘的作品如果不想枯萎的话,就不能没有这种联系。那些吹嘘自己摆脱了经营活动的人、那些在国内沉默寡言的人,很让人怀疑是鼠目寸光的小资产阶级反动派。流行的看法认为,对于有创造性的精神——并且这始终是不顺从的精神——来说,物质基础总是脆弱的,这种精神将它的力量保留在倔强的自身要求中。这种看法是软弱无力的。一种糟糕的状况并不是从今天开始才有的,这一点并不能赋予这一状况的永续存在以正当性,如果它不再必要的话;更好的东西是通过自己的力量来贯彻的,这种看法不过是一句令人振奋的姜饼上的格言(Lebkuchens-pruch)。“许多东西依然迷失在夜里。”有时,一些偶然发现(如卡尔·埃米尔·弗兰佐斯偶然发现格奥尔格·毕希纳*)会预感到,在人类历

---

* 格奥尔格·毕希纳(Georg Büchner, 1813—1837),德国现实主义作家、戏剧家,被奉为德国表现主义运动的先驱。毕希纳写过三部戏剧:描写法国大革命的《丹东之死》、政治讽刺喜剧《莱翁采和莱娜》、悲剧《沃伊采克》和中篇小说《棱茨》。毕希纳去世后,他的作品很长一段时间被世人淡忘,直到1879年,毕希纳的作品被弗兰佐斯(Karl Emil Franzos)编辑整理后才重新受到文化界的关注。——译者注

史上,即使是在精神生产力中,有多少东西被无意义地毁灭掉了。但是此外,这一领域也发生了某些质变。不再有任何庇护所,即使在欧洲也没有了;有尊严的贫穷是不存在的,从被宰制的世界中掉落出来的人再也不能安心地度过寒冬。只要想一想如 19 世纪末保尔·魏尔伦*那样的生存就够了:这位穷困潦倒的酒徒,当他孤苦无助(out and down)时,他在巴黎的医院遇到了一些善解人意的好医生,他们在他最困难的时候保护他。类似事情在今天真是不可想象的。这并不是说,这样的医生,或者一般地说善良的人是不存在的;在某种意义上,在被宰制的世界中,人道总是会得到提升,一切人为一切人操心。只不过,这样的医生因他们所受的行政管理,也许再也无权去庇护、去敬重流浪的天才了,再也无权使他免受羞辱了。相反,他将成为社会救济的对象,被看护、悉心照顾和供养,但是,他肯定会被剥夺其生活形式,并由此大概再也不能表达出他在世界中感受到了什么——无论魏尔伦(他最终被贬低了、被抛弃了)的创作是多么可疑。“社会有用劳动”概念是不能和完整的社会化分开的;这个概念必然也会向其有用性仅在社会化的否定中被证明的东西呈现出来,并且,对于被拯救者来说,拯救很难说是一件幸事。

要想回忆起这些关联,根本无需想起二战以来人们用“边缘境况”(Grenzsituation)这个语词(它本身是糟糕地中立化了的)所称的事情,尽管人们知道,至今,这些“边缘境况”、这种极端情况,本身都是与文化上的东西的实质性不可分的:在文化领域,没有“平均”概念的立锥之地。但是,文化的社会基本层次发生了变化(这是关键),这些变化扩展到更为无害的东西上去了。在 20 世纪 20 年代维也纳的勋伯格圈子里,在这群反传统主义者(他们无论在艺术上还是在生活方式上都是反传统的)中间,传统的强度使人颇感意外。在那里吸引人的精神,同时

135

---

* 保尔·魏尔伦(Paul Verlaine,1844—1896),法国象征派诗人,与斯特芳·马拉美、阿尔蒂尔·兰波并称象征派诗人的“三驾马车”,代表作有《忧郁的诗篇》等。晚年的魏尔伦虽然诗坛上的名气如日中天,但却生活潦倒,去世后由巴黎的公众为他举行了葬礼。——译者注

是更具艺术性的、更讲究的、更为敏感的精神;它在历史和鉴别能力上有着更多的负担。艺术家准备消解掉的那些徒有其表的理念与规范,带着某种幼稚性和理所当然,存在于奥地利社会中,尽管君主制已经垮台,但这个社会依然是半封闭的、半封建的。他们恰恰将那种使他们与维也纳保守主义相冲突的感性文化和不可容忍的敏感归功于这个社会。艺术革新的大胆与高傲的无动于衷结合了起来。尽管有各种各样的讽刺和怀疑,一个被稳固地结合起来的、社会的、精神的、秩序的无数范畴被接受了。这些范畴为具有反叛性的纤柔提供了一个并非无足轻重的前提。为了能够有效地否定传统、为了能够让它自己的活生生的力量转而反对僵化和自满,似乎就必须满怀传统。似乎只有在已过去的东西足够强大到形成主体的力量,而同时又反对这些力量的地方,尚未过去的东西才是有可能的。只有在温暖中、在心理上受到保护的居室中,才能去构想建构主义和玻璃暖房;这不仅仅是字面意义上的。

　　然而,今天可以察觉到的是,文化与其客观条件之间的张力被抵消了,这使得文化面临着在精神上被冻死的危险。在文化同现实的关系中,存在着一种非共时性的辩证法。只有在向被宰制的世界、向社会现代性的发展还没有如法国和奥地利那样真正贯彻的地方,审美现代性、先锋派才会繁荣兴盛。然而,在现实完全基于现行标准的地方,这种意识就会逐渐被拉平。意识越是顺利地适应整个现实,它就越会丧失勇气去超越已经存在着的东西。

　　当然,绝非一切文化领域都屈服于这种非共时性的辩证法,一些文化领域完全就是需要最新的行政管理标准。今天可能吸收了也创造了最强大的生产力的整个自然科学确实如此:如果不在有计划的管理之下,自然科学是不能胜任其当前任务的;自然科学自己的合理性类似于宰制合理性。类似情况也适用于经常需要团队合作(team work)、集体劳动、广泛研究的地方,如在经验的社会研究中。这种社会研究不仅用管理范畴来进行培训,而且,如果没有管理的话,它肯定会陷入混乱,特别是会陷入偶然的局部性和不受约束中。即使是艺术也不能全然地反对这一切。一个部门,如建筑部门,由于它以实际需求为基础,所以今天它在某些方面要比自律的艺术类型好,如果没有管理,这一部门就是无法设想的。此外,类似地,电影在进行必不可少的融资时,也需要一种公共的行政管理计划。当然,在电影这里,不可避免的计算和实事的真理之间的矛盾以令人吃惊的方式呈现了出来:电影的愚蠢不是由个体的失败造成的,而是由这一矛盾造成的。电影的原则是有计划的、将观众计算在内的意图,这种意图是令人扫兴的。 137

但是,宰制不仅仅是从外部施加到所谓具有创造性的人身上的。它在这些人自身当中激增。一种时间情境产生出了对于宰制来说确定了的主体,这的确是个事实。在"人的不断增长的有机组合"面前,或者说在面对如下一点时,生产文化的那些人也感到了不安全:在人自身之中,设施相对于自发东西的份额不断扩展(就如在物质生产中那样)。谁要是敏锐地体察到这种趋势,他就能在先锋派的艺术产品中、在人最细微的冲动中、在声调和手势中碰到伪装起来了的宰制范畴。要注意走向完整建构的审美趋势,这些趋势在许多地方都可以被证实。它们注视着一种自上而来的计划,这种计划不由得与宰制相类似。这些形成物是总体上预先规定好了的。按照马克斯·韦伯的观点,宰制就其本质而言,是为了一种客观上可控的程序而在很大程度上排除了个体的任意,类似的,在这种艺术中,就理念来说,个体的干预也是被禁止的。在此所运用的处理方式不是任意想出来的——这赋予了现象以其分量,相反,这些处理方式是在艺术之内一贯地发展出来的;它们是源远流长的。只不过,恰恰只有在如下这种艺术中才会呈现出一些完全不同于实际宰制的东西,这种艺术为因不断整合而不得不付出的代价,即为看似个体的和偶然的东西(从现在起,这也应当是在审美上遭到了唾弃)呼吁。在一定的范围内,宰制实际上通过合理的程序秩序阻止了糟糕的偶然、对人的盲目控制、裙带关系和偏袒。当然,自亚里士多德的《政治学》以来,人们就知道,即使在现实秩序中,不公正的阴影也是与公正的合理法则相伴而行的,以至于宰制行为的合理性需要校正,亚 138
里士多德将这种校正作为"衡平"(Billigkeit)嵌入了进去。艺术作品的合理性同样也没有完全成功。这种合理性依然依附于一种外在确定好的、安排好的东西的因素——暗地里就是可憎的主观主义的因素。今天,所有进步艺术的张力场,就是由激进的建构和同样激进的反抗建构这两极界定的:两者经常相互转化。尤其是,必须在这种视角下来理解塔希主义(Tachismus)*。

对文化概念的否定本身尚在准备之中。这一概念的组成部分如自律、自发性和批判等概念都被取消了。自律之所以被取消,是因为主体不是有意识地作决定,而是必须且愿意被嵌入业已确定好了的东西中,是因为精神(按照传统的文化概念,它本应当自己立法)在面对单纯存在者的压倒性的要求时,每时每刻都会感到自己是无权的。自发性之所以减少,是因为整体的计划被排在个别的动势之前,它预先决定了后者,将后者降低为假象,并且根本不再容忍那种人们期待从中产生出自由整体的力量的相互作用。最终,批判渐渐死去,因为批判精神在运转过程(这越来越成为文化上的东西的模型)中,就像机器中的沙子那样起着破坏作用。批判精神似乎是过时了的,是"在扶手椅上进行着思考"(arm chair thinking),是不负责任的、不可用的。代际关系怪诞地颠倒了;年轻人引证现实原则,而老年人则在理智世界中恣意放纵。国家社会主义者以残暴的方式预见到了所有这一切,并由此以滑稽模仿的方式暴露出了这一切,他们恰恰是与批判范畴相对立的,是一种未来发展的预兆,因为他们以其艺术思考取代了批判,实际上就是以信息取代了实际的东西,就像他们对批判精神的不断压制那样:一套完全先锋派式的丛书已经骄傲地写上了副标题——"信息"。

在有些部门——它们孤立于或远离于社会上最强有力的趋势,当然,通过这种分离,它们获得的绝非只有好处——中,这种估计尚未实现,而在官方文化中,这种估计却是越来越准确相符了。比如,在有过切身感受的联合国教科文组织的诗人(Unesco-Dichter)中盛行的,是倾心于如下一点:即便是在最非人的情境中,人性的东西依然会盛开;以

---

* 塔希主义是第二次世界大战后出现于法国的绘画派别。"塔希"一词意为斑点、脏点、污渍、污渍,故又称为斑污派或涂抹派。这一派别注重在创作中任凭画笔的扫、滴、洒、泼等无意识的自发挥动。——译者注

一种不去处理"有争议的问题"(controversial issues)的人道的名义，用他们的心血涂抹宰制机构的国际性的榜样；在东欧集团的国家中，官方部门、政党部门威逼艺术家搞出的那些幼稚的破烂货就更不用提了。如果在西方，有人资助了关于具有一般约束力的、稳定价值的调查项目（这也会瞥向欠发达地区），没有人会感到惊讶。有相当多的顺从的知识分子，凭借从征婚广告(Heiratsofferte)中得到的对生活的肯定，来质疑知识分子的批判精神。如下一点补充了官方的人道主义：在人道中而非在官方中的东西都会张扬开来，因而会被指控为非人性的。因为批判从人那里拿走了他们那贫乏的精神所有物，揭下了他们自以为舒适的面纱。他们因被揭下面纱而来的愤怒，转向了撕破那副面纱的人，这符合以前的启蒙者爱尔维修的说法：真理不会伤害任何人，除了说出真理的人。即使是偏离者也不能免于标准化，这种观察绝不新鲜，而它最近却被错误地用来诽谤保守主义概念的论战性的用法，就好像有一种二阶的保守主义（至少有一种抵抗活动在它之前），由于这一点，不抵抗的、一阶的保守主义（即随波逐流、泯然众人）就会变得更好。实际上，用亨利希·雷吉乌斯*(Heinrich Regius)的话来说，之所以有人痛斥"保守主义"这个词，是因为他们与这件事是一致的。

　　即使是那种被贴在有艺术才能者名下的、特属于德国的现象，在被宰制的文化中也有其一席之地，这是一种在大众心理学意义上起作用的尝试，即通过宰制来拯救被宰制威胁的自发性，或者，如那些圈子所说的，拯救"掌握"(Erfassung)：对精神所进行的一切教育学化(Pädagogisierung)都符合这一要求。显而易见的后果是倒退，即盲目地满足于被唤醒成自发性的主体。在这一领域，到处都在讲着本真性 140 的行话，这并非偶然。这种行话不同于老式的宰制语言，在今天，后者只不过还如鬼魅般游荡在感人地顺从着的便签中。那种旧的宰制语言已是积满灰尘、腐朽陈旧的了，更确切地说，它恰恰见证了宰制与文化的相对分离，并且由此不知不觉地向文化致以敬意。但是，本真性的行话使

---

*　这是霍克海默的笔名，他曾以此名于1934发表《黄昏》论文集。——译者注

异质的东西协调一致起来。来自各个领域——神学传统、存在哲学、青年运动、兵役（Barras）、表现主义——的语言成分，都被制度性地吸收了，而后，在某种程度上被再度私人化了，被偿还给了个人，他现在轻松地、自由地、高兴地谈论着"委命"（Auftrag）和"遭遇"，谈论着真切的"陈述"和"关切"（Anliegen），就好像在自说自话；而他实际上只是在自吹自擂，就好像每个人都是自己的超短波收音机播音员。例如，如果一封信中有"大约"这个词，那么就可以相信，几行字之后将会读到如下信息，即写信人怀有不久之后来访的意愿。由此约定的个人交流不过是一种宰制进程的面具，这种进程将这样的说话对象卷进它的功能当中：被发动了的人性应当促使收信人提供无偿的东西。

然而，这些模式演示的东西不应当被傲慢地推到宰制身上，面对宰制时，人们据说可以用一种哲学上早就声名狼藉的内在性概念，用纯粹的、得到确保的真正文化来自我安慰。这些人将它们经常挂在嘴边，第一个愤怒地攻击未被规整的东西。实际上，还得文化自己来承担后果。即使文化被从现实中拿取出来，它也并非隔绝于现实，而是指向了真正的现实化，无论这种指向是多么遥远和间接的。如果这一因素被完全消除了，那么文化就变得无意义了。在文化中，宰制仅仅是重复了文化本身犯过的罪，因为它一向是使自己变成一种表征、变成奔忙，最终变成纸浆处理、广告宣传、旅游的一个部门。如果相当决然地将文化理解为人的去野蛮化，即将人从粗野状态中超拔出来，而没有格外地通过暴力压制将这种状态永恒化，那么一般来说，文化就是失败了的。只要人缺乏符合人道的定在所需的前提，那么文化就无法被移入人当中：并非偶然的是，人总是仍会出于对其命运，即对深刻感受到的不自由的怨恨（这种怨恨被压制了），准备好野蛮的爆发。他们奔向文化工业的破烂货，他们在中途意识到这是破烂货，这一点是同一个事态的另一面，这一面只是表面上看似无害的。文化早就变成了它自身的矛盾，变成了教育特权的凝结了的内容；因此，文化现在被合并进物质生产过程当中，作为其被宰制的附件。

141

即使是没有被说服接受"必定会带来不祥的肯定东西"这种说法的人,在察觉到所有那一切困难时,不会因为变得更好的客观可能性据说被阻挡住了,就满足于摇着头走到一边去。期待一切有一种整体改变的激进主义是抽象的:即使在一个改变了的整体中,个别的疑难还是会顽固地反复出现。一旦这种激进主义的理念蒸发为空想并放弃了任何变得更好的努力,它就会变得无足轻重。而后,它自身就变成了对更好东西的破坏活动。求全责备是破坏活动的一种升华形态。同时,不应忽视的是,在"此时此地做什么"的问题中,设想了一种总的社会主体,一种由"善良人家"(homes de bonne volonté)组成的共同体,他们只需围坐在大大的圆桌旁,以便使败坏的东西归于有序。但是,文化上的东西的困难的根基如此之深,对此,廉价的危机概念早已不敷其用了,以至于个体的"善良意志"(bona voluntas)被设定了严格的边界。在各种客观的和主观的对抗引发了灾难的地方,无法去虚构一种一致的意志。最终,使精神经历合理化的那种威胁指向了如下一点:整体的不合理性没有任何改变的持存着,任何局部的合理化都有利于这种不合理性,因为这种合理化增强了一般对特殊的压力,这种压力是盲目的、未曾和解的。

142

　　计划与文化的二律背反产生了一种辩证思想,也就是将未被计划的、自发的东西本身纳入计划中,为之创造空间,增强其可能性。这种思想没有背弃社会性的正当根据。去中心化的可能性迎合了这种思想,这些可能性恰恰能够在技术生产力的已发展为乌托邦的状况中看到。对一个特殊的部门(教育事业部门)中未被计划的东西作出计划,是赫尔穆特·贝克尔(Helmut Becker)极力倡导的;类似的东西也被硬塞进了其他领域。尽管相当可信,但如下这种非真之感并不能被完全消除:未被计划的东西变成了它本身的模仿秀,自由变成了虚构的。只需将纽约的综合艺术季刊、格林威治村 * (Greenwich Village),同前希

---

*　格林威治村位于美国纽约市西区,原是城里人躲避黄热病的历史住所,后来有大量的艺术家、激进主义者等迁居于此。类似于法国巴黎左岸拉丁区,这里代表着一种反主流的文化和生活方式。——译者注

特勒时期的巴黎左岸＊(Pariser rive gauche)相比较。在纽约的那部分地区,无拘无束是作为官方容忍的制度而继续存在着的,由此,它就成了美国人所说的"冒牌货"(phoney)。此外,也许是穆杰(Henry Murger)的波希米亚小说＊＊最先揭露出的那种诡计,隐匿在一种至少统治了整个 19 世纪的趋势中,这种趋势是指,允许艺术家保留一种特别的生活方式,允许他们在其赖以生活的资产阶级社会中是有失体统的。

　　对未被计划的东西所作的计划,从一开始就得商定它与未被计划的东西的具体内容之间在多大程度上是相容的,因而这种计划在多大程度上是"合理的"。此外,关于"某个人"(man)的问题抛出了最大的困难,这一问题是:谁是就此作出决定的主管者。首先,除了一项作过自身反思并意识到上述一切困难的文化政策,人们不能要求任何别的东西,这项文化政策没有物性地、独断地将文化概念设想为固定的价值架构,而是吸收并继续推进了各种批判性的考量;这种文化政策既不会误以为自己是神意的,不会未加思量地屈服于文化信仰,也不会满足于单纯管理机构的功能。文化的糟糕的幼稚性使它看不到它与整个社会的纠缠,由此它才真的陷入了绝境,这种幼稚性与将宰制视为信仰的糟143 糕幼稚性是相符的:上帝给谁事做,就会让谁变得理智。管理如果想做好自己的事,就必须抛弃它自身。它需要的是一种遭到贬损的专家形象。城市管理如果不能得到对绘画有着严肃、客观和进步的理解的人的支持,那么它就不能决定它应当买哪个画家的画。由于承认了专家的必要性,立刻就会再次遭受一切可以想象到的指责;如下面这种当时声名狼藉的指责:专家的判断依然是一种为了专家的判断,并且遗忘了

＊　巴黎左岸是指塞纳河以南的巴黎市区,这里有许多的学院及文化教育机构。在最初的发展中,左岸地区主要是建设了一系列大学,由于当时学院的师生必须学会拉丁语,所以这一个区域也称拉丁区,这是左岸最早的区。此后,左岸逐渐形成以文化知识界为主流的中产阶级社区。——译者注

＊＊ 即法国诗人、小说家、波希米亚主义代表人物亨利·穆杰出版于 1845 年的短篇故事集《波希米亚人的生活情景》(Scènes de la Vie de Bohème)。在这部作品中,穆杰赋予了"波希米亚人"以一种非地域性的含义,即指那些希望过着非传统生活风格的艺术家、作家与任何对传统不抱持幻想的人,而这反映的是 15 世纪以来法国人对来自波西米亚的吉卜赛人的观感。——译者注

与此相关的共同体,按照流行的说法,公共机构要从这种共同体那里接受其任务。或者指责说,专家(本人必然是管理者)从上面作出决定,并消除了自发性;偶尔也有如下指责:他的权限并不总是得到保证的;或者说,有时很难将他与官僚作风的干部区分开。也许可以赞同上述的一些指责,但如下笼统的论点无疑是不可信的:文化就是要给人们某些东西。人们根据这种论证而必须依赖的意识状态,实际上正是任何满足自身概念的文化都应当打破的那种意识状态。人们太乐意将对引人注目的现代艺术的攻击与对管理的攻击联结在一起了,据说这些管理是将纳税人的积蓄都浪费在对纳税人来说无关紧要的或被他们拒绝了的试验上。这种论证是虚假民主式的,是极权主义技术的压枝,这种技术想利用民主制的公民投票形式来存活;民众心灵的这些代言人憎恨的是自由精神;他们同情的是令人窒息的反动。整个社会状态确保了权利的形式平等,然而它还是不断地保护教育特权,确保只属于少数人的、分化了的和进步的精神经验的可能性。精神事物的进步,特别是艺术的进步,最初是与多数人相对立地出现的,这一人所共知的事实使得一切进步的死敌都能够躲藏在被从他们自己的实事的活生生的表达中毫无愧疚地排除出去的东西背后。社会意义上非幼稚的文化政策必须 144 看穿这一关联,并且在面对大多数人时无所畏惧。通过单纯的文化政策大概难以消除民主秩序与一直以来因关系而表现得如未成年的那些人的实际意识之间的矛盾。但是,代议民主制(进行文化事务管理的专家最终也是将其合法性归功于它)还是允许一定的均衡的;这使得有可能阻止那些服务于野蛮的花招,因为这些花招通过奸诈地诉诸"众意"(volonté de tous),从而败坏了关于客观品质的思想。本雅明关于批评家的如下说法也适用于文化政策:批评家必须以与公众对立的方式来代表公众利益。专家服务于这一点。对据说超越了专门知识的那种人的渴望,通常只标志着退化,或标志着对传播技术员的期盼,恰恰由于这些人缺乏对实事自身的理解,与他们的相处是更容易的,他们在自己的政策中表现得更为顺从。纯粹的文化直接性是不存在的:在文化被人们当作消费品来任意消费的地方,它就在操控着人。主体仅通过与实事相关的学科的中介而成为文化的主体,文化在被宰制的世界中的代言人始终是专家。无疑,必须找到这样的专家,他们的权威其实就是实事的权威,而不仅仅是个人声望的力量或启发性的力量。决定谁是专家的这个人自己必须是一个专家——一个恶性循环。

宰制与专家之间的关系,不仅是必需的,而且也是美德。它开启了一个视角,以保护文化事物免于市场或伪市场的控制领域,今天,这一领域几乎不可避免地摧残着文化。精神,在其自律形态中,与被操纵的并逐渐冻结了的消费者需求相异化,这不亚于与宰制相异化的程度。宰制的权威主义式的独立化,使其能够通过共同选出这样一些对实事并不陌生的宰制,对那些需求的支配作些修正。如果将文化领域依然完全交给供求机制(更不要说极权主义的当权者),这一点就几乎不可能了。被宰制的世界的最可疑之处正是执行机关的独立化,这里隐藏着更好东西的潜能;制度得到了加强,这是因为,当它们及其功能本身被看透时,它们能够突破单纯为他存在的原则,突破对那种欺骗性的公民投票愿望的适应,这些愿望使一切文化上的东西摆脱其假定的孤立化,从而毫不留情地对之进行压制。如果必须将被宰制的世界理解为避难所都消失了的世界,那么这个世界也依然能够凭借对可理解的东西的支配,再次创造出自由的中心,就像它将盲目的、无意识的单纯社会选择过程淘汰掉那样。在宰制独立于社会的过程中表达出来的那种不合理性,是文化自身中未生长出来的东西的庇护所。只有在偏离占统治地位的合理性时,文化才拥有其理智。不过,这些关于管理者的意识状态的希望落空了,这种意识状态根本就是不能被假定的:这些希望批判地独立于消费社会的权力与精神,这种社会与被宰制的世界就是一回事。

然而,被塞进考虑到的建议中的,依然是一种思维错误,它可能要为这些建议的不中用负责。如果仅接受文化和宰制这两个范畴已实际形成的样子(它们在很大程度上是在历史中形成的),将它们当作静态的、分离且彼此对立的两个组团,当作单纯的既定东西,那就是太过于适应这种占统治地位的信念了。在此就是固执于物化的魔力,对这种物化的批判内在于一切关于文化和宰制的更有说服力的思考中。因而,虽然这两个范畴的物化是真实的,但两者并未完全物化:两者就像最离奇的控制论意义上的机器那样,都回指到了活生生的主体上。因此,自发的、尚未被完全掌控的意识常常能够改变制度的功能,它在这些制度之内表现出来。目前,在自由民主的秩序中,个体拥有足够的空间,帮助制度作出些微小的修正,即使这种修正是在制度中并借助于制度。谁要是坚定地、批判地、自觉地操纵管理手段和制度,他就能够实 146 现某些不同于被宰制的文化的东西。向他敞开的,是对始终等同的东西的最低限度的区分,这种区分代表着(无论多么无助)与整体相关的区分;在这种区分本身中,偏离酝酿着希望。

(1960 年)

注释

[1] Vgl. Max Weber, *Wirtschaft und Gesellschaft. Grundriß der verstehenden Soziologie*, 4. Aufl., hrsg. Von Johannes Winckelmann, Tübingen 1956, 2. Halbbd., S. 559 ff.

[2] a. a. O., S. 569 f.

[3] a. a. O., S. 582.

[4] a. a. O., S. 585.

[5] a. a. O., S. 586.

二 手 迷 信

一段时间以来，世界各地的大众运动已经发动起来，而这些运动的追随者显然违背了他们在自身持存和幸福上的合乎理性的利益。在这里，人们将不会看到任何全然不合理的东西，并且与客观—社会的目的或自我的主观的目的没有任何关系。那些运动与其说是基于对这些目的的背弃，不如说是基于对这些目的的夸大和歪曲：生活实践的合理性已经转变为恶性肿瘤，它有着摧毁社会有机体的危险，因为它试图以其有限的形态来实现永存。一段时间内似乎从最合乎理性的考虑出发而发生的事情，往往为灾难作好了准备。因此，希特勒的狡猾且多年来一直成功的扩张政策，通过自己的逻辑，为自己的灭亡，也为依赖旧欧洲而继续生存的东西的灭亡作好了准备。即使整个民族都成为现实政治（Realpolitik）的受益者，显而易见的动机也可能在结果中显的是可疑的。符合自身利益的计算被精确地向前推动着，而对全面关联的意识，特别是对自己的现实政治之于社会整体的后果的意识，依然是狭隘的。不合理性并非仅在合理性的彼岸起作用：它随着主观理性毫无顾忌的展开而产生出来。

社会研究致力于合理因素和不合理因素之间辩证的相互作用。既不能被理解为完全合乎现实的，也不能被理解为神经症的甚或精神病的机制和图式，将是一种拥有精神分析经验的社会学的对象。这些机制和图式指的是主体的结构，而它们不能仅通过精神分析来解释。对不合理性的几乎普遍的敏感性可以作出如下猜测，即这些机制不仅在政治的(它至少表面看来是现实主义的)四周起作用,而且在其他领域中同样起着作用,即使这种作用并不比在前者中更明显。就算在其他领域中,也很少缺乏对现实的贴近、伪合理性这一因素——恰恰在因自己的不合理性而自鸣得意的运动中,最不缺乏这一因素。对于大众运动的化学机理,必须像在试管中那样,在他们尚未接受迫在眉睫的暴力的时候,在它们身上进行小规模的、在一定时间节点上的分析;只要还有时间,就将所知应用到实践中去。

占星术是这种运动的典型模型。它的直接的社会重要性不能被高估。但是,它的内容与社会性的东西聚合在了一起。真正的神秘及其由弗洛伊德构想的心理学,在有组织的占星术领域只扮演着一种要求不高的角色。类似于库利对原始群体和次级群体的区分*,当代占星术作为大众现象,可以被称为次级迷信、二手迷信。我们不怎么关心个人的神秘体验,无论其心理学意义、根源如何,无论其是否有充分理由。毋宁说,在被消费的占星术中,神秘已经凝结为制度,即被对象化了、被广泛地社会化了。在"次级共同体"中,人不再彼此建立直接关系,不再去面对面地了解,而是通过异化了的中介过程(如商品交换)相互交往;与之类似,对占星术刺激感兴趣的人,与据说处于他们的决定背后的知识源泉相异化了。他们通过杂志和期刊来参与所谓的秘密,在这些杂志和期刊中,秘密变成公开的了——职业占星师的咨询通常过于昂贵,并且他们宁愿未经检查就囫囵吞下来自这些出版物的信息,也不愿引证他们自己的启示,无论这些启示是多么地奇妙。对此,他们过于清醒了。他们坚持占星术,因为它存在着,并且,只要心理需求与它所提供 149
的东西还算相符,他们就很少思考它面对理性时的合法性。

同自身经验的距离、商业化了的神秘的模糊和抽象,是与强有力的

---

* 参见:Charles Horton Cooley, *Social Organization*: *A Study of the Larger Mind*, New York, 1909, Chapter III。根据"The Stars Down to Earth"添加。参见 Theodor W. Adorno, *Gesammelte Schriften*, Bd., 9.2, Soziologische *Schriften II*, Rolf Tiedemann(Hg.), Frankfurt a. M, 2003, S. 16, 以下简写为 Soziologische Schrifte II。——译者注

怀疑、与一种精明相一致的,这种怀疑和精明与其说是看透了不合理性,不如说是补充了不合理性。占星术推动起来的现代神秘学运动,或多或少是一种从早已远去的时代中被人为地再次唤醒的迷信的形式。出于社会的和心理的原因,直到今天,对这种迷信的易感性始终是活跃着的;然而,这些重温的内容与已达到的普遍启蒙阶段是不相容的。对于这一点来说,二手迷信的时代错位方面是至关重要的。它为对占星术的态度着色,此外又不会损害其效果。

也许有人会提出异议说,有组织的占卜一直就是二手迷信。为占卜师保留了奥秘的分工,已将他们与所有原初经验分开了数千年。它总是带着欺骗因素,"占卜师的微笑"这个来自拉丁语的词汇影射了这一点。就像大部分试图诋毁对现象中特定新东西的兴趣的论据那样,这种异议是正确的,同时也是错误的。之所以是正确的,是因为自人有了思想以来,迷信实际上就被部门化了;而之所以是错误的,是因为它现在通过批量生产和再生产而具有新的性质。在早期阶段,迷信一如既往笨拙地试图处理当时无法以其他方式并且更合乎理性地解决的问题。化学与炼金术的分离、天文学与占星术的分离,都是后来才发生的。但是今天,自然科学(如天体物理学)的先进状态与对占星术的信仰之间是水火不容的。谁要是容忍两者并置甚或试图将两者结合起来,那他身上就已经发生了一种理智倒退,而这种理智倒退曾经是不必要的。

150 因而,可以假设的是,非常强烈的驱力需求能够使人总是或者说再次屈服于占星术。但是,之所以强调其次级特征,是因为在这种特征上出现了一种伪合理性,即对真实需求的既经过计算而又无意义的适应,这种伪合理性或适应是内在于极权主义运动中的。典型的占星术材料的清醒和夸张的合乎现实性,即反对(哪怕是丝毫地)追忆超自然东西的禁欲,标记出了占星术的面相。抽象权威的特征是对伪合理性的补充。

这里要研究的,是美国的一家主要日报——共和党右翼的《洛杉矶时报》的占星专栏。这里收集了 1952—1953 年的三个月内的全部材料,并对之进行"内容分析"(content analysis),即内容上的阐明,特别是自拉斯韦尔(H. Lasswell)将它作为自己的做法提出以来,它在面对大众传播时就发展起来了。[1]然而,不同于拉斯韦尔的方法,我们的方法不是量化。不是去查明占星专栏的主题和措辞的频率。可以用德国的材料来补作定量分析,这是很容易的。占星术感染是国际性的,德国报纸的占星专栏应该是在模仿美国报纸。显现出来的差异充其量可能对进行比较的文化社会学有意义。应当构思的是一种"魅力"(Reiz)概念,假定的占星术拥趸通过此类报纸专栏而将这些魅力暴露了出来。那些刺激的影响得到了强调,这些影响可能是被巧妙地计算出来的。决定了素材选择的是如下一点,即在被操纵的迷信的众多运用中,占星术的拥趸可能是最多的。当然,专栏的伪合理性不允许精神病方面像其他一些教派出版物那样明显地出现。新神秘主义的更深层的无意识层次没有被直接触及。相反,这些发现涉及自我心理和社会决定因素。我们的兴趣恰恰在于伪合理性,即自我与本我之间、理性与妄想之间的含糊区域。如果对社会含义的分析忽略了有意识或半意识的层次,那么这种分析就会错失刺激本身,而这些刺激从一开始就只针对已经合理化了的无意识。通常来说,表面上的目标是与无意识的替代满足融合在一起的。在大众传播领域,没有明确说出来的东西,即隐藏起来的意图、弗洛伊德意义上的"潜在的梦境思想",不能与无意识完全等同起来。那些传播指向的是一种中间层次,这一层次指的是既没有被完全放行,也没有被完全压抑,而是类似于影射区域,类似于眨眨眼、"你已经知道了我的意思"。

关于占星专栏对读者实际精神状态与心理状态的影响,我们只能作些假设。然而,这些文本的作者可能知道他们面对的是谁。即使是他们,也要按如下准则来行事,即必须以顾客的口味为准,他们炮制和散布了这一点,而产品则仍然是他们的精神。责任不能从操纵者身上被甩出去而推卸到被操纵者身上。一定要谨防将星座运势仅视为读者的镜像。但是反过来,也不能对主观精神、对编造星座运势的那些人的心理得出任何结论。从本质上来说,星座运势是计算出来的:充其量是对两者的表达。专栏的语言不是作者的语言,而是为阅读与理解量身定制的。必须解释的,是作为整体的织体(Textur),而不仅仅是或多或少机械地交织在其中的细节。例如,无数次提及在某个日期出生的人

151

的家庭关系,如果孤立地看,这似乎是微不足道的和无关紧要的。然而,在整个关联中,其重要性意味着更多的东西。

《洛杉矶时报》的每日星座运势,就像整份报纸一样,都在努力争取体面(Respektabilität)。人们吝于表达出狂野的迷信。不合理地起着支配作用的原则被保留在背景中。没有讨论就作出的猜想是,预测和建议都被归功于星辰。但是,除了黄道十二宫,占星术的具体细节都缺失了。占星术的专业行话,以及关于即将发生的灾难和迫在眉睫的世界末日的险恶言论,都被回避了。无论提出来的是什么,听起来都是坚实且稳重的。占星术被刻意地当作一劳永逸的、社会认可的东西,当作文化的无可争议的组成部分。实用的建议几乎从未超出人们在以所谓人际关系(human relations)、流行心理等为主题的类似受欢迎的专栏中遇到的东西。唯一与它们不同的,是作者展示他的智慧时表现出的无声的魔法权威的姿态。这种姿态以无联系的方式与平淡的内容形成了鲜明对比。这种差异是有原因的。看似合乎理性的建议,由于其可疑的起源,只有在凭借权威而被强调时才会起作用;专栏似乎确信,必须迫使读者变得合乎理性。权威因素在报纸的日常心理专栏中也是随处可见的。在那里,只有专家的权威才是权威,魔法师的权威则不是权威;而在星座运势中,魔法师感觉有必要作为专家来说话。然而,他没有从事任何像神学教义这样有形的东西。起支配作用的原则,如果有的话,是作为非个人的、物性的东西呈现的。视野是一种自然主义的超自然主义的视野。抽象的命运根据中无情地匿名着的、被无端强加的东西,在隐晦的威胁中持续存在着,这种威胁带有在抽象的命运根据那里获得的忠告。占星术的说理(Raisonnement)并不询问这两者之间的关联和源头本身。这种说理依然是一个无名的真空。在这里反映的是社会的不合理性:整体对于个别个体而言的不透明性和偶然性。不仅天真的人徒劳地试图看穿整体对于自己的生存而言的后果,这种整体是被彻底组织起来,但自己又意识不到的;客观对抗本身增强为难以理解的东西、增强为不受约束的技术的威胁,而理智的一切努力都曾为了这种技术。从改善定在的手段出发,这种技术打算变成它的绝对否定的目的本身。谁要是想在当前客观的整体非理性中活下来,那他就会陷入简单地接受这种整体的诱惑中,而不会对诸如"无主体的星辰的判决"这类荒谬的事情感到惊讶。这些关系,尽管是合理地渗透着的,但又是生硬的,这不仅仅是因为理智的努力。占星术确实是以与关系本身共谋的面目出现的。对于人来说,他们的生活体系(它盲目地支配着他们,并违背他们的意志而贯彻着)越是必须作为天命出现,它就越容易与星辰联系起来,就好像定在由此获得了尊严、得到了辩护。同时,"星辰提供忠告"——如果人们只能在星辰中读出来的话——这种幻觉,减轻了面对社会过程之无情时的恐惧。这种恐惧被星相师所驾驭和利用。无情的星辰按他们的指令而给予的慰藉可以归结为如下一点,即只有合乎理性地行事的人,也就是使自己的内心生活与外部生活完全受到控制的人,才有机会满足定在的不合理的和矛盾的要求。但这意味着:通过适应做到这一点。在建构星座运势时的合理的与不合理的因素,都是社会现实本身中的张力的回响。在这种张力中,合乎理性并不意味着质疑不合理的条件,而是充分利用这些条件。

　　当然,一种真正无意识的,也许起着决定性作用的因素,是不会显露在星座运势中的。面对占星术之主张时的顺从,可以很好地为心甘情愿的消费者提供被动的性快感的替代品。然后,从事占星术首先就是:屈服于一种压倒性的本质的强力。但是,力量和强力,即父亲意象的属性,出现在占星术中时,是与对人格的记忆严格隔离开了的。与作为一种性结合之象征的星辰打交道,这是同全能的父亲形象的禁忌关系的伪装(Deckbild),这种伪装几乎是面目全非的,并因此是可以容忍的。这种打交道是被允许的,因为那种结合剥夺了所有人性的东西。关于世界毁灭和最后判决的幻想(不那么谨慎的占星术者沉迷其中)可以用那种性的因素来解释:在这些幻想中,个体负罪感的最后一丝痕迹可能变得可见,就像它们的力比多起源那样模糊。星辰意味着没有威胁的性。星辰被设想为无所不能的,同时又是遥不可及的——甚至比弗洛伊德的《大众心理学与自我分析》(*Massenpsychologie und Ichanalyse*)中自恋的领袖形象更为遥不可及。

154

如果说,大量的专门杂志面向的是信徒,那么,当天进行写作的报纸占星师面对的则是一个边界不清的、数量可能更为庞大的读者群,他们有着各不相同的兴趣和关切。忠告本身必须向读者提供诸如替代性帮助和安慰之类的东西;在内心深处,他们几乎不会指望星座运势的作者真的会帮助他们。煽动者会向每个人承诺一些东西,并找出最让他的听众感到抑郁的东西;与之不同的是,报纸占星师对他为之写作的个人并不了解,不了解他们的特殊愿望和抱怨 * 。然而,他由以言说的权威迫使他假装知道他们的一切,假装星辰的组合提供了充分的、明确的答案。一方面,他不能因为什么都不确定而让他的读者失望;另一方面,他不能因为太荒谬的答复而有损于魔法权威,这权威正是他的销售价值的基础。所以,他面对的是本身无法解决的任务。他必须承担风险,同时又必须将犯错的风险降到最低。这使他陷入了僵化的措辞和刻板当中。例如,经常使用诸如"跟随您的灵感"或"表现出您敏锐的头脑"之类的表达。这些表达暗示的是,作者可能通过占星术的直觉,准确地知道,偶然读到星座运势的个人是什么样的人,或者在某个时刻是什么样的人。但是,这些看似特殊的规定是以高明的同时又是如此一般的方式处理的,以至于它们随时都可以在一定程度上涉及每一个规定。作者通过伪个体化摆脱了他的窘境。当然,仅凭这类伎俩并不能清除报纸占星师的根本困难。他必须始终熟悉现代社会中的典型冲突,就像熟悉性格学的概测法(Faustregeln)那样。他建构了一系列标准情境,他的绝大多数拥趸随时都有可能经历这些情境。最重要的是,他必须找到读者自己无法解决的,从而必须寻求外界帮助的难题。尤为合适的是完全无法合理解决的问题:任何人都会遇到的困窘之境。与这些情境的不合理性相应的,是占星术源泉的不合理性。幌子产生了从上面进行拯救性干预的希望。然而,指望这一点的作者必须大体上模糊地

---

* 在某些方面,他的地位类似于政治煽动者,需要对每个人作出一些承诺,并且必须弄清楚什么最有可能让他的大部分听众感到担忧。(根据"The Stars Down to Earth"添加,参见 Theodor W. Adorno, *Soziologische Schriften II*, a. a. O., S. 36。)——译者注

表达出如下一点：即使错误的断言在一定程度上也是与读者的生活状况一致的，并且不能被轻易地否认。在这方面，占星师依赖于一种根深蒂固的行为方式。倾向于某种神秘主义的人，通常乐意将他们渴望的信息纳入他们自己的参照系中，无论这些信息究竟是否合乎实际。星座运势的作家可以不受惩罚地啰嗦个不停，只要他巧妙地依偎着他的读者的实际需求和愿望。他的期望如此强烈，以至于他无需畏惧将这些期望与现实相对照，只要这种对照只发生在单纯思想的媒介中，并且不会给读者带来任何严苛的实际后果。这位作者慷慨地分发着想象出来的奖赏。他必然是美国人所说的"通俗哲学家"（homespun philospher）。报纸上的星座运势与其大众心理学意义上的对应物之间的惊人相似性，可以从两者的市场知识和经验一性格学知识来解释。就像大众心理学那样，星座运势的心理学之所以不同于真正的心理学，在于它向读者指引出的方向：它不断加强着读者的防御，而不是努力消解之；它将无意识和前意识当作骰子扔来扔去，而不是将之提升为有意识的。

特别得到滋养的是自恋。当报纸占星师夸耀他的读者的品质和机会时，当他将之描绘为非凡的人格时，他冒着难以想象的愚蠢的风险，即他可能会轻信最笨的人；但是，作者指望的是虚荣心的强大的力比多资源。任何满足的手段都适合于虚荣心。紧接着的是畏惧，他或多或少旁敲侧击地向读者暗示了这种畏惧。每个人总是会受到某些东西的威胁，这一点必须得到坚持：否则，对帮助的需求就会消失。在这里，就像在一些精神错乱中的情况那样，威胁与援助是相互交织在一起的。当然，威胁的因素只是以暗示的方式存在着的：否则，读者就会遭受到打击，而这是他从星座运势中最不希望得到的。例如，在星座运势中，失去职位的潜在危险被削弱为与上司的可解决的冲突，或是工作中的小麻烦。在我们分析的材料中没有提到过解雇或开除，哪怕一次都没有。与之相反，交通事故倒是颇受欢迎。交通事故不会影响读者的自恋，它们只是外在于他的事情，是几乎没有他的参与就落到他头上的没有生机的不幸。交通违法者也很少被舆论贴上罪犯的标签。同时，交通事故适应了星座运势的一个中心意图：将所谓不合理的预感转化为如下合理的建议，即人应当是合乎理性的。将星辰召唤来，为的是给无害的、善意的但非常微不足道的告诫（如谨慎驾驶）赋予光彩和分量。在零星的严肃威胁（例如，如果一个人不想陷入危险当中，那么在某一天做事时就必须特别小心）中，鞭子噼啪作响，但这只是作为提醒性的劝告。如果撇开暗示出的威胁本身可能会无意识地满足破坏性驱力这一点不谈，读者应该从所有这一切中获得的心理收益在于一个超人的主管者会提供帮助和救济的承诺。服从使他在面对这个主管者时不必表现得像一个自律的存在者：他可以平静下来，因为命运夺走了他的一157 切。他被骗走了他自己的责任能力。星座运势是为依赖性的或自己感到依赖的读者准备的。它以自我削弱和现实的社会无权为前提。

　　如下一点依然被不明确地预设了，即客观关系（首先是经济关系）引起的所有困难，都可以通过私人的主动性或心理洞察而被轻易地克服。大众心理学（Popularpsychologie）变成了社会鸦片。人明白了，恶就在他们自己身上，而世界本身并没有那么糟糕。星座运势巧妙地修改了关于普遍依赖和软弱的观念，它本身就是将读者禁锢在这种观念中。一方面，客观力量应当超然于个体行为领域、超然于个体心理，并且摆脱一切批判之影响，是具有形而上学尊严的东西。另一方面，据说，只要遵循客观预定的星座，练习服从和适应，就不必惧怕这些客观力量。这样一来，危险就转移到了个体身上，然而权力却再次被归于无权者，占星师总是在呼唤这些无权者的超我。批判自身而不批判既定条件，这种持续不断的要求与社会顺世主义的一个方面是相应的，整个星座运势成为这种社会顺世主义的传声筒。如果说，星座运势所抓住的个体困境，无论多么微弱和稀薄，总是指向有缺陷的整体，那么，关于如何应对这些困境的建议，就会立即试图再次将对持存东西的信仰拼凑起来。将一切规定下来的命运的不合理性，以及承诺提供帮助的星辰的不合理性，都是社会的面纱，这个社会威胁着个人，同时也维持着个人。星座运势的布告宣布的，不过是现状而已。这些布告重复着社会对个人提出的那些要求，据说个人是因这些要求而起作用的。这不断召来的那些人感到，很难做到合乎理性。不合乎理性的东西，即无意识的需求,只是因合乎理性之故才被容许的:据说,由此差不多满足了的个人就可以更好地顺从。星座运势宣传的是肤浅的"常识"(planen common sense),是一种态度,这种态度将"不受怀疑之搅扰"当作公认的价值来接受。在经济上长期受损的竞争原则的效用据说是确实无疑的、不容变更的;唯有成功才是尺度。任何不负责任的东西,就算是古怪的或玩闹的东西,也都是被唾弃的。长期以来被电影工业代表人物肯定地使用的贬义词"梦工厂",只说了一半的真理:它充其量适用于"梦的显在内容"(manifeste Trauminhalt)。但是,合成的梦想对被供应者做的、电影以难以辨认的方式编码的,绝不属于梦的素材。就算是被宰制的占星术,也不会为其拥趸提供任何他们的日常经验所不习惯的东西,不会提供他们(有意识地或无意识地)日复一日地被教授的东西。"做你自己"这句话变成了讽刺:社会操纵的刺激将计划外已经建立的精神状态永久化了。但是,同义反复的辛劳并没有被浪费。弗洛伊德强调过,心理防御机制的效果如何依然是不确定的。如果驱力的满足被剥夺或者被延迟,那么,它很少会得到可靠的控制,而是趋向于爆发出来。因为那种合理性本身是成问题的,它将此时此地的拒绝当作对未来持久的和完全的实现的保证提供出来。理智一次又一次地骗走了承诺的幸福:它并不像它主张的那样合理。因而是这样一种旨趣,即不知疲倦地将人纳入意识形态和行为方式当中,这些意识形态和行为方式是他们早就形成了的,然而他们却从来都不能完全认同之。因而,他们也愿意在一种整体状态中去抓取不合理的灵丹妙药,这种整体状态摧毁了对自己的理性力量和整体的可能理性的信任,而困在魔咒中的主体是无法看穿非理性的。

星座运势专栏将它的读者和不成熟联系起来,它没有忘记,他们的体验一再证明它在撒谎。它将其言说对象建构为既是重要的又是依赖性的,以此来应对这一点。但仅此还不够。如果专栏不想失去一切旨趣,驱力冲突必须透射进来。读者相互冲突的责任和需求,通过专栏的形式架构,更确切地说是在专栏的真正媒介即时间中,保持了平衡。占星术主张的是,从星辰中读出地球上将会发生的事情。在今天占星术消费的语言中,这意味着:对如下问题作出答复,即建议在某一天、某一小时做什么，或应当避免什么。——占星师常常将一整天与一个统一的基本星座联系起来。因此，时间的首要地位被抽象地记录了下来。但是，潜在的冲突也转变为时间的媒介：它被赋予了裁判的角色。将矛盾着的假定统一起来的技术是既简单又巧妙的。矛盾着的东西被分配在（通常是同一天的）不同时间上。这一点的现实模型是劳动与休闲的节律，或者公共实存与私人实存的节律。星座运势将这种节律实体化了，就好像它表达了一种自然的二分法。只要人们没有错过正确的时间点（这要秘密地去理解），那么任何困难都会得到解决。若不如此，那就是违反了宇宙节律。作为主要的劳动时间，上午始终被视为这样一个时段，它以星体方式体现了现实原则和自我原则。与之相反，下午和晚上实际上一般为休闲保留了一定的时间，其代表了快乐原则得到容忍的形态*。然后，人们应该享受星座运势所称的简单的生活乐趣——尤其是大众媒介给予的那些满足。这样一来，专栏成功地提供了虚假的解决方案：欲望与拒绝的"非此即彼"（Entweder/Oder）转化为了"先来后到"（Erst/Dann）。但是，快乐变成了不同于快乐的东西，即仅仅是劳动的报酬，反过来，劳动只是娱乐的代价。

根据"该工作的时候工作，该娱乐的时候娱乐"（Work while you work, play while you play）这一资产阶级的习惯（Convenu），劳动与娱乐被分置两边。驱力和情感不应分散对真正合乎理性的活动的注意力；任何义务的阴影都不应当遮蔽放松。经济上的生产与消费之间的二分法被投射到了个体的生活形式上。在这里，强迫性的特征是显而易见的：根据实存的秩序，洁净成为理想，这两个领域应当是泾渭分明的、互不污染的。这可能对劳动力的充分使用有好处；除此无他。抛弃了一切嬉戏的劳动变得沉闷和单调；娱乐同样与现实内容生硬地隔离

---

* Vgl. Sigmund Freud, *Gesammelte Werke*, Bd., 11: *Vorlesungenzur Einführung in die Psychoanalyse*, London 1940, S. 369 ff.; "Jenseits des Lustprinzips", *Gesammelte Werke*, Bd., 13: *Jenseits des Lustprinzips*; *Massenpsychologie und Ich-Analyse*; *Das Ich und das Es*, London 1940, S. 3 ff. (根据"The Stars Down to Earth"添加，参见 Theodor W. Adorno, *Soziologische Schriften II*, a. a. O., S. 57—58.)——译者注

开,变得毫无意义、幼稚可笑,变成了单纯的消遣。但因此仅仅成为人的劳动力的再生产手段,而实质上取消了目的的行动之所以得到保存,是因为它经受了定在的重负并试图升华之。"真正的快乐是一件严肃的事情"*（Res severa verum gaudium)。无疑,在劳动与游戏的极端分离(这种分离是人的行为图式)中,一个瓦解过程达到了顶峰。——星座运势的作者意识到了从属功能的灰暗的千篇一律,就像他意识到了对任何其他人都能完成的异化劳动的内在抵抗那样。尽管如此,他还是不断地劝告读者,要完全专注于这种劳动。星座运势对劳动和娱乐的评价绝不是一样高的。有用劳动的首要地位在哪里都没有被动摇。不言自明的是,快乐和娱乐必须服务于进步,服务于作为更高目的的实际成功。也许对此有一种意识形态的旨趣,因为技术进步实际上已经使体力上艰苦和单调的劳动变得多余,而生产关系却继续将之强加给抵抗之人。此外,专栏了解不受规制的娱乐给资产阶级性格带来的负罪感。它通过如下口号来安抚这种负罪感:合理程度的休息是被允许的、是有益的。此外,经济上直接有用的娱乐也是足够的。异乎寻常的是"为实际益处之故而娱乐"这一概念中的矛盾。人们应当是幸福的,这作为道德规范而被大肆宣扬。专栏似乎鼓励读者克服大众心理学领域所称的"抑制"(Hemmung),而它同时又将力比多需求归入合理利益的命令,这些需求是与后者背道而驰的。自发性、非自愿性本身是受到控制的,并且变得可供支配,就好像变成了对弗洛伊德如下格言的滑稽模仿:"本我过去在哪里,自我即应在哪里。"如果人们想适应于或至少适用于此的话,那就必须强迫自己去娱乐,必须能够迫使自己快乐。

    个人与其私人环境的关系经常遭受愿望与良心之间的心理冲突,而个人与社会整体之间的对抗在本质上不能被还原为驱力动态结构,而是发生在客观的社会维度中的。双相(biphasisch)图式也适用于此。读者会被建议,在围绕定在展开的斗争中,要表现得像坚强的、不屈不

---

* 这是德国莱比锡格万豪斯管弦乐团的座右铭。该乐团成立于 1743 年,是以莱比锡布商大厦为基地的世界知名管弦乐团,也是当今全世界人数最多的专业管弦乐团之一。——译者注

挠的个体;而后又被建议,要服从,不要固执。传统自由主义关于个体不受限制地发展、个体的自由和不屈不挠的理念,不再与一个日益迫使个体毫无抵抗地服从社会的组织要求的发展阶段相容。很难指望同一个人在同一时间,既是顺利地适应的,同时又是毫无顾忌地个体主义的。在此期间淡化为意识形态的个体主义得到了更为明确的坚持。它变成了一种慰藉。星座运势从心理的角度在个体身上重复了他在经济上本已经遭受的物化,并将个体分解为若干成分:适应的成分和自律的成分,同时不由自主地确认了如下一点,即经常提及的整合是不可能的。当然,适应和自律这两个要求不仅现实地相互矛盾着,而且同时也是交织在一起的。即使在今天,成功也取决于个体品质,这些品质无论与主体更早时期的品质有何不同,都绝不是自我削弱。适应所需要的是一种机动性,它与个体性是不可分割的。相反,在今天,个体品质先天地根据潜在的成功,被评估为"为他存在"(Füranderessein)。因而,在发达资本主义国家,如下一点被认为是理所当然的,即一种"原创理念"是畅销货。这种情境在一定程度上是悖谬的:谁要是想适应占统治

162 地位的生活条件,那他就必须无所顾忌地追求自己的、局部的利益——个体的利益,必须通过不适应(Nicht-Anpassung)来适应。另一方面,自发的个体性的展开必然也要求适应,要求对非我的认同。被如此强调的个体性依然是抽象的。由于它与客观性隔离开来,它就萎缩了。一旦人们将个体性概念与适应概念相互分离开来,并且非辩证地利用一方来对付另一方,就会错失社会的特征,这个社会将适应概念变成了物神。但是,这种复合体允许星座运势为其难以协调的要求制定了一个普遍公式:人应当是个体,然而(委婉地说的)也应当合作。在大众心理学的术语中,对外向的颂扬经常是以牺牲内向为代价的 * 。实际上,

---

* 这种二分法可以追溯到荣格提出的性格类型学。(*Psychologische Type*,Zürich 1921, S. 473 ff.)。需要强调的是,正是这位声称要为肤浅的精神分析概念赋予形而上学深度的心理学家,特别容易被商业化的普及所利用。(根据"The Stars Down to Earth"添加,参见 Theodor W. Adorno, *Soziogische Schriften II*, a. a. O., S. 69.)——译者注

星座运势根本就不指望一个人完全将社会规范内化于心,而是满足于他在必要时服从外部要求,但同时又鼓励他不假思索地使自己重新陷入某种无序的粗野状态,只要他不惧惩罚。僵化的服从与规范的缺乏性的内射汇聚在一起了。

专栏兜售的是被夸大了的实用意向,在这种意向上暴露出来的是非理性主义、是心灵创伤:缺乏比例感。实用的东西变成了被高估的理念。一些行动和行为方式被特别推荐为实用的,但其真实影响却是不成比例地微小;如星座运势中起着主要作用的"注重外表"的影响,或者吹毛求疵—慢条斯理的活动的影响,例如"安排财产事宜或与家人讨论财务问题"——大概是家务簿。在这里,除了对有形财产的肛欲式占有外,社会因素也发挥了作用。对于大多数人来说,今天获得独立财产的可能性,比人们在自由主义鼎盛时期所相信(无论对错)的可能性受限得多。专栏巧妙地摆脱了这种不愉快的处境。它认为,如果不能再像过去那样获得财产,那么,人们只要精明地凭借自己已经——计划、思虑、计算——的东西,就能取得连大胆的企业家都无法获得的那种成功。有强迫症的人终归是会对此有兴趣的。绘制曲线、设计表格、纸上谈兵,变成了扩张性投机的替代品。只有空洞形式才能从赚钱中幸存下来。星座运势娴熟地运用着不切实际的现实主义。虚构的言说对象,如一位想象出来的受托人,至少应当能够在自己面前和他的老板面前装出老板的样子(因为他根本不可能是老板)。但是,"不受限制地逐利"这种旧意识形态转化为伪活动(Pseudoaktivität)。因此,星座运势的作者偶尔会利用占星术的隐藏起来的迷信基础。他并不吝于提及可观的物质所得。然而,这几乎不应归功于读者自己的劳动或其事业心,而是应归功于全然不可臆测的天意行为,就像在拍纸片时那样。"意料之外的、来源不明的帮助"是一个典型。有时,神秘的朋友会介入,并且就像童话那样给信徒带来大量好处。其既不指望读者相信自己就能赚到钱,也不指望他们安于贫穷。作者对他的读者的强烈愿望如此确信,以至于他敢于用荒谬的承诺来满足他们,尽管这种满足是一时的、幼稚的。有时,这些承诺是与对读者的"最隐秘的愿望"和"最深切的希

163

望"的影射有关的;是作者根据情感需要给自己开具的空头支票。在所有这些事情上,星座运势要做的并非仅止于此。星辰也是需要辅助的。时不时地(即使只是谨慎地和隐晦地)鼓励消费者,不要过于依赖他的运气,而是要做莱辛笔下的里卡特(Riccaut de la Marlinière)* 所做之事:"修正命运"(corriger la fortune)。例如,有这样的说法:

164
> 在这个日子里,可以在幕后精明地操纵事物,以促进您的幸福。(1953 年 1 月 3 日,狮子座)**

在这背后存在着一种朦胧的经验,即人们要想在商业等级中有所进展,那就只能通过个人关系和狡猾的外交手腕,而不是通过成就。但是,根据双相图式,"人应当搞阴谋诡计"这种靠不住的忠告将会被取消,代之以随后而来的如下告诫,即不要做非法之事,要在允许的范围内行事。罪过在字面意义上和在精神分析的意义上被挽回了。这按字面意思来说就是,

> 严格遵守法律的精神和条文,这会让一个忧心不安的上司非常满意。(1952 年 11 月 14 日,摩羯座)

道德被外化了:人们要对自己的行为负责,这不是为了自己,而是为了他人、为了上司。关于有待进行的问责的理念不是被设想为义务,而是根据实际利益的尺度被设想为威胁:

> 确保您的事务的每一个细节都井井有条,这样就不会有人批评您了。(1952 年 11 月 17 日,双鱼座)

---

* 里卡特是莱辛的戏剧《明娜·冯·巴恩赫姆》中的一个角色。他是一个法国军官,喜欢炫耀和夸大自己的功绩与地位。——译者注
** 这里所引用的是《洛杉矶时报》星座专栏中的材料。在该文的德文版中,在援引这些材料时没有标注日期与星座,这一信息是根据"The Stars Down to Earth"添加的。——译者注

除了"十诫",星座运势还宣布了第十一条诫命。它很清楚,混乱状态是如何紧密地处于顺世主义之下的;两者是多么矛盾的,完整社会的整合是多么不可能的。最后,在专栏的健全人类知性的诸多不合理之处,不乏如下保证:好的家庭,即言说对象的环境,向他展示出了正确的道路并确保他获得成功。一般而言,个体特性被星座运势视为自然的垄断品。这种惯用语想要与自由竞争即将消失的情况和解,可能也准备好了一个重新封闭起来的社会的图景。在对好的家庭进行有传统意识的赞美背后,潜伏着"数目有限"(numerus clausus)和应有益于多数人的种族偏见。

星座运势的生活智慧绝不限于大众心理学,而且还包括经济学。诸如人们应当是"保守的"还是"现代的"之类的选择就是如此。这里所指的是技术方法和商业方法。根据个体主义的意识形态,只有提供新东西的人才会成功。但是,谁要是用有限的手段来搞创新,那他就会被经济上的更强有力者毁掉。"饥饿的发明家"这种意象令人难忘。星座运势试图以双相的方式将自己和读者从真实的僵局中解脱出来:他有时应当是"现代的",有时又应当是"保守的"。只有在生产领域(假定的读者对此是无能为力的)有意义的东西,才被转移到消费领域,在这一领域,他可能仍然怀抱着如下幻觉,即能在令人兴奋的新事物和舒适的奇特古董之间自由选择。"保守的"这一表达更多地是在如下含糊的意义上来使用的,即应当推行"保守的财务政策",也可以说:避免不必要的支出。与之相对,如果星座运势建议的是"现代",那么这所说的就是,例如读者将会获得现代家具。当前的消费品生产过剩要求的是,对买家进行长期训练,以使其只能适应于最新的东西,然而,正是买家的这种心态损害了财务储备的形成。为了使自己说得是对的,星座运势必须同时倡导购物欲和克制。——在星座运势的用法中,"现代的"这一表达通常相当于"科学的"。如果人们引入经过深思熟虑的创新,那么就可以以更节约的方式料理家务。同时,在自己的事情中,星座运势通过表明自己与科学性保持着良好关系来辩护。占星术(就像整个神秘主义那样)最切实的旨趣在于,在高度发达的合理化中避免魔法实践的嫌疑。科学性是它的单调良心。它的主张越是不合理,它就越会有

165

133

意强调，它这里没有什么骗人的东西。

在星座运势设想的人际关系范畴中，也就是在读者的私人关系和社会关系中，起决定作用的是家庭、邻居、朋友和上司。对于家庭，星座运势很大程度上是根据官方的、传统的乐观主义来处理的，对于这种乐观主义来说，家庭作为内群体（ingroup）的缩影，是不容侵犯的；这种乐观主义极力否认，这个由据称彼此最亲近的人组成的小共同体，可能是有问题的。在它看来，紧张是短暂的，爱与和谐才是基本的。家庭中成问题的事情只能是否定地显现出来的：通过隐瞒。家庭生活的真正的情感方面被省略掉了——就像在其他地方那样，在家庭领域，专栏也以外向为理想。在面对外部生活的困境时，家庭提供了支持；它充其量是提出要求、倒倒苦水，如果生活还可以忍受，那么就应当在一定程度上考虑到这些。不经意间，出现了一幅冷冰冰的图景。所有的家庭生活都被放逐到空闲时间领域：专栏的双相建构将家庭定位在下午时段，如读者修理汽车和待在家里。假定有这样一位丈夫，他花费过多，如花在喝酒或赌博上。由于最后必须是妻子来处理手头的钱，所以这位读者就应该和她讨论他的财务事宜。通常情况下，妻子会被抽象地称为"家庭"，这可能是为了避免男性读者被羞辱说，他是一个怕老婆的人。——家庭代表的是对驱力需求的社会控制。妻子不安的清醒谨慎，应当防止丈夫在工作中发牢骚并危及他的职位。当然，所有这些依然是模糊不清的。与家人讨论财务事宜的忠告，也可能涉及相反的情况：控制一位大手大脚的妻子的花费。然后，她作为被商品诱惑的消费者，被看成是比努力工作养家的丈夫更不合乎理性的。在这两种情况中，家庭都被认为是有着强烈共同利益的团队（team）。配偶几乎成了一个潜在敌对的环境中的阴谋家，这并非不切实际。他们的小组织仅仅基于给予和索取的原则；家庭几乎在任何地方都不是作为自发的共同生活的形式出现的。读者也应当仔细地计算他同家庭的关系。他必须为他所期望的团结买单。总是面临着唠唠叨叨的不满的威胁；聪明人作出了让步，并避免了这个以古老的方式设想出来的部落的愤怒。这里表明的是，生产与消费、劳动与休闲等领域的划分并非不成问题。生活本身恰恰越来越成为职业生活的附属物，而后者本应是生活的手段而非目的，即便是最热情的应声虫的定在，也因这一点的荒谬性而深受打击。一般来说，在家人之间的冲突中，妻子表现得要比丈夫更天真、更不镇静：因而要诉诸丈夫的理性。冲突之所以发生，往往是由于丈夫必须在劳动时间内压抑自己的攻击性，而后将之释放到他身边的人、有着依赖性的更弱者身上。星座运势将此归咎于时间要素，就好像在这个特定的下午或晚上，家里原因不明地酝酿着灾祸，因此，读者必须特别谨慎。民间所说的"紧张气氛"的经验就被召唤出来了。此外，读者被积极建议，通过邀请朋友来"带家人出去"或"给他们准备好一些美好时光"。这属于如下尝试：将制度化了的快乐和强制的人类亲密偷偷带进来，以取代自发的快乐和亲密，例如遵守母亲节或父亲节的食谱。由于在这里感觉到家庭温暖的和爱护的力量正在减弱，而出于实际的和意识形态的原因又要维持其制度，所以，温暖和团聚的情感要素就以人造的方式被提供出来了。人被敦促和推动去做所谓自然的事情——一个人之所以应该给他的妻子送花，不是因为这会使夫妻俩都感到高兴，而是因为，如果他忘了做这件事，她就会生气。

相较于家庭，专栏中更常关注的是"朋友"范畴。即使人们承认，朋友概念在很大程度上丧失了其意义，并且在美国通常只是作为"熟人"的同义词（相较于在德国，这种用法在美国是更加没什么负担的），专栏还是对一种解释尝试提出了挑战。根据占星术的传统基本观念，友好的星辰汇合和敌意的星辰汇合都会发出通人性的预兆。在这些预兆中，星座运势突出的是朋友，而几乎从不强调敌人。敌友的严格划分必然是生硬地强加于双相的安排，并且也符合迷信者的偏执思维。显而易见的是，这种划分因报纸星座运势而服从于特殊的社会控制。——星座运势中送福的朋友出人意料地来自外部，这可能是同个体对家庭和麻木地习以为常的环境的对抗相协调的，这种对抗或多或少是无意识的，并且是官方的乐观主义想要抑制的。朋友突然地、无来由地给幸运儿带来好处，低声告诉他，他如何肯定会增加收入，或者给他介绍一个体面的职位。支持这一点的是弗洛姆所描述的无力感。为了获得好处，人们应该听朋友的话；这些朋友比这位读者更强，并且比他懂得更多。同时，可能会从这种依赖中产生的畏惧和仇恨都被预防了。言说对象所依赖的那些人的形象无疑是肯定性的。在不断提及那种好处概念的过程中，这种依赖的寄生性方面变得清晰起来。这一方面是前资本主义的；属于合乎业绩（Werkgerechtigkeit）和得到宽容的乞讨的视域。从社会心理学的角度来看，这种与朋友的关系接近于对攻击者的认同现象。朋友常常只是上司的委婉面具。合理的、职业的关系转变为情感关系；那些与人们处于外在服从关系中的、不得不害怕的人，对于人们来说应该是心怀善意者中最好的，并且人们应该爱他们。言说对象应该感到，如果他这样一个可以被任意替代的人，能够履行一种社会功能，那么必须将之归功于一位永远慈爱的父亲深不可测的恩典选择。上司对下属颁布的规章被解释为，只是为了在后者虚弱时帮助他。

> 一位卓越的、比您更有经验的人，愿意给出好的忠告。您要注意倾听，并遵循更好的计划。（1953 年 1 月 10 日，白羊座）

星座运势中朋友范畴的模糊性，使得社会在朋友中人格化了。星座运势所传达的社会规范的严苛性似乎被减轻了，因为这些规范不是这样客观地出现的，而是以人化的方式出现的。这可能与如下一点有关，即真实的权威从父亲形象转移到集体身上、转移到"老大哥"*（big brother）身上。朋友们不会强迫任何事，他们让言说对象觉得，尽管他被孤立了，但他仍然是他们中的一员，他们向他展示的好处是社会本身必须给予的。朋友常常也是言说对象的自我理想的投射。他由以仔细权衡一种冲突的诸因素的内心对话是由专栏展开的。读者自己扮演"孩子"的部分，而他内心中的"成年人"，即自我，就像有经验的朋友那

---

* 这是乔治·奥威尔在《一九八四》中塑造的极权主义形象，用以指大洋国中看不见的，而又无所不在的掌权者，这实际上是极权主义体制的人格化。——译者注

样对这个"孩子"说着话,这位朋友能使他平静下来,而不是威胁他。尽管如此,朋友们也再次代表了本我,因为他们据说实现了读者自己不应或不能实现的愿望。朋友几乎总是以复数的形式出现,这表明,他们要么代表兄弟姐妹,要么(更有可能)代表整个社会;也表明了个体化的缺乏,以及任何人都会被他人所取代这一点。——有时候,低俗小说中的陌生人或"有趣的外国人"会成为朋友的替代品。如果说,星座运势针对的是那些认同内群体并必须拒绝"族外婚"(exogame)愿望的人,那么,神秘的陌生人会改善他们的被压抑的需求。区分"老"朋友和"新"朋友时要仔细。令人惊讶的是,得到积极强调的是新朋友。他们适应当前;"历史是一堆废话"(history is bunk)。与之相对,老朋友偶尔会被谴责为负担,是假装有权从一种不再现实的关系中得出任何要求的人。星座运势使自己成为这种遗忘的普遍趋势的代言人。过往遭到了放逐。不再在那里的、不再是事实的、不再以有形的方式出现在眼前的东西,都被直截了当地视为不存在的。致力于这类东西,常常会被说成是转移了对今日要求的注意力。尽管具有传统的道德和体面,星座运势还是废除了忠诚的理念:此时此地无用的东西遭到了清算。

寻求建议的读者偶尔会发现,自己所求教的不是朋友或陌生人,而是"专家":后者是仅由专业知识驱动的有主见的行为的集中体现。他 ¹⁷⁰ 的理念似乎代表着合理性,但本身却具有某种有魔力的东西。盲目信任他并不怎么难,因为专业知识本身应该基于合理过程,而这些过程恰恰只有外行才无法理解。违反专家的权威,同时就是违背合理性和无意识的禁忌。这就是星座运势的基础。——将这种专家说成上司更为合适,他既代表着有能力的专业人士,也代表着父亲的形象。大多数关于人际关系的提及都适用于此。他的矛盾图景比朋友的图景更适合于双相图式。根据专栏,上级不断要求解释。人们必须服从上级。后者对经常超出下属力量的任务负有责任。他们被责难为傲慢的和浮夸的情况并不少见。但是,这几乎一口气就被撤回了——这是因提及上司的更高的道德权利或更好的洞见而造成的客观威胁;主观威胁是:发脾气和不理性,这是通过提醒如下一点造成的,即他们也有自己的问题、担忧和弱点，对此，人们应当理解，就好像下级是上级似的。通常给出的建议是，使他们平静下来，在这样做时，遵循的是一种孩子的模式，他想通过爱的天性来使正在气头上的父母和解。这里的关键，与其说是履行义务，不如说是等级制中巧妙的、灵活的顺势而为：人们似乎必须以古时宫里那种阿谀奉承来对待上司，以保有他们的青睐。有时，贿赂的方面悖谬地出现在星座运势所推荐的任劳任怨中：更弱者应当邀请更强者到自己家里来，应当请他出去玩。这是由如下委婉的说法润饰的：这种事取决于下属和上司之间的"令人满意的人际关系"。一般说来，占星术的语言用法的委婉特征是非常突出的。其仰赖古老的迷信，即什么都不应召来，即使是其真实的与危险的名字都不要提。这虽然为寻求建议的人提供了他希望从星座运势中获得的爱护，但是，洞见从
171 一开始就被阉割了，为此，他一般会错误地转向占星术。——尽管强调人际关系，但如下暗示并不少见，即对上司的顺从和服务会得到回报。上司的意象模仿了这样一类父亲，在他的暴怒间隙，他被自己所触动，他会向孩子们保证，他是他们最好的朋友，他教训他们只是为了他们好。根据星座运势，上司的成功和地位只归功于其内在的品质。上帝给谁事做，就会让谁变得理智：等级结构得到了颂扬，同时也被拜物教化了。诸如"重要的人格性""卓越的"或"有影响力的"之类的畅销声望的套话，常常作为光环缠绕着更高的地位。人际关系中最重要的，是能够说话，是好好劝说。在这里，星座运势既适应于言说对象的被动迁就，也适应于他的攻击冲动。软化更强者，使他变得友好，这种努力仰赖于如下无意识的愿望，即似乎通过坦诚就能倾心交谈。事实上，被压抑者内心深处有一种无罪开释的需求，但又必须压制它，或通过弥合性的废话来调节它。星座运势鼓励人们去进行的实践，经常通过机敏的奉承规避了相当基本的矛盾，这类似于这样一位妻子的策略，她想要诓骗她所依赖的丈夫。星座运势的教导是，人应当为了自己的利益而放弃自己的利益。

在过去的几十年间，占星术式的风气增强了：不仅是作为对于巫师而言的经济新领域，而且也因为民众日益增长的脆弱性。从心理和社会角度来说，这种风气远比占星术本身更致命。它基于普遍的和异化

的、内在的和外在的依赖现象。星座运势由此出发:它掩盖、滋养和利用这种依赖。这里涉及的,不仅是大多数人对有组织的社会的传统依赖,而且还有生活的日益增长的社会化,以及被宰制的世界的无数触角对个人的捕获。在以前的资产者的自由主义中,至少在其意识形态中,对于大多数人来说,对社会的基本依赖仍然是隐蔽着的,例如就像将个体视为单子的理论那样,这种理论认为,个体这种单子是自律地构成的并且是自由地展开的。今天,外壳已经脱落。社会控制过程不再是一个个人不知其规律性的匿名市场的过程。在社会管理与被指挥者之间起中介作用的主管者明显减少了,个人再次直接面对顶层发布的指令。以这种形态显露出来的依赖,使人容易受到极权主义意识形态的影响。就连占星术也是这种意识形态的先驱。但是,对日益增长的依赖的洞见丝毫不减。如果人们公开承认这种洞见,那么他们就几乎无法再忍受这样一种状况,既看不到改变这种状况的客观可能性,也感受不到自己有改变它的精神力量。因而,他们将依赖投射到免除责任的东西上去:无论这东西是星辰,还是国际银行家的阴谋。人们可能会沉溺于如下一点,即为了践行不可避免之事,占星术的拥趸会**假装**出其依赖,在自己面前夸大这种依赖,因为他们中的许多人并不完全认真对待自己的信念,而是用轻微的自身蔑视来嘲讽之。占星术不仅是这种依赖的简单表达,而且对于依赖者来说,也是依赖的意识形态。从客观上来说,摆脱不掉的关系与妄想体系相当类似,以至于这些关系引发了强迫的,甚至偏执的精神行为。将妄想体系与社会体系结合起来的,不仅有封闭性,还有如下一点,即大多数人暗中经验到,他们的行为体系、劳动体系是不合理的、是不合乎理性的。他们不再理解自己所属机制的目的。他们怀疑,这个庞然大物的存在和起作用,与其说是为了他们的需求,不如说是为了它自己的持存。对于严密的组织来说,手段被拜物教化为目的,成为每个人都能切身感受到的整体的自身异化。即使是那些被认为是正常的人,也许特别是他们,也接受了妄想体系:因为他们与这些体系以及同样不透明的社会体系越来越难以区分开,但也越来越容易区分开。

　　除了被掌控、自己无法控制自己的命运等感觉之外,还有一点是,无论其功能合理性是怎样的,体系都在通过自身而走向毁灭。自第一次世界大战以来,对持久危机的意识并没有减弱。无论是整个社会的再生产,还是个人的再生产,都不再是通过传统理论认为正常的经济过程实现的,而是通过隐蔽的和可撤销的馈赠实现的(如果不是通过全面的扩充军备来实现的话)。一种更高的社会形式在视野中呈现得越少,前景就越是令人绝望。占星术是这一点的帮凶。它的成就是,将日益增长的恐怖引导成伪合理的形式,将泛滥的恐惧以固定的模式束缚住,也可以说是将其本身制度化。无意义的必然东西被夸大为一种大而空的意义,其空洞表达了无望,是对超越性的拙劣模仿。占星术的实质不过是对经验世界的反映,在它假托超越性的地方,它遇到了这个世界的不透明性。它是为沉迷于无幻想的怀疑论的那类人量身定制的。它将宗教崇拜贬低为事实之一,这完全就像占星术的决定命运的实体即星辰本身因其事实性而被呼唤那样:作为受数学—机械规律约束的物。占星术不是简单地回到旧形而上学阶段。毋宁说,它将被剥夺了一切形而上学性质的物美化为如科幻小说(science fiction)般的准形而上学实体。被祛魅了的世界的地基永远不会消失在脚下。被实体化了的科学拥有最后决定权。孔德的假定,即实证主义本身应该成为宗教,被恶意地实现了。作为不透明的、物化了的客观性的镜像,占星术同时以裁剪的、透视的方式描摹了主体的具有超越性的需求。长期以来,人不能思考或理解任何与现实不符的、不相同的东西,同时又在拼命地远离现实。他们没有拼命努力去有意识地穿透使他们如此阴郁的东西,而是试图简单地掌握沉闷的预感,半知半解地逃进所谓的更高领域。在这一点上,占星术与电影等大众媒介有着同样的意义:作为重要性(Bedeutung)和熠熠生辉的无与伦比,它自发地用恢复起来的东西的生命装扮物化了的关系,它没弄清楚的正是这些关系。这是因为,据说可以解释一切的星辰运动,根本什么都解释不了。星辰不会说谎,但它们也不会说出真理。人为此而撒谎。直到今天,占星术还是没有说出,星辰为何以及如何干预个人的生活。提问者被科学般的空话所迷惑,无法证明的或荒谬的断言巧妙地充斥着事实性和天文规律性的要素。合理的东西与不合理的东西的混杂体以占星术为名,以不可调和的东西同时存在的形式,反映了主要的社会对抗。在社会对抗中发生的事情与占星术中发生的事情都是合理的——后者中是依据数学的星辰,前者中是遵循交换原则的经验定在。不合理的是脱节(Unverbundenheit)。就占星师的论断涉及恒星进程而言,他们显然试图与天文学上可检验的星辰运动达成一致。他们对当前的社会定在有足够的了解:他们对牺牲的评估没有掺杂一丝妄想。占星术的秘密和诡计,只是它将社会心理学与天文学中不相关的、孤立地合理处理的领域结合起来的方式。

在占星术中反映的是,分工式的科学思维在多大程度上不可避免地将经验总体分解为不被理解的东西和不可通约的东西。被撕裂的东西终究要和解,这种被扭曲了的希望呼声,就好像是要将分离了的东西一举重聚那样,是虚幻的。但正是心理学与天文学、人的生活与星辰之间的脱节,才使它有机会定居于两者之间的无人地带(Niemandsland),175并向双方提出篡夺性的要求。它的王国是一种奥秘,是无关系的东西之间的关系。在它的不合理性中,作为合理性之成果而处于分工终点的东西依然起着作用,这种合理性为了更合乎理性的生活的再生产而要求分工。任意地将未结合的东西结合起来,这是一种虚招,假使科学认识本身没有变成秘传的,以至于只有少数人会意识到这种后果,那么,科学地破解这种虚招是很容易的;这有利于大众占星术的成功,它被风格化为秘传的。这种成功证明了到处蔓延着的半教育。对事实的信仰被实体化为替代形而上学(Ersatzmetaphysik),与之相伴随的是如下趋势,即提供信息的知识取代认识、取代理智的穿透与解释。人们所称的宏大的哲学综合萎缩了。这种综合的继承者是对它的拙劣模仿,是关系妄想。虽然天真的人倾向于将他们的经验当作理所当然的,而不受占星术假装回答的那些问题的干扰;虽然受过严格教育的、有判断能力的人经受住了骗局并看穿了它,但它俘获了那些不满足于表面的人,他们摸索着本质,但又不想或不能作出批判性的努力。同时,占星术既照顾同时又挑衅这样一类人,他们认为自己过于怀疑,以至于无法将自己托付给未被社会覆盖的思想所具有的发现真理的力量,但在抵抗一种不合理性时又不够怀疑,这种不合理性将每个人都遭受的社会性的二律背反变成了肯定性的。占星术式的风气以商业的方式利用倒退的精神,并因此需要这种精神。它的增强被整合进全面的社会意识形态中,也就是将持存的东西肯定为自然既定的。在客观宿命上作出些改变的意愿瘫痪了。所有的苦痛都被归为私事;驯服是灵丹妙药;就像整个文化工业那样,占星术将人已经意识到的东西二重化了。它在市场上不可或缺的宗派要素,毫无冲突地符合其外向的、受欢迎的方面。在一种任意的信条的暗淡特殊性中,守护全面的、排他的重要性,它的这种要求表明的是从自由主义意识形态向极权主义意识形态的过渡。一党制国家的悖谬理念——和现实——打了政党概念的脸,并直截了当地将"部分"(partem)提升为"整体"(totum),这完成了一种趋势,这种趋势被占星术专家的固执和不可亲近所证明。这种现象的心理维度不能与历史社会维度断然分开。特殊的社会性的星丛有选择地促进符合这些星丛的心理综合征的形成,或至少阐明这些综合征。在灾难迫在眉睫之时,偏执的特征被动员了起来。希特勒身上的精神病是他能够对德国大众施加影响的酵素。疯狂东西的沉淀物、攻击性的妄想,是当代民众运动的传染病,同时也是其使人瘫痪的东西,就算这些运动以公开的忏悔和极好表现的贞洁向民主推荐自己时也是如此。但是,谁要是狂热地、心甘情愿地沉湎于这些运动,那他就必须强制推行令人难以信服的信仰,通过迫害他人来分散对自己的怀疑。占星术以不问政治的方式预演了这种政治。

德语版本基于赫尔曼·施韦彭霍伊泽

(Hermann Schweppenhäuser)的翻译

(1962 年)

注释

[1]除了少数例外,在美国时所写的原始文本中陈述的例证都被省略了。

关于当今社会冲突的注解

写于两次研讨班之后[1]

　　前段时间,社会研究所举办了两次研讨班,一次是关于笑的,另一次是关于当今社会冲突的。这追求的是一种双重意图。学生应直接观察一定的情境。对这些情境的精确描述和解释尝试应该清楚地表明,当几个人一起笑或相互敌对时,就表达出了超出直接场合的社会因素,而这些因素有时候又是在这些场合中的。将教学(如果人们愿意这么说的话)意图与对看似个体性的攻击的社会相关性的实质兴趣相结合。这种相关性被假定为笑的构件,并且经常通过对观察的分析而得到证实。这两次研讨班可以说是对发展"邪恶之眼"的练习,如果没有它,就几乎不可能充分意识到"社会约束"。研讨班上的讨论涉及关于理论与经验之间关系的一些思考。

　　社会冲突概念取自美国社会学的主题,这一概念是以实证主义的方式将马克思的阶级斗争学说拉平了。在美国,这一学说,就像在政治上那样,从未被完全科学地接受;在那里,在社会冲突(social conflict)概念上,可能一开始想到的就是泾渭分明的群体之间的张力以及社会改革。在过去的几十年间,这个概念已经在整个学术讨论中消失了。1958 年由勒内·柯尼希(René König)主编的《社会学》卷册虽然列出了 ¹⁷⁸ 统治、流动性、分层、社会控制等邻近关键词,但没有如下这些概念:阶级、压迫、社会冲突。在社会学中,美国的刘易斯·科塞(Lewis Alfred

Coser)和德国的拉尔夫·达伦多夫(Ralf G. Dahrendorf)才再次谈到了社会冲突,他们既反对马克思的理论,也反对帕森斯的本质上保守的结构功能理论。社会冲突不应被视为功能失调和对社会体系的瓦解,不应仅仅从其反常的方面来观察,而应被视为确保"社会关系和社会结构的保存、调整或适应"[2]的引擎。这可以追溯到格奥尔格·齐美尔关于冲突的论文。在这篇论文中,冲突作为一种社会化形式,已经成为实证的社会学范畴,只要冲突者在对手被彻底消灭之前停下来。对于秉持真心诚意的自由思想精神的齐美尔来说,这种消灭是一种"临界情况"。然而斗争本身是"消除离散性的二元论的运动"[3],这一点只有在公认的规范这一媒介中才能先天地实现。出于形式社会学的动机,齐美尔倾向于将冲突的诸范畴实体化。在内容上作出的决定是:冲突是必要的和合法的,为的是超出一种糟糕的对抗状态,也就是作为一种彻底和平的手段,在这种和平中,对抗被实质地消除了;但这并不是说,应当为了一个抽象的和无所约束的动态理念而肯定冲突本身——所有这些在齐美尔那里依然是处于边缘上的。他的学说的所有不变内容都取自对抗状态。通过假定社会的基本结构,它将这种冲突当作不可改变的接受下来。科塞是与齐美尔有联系的,因为他对群体冲突的辩护,正确地批判了对现存社会的和谐主义分析,强调了功能失调的东西的功能。但是,在这样做时,他牺牲了稳定的社会体系的模式,这种体系

179 是通过共识而保持平衡的。直到后来的一篇文章《暴力与社会变革》(Gewalt und gesellschaftlicher Wandel)[4]中,那些对结构的洞见(它们通常会被不合理地打上"暴乱"这样的烙印)才推动他超出了这一点。他认识到,这些洞见——它们已经是对机器的破坏(Maschinenstürmerei)——比尽可能顺利地进行自身再生产的社会模式具有更高程度的社会合理性。社会学的对象迫使社会学重新发现了辩证法。

达伦多夫的《社会冲突理论》[5]明确使用了一个基于"人类社会的历史性、爆破性、功能失调性和强制特征的假设"的模型。帕森斯结构图式中偶然的东西重新变成本质性的了。"在此基础上,冲突似乎是所有变革进程的必要因子。此外,这样一种取向排除了关于平衡运转的

稳定的社会体系、关于'无阶级社会''人间天堂'的乌托邦思想——因此,相比于共识理论,这既更接近社会现实,也更接近(政治理论层面的)自由理念。"[6]产生了社会冲突的社会对抗特征得到了公开承认,其无疑又变成了不变的东西,因此这依然是一种被驯化了的、本身不会质疑社会冲突的合法性的社会变革。达伦多夫采用了马克斯·韦伯的理想型方法以及他的社会观念。根据这种观念,社会必然是由上层秩序(Überordnung)和从属秩序(Unterordnung)构成的,这表现在统治集团的指挥权上。据此,社会冲突就"可以从社会单位的结构中得出来,因而是超个体的……在非常小的社会单位(角色、群体)中,往往存在没有结构相关性的对立面,这些对立面是不能适用于社会冲突理论的;另一方面,可以假设的是,有时,即使是相当广泛的社会单位之间的争论 180 需要的也是心理学的解释,而不是社会学的解释。对于一些历史战争来说,某种社会性的任意似乎并不少见"[7]。然而,如果社会结构相对于所有局部的和个体的行动的优势得到了承认,那么,关于没有结构相关性冲突的假设就变得可疑了,这是将科学分工转移到了社会学认识的对象上。最大规模的社会冲突,如一些战争,可以从心理上而非从社会上来解释,这种猜测是不合理的。在面对压倒性的关系时,个人(无论是领导者还是被领导者)最初的心理反应是无关紧要的,他们被纳入这些关系当中,并且这些关系在很大程度上是将他们的行为强加给他们,尽管客观趋势如果不违逆他们的利益而占据其心灵生活的话,就很难如此有力地得到贯彻。但是,在历史领域,由于制度的对象化,心理是次要的。特别是,出于意识形态的动机,领导者屡次被提及的行为方式和偏离被严重高估了。即使是实际上能够决定生死的独裁者,在他的政治决定中,也是与他所面对的机会和各种选项联系在一起的。正是心理学的观察猜测说,他使其本能和驱力动势服务于政治目标,而不是政治目标严重依赖于本能和驱力动势。达伦多夫对社会结构冲突与单纯心理冲突的区分,允许对社会学所处理的东西作优雅的科学实践上的选择,但这也冒着如下风险,即忽视可以从中看出社会本质的那些现象。

181 　　将阶级斗争整合成相互竞争的集团和政党的制度化,这是当代冲突理论图式的基础,这种图式肯定了冲突,同时又试图化解之。科塞将齐美尔在竞争斗争上提出的、关于冲突之创造统一的作用的原初自由主义论点,转移到当今具有多元之称的社会上。各个相互依存的群体之间的冲突是相互抵消的,因此这些冲突应当既坚持社会体系,又要防止其僵化。[8]斯宾塞的论点未经详察就被恢复了,根据该论点,不断进行的整合与不断进行的分化是齐头并进的。同时,整合的量突变为相反的质:它抑制了真正的分化,而这种分化只有在个体的自由发展中才能得到证明。官方鼓励的、似乎有着顶层设计的斗争与社会冲突是由精细打磨过的图式所拟定的,这些斗争与社会冲突的所谓多样性,是将一个总是为了维持现存关系而仍然分裂着的状况写成了讽刺诗。现行的社会冲突理论再也不能否认这种冲突的现实性,这些理论在冲突中遇到的,只是持久暴力这一边的东西,这种暴力隐藏在社会再生产的背后,在角色和制度中得到表达并被物象化。对冲突的社会性控制已经被隐含地考虑到了,这些冲突必须被"调节"、必须被"介入性地""操控"和"疏导"。[9]达伦多夫绝没有隐瞒的是,"冲突的成功解决……是有一些前提的"。有关各方必须了解冲突的意义和必然性并事先商定调解的游戏规则——这一条件在操作上消除了冲突推翻现行游戏规则的批判性情况。这些前提绝非游戏规则,即自由约定的,而是社会过程的沉淀物。然而,达伦多夫恰恰忽略了冲突的这种客观性;即使是他也将产生冲突的社会结构实体化为了超历史的,并期望由主观理性来驯服冲

182 突,因为"对冲突的任何干预都仅限于对其形式的调节,并且放弃了消除其原因的徒劳尝试"[10]。认为这种尝试徒劳的论点是以先天论的方式颁布的,它可能很难与实证主义的开放(Offensein),如与杜威的实验主义相一致。达伦多夫以共识理论来反驳"社会强制理论"(Zwangstheorie der Gesellschaft),后者之所以与前者相反,只是因为它通过考虑后自由主义的特征,即被宰制的世界的特征,修正传统自由主义对规范秩序的赞同。作为社会学范畴,冲突只有随着旧形式的竞争和明显的阶级斗争的消失才会出现;就此而言,这一范畴是合适的。最新的社

会冲突理论通过其概念规定,回避了对生命哲学家齐美尔在过去的暴力斗争转变为竞争时仍然看穿的东西的感知,即"一切客观性的残酷","这不是由于幸灾乐祸,而恰恰在于主观因素不被考虑"[11]。现在,从这种残酷中已经发展出一种作为"社会事实"(fait social)的"案头谋杀"(Schreibtischmord)。

"社会冲突"这个词分散了人们对其致命的恐怖之处的注意力,如社会冲突在经济对抗中的客观基础。这些恐怖之处要么被中立化为个别个体的行为方式——如被中立化到他们所处的所谓文化上,而不是这些适应者(Angepaßter)身上——要么被中立化为群体之间、组织之间和其他任何可能东西之间的交易。这种推移符合当代社会学的主流倾向。它抵制一种批判的社会理论。社会现象变成可查明的和可分类的,因为它们很容易被呈现在经验研究面前;它们与最终的基底相混淆了。通过阶级结构来中介它们这一问题遭到了戏要。然而,根据亚里士多德本体论的古老区别,离观察者最近的东西、对于他来说首先出现的东西,在社会意义上来说绝非第一者。它不具有优先性,因为总体不能像其派生物那样以可用的特殊方法来掌握。阶级斗争理论还是不能被如此直白地转化为对社会冲突的调查及紧随其后的一般化,如果这些现象没有促进这种做法的话。用布莱希特的话来说,马克思的《共产党宣言》意义上的旧式阶级斗争实际上已经看不到了。阶级斗争的不可见性本身与结构问题密不可分。事实上,阶级关系的诸种表现在很大程度上已经被嵌入了社会的功能关联当中,甚至被规定为社会运转过程的一部分。当然,这并不是什么新鲜事,因为尽管有阶级关系,但社会依然存活着,并且通过阶级关系而存活下去。这种发展是以目的论的方式,在无产阶级对待资产阶级社会的客观的双重立场中预先形成的。一方面,在马克思和恩格斯所看到的那一时期,无产者是剥削的客体,而不是整个社会过程的自律主体。他们存在于一个想要自由与成熟的社会的概念之外。在工业革命时期和之后的头几十年里,他们本就是从被剥夺了财产的手工业者和农民中招募来的,这些手工业者和农民失去了其社会地位,可以说是域外之人。然而,作为社会财富的

183

生产者,无产阶级是内在于社会中的,是其生产力的集中体现。在对革命性的威胁作出反应的过程中,同时也根据自身的历史逻辑,无产阶级概念中内在要素的分量增加了。因此,在现存体系内为工人提供高于不稳定的最低限度的社会产品份额的工会运动,必然地,即通过工人的物质利益,朝着他们的整合这一方向努力。就此而言,工人对组织表现出的对抗已经被"整合"了,这种对抗使他们日益与他们的骨干在发达资本主义兴起的早期野蛮时代所反对的东西结合在了一起。在物质上,他们失去的不仅仅是锁链。而且,作为这一点的补充,资本向精神和公共舆论领域扩张的趋势,也占据了过去"第四等级"的意识和无意识。马克思已经指出、后来的马克思主义者也都指出,阶级意识与阶级的存在之间没有机械的联系,而是必须被建立起来的。一般而言,与流行的看法相反,上层阶级的阶级意识要比下层阶级更发达。封建统治的历史遗产对上层阶级的刺激,其程度远超个别个体的理智,不仅危及政治实践,而且也危及远离实践的思想。与之相对,下层阶级总是真实地处于等级关系的魔咒之下,为了活下去,他们必须适应这些关系。这样做的强制总是被更有计划地接管,但它也是自动起作用的。人们可能会怀疑,即使是在威廉二世时代的德国社会民主党鼎盛时期,阶级意识是否像党的干部自以为的那样是本质性的。毫无疑问,自那时以来,特别是考虑到东方国家明显下降的生活水平,阶级意识已经减弱了。然而,斗争,包括阶级斗争,假定了双方的意识。否则,斗争概念就会蒸发成一种对客观的、难以看清的阶级对立的抽象,这些对立不会成为主体,因此对于行动来说是无关紧要的。目前的社会冲突学说可以以如下一点为基础,即阶级斗争在主观上被遗忘了,如果说它曾经掌握过大众的话。这也(至少暂时地)牵涉其客观意义。

但是,客观对抗并没有因整合而被消除。只不过它在斗争中的表现是被中立化了。产生了阶级的社会基本经济过程,尽管对主体进行了各种整合,但并没有发生什么改变。社会认识既不想将理论拜物教化,也不想将附带现象拜物教化,它必须确保客观存在着但在双重意义上遭到压制的阶级对立得以表现出来的形态。如下猜测是无可置疑

的,即这种情况发生在私人领域。作为被社会彻底中介的领域,它是一 185
种假象,但另一方面也是反抗社会总体压力的动势的避难所,然而,这
些动势本身又带着这种压力的印记。这里一直发生的冲突,大部分缺
乏对阶级关系的意识;这些冲突似乎越是远离官方的劳资对立,它们就
越有可能在社会上表现出来。追踪这一点,无论其是在常常提及的人
际关系中,还是在心理之内,都将是社会学应有的任务之一。刺痛它的
是,直接既定的资料所掩饰的不亚于其所揭示的,而同时,基本结构不
再明显地大规模出现。可以预料的是,结构及其变化在个别因素中变
得可见,它们不是作为整体而被把握的,然而,它们又是作为掌控一切
的东西,形成了所有具体化的规律。如果不从社会的现象出发来内推
社会,社会概念就将会真的成为一些实证主义者拒斥的迷信。

　　这将对不受操控的主观经验的坚持合法化了。对主观经验的不足
和任意的洞见不应在意识形态上被滥用。无论那些关于主观经验的论
点在面对被普遍中介了的社会时可能变得多么成问题——它们完全基
于个人直接经验,准确来说就是在流行的科学理论的记录命题
(Protokollsätze)意义上的:如果没有这种原初的社会学经验的因素,根
本就不会形成任何洞见。不负责任的热情被迫作出的科学主义责任,
似乎压制了这种因素。这种责任本身已成为目的;那些冲动遭到了恐
吓,而只有在这些冲动上,它才能证明自己。科学的自身控制这一概念
曾经意味着开放的丰富性,与后者相比,这种控制现在则是想要约束经
验探究(Empirie),以至于最终只记录下了由方法论所准备的、适应于
它的东西。与被高估的方法相对,被它谴责为放荡和哲学遗物的东西,
日益具有纠正功能。只有将想象与对事实的敏感相结合才能接近经验 186
的理想,这种结合在理论上殊难预料。然而,理论与事实发现(fact
finding)之间的鸿沟(这是当代社会学的标志),不能根据一种抽象的方
案来弥合,如总是有人坚持的理论具有优先地位的论点。要注意理论
与经验之间的相互作用。在此,循环是不可避免的:没有任何经验不是
通过——经常是不明确的——理论概念来中介的;没有任何概念——
只要它适宜某些东西——不是以经验为基础的,并且又总是以经验来

衡量自己。这种循环是不能被隐瞒的;然而,这种循环的产生绝不能归咎于缺乏思考、思维不明确。它取决于如下一点,即任意就存在于经验与概念的分离当中。为了一套尽可能整洁的工具,人们未经反思地、以分工的方式将这两个因素相互对立起来。但是,两者是相互依存的。这个循环与总体性的、彻底社会化了的社会是同一的,这个社会渗透到一切个别中,因此它强加了一种一般与特殊之间的否定的同一性。只能从极端情况、从它的两极出发来把握它。理论和社会面相合并了。

直至在既毫无意义又带有情感色彩的私人争吵中,都是社会在迫使活着的人为他们的扭曲形态(在这种形态中,他们得以实现同谋)、为社会用他们所做的事负责。在将自身遮蔽起来的盲目冲突中,社会本质返回主体身上,而他们却没有察觉到这一点。法西斯主义在针对阶级意识采取猛烈的预防措施时所发布的口号,在法西斯主义体系之外,同样在意识形态上成为了真实的暴力。不过,这种和谐并不像通过断言批判理论已然过时而假装出来的那样持久,有人希望通过将批判理论划入形而上学来最终摆脱这种理论。在危机情境中,社会冲突可能会现实化为一种阶级冲突;这是否会再次以被宰制的世界的形式出现,187 还需要等待。直到此刻,也还需要在其他地方来追踪社会冲突。如果社会确实已经发展成对抗的总体,那么几乎每种流行说法所称的局部冲突都是这种总体的伪装。当代的冲突社会学区分了正式冲突和非正式冲突、显在冲突和曲折冲突、"真实"冲突和"不真实"冲突。[12]因此,达伦多夫在统治结构中寻找工业企业中曲折冲突的"最终原因"。然而,这只能从工业社会必须假定的分工——或者更准确地说,组织与直接生产劳动的分离——出发来解释和证明。这种分离仍然存在于资本主义国家和东方国家,在所谓的不发达国家中更是如此;但是,这种情况本身并非最终的,而应是派生出来的,是当前生产力发展的建构性的和强制性的因素。

马克思的如下理论似乎仍然是不言而喻的,即在经济中,也就是在生产资料支配者对劳动力出卖者的压迫最为显著的地方,生产力与生产关系之间的客观对抗明显地表现了出来。这种不言而喻的情况在发达工业国家中已经消失了。正如无产者几乎不再有这种感觉一样,"织工"的工厂主也不再存在了。作为资本利益的具身化,企业主不再与工人对立。随着技术合理化的推进,随着权威结构的物象化,企业中的工人再也看不到他们面前近在咫尺的对手。充其量,他们是与工头、师傅、上级在一个往上望不到头的等级制度中发生摩擦。[13]与这些人之间的争端是当今社会冲突及其推移的原型。这些争端发生在错误的地方;假定的对手本身处于确保完成生产指标的压力之下。实际上,他们是幻影、是人格化,通过这些幻影和人格化,依赖者试图将关系中抽象的和捉摸不透的东西转译回他们的活生生的经验。制度化了的劳资冲突只要被纳入预先确定的权力关系当中,那么这些冲突就仍然是意识形态的。经常被提及的政治冷漠之所以出现,并不是因为不再有任何压制。相反,政治冷漠出现的原因可能存在于人的单纯前意识的意识当中,即使是不明确的,这就是说,今天被视为政治领域的东西与他们真正自己的利益几乎没有什么关系。如果每一次工资冲突仍然总是潜在的阶级斗争,那么这就会被参与支配的完整组织所中止。但是,这不可能没有波折就取得成功。冲突在伙伴关系的表面之下是看不见的,它表现在社会边缘现象中;要么是表现在整合尚不充分的地方,要么是表现在对抗过程一如既往地消除的"显象世界的残余"中;常常表现在没有完全内在于社会的那些人(他们既不是劳动力也不是消费者)的不合理的爆发当中。在得到赞扬的富裕社会(affluent society)中,匮乏和困境不再是忙碌的工人的命运,而是低保户和某些难以理解的、无组织的中间群体的命运。在这些群体中,嫉妒、争吵、被压制和误导的攻击、小资产阶级的旧遗产,得到了最为顽强的坚持。无论是对于秩序来说,还是对于不受欢迎的少数人或政治上不顺从者来说,他们都没有形成威胁性的潜能;在危机情况中,与他们的主要目标相异化的阶级斗争能量可能会被用来对付他们。这种潜能是一种分裂的潜能。崩解为粒子是社会整合的不利一面。社会整合越是肆无忌惮地将不同的东西掩埋在自身之下,社会架构就越会隐蔽地分解。这可以从国家社会主义者的宗派斗争中看出来。如果由收音机播送一场足球世界杯比赛(全体

189 居民被迫从所有窗户上并透过新建筑的薄墙而获悉其实况），那么，即
使是骇人的邋遢流浪汉都可以和穿着夹克的富裕公民融洽地聚集在人
行道上的便携式收音机周围。在两个小时的时间里，这一盛大场合将
足球粉丝的受到操控的和商业化了的团结融合成民众共同体。这种看
似非政治的整合场合的几乎不加掩饰的国家主义，增强了其破坏性本
质的嫌疑。事实上，从宏观上看，社会的点火位置已经预先转移到外部
的和准殖民的冲突上。而从微观上来看，对抗贯穿着整个社会身体，在
非传统的情境中表现出来，就好像是对曾被称为自发性的东西的滑稽
模仿。依然内化了的、"心理的"冲突至少也有其社会维度，尽管心理因
子和社会因子不怎么直接重合。在个体反应方式的图式同时引导着社
会攻击性的地方，想要将两者分开的做法只能是任意。这类图式的范
围从恶意的笑声和责骂、口头上的敲打，到实际的恶作剧（practical
joke），再到如研讨会纪要所描述的、作为当前汽车习俗（Autositten）的
亲切但又粗暴的语调的组成部分的那种身体暴力。由于社会发展正要
超过固定的、与自身同一的自我的心理范畴，所以，这些行为在多大程
度上还能被归因于心理就是值得怀疑的。也许，它们今天就变成了客
观预定的社会冲突的性格面具。个体之所以看不透它们，部分原因在
于，他们心理的不连续性和不一致性日益增加，在于"人从情境条件中
借来了他们的冲动，并且就像这些冲动那样无常地改变着，而个别的因
素并没有一起成长为一个统一的历史。历史以记忆为前提；这记忆似
190 乎仅限于我们伟大文明的极端要求下的专业知识；而没有对自己的情
感形态、对自身、对其发展的不可避免的危机和断裂的同样敏锐的记忆
与之相符"[14]。这些人的自我控制被削弱，在情境中过于警惕，他们
很可能就是那些特别容易发生伪装的—社会的争端的人。

伪私人的冲突通过语言的中介，变成了社会客观性。在它们的转
变和刻板中，反映了历史的和社会的关系与张力；它们可以在这些关系
与张力上来解释。如果说，电车售票员通过对学生过于丰富的自由时
间发表评论来发泄他对学生空闲的愤怒，那么在这里，透明的心理动机
并不比他所说的话的社会内容更显著，如工作稳定但薪水微薄、被管制

的、被束缚在固定工作时间中的公务员,会嫉妒那些在他们看来将来会从事更自由的、有着更好物质机会的职业的人。售票员没有认识到这种群体差异的相当复杂的原因,他将会把他的怨恨发泄在那些本身就是社会过程客体的人身上,后者远不如他所设想的那么受益。——一位老妇人因为噪声而严词训斥在本就嘈杂的街道上玩耍的孩子。在噪声早已消失之后,她仍然在谩骂。破口大骂取代了身体暴力,并准备好转移进身体暴力中;在必要教养的合理化(这是德国反应气氛中最受欢迎的合理化之一)之下,这位妇人将对自己悲惨生活郁积起来的愤怒和对交通噪声的普遍愤怒发泄到那些没有保护地呈现在她面前的人身上,即孩子们身上。她的影响相对于这一场合而言是独立的,这表明,这一场合对于其社会性格来说是多么无关紧要的。然而,她几乎不会想到去抗议汽车司机的粗鲁;毋宁说,从第二本性出发,她厌恶的是桀骜不驯的前者给她造成的烦恼;想起了在自己这里必须被压抑的东西:吵嚷。不过,在消费领域的机器和设施上,一旦某些东西(按新德语来说)"不行了",发生冲突的情况就不会少见。在最近的驱力经济中,力比多可能不适用于活生生的人,而是适用于活着的人和消费品本身的制造出来的图式,即商品。[15]家庭争吵之所以爆发,是因为电视机坏了,这个在电视机前面重聚的初级群体想再次观看早已分出胜负的拳击比赛。对于那些为了其合成的消遣而被欺骗的人来说,家庭圈子提供了一个受欢迎的场合,以发泄与在场的人根本无关的东西。他们对于其他人来说变成了客体——从卖家与消费者之间表面上无辜的交换关系,到或多或少隐藏着的统治和宰制机制,再到诊所和军营,直到监狱和集中营。这可以从细微差别中看出来。如果正在试鞋的顾客说这双鞋对他来说太大了,那么店员就会觉得这已经是一种侮辱了,并烦躁地回答说:"我必须同意您的看法。"她被如此完全地等同于标准产品的销售,以至于她先天地在其需求偏离标准的个人中预感到了对手。

在一个十字路口,当绿灯亮起时,由一位女士驾驶的头车的发动机没有启动。在一阵闷闷的喇叭声之后,第二辆车的男司机在下一个红灯亮起时走上前来,清晰并且中肯地(sachlich)、不曾有威胁地说道:

191

"蠢猪!"而这位女士同样中肯且严肃地回答说:"对不起。"不会再有冲突:实事逻辑(Sachlogik)毫无疑义地占据了主导地位,这种实事逻辑将这位男士的傲慢合法化了,也将这位女士的忍让合法化了,以这种忍让,她将自己归为不完全符合产品的汽车驾驶员和违背公认的交通秩序的违法者。消费者实际上是生产的附属物,这使得他们自己与商品世界强行统一起来,而后也将他们同其他个体的关系变成了对象性的。——谁要是抱怨成文禁令和专家指示,甚至只是通过自己的行为

192 质疑它们的意义,那他就会引发刁难;不仅有执法者的刁难,还有那些以夸张的方式认同执法者和秩序的人的刁难。在炭黑工厂的自动化部门,工人只需检查和清洁机器,他们被禁止在工作时间坐着或吸烟,尽管这绝不会妨碍他们的活动。意识形态甚至不能容忍懒惰的外表。对于一个在工长出现时把燃烧着的烟斗藏在口袋里的工人,工长坚持与之进行不知所云的谈话,并迫使他痛苦地承认自己违反了规定。古代社会形式的遗物寄生在生产领域和消费领域的技术合理化上。在专家显然是多余的地方,他的权威似乎仍然是不可或缺的。——这类斤斤计较的(mesquin)冲突涉及伪装起来的社会过失,这些冲突的不合理性是这一点的诸种迹象中最为紧要的。所谓的根据是借口,而不是根据。任何这样解释不成体系的主观观察的尝试,也许都会遭受如下怀疑,即只照搬已经获得的东西,只服务于人们一直知道的自以为是的满意。然而,这种轻易的僵硬态度拒绝将看似偶然的冲突视为对象化了的劳动与活生生的人之间的客观对抗的迹象,这种态度限制了经验能力,导致了教条主义和死板的实践。意识的物化并没有因那些能够通过认知来爆破它的人的意识而受到限制。

在对一位被卷入电车自动门的老人的集体嘲笑中,在如下结论性的评论中:"你这个笨蛋,真令人恼火!",以社会的方式将粗暴仪式化了。对此的合理化是虚构出来的平稳运作的必要性,是一种健全的、不能考虑人的人类理性;人仍然在那里,这一点就像"传动装置"中的沙子那样潜在地起着作用。根据这种图式,笑作为一种社会现象而出现,在

193 这里,特殊似乎根据其逻辑形式被谴责为一般的麻烦制造者。根据柏

格森的理论,已从社会学上评估过的笑,本应恢复在人与人之间关系中被惯例扭曲了的生活。也许这种笑当时已经是上层阶层的意识形态,这一阶层本身是物化、自由举止和从容潇洒(désinvolture)的受益者,能够负担起伟大的世界礼俗(Weltmanieren),并且需要它来代表自己的优越性。今天,无论如何,笑作为一种征候,说出的是相反的东西:当活着的人的过度无序的动势按照游戏规则威胁那些谎言时,笑针对生活之硬化,恢复的不是生活,而是硬化。正如被嘲笑的东西是社会的历史动态的一部分。目前,笑强行整合了社会定下的框架之外的东西。一个人与一个醉汉交谈,同时试图通过赞同他对他人的微笑来与这个醉汉保持距离。他低声下气地预料到他的人道可能会遭到否认。那些因社会压力而变得畸形的人很容易与施加到他们身上的暴力结合起来。他们认为降临在他们身上的社会强制是无害的:他们公开地炫耀这种强制。不知不觉中,对这位稀奇古怪的怪人的笑声给导致其怪癖的压迫作了背书。从这种替罪羊心态出发,所有集体的笑都被洗干净了,即如下两者之间的妥协:摆脱自己的攻击的快乐和不容忍这一点的抑制性审查机制。这在类似于愤怒的响亮笑声中达到了顶峰,以这种笑声,一大帮人使偏离者闭上了嘴;这是一种行为,如果条件允许,这种行为就会变成身体暴行,在此,这种暴行依然被证明为文明的,因为它的举动就好像一切只是玩笑。各种社会冲突更多地是借助于它们的伤痕,即受伤害者的表达,而非它们的表现,为走向一种更好的整体状态的意图所知。因而,如果有人要求对什么是社会冲突作出严格的社会学定义,那么他就会阻止人们去理解这种冲突。如果经验应当重新获得它曾经能够做到的,但由被宰制的世界所剥夺了的东西:在理论上渗透到 194 未被掌握的东西中,那么,它就必须破译会话、态度、手势和相貌,乃至于隐藏着的微不足道的东西,让僵化的和沉默的东西说话,这些东西的细微差别既是暴力的痕迹,也是可能的解放的隐秘函件(Kassiber)。

当理论与经验之间出现分歧时,两者都会遭受批判。在社会经验感知到统治的地方,对这种经验的历史解释是在批判理论中进行的。经验只有在不被现存定理匆忙地加以保护和蒙蔽的情况下仍成功地在社会面相中感知到变化时，才能有助于开启其应有的理论。社会科学的认识批判必须去思考，由于制度化而萎缩的经验概念，如何能够重新获得其广度和开放性。社会学家的经验行为很接近孩子的经验行为，面对《狐狸和鹳》这则寓言故事，孩子会聪明地回答说，根本就没有鹳。不能去经验，这绝不能仅仅被理解为个体发展的结果，甚至也不能被理解为由种群规律决定的发展的结果。进行认识的意识在面对潜意识的东西时变得暗淡，这种情况本身源于一个社会的客观结构，该社会的完整地结合起来的总体使人们无法看到，在它有意和无意地准备好的一种和解状态的假象下持续存在着的东西。理论性的社会认识与社会学的经验探究之间是有分歧的，这指回了上述一点，两者之间的矛盾、学派之间的争论，仍然是对抗结构的表达，是关系的表达，这些关系虽然被对象化了，但还是活生生的主体的关系。将一切都归于这些关系的幻觉不仅仅是幻觉，因为即使在当前条件下，它们仍然是一切社会性的东西的基础；然而这又是幻觉，因为它直接地、此时此地地在这些关系中寻找社会化了的主体的基底特征。异化生活中不堪忍受的东西诱发了这一点。就像人格化趋势一直发展为反犹主义妄想（这使得一个有形的群体背负着实际上匿名的罪责）那样，这类科学尽管对其客观性相当狂热，但仍坚持人、坚持主体，是一种没有意识到自身的尝试，即试图以方法向经验传递无法经验的东西，这些方法是物化的，并且是从物化世界的技术中借来的。社会辩证法延伸到社会认识的形式中。这正是社会认识应当意识到的。它必须学会去经验不可经验的东西：这种悖谬是与对象相适应的。而要做到这一点，它就需要理论上的预先行动，需要去理解塑造了现象同时又被现象所否认的东西。这要想得到发展，仅有方法论训练是不够的：还必须加上作出改变的实践意愿，这种意愿是认识的成分，它曾激发了社会学科学，直到科学禁忌超过它而出现。但是，它不是外在于科学的，而是被科学的面相学能力内化了的，并在持续推进的经验和理论中纠正自己。这些范畴中没有哪一个是万能钥匙；这些因素是相互交叉的，并且是相互批判地完成的。将它们中的任何一个孤立出来都会使假象蒙蔽科学——科学本身是社会过程的一部分,科学只有通过自己的复杂性命中其对象的辩证的复杂性时,它才应当而且能够清除这种假象。

(1968 年)

注释

[1] 该文由阿多诺和乌苏拉·耶里施(Ursula Jaerisch)共同撰写。——德文版编者注

[2] Lewis A. Coser, *Theorie sozialer Konflikte*, Neuwied und Berlin 1965, S. 180.

[3] Georg Simmel, *Soziologie*, Leipzig 1908, S. 247.

[4] Lewis A. Coser, "Gewalt und gesellschaftlicher Wandel", in: *Atomzeitalter, Information und Meinung*, Heft II, November 1966, S. 321 ff.

[5] Ralf Dahrendorf, "Elemente einer Theorie des sozialen Konflikts", in: *Gesellschaft und Freiheit*, München 1961, S. 197 f.

[6] a. a. O., S. 212.

[7] a. a. O., S. 202 f.

[8] Vgl. Lewis A. Coser, *Theorie sozialer Konflikte*, a. a. O., S. 97, S. 182 ff.

[9] Dahrendorf, a. a. O., S. 200, S. 228.

[10] a. a. O., S. 227 f.

[11] Simmel, a. a. O., S. 305.

[12] Vgl. Ralf Dahrendorf, *Industrie- und Betriebssoziologie*, 2. umgearbeitete und erweiterte Auflage, Berlin 1962, S. 94 ff.; Lewis A. Coser, *Theorie sozialer Konflikte*, a. a. O., S. 57 ff.

[13] Vgl. Ludwig von Friedeburg, *Soziologie des Betriebsklimas*, Frankfurt a. M. 1963, S. 106 ff.

[14] Alexander Mitscherlich, *Auf dem Weg zur vaterlosen Gesellschaft*, München 1963, S. 344 f.

[15] Vgl. Theodor W. Adorno, *Dissonanzen*, 3. Aufl., Göttingen 1963, S. 26.

社会学与经验研究

一

集合在社会学这一学科名下的处理方式，只在一个最为抽象的意义上是相互结合着的：也就是说，它们都是某种处理社会性的东西的方式。但是，无论是它们的对象，还是它们的方法，都是不统一的。有的处理方式适用于社会总体及其运动规律；另一些处理方式则与此截然对立，是适用于个别的社会现象的，将这些现象与某个社会概念相联系的做法则被当作思辨的而遭到了唾弃。与此相应，方法也是有变化的。在前者那里，应当是从结构上的基本条件（如交换关系）出发得出对社会关联的洞见；而在后者那里，这样一种努力（即使它绝不想从专断的姿态出发去为事实性的东西辩护）被当作科学发展中的哲学残渣而不予考虑，并且应当让位于对实际情况的单纯确证。这两种构想的根源在于历史上形成的两种背道而驰的模式。社会理论产生自哲学，然而，它同时力求改变哲学课题的功能，因为它将社会规定为哲学课题的基底，对于传统哲学来说，这基底被称为永恒本质性或精神。就像哲学不信任显象的欺骗而寻求阐明一样，社会的表面越是平滑，理论就越是从根本上不信任它。理论想给暗中将"传动装置"聚合在一起的东西命名。对于思想来说，单纯存在着的东西的无意义性是不可忍受的，这种思想的渴望已在祛魅的愿望中被世俗化了。它企图搬开下面孵化着怪物（Unwesen）的石头；对于它来说，意义仅保存在对这怪物的认识中。

社会学的事实研究反对这种愿望。对于这种研究来说,马克斯·韦伯肯定的那种祛魅只是把戏的一个个例;对隐藏着的、必须被改变的、起支配作用的东西的思考,则被视为在改变显见东西的道路上白白浪费时间。尤其是,今天通常所称的经验的社会研究,自孔德的实证主义以来,或多或少地坦承了自然科学是榜样。这两种趋势没有公分母。关于整个社会的理论思想无法不间断地通过经验发现来兑现:这些思想想躲避这些发现,就像精神(spirits)躲避心灵学的实验规程那样。每一种将社会视为整体的观点,都必须超越社会的分散着的事实。建构总体东西的第一个条件就是关于实事的概念,分散的资料围绕这一概念组织起来。从活生生的经验出发,这种经验本身不是根据社会地建立起来的控制机制安排好了的;从对过去思考的东西的记忆出发;从自己的思考的坚定不移的结果出发,如此一来,这种建构必须总是使实事概念接近材料,同时又在与材料的接触中改变这一概念。但是,如果理论仍然不想沦为独断论(已进展到思维禁令的怀疑论总是准备跳对这种独断论的揭露),那么理论根本就不该安心于此。它必须将它似乎从外部带来的概念,转化为实事自身具有的那种概念,转化为实事自行想成为的那种东西,并将之与实事之所是进行对照。它必须把此时此处固定下来的对象的刚性消解为可能与现实之间的张力场:这两方中的任何一方,仅仅为了能够存在,也都必须指涉另一方。换言之,理论无可辩驳地是批判的。但是因此,对于理论来说,从理论中推出来的假设,即关于经常可期待的东西的预言,是远远不够的。单纯可期待的东西本身只是社会活动的一个片断,它和批判所针对的东西是不可通约的。认为情况实际上正如理论所怀疑地那样发生,这是廉价的赔礼,它不可以蒙骗社会理论说,一旦社会理论作为假设出现,这种理论就改变了自身的内部组合。[198]社会理论通过个别的确证得到了检验,这种确证就已属于社会理论想穿透的蒙蔽关联。为了已获得的具体化和约束力,它必须付出丧失穿透力的代价;朝向原则的东西被削平为显象,人们用这种显象来复核之。反之,如果人们想按照一般的科学习俗,从个别调查上升到社会总体,那么在最好的情况下得到的,也不过是分类性的上位概念,而从来不会是表达社会生活自身的概念。"一般的分工社会"范畴比"资本主义社会"更高、更一般,但并非更实质的,而是更加非实质的,关于人们的生活和威胁人们的东西说得更少,然而,这不是说一种逻辑上较低的概念,如"城市化",就说得更多。社会学的抽象水平无论往上还是往下,都根本不具有社会性的认识价值。因此,别指望从这种抽象水平的体系统一化(如通过帕森斯的"功能性"的模式来实现的那样)中得到什么。但也别指望自社会学产生之时就不断给出而又不断推延的承诺,即对理论和经验探究进行综合,这些承诺错误地把理论等同于形式上的统一,并且对如下一点不置一词:清除了实事内容的社会理论完全没抓住重点。要记住的是,诉诸"群体"如何是和诉诸工业社会无关的。按照分类体系的模型形成社会理论的做法,取代了赋予社会以规律的那种东西的最稀薄的概念残留物:不能将经验探究和理论纳入一个连续体中。与对现代社会的本质洞见的假定相比,经验的贡献只不过是杯水车薪;但是按照经验主义的游戏规则,支持核心的结构规律的那些经验证据总是有争议的。不应该将这些分歧摆平和调和起来:只有一种和谐主义的社会观才会被诱使这么做。相反,必须以富有成效的方式来裁决这种张力。

199

二

今天,在对作为精神科学* 的社会学和形式的社会学失望之后,如下倾向占据了统治地位,也就是要将首要地位赋予经验社会学。这种社会学的直接的实践上的可应用性、它与每种管理的亲合力,无疑都在这里起到了作用。但是,它反对自上出发对社会作出任意空洞的断言,这种反应是合法的。尽管如此,我们也绝不能赞同将优先性赋予经验性的做法。这不仅是因为还存在着除它之外的其他做法:仅凭学科和思维方式是现成的这一点并不能为它辩护。而且实事也为学科和思维方式划

---

* Geisteswissenschaft 一般译为人文科学,而由于阿多诺往往将之与精神(Geist)相关联,本书在此将之译为精神科学。——译者注

定了界限。经验方法的吸引力来自它的客观性要求,然而悖谬的是,这些方法偏爱主观的东西(这可以用它们起源于市场研究这一点来解释),也就是说,它们充其量是从人口普查类的统计资料(如性别、年龄、婚姻状况、收入、教育以及类似的意见、态度)出发,预见到主体的行为方式。它们的特殊之处至今也就只能保留在这个范围内:作为对所谓的客观实情的汇总,它们只能艰难地和用于行政管理目的的前科学信息区分开。一般来说,经验的社会研究的客观性是方法的客观性,而不是被研究对象的客观性。通过统计加工,从对或多或少大量的个别的人的调查中得出了一些陈述,这些陈述根据概率论的规律是可一般化的,并独立于个体的波动。但是,就算所获得的平均值的有效性是客观的,在大多数情况下,这些平均值仍然是关于主体的客观陈述;它们的确是关于主体如何看自身、如何看现实的陈述。经验方法(问卷、访谈和对它们的可能的组合或补充)无视社会的客观性,这种客观性是一切关系、制度和力量的总和(人在其中进行活动),充其量是将这些当作偶然的考虑到。应为此承担责任的不仅仅是那些感兴趣的研究委托人,他们有意识地或无意识地阻止了对这些关系的说明,并且,在美国,在发布研究计划(如关于大众传播媒介的研究计划)时,他们监督着要做到如下这一点,即只确证占统治地位的"商业体系"(commercial system)内的反应,而不分析这一体系自身的结构和内涵。毋宁说,经验的手段在客观上也适合此,这些手段包括对许多个人的或多或少标准化的调查以及对这些调查的统计处理,它们从一开始就倾向于认可广为流传的(并由此预先形成的)观点作为判断实事本身的理据。这些观点肯定也反映了客观性,但绝非全面地反映,而是通常以歪曲的形式反映。无论如何,与那种客观性相比,如对劳动者在其职业中发挥功能的情况的粗浅一瞥所表明的,主观的意见、态度、行为方式的分量是次要的。因而,即便这些行为方式表现为如此实证的,它们都潜在地以如下观念(这种观念可能源于民主选举的游戏规则,并且被毫不犹豫地一般化了)为基础:在一种统计意义上的总和中形成的人的意识内容和无意识内容的总和,无疑拥有对于社会过程来说起关键作用的特征。尽管这些内容对象化了,但正是因这种对象化之

200

161

故,这些方法没有穿透实事的对象化,没有穿透强制,特别是经济客观性的强制。对于它们来说,所有意见实际上都是同等有效的,它们根据社会权力来捕捉如意见之权重之类的基本差异,这只是在附加性的精炼中实现的,如对关键群体的选择。首要的东西成了次要的东西。但是,方法中的这一倒转,并非与被调查对象无关。经验社会学十分厌恶与它同时兴起的哲学人类学,但两者都认为此时此地的重点已经是人,而没有从一开始就将今天社会化了的人规定为社会总体的因素(可以说绝大部分情况下是规定为社会总体的客体)。方法的物性(Dinghaftigkeit),即

201 其要钉牢实情这一内生倾向,已被转移到了其对象上,也就是转移到被调查的主观实情上,就好像它们是自在之物,而不是被物化了的。这种方法有将其实事拜物教化的危险,也有使自己堕落为物神的危险。并非无缘无故的是,在经验的社会研究的讨论中,方法问题压过了内容问题,从经常讨论的科学程序的逻辑出发的话,这么做是很有道理的。经常作为标准出现的,不是有待探究的对象的尊严,而是有待以某种方法来调查的发现的客观性,并且,在经验的科学事业中,在选择研究对象和开始研究时,如果不是依据实用的—行政管理的需要,那么所依据的将是可用的且无论如何必须进一步发展的处理方式,而远非被研究对象的本质性。因而,那么多的经验研究无疑是无关紧要的。操作性的或工具性的定义程序是经验技术中经常使用的(如用调查本身中的问题答案的一定数值来定义"保守主义"范畴),这种程序认可了方法相对于实事的优先地位,最终认可了科学活动的任意性。宣称要通过一种研究工具来探究实事,这种工具通过自身的表述就决定了实事是什么:这就是在兜圈子。只处理清晰明确的概念,这种科学上的坦诚姿态成了将自身满足的研究事业推到被研究对象面前的托词。随着无知的傲慢,宏大哲学针对定义实践的异议被遗忘了[1];被这种哲学当作学究残余而驱逐了的东西,又被非反思的具体科学以科学精确性为名拉了回来。那么,一旦将以工具性的方式定义了的概念外推到哪怕只是常规的流行概念

202 上(这几乎是不可避免),研究都会背负上不整洁性(Unsauberkeit)的罪责,而它本是要以定义来根除这种不整洁性的。

三

自然科学的模式不能鲜活—愉快地、无限制地转用到社会上，这一点的原因在于社会。但是，并非如意识形态所希望的那样、如德国对新技术的反动抗拒所合理化的那样，是因为那些将人视为自然之一部分的方法不适用于人的尊严（人类正在竭力消除这种尊严）。更确切地说是人类犯下了罪，因为人类的统治要求强行抹去对其作为自然生物（Naturwesen）的记忆并由此使盲目的自然发生性（Naturwüchsigkeit）永存，就好像提醒人类要记得其自然性（Naturhaftigkeit）似的。"社会学不是精神科学。"[2] 只要社会的冷酷无情总是不断地把人贬低为客体并将他们的状况转化为"第二自然"，那些证明社会恰恰在这一点上负有罪责的方法就并非亵渎。方法的不自由服务于自由，因为这种不自由无声地证明了占统治地位的不自由。金赛的研究 * 招致的愤怒之音和精巧的防御姿态，是赞成金赛最有力的证据。当人在关系的压力下实际上被贬低到"两栖动物式的反应模式"[3]（如他们被贬低为受大众媒介及其他被规整了的欢乐所制约的消费者那样）上时，对他们来说，那种惹怒了筋疲力尽的人道主义的民意调查（Meinungsforschung），要比一种"理解的"社会学更合适：因为，理解的基底，即一致的且有意义的人类行为，在主体自身中已经被单纯的反应取代了。原子式的、从原子到一般都已分好类的社会科学，是原子化了的、按照抽象的分类概念即按照宰制概念组织起来的社会的"美杜莎之镜"。但是，这种"使事物符合于认识"（adaequatio rei atque cogitationis）要想成为真的，还需要自身反思。它的正当性只能是批判性的。当人们将研究方法采用并表达出的状态实体化为科学的内在理性，而不是使其本身成为思想对象时，

203

---

*　阿尔弗雷德·金赛（Alfred Kinsey, 1894—1956）是美国生物学家和性学家。这里所指的研究是金赛领导的两项研究，即《男性性行为》（1948年）和《女性性行为》（1953年）这项研究在当时引发了巨大争论，许多人批评他的研究过于开放，甚至有伤风化。——译者注

人们也就有意或无意地将这种状态永恒化了。而后,经验的社会研究错误地把附带现象(即对于我们来说构成世界的东西)当作实事本身。这种研究在应用时有一种前提,这种前提不应从方法的要求中推断出来,而是应从社会的状态中推断出来,即历史地推断出来。这种物性的方法假定了其受试者的物化意识。如果一份问卷询问音乐趣味并列出"古典的"(classical)和"流行的"(popular)范畴以供选择,那么它——有理由——确信,被调查的公众是按照这些范畴来听音乐的,这就像,一个人打开收音机时就不加思考地感知到,他碰到的是流行歌曲节目,是自称严肃的音乐,还是宗教行为的背景音乐。但是,只要这些反应形式的社会条件没有被一并触及,正确的发现同时依然是误导性的;这种发现认为,将音乐经验分裂为"古典的"和"流行的"就万事大吉了,而且这种分裂似乎是自然的。但是,正是在这种分裂中、在其成为不言自明的东西的永恒化中,出现了与社会相关的问题,而且这一问题必然会导致如下问题,即被先天地区隔开的音乐感知是否最为剧烈地影响了对被感知对象的自发经验。只有洞见到现存反应形式的发生以及它们同被经验到的东西的意义的关系之后,才能破译记录下来的现象。但是,占204统治地位的经验主义习惯将会拒绝关于显现出来的艺术作品的客观意义的问题,这种意义被当作听众的单纯主观投射而打发掉,形成物被放逐为心理学实验规程中的单纯"刺激"。由此,它将会一开始就排除如下可能性,即将大众同文化工业强迫大众接受的商品之间的关系主题化;对于它来说,那些商品本身最终要通过大众反应来界定,而这些大众反应同商品的关系还有待商榷。但今天,超越孤立的研究尤为迫切,因为随着传播对民众的掌控越来越强,他们意识的预先形成也日益增强,以至于不再有缝隙可以使人们易如反掌地觉察到这种预先形成。就连涂尔干[在拒绝"理解"这一点上,他与"社会研究"(Social Research)*

---

* 阿多诺在使用 Social Research/social research 表示社会研究时,一般是指经验的社会研究(empirische Sozialforschung),甚至具有实证主义取向的社会研究,而这与他所主张的、具有跨学科综合特征的、以辩证法为内核的社会研究是不同的。本书在翻译 Social Research/social research 时,在社会研究上加引号以示区别。——译者注

是一致的]这样的实证主义社会学家,也有很好的理由将他坚持的统计规律与"社会约束"[4]联系起来,甚至在后者中看到了社会的一般规律性的标准。当代的社会研究否认这种联系,但也因此牺牲了它的概括与社会结构的具体规定之间的联系。然而,如果将这些视角当作以后有待执行的特殊研究任务而抛弃掉,那么科学的反映实际上就依然是单纯的二重化、依然是对物性的东西的物化了的统觉,并且正是通过这种二重化而歪曲了客体,也就是施展魔法将被中介的东西变成了直接的东西。如果要改正,像涂尔干已经打算做的那样,即简单地以描述方式区分"复数领域"(Mehrzahlbereich)与"单数领域"(Einzahlbereich)还是不够的。相反,这两个领域的关系必须被中介,这种关系本身必须在理论上得到奠基。定量分析和定性分析的对立不是绝对的:这不是实事中终极的东西。为了作出定量的陈述,必须总是首先忽略要素在质上的差异;一切社会性的个别都包含了适用于定量概括的一般规定。定量概括的范畴本身总是定性的。一种不能正确对待这一点的方法,如认为定性分析与复数领域的本质不相容并因此拒绝这种分析的方法,就会对它应该研究的东西施以暴力。社会是"一";即使在今天重大的社会权力尚有不及的地方,"欠发达"的领域也和那些成长为合理性与统一社会化的领域在功能上联系着。无视这一点并满足于处理方式之多元主义的社会学(而后,它用如归纳和演绎[5]等如此贫瘠且有缺陷的概念为这种多元主义辩护)赞成存在着的东西,赞成过分热心地说出存在着的东西。这样的社会学变成了严格意义上的意识形态,变成了必然的假象。它是假象,因为方法的多样性与对象的统一性是不匹配的,并且它隐藏在所谓的因子背后,为了易于处理,它将对象分解为因子;它是必然的,因为对象,即社会,最害怕的是被直呼其名,因此它不自觉地只要求和容忍这些从社会身上滑落下来的关于社会自身的认识。归纳与演绎这一对概念是辩证法的科学主义替代物。但是,正如有约束力的社会理论必须完全浸入材料中那样,被处理的事实本身必须凭借掌握它的过程,让人们清楚地看到社会整体。然而,如果方法没有这样做而是准备了"呆板的事实"(factum brutum),那么随后也就没有任何光线可以穿透

205

这种事实。在形式社会学和盲目的事实确证的顽固反对与补充中,一般与特殊之间的关系消失了,而社会的生命就在于这一关系上,因此,也是在这一关系上,社会学有了其唯一符合人道的客体。但是,如果随后将被分离开的东西加到一起,那么实质关系就依然会因方法的阶梯通道(Stufengang)而被弄得颠三倒四。立刻将定性发现再度量化,这种热情并非偶然。科学希望用它的一致体系将一般与特殊之间的张力从世界中清除出去,而这个世界在这种不一致性上是具有其统一性的。

206

四

这种不一致性是如下一点的根据:社会学的对象,即社会及其现象,并不具有所谓的经典自然科学能够指望的那种同质性。在社会学中,无法像人们习惯于从观察一块铅的性质而推断出所有铅的性质那样,从关于社会事态的局部确证进展到这些事态的(即使有所限定的)一般有效性。社会科学规律的一般性根本不是那种完全包含个别部分的概念外延的一般性,而是始终且本质上具体地、历史地同一般与特殊之间的关系有关。从否定的角度来说,这证明了社会状况的非同质性——迄今为止一切历史的"无政府状态";而从肯定的角度来说,这也恰恰证明了无法用大数规律(das Gesetz der großen Zahl)掌握的自发性因素。谁要是将世界从数学式自然科学的对象(至少是"宏观领域"的对象)的相对合规则性和恒常性中剥离出来,那他就不会将人的世界神化。社会的对抗性特征是核心,单纯的概括在这种特征上耍了把戏。需要澄清的是同质性本身,而非同质性的缺乏,因为同质性使人类行为服从于大数规律。这一规律的可应用性是与个体化原则(principium individuationis)相矛盾的;是与无论如何不能简单越过的东西相矛盾的,因为人不是某种单纯的类本质(Gattungswesen)。他们的行为方式是通过他们的理性来中介的。这种理性虽然包含了一种在统计的一般性中也许会反复出现的一般要素,但是,这种要素同时也通过个人的利益处境而特殊化了,在资产阶级社会,这些利益处境是相互背离的,并且,就算是具有齐一性(Uniformität),它们也是趋于相互对立的;更不用说在个体中社会强制再生产出来的不合理性了。只有个体主义社会的原则的统一性才会用个体的"意见"这种统一的套话来表达分散的个体利益。今天广为流传的有关社会原子的谈论,虽然正确反映了个人面对总体时的无力,但同时,与自然科学的原子概念相比,这依然只是一种隐喻。最小的社会单位的等同性,即个体的等同性,即使在电视荧屏前,也不能像在物理学—化学材料中那样精确地断言。但是,经验的社会研究就是这样做的,就好像是按字面意义接受了社会原子的观念似的。它在一定程度上成功地做到了这一点,由此说出了一些关于社会的批判性的东西。一般规律性使统计要素丧失了资格,证实了一般与特殊是不可调和的,证实了,正是在个体主义社会,个体盲目地屈从于一般,使自己被取消了资格。关于社会"性格面具"的谈论曾表明了这一点,而当代的经验主义则已经忘记。社会反应的共同性在本质上是社会压力的共同性。唯此,经验的社会研究才能在其复数领域的构想中专断地对个体化置之不理,因为这种个体化至今依然是意识形态的,因为人还不是人。在一个解放了的社会,统计学将成为积极的(而今天它是消极的),将成为一门管理科学,但真的是对实事的管理、对消费品的管理,而不是对人的宰制。尽管在社会结构中有其不幸的基础,但是,经验的社会研究依然能够进行自身批判,因为它所实现的一般化不能轻而易举地被归因于实事、归因于被标准化了的世界,而总也要被归因于方法,仅通过针对个人的问题或他们的有限的选择——这种选择就像"自助餐厅"——的一般性,这种方法从一开始就准备好了被问询的东西,例如有待调查的意见,由此,被问询的东西就变成了原子。

五

社会学的异质性是一种科学架构的异质性,因而是范畴上的异质性,而不仅仅是各门学科(如社会理论、对客观的社会关系与制度的分析、主观取向的狭义社会研究等)之间的渐次的、可随意消除的分歧。

上述洞见并不意味着,人们应该保留这些学科之间索然无味的划分。对一种科学的统一性的形式性的要求肯定不能得到尊重,这种科学本身带着任意分工的标记,并且不能自以为毫不费力地看出备受欢迎的整体之物,这些整体之物的社会实存本就是成问题的。然而,相互背离的社会学方法的批判性结合是内容上的、是认识目标所要求的。社会理论的形成与局部的社会利益以特定方式交织着,鉴于此,一种改正(如研究方法所提供的那样)就是有益的,无论这些研究方法就其"行政管理"结构而言与局部利益处境有何纠缠。社会理论的无数确凿的断言——例如马克斯·舍勒关于下层阶级(Unterklasse)的典型意识形式的断言[6]——可以通过严格调查来检验或反驳。反过来,"社会研究"如果不想堕落为不相干的东西或是顺从于辩解式的口号(如今天流行的关于家庭的口号),那么,它就要注意到与理论的对照、注意到对客观社会形成物的认识。孤立的"社会研究"一旦希望将总体当作某种形而上学偏见而拔除掉(因为从原则上来说,这种研究的方法不能理解总体),那么它就不会是真的。然后,这种科学就会向单纯的现象宣誓效忠。由于将本质问题当作幻觉、当作方法不可兑现的东西列入禁忌,本质关联——社会中真正最重要的东西——就被先天地免于认识。这些本质关联是"现实的"还是单纯的概念形成物,这么问是无益的。任何一个将概念赋予社会现实的人,都无需害怕被指控为唯心主义。这里指的不是认识主体的建构性的概念性(Begrifflichkeit),而是在实事本身中起支配作用的概念性:即使是在关于一切存在者之概念中介性的学说中,黑格尔也预见到了一种真实地起决定作用的东西。人类命运的进展所依据的规律是交换规律。但是,这一规律本身不是单纯的直接性,而是概念性的:交换行为意味着将有待相互交换的商品还原为其等价物,即抽象的东西,而绝不是还原为以往所说的物质性的东西。然而,这一起中介作用的概念性不是对平均期望的一般表述,也不是对建立秩序的科学的缩略补充,而是说,社会本身遵从这一概念性,它提供了一切根本性的社会事件的客观有效模式,该模式独立于服从于这一概念的个别的人的意识,也独立于研究者的意识。在面对切身的现实和一切确凿的资料时,人们可以将这种概念性的本质称为假象,因为等价交换既是公正的,然而也是不公正的;不过,它不是由有组织的科学将现实升华而成的假象,而是现实固有的假象。即使是关于社会规律之非现实性的谈论,也只有当其是批判的,即考虑到商品的拜物教特征时才是有其道理的。与使用价值相比,交换价值是单纯想出来的东西,但却统治着人类的需求并取而代之;假象统治着现实。就此而言,社会是神话,社会之启蒙一如既往地必要。但同时,这个假象是最现实的,它是被用来将世界魔化的程式。对它的批判和科学的实证主义批判无关,根据后者,客观的交换本质(Tauschwesen)不能是现实地有效的,然而,其效用正是由现实不断证实着的。如果社会学经验主义主张规律不是真实存在着的,那么它就是不自觉地就上述社会假象说出了一些东西,它错误地将这一假象推到了方法身上。于是,科学主义意向所声 称的反唯心主义,恰恰有利于意识形态的持存。意识形态似乎是科学无法触及的,因为它被认为不是事实;然而,没有什么比这种概念性的中介更有力的了,它欺骗人将"为他的存在者"当作"自在的存在者",阻止人意识到他们的生存条件。一旦社会学阻止了对被其称为事实的东西的认识,满足于登记和规整之,并将这里提炼出的规则与支配事实本身的规律(事实根据这种规律运行着)相混淆,它就已经献身于辩解了,即使它没有预料到这一点。对此,在社会科学中,无法像在自然科学中那样从部分推进至整体,因为一种与逻辑外延、与任意个别要素之特征统一体完全不同的概念构成了整体,尽管如此,正是由于其被中介的概念性本质,这种整体也不是指"整全之物"(Ganzheiten)和形态,它们必然总是被设想为直接的;社会更接近于体系,而不是有机体。无理论的、在单纯假设上精打细算的经验研究,对作为体系的社会,即它真正的客体视而不见,因为这种客体不等于所有部分之总和,它没有把部分包括在内,也没有像地图那样,是由与其并列的东西(Nebeneinander)和一道的东西(Miteinander)、由"风土人情"组成的。无论是在字面意义上,还是在改写的意义上,社会地图集(Sozialatlas)都不代表社会。由于社会不是在其成员的直接生活以及相关的主客观事实中生长出来

210

的,因此竭尽全力调查这种直接性的研究是竹篮打水一场空。在这种方法的极端物性上,并且恰恰凭借这种物性,即凭借可简单确证的东西这种偶像,它制造出了活生生的东西的假象,一定程度上如面面相对的邻人般的假象,对这种假象的消解还不是社会认识诸任务中的最后一项,因为人们还远未完成这种认识。但是今天,这种认识遭到了压制。

211 在此,进行美化的定在形而上学和对实际情况的僵硬描述是负有同样的罪责的。但此外,经验社会学的实践极其不符合它自己对假设之必要性的承认。人们不情愿地认可对假设的需求,然而又质疑每个假设是不可信的,因为它可能会成为"偏见"(bias),并损害不偏不倚的研究。[7]这一点的基础是"真理剩余论";这一观念认为,真理是排除了据说是单纯主观的添加物(一种成本价格)之后留下的东西。自格奥尔格·齐美尔和弗洛伊德以来,心理学就令人信服地洞察到,如果对象本身就像社会那样本质上是被主体中介的,关于对象的经验的准确性就会随着认识者的主观参与程度得到提升而非下降,而这一洞见还没有被社会科学吸收。一旦人们为了有利于研究者的负责任的姿态而搁置自己的一般人类理性,那么人们就会在尽可能无假设的做法中寻求拯救。研究应当作为"白板"(tabula rasa)开始,在这种研究中,准备好的资料是以无前提的方式发现的,这种观点是一种迷信,经验的社会研究必须将之彻底扫除,在此,肯定会被想起的是经久不歇的认识论争论,这一争论只是被急功近利的意识在援引研究活动之迫切要求时有意遗忘了。在面对自己的禁欲主义理想时,适合于这种怀疑主义科学的是怀疑论。研究者需要10%的灵感和90%的汗水,这句人们乐于引用的话是从属性的,并以思维禁令为宗旨。长久以来,学者的刻苦工作主要就在于放弃对思想的可怜回报,这种回报是他本就得不到的。如今,由于收入不菲的行政主管(Bürochef)接替了学者,因此,精神方面的缺乏,不仅被当作加入团队的人的谦逊与从善如流的美德而得到称颂,而

212 且也通过研究进程的建立被制度化了,这些研究进程几乎不能认识到个人的自发性,除非将之当作摩擦系数。但是,卓尔不群的灵感和艰苦卓绝的研究工作本身之间的对立是荒谬的。思想不会凭空产生,而是

经过长期的隐秘过程结晶出来的,哪怕它们是突然出现的。研究技师自得地称作"直觉"的那种出人意料所表明的是,活生生的经验穿过"公众意见"(communis opinio)的坚硬外壳而冲了出来;正是这种"公众意见"之对立面的绵长气息,而绝不是天才瞬间的特权,使得未被规整的思想能够与本质相联系,这一联系经常被在两者间切换的、膨胀了的设施不可抗拒地破坏掉。反过来说,科学的艰巨性常常也是概念的劳动和努力,是机械的、紧紧咬住的无意识的做法的对立面,但人们将两者等同了起来。据说科学意味着:觉察到被观察的现象本身想成为的那种东西的真理与非真理;任何认识,如果不凭借内在于自身中的关于真与假的区分,那么它就不会同时是批判性的。社会学只有使其组织的已僵化的反题运动起来,它才能成为其本身。

六

各个学科在范畴上的差异被如下一点所确认:经验调查同理论上核心性的课题的结合本应是关键性的,尽管有零星的征兆,但至今,这种结合依然没有实现。最知足的、同时——在内在批判的意义上来说,也就是符合其本身的"客观性"的游戏规则——对于经验的社会研究来说貌似最可信的要求是,将这种研究的指向人和人群的主观意识与无意识的一切陈述,同人和人群的实存的客观既定方面相对照。社会研究领域被认为只是偶然的东西、只是"背景研究"(background study)的东西,构成了社会研究终究达致本质性东西的可能性条件。不可避免的是,在这些既定方面中,首先被凸显的是和被研究者的意见、感觉与行为有关联的东西,尽管这些关联特别广泛,以至于这样一种对照确实绝不应该满足于对个别制度的认识,而是必须反过来诉诸社会结构:将一定的意见与一定的条件等同起来的做法,并未消除这一范畴上的困难。然而,即便在这种压倒性的保留条件下,一旦能够用意见所针对的东西的真实特性来衡量民意调查的成果,这些成果就会获得不一样的重要意义。在此出现了社会客观性与关于这种客观性的意识(无论这

213

种意识的分布是如何普遍的)之间的差异,这种差异标志着经验的社会研究浸入了对社会的认识:浸入了对意识形态、对其发生与功能的认识。这种认识就是经验的社会研究的真正目标,尽管肯定不是唯一的目标。然而,如果孤立地来对待的话,经验研究就称不上是社会认识:市场规律(这种研究以非反思的方式继续停留在市场规律的体系中)本身还是一种表面。即使一项调查可能提供了统计上压倒性的证据,表明工人不再认为自己是工人并否认有无产阶级之类的东西,那也没有证实无产阶级是不存在的。毋宁说,这种主观上的发现必须与客观上的发现相比较,比如,那些被询问者在生产过程中的地位、他们能否支配生产资料、他们是否拥有社会权力。在此,关于主体本身的经验发现当然有其重要性。在意识形态学说的意义上,所要问的不只是这些意识内容是如何出现的,而且还要问的是,通过它们的实存,某些本质性的东西在社会客观性上是否发生了改变。在这些意识内容中,人的特性和自身意识,无论其是如何被生产和再生产的,都可以被虚妄的教条置之不理。即使这些意识内容——不管它们是作为肯定现存东西的要素还是作为某种他者的潜能——是社会总体的因素。不仅是理论,而且还有理论的缺席,一旦掌握大众,就可以成为物质力量。经验的社会研究之所以能起到改正作用,不仅是因为它阻止自上而来的盲目构造,而且还因为它处于显象与本质的关系之中。如果说,社会理论必须批判地将显象的认识价值相对化,那么反过来,经验研究的任务就是防止本质规律概念被神话化。显象也总是本质的一种显象,而不仅仅是单纯的假象。显象的变化并非与本质无关。如果工人事实上除了知道"自己是个工人"以外什么都不知道,这就影响了工人概念的内在组成,即使这一概念的客观定义——通过与生产资料的分离来定义——依然是实现了的。

七

经验的社会研究无法避开如下一点,即它探究的一切既定方面,无论是主观的关系还是客观的关系,都是为社会所中介的。根据它的方法,它在触及既定的东西、触及事实时,是将之作为它的终极的东西,但是,这些东西本身并不是终极的,而是有条件的。因而,经验的社会研究不能将它的认识基础——事实的既定性,它的方法为之费尽心力——和真实基础、事实的一种自在存在、事实的直截了当的直接性、事实的基本特征混淆起来。它自己能够防止这种混淆,因为它可以通过方法的改进来消除资料本身的直接性。因而,动机分析具有核心性的重要意义。当然,这些分析几乎不仰赖于直接的问题,相关关系(Korrelation)表示功能性的关联,但并不阐明因果依赖性。因而,原则上,间接方法的发展是经验的社会研究超越对表面事实的单纯确证和加工的一个机会。它的自身批判式的发展的认识难题仍然存在,这一难题是指,被调查的事实没有忠实地反映基础性的社会关系,而是同时构成了面纱,正是通过这层面纱,这些社会关系被必然地遮蔽了。据此,对于被不无道理地称作"民意调查"的发现来说,黑格尔在《法哲学原理》中关于公共舆论的说法是有效的:它"又值得重视,又不值一顾"[8]。之所以值得重视,是因为即使是意识形态,即必然虚假的意识,也是社会现实的一部分,是想认识社会现实的人必须了解的。而之所以不值一顾,是因为它的真理要求是被批判的。经验的社会研究一旦绝对地设定公共舆论,它自己也就成为了意识形态。这是非反思的唯名论的真理概念所导致的,这一概念索性将"众意"(volonté de tous)当作真理,因为它认为别的真理是调查不出来的。这一趋势在美国的经验的社会研究中尤为明显。但是,不应该教条地将之与视"公意"(volonté générale)为自在存在着的真理的那种单纯断言对峙起来(如以假定了的"价值"的形式)。这样一种做法和那种将流行的意见当作客观有效的东西恢复起来的做法一样充满着任意:在历史上,自罗伯斯庇尔以来,以颁布命令的方式确立"公意",可能要比以无概念的方式假设"众意"有更大的危害。只有内在分析可以走出这一灾难性的二选一,这是对意见本身的一致与不一致、对意见同实事的关系的分析,但不是将一种客观有效的东西与意见抽象地对立起来。这不是带着柏拉图式的傲慢拒斥意见,而是认为,意见的非真理性本身源于某种真理:

215

173

源于承载性的社会关系,最终源于这种关系自己的非真理性。然而另一方面,这种平均意见(Durchschnittsmeinung)不是代表真理的近似值,而是代表社会上的平均假象。参与到这种假象之中的,是非反思的社会研究所以为的"最实在的存在者":被问询者本身、主体。他们自己的特性,即他们是主体这一点,依赖于客观性,依赖于他们遵守的并构成他们的概念的那些机制。但是,只有当人们在事实本身中觉察到超出这些事实的趋势时,这种概念才是能够被规定的。这就是哲学在经验的社会研究中的功能。如果这种功能未被认识到或是被压制了,因而再生产出来的只有事实,那么,这种再生产同时就是把事实歪曲为意识形态。

(1957 年)

注释

[1] Vgl. etwa Kant, *Kritik der reinen Vernunft*, hrsg. Von Felix Gross, Leipzig 1922(*Sämtliche Werke*, Inselausgabe, Bd. 3), S. 553 f.; Hegel, *Wissenschaft der Logik*, 2. Teil, Stuttgart 1949(Jubiläumsausgabe), S. 289 f.;尼采也有大量论述。

[2] "Soziologie und empirische Sozialforschung", in: *Institut für Sozialforschung. Soziologische Exkurse. Nach Vorträgen und Diskussionen*, Frankfurt a. M. 1956, S. 112.

[3] Vgl. Max Horkheimer und Theodor W. Adorno, *Dialektik der Aufklärung. Philosophische Fragmente*, Amsterdam 1947, S. 50.

[4] Emile Durkheim, *Les Règles de la méthode sociologique*, Paris 1950, S. 6 ff.

[5] Vgl. Erich Reigrotzki, *Soziale Verflechtungen in der Bundersrepublik*, Tübingen 1956, S. 4.

[6] Vgl. Max Horkheimer, "Ideologie und Handeln", in: Max Horkheimer und Theodor W. Adorno, *Sociologica II. Reden und Vorträge*, Frankfurt a. M. 1962, S. 41 f.

[7] Vgl. etwa René König, "Beobachtung und Experiment in der Sozialforschung", in: *Praktische Sozialforschung*, Köln 1956, II, S. 27.

[8] Hegel, *Grundlinien der Philosophie des Rechts*, hrsg., von Georg Lasson, Leipzig 1921, § 318, S. 257. 中译参见黑格尔:《法哲学原理》,范扬、张企泰译,商务印书馆 2016 年版,第 379 页。

论作为社会学范畴的静态与动态

　　在 1955 年的阿姆斯特丹社会学大会上,本应当重新讨论社会中静态与动态之间的关系。一项不可否认的观察为此提供了契机。最激烈的动态现象是可见的,即社会结构的变化,例如苏联势力范围内的变化,又如东方国家以及所有发展中国家和地区的现代化;最后还有,在西方国家,尽管有固定的制度,但个体、家庭、分层、组织、管理等社会基本概念也会根据其内在组合而发生变化。而另一方面,在许多地方,社会似乎趋向于凡勃伦早在五十多年前就已经为之命名的"新封建主义",这是一种静止的状态。随着资本主义空间之外地区的工业化,资本主义价值增殖过程的界限被呈现出来了,因此而来的是经济体系扩张的界限被呈现出来了,价值增殖过程的概念认为需要这种扩张;尽管商品相当充裕,但某种情况依然存在,如资本主义倒退为简单再生产。这也反映在文化上;所以不久前,来自"青年法兰西"(Jeune France)小组的音乐家梅西安(Olivier Messiaen)可以说(无论其对错),音乐的历史发展已经达到了它的"天花板",无法想象出任何超出这个"天花板"的发展。对静态还是动态这种二选一的兴趣,可能会在如下问题中达到顶峰,即谁被证明是更强有力的;自中世纪结束以来盛行的发展轨迹是会继续下去,还是会走向一种扭曲状态,正如令人毛骨悚然的希姆莱预言第三帝国将会持续一两万年时所指的那样,走向"现代性的终结"。但是,这种二选一需要反思它所使用的概念,假如它不会消散在拿世界历史来赌博的无益痴狂中的话。

社会学作为一个特殊分支,即作为制度上固定了的、有序的、进行分类的科学的第一个规划,是孔德提出的,众所周知的是,这一规划要求,"在社会学中……在面对任一政治对象时,对社会实存条件的基础性研究与对社会不断运动之规律的研究是有区别的"[1]。据此,"社会物理学……分为两门主要科学,例如可以将它们分别称为社会静态学和社会动态学"[2]。社会中的秩序和进步这两个普遍原则,应与一种"科学二元论"相应,"因为很明显,对社会有机体的静态学研究必须与实证的秩序理论基本一致,这种理论按其本质,实际上只能存在于人类社会各种实存条件之间的正确的、持久的和谐当中;同样地,人们更为清楚地认识到,对人类共同体生活的动态学研究必然会形成关于社会进步的实证理论,这种理论抛开了任何关于绝对的和无限的完善能力的无用思想,必然合乎逻辑地得出关于这种基本发展的单纯观念"[3]。

直到 20 世纪,这种非批判的社会观察依然在提供静态类型(如农民,其作为模型特别受欢迎)和动态类型(如资本主义经济,其本质应当包括扩张和动态)。谁要是想为这种划分奠基,那他就可以坚持整个西方哲学传统,最后坚持苏格拉底主义,其区分了由自然构成的东西和仅仅由人设定的东西,即 physei 和 thesei *。回溯到人的基本需求,或者回溯到如今天本真性的行话所说的人的实存上的那些社会现象,应当属于静态范畴并遵从静态规律;与之相对,附加的差异化,即与特定的社会化类型相应的所有社会形式据说都是动态的。如下一点潜在地作为一种思维模型起着作用:大型的、无所不包的主要结构仍然存在,而分类,即逻辑上处于较低层次的东西,还有待发展;动态因素被这个模型先天地贬低成偶然的东西,贬低成主要范畴的单纯的细微差别,而不去问一问,这些因素是否并非根据特殊而有选择地形成的,在这种选择中是否剔除了不想服从社会不变性学说的东西。科学实践的知性不理会这一点:在它看来,人们只需坚持诸如静态与动态这样的标准,就已

219

* physei 意指"依本性"或"发乎自然",thesei 意指"据约定"和"据审慎刻意的决定"。——译者注

经可以对社会事实作出第一个稳固的分类。在此,众所周知的且总是被知识社会学家所强调的,是如下诱惑,即为了静态因素,特别是制度因素的所谓永恒性,要以形而上学的方式美化这些因素,但是却将动态因素(因此常常是社会生活过程的具体内容)当作可变的和偶然的搁置一旁,这种做法根据的是一种哲学传统,该传统将本质等同于持久的东西,而将单纯现象等同于短暂的东西。

对于现实社会来说,静态东西与动态东西的区分是不恰当的,无论这是出于分类的需求,还是出于一种潜在的哲学。现象绝非像这样服从于这种区分。在经过批判过滤的现代科学中,古老的、早已被认识论拒斥的经院哲学方法幸存下来,这种方法是指,将诸如本质、偶然、实存、个体化原则等一般概念加起来,构成确定的存在者。如此一来,社会事实就是由静态成分和动态成分组成的,这忽略了渴求秩序的精神, ²²⁰ 如果没有这种精神的中介,那些组成部分是根本形成不了的;不应断言它们是自在的存在,除非人们事先实证地和独断地假设了一个根据秩序和进步而整齐地划分好了的社会。

例如,有人将如下一点杜撰为一种"静态规律"的理想型,即所有社会统治都在于占有他人的劳动,而不去考虑这种理想型是否符合现实;同样地,将如下一点杜撰为一种"动态规律",即在封建制度中,统治是凭借租佃关系实现的。如果将此应用于经验材料,那么,在"一般社会统治"这一一般规律和"租佃统治"这一特殊规律[它作为"具体差异"(differentia sepcifica)被添加到一般规律当中]下,肯定都是找不到租佃者的。租佃者根本就没有经验过统治,也没有经验过其在历史上的变种,只经验过封建领主的变种,而在一种社会学的类型学中,租佃统治总是被纳入一种更高的一般统治概念中。但这不仅仅是认识论上的技巧:这取决于是否可以划分出不变的个别规律和可变的其他规律,并因此得出关于社会本质的结论。如果所谓不变的东西只是以变化的东西的形态出现,而不是孤立地、"自在地"出现,那么这种关系就是非法的:这就是建立了秩序图式,以取代实事本身。这样做的倾向,连带其所有后果,一直延伸到现代的知识社会学中,例如延伸到曼海姆引入的、最

177

近在美国复兴的"媒介原则"(principia media)概念中,它应当在所谓的一般规律和作为单纯事实而与规律相对立的东西之间起到中介作用,然而,在社会本身的力量相互作用中,根本没有什么东西与这种"媒介原则"相对应。

健康的人类知性鲜活—愉快地将社会中的静态东西和动态东西分开,它将自己的健康归功于一种天真,以这种天真,它将自己的规定当作客体的规定传回给了客体。一方面是自然的、恒定的需求,另一方面
221 是仅由人设定的、因此在历史上可变的需求,对这两类需求的区分取向纯粹是分类的产物,是抽象的。需求不能被这样简洁地划分,因为社会本身不能被不间断地化归为需求。这些需求当然总是会进入个别以及有组织的整体的社会性的自身持存过程中,但它们只会穿过这个整体。一个人为了活着需要什么、不需要什么,这绝非简单地取决于自然,而是取决于"文化上的最低生存限度"。任何想从中提取出纯粹自然的企图都会导向错误。至少在现代社会,人的所谓(soit-disant)自然的需求根本就不能决定他们的生活秩序,当然,在许多早期社会中也已经是这样了。毋宁说,需求已经被图式化了,更不消说,在当今这个生产过剩的时代,需求是被井井有条地产生出来的。谁要想将资本主义社会的规律毫无顾忌地还原为人的需求,然后根据需求的尺度将规律划分为静态的和动态的,那他就是将今天似乎仍只由经济利益所携带的东西,即需求的满足,颠倒为第一者:这就像将一个两口之家购买三辆汽车与原始采集部落采摘水果这两件事归入同一范畴之下那样。不仅许多在朴素的意识看来是静态的东西被证明是动态的:即使是不可否认的基本需求,如对食物、衣服、住所等的需求,也发生了深远的变化,以致新东西的量可能会转变成被误解为不变的东西的质。社会过程既不仅仅是社会,也不仅仅是自然,而是人与自然的物质变换,是这两个因素的永恒中介。如果没有针对现象的暴力,就无法将各个阶段包含的自然的东西从其社会形式中切除出来。过去几十年的技术发展在各个地方都使社会群体(特别是农业社会的残余)动态化了,在19世纪时,人们无疑对这些群体的史前史是视而不见的,仍会将之看成某种程度上非

178

历史的,同时,这种发展也证明诸如下面这样的教条是谎言,即上帝创 222
造的农民的永恒性限制了农业的机械化。"自然发生性"概念越是因研
究而失效,关于不变性的断言就越会溜进哲学—人类学的自白中,越会
抗拒社会具体。最终,不变性学说试图在一种本体论中证明自己的正
当性,高度专门化的专业科学家很容易相信这种本体论是一种真理,它
没有在自己的哲学形态中得到证明,并且与对一种社会的洞察完全不
相容,几千年来,这个社会带给人的,要超过如下一点,即它是在人的定
在之本质中产生的。

为了理解诸如静态规律之类的结构缘何得到了如此顽固的坚持,
我们有必要回到这些结构在孔德那里的起源。他从科学需求中推导出
静态与动态的二分法,首先是关于"状态"(état)[4]的二分,然后是关于
规律的二分:"为此目的,我现在必须首先将一个真正基础性的科学区
分扩展到社会显象的整体上去。在本文的所有部分中,主要是在生物
哲学部分中,就其性质而言,在各类显象上,特别是在活的身体能够展
示的显象上,我已以完全可用的方式确证并利用了这种区分。这是因
为我将每个实证研究对象的静态状态与动态状态分开了,但又始终注
意考虑一种严格的体系联系。"[5]"必须"一词所表达的强迫性,源于孔
德关于科学金字塔的设想,这个金字塔在社会学中达到了顶峰:等级制
中的每一个较高位阶者必须同样符合所有较低位阶者的原则。自孔德
时代以来,似乎作为唯心主义体系之替代品的实证主义,就在维护可追
溯到莱布尼茨的一种统一科学观,这种观念认为,通过跨越所有对象分
歧的方法的统一,这种统一科学就是可能的。实证主义原则导致的,是
将世界分解为原子论的、无概念的、由概念仅通过缩写概括出来的事 223
实,这种分解应当由这种分裂的始作俑者,即科学本身来抵制。科学的
自身一致的组织想要取代总体,即取代精神上作为穹顶的宇宙,从这一
宇宙的不可逆转的衰败中,对象作为"事实"被产生出来了。在此出现
了一种诱惑,即仅通过对以非结构方式呈现的材料进行分类而获得一
种秩序图式,而后将之归于材料,就好像它们是材料的结构似的。林奈
的体系中遭到嘲讽的东西,在社会学中仍然没有受到挑战:修正性的活

动似乎就是实事本身的特性。带着无偏见性这种傲慢，实事自己的可能本质、否认说过向实际情况还原的东西，都遭到了压制。

　　科学系统论与客观结构的这种混合，在实证主义最初的先驱时代的文献中，如在孔德的《实证哲学教程》(*Cours de la philosophie positive*)中，在将有机体的解剖学规定与生理学规定之间的关系类比到社会上时变得显明了。[6]生物学充其量想区分各种结构因素，这些因素具体是指"生命"——恰恰是生理学因素和解剖学因素，而实际情况并非如此。但是，社会学，无论是以多么粗糙的唯名论方式来设想的，总是与人的生活关联相关的，是与这种关联的衍生物即凝结下来的社会形式相关的。这些形式应当从人与人之间的关系中得出，而不应被实体化为"解剖学"。孔德敦促的静态学层次根本就不具有独立性。孔德没有天真到隐瞒如下一点：秩序与进步之间的关系，即它们之间"密切的且不可消解的结合，从此以后就标示着基本的困难……标示着每一个真正的政治体系"[7]。但是，他的政治倾向以及他的准自然科学的方法严厉地反驳了自己。因为他认为资产阶级社会的整体发展会促使其走向无序的解体，所以，他倾向于将秩序置于进步之上，将静态规律置于动态规律之上。他满足于如下独断的断言，即"这个重要的考虑……决不能影响我们在社会显象的静态学研究与动态学研究之间进行根本区分的内在连贯性和形式必要性"[8]。这种划分，因那种异议之故，是否恰恰不是"导致错误地或刻板地分出两个独立科学的根源"[9]？他之所以提出这个问题，只是为了断然地拒斥它。

　　根据内在于这一划分中的自然科学的概念形成的标准，更不具说服力的，是这两个范畴同秩序范畴与进步范畴之间的著名等式。如下一点被毫无猜疑地约定了下来，即具有社会本质性的东西必然也服务于社会的持存。从一开始就被排除在外的，是诸如下列社会学范畴，贫困化或大规模农业社会在人口增长的情况下无法持续——这些范畴意味着秩序的消解与破坏，而它们又属于这种秩序的本质。一种自然科学的思维模式必须考虑到这些可能的规律性以及相反的规律性；否则，它就会违背完备性原则，这是它自己的原则之一。如果说，我们向孔德作出让步,认为社会化形式中的生命再生产优先于其他一切社会性的东西,甚至优先于衰败趋势:历史性的强制并不是直接地与种的自身持存相一致的,那么,社会总体,即秩序本身,就会孵化出猛烈地威胁其延续的力量。孔德是最早强调"破坏性趋势"的人之一,这是他自己理论兴趣的真正对象,但是,作为系统论者,他恰恰在这种趋势上要了把戏。因而便与事实性产生了冲突,作为实证主义者,他认为事实性显然具有超出概念的至高无上地位。

最简单的材料—社会学思考告诉我们,状态和秩序所构成的静态225是同那些扭曲现象相一致的,特别是在一个不断运动的整体的背景下,这些现象会使静态秩序消失,就像曾经的拜占庭帝国和后来的土耳其的统治那样。反过来说,如果动态规律的概念没有被事先任意地—实证地限制,人们将不得不将自由主义市场社会(它沉湎于自身)之内的危机规律列入动态规律;并且,危机很难未经削弱就被纳入进步概念中。孔德对经验探究和自然科学的热爱使他免受这些思考的影响,而这是不幸的。他使用他认为经过自然科学证明的概念,而没有将这些概念与它们在社会学中包含的具体内容相对照。在他的著作中已经预示着,创造性地使用的自然科学方法与未经反思地将其提升为哲学的做法之间存在着致命分歧,这种分歧是实证主义后来阶段的特征。孔德的思维是物化了的。他有意将思维形式设置为最高范畴,就像具体科学将思维形式应用于客体那样,对于客体来说,按其结构,这些范畴既没有问题,也不处于客体与思维主体的关系中:完成了的科学设施将自己与哲学混为一谈。因而,他将静态与动态加起来当作社会,就好像社会的本质是直接由这两者组成的;而没有认识到,这两者虽然有差异,但它们是在现实社会中被统一起来的。

像孔德这样的科学方法的狂热者没有看到其理论中成体系的不一致之处,也没有看到这种理论对于事实来说是不适当的,这种情况不能简单地用如下一点来解释,即这种狂热使他对科学视而不见。他的思维错误是由"终点"决定的。煽动性地授予自己以"不可更改的哲学分析"[10]之尊严的东西;声称"建立在不可动摇的合理基础上"[11]的东

226 西,实际上都在遵循着孔德的政治旨趣。为了平息脱离现实生活的胡思乱想的嫌疑,并将自己当作实践家推荐给权力,他强调了这种旨趣本身。他预想的是,通过一种被认为"客观上"优于阶级冲突的科学来解决工业革命带来的"社会问题",或者至少使他的学科门类有资格提供这种解决方案。在他这里,这种解决方案的功能与黑格尔那里国家的功能[12]是很接近的:"最后,我认为,由于它是非常明显的,因此在这里特别强调直接揭露了实证社会学的这第一个哲学构想的那种自然属性是多余的,这种构想,正如我在本卷开头宣布的那样,指的是,在将来,将秩序和进步这两个同样基础性的理念不可分割地结合起来,它们之间那令人痛心的激进对立……实际上是现代社会之深度崩溃的主要特征。"[13]黑格尔期待国家来平衡社会矛盾,期待驯服在他的理论看来推到市民社会之上的各种力量[14];类似地,孔德(他并没有如那位绝对唯心主义者那样,批判地觉察到合理性中的真实弱点)期待从社会学中获益,这种社会学将社会矛盾带到本身无矛盾且相互不矛盾的概念上去,这种概念最粗糙的模型就是静态规律和动态规律。将它们截然分开,这应当是为在科学上,而后在世界中平衡它们所作的准备。黑格尔和孔德都没有看到,分裂的社会可以凭借其自身的动态,转变为一种更高的形式:一种更合乎人道的形式。他们两人都想将社会保持在现有制度中:因此孔德以修正的方式将静态原则添加到动态当中。由此,他不加掩饰地表达了资产者的窘境,几十年前,资产者仍然是革命

227 的,并且为了资本主义的扩张而不断进步,在这一过程中,当资产者根据自己的需求以进步的或保守的姿态出现时,其不得不考虑到贫困的大众,并且只能抵御这些大众。从一开始,实证主义的批判意图就伴随着一种肯定的意图。以科学主义的方式装扮的分类方式背后起着支配作用的,是辩解式的意向。由此,自身对抗的东西的持续就显得是合乎理性的,但是,不应将对抗呈现为这样的,也不应将之强加给社会本身。进步的旨趣,虽然其后果与"秩序"的旨趣不相容,但却和平地与后者相并列。这两者转化为两个相互独立的、互为补充的、政治上中立的分类范畴。在开始对社会进行任何分析之前,社会学的参照系都要平

衡社会的张力,并使资产者对它陷入其中的展开与凝固之间的困境感
到平静。客观的两极性被缓和为关于对现象作所谓确信无疑的分类的
观点。孔德所招认的静态与动态相区分的实践需求,本身就已经是意
识形态的了:价值上中立的概念掩盖了如下一点,即这些概念(它们在
双重意义上是"实证的")将不合乎理性的实事确认为科学理性的分类
原则。在社会中立主义(一种拼命声称其凌驾于利益冲突之上的态度)
与其对占统治地位的利益的适用性之间,存在着亲合力。取消社会学
对象,即社会体系及其结构的资格,将之变成一种事实的集合体,这些
事实是有待查明的,而后有待适配于科学的图式主义;将这些事实归属
于概念之下时,这种做法的确是外在的、任意的,乃至于草率的;这些情
况使得如此构建思维模式得以可能,以至于这些思维模式与潜在的、就
连它们本身都没有意识到的目的相一致。社会科学的实证主义在其选
中市场研究作为榜样之前就已经是顺世主义的了,因而,批判的社会理
论向来是不信任这种实证主义的,即使它在反对批判的社会理论时也
总是想以更激进的启蒙自居。   228

　　但是,静态和动态这两个概念之所以是意识形态的,不仅是因为它
们的功能,而且还因为,就实事而言,它们并不具有自孔德以来它们就
在主张的那种真理内容。他本人也认为,"社会科学的这种决定性的划
分,与那种主要的弊端太过于一致了,这种弊端在于,忽视了这两种主
要观点之间绝对必要的持久结合;这种划分也与现代思想家要拆解一
切的倾向太过于一致了"[15]。然而,他事后性地修正二分法并在这两
个概念之间进行中介的企图是徒劳的,因为两者根本无法在事后结合
起来。如果社会学导致了静态东西与动态东西的区分,那么它就应该
在进行这种区分时,对这些因素之间的关系思虑再三。不是在它们之
间寻求中间者,毋宁说,它们自身就是被中介的,一者包含着另一者。
黑格尔的形而上学意图,即变易(Werden)——辩证过程的总体——作
为因素再次将存在包含在自身中;无变易的存在和无存在的变易都是
不可设想的[16];上述意图仰赖的是社会经验:一切社会存在者都是已
变易的东西,即"第二自然";一切变易都是从存在着的东西的缺陷和方

式中产生出来的。黑格尔关于静态与动态之间关系的构想,同孔德的构想之间的差异,可以在语言上看出来。孔德使静态和动态成为社会学的两个相互分离的管辖范围,而且通过这种单纯的并列形式,动态实际上就已经停息下来了;相反,在黑格尔那里,动态一直延伸到逻辑结构当中,即延伸到不变性的原型当中。以批判谓词逻辑为主要内容的《大逻辑》,总是使用谓词表述。其他任何哲学著作很难如此顽固地在系词上坚持己见。几乎每个句子都使用绝对的"是"(Ist),以反对这个系词的欺骗性的力量,即反对如下主张:任何东西都完全是由这个系词预测的。只坚持简单的谓词、坚持一种事态的"静态",这种做法被证明是不充分的,因为任何一种"是"都是"非"(Nicht-Ist),用黑格尔的话来说就是:非同一性是同一性所固有的。一个根据其单纯特征定义而言是静态的形成物,就像显微镜下的水滴那样开始变得有生气、开始攒动;类似地,通过对逻辑事态本身的细致描述,"某物是如此这般而非其他"这类固定下来的陈述变成动态的了。根据"是"(其一切都被推理逻辑非反思地使用了)的尺度,在辩证逻辑的初始规定的意义上,存在将自身揭示为一种变易。社会学不能落后于此。一个社会之所是,以及传统形而上学倾向于将之实体化为其"存在"的东西,正是推动这个社会走向更好或走向糟糕的东西。这个社会独特的"如此这般而非其他的存在"(So-und-nicht-anders-Sein)与它自己的概念相矛盾,同样也与由它统合起来的个人利益相矛盾。统治、拒绝、放弃,就像它们在社会中直到今天都不变地起着支配作用那样,最终,根据孔德的范畴,它们用秩序定义了社会的动态本质,这种秩序与活生生的主体是不一致的,简言之,这种秩序被设定为永恒的和不可改变的;正确社会状态中的和解理念,与作为强加的法则之总和的秩序是不相容的,与那种进步也是不相容的,根据卡夫卡的说法,这种进步根本就还没有发生,并且,只要它依然内在于社会秩序当中,它就总是对自身的否定,是永久的倒退。

如果人们接受了马克斯·韦伯及与其关系亲密的德国社会学家,特别是桑巴特所力主的关于传统主义社会类型与合理社会类型之间的区分,那么,合理性也就是由如下趋势所定义的:打破传统社会形式;将历史学派所说的"历史上已变易的东西"当作摩擦系数消除掉。相对于历史性的东西,合理性本身变成了一种历史力量。确切来说,这所指的是对进步的谈论。然而另一方面,理智在其物性的、对象化了的形式中,具有一种反历史的、静态的东西;这就像,认为18世纪启蒙运动具有非历史的本质的论点,虽然肯定是过于简单了,但却是正确的。这种反历史的因素不是那种单纯思想史的因素,这种思想史通过添加对历史上的既定性的思索来平衡"灵光乍现"(Lumières)的所谓缺陷,而自维柯和孟德斯鸠以来,这些历史上的既定性对于启蒙来说绝不是陌生的。毋宁说,合理性日益丧失自己曾具有的成为谟涅摩叙涅*的力量:在德国,从最近开始,带着可悲的热望,这种情况也出现了。但是,没有记忆的人类这种骇人形象不是单纯衰败的产物,也不是一些人的主观反应,如人们所说,这些人被魅力所淹没,并且再也不能克服魅力。相反,意识的反历史性作为现实的一种静态状态的预兆,必然是与理智、与资产阶级原则的进步性及其自身的动态结合着的。这种意识是普遍交换的意识,是各种计算间相等同的意识,在这些除尽的计算中没有什么真的留下来;但是,所有历史性的东西都是一种剩余。交换,作为通过一种行为对另一种行为所做的撤销,就其执行过程的意义而言,它本身是无时间性的,尽管它是在时间中发生的;这就像数学运算中的理智根据其纯粹形式将时间从自身中剔除出去那样。具体时间也正在从工业生产中消失。这种具体时间越来越以同一的且断断续续的、潜在同时的周期运行。由于封建传统主义与激进的资产阶级合理性是对立的,最终,随着工业生产程序的不断合理化,记忆、时间、纪念都被进步着的资产阶级社会当作不合理的负担清理掉了,它们与手工艺的其他遗迹,诸如学徒期等范畴、积累起来的质上的经验(这种经验几乎不再被需要了)的样式一道,都减少了。如果说,在当前阶段,人类清空了自

231

---

* 谟涅摩叙涅(Mnemosyne),希腊神话中主管记忆、语言、文字的女神。依据赫西俄德的《神谱》,她和宙斯结合,生下主管艺术与科学的九位缪斯。这一神话形象也为阿多诺秉持的如下观点提供了一个例证,即对历史状况的记忆、对动态的记忆,对正确知识的形成来说具有重要意义。——译者注

己的记忆,以便在适应当前的过程中气喘吁吁地耗尽自身,那么,这就是反映了一种客观的发展特征。正如静态是动态东西的社会条件那样,从目的论角度来说,对自然的不断合理掌控的动态,也终止于静态中。极权主义的教堂墓地之肃静(这是和平的敌手),作为压迫者对被压迫者的巨大优势,揭示出如下一点,即合理性只是局部地展开了。根据统治者和被统治者的对抗这一原型,对自然的盲目统治,即怀有敌意地吞噬自然,本身依然是对抗性的。内在于社会动态中的静态,是这种统治的虚假的、顽固的不合理性的索引。理智本身,即掌控自然的理性,同时是理性批判的意识形态的一部分。为此,它必然变成起着对象化、虚假化作用的理性。与这种理性相对,思辨并不像孔德和形而上学的所有非难者希望的那样,仅仅是反动的;毋宁说,它还是自由的条件,而实证主义者们虽然将这种自由挂在嘴上,但同时又破坏了这种自由。

从这个方面来看,相对于实证主义,马克思实际上可以主张是德国古典哲学的继承人,就像他以黑格尔的精神反对费尔巴哈和黑格尔左派那样。他在拜物教批判的视角下谈论静态和动态,当拜物教从商品形式中得出后,他就在理论形成过程的一切分支中追踪这种拜物教。基本主旨是将一种黑格尔式的东西译回社会性的东西。作为存在者而在的东西,应当被理解为已变易的东西,用黑格尔的术语来说就是"被中介的东西"。已变易的产物——属于抽象的社会静态公式的一切东西——都被剥夺了自在的假象。不是事后以概念的方式分解其凝结了的形态,而是从历史过程本身中推导出其概念。马克思想通过静态范畴的形成过程来阻止对社会状态的绝对化。在他看来,与"经济形式"一样,所有社会形式都是"暂时的和历史的"[17]。据此,已变易的东西的偶像化也要对孔德的虚假综合承担责任,这种综合是外在地将仅通过其对立性而联系着的东西聚集起来。马克思针对蒲鲁东的激烈论战也可以用于孔德的社会学:"变革现代世界的历史运动,对他来说不过是要发现两种资产阶级思想的正确的平衡、综合的问题。于是这个机灵的家伙就借用他的敏锐感觉来发现上帝的隐秘思想,发现两个孤立思想的统一,而这两个思想所以是孤立的,仅仅是因为蒲鲁东先生把它们从实际生活中孤立出来,把它们从现代生产即作为这两个思想所表现的种种现实的结合物的现代生产中孤立出来。"[18]马克思指责蒲鲁东持有一种"二元论",一方是作为"纯粹理性范畴"的"永恒理念",另一方是"人和他们的……实践生活"[19];无论是从方法上来说,还是从内容上来说,这种二元论都是与静态—动态二元论相一致的。就像他批判社会那样,马克思也批判社会的"跟班",即理论:"所以,这些观念、范畴也同它们表现的关系一样,不是永恒的。它们是历史的、短暂的、暂时的产物。生产力的增长、社会关系的破坏、观念的形成都是不断运动的,我们生活于这种运动中,只有运动的抽象即'不死的死'才是停滞不动的。"[20]这后一种表述当场以讽刺的口吻,反对静态的一般概念的抽象,这种概念是社会动态的"废料"(caput mortuum)。这种抽象超出了其直接的对象。因为即使是"抽象"(作为唯名论者的马克思不能容忍其所作的假设)也说出了一种现实的社会性的东西,对它的知晓隐藏在"不死的死"(mors immortalis)的噱头中。在"史前史"中,"不死的死"自己的形式及形成物的短暂性是永恒的,因为这些形式及形成物,以其盲目的自然发生性,依然是自然衰败的。因而,在马克思的辩证法中,一种关于不变的东西的学说是有其位置的,这是关于对抗地进步着的社会的否定性本体论的学说。这个社会的动态方面,即充满活力的不协调、对抗,是它的静态方面,直到今天,这种静态方面都没有发生改变,并且将一切社会生产关系拖入腐败境地。迄今为止,对蔓延、不断吞噬新部门、遗漏越来越少等事情的渴求,一直是静态的、不变的。由此,短暂性以再生的方式延长了。为了不灭亡,每一种社会形态都在不自觉地为自己的灭亡、为其赖以为生的整体的灭亡而劳动着。这就是社会的永恒性。结束了史前史的进步将是这种动态的终结。因而,这种动态是根据其自身充满矛盾的内容而与静态交织在一起的。一个正确的社会将会扬弃这两者。它不会为了一种秩序而坚持单纯的存在者,即禁锢人的东西,只要它与人类的利益一致,它就不再需要这种禁锢;它也不会继续忧心盲目的运动,这是永久和平即康德式的历史目标的对手。

233

因为这种目标的对立面是现实的,所以,尽管马克思专注于劳动概念并充分利用劳动的内在动态来反对所有的静态和关于不变的东西的学说,但在他这里,还是能使人想起静态与动态之间的旧有分离。他将社会的不变的自然规律与一定发展阶段的特殊规律相对照,即"社会对抗的发展程度的高低"与"资本主义生产的自然规律"[21]。他几乎没有将不同的抽象层次与不同程度的原因混为一谈。但是,他的确意识到了社会的自然发生性。社会化了的主体尚未控制自己和社会。就此而言,尽管一直在进行合理化,但社会过程依然处于不合理的循环中。历史辩证法在某种意义上超出这一循环而走向了过往的恒常性(黑格尔的辩证法已经是如此了)。马克思曾怀着忧郁的希望而称为史前史的东西,只是迄今为止已知的所有历史的总和,即不自由的王国。但是,只要动态盲目地重复着始终等同的东西(如在阿那克西曼德的谚语以及后来赫拉克利特的动态形而上学中已经宣告过的那样),那么,辩证的理论就会坚持那些一直持续着的范畴,在现代的合理的社会形式中,这些范畴只不过是改变了其显现方式。因而,在马克思这里,诸如"工资奴隶制"之类的表达,对于自由雇佣劳动来说并非单纯的隐喻。自黑格尔以来,辩证法就有着如下洞见,即动态并没有——如当代社会学唯名论容易想到的那样——消解一切固定的、持久的东西,并没有消解一切"概念";谈论变化时,总是同时需要一种同一物,这种同一物本身就包含着变化及其尺度。这种历史观与诸如不断的流动、连续性等生命哲学的观念相去甚远,也与柏拉图主义相去甚远。根据这种历史观,即使今天人们在存在主义意义上所称的东西是有的,那它也只不过是统治、不自由、苦难和灾难的无处不在。不仅是黑格尔,就连歌德也被以脚立地了;一切努力、一切渴求,都是永恒的寂静,但又是一种主神之寂静的对立面。如果当代存在主义本体论妄想通过以历史性为名将动态范畴呈现为不变的东西来填补静态与动态之间的断裂,那么,它就是以歪曲的、滑稽的模仿的方式在谈论存在者的真实困境,它错误地以为自己作为关于存在的学说是高于这种存在者的。

社会学不可以被图式化为一静态部分和一动态部分,但对于它来

说,静态与动态之间的差异也不会简单地消融掉。在实证主义的反形
而上学意向中,不变的东西和变化的形式之间的二分法拖曳着如下形
而上学教条,即自身不变的、保持着等同的东西,优先于短暂的东西,由
此,这种二分法也就对事实施加了暴力,自孔德以来,社会学几乎很少
仔细考虑过这种事实概念。另一方面,从社会中静态本质与动态本质
之间的差异上,也能看出一些社会自身的矛盾性。社会在其必须作出
改变的地方凝固下来了,因为生产关系的引力抵制了生产力;它像神话
中的火轮那样继续滚动,因为它没有通过合乎理性的安排来制止终止
命运的关联,这种关联是一种永恒的毁灭。动态和静态这两个范畴是
抽象的:不仅如黑格尔所理解的那样,是彼此孤立的,杂乱地"未被中介
的";而且,简单来说,它们的含义依然过于一般,这些含义是从19世纪
的自然科学中移过来的。如果更具体地说,那就是,在直到今天的历史
中,动态意味着对外在自然和内在自然的日益增长的掌控。这种动态
的特征是单向度的,即担负着为了掌控自然而未发展出来的那些可能
性;由于固执地、狂热地追求"一",不受约束的动态吞噬了其他一切东
西。动态将自身颠倒为始终等同的东西,即颠倒为静态,这是因为,它
对"多"进行了还原,也就是潜在地将进行掌控的主体,和社会主管者中
与这主体相应的东西等同起来。作为自行贯彻着的同一性原则,它不
能容忍他者,就像统治不能容忍任何与之不同的东西那样,哪怕后者是
在最遥远的星系。动态的这种始终等同性(Immergleichheit),与它
收缩为独裁是一致的。只有当它扩展时,它才会变成对他者进行拯救
性接受的动态,迄今为止,他者只是被压制的,并且被尽可能地消灭掉。
劳动过程的合理化可以不首先以"生产力"为准,而是以如下这些做法
为准:对劳动本身作出合乎人道的安排,满足和区分真实的需求,在为
了人的目的而对自然进行处理时保护自然及其质上的多样性。但最重
要的是:动态主体,即人类物种,只设定了自身并因此倒退到自然中,为
了控制自然,这主体将自己等同于自然,由此,实际上根本没有历史的
主体,而只有其沾满血污的假面具。生产力的内在展开使人的劳动变
得多余,一直到一个临界值,这种展开具有改变的潜能;在今天,从技术

235

236

189

上来看,劳动的量已经可以说是微不足道的了,而劳动的量的减少开启了一种新的社会的质,这种质无需局限于单义的进步,如果这给生产关系带来的威胁暂时没有使整个体系顽固地沉湎于其狭隘倾向的话。当劳动不再必须是衡量一切的尺度时,充分就业就成为了理想。——相反,静态因其至今一直与生产的片面增长有关,所以被视为否定性的东西、被视为束缚。不合理地维持着的东西,仅因为它曾经是以如此而非其他的方式变易的,它就有助于延续缺陷和更为原始的不公正形式。静态因素对体面的进步产生了负面影响,因为盲目变易的东西不足以使人类持存;很多时候,特别是在资产阶级衰落阶段和"静态的"落后国家的突然发展的阶段中,静态的承载者,即所谓的保守势力及其追随者,已经与工业进步的逐利原则融合在一起了。只要缺陷持续不断,静态就是作为潜在能量的动态。可以设想的是,静态的一种改变了的本质并不亚于动态的本质:保持原样的渴望,这种渴望遭到了抑制。在杰出的动态学思想家尼采那里,促成和解的力量在起作用,尽管他作为赞颂者,以未经合理化的方式承认了暴力原则。他还对另一种静态有所察觉:"因为一切快乐都要求永恒。"这种静态暗示了人类与自然之间的一种改变了的关系,就像这种关系在伟大的艺术作品中片刻闪现出的那样。

如果社会学允许预测性的问题而且不允许歪曲无关旁观者的立场的真相(历史不能容忍这种立场,并且从这种立场出发只能认识到非真理),那么至少如下一点是不太可能的,即社会冻结了。只要对抗性的整体状态持续下去;只要人不是社会的主体,而是代理人(今天,有人试图通过"角色"概念将其不体面的地位中立化),那么历史就一直不会平静下来。即使是极端的压制也许会迫使未和解的东西保持沉默,但它不会持续清除积聚在后者中的张力。现代的压迫者本身,无论处在何种阵营,只要它们想依然是压迫者,就不会让未和解的东西休息,不能且不应让其休息。灭亡的可能性要大于实现一个"新埃及"的可能性。但是,漫无目的地盘旋着的动态本质是没有历史的。斯宾格勒的循环论的历史哲学尽管没什么功绩,但还是阐明了同样的事情。由于将自己与历史的不合理性等同起来，这种历史哲学就完全合乎逻辑地将变易和过往的绝望节奏当作自己的核心紧紧抓住：在不可阻挡的进程中，不会有什么不同。更强者的存活、吃者与被吃者、历史的茫然无措者和使之茫然无措者的相互联结，这种社会达尔文主义是与非历史的东西相一致的。平静的状态既不是极权主义秩序的静止不动状态，也不是不知足地不断游荡着的状态；对立在和解中消失了。

(1961 年)

注释

[1] Vgl. Auguste Comte, *Cours de philosophie positive*，此处引文根据的是瓦伦丁·多恩的翻译：Auguste Comte, *Soziologie*，übertr. von Valentine Dorn und eingel. von Heinrich Waentig, 2. Aufl., 3 Bde., Jena 1923, Bd.1，S. 232。

[2] a. a. O.

[3] a. a. O., S. 233 f.

[4] a. a. O., S. 232.

[5] a. a. O., S. 231 f.

[6] Vgl. a. a. O., S. 232 f.

[7] a. a. O., S. 7.

[8] a. a. O., S. 233.

[9] a. a. O.

[10] a. a. O., S. 232.

[11] a. a. O., S. 234.

[12] Vgl. Hegel, *Grundlinien der Philosophie des Rechts*，hsrg. von Georg Lasson, Leipzig 1921, S. 189(§§ 245 und 246).

[13] Vgl. Auguste Comte, a. a. O., S. 235.

[14] Vgl. Hegel, a. a. O.

[15] Vgl. Auguste Comte, a. a. O., S. 232 f. 这种将分析视为分解的说辞，确与意识形态家(idéologues)学派背道而驰，后者因此已经遭到了独裁者波拿巴的斥责。

[16] Vgl. Hegel, *Wissenschaft der Logik* I, ed. Glockner, S. 588 und 589，例如"存在总之只是到本质的变易；使自身成为建立起来的存在和成为同一，乃是这个存在的本质的本性，这个同一通过其否定而成为直接物"或者"存在作为条件，现在也被建立为它在本质上所是的那个东西，即因此

作为一个他物的因素并同时作为同样是一个他物的自在存在;但它只有通过自己的否定,即通过根据并通过根据的自身扬弃并从而事先建立的反思,才是自在的;因此,存在的自在存在只是建立起来的"(中译参见黑格尔:《逻辑学》下,贺麟译,商务印书馆 1982 年版,第 107 页)。

[17] Karl Marx，*Das Elend der Philosophie*，deutsch von Bernstein und Kautsky，Berlin 1952，S. 130. 中译参见《马克思恩格斯文集》第 10 卷,人民出版社 2009 年版,第 44 页。

[18] a. a. O.，S. 16. 中译参见《马克思恩格斯文集》第 10 卷,第 50—51 页。

[19] a. a. O.，S. 17. 中译参见《马克思恩格斯文集》第 10 卷,第 52 页。

[20] a. a. O.，S. 130. 中译参见《马克思恩格斯文集》第 1 卷,人民出版社 2009 年版,第 603 页,据德语引文作改动。

[21] Vgl. Karl Marx，*Das Kapitel*，Band I，Buch I："Der Produktionsprozeß des Kapitals"，Vorwort zur 1. Auflage，zitiert nach der 10. Auflage，Hamburg 1922，S. IV 中译参见《马克思恩格斯文集》第 5 卷,人民出版社 2009 年版,第 8 页;也可参见：*Grundrisse der Kritik der politischen Ökonomie*，berichtigter Nacdruck der Moskauer Ausgabe，Berlin 1953，S. 7，10，364 f. 以及恩格斯的书评："Rezension Karl Marx，*Zur Kritik der politischen Ökonomie*"，in：*Das Volk*，London，6. und 20. August 1859；abgedruckt in der Volksausgabe der *Kritik der politischen Ökonomie*，Berlin 1951，S. 217 f.。

关于社会学客观性的笔记

　　在涂尔干之后的社会科学发展中(由于他关于社会客观性的看法,这种发展将他列入了实证主义者当中,就像他自己将孔德列入形而上学家那样),社会客观性的优势地位悖谬地被塑造起来了。一方面,社会客观性已经变得如此全面和总体,以至于认识几乎再也找不到一种"立足之地"($\delta\acute{o}\varsigma\ \mu o\iota\ \pi o\tilde{\upsilon}\ \sigma\tilde{\tau}\tilde{\omega}$),这种优势地位似乎可以由此出发,根据通行的科学标准而被具体化。因而,与此不相适应的东西就会被当作非科学的而忽略掉。另一方面,所有主体的可记录的和可测量的行为方式,都与先于它的一般隔离开了,这是因为后者具有支配性,这就像被一道无法穿透的帷幕隔离开那样。这一般是这样一种情况,即它不会让任何不存在的情况通过。客观总体越是完整,进行认识的意识就越是受限于这种总体在主观上的反映形式,即单子论,在单子论中,莱布尼茨曾经承认,关于一般的观念是一般自己的无窗的特殊性的无意识内容。已变得势不可挡的关联看不见了。在卢梭对公意与众意的区分中,关于一般的观念与一般自己的内容这两者就已经是分开了的,当然还带有如下说法,即应当赋予客观地贯彻着的一般以优先性,这种一般与主观意识内容的总和并非协调一致的。无疑,对由此引发的误用的恐惧,对一般在理论上再度被提升为总体的恐惧(在这种一般中,社会力量本就是被储存起来反对特殊的),导致了盲目地将整体还原为其个体性的相关物的做法。甚至反心理学的马克斯·韦伯关于可理解的社会行为的理论也是这种还原的一部分。尤其是,当出于自以为科学

193

的客观性,对对象之客观性即社会本身之客观性的记忆被废除时,这种
239 还原就以辩解的方式被启用了。然后,对于那些拒绝进行理解的人来
说,理解也必须被打入幽冥之界。因为在任何个别的主观方式中都不
能充分把握社会的客观机制,所以,从主观行为方式的宇宙中抽象出来
的一般性被认为具有更高的科学客观性,而社会客观性本身(它不仅决
定了主观行为方式,而且决定了科学的课题)则被诋毁为迷信。在意识
形态上,这提供了一个"好处",即批判的社会理论被有序的概念图式所
取代,而后者不过是对主观发现的分类。尽管涂尔干有关于集体意识
的富于内容的学说,其中最著名的例子是自杀人数的暂时恒定;尽管他
有着所谓的黑格尔遗产,但他还是参与到了这一趋势中:令人大为惊讶
的是,他将一个集体的客观精神理解为平均值,并理解为在统计意义上
运行着的。不过,这样一来,他就会再次依附于心理学事实,而这些事
实恰恰是他以一般性在社会学上的优势地位的名义所否认的:"社会成
员平均具有的信仰和感情的总和,构成了他们自身明确的生活体系,我
们可以称之为集体意识或共同意识。毫无疑问,这种意识的基础并没
有构成一个单独的机制。严格地说,它是作为一个整体散布在整个社
会范围内的,但这不妨碍它具有自身的特质,也不妨碍它形成一种界限
分明的实在。实际上,它与个人所处的特殊状况是不发生关系的,所以
其人已去,其实焉在。……它并不会随着世代的更替而更替,而是代代
相继,代代相传。它完全不同于个人意识,尽管它是通过个人来实现
的。它是一种社会心理形式,既有自己的特性,又有自己的生存条件和
240 发展模式,就像个人一样,只不过是方式不同罢了。"[1] 集体精神的物
化(这无疑是相当符合这里所处理的事态)正是与涂尔干的物本主义
(chosisme)方法相应的,因而不必将之视为这种物本主义的功能,它
是一个程序的功能,尽管这种程序对大数有着先入之见,但其基础还
是在孤立的主观资料中。社会倾向于利用中介范畴来充实自身,并
通过直接命令来强求同一性,这一点并没有免除对资料与规律之间
的中介问题的理论反思。在唯名论者涂尔干这里,一般的首要地位
近乎于奇迹。不可否认,他的优点是,针对与主体的现实的去潜能化

(Depotenzierung)相伴随的主观主义软化,捍卫了黑格尔形而上学所称的世界精神或民族精神的科学客观性。但是,他也顺从于一种思维方式,对于这种思维方式来说,"精神"——社会——的客观性的自在与个体的所谓自为存在,依然是绝对分离着的(χωρίς)。他缺乏将对抗因素作相互参照的工具。涂尔干的"社会事实"(faits sociaux)概念是相当困窘的,因为这将社会对个人而言的否定性、不透明性和令人痛苦的陌生性,转换为如下方法论准则:你不应去理解。他以实证主义的科学情怀复现了"社会即命运"这一经久不衰的神话。在这一方面,关于"社会事实"的学说体现了一种经验。个体在社会上遭受的东西,对于他来说实际上是不可理解的,就像不会在一般中重新找到特殊那样:只不过,科学恰恰必须去理解这种不可理解性,而不是将之当作自己的原则来接受。在涂尔干想要认识具体的社会性的东西的地方,规范的不可穿透性和制裁的无情性,不是处理方式的标准,而是作为对象的社会的中心方面,是对抗的持续显现。涂尔干被动地描述它们,而不是从实事的概念中发展出它们。这就是他陷入意识形态的原因。集体精神的直接的自在,通过这套概念工具而变成神圣不可侵犯的,而这种自在只对于被调查的澳大利亚土著居民来说才是这样的。

241

敌视幻觉的唯名论是一种幻觉,这一点在它所要求的科学处理方式面对当代社会时所表现出的不足中变得切实可见。对日益主张一种总体性要求的经验研究方法的批判,甚至不需要证明通行做法的肤浅和无知。要用这种做法自己的尺度来衡量它。根据经验的市场研究的游戏规则,科学必须不带偏见地、在无视先入为主的定理的情况下、实际上就是以无概念的方式对待它的材料;科学通过自己的研究工具,而不是通过要研究的东西来定义自己的概念,并将思维活动限制在资料的准备和整理上。根据一种理论(即便这种理论就其内在而言是实证主义的,如弗洛伊德的理论)的范畴来构想和确定消费习惯,这种做法,在"社会研究"的规则(这是一套自成一体的处理方式)看来是纯粹的形而上学。但是,根据对这种反应进行预测的标准(它与唯名论是一致的),那些被指责为思辨和深奥的(deep stuff)程序,已经被证明比科学主义的"白板"要好。概念要比概念的拆除更合乎现实,后者被解释为对"物"的纯粹适当性。精神分析式的市场研究是一种技术,在这一点上,它不逊于正统经验主义的市场研究,甚至在操纵主体上超越了后者,而对于经验主义者来说,主体的意见被打扮成国王,类似于大公司广告中的顾客。然而,在技术争议中呈现的东西,恰恰适用于并非如此粗暴地依赖于利润旨趣的认识领域。社会学作为一门有组织的科学,是客观的社会权力及其客观精神(它们相对于个别的人而言是可憎的)的出口,因为这种权力不能像社会化了的个体的意见、反应形式和行为那样被把握住;他们更喜欢将"社会"这个词放在他们的索引中。但是,关于个体,从社会性的一般(只有醉心于纯净的方法才会将之列为禁忌)出发,相较于从对个体的伪自然科学的观察出发,可以得出更合乎

242 理性、更可信的东西。如此,在面对电视对人们实际上产生了什么影响这一最受欢迎的问题时,后者放弃了,因为任何对节目或节目系列的个别研究,都无法查明受害者的可衡量的变化。然而,即使是被高估的常识也必须明白:累积效应与刺激是成比例的。当然,一般的优先地位也是辩证的。如果说,从前垄断时代起,许多同消费品工业和文化工业不完全协调的,而人们又不得不考虑的东西,在人身上存活下来了,那么,否定性的乌托邦的状况早就达到了,作家愉快地讽刺了这种状况,他们不想要肯定性的乌托邦。然而,只有得益者才会认不清如下一点,即作为一个整体体系的大众传播的潜意识影响累积起来了,并拥有了最大的暴力——仅仅从青年紧跟大众媒介时的那种喜爱上就可以预料到这一点。电视作为具体化了的一般凭借集中于其中的暴力而造成了某种结果:实际上就是以电视的文化保守主义敌人孜孜不倦地命名为"榜样"的东西为模型来塑造人,想到这一点的人,比那些徒劳地从可检验的个别效果中相加得出总体的人,有着更为坚定不移的人类知性。涂尔干的社会学表达的仍然是不透明东西的因素,即历史中的一般的自然发生性,这是黑格尔在哲学上所否定的;也许,历史中关于一般与特殊的辩证观的界限在于,一般的优势地位在原则上将这种辩证法贬低为假象。一般的社会学规律与自然规律相似,这作为最有力的经验证

据,证明了历史上个体性的东西是无用的,德国精神科学传统将这一证据当作财产而谨小慎微地加以保护。只要社会宇宙中的个体即单数实际上不再需要被认为是统计要素,最近所称的"复数领域"和单数领域之间的差异,以及复数领域的命令,就会是明显的。那么所预料到的只能是,在相对恒定的社会条件、政治条件和人口数(这些也记录了社会压力的恒定性)中,自杀人数保持恒定,这让克尔凯郭尔在 19 世纪中期时就感到震惊。他对自杀统计数字的愤怒,也就是对人被当作数字来对待这一点的愤怒,只是将人因客观性而遭遇的事情,根据已证实的模式,转移到与之相适应的认识上。在他之后的百年,人们将打算用毒气杀死的那些人身上都文上了编号。关于个体的无力的经验是个体经验本身的原则所反抗的,它几乎没有被个体经验所接纳。但是,在这种客观性中,使关于社会规律的认识理想具有数学风格的理性是主观理性;只有当一切客观意义都被抹去(如在统计必要性概念中那样)之后,主体才将自己缩减为样本。狭隘化了的理性足以应对案例的准备和整理以及规则的外推,只有它在所有案例同社会的一致中取得了胜利,这种一致是幸运而又绝望的,因而根本不再需要对社会进行反思。将个体视为样本的观念,等同于将客观精神视为感官之一的观念;精神的反题。只有这样,唯心主义的精神概念才会在其力量和荣耀中,以为他的方式表现出荒谬本身。黑格尔仍然反对这一点,并批判了唯名论将平均数和真理相等同的做法:"未被解放为概念的某种抽象东西的桎梏"[2],除了主观理性的分类范畴外,它就没有别的意思了,无论这些范畴作为"桎梏"的特征多么具有"最真实的存在者"的特征。人们可能会猜疑黑格尔所贬损的抽象东西背后被公认的东西(它从分散的东西中挑选出科学意识),以便将黑格尔的批判延伸到一般性上:"天真心灵所抱的态度是简单的,它十分信赖地坚持大众所接受的真理,并把它的行为方式和一生固定的地位建立在这种巩固的基础之上。这种简单态度马上会遭到想象上的困难,那就是怎样从那些无限分歧的意见中区别和发现公认而有效的东西。"[3]但是,这个问题很快就暴露出了它是空话连篇的真面目:"这种困惑很容易被看作对待实事正确而真正的认真态度"[4]，而根据黑格尔的建构，它恰恰并非如此，而只是推理思维的错误。这一点马上就被驳回了："其实以这种困惑自傲的人是见木不见林，他们的这种困惑和困难不过是他们自己制造出来的。的确这种困惑和困难毋宁说是一个证据，证明他们不是希求公认而有效的东西，而是希求某种其他的东西来作为法和伦理的实体。"[5]黑格尔需要强调精神违逆个别主体的客观性，以消除一种偶然性，这种偶然性本身又是源于一般的野蛮，在这种一般中再也不能认出特殊了，因为对于后者来说，前者是单纯地降临在它头上的。这种困境迫使他将理念的客观性和"公认而有效的东西"即平均数混为一谈，而按照他的逻辑，这是不应该的。对意识的持续虐待（这种意识是对一种认同的反抗，这种认同不过是归摄）证明了主管者的单调良心（das schlechte Gewissen），它不满足于自己的胜利，而且还希望受害者全心全意地向它屈服，就像它在后来的历史中实际上如愿以偿的那样。黑格尔在强求认同的同时，一并否认了一般的独立性。受益者是唯名论，它将认识拉平为对单纯存在者的重建，这是绝对唯心主义的激情所攻击的，也是康德在理念学说中早已鄙视的"复制品"。

（1965 年）

注释

[1] Emile Durkheim, *De la division du travail social*, 4. Aufl., Paris 1922, S. 46. 中译参见涂尔干：《社会分工论》，渠敬东译，商务印书馆 2020 年版，第 122—123 页。

[2] Hegel, *Sämtliche Werke*, hrsg. Von Hermann Glockner, Bd. 7: *Grundlinien der Philosophie des Rechts*, Stuttgart 1928, S. 35. 中译参见黑格尔：《法哲学原理》，序言第 13 页。

[3] a. a. O., S. 22. 中译参见黑格尔：《法哲学原理》，序言第 3 页。

[4] a. a. O. 中译参见黑格尔：《法哲学原理》，序言第 3 页，有改动。

[5] a. a. O., S. 22 f. 中译参见黑格尔：《法哲学原理》，序言第 3 页。

埃米尔·涂尔干《社会学与哲学》导言[1]

献给于尔根·哈贝马斯

　　埃米尔·涂尔干的代表作《社会学与哲学》(实际上是专门讨论道德与社会之间关系的论文集)在德国的出版可谓正当其时。[2]他是那个时代最富影响力的法国社会学家,与当时德国的马克斯·韦伯、齐美尔、特洛尔奇(Ernest Troeltsch)等齐名。在法国,他作为学派领袖,总结归纳了反对同时代的柏格森主义的倾向;他的科学主义意向是与直觉主义意向相对立的。涂尔干的影响,至少在他的国家,比直接的学派更持久;在当代的结构主义中,也仍能揭示出某些源自他的动机。马克斯·韦伯和他,尽管在原则上是最尖锐地对立着的,但却都努力为不依赖于相邻科学的,即作为独立学科的社会学奠基。今天,特别是自社会学在美国赢得了完全的平等以来,这种热忱不再有说服力。这种热忱可以由1890年至1920年间在欧洲流行的如下趋势来解释,即在学术上将闯入的后来者拒之门外;它仍然潜在地在偏见和傲慢中坚持着。

　　尽管他在法国享有盛誉,但在他的时代,涂尔干在德国几乎没有被认真接受,虽然如人们通常指责的那样,他的观念夹杂着德国的哲学和国民经济学,特别是讲坛社会主义者的要素[3],虽然在他那里(如在少 数人那里一样)呈现了,晚期资本主义条件下的那些动机渗透到哪里了。时至今日,他的作品只有一部分被翻译了过来。少得可怜的二手文献是不够用的;要提一下的是乔治·埃姆·马里卡(George Em.

Marica)的著作,虽然是一个有用的概观,但在思想上和语言上都处于可悲的水平上。这部著作根本没有什么提高,因为它用三十五年前流行的舍勒的和哈特曼的价值学说范畴,从外部、站在错误的制高点上对涂尔干作出评判。例外的可能只有勒内·柯尼希为卢希特汉德(Luchterhand)出版社出版的《社会学方法的准则》新版所作的内容丰富的导言。

不过,对涂尔干的兴趣绝不是单纯教条的或精神史的。在他的学派中产生的一些问题,特别是"社会倾向独立于个体—心理倾向"这一观点,不仅在《自杀论》一书中得到了说明,而且在材料中得到了贯彻;在今天,这些问题虽然换了名字,但就像之前那样,依然是现实的。然而,涂尔干的特质,尽管材料十分丰富,并且在《社会分工论》(*Division du travail*)之后某些东西被强行统一在一起(这为了一种关于社会化的普遍学说而抑制了发展理论的思考),也依然只有在特定的文本中才会呈现出来。此外,其学派的无数研究都被埋藏在《社会学年鉴》(*Année sociologique*)中,只有少数专家才能接触到。

按照粗略的派别划分,涂尔干属于实证主义者[4];他也这样来理解自己。在他看来,科学意味着观察、比较、分类;只有经过这样处理的东西,他才会宣称为有效的。凭借大量的策略技巧,他能够由此为其非常局部性的方法得出一种总体性要求。其在主要方法论著作《社会学方法的准则》中提出,社会事实是社会学认识的唯一基础,这一学说塑造了他的实证主义纲领:人们应当坚持"社会事实",应当像对待直截了当地既定的物那样对待它们,排除任何思辨和单纯的意见,尤其是那些一个社会自身所怀有的意见。通过这类禁忌,他使得同时代的法国社会学家很大程度上变得顺从。当然,没有什么标准可以来区分一个社会的真实样子和它自以为的样子。中心理论要承担责任。它推动的,不是承载性的社会生活过程的客观性,而是"集体意识"(conscience collective)的客观性。如果将一个社会的精神提升为该社会的实质,即一种只能从自身推出的东西,那么正确意识与虚假意识之间的区分就消失了;这就像涂尔干难以区分正常与病态那样;此外,弗洛伊

247

德也遇到了同样的困难。在客观性的精神化中，一种涂尔干所否认的，但对其方法来说不可避免的主观主义造成了恶果。针对同时代流行的生理学的唯物主义，他立即斥责了经验主义批判家关于意识资料的直接性的观点："这样一种大脑地理学属于虚构的范畴，而不是科学研究的领域"[5]。他意识到他继承了孔德，而他之所以攻击后者，只是因为他认为后者还不够实证主义，在《社会学方法的准则》的一个段落中，他指责这位先行者——对于涂尔干自己的时代来说，其特征是足够明显的——虽然发誓反对形而上学，但仍坚持着如进步等 248 形而上学概念。在科学主义的历史上，一个人很容易变成形而上学家。涂尔干也不例外；他的集体意识学说，以及支持他站在集体意识这一边的惊人热情，并没有使他免于与他对进步概念的批评一样的攻击。给集体配备上明显是从个体中抽象出来的能力和功能，然后将它们设定为先于个体的，这种做法对于未被反思的人类知性来说，其挑衅意味不亚于进步范畴，至少，后者在合理性的展开中得到了强有力的支持。

阅读涂尔干的诱因，就是具有挑衅意味的思辨的东西与实证主义的这种纠缠。在此隐含地宣布了实证主义的自身批判，就像这种批判在最近的争辩中取得了突破那样。涂尔干的社会事实概念及其物性特征，可回溯到他关于社会的经验上去。他用统计学的实证主义方法来验证这种经验。从一开始他就将这种经验与辩解联系在一起："社会事实"概念，即对其物性的强调，想阻止集体意识的衰败，这种衰败是劳资冲突的威胁所导致的。早在1887年时，他就已经写到，"首先，我们想知道的是民族感情和爱国主义存在的原因；它们是植根于事物的本性，还是如某些教条主义者公开地或秘密地声称的那样，它们仅仅是野蛮的偏见或残余。……再一次地，哲学教授必须使他们（人）明白，心理现象和社会现象就像其他现象那样，是事实，是服从如下规律的，即人的意志不能随意干扰它们，因此严格意义上的革命就像奇迹一样是不可能的。……这些理念是年轻人在进入高中之前就必须具备的，这不是很明显的吗？……真的，当公共舆论在我们这里拥有至高权力时，我们

249 还不努力地启蒙公共舆论,这难道不奇怪吗?"[6] "他(孩子)必须知道他的义务的原因。因为有一天,他会问自己——部分是自愿,部分是在周围人的压力下——人们有什么权利要求他服从;如果他的反思从一开始就没有被引导向正确的方向,如果他没有配备上榜样,那么,完全可以预见的是,他很可能会被这一难题的复杂性所误导。道德的根据并非那么明显,以至于为了承认道德只需扪心自问就够了。因此,儿童面临的危险是,只能将道德视为幻觉,视为迷信的产物,这种情况经常发生;孩子会开始相信,是政府、是统治阶级发明了道德,以便更好地控制人民。无论如何,我们都将会是使他不作抵抗地听任庸俗论战和新闻论证的影响。因此,我们必须用坚实的根据武装他的头脑,这些根据能够经受住不可避免的怀疑和讨论。"[7] 涂尔干所说的既定性,即"社会事实",应当是他的最高实体即集体意识的表现。按照一般的说法,他的社会学可以被描述为实证主义的、向意识宣誓效忠的客观主义。任何实证主义思维可能都带有一种客观主义的因素。主观任意、未被事实证实的纯粹意见都应当被排除掉。然而,实证主义传统过去是,并且依然是潜在的主观主义,因为它将感性确定性确立为真理标准,只有作为个别的人的主体才具有这种确定性。在这一点上,从休谟的感觉主义到马赫及 19 世纪后期与 20 世纪早期主张既定性的理论家,直到卡尔纳普,都没有任何改变。涂尔干与这一传统格格不入。他虽然从中接受了如下自然科学理想,即仅容忍作为认识合法源泉的"顽固事

250 实"(stubborn facts),但在他看来,并不能在对意识而言的感性既定性中找到它们。一种反主观主义的、与构成性的个别不相容的因素已经内在于事实性的东西的概念中,也内在于实证主义中,在他这里,这一概念与任何个体性都是有着激烈冲突的。对于他来说,社会事实恰恰是个体根本不能吸收的东西,是不可通约的、看不透的。他的社会经验是以伤痛(was weh tut)为模型形成的。他可能是第一个将这种经验用于权威主义目的的:带着对纯正科学的敬意来面对事实,他想由此阻止的是,借助批判理性穿透被呈现为不可穿透的东西。对于他来说,社会事实就是"社会约束",是压倒性的社会强制,它被剥夺了任何起着主观

理解作用的移情。它没有落入主观的自身意识当中,任何主体都不能轻易地认同它。特殊的社会性的东西的所谓不可还原性也适合于它:这种不可还原性有助于使它日益成为自在存在着的东西,使它不仅相对于认识者而言,而且相对于被集体整合的个人来说,都是绝对独立的。他为社会科学及其方法之独立性奠基的渴望所认为的社会性的东西,不可能与个体化原则实现调停,这就迫使他对集体意识的实质(Hypostase)施加思辨的暴力。由此,他超出了当今几乎占统治地位的实证主义主流,因为他对社会制度化现象和物化现象的突出强调是无与伦比的、持久的,而实证主义主流将这些现象回溯到了随后被作为统计要素处理的人的背后。但同时,物化是他的盲点,是其著作所着迷的公式。在他这里,这类范畴本身几乎没有出现。因此这些范畴支配着他。对于他来说,已经形成的、压倒性的关系,即黑格尔的第二自然,变成了第一自然;历史变成了它无疑所是的东西,即自然历史,尽管这是一种精神的自然历史。在关于分工的著作中,他就已经从围绕定在的斗争中直接地、不动摇地得出并认可了文明。的确,社会仍然总是以无主体的方式,在受自然约束的情况下继续着围绕定在的斗争;这就是在涂尔干的客观主义中反意识形态的东西。然而,他的描述和比较方法根本不是政治上中立的,甚至也不是批判的。作为对马克思理论的反应,这种方法的创立是为了给其宣誓效忠的社会僵化特征作辩护,是为了将社会异化直截了当地等同于社会化,而不是要去认识产生出来的东西以及暂时的东西的可能性。涂尔干及其学派专注的集体意识形式与制度很少是历史地规定的,相反,尽管有着各种各样的经验上的分化,它们还是趋向于变成原现象。因而就有了对原初关系的痴迷:这些关系应当是一切社会性的东西的原型。社会中的集体——一般与个体—特殊之间的辩证法被忽视了。与经验研究者不同,涂尔干与宏大哲学传统一样,认识到个体本身是一个社会范畴,它是由社会中介的。但是,他断然否认,这种中介反过来也需要被中介者,集体形成物不能没有个体对极,就像个体对极不能没有社会一般那样。他明显有着诡辩式的自以为是的苗头,这一点可以从一种暴力中获得解释,这种暴力是他在其早期著作中曾承认的,而他此后又长期未予理睬的东西:财产关系的暴力。对"社会是个体之凝聚"这一流行观点的抽象否定,变成了对先于个体的东西的同样抽象的肯定。他认为个体本身是受集体制约的,通过这一洞见,他恰恰只是在外围减缓了这种肯定。在科学领域,涂尔干提供了一个有力的模型,该模型指出了弗洛伊德心理学所称的对攻击者的认同。也许,他的学派从偏执狂的这种沉淀物中汲取了宗派性的吸引力。值得注意的是,这让人想起了最初的法国实证主义。如果说,孔德在晚年想用宗教权威及其非理性的象征来打扮社会学科学,那么,在涂尔干这里,他的科学虽然没有成为替代宗教,但其基底即社会与社会化形式却成为了替代宗教。只有通过矫揉造作的论证,他才能在其魔咒下保留批判理性的残余。他认为,可以夸张地说,在宗教中,社会崇拜自身;这一社会学论点在后来的资产者那里,失去了同样的思想理路在 18 世纪及之后的费尔巴哈那里曾具有的启蒙音色。不是宗教被祛魅为社会的投射,而是涂尔干的科学再次向社会证明了一种神性,据涂尔干所说,社会是在宗教中按照其形象创造了这种神性。社会——用马克思的术语来说——被神秘化了;涂尔干的思维似乎可以与不发达民族的思维相合。他察觉到,他所称的"有机团结"在他所处时代的资产阶级社会中根本是不可能的,此后,他对集体的强制性的信仰倒退地拥塞在一起,就像在后来的某些法西斯主义意识形态中那样。集体生活的一切显象"都明显是强制性的,而这种强制足以证明:这些行为方式和思维方式并不是个人的产物,而是来自凌驾于他的力量,可以以神秘主义者所说的上帝的形式来理解这种力量,也可以按更为世俗、更为科学的方式来理解"[8]。

涂尔干的客观主义令人想起了黑格尔,特别是其客观精神学说,涂尔干是了解这一学说的[9];众所周知,他在引用来源时会有些不严格。然而,他不是唯一一个在体系被尽力遗忘之后,独自重新发现黑格尔观念碎片的人。这些碎片无疑是从体系中碎裂出来的,它们不仅获得了改变了的重要性,而且总是被怪诞地扭曲了。如下这句话很可能出现在《哲学科学百科全书》的第三部分或《法哲学原理》中:"可是,社会却

252

253

是另一种物：首先，社会是由能够通过个人实在化的各种观念、信仰和情感组成的组合体。这些观念中的首要观念是道德理想，这也是其最主要的存在理由。"[10]将黑格尔的精神概念（曾经是总体）限制在"精神科学"的对象上（这里排除了物质劳动及其条件）就是黑格尔本人发起的；就像这种限制对于他的所有继业者来说是理所当然那样，对于涂尔干来说也是如此。他用完全黑格尔式的口吻说道，"但是，我用来反对集体的就是集体本身，这样可以更好地意识到集体本身。"[11]虽然黑格尔的世界精神，按其与单个个体（Einzelwesen）的类似性，并不先于关于它本身的意识，但是它应当变成最初的。因其实证主义之故，涂尔干必然无法接受这样一种建构（他应当已经认识到了这种建构）。他将如下看法斥为幻影：将精神或理性视为某种实体（Entität），并且这种实体本身并不直接是合乎理性的，而是指一种主体。必然被他视为荒谬的东西，推动着他走向了更严重的荒谬。对于他来说——与黑格尔相反——集体精神必须变成"社会事实"，变成实际的精神，变成一种自成一体的主体。

悖谬的是，他由此将集体精神物化了，并且本身就接近那种神秘的观点，对这种观点的研究在他的著作中越来越占据主导。对社会事实的坚持翻转成了野性的思辨，因为训练有素的、他自己承认并对他影响甚大的黑格尔的思辨被排挤掉了。涂尔干缺少辩证概念，这抵制了与黑格尔的思辨的亲合力。社会性的东西的独立化被他记录在直接性之中，这种独立化正是在这种直接性中向观察者显现出来的。令人吃惊的是，对于涂尔干的整个理论来说，那些相当接近辩证法的洞见依然是没有什么结果的，例如他说道，"即使它除非通过个体的意识才能有所期望、感受和诉诸行动，它也能进行思考、感受和期望"[12]。弗洛伊德 254 勾画了原初的、集体的观念的神圣者（Numinose）即禁忌与图腾的发生；并不确定的是，在这一点上，他的以个体为指向的精神分析方法是否够用。但是，涂尔干的社会学方法并不曾试图这样做；理论似乎顺从于他所称的集体情感的二重化。"但是，为了让道德事物不可比较，决定其价值的情感就应该具备同样的特征。这些情感也必须是其他的人类欲望所不可比拟的。它们必须有这样的声望和能量,从而使它们区别于我们其他的感性活动。集体情感可以满足这一条件。这恰恰是因为它们是集体的嘹亮之声在我们心中的回响,在我们的意识里,它们说话的声调与纯粹的个人情感截然不同。它们在更高的水平上与我们谈话,因为它们有独特的来源,所以它们有一种力量和独特的优势。人们可以看到,这些情感所附着的对象也分有了同样的声望。通过用距离把两种不同的意识状态区分开来,这些道德事物成为与其他情感相分离,并高于其他情感的存在。"[13]与此同时,历史在其总是带着可怕的倒退的归来过程中,彻底驳斥了涂尔干假定的这种集体情感的尊严。涂尔干从普遍人性理想的教育宝库中描绘出人的神圣特征,而不去关心人的历史命运:"受到集体爱戴和尊敬的人,不是我们当中任何一个易动感情和全凭经验的个人,而是整个人类,是每一个民族在每一个历史时刻所设想的理想的人类。"[14]被他阐明为集体情感之流露的东西,他所认为的不是内在于人的而是被打上集体烙印的东西,在集中营里被集体清除掉了,而它们并未对之作出有意识的或无意识的反抗。

255

涂尔干的思维中缺乏辩证法,这使他自己的论点乃至于最形式性的规定都遭到了报应。他将科学理性的"非人格性"与科学理性的集体性质等同起来[15],这当然不是没有道理的,但他却忽略了哲学在如下一点上有其重要的对象:非人格的理性只有在作为人的个体的意识中才是真实的,这种理性的客观性既退回到这些个体上,但又不会融入其中。反片面性(否则就是一个廉价的标签),为的是摆脱尖锐的、令人不适的定理,而这准确地击中了涂尔干的要害:他有意去强调社会性的东西一方,即集体性的方面,以至于他忽视了另一方面,即个体性的方面(而其本身也是社会性的);之后,他将这分裂出来的前一方面神化为永恒,而根据他关于这一方面之中介性的认识,它并非如此。同样地,他又独断地将集体人格化了:他明确地说道,"可以将社会视为一个人格"[16]。要想赋予这种集体主体以意识,至少需要如下一点,即这样一种客观的意识概念(因而是一种没有意识的意识)在其悖谬中被清晰

206

地表达出来。涂尔干没有为展开了的矛盾留下任何空间；他更愿意选择赤裸裸的神话学。

不过，他的如下功绩并未被削弱：他如此积极地通过他的集体意识学说使社会学对抗庸俗的唯名论，尽管这是徒劳的。与胡塞尔的现象学类似，他将事实概念颠倒为个别事实。然而，促使他这样做的动机，是他那翻转了的实证主义与流行的主观主义的实证主义以及官方哲学的激情所共有的：厌恶唯物主义。并非无缘无故的是，他的客观主义局限于精神。这本关于社会学与哲学的书包含了许多对自然主义的唯物主义的谩骂，也包括经验批判主义认识论针对庸俗唯物主义关于精神现象的解释所提出的那些常见反驳。[17] 在这一方面，他同柏格森的对立，绝不像他们在世时表现出来的那样激进。在他们这里都保留着普鲁斯特的如下观察：长此以往，当代性（Zeitgenossenschaft）会超越鲜明的社会差异而被普遍接受。身处富裕市民阶层的优雅的"上流人物"（homme du monde）和固执己见的学术权威（在他们的伦理观念中，慈善起着主要作用）彼此靠近。两者的主题之一都是记忆；这也许是因为，记忆在他们的那个时代就已经开始衰败；或者是因为，意识连续性的丧失越来越明显，这在今天十分严重。[18] 有时，在涂尔干这里发现了人们在《物质与记忆》（*Matière et mémoire*）中所期望的表述："如果每时每刻心理生活都特别依赖于意识中现有的实际状态，那么我们就有理由说心理生活被还原成了'无'。……引导我们的并不是能够吸引我们注意力的几个观念，而是我们过去的剩余物。"[19] 涂尔干是最先将主张整体优先于部分的新浪漫主义学说用于恢复性政治的人之一，这种学说在唯心主义崩溃后复活了；此后，精神的上层社会的这种沉降下来的文化财富，变成了奥斯马·斯潘*风格的庸俗智慧，在这里，反个体主义、反唯物主义和对整体性的崇拜结成了神圣而又邪恶的联盟。涂尔干对集体的崇拜可能源于他作为犹太知识分子在德雷福

256

---

* 奥斯马·斯潘（Ohtma Spann, 1878—1950），奥地利保守主义的社会学家、经济学家，曾在德国接受教育，并深受德国浪漫主义的影响。在 20 世纪 30 年代，成为奥地利最重要的法西斯主义理论家。——译者注

斯事件 * 时期的孤立感,他遭受了作为"社会约束"之具体形态的社会歧视和排外,并且,由于殷勤地迎合了反唯物主义的叫喊,他就属于那些惧怕唯物主义而非惧怕理论不充分的人:即使在今天,有产者也喜欢责骂别人是唯物主义的。总的来说,涂尔干的社会学充斥着权威主义要素;也就是马里卡用响亮的措辞所称的"为新纽带而斗争"。很难否认他的如下说法:"涂尔干的倾向从一开始就旨在加强权威。"[20] 对此,职业性法人的等级理想是最早的证据,这种理想是涂尔干在分工理论的基础上主张的,至少是暂时主张的。在性道德方面,涂尔干也赞扬了婚姻的道德性相对于婚外情的不道德性的权威。不过,他的反唯物主义的社会功能的核心并不是一种唯灵论,他自己的物本主义在其他方面都完全不符合这种唯灵论。毋宁说,动机已经引导着他去证明社会性的定在者是有意义的。凭借整体的优先性,参与了整体的所有个别都会超出自身,因此,这些个别,就其辐射整体而言,实际上就表明了自己是"有意义的"。这种意义是否定性的:能够表达一个坏的整体这一点,被随意地戏耍了。涂尔干将主导个别的整体转变为肯定的总体东西,从而献身于意识形态。显而易见的是,这与心理学的格式塔理论是相当类似的,后者是在他去世之后才在德国得到充分发展的,尽管他并不想从事心理学(只不过,这一理论是他当时所称的"社会心理学"的

---

* 这一事件指的是 19 世纪 90 年代法国军事当局对时任总参谋部上尉军官阿尔弗雷德·德雷福斯的诬告案。德雷福斯出身犹太人家庭。1894 年 9 月,情报处副处长亨利诬陷德雷福斯向德国武官出卖军事机密,对他以间谍罪加以逮捕。12 月 22 日军事法庭在证据不足的情况下判处他终身监禁。1896 年 3 月,新任情报处长皮卡尔在调查中发现,真正的罪犯是亨利的朋友费迪南·埃斯特哈齐,他要求军事法庭重审。亨利伪造证件,反诬皮卡尔失职,后者被调离。1898 年 1 月,经军事法庭审讯,埃斯特哈齐被宣告无罪,这激起了社会公愤。1 月 14 日,作家爱弥尔·左拉在《震旦报》发表致总统的公开信《我控诉》,由此,要求重审德雷福斯案件的社会运动广泛开展,法国社会分裂为德雷福斯派和反德雷福斯派两个阵营。不久,亨利伪造证件的事实暴露,被捕供认后自杀。埃斯特哈齐也畏罪潜逃伦敦。在强大的社会压力下,1899 年 8—9 月,经军事法庭重审,德雷福斯仍被判有罪,但改判 10 年徒刑。9 月 19 日,总统决定赦免德雷福斯,以息民愤。直到 1906 年 7 月最高法院才撤销原判,为其昭雪。这一事件对于法国知识界影响巨大。作为支持德雷福斯的一方,普鲁斯特在其《追忆似水年华》中穿插了这一事件,而涂尔干则认为,这一事件不是单纯的、偶发的反犹事件,而是社会病症的表现。——译者注

来源之一）。格式塔理论也是按照实证主义的、科学的游戏规则进行的。它以实验的方式观察直接既定的东西，为的是发现其中独立于主体范畴功能的自在结构。由此，具有不可辩驳性之假象的定在，变成了具有客观意义的东西，并与认识者所做的单纯主观的意义给予对立起来。同样是为了这一点，涂尔干想将理解从社会学中彻底地驱逐出去，他认为，理解是一种主体性的构件，这种主体性否认意义是自在存在着的（这是涂尔干的最高旨趣），并潜在地假定社会连同其秩序是无意义的混沌。马克斯·韦伯倾向于这种主体性，虽然因为他来自德国唯心主义。他的社会学比涂尔干的实证主义的社会学更具启蒙性，因为它既在方法上也在内容上证明了世界的祛魅化，而涂尔干及其学派则根据他们的终极目的来定制事实研究，并以此为手段来编织魔法。 258

  在反唯物主义这一点上，涂尔干与韦伯以及整个资产阶级社会学是一致的。两者的差异和相互接近是有启发性的。首先，他们都对社会学的独立性感兴趣。然而，他们却朝着相反的方向去寻求。在韦伯看来，社会科学知识的客观性要靠社会行为的可理解性来保证，这种行为从本质上来说是目的合理性的。在他那里，合理性范畴的中心地位有其体系上的起源，这是指，他的社会学的主观思路——他由之出发的社会行为的平均成功机会是一个主观范畴——通过理智概念而被准客观化了。合理性是主观行为方式，它允许关于社会行为的客观解释超越心理主体，并使主体在社会意义上具有可比性。与之相对，在涂尔干这里，恰恰是具体的"社会事实"的不合理性变成了真正社会性的东西，并且与心理划清界限，这种东西拒绝将"社会事实"翻译为主观思维，最终也拒绝根据理性对之加以占用。他所关注的现象，如自杀人数在一定时期内的恒定，具有一种固有的盲目的、不透明的，就此而言是"不合理的"特点。他的一个最著名的学生吕西安·列维-布留尔（Lucien Lévy-Bruhl）着手将不合理性（即列维-布留尔所称的原始人的前逻辑的思维）建构为独立的思维形式，这并不是外在于他的概念的。更令人惊讶的是，在涂尔干这里，以同样的语词体现了韦伯方法论的基本问题，即关于"价值判断与现实判断"的问题。[21] 在这里，立场颠倒了。

涂尔干以实证主义的方式批判理解社会学；面对所谓的价值，他倾向于一种与唯心主义，特别是与康德相兼容，而非与李凯尔特主义者韦伯相兼容的态度，这就是关于集体精神的规范性假设造成的结果。韦伯强烈抨击科学中的价值判断；涂尔干接受了集体所认可的价值，他将这些价值的集体性等同于它们的客观性，并因此免除了关于它们在道德中的可能性的问题。另一方面，他自己致力于对价值问题进行分析，这种分析在很大程度上属于韦伯所容许的那类关于价值关系的科学分析。在《社会学与哲学》的末尾，涂尔干鞭辟入里地批评了韦伯，尽管他没有提到韦伯的名字："我们不能用一种思维和判断方式来处理生存问题，而用另一种方式去评估价值。"[22] 由此，他超出了价值中立的知识与决断主义的价值之间僵化的、图式性的区分，这一区分是韦伯所主张的，这是对德国西南学派的价值概念的继承，这一价值概念被以奇异的方式对象化了，而同时又为主体所束缚。因而，尽管韦伯反对在意识形态上将历史科学误用为威廉主义的官方世界观的观点依然是不可辩驳的，但是，价值与知识的分离却很少被坚持。价值概念本身是一种他律的物化。无论是肯定它还是否定它，都是参与了虚假意识。在整个启蒙运动的传统中（包括黑格尔），成为客体的自由意味着：脱离作为思想之父的欲望。但是，与此同时，已经建构性地停留在简单逻辑判断中，即停留在他对真理的要求和对否定非真理的要求中的，是一种行为方式，这种行为方式将陈词滥调归咎于那种本身与认识根据相分离的评价。诋毁所谓的价值判断的思维，只要这些价值判断不是在没有理由的情况下作出的，它就会使内在于思想中的批判性因素默然无语；同样抽象地假定了价值自在存在的价值哲学，屈服于独断论。在具体的认识过程中，决定不是通过由上而下的关于价值的指令或设定作出的，而是通过实事与实事自行按其概念所声称的东西相对照作出的，即通过内在批判作出的。涂尔干对最初借自经济学的价值的对象化是负有责任的，韦伯在否定这些价值时假定了同样的对象化。六十年前存在于社会学中的价值问题，由于没有别的选择，因而忍受着常常遭遇困境的命运；它被遗忘了，并且只是偶尔在那些用种种方法运作价值概念的知

名人士的吁请下,被当作从属的东西炒炒冷饭,以便支持科学的社会学
与批判的社会理论之间的行政管理意义上的二分法,而这种二分法是
同社会学的冲动及其认识的特征相矛盾的。涂尔干的价值概念和价
值中立概念都很少被反思,这可能是由于与经济学缺乏联系。而这
种联系,在诸如下面的句子中报复了他:"奢侈品价值不菲。"[23]令人
惊讶的是,那些自认为是激进的社会学主义代表的人没有注意到如下
一点,即经济学上的价值概念早就被规定为一种社会关系,奢侈品的价
值可以追溯到一种"自然垄断"。当然,涂尔干在后面改变了他对奢侈
品价值的看法:"显然,珠宝、钻石、裘皮或彩缎可以赋予不同款式的服
装以价值,能够使时尚千变万化的并不是它们的天然性质。"[24]根据
《社会分工论》,一种最终是主观主义的价值观念占了上风;"公共意识"
(conscience publique)决定了一件东西的价值。平均社会必要劳动时间
未被考虑在内。涂尔干以主观主义的方式牺牲了价值的理想性
(Idealität);《社会学与哲学》谴责柏拉图主义,而他曾不止一次地以柏
拉图主义来滋养自己。他很少从经济上的价值概念出发来认识道德上
的价值概念,也很少认识到两者之间的关系。

　　他同韦伯与马克思的关系就像他同弗洛伊德的关系一样复杂。首
先,只要心理学认可社会学的领地,那么他可能愿意勉强给心理学以一
席之地。对于成熟的涂尔干来说,不能接受的是老弗洛伊德提出的如
下成问题的主张,即社会学是应用心理学。比不言而喻的差异更令人
惊讶的是接触。像弗洛伊德一样,涂尔干接受了皮埃尔·让内 *
(Pierre Janet)的观点,认为"许多行为虽然显示出了那些征兆,但并没
有被意识到"[25]。对于他的社会学客观主义来说,无意识概念作为对 261
关于社会动机的理性主义观点的否定并非不受欢迎,尽管他忠于笛卡
尔。与此相一致的是,弗洛伊德,更不用说他的右翼后继者,将"本我"
描述为前个体的,即先于"自我"的,并且认为其核心是集体性的继承;

---

*　皮埃尔·让内(Pierre Janet, 1859—1947),法国心理学家、精神病学家。他在其关于
　癔症的解释中使用了无意识概念,而他与弗洛伊德之间究竟哪一位先使用无意识概
　念曾引起争论。——译者注

这是两个极端相接触的地方。涂尔干的观察听起来是弗洛伊德式的：
"我们假想我们憎恶某人，而事实上我们很爱他，那么就在我们相信自
身处于完全相反的情感的影响下时，这种爱的现实却在行动中向其他
人展现了自身。"[26]将思想家归入某个学派和主要方向的做法，根本
不足以触及他们理论的结构。涂尔干的反心理学的社会学，就其本身
而言，应当就是在心理学中形成的："但是，这两个学派在心理生活中能
够看到的，都只是现象的稀薄的帷幕，根据第一种观点，现象很容易就
能呈现在意识眼前，对第二种观点来说，现象没有任何一贯性。近来的
实验向我们表明，更恰当的做法，是把它构想成庞大的自成一类的现实
体系，而这一体系则是由大量彼此叠合起来的精神层面构成的，它过于
深奥和复杂，单纯的反思很难透过它的秘密；它过于专门化，纯粹生理
学意义上的思考不能够理解它。"[27]涂尔干和弗洛伊德一致（d'accord）
反对生理学意义上的庸俗唯物主义。涂尔干的集体意识与弗洛伊德的
超我有着同样的属性。如果说，弗洛伊德学派后来根本没有像其曾经
提出的那样拒绝超我，那么，引导它的便是涂尔干提出的社会生产性的
概念。就像弗洛伊德的《图腾与禁忌》一样，涂尔干处理了乱伦禁忌、异
族通婚和图腾崇拜。他关注到了图腾崇拜在现代的长久存在。从这一
点上，他获得了一个社会学的方面，而这一方面只有在晚期弗洛伊德那
里才是有意义的，即放松乱伦禁忌会危及固定的财产秩序，并因此危及
社会秩序。弗洛伊德和涂尔干都执着于，将那些现在被称为原始人的
行为方式和制度，用作当代社会退行现象的关键。从神经症和集体强
制的角度来看，这些和原始民族的行为方式是一致的；文化人类学
（cultrual anthropology）正是在以其成就为荣的高度文明中强调了同样
的实情，这种文化人类学的发展要归功于成熟的涂尔干及其杂志＊，同
样也要归功于弗洛伊德。

　　不过，在《图腾与禁忌》一书的副标题"野蛮人与神经症者在灵魂生
活上的某些一致之处"（Einige Übereinstimmungen im Seelenleben der

＊　即涂尔干于 1898 年创办的《社会学年鉴》(L'Année Sociologique)。——译者注

Wilden und der Neurotiker)中,仍能听得出的文化批判倾向,与涂尔干相去甚远。对于弗洛伊德在神经症类型中揭示的强制(精神分析想要打破它,至少就其初衷来说是这样),涂尔干的理论作了辩护性的重新评估。这需要他尽一切努力,使不一致的行为从可能性上来说与他的原则协调起来。[28]他之所以对占统治地位的道德进行了批判,只是因为这种道德滞后于集体意识,"滞后于社会的真实状况"[29];就这种批判而言,根据一种后来在美国普遍存在的图式(它是没有被充分适应的),他从未怀疑适应本身。在他觉得必须将自己的东西给予与其不一致的人的地方,他在进行辩护时不断地呼吁集体性,而这种集体性正是要被批判的。"我们可以设想,在特定的时期,作为整体的社会通常会忽略个人权利的神圣性。如果我们回想一下,个人权利受欧洲庞大的社会结构和我们整个心智的紧紧束缚,以致在社会利益的托辞下否定它们就是要否定社会自身最根本的利益,那么,我们难道不能利用权威来改正它吗?"[30]在这样的段落中,涂尔干对集体的认同走得如此之远,以至于在集体想要杀死其辩证的对极即个体的地方,他将集体绝对化了,因为它的持存是社会所必需的。他的集体主义的结论是对黑格尔的形而上学的法哲学这一最可疑的学说的复活:"然而,无论如何,我们都不会去鼓吹一种与相应于我们(!)社会状况的道德完全不同的道德。"[31]仿佛"道德"不会攻击社会状况本身。从意识形态上来说,他将其建议与对精神的实体化相融合:"然而,谁又能否认人类始终认为艺术和思辨的价值明显高于经济价值呢?"[32]其对立面是真的;庸俗唯物主义是资产阶级的。涂尔干自己按照社会有用劳动概念在资本主义社会中作为规范起作用的方式来使用这一概念,而没有考虑到马克思对这一点的嘲笑。马里卡强调了《社会分工论》中的这句话:"让你处于一种充满确定功能的情境中(第 6 页)"[33](Mets-toi en état de remplir utiment une function déterminée)。涂尔干的社会学客观主义促成了对物化和物化意识的同情。事实上,除了制裁性的社会本身,这种社会学客观主义没有认识到任何针对社会上被制裁了的东西的申诉机构。不需要多大的想象力就能想出这个社会的"封顶贺诗"

(Richtspruch)的结果是怎样的。

涂尔干的保守主义更多地表现在他的思维特质上,而非表现在他学说的社会内容上。这种本身思辨的东西在一定程度上通过方法为控制作了辩护,就像几十年后科学反过来为社会学作辩护那样。他将其与物本主义、"社会约束"等范畴相适应的内容方面的基本论点,翻译为了方法论。这给了信徒们一种脚踏实地的感觉。在科学中,起作用的往往不是具体的真理内容,而是严格的规章。它们的权威主义特质将学派团结在一起并恐吓公众。严格的指令可以在没有太多风险和自发性的情况下应用。在科学思维的一致性机制中,以牺牲内容为代价的方法强制应当是居于首位的。真实的个体的存在恐惧和不受规制的精神经验的未被揭露性(Ungedecktheit),与关于即将到来的社会灾难的前意识知识,在一种不安全感中结合了起来;这种不安全感被笛卡尔的夸大了的和偶像化了的毋庸置疑的确定性大大地安抚了。因为经验不能损害这种确定性,所以纯逻辑的形式和方法因其完全的冷漠而在情感上得到了最大限度的使用,而没有考虑到,绝对确定的东西由此缩小为毫无内容的东西。无可争辩的东西的标准,即一种不可被剥夺的财产的标准,取代了洞察的重要性;洞察的手段,也正是方法,根据一种社会整体趋势,成为目的本身,这种趋势使为他的东西即交换价值具有了相对于任何自在的东西、相对于任何目的的优先地位。尽管所有人都承认经验探究,但从经验过程中获得的新内容被认为是的方法的扰乱者。通过清除那些带有清教徒式纯粹愤怒的东西,可以抵御这种扰乱者:不应为某些方法上不正确的因此可能是错误的东西付出代价,尽管只有在一种可能也是错误的思维中,才有可能认出相关的东西。因而,方法仍然合法地是非批判的未雨绸缪(Drauflosdenken)的解毒剂;不过,一旦它以可规定的方式抛弃了与对象的相互作用,并根据自己的尺度坚定不移地调整自己而不去反思自己是关于什么的,那么它本身就变成错误的了。然后,它就假定了某种支配性的、任意的、随意的东西,这明显有别于它的规范即安全性理想。如果有人问写作了《社会学方法的准则》的涂尔干,为什么所有的社会事实都应该被当作物来对待,而又存在着具有明显非物特征的社会事实:人与人之间的关系、功能关联、发展趋势,那么,他将不得不沉默以对并退回到方法本身的理想上去,陷入一种循环中,这种理想认为方法是与历史、经济、心理完全隔离开的。方法所贬低的内容再一次被扭曲成了怪物,但是,如果没有这种怪物,任何理论都做不成,也不会有什么魅力;在涂尔干这里,恰恰是一切质固着于其上的集体意识,在别的地方被准科学的方法排除了;严谨与怪诞的这种 265 组合产生了宗派的风气。这种风气源于无概念的经验探究本身的缺乏:因此之故,涂尔干将这个概念贬低为"空洞之声"(flatus vocis),然而,为了认识事物,却又需要它。本身只是方法之反映因而是错误的论点,又将这一客观概念偷偷带来了。只有通过分工,涂尔干的研究对象才变成了纯粹的社会学对象;除了"社会事实"这一定义中的维度,这些对象还自在地包含着其他维度;关于此,他不可能会弄错。其学说内容的特殊印记,即集体意识的先行性,带有方法论上的要求,即社会学只能是社会学。由于这种方法对不符合它所设定的社会事实概念的社会经验不感兴趣,所以它便转向集体之绝对独立性的幻象。然而,也有迹象表明,这两个因素的关系被涂尔干颠倒了;他根据其内容上的辩解意图,塑造了方法的优先地位,他以先天主义的方式呈现了这种方法。

从主观上来说,涂尔干对方法的过于看重表现为一种刻板,其最显著的例子就是将自杀分为三种类型,即利他的、利己的和失范的。涂尔干的理智手势是将大拇指和中指合成一个圆圈,并用它做劈的动作。他的学说扼杀了任何通过枚举性的系统论来逃避或补充的可能性,挫败了抵抗。他向法国理性主义表白,可能是为了抵御他生前遭受的"一种顽固的实证主义"的指控。事实上,他的著作有时读起来像是对笛卡尔的《谈谈方法》的拙劣模仿。中间环节是在繁琐地执行着的,在思想动机的复合体中,这些中间环节是不必要的;涂尔干的同时代人也采取了类似的做法,虽然在其他方面和他相当不同(如齐美尔)。化学家必须将所有不属于实验规程的物质的最低限度的痕迹从他的试管中清理干净,而这些东西在既没有试管也没有实验规程的地方、在所依靠的不 266 起眼的要素本身就是抽象的地方,变成了废品。笛卡尔的完备性假设同样会变成妄想,只要对象不符合一种演绎关联(从中简洁地得出具体认识)的模式,只要对象不符合涂尔干自己所强调的关于细节的模式,这种模式是指,人们可以从细节出发不断地发展出整体。根据这一维度,对社会学方法同实事的关系的反思是与涂尔干无关的。刻板是一种不容忍这种反思的方法:科学程序的稳定性,这种稳定性不会去考虑对象是否允许它或需要它;对思维极为过敏,这种思维认为在实事中可能会有间断,甚至矛盾。涂尔干的水平之高并不妨碍他写出这样的句子:"在此我们不能讨论这些假设,虽然这些假设具有可行性,但它们离开了我们想要建立的命题。"[34] 他已经表现出一种科学态度的征候,这种态度以不畏惧任何陈词滥调为傲。"原有的义务已经失去了往日的力量,我们无法清晰而确切地看到哪些是我们的新义务。不同的心灵持有截然相反的思想,我们正在经历一个危机时刻。请不要觉得惊奇,我们已不再会感到道德规则曾经给过我们的压力。对于我们来说,它们已不再庄严,因为它们已部分地不存在了。"[35] 或者:"道德现实是通过两种不同的方面呈现给我们的,我们必须明确区分它的客观方面和主观方面。"[36] 定义被坚持了一下,就好像从来没有任何宏大的哲学批判过定义程序似的;甚至关于涂尔干所称的道德现实,也简洁地提到"它必须被定义"[37]。根据占统治地位的偏见,科学的精神清除了由偏见和神话题材构成的哲学,但实际上却恰恰相反:在哲学思索中已成问题的范畴,如定义范畴,被具体科学拖拽着,就好像它们保证了科学性似的。没有人像外行那样痴迷于定义。打算摆脱刻板的东西听起来恰恰是刻板的;节日里奏响的诗意音调是对琐碎的日常东西的补充。"人格就是我们已经区分过的这种两重性的明显例证。一方面,它能够激起一种宗教的崇敬,使我们对它敬而远之。我们把同时代人对行动之合法领域的任何侵犯都称为亵渎。从某种意义上说,它也是神圣的,所以也是与众不同的。"[38] 私人的神圣假象,即使是在一战前的法国,也是这位实证主义社会学家的首要怀疑对象。他对此的态度有时与多雷的(Dorésch)议会演讲者类似。"所以,在本讲中,我将尽我所能把道德事实的一般概念勾勒出来,我有关这个问题的研究已经足足有二十余年的时间了。"[39]涂尔干提供了令人信服的证据来证明科学的敏锐和科学的狭隘之间的关系，在这一点上几乎无人能比；分工的颂扬者成了它的牺牲者。福楼拜或许会在他这里找到其文档的绝佳例子（Prachtstücke）。逻辑上的过失与狭隘是相吻合的；那些带着自己的刻板来读涂尔干的人，能够在页边写下没有根据的推论（non sequitur），而这些推论对于他来说常常是一种享受。废话，即蠢人的语言显象，是由刻板产生的，这种刻板不愿放弃任何它因完备性而认为必要且凭借自己的权威而认为被允许的东西。在涂尔干这里，有时可以感受到逻辑的隐秘的愚蠢；如下面这句话在他的理论看来是完全合乎逻辑的，即使在今天，也还有一些哲学家冒着风险这样说："社会的本性蕴含着道德，若想要一种与之不同的道德，就会否认社会的本性，结果只能否认自身。"[40]这种思想认为，这种结果完全没那么可怕，涂尔干不允许这种思想；即使在面对个体，乃至于言说者时，对社会的批判性反思也无需保持沉默，而涂尔干也不允许这一点。从心理上来猜测的话，他的刻板背后是对接触的畏惧；在某些措辞中，这一点无意中流露了出来。这位刻板之人喋喋不休地说着违犯规则所造成的糟糕后果："（1）第一种结果只是机械地从违反行为中产生出来的。如果我违反了命令我们远离感染源的卫生规则，那么这种行为的后果自然是染上疾病。"[41]反心理主义无需像它声称的那样以客观科学为基础；对接触的畏惧属于权威约束性的综合征。然而，更有成效的做法是，跟随涂尔干进入他的领域，将刻板、包括他自己的刻板，当作"社会事实"来分析。

刻板之人的形象，在戏剧上，从莫里哀到《玫瑰骑士》中的公证人，都是为人熟知的；根据弗朗茨·瓦尔特·穆勒（Franz Walter Müller）的说法，这种形象出现在人文主义时期，也就是在如下情况开始之后：以社会的方式、在精神反思中崩裂出人们习惯于纳入中世纪"等级"（ordo）概念当中的东西，人们是以回溯的方式这样做的，并且忽视了之前已经起支配作用的张力。[42]在更早的时候，也就是在古希腊晚期语言风格中，刻板之人和对他的批判可能已经是焦点；因此，在塞涅卡的如下悲叹中语文学出场了：取代了刻板之人的，是以往所说的"我们的

217

哲学"。语文学浸入语词需要对最细微的东西有创造性的洞察力,而毫无疑问的是,当微观的考量无法从细节中敲击出解释学火花时,这种浸入就会诱发刻板:随着客观神学意义的丧失,从细节中敲击出解释学火花的机会逐渐减少。然而,刻板决不限于语文学领域。司法领域,也就是人们后来所称的"法律学之尘埃"(Pandektenstaub)*,同样也参与到了刻板当中。整个精神中介者行业都被怀疑是刻板的,他们总是坚持设定了的、预先确定的东西,并依靠垄断过活,这指的是人们都要学习垄断。刻板之人是资产阶级社会的一个原型。他与封建领主允许自己自由和独立的习惯格格不入,同时又与扩张的资产阶级企业家类型相对,而后者又反过来需要他作为资本主义精神必须遵守的游戏规则的意象。刻板代表了资本主义精神的辩解性因素:以看似合理的方式,这种刻板想保留过去封闭社会的制度和思维方式。它表达了逐渐崛起的资产阶级权力对真空的恐惧(horror vacui)。它获得了开放的形象,同时又否定了这一形象,在这一过程中,它预感到,必须超越自己尚未完全实现的形式;只有当它尚未固化时,才会产生危及它的形象。刻板之人用推动开放的力量来阻挡开放,他遵从于资本主义的规律,据此,尽管一直处于动态中,但他凭借交换原则(即不断相互妥协的原则),依然能同时保持静

270 态。他的行为同样是自相矛盾的。他抓住被自己的理性所消解的秩序,并利用他的手段即合理性,为这种合理性的对手服务:他凭借理智去提倡已变得不合理的东西。这就是资产阶级经济的形式原则,由于它的形式性的本质,它甚至可以为静态的规范和预先确定的关系服务,而它曾参与了对这些规范和关系的基础的破坏。刻板是一个例证,它证明了,意识形态的变革如何比物质现实的变革更缓慢。但是,因为理智无法独自完成其悖谬性的修复工作,因此它的处理方式的模式就是被高估了的,这一模式本身是不合理的。从历史哲学的角度来看,刻板之人是"贵

---

* 或译为"潘德克顿之尘埃"。《潘德克顿》是古罗马法学家编纂的《学说汇纂》的别称。在 19 世纪的德国,以此为基础的潘德克顿学派盛极一时,其强调对罗马法的精神研究和系统化。批评者认为,这种研究方式过于刻板,与现实脱节,因此用 Pandekten-staub 来讽刺这种学术倾向。——译者注

人迷"(bourgeois gentilhomme)*的配对物。如果他的理性通过以他的对手为榜样而扩展为想象,那么刻板之人的理性就会萎缩为同样具有致病性的狭隘。他的性格和行为的强迫特征源于他的努力的徒劳性:在机械性的重复中,它总是被扔回自己。形成了合理性的那些技术,即资产阶级的会计、正确的计算,本身都成为了目的,仿佛它们本身就是思维根据自己的概念所要理解的东西。刻板预示着手段被普遍魔化为目的,在资产阶级阶段结束时,这种魔化变成了破坏性的妄想。它是唯名论状态下的概念实在论意向;它将科学拜物教化,并不断根据自己的面貌来改造科学。它极力苛求分裂出来且独立化了的主观理性即方法具有一种力量,这种力量可以设定客观秩序,而无需对其概念作批判性反思。资产阶级思维仍然尽可能地忠实于其笛卡尔式的原初现象。既无法控制客观秩序,也不能超越客观秩序,它要求的是不可能之事。活动所希望的,是认识对象并未自行提供的东西;科学,如人们所说,在现代取代了神学,但它又用变得空洞的仪式模仿神学,并退化为神奇的废品。

涂尔干痴迷地记录下社会的强制特征,并将自己贬低为这种特征的歌颂者。他将自己的强迫症性格(Zwangscharakter)投射到这个世界上,将之作为它缺失的意义的替代品。弗洛伊德所说的肛门综合征, ²⁷¹ 包括过度刻板、洁癖、执念和权威主义姿态,并不是私人缺陷,而是资产阶级性格的卓越之处,畸变是资产阶级性格的先天规则。因为,资产阶级社会尽管有其合理的处理方式,但就像以前的封建社会一样,它无助地屈服于自己的运动规律,正如涂尔干热情地证明了的那样。它的实践,在一定程度上也包括它的理论,都没有看透本质性的东西,后者虚假地承诺了它的建立。因而,刻板精神将本质性的东西应得的,并由此弹回来的力比多,转移到了非本质的东西上。刻板精神的徒劳性是资产阶级社会的徒劳性的复制品:这个社会没有能力成为自由人的联合

---

* 阿多诺在这里援引了莫里哀的戏剧《贵人迷》。这部戏剧讲述的是法国暴发户努尔丹痴迷于成为贵族的故事。为了成为贵族,努尔丹学习贵族礼仪以及击剑、舞蹈、音乐等贵族技能,但学得一塌糊涂。努尔丹一心想让自己女儿嫁给贵族,而看不起和女儿心心相印的克雷隆特。为了促成婚事,克雷隆特假扮土耳其王子,前来求婚,不明真相的努尔丹大喜,而克雷隆特则假装封赏努尔丹为土耳其贵族,圆了他的贵族梦。——译者注

体,而从目的论上来说,这种联合体理念又是内在于这个社会中的。在最后,这一点显露无遗。如果说,最宽泛意义上的实证主义可以被称为认识方法相对于有待认识对象的优先地位(这种说法虽然过于简单化,但并非没有道理),那么,它就是对缺乏意识这种状况的合理化,这种合理化导致刻板态度;刻板总是趋向于进行合理化。实证主义蕴藏着不合理性,而这是它不惜一切所否认的。它通过科学实际上将哲学占为己有,由此,它就将刻板作为一种理想强加于哲学。它切断了哲学由以超越科学的自我反省,这就像休谟所做的那样:他典型地否定了因果性和自我,然而,正如他可以简洁地证明的那样,在他的论证中已经预设了因果性和自我。这种自我反省的缺乏列入了思维禁令的计划中。然而,如果实证主义感到不得不反思自己的游戏规则,这些规则是从科学中借鉴来的,并且在采用时僵化了;那么,它就不仅要动摇这些规则,而且还会不可避免地重新陷入那些哲学和形而上学的问题当中,而它曾力图使思维摆脱这些问题而得到净化,直到思维本身屈服于这一净化过程。

涂尔干的写作计划带着刻板的基调,这旨在勾勒出一门作为"社会学科学"的、"关于道德事实的专门科学"[43]。专门化概念被转送到这
272 个以批判专门化作为其对象之一的领域;伦理学被拉平为实证科学,而它曾想凭借与存在者相对的应然者这一反题而同后者区分开来。涂尔干没有遮掩这种尝试的棘手之处、矛盾之处。尽管道德有着经验性的源起,但他还是坚持道德的规范性结构。这显然与他的实证主义的和反辩证法的如下论点相矛盾,即产生出来的东西必然与其起源相同。"由于集体生活来自它"(即"其余的世界")"——若非如此,那又会来自哪里呢? ——这集体生活在产生时呈现的形式,因此也是基本的形式,自然会带有起源的标记"[44],这是一种还原论,它是涂尔干辩护的道德的东西的独立性所否认的。道德事实概念本身就是潜在悖谬的:某种东西变成了既定的,在涂尔干这里就是变成了"社会事实",这不过是想根据自己的要求成为单纯既定的,然而,一旦它不能是别的东西,它就失去其真正的要求了。即使对于康德来说,这一悖谬也没有如实践理性批判的反经验特征那般陌生。据此,涂尔干与康德站在了一起:

"我们将会看到,道德规则被赋予了特殊的权威,正因为这些规则令行禁止,所以人们必须服从它们。以这种方式,借助纯粹经验分析,我们将触及义务概念,并给出其定义,它非常近似于康德给出的定义。这样,责任便成为道德规范的主要特征之一。"[45]"责任"是《实践理性批判》中的"强迫"(Nötigung)的等价物。只不过,实证主义者涂尔干由此轻率地得出了先验唯心主义者所欲之事,后者与其说是容忍了矛盾,不如说是拒绝了矛盾:在涂尔干这里,理智性的东西凭借其"事实性"的特征(康德在某种意义上也承认了这一特征)而被平整为经验探究。在他看来,任何道德规则都是在社会中产生的:"这种氛围笼罩和保护他,以防受到亵渎和侵害,从本性上来说这并不适合于人。唯有社会才能这样来看待他,这是社会迎面带给人的尊重,这种尊重是向外投射的、客观化了的。"[46]但同时,那些规范恰恰被涂尔干当作"神圣的"而加以捍卫。同康德的关系依然只是描述意义上的类似。康德式道德的中心概念,即自律,被取消了。这一点在社会性的范畴上体现得相当明显,在涂尔干这里,这种范畴占据着道德性的中心位置,即制裁范畴。这种制裁"是行为的后果,却并不来源于行为的内容,而是因为行为与现存规则不相符。由于有了预先设立的规则,这种行为就呈现为对规则的反抗,所以制裁也是必需的"[47]。据此,与康德相反,道德规则以及人们习惯所说的伦理法则(Sittengesetz)本身,是外在地呈现在个别人的意识之理性面前的,它们不是个别人的意识自己的东西,而是他律的。涂尔干没有按照他那个时代的常规,从这一立场出发走向道德相对主义。为此,他将道德性(即社会上被认可的东西的形式上的集合)与个体及其意识未经中介地(用康德的话来说就是独断地)对立起来。康德的道德哲学认识到,在个体的义务中也有反对个体本身的义务,但它没有将这种义务理所当然地绝对化。涂尔干式的道德对"舍己为人的自杀"抱有同情,并许可"自我保护"(sese conservare)原则本身只是达成目的的手段。"首先,也许没有人会否认,道德意识从来不会将以个体的自身持存为唯一取向的行为视为道德的。倘若我为了我的家庭或祖国而保全自己,那么这种行为无疑是一种道德行为,相反,倘若我纯粹

273

221

是为了自己而保全自己,那么在公众的眼睛看来,这种行为就是缺少道德价值的。"[48]涂尔干引以为基础的"公众的眼睛",就是自己的眼睛。尽管洞察到了已变易的东西的变易性,但他还是坚持已变易的东西,为的是使它就是如此这般的。但是,恰恰是在他如此毫无防备地遭遇批判的地方,与还原论相反,即与"产生出来的东西必然与其起源相同"这
274 一论点相反,他洞察到已变易的质的独立化,而且也实际上洞察到了它的与起源相对的他者。特别是他认识到:"除非我们去考察城邦的构成,原始氏族逐渐融合的方式,父权制家庭的组织形式,否则,我们也许不可能理解希腊或罗马的神殿究竟是怎样形成的。不过,宗教思想孕育而成的神话和传说、神谱和宇宙体系的繁荣,与社会形态上的特性并不是直接关联的。这也是宗教的社会性质往往被误解的原因。人们曾经认为,宗教在很大程度上是由超社会的力量构成的,因为人们还没有认识到绝大部分宗教信仰与社会有机体之间的直接联系。"[49]涂尔干察觉到了精神的双重特征:精神是在社会中产生的,是内在于社会生活过程中的因素,在社会动态中,它作为新东西而与定在相对(不过他有意将精神还原到这定在上去),并按照自己的规律性展开。例如,这一实情对于美学是决定性的;此外,对于那种意识形态学说也是典范性的,这种学说不想在"意识依赖于存在"的论点中耗尽自身,也不想就此在正确意识与虚假意识的区分上要手段。涂尔干恰恰也开辟了一个领域,它后来成为了知识社会学的一个分支;他从社会,特别是财产秩序中得出了时间、空间、因果性等意识形式。因此,他对曼海姆和舍勒等德国知识社会学家的影响,可能比众所周知的大得多。无论如何,有充分的证据表明,他的定理远胜帕累托的"剩余物和衍生物"学说,后者是后来所称的总体意识形态概念的第一份草案。涂尔干对认识范畴的演绎显然已经预设了这些范畴,由此,他陷入了循环论证中,而这只有辩
275 证逻辑才能消融。不过,在他的思辨的最先进之处,闪现着如下可能性,即真实的东西是被社会所中介的,而这并不会消融真理。在考虑到自由时,他作了如下表述:"理论家也许可以证明人拥有自由的权利,但是,无论这些证明有何价值,我们可以肯定,只有在社会中和通过社会,这种自

由才能化为现实。"[50]与他自己的意图和思维模式相悖,涂尔干因实事(他承认其优先地位)之客观性而被迫走向了辩证法。在支持这一点的论据中,如下一点尤为重要:辩证法凭借自身的分量,使理论家不得不接受它,他们尽管已经注意到了辩证法,但还是恼怒地反对着辩证法。

如果没有实证主义相对于那种思维的真理因素,这种转向就是不可能的,这种思维是不受约束的,是逃避了实证主义的对象的。涂尔干在一个关键性的段落中标示出了这一点,在此,他着眼于科学讨论的问题式,因为这问题式在思想中有其实质,而从材料上来说它又不能满足这种思想:"所以,如果我在这里提出我的想法,而没有用这种证据来证明这些想法,那么,我就不得不将它们当作缴械提出来。在科学证明不可及的地方,我将用纯粹辩证的论证来取代它。"[51]无论以上表述因"纯粹辩证的论证"这一术语在多大程度上误解了辩证法,虽然在辩证的过程中主体和客体是相互中介的,但他似乎还是察觉到了一处弱点。实证主义的冲动想纠正这一弱点,在涂尔干这里,这种冲动接近了一种辩证的理论,因为它趋于指向社会客观性,而非这种客观性在个别主体中的表现。他将对社会的批判解释为内在的,这无疑需要由"辩证的精华"来负担,而他又总是试图以这种内在精神来中止批判。也因此,他是黑格尔的经验主义后裔:"个体可以部分地逃避现有的规则,只要他想要的是社会本来的样子,而不是社会自己看起来的样子;只要他想要的是符合当前社会状态而非符合历史上过时的社会状态的道德,等等。因此,反抗的原则与顺世主义的原则是相同的。"[52]涂尔干版本的批判内在性破坏了关于如下一点的判断,一个即将到来的状态会从已成问题的状态中偏离到何处去,尽管他在敦促就社会的现实性与社会对自身的意识之间作出区别时,考虑到了内在批判的推动者:实事与其概念之间的差异。

涂尔干的实证主义是提升了的,因为他使经验的社会研究方法(他自己在关于自杀的案例中颇有影响地使用了这种方法)服从于第二次反思,这种反思在社会学经验主义的后来阶段曾有较长时间没有发生。他的客观主义使得他没有无条件地献身于那种客观性,静态的一般性会诱使人走向这种客观性:"不过,我们不应该把客观评价与一般评价

276

混淆起来的另一个理由是:一般人的反应依然是个人的反应。……在'我喜欢这样'与'我们许多人都喜欢这样'之间,并无本质区别。"[53]不过,他给这些洞见(今天,它们也许比他的时代更为现实)划下了界限:他虽然区分了结构的客观性(作为集体精神的客观性)和主观的社会行为方式(也是被量化了的),然而,为了两者之间的关系,他关心的不是它们的被中介性,而是忠于现有的科学地图,一劳永逸地接纳了二分法。他对按他那个时代的观念来说是原子论的思维的论战性态度,诱使他用一种稍微带有自然科学色彩的隐喻,将个体(只要社会学处理这些个体,它们就是被他攻击的"个体主义社会学"[54]的基底)贬损为"死的",从而陷入了与如下最简单的情况的尖锐矛盾中,即在社会中要

277 谈及生命,就只能在个体生命的语境中进行,社会是由个体组成的:"生命运动是怎样以死的要素为基础的呢?生命所特有的属性是怎样在这些要素中分布的呢?既然它们是不同的,它们就不能同等程度地存在于一切中。氧不能发挥同碳一样的作用,也不能被赋予同样的属性。有关生命的每个方面都体现在不同的原子群中的论调,显然是不可取的。生命不能被这样分割:生命就是'一',所以,生命基的不是别的,而只是处于总体中的活着的实体。生命存在于整体中,而不是在部分中。因此,若要理解生命本身是什么,就没有必要在形成生命的基本力中将生命分散开来,个体思维与神经细胞的关系同社会事实与个体的关系为什么就应该不同呢?"[55]在涂尔干这里,已经预示了后来经验社会学中建立起来的、伊丽莎白·诺利-诺伊曼(Elisabeth Noelle-Neumann)所称的"单数领域和复数领域"的二元论。在此,与他相悖的是,或者说,他坚持反对的是,被他塑造为特殊的社会性东西的典范的"社会事实"(据此,它同活生生的主体及其动机的联系就被彻底剔除了)接受了一种不合理性,它既不是那些人的不合理性,也不是一种科学的不合理性,这种科学在其必须事先作出回答的地方拒绝了回答。涂尔干的方法论原则使人想起了"狐狸和酸葡萄"的故事。一旦方法的局限性不足以作出理解时,他就不想以无情严格的学者的姿态去理解。历史向他证实,奥斯威辛集中营这个最具社会性的事实确实是无法理解的。但

是,如果科学傲慢地拒绝或未能将某些时期自杀数的众所周知的恒定与自杀者的动机结合起来,那么,它引以为豪的那种恒定就变成了一个谜,这并没有因它将自杀解释为"社会事实"而改变,这种解释认为,自杀是因为个体未能融入他的群体。对于涂尔干来说,集体的结构提供了唯一社会学上相关的自杀标准。但是,心理机制同样被列入了其发生中;无疑,这些机制作为内在于个体当中的机制,在很大程度上也是社会塑造的。科学的处理方式本身中的不合理性因素消除了"单数领域",它没有考虑到,如果没有单数领域,根本就不会存在复数领域;而后,它将集体精神神秘化了。然而,即使是涂尔干的概念有这种不充分性,一种最显著的不充分性,其也并非完全没有根由的。只要社会不是个体的社会,而是以压制的方式将个体的关系强加于他们,那么社会和个体的断裂本身就是作为社会规律起作用的。社会规律与心理规律实际上由于社会强制而分道扬镳了,然而它们从未变成彼此根本不同的东西:因为心理上的自给自足以及个体自给自足的形式,在起源上同样都是由社会决定的。如果说,在涂尔干的社会学中,个体被降低到单纯原子的地位,他所赞美的整体完全是超出这些原子的头脑而贯彻着的,他们对此无能为力,那么,他的概念就是合乎现实的。它提到了自然发生性,尽管社会的合理性不断增长,但这种自然发生性一直保留着,直到合理性不再只是手段之一,而是目的之一。大数规律的社会学有效性是涂尔干无法反驳的。但是,正如他向自己及其学派所建议的那样,这种有效性并不是直截了当地从社会性东西的本质中得出的。他们的理由是,他们还没有掌控社会。有意识的个体的行动至今还没有将社会过程从他律命运的手中夺下来。由于忽视或隐瞒了这一点,涂尔干使自己不知不觉地成为神话的帮凶,这种神话在他探寻其集体精神的自然宗教中暗暗地处于支配地位。这是他与虚假意识的联盟;但他的成就是,无论是否出于其本意,他都显示出旧魔咒在多大程度上掌控着现代人。作为维柯后裔的涂尔干,深刻地认识到神话与合理性的共谋。对于他来说,神话是合理化。"无论仪式具有什么样的物质形式,都会带有某种能够用来解释和证明仪式的观念体系;因为人需要知道他究竟做了些什么,虽然他时常容易感到满足;这通常就是神话的存在根据。"[56]
涂尔干的社会学既不是真的,也不是单纯非真的;毋宁说,它是将真理歪
曲地投射到一个参照系上,这个参照系本身就属于社会的蒙蔽关联。

(1967 年)

注释

[1] 作者由衷感谢英格·霍夫曼(Inge Hofmann)女士给出的富有成果的批
判与至关重要的指引。

[2] Vgl. Emile Durkeim, *Soziologie und Philosophie*, Aus Französischen
von Eva Moldenhauer, Frankturt a. M. 1967.——德文版编者注

[3] Vgl. Simon Deploige, *Le conflit de la morale et de la sociologie*,
Paris 1911.

[4] 可以说,这一术语,正如在现代德语中所称的那样,是在全球范围广泛使用
的;毫无疑问,从维也纳学派及之后的所谓分析哲学所具有的含义(维特根
斯坦又与此不同)上来说,它不适用于涂尔干。按照"实证的"的简单词义,
即作为现有的、事实上的既定的东西,这一术语也许是合法的。不过也可
能存在着上述词义并未涵盖的变体。但是,无论这类宽泛的概念按其定义
之有效性标准来说可能多么成问题,不允许与之打交道的禁令总是会导致
对它们所指的东西的辩解,因为这一禁令阻止了对这些东西的提及。尽管
其追随者存在着诸多分歧,但"实证主义"概念是有其核心的。它虽然很难
被掌握,但是,如果放弃了它,那么就很难去讨论有争议的立场了。

[5] Emile Durkeim, *Soziologie und Philosophie*, a. a. O., S. 58. 中译参见
涂尔干:《社会学与哲学》,梁栋译,渠敬东、陈涛校,商务印书馆 2020 年
版,第 396 页。

[6] Durkheim, "La philosophie das les universités allemandes", *Revue inter-
nationale de l'enseignement*, Tome 13, 1887, S. 439 f.

[7] 涂尔干于 1909 年 5 月 20 日在法国哲学协会发表的讨论文章:
"L'efficacité des doctrines morales", *Bulletin de la Société Française de
Philosophie*, Anneé 9, 1909, S. 220。

[8] Emile Durkeim, *Soziologie und Philosophie*, a. a. O., S. 72. 中译参见
涂尔干:《社会学与哲学》,第 408 页,据德语引文作改动。

[9] Vgl. Durkheim, *Leçcons de Sociologie*, Paris 1950, S. 66 f. 这基于涂尔
干 1896—1899 年在波尔多举办的讲座:这些讲座的社会批判倾向还是涂
尔干青年时期的倾向。

[10] Emile Durkeim, *Soziologie und Philosophie*, a. a. O., S. 113. 中译参见
涂尔干:《社会学与哲学》,第 443 页。

［11］a. a. O.，S. 121 f. 中译参见涂尔干：《社会学与哲学》，第 451 页。

［12］a. a. O.，S. 73. 中译参见涂尔干：《社会学与哲学》，第 409 页。

［13］a. a. O.，S. 112. 中译参见涂尔干：《社会学与哲学》，第 443 页，据德语引文作改动。

［14］Durkheim, *Le Suicide*, Paris 1960, S. 382. 中译参见埃米尔·迪尔凯姆：《自杀论》，冯韵文译，商务印书馆 1996 年版，第 365 页。

［15］Vgl. Emile Durkheim, *Soziologie und Philosophie*, a. a. O.，S. 130.

［16］a. a. O.，S. 87.

［17］Vgl. a. a. O.，S. 46—48 and 54—57.

［18］Vgl. a. a. O.，S. 48—49.

［19］a. a. O.，S. 50—51. 中译参见涂尔干：《社会学与哲学》，第 389 页。

［20］George Em. Marica, *Emile Durkheim. Soziologie und Soziologismus*, Jena 1932, S. 87.

［21］Vgl. Emile Durkheim, *Soziologie und Philosophie*, a. a. O.，S. 137 ff.

［22］a. a. O.，S. 155. 中译参见涂尔干：《社会学与哲学》，第 480 页。

［23］a. a. O.，S. 143. 中译参见涂尔干：《社会学与哲学》，第 471 页。

［24］a. a. O.，S. 145. 中译参见涂尔干：《社会学与哲学》，第 472 页。

［25］a. a. O.，S. 67.

［26］a. a. O.，S. 68. 中译参见涂尔干：《社会学与哲学》，第 404 页，据德语引文作改动。

［27］a. a. O.，S. 81. 中译参见涂尔干：《社会学与哲学》，第 415 页，据德语引文作改动。

［28］Vgl. a. a. O.，S. 114 f.

［29］a. a. O.，S. 88. 中译参见涂尔干：《社会学与哲学》，第 422 页。

［30］a. a. O.，S. 115. 中译参见涂尔干：《社会学与哲学》，第 445 页。

［31］a. a. O.，S. 116. 中译参见涂尔干：《社会学与哲学》，第 445 页。

［32］a. a. O.，S. 143. 中译参见涂尔干：《社会学与哲学》，第 470 页。

［33］Marica, a. a. O.，S. 43.

［34］Emile Durkeim, *Soziologie und Philosophie*, a. a. O.，S. 69. 中译参见涂尔干：《社会学与哲学》，第 405 页。

［35］a. a. O.，S. 124—125. 中译参见涂尔干：《社会学与哲学》，第 454 页，据德语引文作改动。

［36］a. a. O.，S. 90. 中译参见涂尔干：《社会学与哲学》，第 423 页，据德语引文作改动。

［37］a. a. O.，S. 92.

［38］a. a. O.，S. 100. 中译参见涂尔干：《社会学与哲学》，第 423 页。

［39］a. a. O.，S. 117. 中译参见涂尔干：《社会学与哲学》，第 446 页。

［40］a. a. O.，S. 88. 中译参见涂尔干：《社会学与哲学》，第 422 页。

［41］a. a. O.，S. 93. 中译参见涂尔干：《社会学与哲学》，第 426 页，据德语引文作改动。

[42] 在完成本文之后,笔者注意到布鲁门伯格的一篇文章也是关于刻板的。这涉及的是歌德的一则构思(此外,斯宾格勒也引用了它):"以人类学方式展开的图式的独特的非历史性遮蔽了一种历史逻辑,在这种逻辑中,信仰和迷信的态度达到了独断般刻板的水平,并且,通过体系性的完备性和稳定性的表象,阻止人们看到可能危及体系的东西。但是,好奇心、研究的欲念、经验的公正性成长起来了,而它们恰恰是对抗独断式体系的禁忌强制的,这种体系不仅必须切断其追随者的某些问题和主张,而且必须以一种特殊的适当性和值得性来证明他们的这种放弃是有道理的。"(Hans Blumenberg, *Die Legitimität der Neuzeit*, Frankfurt a. M. 1966, S. 380 f.)这些话和笔者提出的东西的动机之间的相似性是惊人的。在两个完全相互独立进行思考的人这里,同样的客观情境——在此是指科学审查的极为令人窒息的刻板——引发了同样的思考。只不过,布鲁门伯格关于已经存在于信仰和迷信中的迂腐因素的说法,显然是与本文的历史—哲学结构相矛盾的;因为刻板作为对一种在其需求中被阻塞的意识的替代态度,就像一种集体性的强迫性神经症那样,是退行性的,并且它再次揭示了早已远去的过往,当然,它是通过方法论的合理性来这样做的,就其内在成分来说发生了质变。

[43] a. a. O., S. 128.

[44] a. a. O., S. 78. 中译参见涂尔干:《社会学与哲学》,第 413 页,据德语引文作改动。

[45] a. a. O., S. 85. 中译参见涂尔干:《社会学与哲学》,第 419 页,据德语引文作改动。

[46] a. a. O., S. 113. 中译参见涂尔干:《社会学与哲学》,第 443 页,据德语引文作改动。

[47] a. a. O., S. 94. 中译参见涂尔干:《社会学与哲学》,第 427 页,据德语引文作改动。

[48] a. a. O., S. 102. 中译参见涂尔干:《社会学与哲学》,第 434 页,据德语引文作改动。

[49] a. a. O., S. 79. 中译参见涂尔干:《社会学与哲学》,第 413—414 页。

[50] a. a. O., S. 109. 中译参见涂尔干:《社会学与哲学》,第 439 页,据德语引文作改动。

[51] a. a. O., S. 89. 中译参见涂尔干:《社会学与哲学》,第 423 页,据德语引文作改动。

[52] a. a. O., S. 120.

[53] a. a. O., S. 141. 中译参见涂尔干:《社会学与哲学》,第 468 页。

[54] a. a. O., S. 77. 中译参见涂尔干:《社会学与哲学》,第 412 页。

[55] a. a. O., S. 76—77. 中译参见涂尔干:《社会学与哲学》,第 411—412 页,据德语引文作改动。

[56] a. a. O., S. 133. 中译参见涂尔干:《社会学与哲学》,第 461 页,据德语引文作改动。

《德国社会学中的实证主义之争》[1] 导言[2]

献给挚友弗雷德·波洛克 75 岁寿诞

"芝麻开门！我要出去。"

——斯坦尼斯拉夫·耶日·莱茨

从图宾根会议上对两份报告的讨论 * 开始，在德国，辩证法与最宽泛意义上的[3]实证主义社会学之间的争论公开化了，拉尔夫·达伦多夫对这场讨论作了鞭辟入里的评论，他深表遗憾地抱怨道，这场讨论"始终缺乏本该与实际上呈现的观点差异相称的紧张程度"[4]。据他说，一些讨论参与者指责"这两份主报告之间，以及报告人之间缺乏张力"[5]。与之相反，达伦多夫觉察到了"这些一致之处的讽刺"；在表述上的共同点背后，隐藏着深刻的实质差异。两位报告人之间的"一团和气"并非讨论未能实际发生（即理由与相反理由的相互交锋）的唯一原 281

---

* 1961 年，德国社会学协会在图宾根举行工作会议，在开幕式上，波普尔和阿多诺先后就"社会科学的逻辑"这一主题作报告。此后，这两篇报告分别以《社会科学的逻辑：德国社会学协会图宾根工作会议上的报告（1961 年 10 月）》和《论社会科学的逻辑：对波普尔报告之补充（1961 年 10 月）》为题，发表于《科隆社会学与社会心理学杂志》（Karl R. Popper, "Die Logik der Sozialwissenschaften. Referat bei der Tübinger Arbeitstagung der Deutschen Gesellschaft für Soziologie, Oktober 1961", in: *Kölner Zeitschrift für Soziologie und Sozialpsychologie*, Vol. 14, 1962; Theodor W. Adorno, "Zur Logik der Sozialwissenschaften. Korreferat zu Popper, Oktober 1961", in: *Kölner Zeitschrift für Soziologie und Sozialpsychologie*, Vol. 14, 1962）。阿多诺的这篇报告见于本书第 454 页至第 469 页。——译者注

因:他们首先力求使他们的立场变得在理论上是可以相互通约的。但是,需要负责的,也不仅仅是一些讨论参与者的态度,他们因自己偶得的对哲学的陌生(Philosophiefremdheit)而沾沾自喜。辩证法家明确地诉诸哲学,但是,实证主义者在方法论上感兴趣的,几乎不过是天真地实施的研究活动。然而,两位报告人必须承认他们是有过错的,他们都未成功地完全介入社会学,正是这一点的缺乏阻碍了讨论。他们所说的大部分内容都涉及一般科学。所有的认识论都设定了糟糕的抽象性的尺度,即便对认识论的批判也是如此。[6]谁要是不满足于科学程序的单纯直接性而放弃其必要性(Necessitäten),那他就凭借更为自由的视角,获得了确实不合法的优势。我们偶尔也会听到有人说,图宾根会议上的讨论停留于准备阶段,并因此对社会学这门特定科学没有什么益处。不过,这种看法没有抓住要害。托庇于分析的科学理论而非深入其原理的那些论据(也就是只处于"准备阶段"),陷入逻辑上的"定时炸弹"(Höllenmaschine)中。如果不考虑任何特殊内容的逻辑内在性被提升为唯一的尺度,那么,无论人们如何忠实地遵循内在批判原则,也无法非反思地运用它。对不受约束的逻辑的强制特征的批判,也属于对这种逻辑的内在批判。思维因不假思索地认同形式逻辑的过程而接受了这一强制特征。内在批判的界限在于内在逻辑的拜物教化了的原则:这一原则需要有名可称。此外,这种所谓的准备阶段的讨论与社会学在内容上的相关性绝非牵强附会。例如,人们是否能区分假象与本质,这直接影响到人们是否能够谈及意识形态,并因此使社会学的核心理论构件扩展至所有分支。感觉上像认识论的或逻辑学的准备工作的这种内容相关性,是由如下一点来解释的,即相关争论潜在地是内容上的。要么,将对社会的认识与社会紧密结合起来,社会具体地进入关于社会的科学中;要么,关于社会的科学只是主观理性的产物,不能对它的客观中介作任何探询。

可是,在上述被指责的抽象性背后,还有更为严重的讨论困难。讨论要想是可能的,就必须按照形式逻辑来展开。但是,主张形式逻辑优先性的论点,正是关于包括社会学与社会理论在内的每一门科学的实证主义观点或——将这一可能过于沉重的表达替换为波普尔能够接受的表达——科学主义观点的核心构件。在各种争论对象中,如下一点是不应被排除的,即不可或缺的程序逻辑性是否实际上赋予逻辑以绝对优先地位。不过,要求对具体学科中的逻辑优先地位进行批判性自身反思的思想,不可避免地会陷入策略上的不利境地。在这些思想反思逻辑时所使用的那些工具中,必定有些工具会是逻辑工具,维特根斯坦这位最具反思性的实证主义者已意识到了这类矛盾,并为此痛心疾首。如果一种争辩像当前这种不容拒绝的争辩一样变成了世界观之争,并且是从相互外在地对立着的立场出发进行的,那么它注定是毫无结果的;但是,如果它着手进行论证,那么就会面临一种风险,即其中一方的游戏规则被默认为前提,但这些规则恰恰可能是讨论的对象。

达伦多夫在评论第二报告人*的报告时说,关键不在于立场差异,而在于可确定的相反观点,关于这些观点,需要回答如下问题,即"是否前一观点是正确的,而后一观点是错误的"[7]。在他看来,虽然两种立场都不排斥讨论与论据,但论证类型上的差异如此之深,以至于"人们必须怀疑,波普尔和阿多诺能否一致采取某种程序,以帮助对他们之间的差异作出决断"[8]。这是一个真问题:只有在努力进行这种决断时才能回答这个问题,而不是在此之前。人们必须作出这种努力,因为对两种不同的、共存的社会学的平和的宽容,并未搞出更好的东西来,反而不过是取消了真正的真理要求。任务悖谬地呈现了出来:在讨论有争议的问题时,既不能带有逻辑主义的偏见,但也不能带有独断论。哈贝马斯将为此所作的努力(这不是狡诈的争辩术)称为"迂回"或"到背后去"。可能需要找到一片精神区域,在此,人们可以相互理解对方,而又不必接受一套在主题上本身就有争议的规则;这就是思想的"无人地带"。这一区域不是如外延逻辑学模型设想的那样,是一种比这两种对立立场更为一般的东西。它获得了其具体内容,因为即便是包括形式逻辑在内的科学,也不仅是社会生产力,而且还是社会生产关系。问题

283

---

* 即阿多诺。——译者注

是,实证主义者是否愿意接受这一点;这批判地动摇了"科学是绝对独立的""科学对一切认识来说具有构成性特征"等基本论点。人们似乎应当问的是,认识与现实生活过程之间是否断然分裂着,或者说,认识是否并未介入后者,甚至,它自己的自律(通过这种自律,它能够创造性地独立于它的发生并使自身客观化)本身是否并非来源于其社会功能;它是否虽未形成一种内在关联,然而根据其结构本身,它锚定在一个包含着它的领域,这个领域甚至能够对其内在架构起作用。这种双重本性,无论看起来多么可信,总是与无矛盾性原则相冲突的:科学似乎是独立的,然而似乎又是不独立的。在此,捍卫这一点的辩证法绝不会表现为"特权思维";它也不会以一种主体特殊能力自居,这种能力据说是某人有而别人没有的,它也绝不会表现为直觉主义。相反,实证主义者必须作出牺牲,必须放弃哈贝马斯所称的"坎尼费尔施坦"* 式态度(Kannitverstan-Haltung),而且不能不假思索地将任何不符合如他们的"意义标准"这类范畴的东西视为不可理解的而排除掉。鉴于对哲学的敌意不断蔓延,人们不免怀疑,某些社会学家想努力地摆脱自己的过往;但其过往总是会因此而报复。

乍看之下,这场争论似乎是实证主义者代表着"客观科学有效性"这一严格概念,而哲学据说是削弱了这一概念;辩证法家是如哲学传统所建议的那样思辨行事。在这里,语言用法无疑是将思辨概念翻转到了它的反面。它不再像在黑格尔那里那样,被解释为对知性、知性的局

---

* 该词来自德国作家黑贝尔(Johann Peter Hebel, 1760—1826)的一篇短篇小说。小说主人公是一个德国乡下青年,他来到荷兰阿姆斯特丹当学徒工。在家乡,他从未见过大都市里这么多气派的房子,心中暗想是谁这么富有。为此,他指着一幢高大华丽的建筑问别人,这是谁的房子。由于他口齿不清,别人只好说:Ich kann dich nicht verstehen,意思是"我听不懂你讲的什么"。他听成了 Kannitverstan,以为这就是主人的名字。有一天他来到海港码头,正好赶上从东印度返回的货船,他又问旁边的人,这是谁的船,人家同样也说 Ich kann dich nicht verstehen,他以为这艘船也是 Kannitverstan 的。后来他又遇到一个送葬的队伍,就问路人谁死了,那些人也回答 Ich kann dich nicht verstehen,于是他以为那个拥有大房子和货船的富人死了,心中不由暗暗得意,因为不管穷人富人总有一天都要死掉的。在这里,"坎尼费尔施坦式态度"是指,虽然误解了对象,但却没有去反思这种误解,反而始终坚持这种误解并形成推论。——译者注

限及知性本身所作修正的批判性自身反思,而是不知不觉地按照流行的模型来解释,也就是将思辨者视为一个自负的、轻率的思考者,他恰恰不进行逻辑性的自身批判,也不去面对实事。自黑格尔体系崩溃以来,也许是这一崩溃的后果,思辨理念就这样被颠倒了,它对浮士德的陈词滥调"蛮荒之地的野兽"俯首帖耳。曾经用来表示放弃自身狭隘性并由此获得客观性的思想,现在被等同于主观的任意:它之所以是任意,是因为思辨似乎缺乏普遍有效的检验;它之所以是主观主义,是因为"思辨的事实"概念据说因对中介的强调、因一种"概念"而消解了,这一概念呈现为向经院哲学实在论的倒退,并且,根据实证主义的仪轨,它呈现为思考者的活动,这种活动肆意地将自身与一种自在存在者混淆了。与此相反,比大阿尔伯特所怀疑的"彼此彼此"(tu quoque)* 论证更有力的,是如下论点:实证主义的立场本身是主观主义的,因为在其客观性要求中,包含着情感及其影响。黑格尔在批判他所称的反思哲学时预见到了这一点。卡尔纳普取得的胜利是,哲学只剩下了方法:逻辑分析。这一胜利是以准本体论方式作出的支持主观理性[9]的初步决定的原型。厌恶矛盾的实证主义有着最内在的,而其自身并不知晓的矛盾,这就是,它沉湎于客观性,这种客观性就意向而言是最外在的,并清除了所有主观投射,然而因此,实证主义只会在单纯主观的工具理性的特殊性(Partikularität)中越陷越深。自认为战胜了唯心主义的那些人,远比批判理论更接近唯心主义:他们虽然不再将认识主体实体化为一种创生性的绝对主体,但却将之实体化为一切效用即科学控制的"心智之邦"(topos noetikos)。他们想清除哲学,然而,他们又仅提倡一种基于科学权威的哲学,这旨在将哲学密封起来,免受自身影响。卡尔纳普是休谟—马赫—石里克链条的最后一环,在他这里,同旧的主观实证主义的关联依然可以通过他对记录命题的感觉主义解释揭示出来。之所以作这种解释,是因为即便是这些科学命题,也不过是以语言

285

---

* 　即诉诸人身的非形式谬误论证(Ad Hominem-Argument),中世纪天主教哲学家、神学家大阿尔伯特(Albertus Magnus, 1200—1280)在评注亚里士多德《辩谬篇》时曾提到这种论证方式。——译者注

的方式给出的,而非直接感性地确定的,这种解释触发了维特根斯坦的问题。不过,潜在的主观主义绝没有被《逻辑哲学论》中的语言理论打破。该书写到,"哲学的结果不是'哲学命题',而是命题的澄清。哲学应该使思想变得清楚,应该清晰地划出思想的界限,否则,它们可以说是混沌的、模糊的"[10]。但是,清晰性只适宜主观意识。本着科学主义的精神,维特根斯坦如此夸大了对客观性的要求,以至于这种要求消解了,并屈服于一种全面的哲学悖论,后者造就了维特根斯坦的威名。潜在的主观主义与整个唯名论的启蒙运动的客观主义对应了起来,也就是不断地"向人还原"(reductio ad hominem)。思维不必顺从于此。

286 它有能力批判地揭露潜在的主观主义。令人吃惊的是,包括维特根斯坦在内的科学主义者没有受到上述对抗的干扰,正像他们没有受到形式逻辑与经验主义思潮之间的永久对抗的干扰那样,后一种对抗在实证主义内部被扭曲了,它暴露出了一种极度真实的对抗。在休谟那里,数学的绝对有效性学说就已经与怀疑论的感觉主义不相容了。这里显示出来的,是科学主义如何未能成功中介事实性与概念;如果两者不能结合起来,它们就会变成逻辑上不相容的。既不能维护个别既定性相对于"理念"的绝对优先性,也不能坚持纯粹理念领域即数学领域的绝对独立性。无论怎么变换,只要贝克莱的"存在即被感知"(esse est percipi)还保留着,那么就不能理解形式学科的效用要求来自何处,这一要求并不具有任何感性基础。相反,经验主义的一切联系着的思维操作都假定了形式逻辑,因为对于经验主义而言,命题的关联性(Ver-bundenheit)就是一种真理标准。上述简单思考本来肯定足以推动科学主义走向辩证法。但是,形式与经验的糟糕的抽象对立极为明显地扩展到了社会科学。形式社会学是对哈贝马斯所称的"被限定的经验"的外在补充。社会学形式主义的论点,例如齐美尔的那些论点,本身并不是错误的;但是,使这些论点脱离经验探究的思想行为确实是错误的,这些思想行为将它们实体化了,而后又以例解(illustrativ)的方式填充它们。形式社会学最乐于谈论的那些发现,例如无产阶级政党的官僚化,是有其根基(fundamentum in re)的,但它们并不总是源自"一般组织"这一上位概念,而是源自社会条件,例如在一个占据优势的体系内保持着的强制,该体系的支配力是凭借自身的组织形式在整体中蔓延来实现的。那种强制传给了反对者,这不仅是通过社会性的传染,而且也是以准合理的方式进行的:因此,组织眼下能够有效地代表成员的利益。在一个物化社会,任何东西如果不变成物化的,那么它就没有机会生存下来。垄断资本主义的具体历史的一般性连带其全部内涵,扩展到对劳动的垄断当中。经验社会学的一个相关任务是,分析中间环节,并详细说明,对变化了的资本主义生产关系的适应,如何抓住了那些其客观利益从长远来看(à la longue)与这种适应相冲突的中间环节。

在与主观经济学相同的意义上,我们有理由将主流的实证主义社会学称为主观的;在经济学主要代表之一维尔弗雷多·帕累托那里,有着当代社会学实证主义的根源。在此,"主观的"一词有双重含义。如哈贝马斯所说,这种流行的社会学凭借"网格"(Rastern)、凭借强加于材料的图式来运作。毫无疑问,在这些图式中,材料也是要起作用的,这取决于它必须被纳入哪一部分中,然而,关键差别在于,是否根据材料或现象自身既定的结构来解释,而非仅由科学以分类方式建立的结构来解释。对所谓坐标系的选择并非无关紧要的,这以如下选择为例就可以看出来:某些社会现象是被归入声望与地位等概念之下,还是从客观的统治关系中得出来。根据后一种理解,声望和地位从属于阶级关系动态,并且原则上能够将它们视为可废除的;与之相反,分类性的归摄方法倾向于将那些范畴视为绝对既定的、实际上无法改变的。因此,一种看似仅涉及方法论的区分,在内容上是富有成果的。实证主义社会学的主观主义在其第二重含义上与此相符。至少在其相当显著的活动领域,它从意见、行为方式和对个别主体及社会的自身理解出发,而不是从社会出发。对于这种构想来说,社会在很大程度上是社会化了的社会行为主体的、必须以统计方式来研究的平均的意识或无意识,而非这些主体在其中运动的媒介。对于实证主义者来说,结构的客观性是一种神话学残余,而根据辩证的理论,这是进行认识的主观理性的先天(Apriori)。如果主观理性意识到这一点,那么它将必须根据结构本身的规律性来规定结构,而不是自行根据概念顺序的程序规则对之进行加工整理。源自个别主体的社会事实的条件和内容是由这一结构提供的。无论辩证的社会观在多大程度上兑现了其客观性要求,以及对于它来说这一点究竟是否仍是可能的,它都是比其对手更认真地对待这一要求的,后者从一开始就放弃了客观性这一重要理念(这曾指的是"自在"概念),以此为其客观有效的发现换取虚假安全性。实证主义者对这场辩论是有成见的,因为他们暗示,他们似乎代表着一种新的、先进的思维类型,如阿尔伯特所说,虽然它的观点在今天似乎尚未得到普遍贯彻,但与之相对,辩证法是复古物(Archaismus)。这种进步观忽视了它所付出的代价。精神为了事实而束缚自己,精神应当由此获得进步,这的确是一种逻辑矛盾。阿尔伯特问道,"为何不能让新理念也有机会证明自己呢?"[11] 这种"新理念"指的是一种一般而言对理念抱有极大敌意的意向。它对现代性的要求,只能是对不断进步的启蒙的要求。然而,这一要求需要主观理性的批判性的反思。主观理性的进步,直至最内在之处,都浸透着启蒙辩证法,这种进步不能被轻易地假设为一种更高的客观性。这是争论的焦点。

辩证法不是一种独立于其对象的方法,这一点阻止它的叙述如演绎体系所许可的那样成为自为的。它并不顺从于定义的标准,而是对之进行批判。更为重要的是,在黑格尔体系不可避免地崩溃之后,辩证法也失去了从前极为成问题的哲学确定性的意识。实证主义者指责辩证法缺乏一种建构一切其他东西的基础,甚至占统治地位的哲学也以此来指责辩证法,说它缺乏"起源"(ἀρχή)。在其唯心主义版本中,辩证法通过大量的中介,甚至借助存在者自身与精神的非同一性,冒险地将存在者阐述成是与精神完全同一的。这种做法失败了,因此,辩证法在其当前形态中针对"总体理性的神话"的攻击性,并不亚于阿尔伯特的科学主义。辩证法不能认为自己的真理要求如其唯心主义时期那样得到了保证。在黑格尔那里,作为全面的解释原则,辩证运动可以被轻易地理解为"科学"。因为在其最初的步骤或设定中总是已经包含着同一性命题,但在展开分析时,这一命题既没有被证实,也没有被阐明;黑格尔以圆圈比喻来描述它。这种闭合性导致的是,没有什么东西作为本质上不能认识的和偶然的而外在于辩证法,但是现在,这种闭合性连同其强制与明晰性(Eindeutigkeit)一起崩溃了;辩证法并不具有一种规约它的思想准则。尽管如此,它依然有其存在理由(raison d'être)。从社会角度而言,关于一种客观的自在体系的理念,并非如唯心主义崩溃后表现得那样,也并非如实证主义所断言的那样是虚幻的。实证主义认为过时了的宏大哲学的概念[12],并非得益于其思维成就的所谓的审美性质,而是得益于一种经验内容,这种经验内容恰恰为了超越个别的人的意识,而诱使人们将其假设当作绝对的。辩证法的合法性在于,它将这一内容翻译回该内容由以产生的经验。但是,这指的是关于如下一点的经验,即通过客观的社会总体来中介一切个别。在传统辩证法中,这种总体是头足倒置的,因为传统辩证法认为,先在的客观性即客体本身(它被理解为总体)是主体。阿尔伯特指责图宾根会议的第二报告人,说他只是勾画了一下总体就算了。[13]我们可以用手指一下事实(facts),但不能以同样的方式指向总体概念,总体概念作为概念本就是与事实不同的,这种想法差不多就是同语反复。"在最初的、依然十分抽象的近似性上,我们想起如下一点,即所有个别都依赖于它们所形成的总体。在这种总体中,一切东西都是相互依赖的。整体只有凭借其成员执行的功能的统一才能持存。一般而言,每一个别都必须承担自己的功能,以勉强活下去,并且只要它具有一种功能,它就被教导要心怀感激。"[14]

    阿尔伯特指责哈贝马斯,说他持有一种总体理性观,背负着同一性哲学的一切罪孽。阿尔伯特认为,客观地来说,辩证法以黑格尔的那种过时方式来对待一种社会整体观,这种观念无法通过研究来获得,而且应当被扫入垃圾堆。默顿的中层理论(theory of middle range)﹡产生

290

﹡ 罗伯特·金·默顿(Robert King Merton, 1910—2003),美国社会学家、结构功能主义的代表人物。在1949年的《社会结构与社会理论》一书中提出了"中层理论"的构想。默顿在反思社会学的发展之后认为,完整的理论体系因其过于抽象和宏观,正在遇到越来越大的挑战,将被逐渐成熟起来的经验研究所取代。不过,后者的弊端在于过于具体和琐粹。因此,默顿认为有必要将两者结合起来,而介于两者之间的中层理论正是起到了这一作用。——译者注

的吸引力,也应当由对总体范畴的怀疑来解释,然而,这些定理的对象是从具有决定性的关联中暴力地拆解出来的。经验探究力图根据最简单的常识成为总体。如果人们研究社会冲突,例如 1967 年在柏林发生的针对学生的不法行为,那么个别情境并不足以对此作出解释。也许有人认为,民众恰好自发地反对一个群体,在他们看来,该群体似乎危害了正处在麻烦当中的城市的利益。这种观点是不充分的,这不仅是因为它所假定的政治—意识形态关联是可疑的。这种观点根本无法解释清楚针对特定的、可见的、很容易按流行成见来界定的少数人的怒火,这种怒火直接在身体暴力中燃烧了起来。针对学生,散播得最广、最有效的刻板印象是:他们在搞游行示威,而不去工作(这显然不具有真理性);他们浪费了供他们上学的纳税人的钱财。类似的看法显然与紧迫的局势无关。很明显,这些口号与沙文主义报刊(Jingopresse)的口号是极为相似的;然而,如果那些报刊不同它们所确认与巩固的大量个体的意见和驱力取向联系起来,它们就将很难引起共鸣。反智主义和准备将对可疑状况的不满投射到说出这种可疑性的人身上的做法,都是对这些直接诱因的反应;这些诱因作为借口、作为合理化起作用。就算柏林的局势是一种有助于释放大众心理潜能的因素,那它也只能从国际政治的决定性关联出发来理解。如下的做法是目光短浅的:从所谓的柏林局势中推断出,柏林冲突中实现的权力斗争引发了什么。如果眼界放宽,思路就会通向社会网络。诚然,社会网络的因素是无限多的,因此几乎不可能按照科学主义的规章来掌握。然而,如果将之从科学中清除掉,那么现象就会被归咎于错误的原因;进行宰制的意识形态经常由此受益。社会不能被确定为事实,这实际上只讲出了中介的实情:主流的社会学按照旧的认识论的感性材料模型认为,事实是最终的、不可穿透的,但并非如此。在事实中表现出的,不是它们自身所是的东西。[15]实证主义的构想与辩证的构想之间的如下差别并非无关紧要的:根据石里克的准则,实证主义似乎只想允许显象有效,而辩证法则不会取消本质与显象之间的区分。如果没有理论的干预,社会过程的决定性结构(例如臆想的相等的不平等性的结构)就不会变得明晰,这本身就是社会规律。关于对尼采所说的"彼世的"(hinterweltlerisch)东西的怀疑,辩证思维是持反对态度的,因为它认为被掩盖的本质是一种非本质。与哲学传统不相容的是,辩证思维并非因这种非本质的力量而肯定它,而是要批判它同"显现者"的矛盾,并最终批判它同个人的真实生活的矛盾。必须遵守黑格尔的如下这句话,即本质必然显现;因此它陷入了与显象的矛盾中。总体不是肯定性的范畴,毋宁说,它是一种批判性的范畴。辩证的批判想拯救或帮助建立的,是不服从总体的东西、反对总体的东西,或是作为尚未存在的个体化之潜能才形成的东西。对事实的解释被导向总体,而总体本身并非事实。任何社会事实都要在那种总体中占有其一席之地。对于一切个别主体来说,总体是预先已经规定了的,因为他们在其自身中,甚至在其单子论式的建构中也都遵守着总体的约束,他们更是通过这种建构而考虑到总体。就此而言,总体是最现实的。但是,因为它是个体彼此之间的社会关系的总和,相对于个体而言,这种社会关系是隐身不见的,所以这总体也是假象,是意识形态。一种解放了的人类将不再是总体;其自在存在恰恰就是他们的不自由,正如这种自在存在欺骗他们说自己是真正的社会基础那样。诚然,这没有满足将总体概念当作无矛盾的东西(阿尔伯特以此与哈贝马斯叫板)来进行逻辑分析的迫切需要[16],因为这种分析终结在总体的客观矛盾中。但是,这种分析也许会使对总体的诉诸摆脱"决断论式的(dezisionistisch)任意"这种指控。[17]如其他的辩证法家那样,哈贝马斯也没有驳斥解释总体的可能性,而只是反对可以按照事实标准来证实总体,通过向总体范畴的运动,这种标准被超越了。尽管如此,总体并未与事实"分离",而是作为其中介内在于事实中。用一种具有挑衅意味的话来说,总体是作为自在之物的社会,其担负着物化的一切罪责。但是,正是由于这个自在之物还不是社会总主体(Gesamtsubjekt),更不是自由,而是以他律的方式延续着自然,因此它客观地具有一种不可消解性因素,就像涂尔干相当片面地将之直接解释为社会性东西的本质那样。就此而言,它也是"事实性的"。实证主义的直观

239

将事实性概念视为其最终的基础,这一概念是社会的一种功能,关于这个社会,固守这种不透明基础的科学主义社会学誓要沉默以对。事实与社会的绝对分离是反思的人为产物,它必须通过第二次反思得出并且通过后者来反驳。

阿尔伯特在一个脚注中写道,"在这一语境中,哈贝马斯援引了阿多诺的如下提示,即每一社会现象'对总体'的依赖是无法检验的。这一引文来自阿多诺的《论社会科学的逻辑》一文[18],在这里,阿多诺援引黑格尔,认为反驳只有作为内在批判才会是富有成效的。在此,波普尔关于批判性检验问题的论述的意义,通过'进一步的反思'(Weiterreflektieren)差不多被颠倒为其反面了。在我看来,阿多诺的上述想法是无法检验的。从本质上来说,这首先是因为,无论是对他使用的总体概念,还是对他主张的那种依赖,他都没有作出令人满意的解释。隐身其后的不过如下理念,即万事万物都是有联系的。从这样一种理念中产生的任何观点可能具有何种程度的方法优势,这实际上还是需要证明的。在这种情况下,对总体的口头召唤几乎是不够的"[19]。然而,这种"无法检验"并不在于,不能为向总体的诉诸提供可信的理由,而是在于,总体不是事实性的,总体不同于阿尔伯特当作可检验性之标准的个别社会现象。阿尔伯特认为,在总体概念背后的,无非如下老生常谈,即万事万物都是有联系的,对于这种异议应当这样回应:这种说法的糟糕的抽象性"不仅是贫乏的思维产物,而且也是糟糕的社会本身的基本构件,即交换这一基本构件。在交换的普遍执行过程中(而不仅仅是关于此的科学反思中),客观抽象发生了;生产者和消费者在质上的特性被忽视了、生产模式被忽视了,甚至连需求(社会机制顺带将之当作次级的东西来满足)也被忽视了。即使是被颠倒为顾客的人类,即需求的主体,也是被社会地预先确定了,这超越了一切天真的想法,确而言之,不仅是被生产力的技术水平预先确定,而且恰恰也被生产力在其中得以发挥功能的经济关系预先确定。交换价值的抽象性先天地同一般对特殊的统治、同社会对其所约束的成员的统治结合在一起。它并非社会性地中立的,就像向统一体的还原过程的逻辑性以及社会平均劳动时间所假装的那样。通过将人还原为商品交换的行为者和承担者,人对人的统治得以实现。总体关联具有如下具体形态,即所有人如果不想毁灭,那么就必须遵守交换规律,这与他们在主观上是否受'利润动机'的引导无关"[20]。在关于总体的看法上,辩证法和实证主义的关键差别在于,辩证法的总体概念的意图是"客观的",即它是为了理解每一社会的具体论断,而实证主义的系统论仅通过选择尽可能一般的范畴,以无矛盾的方式将那些论断整合在一个逻辑连续体中,而不去认识作为事态之条件的最高的结构概念(这些事态是被归摄在这一概念之下的)。如果说,实证主义将这种总体概念贬斥为神话学的、前科学的残渣,那么,它就在与神话学的不懈斗争中将科学神话化了。它具有工具性的特征,也可以说,它以可用方法的优先地位为取向,而不是以实事及其利益为取向,这阻断了对科学程序及其对象的洞察。对实证主义的批判的核心是,它隔绝于进行着盲目统治的总体的经验,也隔绝于如下推动性的渴望,即最终会有所改变,它容忍着唯心主义被清算之后残留的丧失了意义的废墟,而没有去解释清算和被清算的东西本身,也没有实现它们的真理。取而代之的是,它关注互不相称的东西,关注以主观主义方式解释的资料以及与之互补的人类主体的纯粹思维形式。当代科学主义将这些破碎的认识因素相当外在地结合了起来,就像先前的反思哲学那样,思辨的辩证法正是因此对反思哲学进行了批判。辩证法也包含着唯心主义狂妄的对立面。它消除了个别主体具有某种自然的─先验的尊严这种假象,并意识到这一主体及其思维形式本身都是社会性的:就此而言,相较于科学主义连带其"意义标准",辩证法更称得上是"实在论的"。

但是,社会是由主体组成的,并且是通过他们的功能关联构成的,因此,"实事本身"的活生生的、未被还原的主体对社会的认识,远比在自然科学中更具可通约性,后者迫于一种非人客体的异己性,将客观性完完全全地纳入范畴机制中、纳入抽象的主观性中。弗莱尔(Hans

Freyer)注意到了这一点;德国西南学派区分了"法则性的"(Nomothe-
tische)和"个别性的"(Idiographische)＊,而由于一种未被削减的社会
理论不能放弃规律、不能放弃社会的结构运动规律,所以这一区分也就
不应在考虑之列。社会这个客体与认识主体之间的可通约性,是存在
的,也是不存在的;这也很难和推理逻辑协调一致。社会既是可理解
的,又是不可理解的。社会之所以是可理解的,是因为在社会中客观地
起决定作用的交换事态本身就包含着抽象,根据交换事态的客观性,它
包含着一种主观行为:在这种主观行为中,主体确实重新认识到自身。
从科学理论角度来说,这就解释了韦伯社会学为何会聚焦于合理性概
念。无论是有意识地还是无意识地,韦伯都是试图在合理性中将主体
与客体等同起来,这种等同类似于:允许认识实事,而不是允许将实事
分裂为既定性和对它们的处理。但是,社会的客观合理性,即交换的合
理性,总是因其动态而与逻辑理性的模式渐行渐远。因此,独立了的社
会就又变得不再可理解了;只有关于独立化的规律才是可以理解的。
不可理解性不仅标示着社会结构中某些本质性的东西,而且也标示着
一种意识形态,通过这种意识形态,社会将自身武装起来以抵御对其不
合理性的批判。由于合理性、精神已经从活生生的主体中分离出来,成
为了一种部分因素,并满足于合理化,因此,它就走向了与主体的对立。
由此,它将客观性方面当作不可改变的接受下来,此后,这一方面又反
映在进行认识的意识的物化中。认为社会既是可理解的又是不可理
解的那种概念中的矛盾,是理性批判的推动力,这种批判扩展到社会
及其合理性类型上,即扩展到具有特殊性的合理性上。如果波普尔
认为批判的本质在于进步着的认识消除其逻辑矛盾,那么,他自己的
理想就会变成对实事的批判,只要这种矛盾是在实事中,而不仅仅是

＊　在一般意义上,Nomothetische 是指风俗法律上共同认可的,Idiographische 是指特
　　殊个体形态性的。两者在科学理论上的区分,源自文德尔班 1894 年任斯特拉斯堡
　　大学校长时发表的著名演讲《历史与自然科学》。在这篇演讲中,文德尔班将经验科
　　学区分为法则性的自然科学和个别性的人文科学。在这一语境中,Nomothetische
　　指的是以普遍规律为目标的科学工作;Idiographische 指的是以对具体的、时空中特
　　殊的对象的全面分析为目标的科学工作。——译者注

在关于实事的认识中有其可认识的位置。如果一种意识没有无视社会的对抗特质,也没有无视内在于社会中的合理性与不合理性之间的矛盾,那么它就必须着手对社会进行批判,这种批判不能跨进另一个种(μετάβασις εἰς ἄλλο γένος)＊,而且只能用合乎理性的手段来进行。

在他关于分析的科学理论的文章中,哈贝马斯着眼于特殊的社会科学认识,证明了向辩证法的过渡是必然的。[21]根据他的论证,不仅认识的客体是由主体中介的(实证主义会承认这一点),而且反之亦然:主体就是他必须去认识的客观性的因素之一,是社会过程的因素之一。在社会过程中,随着不断增长的科学化,认识愈益成为生产力。辩证法要在科学主义的领域中与之对抗,因为它要更为正确地认识当代社会现实。它想帮助穿透悬在社会现实面前的帷幕,而这帷幕正是科学参与编织的。科学的和谐主义倾向通过其方法上的操作而使现实中的对抗消失了,这种倾向存在于分类方法中,这种方法完全不带有其使用者的意图。通过选择概念设施并利用其一致性,它将本质上不同的东西、相互对立的东西,还原为同一个概念。最近,塔尔科特·帕森斯为这种倾向提供了一个例子,众所周知,他试图创建一门关于人的统一科学,其范畴体系将一视同仁地容纳个体与社会、心理学与社会学,或者至少将它们置于一个连续体中。[22]自笛卡尔,特别是自莱布尼茨以来流行的连续性理想变得可疑了,这不仅仅是因为近代自然科学的发展。从社会的角度来说,这种理想掩盖了一般与特殊之间的鸿沟,在这种鸿沟中表出的是持续的对抗;科学的统一压制了其客体的矛盾性。为了这显然正在蔓延的满足(尽管这源自统一科学)而要付出的代价是:这种科学无法把握个体与社会分离这一因素,以及两者各自具有的专门学科这一因素,这些因素都是社会设定的。刻板地组织起来的总体图

297

＊ 在《后分析篇》中,亚里士多德提到,"从一个种跨进到另一个种不可能证明一个事实,例如通过算数证明几何命题"(中译参见《亚里士多德全集》第1卷,苗力田编,余纪元译,中国人民大学出版社2006年版,第262页)。阿多诺用这一词组表达的意思是,这种批判应当是对社会客观矛盾的批判,而不能转变为单纯形式逻辑意义上的批判。——译者注

式从个体及其规律性扩展到复杂的社会形成物,它容纳一切,唯独没给如下一点留下余地,即个体与社会,尽管两者并非截然不同的,但它们是历史地相互分离开的。它们的关系是矛盾的,因为总是由个体构成的社会在很大程度上否认它向个体作出的承诺,否认它得以组合起来的成因,而盲目的、不受约束的个别个体的利益反过来又阻碍了一种可能的社会总利益的形成。统一科学的理想应当得到"美学"这一称号(这是它最后中意的称号),就像在数学中谈到"简洁的"那样。建立同离散的具体科学相对的统一科学的计划导致了有组织的合理化,这极大地损害了社会提出的科学理论问题。如果像韦尔默所说的那样,"'有意义的'成为'科学的'同义词",那么,科学就篡夺了"真与假的仲裁者"(arbiter veri et falsi)的角色,它作为由社会中介、指导和控制的东西,向现存社会及其传统献祭。在康德的时代,认识论的建构问题被称为科学之可能性的问题。现在,这个问题在一种简单的同语反复中被交回给了科学。批判地涉及这种科学本身,而非留在有效科学之内的那些洞见和程序种类,从一开始(a limine)就被消除了。因此,看似中立的"惯例约束"(konventionalistische Bindung)概念具有了灾难性的内涵。通过惯例理论的后门,社会顺世主义被当作社会科学的意义标准偷偷贩运进来了;详细分析顺世主义与科学的自我加冕之间的交缠,将会是有所裨益的。三十多年前,霍克海默就已经在其《对形而上学的最新攻击》("Der neueste Angriff auf die Metaphysik")[23]一文中指出了整个复杂情况。为了科学概念的既定性,波普尔也假定了这一概念,就好像它是自明的。可是,这一概念中包含着科学自身的历史辩证法。在18世纪与19世纪之交,费希特和黑格尔分别写下了《知识学》和《逻辑学》,那时,当前以排他性要求占据着科学概念的东西,被批判地置于前科学阶段上;而现在,当时被称为科学的东西(尽管它被妄称为绝对知识),则被波普尔所称的科学主义贬斥为非科学的。造成这种情况的历史进程(不仅仅是精神历史的进程),绝非如实证主义者所想要的那样是全然进步的。所有从数学角度对高度发达的科学方法论进行的改进,并未消除如下怀疑,即将科学备作一种与其他技术并存的技术的做法,已经破坏了科学本身的概念。对此最有力的论据是,科学主义解释的目标,即发现事实(fact finding),对于真正的科学来说只是理论的手段;如果没有理论,关于整体为何展开的问题就将是悬而未决的。不过,科学理念的功能转变在唯心主义者那里,特别是在黑格尔那里就已经开始了,他的绝对知识与"只得如此"(so und nicht anders)的存在者的展开了的概念是一致的。在批判那种发展时,攻击点不是具体科学方法的结晶化(其无疑取得了丰硕的成果),而是由马克斯·韦伯的权威粗暴地促成的如下占支配地位的观念,即非科学旨趣是外在于科学的,应当仔细地将两者区分开。一方面,所谓的纯粹科学旨趣是对非科学旨趣的疏导和不断中立化,后者以其弱化了的形态扩展到科学中,然而另一方面,为界定"什么是科学的"提供了标准的科学工具,也以一种工具理性做梦也没想过的方式而是工具性的:回答问题的手段,这些问题的起源是在科学的彼岸的,并且超出了科学。由于科学的目的—手段合理性忽视了内在于工具主义概念中的最终目的,并且自身变成了唯一目的,它就与自身的工具性相矛盾了。这正是社会对科学的要求。一个确实虚假的社会既与其成员的利益相矛盾,也与整体的利益相矛盾,在这样一个社会中,一切甘心服从于该社会的规则(这些规则凝结在科学中)的认识,都是该社会的虚假性的帮凶。

科学与前科学的区分是流行的,并且在学术上是有吸引力的,阿尔伯特也赞同这一区分,但它是站不住脚的。只要实证主义者作为科学 300 家来谈论,只要他们以非科学的方式但又凭借理性来谈论,他们的思维中存在着分裂这一事实,就可以使对那种二分法的修正变得合法,这一事实是经常能看到的,就连实证主义者也确认了。被归为前科学的东西,不仅没有经历过波普尔力主的科学之自身批判或是被这种批判回避的东西,毋宁说,这也包含着被理性的工具性的规定排除了的一切合理性和经验。科学和前科学这两种因素是绝对必然交织着的。科学没有以改造的方式吸收前科学的冲动,它注定会是漠不相关的(Gleichgültigkeit),这不亚于说它是业余的、无约束性的。那些被科学化过程割断的旨趣集中在声名狼藉的前科学领域,这些旨趣并非无关紧要的。如果没有科学的学科肯定就没有意识的进步，同时，这种学科也确实使认识器官瘫痪了。科学越是僵化为马克斯·韦伯所预言的世界牢笼，被当作前科学的而遭到排斥的东西就越是变成认识的避难所。精神与科学之间关系中的矛盾，是对后者自身矛盾的回答：科学假定了一种连贯的内在关联，并且科学是社会的因素之一，而社会否认了科学的连贯性。如果说，科学通过知识社会学的相对化而取消了其真理内容，或者没有认识到它与"社会事实"是纠缠在一起的，并将自己确立为绝对的和自足的，由此摆脱了上述二律背反，那么，它就是满足于幻觉的，这种幻觉在其试图实现的东西中妨害着它。这两个因素虽然是不同的，但并非彼此漠不相干的；对科学的客观性有所助益的，只能是对内在于科学中的社会中介的洞见，然而科学绝不仅仅是社会关系和利益的手段。科学的绝对化和工具化都是主观理性的产物，这两者是互补的。为了逻辑体系性，科学主义片面地支持个体与社会的统一因素，

301　这种逻辑的统一因素将未纳入自身中的对抗性因素贬低为附带现象，因此，从核心事态的角度来说，科学主义是错误的。按照前辩证法的逻辑，被构成者（Konstitutum）不可能是构成者（Konstituens），有条件者（Bedingte）不可能是其自身条件（Bedingung）的条件。对社会认识在被认识对象中的重要性的反思，肯定要超出这种简单的无矛盾性。维特根斯坦直言不讳地说，被迫走向悖谬，这证明了，普遍的无矛盾性不可能对连贯的思维保有最终决定权，即便这种思维认可了无矛盾性的规范。令人信服的是，维特根斯坦比维也纳圈子的实证主义者更具优势，因为这位逻辑学家察觉到了逻辑的界限。如维特根斯坦指出的，在逻辑的框架中处理语言和世界的关系时，两者不会是协调一致的。在他看来，这是因为语言形成了一种自身封闭的内在关联，非语言的认识因素，如感性资料，是由这种关联所中介的；然而，指涉非语言的东西同样是语言的应有之义。语言既是具有自给自足性的语言，按照科学主义的假设，它具有仅在自身中有效的游戏规则，同时也是一种内在于现实中的因素，是"社会事实"[24]。维特根斯坦必须考虑的是，语言从一切事实性的存在者中凸显出来，因为后者只能通过语言才是"被给予的"，

才能被设想为世界的因素,根据他的反思,世界只能通过语言才会被意
识到。由此,他已经快达到了对所谓的建构问题的辩证意识,并悖谬地
(ad absurdum)导致了如下一点,即科学主义有权取消辩证思维。受此
影响的,既有流行的科学主义的主体观念(也包括一种先验的认识主体
的观念,据此,这种主体既指涉自身可能性的条件,也指涉它的客体),
也有科学主义的客体观念。客体不再是一个 X,这种 X 的基底是由主
观规定之关联组合而成的;相反,客体本身作为被规定的,也参与到对
主观功能的规定中。

的确,不仅自然规律的有效性,而且认识的有效性,都在很大程度
上独立于其产生过程。在图宾根会议上,两位报告人一致地批判了知
识社会学和帕累托式的社会学主义。马克思的理论是反对社会学主义
的:如果没有正确意识概念与客观真理概念,关于意识形态(即虚假意
识、社会必然假象)的学说就是无稽之谈。尽管如此,发生与效用也不
能无矛盾地分割开来。客观效用保留着其发生源头(Entsprungensein)
的因素,并且该因素会一直影响着它。所以,逻辑是无懈可击的,使它
摆脱攻击的那种抽象过程,是一种支配性的意志的抽象过程。这个过
程排除了它所支配的东西并取消其资格。根据这一维度,逻辑是"非真
的";它的无懈可击本身就是精神化了的社会禁令。这种禁令的虚幻性
体现在一些矛盾上,这些矛盾是理性在其对象中遇到的。在主体疏离
客体的过程中(这实现了精神的历史),主体回避了客观性的真实优势。
主体的统治,是更弱者对更强者的统治。也许除此之外,再也没有其他
方式能够实现人类的自我主张了,科学的客观化过程肯定不能实现这
一点。但是,主体越是自在地抓住客体规定,它就越是不自觉地成为客
体。这是意识物化的史前史。被科学主义直截了当地视为进步的东
西,也总是牺牲品。客体中不符合关于一种自为存在着的"纯粹"主体
(它放弃了自己的活生生的经验)的理想的东西,都漏网而去了;就此而
言,进步着的意识伴随着虚假意识的阴影。主体性自在地消除了不服
从其统治要求之明晰性和同一性的东西;主体性实际上也总是客体,它
至少是将自身还原为客体。同样应当回想一下,科学方法论削减客观

性时所围绕的那些因素，回想一下认识之自发性的丧失，主体为了掌控自己的单义的（einsinnig）成就而遭遇了这种丧失。作为最激进的实证主义者之一，卡尔纳普曾将如下这点描述为"撞大运"（Glücksfall）：逻辑规律与纯粹数学符合现实。一种全部激情都在于自身之启蒙性的思维，在核心位置上援引了如"撞大运"这类非理性的——神话式的——概念，这样做只是为了避免如下无疑会动摇实证主义立场的洞见，即这种思维不是臆想的"撞大运"，而是控制自然的（或用哈贝马斯的话来说是"实用主义的"）客观性理想的产物。卡尔纳普如释重负地注意到的现实的合理性，不过是对主观理智的反映。认识论的元批判否定了康德的主观先天性要求的效用，然而，这种元批判又在如下一点上赞同康德，即他的认识论旨在成为一种关于效用的认识论，它高度充分地描述了科学主义理性的发生。对于他来说作为建构了现实的那种主观形式之力量的东西，作为科学主义物化的显著后果，实际上是历史过程的总汇，在这一过程中，分离开来并因此进行对象化活动的主体性以自然的总体统治者自居，它遗忘了统治关系，并盲目地将这一关系重新阐明为统治者对被统治者的创造。在具体的认识行为和学科中，发生与效用的确需要批判地区分开。但是，在所谓的建构问题领域，它们是相互不可分的，无论推理逻辑如何反对这一点。由于科学主义的真理想成为整体真理，因此它并非整体真理。它证明了，正是通过科学才形成的那种理智在这一点上是有罪的。它有能力批判自己的概念，并且能够在社会学中具体地标示出被科学忽略的东西，即社会。

304

在强调批判概念这一点上，图宾根会议上的两位报告人是一致的。[25]紧接着彼得·鲁兹（Peter Ludz）的评论，达伦多夫注意到，这一概念在使用时是有歧义的。在波普尔那里，批判是指"暂时证实一般科学命题的纯粹机制"，它没有任何内容上的规定性，而在第二报告人这里，批判是指"通过认识现实来展开现实的矛盾"；不过，第二报告人已经澄清了这种歧义。[26]但是，这种歧义不是同一个词的不同含义的单纯混合，而是有其内容上的根据的。波普尔主张的是纯粹认知的批判概念，或者也可以说是"主观的"批判概念，它仅适用于认识的一致性，而不适于被认识的实事的合法化,如果人们接受了这种批判概念,那么对于思维来说则不能就这样算了。因为在这两种情况中,批判理性是一样的,所以活动着的不是两种"能力";语词的同一性并非偶然。认知批判,即对认识,特别是对定理的批判,必然也要去探究,认识对象是否就是根据认识自身概念而宣称的东西。否则这种批判就是形式主义的。内在批判从来不仅仅是纯粹逻辑的,而总是有关内容的,是概念与实事的对照。这种批判要追寻概念、判断、定理等想要自行说出的真理,并且它不会在思想形成物的严密一致性中耗尽自身。正是在一个 305 很大程度上不合理的社会中,科学上约定的逻辑优先地位恰恰是需要讨论的。任何认识,甚至纯粹逻辑程序都不能无保留地摆脱掉"含有实事"(Sachhaltigkeit)这一点,这需要的是,内在批判(只要它从事的是科学命题所说的东西,而非"自在的命题")不仅是以论证的方式进行的,而且要探究情况是否就是如此。否则,论证就会变得狭隘,如果人们目光敏锐,这一点不难发现。论据概念并非如波普尔认为的那样是自明的,而是需要批判性的分析;现象学的口号"回到实事本身"曾经表达了这一点。一旦论证假定推理逻辑与内容是对立的,那么这种论证就变得可疑了。在《逻辑学》中,黑格尔几乎没有在传统的意义上进行论证;在《精神现象学》"导言"中,他要求"纯粹的旁观"(reine Zusehen)。与之相反,波普尔在批判方法的客观性中看到了科学的客观性,对此,他解释说,"逻辑性的批判辅助工具——逻辑矛盾范畴——是客观的"[27]。这里虽然没有提出形式逻辑的排他性要求(如认为批判只有在形式逻辑中才会拥有其工具那样),但他至少是接近了这一点。遵循着波普尔的阿尔伯特也不会对批判作出别的解释。[28]他虽然允许"对这些实际关联进行探究"[29](如哈贝马斯提到过的那样),但他还是想"分清"这些实际关联与逻辑关联。这两类批判概念表明了它们的统一,但这种统一被概念性秩序的魔法祛除了。然而,如果社会科学的命题中出现了逻辑矛盾,例如如下重大矛盾,即同一个社会系统既释放了生产力又束缚了生产力,那么,理论分析就能将这种逻辑上的不一致回溯到社会结构因素上,而绝不能将之仅当作科学思维的不和谐之处清

306 除掉,在这里,它只能通过改变现实本身来消除这些矛盾。即使能够将这些矛盾转化为单纯语义矛盾,也就是证明相互矛盾的命题分别涉及不同的东西,然而,它们的形态还是比实现了科学上的满足的程序更为清晰地表达了对象的结构,因为后者回避了非科学的认识对象中未满足科学的东西。此外,将客观矛盾推卸给语义学的可能性,也许与如下一点有关,即作为辩证法家的马克思没有充分展开辩证法观念,他误以为自己只是在与它"调情"。思维告诉自己,属于自己意义的是在思想彼岸的东西,这摧毁了无矛盾性的逻辑。这种逻辑的囚笼是有窗户的。实证主义的狭隘性在于,它没有认识到这一点,并且将本体论当作最后的避难所躲了进去,尽管这种本体论也仅仅是完全形式化了的、无内容的,是自在命题的演绎关联的本体论。

然而,对科学命题与其关涉东西的关系的批判,不可避免地变成了对实事的批判。这种批判必须对如下问题作出合乎理性的决断:它所触及的不足仅是科学的不足,还是说,是实事未满足科学通过其概念就实事所表达的东西。科学中的形成物与现实之间的分离不是绝对的,就像真理概念不能仅仅被归于前者那样。谈及一种社会制度的真理,就像谈及与之相关的定理的真理一样有意义。我们可以合法地认为,"批判"一词的用法,不仅是指自身批判(在波普尔那里,批判导致的就是自身批判),而且还指对实事的批判。在这方面,哈贝马斯对阿尔伯特的答复[30]是激昂的。社会概念,特别是资产阶级的和反封建的社会概念包含着如下观念,即自由独立的主体联合起来,为的是能够过上

307 更好的生活,并因此包含着对自然发生的社会关系的批判。资产阶级社会硬化为一种不可穿透的自然发生物,这是社会的内在退化。关于相反的意图,契约论中表达出了一些。无论这些契约论从历史角度来说多么不切合实际,它们都深刻地提醒社会注意"个体之统一"的概念,这些个体的共识最终假定了他们的理性、自由与平等。马克思的著作以一种宏大的方式,揭示了科学意义上的批判和元科学意义上的批判的统一:这被称为政治经济学批判,因为它准备从交换、商品形式及其内在的、"逻辑的"矛盾性中,根据其生存权,推导出有待批判的整体。关于被交换的东西的等价性(这是一切交换的基础)的主张,被交换的

后果否定了。交换原则凭借其内在动态扩展到人的活劳动中，由此，它强行颠倒为客观的不平等，即阶级的不平等。简言之，矛盾在于，在交换中，一切的发生都是公正的，但也是不公正的。只是为了防止堕入野蛮，逻辑批判与真正的实践批判都必须改变社会，这两种批判是同一种概念运动的因素。马克思的做法证明了，即便这样一种分析也不能简单地忽视结合着的东西的分离，即科学与政治的分离。他既批判这一分离，又尊重这一分离；他年轻时写下过《关于费尔巴哈的提纲》，而他一生一直是理论上的国民经济学家。波普尔的批判概念抑制了逻辑，因为他将之限制在科学命题上，而没有考虑其基底的逻辑性，而按照其自身意义，这种基底必须追求逻辑性。波普尔的"批判理性主义"有某种前康德的东西，即以形式逻辑的方式付出了内容的代价。然而，满足于逻辑上无矛盾的社会学"建构"（construct），无法承受内容的反思：对一个完全功能性的、仅通过不断的压制之强硬来使自己永存的社会的反思。之所以做不到这种反思，是因为这个社会是不协调的，因为它自身及其成员为了维持生活而服从的强制，没有按照工具合理性的状况将他们的生活再生产出来，而这种状况正是整体官僚统治的前提。无 308 尽的恐怖也能起作用，但它是作为目的本身而起作用（它与它为之起作用的东西分离开），它是一种矛盾，它不亚于任何一种逻辑矛盾，在它面前默然不语的科学是不合理的。批判不仅意味着对如下问题作出决定，即所建议的假设的对与错能否得到证明：批判以显而易见的方式转向客体。如果定理是有矛盾的，那么可以化用利希滕贝格（Georg Christoph Lichtenberg）的话来说，这不一定总是定理的错。辩证的矛盾表达了真实的对抗，而这种对抗在逻辑—科学主义的思维体系中是看不到的。对于实证主义者来说，这种体系遵从的是逻辑—演绎体系的模式，它是值得追求的、是"实证的"；对于辩证法家来说，无论是在现实中还是在哲学上，体系都是有待批判的东西的核心。谴责对占主导地位的体系的批判，这是辩证思维在辩证唯物主义中的衰退形式。辩证的理论必须不断远离体系形式：社会本身不断远离曾给予其体系特征的自由主义模式，社会的认知体系丧失了理想特征，这是因为，在后自由主义的社会形态中，其体系性的统一作为总体与压制相融合了。

今天,在辩证思维过于僵化地坚持体系特征的地方(即使并且恰恰是在作为被批判者的地方),它都倾向于忽视规定了的存在者,并倾向于退化为虚幻的观念。实证主义的功绩之一就是注意到了这一点,它的体系概念是仅内在于科学中的、分类化的,而没有被诱使变成实体(Hypostase)。实体化了的辩证法变成了非辩证的,并且需要通过发现事实来修正,这种发现事实的旨趣是由经验的社会研究来承担的,而这种研究本身又被实证主义的科学理论不正当地实体化了。预先既定的结构(它并非仅源自分类化),也就是涂尔干所说的不透明的东西,本质上是否定性的,并且与其自身的目标,即人类的持存与满足并不相容。如果没有这样一种目标,从内容角度来说,社会概念确实就像维也纳实证主义者常说的那样,是无意义的;就此而言,社会学即便作为批判的社会理论也是"逻辑的"。这促使我们将批判的概念扩展到波普尔对它所作的限制之外。"科学真理"的理念不能与"真的社会"的理念分隔开。只有如此,它才能同时摆脱矛盾和无矛盾性。科学主义只是无可奈何地将这一点托付给单纯的认识形式。

通过强调其社会中立性,科学主义反对对对象的批判,而是仅代之以对逻辑上的不协调之处的批判。阿尔伯特就像波普尔那样,似乎记挂着,对批判理性的这样一种限制是有问题的;记挂着哈贝马斯曾说过的,科学主义的禁欲助长了韦伯的科学理论所呈现的目的决定论、非理性主义。波普尔认为,"记录命题是不容侵犯的,在我看来,这是一种显著的进步"[31],普遍的规律假设不能被以富有意义的方式理解为可证实的,记录命题也是如此。[32]波普尔的上述让步实际上富有成效地推进了批判概念。无论是有意的还是无意的,他都考虑到,所谓的社会学记录命题所指的东西,即简单的观察,是通过社会预先形成的,而社会本身不能反过来被还原为记录命题。当然,如果人们用"证明能力"(Bestätigungsfähigkeit)来取代传统的实证主义的证实假定(Verifizierungspostulat),那么,实证主义就丧失其精华了。任何认识都需要证实,任何认识都必须合理地区分真与假,然而并不是按照现有科学的游戏规则同语反复地建立关于真与假的范畴。波普尔将自己的"知识的社会学"(Soziologie des Wissens)同曼海姆和舍勒以来流行的"知识社会学"(Wissenssoziologie)作了对比。他倡导"科学客观性理论"。但310是,这一理论并未超出科学主义的主观主义[33],而是可以归入涂尔干的如下并未过时的说法中,即"在'我喜欢这样'与'我们许多人都喜欢这样'之间,并无本质区别"[34]。波普尔是这样阐明其倡导的科学客观性的:"客观性只能按照诸如竞争(既有个别科学家的竞争又有不同学派的竞争);传统(即批判的传统);社会制度(例如,相互竞争的不同刊物中的文章、相互竞争的不同出版商的出版物;会议上的讨论)、国家权力(即对自由讨论的政治宽容)之类的社会范畴来解释"[35]。显然,这些范畴是成问题的。在竞争范畴中,存在着整个竞争机制,并且连带着马克思所谴责的如下灾难,即市场上的成功具有相对于实事的质,甚至相对于精神形成物的优先地位。波普尔信赖的传统在大学中显然变成了创造力的桎梏。在德国,根本就没有一种批判的传统,更不用提"会议上的讨论"了,波普尔会犹豫不决地在经验上将之承认为真理的工具,正如他没有高估科学中"对自由讨论的政治宽容"的实际限度那样。他面对这一切时的勉强的天真,散发出绝望的乐观主义。先天地否定一种客观的社会结构,并用秩序图式来取代它,这种做法消除了打开这种结构的思想,然而波普尔的启蒙冲动则是致力于这种思想的。按照其纯粹形式,对社会客观性的否认使这种思想不受干扰;逻辑一旦绝对化了,它就是意识形态。哈贝马斯将波普尔的观点概述为:"针对实证主义关于基础问题的解答,波普尔坚持认为,适于编造规律假设的观察命题,不能在经验上得到强有力的辩护;相反,在任何情况下都必311须决定,关于一个基础命题的假设是否足以通过经验作出说明。在研究过程中,所有一起努力编造某些理论的观察者,经由相关的观察命题达成了一种临时的、随时可以反驳的共识:这种一致最终依赖于一种决断,它在逻辑上和经验上都没有约束力。"[36]波普尔的报告是与此相应的。他认为:"假设科学的客观性取决于科学家的客观性,这是完全错误的。"[37]但是,实际上,长久以来,科学的客观性在个人的等同中所受的伤害,要比在对象化了的科学设施的客观的—社会的预构中所受的伤害要轻。对此,作为唯名论者的波普尔,并未提供比有组织的科学中的主体间性更强的修正手段:"可被描述为科学的客观性的东西,完全是处于批判的传统中的;这种传统总是能够不顾任何反对,批判一种占统治地位的教条。换言之,科学的客观性不是不同科学家的个人事务,而是他们之间相互批判的社会事务,是科学家中友好与敌对的分工的社会事务,是他们的合作的社会事务,也是他们的相互对抗的社会事务。"[38]分歧极大的立场凭借共同承认的合作游戏规则,如维也纳学派所说的那样"言归于好",并由此获得曾可达到的认识客观性程度,这种信念遵循的是如下过时的自由主义模式:人们开一个圆桌会议,为312 的是达成妥协。科学合作的形式包含着无数的社会中介;波普尔虽然将它们称为"社会事务",但他并不关心其内涵。它们从选择机制(这些机制控制着,一个人是否因学术而被增选,而他又是否接受聘任。显而易见的是,在这些机制中,与占统治地位的群体意见保持一致是至关重要的),一直扩展到共同见解(communis opinio)的形态及其不合理性。毕竟,主题上涉及爆破性的(explosiv)旨趣的社会学,即使按其自身形态而言,也不仅仅是私人的;相反,社会学恰恰在其制度中是这些旨趣的缩影。分类原则本身已经考虑到了这一点。那些仅打算成为遇到的事实的缩写的概念,其外延并未超出这些事实的范围。被认可的方法越是深入社会材料,其偏颇性就越是明显。例如,如果说,"大众媒介"社会学——这一被采纳的名称表明了如下偏见,即必须从主体、从消费大众出发来查明,生产领域计划的和活跃着的东西是什么——打算弄清楚的,不过是受试者的意见和态度,并由此得出"社会批判的"结果,那么,现存体系就被默认为它自己的规范,该体系是由一个核心操控的,并通过大众反应再生产出来。保罗·F.拉扎斯菲尔德(Paul F. Lazarsfeld)所称的"行政管理研究"*(administrative research)的整个领域同宰制目的的密切关系,差不多就是一种同语反复;然而,同样明显的是,

---

* 行政管理研究(或译为行政研究、管理研究),是以美籍奥地利裔社会学家拉扎斯菲尔德为代表的哥伦比亚学派主张的一种传播社会学研究类型,其指的是,对服务于特定目的的传播媒介及其效果进行经验研究,这是为公共或私人性质的行政管理机构服务的研究。拉扎斯菲尔德领导的普林斯顿大学广播研究所以及之后的哥伦比亚大学应用社会研究所从事的就是这种类型的研究,其多数研究课题是由政府或企业等机构决定的。阿多诺在1938—1940年间曾在该广播研究所承担音乐研究部分。——译者注

如果人们被迫禁止谈论"客观的统治结构"概念,那么,按照这一统治结构的需求,宰制的目的常常会超出个别的行政管理者的头脑而形成。行政管理研究是一种社会科学的原型,这种社会科学以科学主义的科学理论为基础,又反过来萦绕在这种科学理论的眼前。因此,从社会和内容的角度来说,正如政治冷漠被证明是政治事件那样,广受赞誉的科学中立性亦是如此。自帕累托以来,实证主义的怀疑论就同现存的权力,甚至是同墨索里尼政权达成了妥协。任何一种社会性的理论都与真实社会交织在一起的,因此,它们必然会被以意识形态的方式误用或改变功能;但是,与整个唯名论—怀疑论传统一样[39],实证主义特别容易在意识形态上遭到滥用,因为它在内容上是无规定的,它在处理方式上是编排分类的,最终,它偏爱正确性胜过真理。

　　一切物的科学主义尺度是指,将事实当作固定的、不可还原的、主体不可撼动的东西,这种尺度是从世界当中借来的,然而,这个世界恰恰只有由事实及其根据逻辑规则而形成关联所构成时,才会更加科学(more scientifico)。科学主义的分析所得出的既定性,是以认识批判方式假定的最终的主观现象,据说是可以不再进一步追溯的,就其本身而言,恰恰是这里被还原到主体上的客观性的贫乏副本。本着坚定不移的客观性要求的精神,社会学不会满足于事实、满足于只是表面看来最客观的东西。在这里,它以反唯心主义方式保留了唯心主义的某些真理内容。客体与主体的等同(就像主体是客体那样)的适用范围相当之广,这种等同首先是在哈贝马斯强调的如下意义上的,即社会学研究本就从属于它想要研究的客观关联。[40]阿尔伯特回应说:"难道他"——哈贝马斯——"认为,健全人类知性——或者说得更高明些:'社会生活世界的自然诠释学'——是不容侵犯的吗? 如果不是这样,那么他的方法的特殊性又在哪里呢? 相较于实际科学的传统方法,他的方法在何种程度上使'实事'能够'按照其自身意义'发挥更大的'效用'?"[41]然而,辩证的理论绝没有如黑格尔曾经做的那样,人为地、独断地中止对所谓的前科学意识的批判。在 1968 年的法兰克福社会学大会上,达伦多夫以讽刺的口吻向辩证法家喊话:您知道的确实比我

313

314 多。他质疑对先行的社会客观性的认识,因为社会性的东西本身就是通过进行理解的主观范畴来中介的。他认为,辩证法家攻击的方法之统治地位,不过是对"直接意向"(intentio recta)的不断反思,通过这种反思,科学的进步得以实现。但是,辩证法家恰恰是在认识论批判即"间接意向"(intentio obliqua)的后果中来批判它的。不过,在这里,辩证法家撤销了科学主义(乃至于"分析哲学"的最新进展)得以发展至顶峰的那些禁令,因为它们损害了认识。"实事本身"概念并非如阿尔伯特怀疑的那样,复活了"某些偏见"甚或精神"起源"(Abstammung)相对于"成就"(Leistung)的优先地位,此外,社会学运作时取得的科学主义成就并不是那么令人钦佩。阿尔伯特提到了波普尔的如下观点,即定理"可被理解为说明现实之结构特征的尝试"[42],这一观点同"实事本身"概念并非相去甚远。波普尔没有像当年的赖欣巴哈(Hans Reichenbach)那样否认哲学传统。如果不以某些实证主义者[如德国的柯尼希和舍尔斯基(Schelsky)]意欲除之的"社会"概念作为隐含的基础,那么,诸如"相关性"[43]或"解释力"[44]之类的标准(无疑,波普尔后来是在一种非常接近自然科学的意义上来解释这些标准的)就毫无意义。打算对客观社会结构不发一言的心态,在被它列为禁忌的对象前退缩了。科学主义者讥讽他们的对手是异想天开的形而上学家,然而他们自己却变成了不切实际的。操作上的理想技术不容争辩地远离了应当被查明的东西所处的情境;这尤其可以用社会心理学实验来证明,但也可以用所谓的量化改进来证明。方法论之打磨和错误根源之规避本应当服务于客观性,但这种客观性却成了次级的东西,成了操作理想的惠赐之物(Mitgeschleiften);中心成了边缘。如果说,使问题变得可清晰确定、变得"可证伪"的方法论意志未经反思地占据了统治地位,那么,科学就是缩减为了选择,它只能通过消除"变量"(variables)才会出现,也就是说,只有通过对客体进行抽象并由此改变客体才会出现。方法论上的经验主义按照这一图式运作,从而与经验背道而驰。

315

在社会学中,**阐明**(Deutung)是从如下两方面获得力量的:一方面,如果不联系总体(这是真实的总体系,但是,它不可被转译为任何具体确凿的直接性),便无法思考任何社会性的东西;另一方面,这种社会性的东西,只有当它在事实性的、个体性的东西中被理解时,才能够被认识。社会学是显现者的社会面相学。阐明首先意味着:感知总体的社会既定性的各种特征。"预测"总体这种理念(一种十分激进的自由主义的实证主义或许乐意接受它)是不够的:回忆一下康德,在他那里,这种理念瞄准了总体,将之视为被无限取消和推迟的东西,但又认为它可以在原则上通过既定性来实现,而没有考虑社会中本质与显象之间在质上的飞跃。对于这种飞跃来说,面相学是更为恰当的,因为它在总体同事实的双重关系中使总体起效(它破译了这种效用),这种总体"存在着"(ist)并且未呈现出任何单纯逻辑操作的综合。事实与总体并非同一的,但总体并不存在于事实的彼岸。不从面相学视角出发的社会认识贫乏至极。对于这种视角来说,将显象视为假象的怀疑(soupçon)是典范。认识不能固执于此。通过展开显现者的中介以及这些中介所表达的东西,阐明有时会激进地脱颖而出并矫正自身。合乎人道的认识有别于那种实际上是前科学的冷漠记录,这种认识开始于如下一点,即增强对每一社会现象中闪现的东西的感受力(Sinn):这种感受力,如果有的话,应当被界定为科学经验的器官。现有的社会学驱逐了这种感受力:由此患上了"不孕之症"。只有首先发展这种感受力,才能对它进行规训。它的规训既要求经验观察的日益精确,又要求理论的力量,这种力量激发了阐明,并将自身转化为阐明。某些科学主义者会大度地承认上述说法,但分歧并不会因此消失。这是观念上的分歧。实证主义将社会学视为众多科学之一种,并且,自孔德以来,实证主义就认为,之前科学的,特别是自然科学的已被证明了的方法,可以应用到社会学上。这隐藏了真正的伪装。因为社会学具有双重特征:在社会学中,一切认识的主体恰恰是社会,它是逻辑一般性的承载者,它同时又是客体。社会是主体性的,因为它回溯到人,是人形成了社会,即使是其组织原则也回溯到主体意识,并且其最一般的抽象形式,即逻辑,本质上

316

也是主体间的。社会是客体性的,因为基于其承载性的结构,它无法看透自己的主体性,因为它没有一个总主体,并且通过它自己的建立阻挠这种总主体的建立。这种双重特征确实改变了社会科学认识与其客体之间的关系,而实证主义对此则是毫不理会。它直截了当地处理社会这个潜在地自身规定着的主体,就好像这个社会是可以由外部来规定的客体。它确实是将本身引起对象化的东西和由以解释对象化的东西对象化了。这种以作为客体的社会来取代作为主体的社会的做法,构成了社会学的物化意识。没有认识到的是,通过转向一种异于自身并作为对象而与自身对立的主体(这里所指的主体,也就是人们想当作社会学对象的主体),必然会变成别的东西。无疑,通过认识的这种视角定向,改变就有了其"基础"(fundamentum in re)。社会的发展趋势本身正在走向物化;这帮助一种关于社会的物化意识获得了其"等同物"

317 (adaequatio)。只不过,真理要求的是,这种"等同"(quid pro quo)被一并掌握。作为主体的社会与作为客体的社会,是同一个东西,然而又不是同一个东西。科学的客观化活动清除了社会中那种使社会不仅仅是客体的东西,这一阴影笼罩着一切科学主义的客观性。对于一种最高规范意味着无矛盾性的学说来说,想要看到这一点是最为困难的。一种批判的社会理论与一般所说的社会学的最内在差别就在于此:尽管批判理论具有关于物化的一切经验,并且正是由于它表达了这种经验,它指向的是将社会视为主体的理念,而社会学则是接受了物化,在其方法中重复着物化,并由此失去了能够揭示社会及其规律的视角。这要回溯到孔德提出的社会学的统治要求,今天,这一要求或多或少公开地在如下观念中再生产出来了,即由于社会学能够成功地控制个别的社会状况和领域,所以它可以将其控制扩展到整体上。如果这种过渡在某种程度上是可能的;如果它没有粗暴地错认权力关系(它在这些既定的权力关系中建构性地维持自身),那么以科学的方式完全控制的社会将依然是客体,是科学的客体,并且始终是不成熟的。甚至在对整个社会的科学管理的合理性中,虽然看似已经摆脱了社会自己的种种限制,但统治依然存在。即使与他们的意愿相悖,研究者的统治还是会与权力集团的利益结合在一起;社会学家的技术统治依然保留着精英主义的特征。与此相反,如果哲学和社会学不想降格的话(这是指哲学降格为无内容的,而社会学降格为无概念的),在两者必须共同保留的因素当中,如下一点要列在首位,即两者都内在地具有一种不能被完全转化为科学的东西。在哲学和社会学中所说的,无论是关于事实的陈述(statement of fact)还是纯粹效用,都不是完全字面意义上的。这种非字面的东西(尼采认为这是游戏的一部分)表达了阐明概念,这种阐明将一种存在者解释为非存在者。这种并非完全字面的东西证明了本质与显象之间的紧张的非同一性。真正的认识如果不与艺术完全脱离关系,便不会陷入非理性主义。科学主义对"思想音乐"(Gedankenmusik)的成人般的嘲讽,只盖过了堆放问卷的门柜的吱嘎声,盖过了纯粹咬文嚼字游戏的嘈杂声。与之相关的,是针对一种关于社会的自鸣得意思维的唯我论的有效异议,这种思维既不尊重社会的事态,也不在其中执行一种有用的功能。毕竟,有诸多迹象表明,受过理论训练的学生对现实以及将现实结合起来的东西有一种天赋,他们其实能够比认为方法高于一切的特聘专家更合乎理性地完成分配给他们的任务。然而,"唯我论"这个关键词让事态完全颠倒了。辩证法并不满足于主观的理性概念,正如其不满足于将个体当作基础那样,就连马克斯·韦伯也相信,他对社会行动的定义必须诉诸个体;所有的唯我论恰恰都以个体为基础。这一切都已经在法兰克福学派的哲学出版物中得到了详细解释。导致唯我论假象的是如下一点:在现状中,要打破主观主义的魔咒,似乎就必须对一般热衷于传播(Kommunikation)的主观社会学不感兴趣。这一点在最近的叛逆的公共舆论中显露端倪,这种舆论觉得,只有不通过通告形式(即"传播")而迎合文化消费者的东西才是可信的,这些文化消费者应被劝说买下某种东西。

在实证主义者的耳朵里听起来如音乐那样刺耳的,是并未完全呈现在事态中的东西,它需要语言形式。这种语言形式越是紧随事态,它就越会超出单纯的符号行为(Signifikation),并且越会采纳如表达(Ausdruck)这类东西。实证主义之争至今没有什么成果,可能也是因为

318

辩证认识的对手过于照字面意思来理解这种认识;字面性(Wörtlichkeit)和精确(Präzision)不是一回事,而是有差异的。如果没有破碎的、非本真的东西,就不会有认识,这种认识不只是进行编排分类的重复。因此,即使在实证主义最坚决的代表人物那里,真理理念也没有被牺牲掉,这表达了一个本质性的矛盾:认识是夸张(Übertreibung),而这绝非偶然(per accidens)。由于个别不是"真的",毋宁说,它凭借其中介性而总是其自身的他者,所以反过来,整体也不是真的。整体依然未与个别实现和解,这是对其自身否定性的表达。真理是对这一关系的清晰表达。古代的宏大哲学早就知道了这一点:柏拉图哲学以前批判的方式提出了最极致的真理要求,它又以"诘难式"对话的叙述形式不断阻挠着这一要求在字面意义上的实现;与苏格拉底式反讽相联系的思辨并非不合情理的。德国唯心主义的主要罪过在于,在面对这种断裂性时,它通过与客体在绝对知识中完全实现的同一这种主观热情欺骗自己,也欺骗其追随者,今天,这一罪过因实证主义的批判而自食恶果。由此,唯心主义转到了关于事实的陈述和实际(terre à terre)效用的舞台上,在这一舞台上,它不可避免地被一种科学打败了,后者能够证明唯心主义并不满足科学的必要条件。如果进行阐明的处理方式因遭到具体科学进步的威胁而申明自己像其他科学一样是好的科学,那么它就变得虚弱不堪了。针对黑格尔,没有什么异议比克尔凯郭尔已经提出的异议更为严厉,这就是,黑格尔是按照字面意思来理解他的哲学的。然而,阐明同样不是任意的。在现象与其需要阐明的内容之间,是历史在起中介作用:在现象的本质中出现的东西,是使现象成为现象的东西,是使现象是现象的东西,是在现象中缄默不语的东西,是在其硬化的痛苦中为最初形成之物助产的东西。面相学视角指向的是缄默不语的东西,即二阶的现象性(Phänomenalität)。哈贝马斯的术语"社会生活世界的自然诠释学"[45](这一术语遭到了阿尔伯特的谴责)没有去思考最初的本性;毋宁说,它思考的是,社会变易过程在已变易东西中所接收到的表达。也不应该按照现象学的不变性的惯例来将阐明绝对化。它依然是与认识的整个过程交织在一起的;哈贝马斯认为,"这些理念和解释对社会再生产的客观联系的利益构件(Interessenanlagen)的依赖性",禁止"我们固守于主观的意义理解的诠释学;只有在客观化操作中才能看到的物化因素,也必须由一种客观地进行意义理解的理论来说明"[46]。社会学对行为者主观上所追求的目的—手段关系的关注只是附带的;它更关注的是通过这些意图并违背这些意图而实现的规律。阐明是同认识者或社会行为者所作的主观的意义给予(Sinngebung)相对的。这种"意义给予"概念得出了如下肯定性的错误结论,即社会过程和社会秩序被认为是一种从主体出发可理解的东西,是主体自身的东西,由此与主体实现了和解并得到了辩护。一种辩证的意义概念与韦伯所说的包含意义的理解无关,而是与塑造了显象的社会本质有关,这种本质在显象中显现出来,又在显象中隐藏起来。它规定了现象,但它不是通常科学主义所理解的一般规律。它的模型也许是马克思的崩溃规律(尽管直到今天这一规律依然是无法辨识的),这是从利润率下降趋势中推出来的。对这种规律的减缓本身也要从该趋势中推出来,这些减缓是一种在体系内勾画出来的努力,即努力避免或延迟内在于体系中的趋势。根本无法确定这种规律是否能够持续;同样无法确定,这些努力是否最终反而会违背其意愿而实现崩溃规律。缓慢的、贬值式的贫困化的不祥之兆则是简明易了的。

诸如总体、本质等范畴的使用加剧了如下偏见,即辩证法家致力于不受约束的大全,而实证主义者则关注扎实的细节,清除了事实中一切不可靠的概念附属物。对于给辩证法贴上"偷偷从后门溜入的神学"这种标签的科学主义惯例来说,必须去反对社会的体系特征与所谓的整体思维之间的差异。社会是一个体系,它是对如原子般分裂的多样性的综合,是一种绝非直接地、"有机地"结合起来的东西的组合,这种组合是真实的,但又是抽象的。交换关系在很大程度上赋予这一体系以机械特征:它客观地笼罩着它的要素,而这绝不像它在有机体概念中的那样,类似于一种神圣目的论的模型,通过这种目的论,每个器官在整体中具有其功能,并从整体那里获得其意义。使生活延续下去的关联同时也毁掉了生活,因此这种关联本身就已经包含那种致命的东西,它的动态移动到了这种东西上。在批判整体性的和有机论的意识形态时,辩证法在尖锐性上并不落后于实证主义者。换言之,"社会总体"概念没有被本体论化,它本身也不能变成自在存在的第一者。最近,埃尔温·朔伊希(Erwin Scheuch)等实证主义者将这种第一者归于辩证的理论,简直就是对辩证的理论的误解。和实证主义者一样,辩证法也根本没有接受"自在存在的第一者"这种概念。辩证社会观的最终目的(τέλος)是与大全社会观相对的。尽管反思了总体,但辩证法不是从上而下进行的,而是试图通过其程序在理论上克服一般与特殊之间的二律背反关系。科学主义者怀疑辩证法家是自大狂:辩证法家没有像歌德笔下的男人那样(goethischmännlich)纵横于有限之中,并用可以触及的东西来满足当下的要求,而是在无约束的无限中志得意满。然而,作为一切社会事实的中介,总体不是无限的,相反,它恰恰因其体系特征而是封闭的、有限的,哪怕它难以捕捉。如果说,宏大的形而上学范畴是现世内的(innerweltlich)社会经验向本就衍生于社会的精神的投射,那么,这些范畴一旦被回溯到社会,它们就不再保有绝对者这一假象,这种假象是那种投射为它们创造的。任何社会认识都不能自以为掌握了无限。不过,社会认识对哲学的批判并不意味着哲学了无痕迹地淹没在这种认识中。撤回到社会领域的意识,通过自身的思索,也从哲学中解放出了那些不能不加考虑就消融在社会中的东西。然而,如果有人针对这种社会体系概念(作为关于一种客观东西的概念)提出,它是将形而上学的体系概念世俗化了,那么这种观点是正确的,但这适用一切,并因此无处适用。基于如下理由来批判实证主义同样是没有道理的,即它的"无可置疑的确定性"概念是神圣真理的世俗化。"隐秘神学"这种指控是站不住脚的。形而上学的体系以辩解的方式将社会的强制特征投射到存在上。如果谁想在思考时从这种体系中摆脱出来,那他就必须将体系由唯心主义哲学翻译为社会现实,体系正是从后者中抽象出来的。由此,总体概念(这恰恰是波普尔等科学主义者在"演绎体系"理念中保留的)就是与启蒙相对的;可以确定的是,其中既有非真的东西,但也有真的东西。

从内容上来说,"自大狂"这种指控同样是没有道理的。黑格尔的逻辑学知道,总体也是社会性的东西;对于单个东西(用黑格尔的话来说就是"因素")来说,总体不是单纯预先构成了的东西,而是和因素及其运动不可分离的。个别的具体在辩证观念中占有的分量,要比它在科学主义观念中占有的分量要重,后者在认识论上将之拜物教化了,在认识实践上将之当作原材料或范例来对待。相较于实证主义的社会观,辩证的社会观更接近微观学(Mikrologie);实证主义的社会观虽然抽象地(in abstracto)主张个别存在者相对于其概念的优先地位,但在它的处理方式中,这种优先地位就像在计算机中那样一闪而过。由于个别现象本身遮掩了整个社会,所以微观学和通过总体进行的中介互为对位。关于今天的社会冲突的研究[47]就是想阐明这一点;之前与本雅明关于社会现象辩证解释的争论[48]也是围绕这一点展开的:本雅明的社会面相学被批评为过于直接的,缺少对整个社会中介的反思。他质疑这种反思是唯心主义的,然而,如果没有这种反思,对社会现象的唯物主义建构将落后于理论。固执的唯名论将概念当作幻象或缩写而开除,并将事实描述为无概念的东西或无法真正理解的无规定的东西,从而它自己成了必然抽象的;这种抽象是一般与特殊之间的草率切割,而没有看到一般是对特殊本身的规定。对于辩证方法(也许不同于对个别发现的社会图像意义上的描述)来说,抽象性是可以被重复着说的,就此而言,抽象性是由对象,即一个社会的始终等同性支配的,这个社会实际上不能容忍任何异质的东西,它在细节上绝望地重复着自身。尽管如此,表达了一般的那些个别现象,远比它们仅作为一般之逻辑上的代表时更具实质性。将社会规律辩证地表述为历史具体的,这符合对个别的强调,这种强调为了个别的一般性而不会成为比较的一般性的祭品。个别既是特殊,也是一般,这种辩证的规定性改变了社会规律概念。这种概念不再具有"每当……那么"的形式,而是有了"之后……必须"的形式;原则上,这后一种形式只有在不自由的条件下才有效,因为自身已被规定的、源自特殊的社会结构的规律性内在于个别因素,而不仅仅是对这些个别因素进行科学综合的产物。这样一来,哈贝马斯

右侧页边数字:323

关于历史运动规律的论述,就可以在个别自身的客观—内在规定性这

324 一语境中来解释了。[49]辩证的理论拒绝将历史认识和社会认识(作为
一种关于个体性的东西的认识)同规律认识截然对立起来,因为所谓的
单纯个体性的东西——个体化是一个社会范畴——本身就体现着特殊
与一般:两者之间的必要区分已经具有了虚假抽象的特征。一般与特
殊的过程模型是社会的发展趋势,如走向集中、过度积累和危机的那些
发展趋势。经验社会学早就注意到因统计性的概括而在具体内容上损
失的东西。关于一般的某种关键往往是从细节中把握到的,这是单纯
的一般化捕捉不到的。因而,个案研究(case studies)被用作统计调查
的基本补充。即使是定量的社会方法,其目标也是定性的理解;量化不
是目的本身,而是达到目的本身的手段。统计学家比社会科学的主流
逻辑更乐于认识到这一点。辩证思维对单个东西的态度,也许在与韦
尔默引用的维特根斯坦的一句话的对比中得到了最好的强调:"最简单
的命题,基本命题,断定一个基本事态的存在。"[50]对命题的逻辑分析
导向了基本命题,这一观点看起来是自明的,但其实根本不是自明的。
就连维特根斯坦也只能跟着笛卡尔的《谈谈方法》,重复着如下教条,即
最简单的东西(不论人们认为这东西是什么)要比复合的东西"更真",
因此将较复杂的东西还原为简单的东西先天地就是功绩。实际上,对
于科学主义者来说,简单性是社会科学认识的一条价值标准;波普尔的
图宾根会议报告的第5条提纲就是这样认为的。[51]通过与坦诚(Ehr-
lichkeit)的联合,简单性变成了科学美德;如下附和之声还没有被听腻:

325 复杂的东西源自观察者的含糊不清或自以为是。然而,社会定理是简
单的还是复杂的,这一点必然是由对象客观地决定的。

　　波普尔认为,"真正存在的是问题和科学传统"[52],这一命题落后
于它前面的一个洞见,即所谓科学专业是问题和解答尝试的混合物。
将暗中仔细斟酌过的问题当作科学主义"唯一现实"的问题挑选出来,
这种做法就是将简化设置为规范。科学应当只关心可判定的问题。材
料很少会如此简明地提出这些问题。本着同样的精神,波普尔将社会
科学的方法界定为"就像自然科学的方法那样"。它在于"检验对社会

科学问题——社会科学是从这些问题出发的——的解答尝试。解答被提出了,并被批判。如果一种解答尝试未能经受住实质性的批判,那么它就会因此被认为是不科学的而遭排除,尽管也许只是暂时的"[53]。这里使用的问题概念差不多像维特根斯坦的真理标准一样,是原子化的。波普尔所作的假定是,社会学必须合法处理的一切东西,都可以被分解为若干个别问题。虽然波普尔的观点乍看之下像是常识,但如果人们严格遵守它的话,它就变成了对科学思维起阻碍作用的审查。马克思并未建议"解答一个问题"——这仅是指前述建议中的那种解答概念即虚构共识以作为真理的担保;这是否意味着《资本论》不是社会科学? 在社会语境中,对每一问题的所谓解答都预设了这一语境。"反复试验"(trial and error)这一剂灵丹妙药是以牺牲若干因素为代价的,清除了那些因素之后,问题就被"按照科学惯例"(ad usum scientiae)裁剪而成了,并可能由此成为假问题。理论必须将因笛卡尔式分解而消失在个别问题中的关联一并考虑进来,并且以事实来中介这些关联。甚至,如果对一种解答的尝试不能马上进行波普尔所规定的"实质性的批判",也就是不能马上反驳它,那么即便如此,关于实事的问题还是核心。资本主义社会是否会如马克思教导的那样因自身动态而走向崩溃,只要人们没有在这个问题上捣鬼的话,这就不仅是一个合乎理性的问题:这是社会科学应当关注的最为重要的问题之一。一旦处理问题概念,就连最谦逊的,因而最有说服力的那些社会科学的科学主义观点也掩饰了实际上最困难的问题。诸如假设及相关的可检验性等概念,不能平滑地从自然科学过渡到社会科学。这并不意味着赞同精神科学的如下意识形态,即人的高贵尊严不容量化。统治性的社会不仅剥夺了自己及其所约束的成员即人的这种尊严,而且从未让他们成为成熟的存在者(Wesen),按照康德的理论,他们本享有尊严。和先前一样,今天的人们还在经受着延伸开来的自然历史,这无疑并未超出大数规律,令人吃惊的是,这一规律在选举分析中被普遍接受。但是,相较于之前的自然科学(科学主义的社会学从中获得其模型)中的情况,自在的关联至少具有另一种无论如何可认识的形态。作为人们之间的关

326

265

系,这种关联恰恰是在人们之中建立起来的,恰如它掌握和建构了人们那样。社会规律与假设概念是不可通约的。实证主义者和批判理论家之间的变乱混淆之所以发生,是因为前者虽然号称对理论是宽容的,但却通过将理论转换为假设来剥夺理论的独立性因素,而这一因素使假设具有了社会规律的客观优势。此外,如霍克海默首先指明的那样,社会事实不会像自然科学事实那样是可预测的,后者具有一定程度上同质的连续性。属于社会的客观规律性的,是社会充满矛盾这一特征,最终是其不合理性。社会理论就是要一并反思这种不合理性,并尽可能地得出它来;而不是通过过分狂热地适应有待验证或有待反驳的预测之理想来敷衍搪塞。

327

类似地,同样从自然科学中借来的可领会性(Nachvollziehbarkeit)概念在社会科学中绝非如其所表现得那样是自明的,这种可领会性被认为是认识操作与洞见所具有的,是普遍的、准民主的。这一概念忽视了社会强加给其成员的那种必然虚假的意识的暴力,这种意识反过来又要以批判的方式才能穿透;在雄心勃勃的社会科学研究雇员身上,这体现为世界精神的当代形态。对于完全在文化工业条件下成长起来的人们来说,文化工业就变成了他们的第二自然,他们最初几乎不能也不愿去洞察文化工业的社会结构及其功能。他们会条件反射般地拒绝这种洞察,他们恰恰喜欢援引"普遍的可领会性"这种科学主义的游戏规则。关于文化工业的批判理论用了三十年时间才传播开来;时至今日,仍有无数的机构及代理人试图扼杀它,因为它不利于商业。对客观的社会规律性的认识,特别是对其不妥协的、不掺水的纯粹叙述,绝不可以用"所有人都同意"(consensu omnium)来衡量。反抗压制性的总趋势只能是少数人的事,他们甚至不得不为此蒙受精英立场的污名。可领会性是人类的一种潜能,但在现有情况下,人类并非在此时此地拥有它。一个人能够理解的东西,当然也有可能被其他人理解,因为整体也作用于理解者,一般性也是通过这种整体而被一道设定的。但是,为了实现这种可能性,呼吁其他人进行理解是不够的,更不要说呼吁培养了;可能需要的是对整体的改变,今天,按照其自身规律,这种整体扭曲了意识,而不是发展了意识。对简单性的假定和这种倒退性质(Sinne-sart)是一致的。这种性质只会机械地行事(尽管在这样做时相当完善),而不能从事任何其他的思维操作,所以它甚至以它在理智上的诚实为荣。它不自觉地否认了异化、物化、功能性和结构等当前过度使用的术语所指称的那些社会关系的复杂性。向构成了社会性的东西的那些要素还原的逻辑方法实际上消除了客观矛盾。对简单生活的赞美和对从思维中获得的简单东西的反智偏爱之间,有一种隐秘的共识在起支配作用;这种方向趋势使思维本身效忠于简单性。然而,表达了生产过程和分配过程的复杂特性的社会科学认识,显然比将这些过程分解为各个生产要素的做法更有成效,后者借助的是对工厂、个别公司、个别工人等的调查;这也比还原到这些要素的一般概念的做法更有成效,因为只有在更为复杂的结构关联中才能发现这些要素本身的重要意义。为了知道工人是什么,就必须知道资本主义社会是什么;反过来说,即便如此,后者确实并不比工人"更基本"。维特根斯坦为他的方法做论证时说:"诸对象构成了世界的实体。正因如此,它们不能是复合而成的。"[54]所以,在这里,他带着实证主义者的历史性的幼稚,陷入了17世纪的独断的理性主义当中。科学主义虽然将物(res),即个别对象视为唯一且真实的存在者,但它由此将这些对象的一切规定当作单纯的概念上层建筑剥夺掉了,以至于对于它来说,那种唯一现实的东西就变成了一种完全虚无的东西,然后这种东西实际上仅能用作一种一般性的例证,而根据唯名论的信念,这种一般性同样是虚无的。

辩证法的实证主义批评者至少有充分理由要求建立社会学处理方式的模型,尽管这些模型不是为经验主义的游戏规则量身定制的,但却被证明是有意义的;不过,在这里,经验主义者所称的"意义准则"必须改变。如此一来,奥托·纽拉特(Otto Neurath)以维也纳学派名义所要求的"禁用词汇目录"(index verborum prohibitorum)就将被废止。也许可以将语言批判称为模型,这肯定不是作为科学凸显出来的,深刻影响了维特根斯坦的卡尔·克劳斯用了数十年的时间在《火炬》(Fackel)杂志中践行这种语言批判。它是内在地运作的,往往指向的

267

是新闻界（Journalistik）对语法的违犯。然而，审美批判从一开始就有其社会维度；对于克劳斯来说，语言上的破坏是现实中破坏的使者；在第一次世界大战中，他就已经看到了畸变和空话的出现，在很久之前他就听到了它们的无声叫喊。这种做法是一种非字面的做法的典范；饱经世事的克劳斯知道，无论语言如何成为经验的构成者，它都不创造现实。对于克劳斯来说，语言分析通过自身的绝对化，既变成了现实趋势的扭曲镜像，又变成了将他对资本主义的批判具体化为"第二直接性"的媒介。他刻画了语言上的可憎之事，想要遮掩现实的可憎之事的那些人最喜欢强调两者之间是不相称的，而这些语言上的可憎之事是社会过程的排泄物，在它们突然毁掉资产阶级社会臆想的正常生活之前，它们就以原型的方式呈现在语词中，在资产阶级社会，它们处于现行科学的观察的彼岸，几乎是无人察觉地在资产阶级社会中成熟起来了。因此，对于社会，相较于绝大多数的经验—社会学发现，由克劳斯所展开的语言面相学更具穿透力，因为它如地震仪一般记录下了非本质，而自以为从客观性出发的科学，鼠目寸光地拒绝处理这种非本质。克劳斯引用并斥责的那些语言形象，戏仿并超过了只被归入"有趣的引语"（juicy quote）这一漫不经心的标题下的东西，这些东西被研究漏掉了；克劳斯的非科学、反科学令科学感到羞愧。社会学可以提供若干中介（它们无疑被克劳斯嘲笑成是对他的诊断的缓和），但它们仍然落后于现实；甚至在他生前，维也纳的社会主义工人报刊就意识到，是哪些社会条件使维也纳新闻界变成了克劳斯看透的那个样子，卢卡奇在《历史与阶级意识》中将记者这一社会类型界定为物化的辩证极端：在其中，商品特征掩盖了、吞噬了与自在的商品本质截然对立的东西，即主体的原初的、自发的反应能力，这种能力在市场上被贩卖着。如果没有那些承载性的经验（它们被某个宗派带着顺从的自负打发为单纯的艺术[55]）的真理内容，克劳斯的语言面相学就不会对科学和历史哲学产生如此深刻的影响。克劳斯以微观学的方式获得的分析，绝非如科学所认为的那样是与科学"无关的"。具体说来，他将伙计（即后来的雇员）的心态视为新野蛮规范的语言分析观点，也许与韦伯关于官僚统治

330

兴起以及由此得到解释的教养（Bildung）衰落学说中的教养社会学方面是相近的。克劳斯的分析同语言及其客观性的严格关系，使这种分 331
析超出了单纯主观反应形式的即时自动记录的偶然性。这种分析从个别现象中外推出了一个整体，这是比较的一般性无法把握的整体，在克劳斯的分析方法中，该整体被共同体验为预先存在着的。他的工作也许不是科学，但是对于他来说，这一工作必须是一种同样要求有名可称的科学。——处于扩展阶段的弗洛伊德理论遭到了克劳斯的驱逐。尽管如此，并且尽管弗洛伊德的意向是实证主义的，但这种意向却像克劳斯一样反对现有科学。如果它是在相对少数的个案中发展起来的，那么按照科学主义的规则体系，它从头到尾的所有命题都会被斥为错误的概括。但是，如果没有弗洛伊德理论对社会行为方式的理解的创造性，尤其是对社会"黏合剂"的理解，那么人们便无从想象，究竟还有什么可以算作社会学近几十年来所取得的实质进步。弗洛伊德理论因其复杂性而令现有的科学摇头不已（精神病学还没有戒掉这样的习惯），它提供了在科学之内行得通的假设来解释本无法解释的情况，即绝大多数人容忍了统治关系，认同这些关系，并被它们推向了不合理的态度，这些态度明显同他们的自身持存这一最普通的旨趣是有矛盾的。不过，可以质疑的是，将精神分析转换为假设的做法是否公正地对待了其认识类型。它对调查程序的利用是以沉浸于细节为代价的，它将它在新的社会认识上的财富归功于这些调查程序，然而，它本身无疑又希望得到符合传统理论图式的一般规律性。

阿尔伯特似乎对这些模式妥协了。[56]只不过，真正的争论被掩藏在他的"原则上的可检验性"概念中。如果一位社会学思考者不断地在纽约地铁站的广告画中观察到，其中一位广告模特的耀眼的白色牙齿被涂黑了，那么他就会由此得出结论，例如说，文化工业的魅力 332
（glamor）只是替代满足，通过它，这位观察者前意识地觉得自己受骗了，同时引发了他的攻击；弗洛伊德按照认识论原则建构他的定理时就是这样的。很难从经验上来检验这些推论，除非有人发明了特别巧妙的实验。但是，这些观察也许可以凝结为社会心理学的思维结构，然后,在改变了的语境中,这些结构浓缩为"事项"(items),它们反过来可以供问卷方法和临床方法使用。与之相对,如果实证主义者坚持认为,辩证法家不像他们那样能够拿出一套关于社会学认识的有约束力的程序规则并因此仅仅是在为草图辩护,那么这一假定的前提正是辩证法所抨击的实事和方法的刻板分离。一个人如果想要紧贴其客体的结构,并将该客体当作在自身内推动的东西来思考,那么他就不会使用一种独立于该客体的处理方式。

可以从作者的音乐社会学工作中引用一个阐述过的模型,来作为"意义的可证实性"这一实证主义的普遍论点之敌手;这并非作者自大,而是因为一位社会学家当然是在自己的研究中最容易意识到材料动机和方法论动机的交织。1936 年发表在《社会研究杂志》(*Zeitschrift für Sozialforschung*)上的《论爵士乐》("Über Jazz")一文[重印于《音乐因素》(*Moments musicaux*)一书中]使用了"爵士乐主体"概念,这种主体是一种经常呈现在这类音乐中的自我意象(Ich-imago);爵士乐完全是一个象征性的执行过程,在其中,爵士乐主体拒绝了由基本节奏代表的集体要求,他跟跟跄跄地走着,"脱群而出",然而同时,他是在一种与所有其他无力者类似的仪轨中被揭示为脱群而出的,并以取消自身为代价而被整合到集体中去。我们既不能在记录命题中指认出爵士乐主体,也不能把执行过程的象征性完全严格地还原为感性资料。尽管如此,阐明了"爵士乐"这一打磨过的惯用语的那种建构并不会毫无意义,这种惯用语的刻板印象就像密码那样期待这种解密。这种建构应当更有助于探究爵士乐现象的内在的东西,也就是探究它的社会意蕴,而非帮助调查不同人群或年龄群体对爵士乐的看法,尽管这些看法是以可靠的记录命题为基础的,比如来自一位通过随机抽样方式选出的受试者的原初表述。也许只有坚持尝试将这类定理纳入经验的研究规划中,才有可能判断各种立场和标准之间的对立到底是不是不可调和的。迄今为止,这一点很少会吸引"社会研究",尽管几乎不能否认这一有说服力的洞见可能具有的益处。如果人们没有沉湎于一种腐坏的妥协中,终究会注意到这种阐明的可能的意义标准:从大众文化现象的技术

333

分析中得出的推论——爵士乐主体理论就涉及这种现象——或是定理同其他接近于通行标准的现象（比如丑角艺术—小丑和某些之前的电影类型）的可结合性。无论如何，如认为"爵士乐主体是这类流行音乐的潜在承载者"之类的论点的含义是可以理解的，即使这一论点不能通过听爵士乐的受试者的反应来证实或证伪；那么主观反应不一定要和这种反应所指向的精神现象的一定内容相重合。激发了关于一种爵士乐主体的理想建构的诸因素必须列举出来；无论多么不充分，之前那篇关于爵士乐的文章都作了这样的尝试。作为明显的意义标准，如下问题呈现了出来：一个定理是否以及在多大程度上说明了那些如果没有这一定理就依然会含糊不清的关联；通过这一定理，同一现象的不同方面是否相互得到了澄清。这种建构可以诉诸广泛的社会经验，例如关于垄断阶段的社会整合的经验，这种整合付出的代价是实际上无力的个体，它也是通过这些个体来实现的。赫尔塔·赫佐格（Hertha Herzog）在后来关于当时美国广播中流行的"肥皂剧"——给家庭主妇 334 听的系列广播——的研究中，在按照通行标准进行经验的内容分析（content analysis）时，运用了接近爵士乐理论的程式：陷入麻烦并摆脱之（getting into trouble and out of it），并因此获得了相似的结果。实证主义者必须对如下问题作出表态：实证主义内部对所谓的可证实性标准所作的扩展——它并不限于进行证实的观察，而且包含了这样一些命题，对于这类命题来说，其证实的一般条件可以被实际地建立起来[57]——给上述模型创造了空间；还是说，那些命题的或许过于间接的、承载着额外添加的"变项"的证实可能性使它们对于他们来说是始终不可接受的。社会学应当去分析，究竟哪些问题可以适当地以经验的方式处理，而哪些问题（如果不想丧失意义的话）则不能；对此不能作严格先天的判断。可以猜想的是，实际进行的经验研究与实证主义的方法论之间存在着断裂。即使是以"分析哲学"的形态，这种方法论至今对社会学研究的贡献依然很小，其原因可能是，在研究中，有时出于粗暴的实用主义考量，对实事的兴趣被断言成与方法论上的痴迷相对的；生机勃勃的科学似乎必须躲避哲学，因为哲学被从科学中剔除了之后仍监管着科学。人们必须扪心自问,使用了经验方法的《权威主义人格》(*Authoritarian Personality*)里的 F 量表＊,纵然它有各种各样的不足,但如果它从一开始就采取古德曼量表的实证主义标准,它是否会被引入并得到改善?那种学院派教师爷的箴言"你在这里是作研究的,不是来思考的",构成了无数社会科学调查的依附性(Subalternität)与其社会处境之间的中介。这种精神日益恶化,它为了"怎么做"而忽视"怎么样",为了认识的手段而忽视认识的目的。作为他律性的齿轮,这种

335 精神在机器中丧失了一切自由。经由合理化,它被去精神化了[58]。被装入雇员功能中的思维变成了雇员思维本身。去精神化了的精神实际上会导致悖谬(ad absurdum),因为它在它自己的实际任务面前失灵了。对想象的诋毁;无力设想尚未存在的东西,然而这套设施一旦看到要面对其图式中未曾看到过的现象,这种无力就变成了这套设施运作中的砂砾本身。毫无疑问,对于美国人在越南游击战中陷入无助这件事来说,被称为"大人物"(brass)的那些人共同犯下了罪。官僚主义的将军追求的是一种计算性的策略,而这无法预测武元甲(Vo Nguyen Giap)的战术,按照他们的规范,那种战术是不合理的;作战变成了科学的管理,这种管理变成了军事上的失利。此外,从社会角度来说,想象禁令与社会的静态(尽管呈现了各种相反的断言)、与资本主义扩张的减少相当一致。根据其自身的特性追求扩张的东西似乎变得多余,这反过来损害了资本的利益,资本为了维持自身,必须进行扩张。遵奉"安全第一"(safety first)这一准则的人处在失去一切的危险之中,这种人是占统治地位的体系的缩微版,周围的危险环境以及内在于进步中

336 的畸变都促成了体系的停滞。

　　撰写一部关于想象的精神史是值得的,因为实证主义禁令真正涉及的就是想象。18 世纪,在圣西门那里以及达朗贝尔(d'Alembert)的《百科全书序言》(*Discours préliminaire*)中,想象与艺术一道,被视为

＊ F 量表是阿多诺等人编制的用于测量对权威主义态度的一种量表。最初用于评价对法西斯的态度,因取"法西斯"西文首字母而得名。——译者注

创造性的劳动,并且是"释放创造力"这一理念的一部分;孔德才是形而
上学的敌人,也是想象的敌人,其社会学以辩解的一静态的方式调头而
去。对想象的诋毁,或者说,把想象驱逐到分工的专门领域,这正是资
产阶级精神退化的原初现象,然而,这不是精神可以避免的错误,而是
处在宿命的牵扯中,这一宿命将社会需要的工具理性与那种禁忌结合
了起来。只有当想象物化了,即与现实抽象地对立起来时,它才会被容
忍,这样一来,想象就不是科学的重负,而是艺术的重负了;合法的艺术
绝望地试图清偿这一负担。想象意味着精神运作,而不是自由发明,它
不可以等价于迅速实现的事实性。这恰恰是关于所谓意义标准的实证
主义学说所拒绝的。这一点以完全形式化的方式、通过如下著名的清
晰性假定表达了出来:"一切终究可以思维的东西都可以清晰地加以思
维。一切可以言说的东西都可以清晰地加以言说。"[59]但是,一切在
感性上不可兑现的东西都保持着无规定性的光晕;抽象并非完全清晰
的,由于可能的内容化(Verinhaltlichung)的多样性,任何抽象也都是不
明确的。此外,维特根斯坦的上述论点的语言哲学先天论也是令人惊
讶的。认识如果要像实证主义要求的那样摆脱偏见,就要考虑到事态,
这些事态本身绝非清晰的,而是混乱的。没有什么可以保证它们能被
清晰地表达出来。这样做的渴望,或者毋宁说,表达必须严格公正地对
待实事的渴望,是合法的。然而,这只能逐步地满足,而且不能以一种
直接性来满足,只有一种异于语言的语言观才会期待这种直接性,假
如人们没有根据笛卡尔关于"清楚明白的知觉"(clara et distincta per-
ceptio)的学说,独断地认为认识工具的优先性(甚至优先于主客之间的
关系)是预已稳固的。所以,社会学的客体即当代社会肯定是被建构
的,那么毫无疑问的是,这个社会具有与其内在的合理性要求不相容的
特征。这些特征可能会促使人们去努力思考不清晰的东西;但是,这不
能成为实事本身的标准。维特根斯坦最终回避了如下费解之事:关于
一种本身不清晰的东西的思考究竟能否是清晰的。在社会科学中,刚
刚形成的新经验完全不理会清晰性标准;如果此时此地用这一标准来
衡量它们,那么这些探索性的经验就会寸步难行。清晰性是认识过程

337

的一个因素,但不是这一过程的全部。维特根斯坦的表述对被中介的、复杂的、在星丛中说出来的东西视而不见,这种东西不能清晰地、直接地说出来。在这方面,他自己的做法要比他的口号灵活得多;例如,当路德维希·冯·菲克尔(Ludwig von Ficker)将维特根斯坦捐助的一大笔钱赠予格奥尔格·特拉克尔(Georg Trakl)之后,维特根斯坦写信给菲克尔说,虽然他并不懂特拉克尔的诗,但却相信它们是上乘佳作。由于诗歌的媒介是语言,维特根斯坦又确实论及了语言,而不仅仅是科学,所以,他在无意之中就确认了,人们可以说出无法说出的东西;这一悖论对于他的思维习惯来说几乎并不陌生。与之相反,退回到认识与诗歌之间不可取消的二分法,这只不过是托词而已。艺术是自成一体的认识;正是在诗歌中,维特根斯坦的科学理论所重视的东西即语言得到了强调。

　　维特根斯坦将"清晰性"这一认识因素假设为认识的圭臬,这和他的其他的主要定理是有冲突的。他的表述"世界是所有实际情况"*(Die Welt ist alles, was der Fall ist),自那时起就是实证主义的信条,但这一表述是相当含混的,以至于根据维特根斯坦的清晰性假定,它还不足以作为"意义标准"。它表面上的无可辩驳性其实是和它的含混性相互交缠着的:命题以一种语言形式作为自己的厚甲,这种语言形式阻止将命题内容固定下来。"实际情况"可以指实际在那里的东西,即哲学中"存在者"意义上的东西,也就是τὰ ὄντα;但也可以指逻辑上有效的东西;二二得四也是"实际情况"。实证主义者的基本原则掩盖了他们也未能解决的经验主义与逻辑领域(Logistik)之间的冲突,实际上,这一冲突统治着整个哲学传统,只是在实证主义中才作为新东西渗透进来,因为它并不想了解哲学传统。维特根斯坦的命题是以其逻辑原子论为基础的,这在实证主义中遭到了批判,这种批判是有道理的;只有个别实情才可能是"实际情况",就其本身而言,这种实情是抽象的。最近,韦尔默批判维特根斯坦时指出,人们徒劳地在《逻辑哲学论》

338

---

*　　维特根斯坦:《逻辑哲学论》,第5页。——译者注

中寻找基本命题的范例[60]；因为在维特根斯坦必须坚持的准确性（Bündigkeit）中，是没"有"这种范例的。在他放弃范例的时候，他隐含地打通了对第一者范畴的批判；如果人们追寻第一者，它就消失了。与真正的维也纳学派的实证主义者相反，维特根斯坦反对的是，通过感知概念的优先地位，以一种本身就成问题的哲学（其最终是感觉主义哲学），来取代敌视哲学的实证主义。另一方面，所谓的记录命题实际上超越了语言，而维特根斯坦则是想躲在语言的内在性中：二律背反是不可避免的。语言反思的神秘循环不能通过诉诸粗糙的和可疑的概念（如直接"既定的东西"概念）来打破。理念、感性的东西等哲学范畴，连同辩证法，它们自柏拉图的《泰阿泰德篇》以来就出现了，现在它们在一种敌视哲学的科学理论中重生了，并由此使它对哲学的敌意变得无效了。不能以如下方式来处置哲学问题：先故意遗忘它们，而后以"最新发明"（dernière nouveauté）的效果来重新发现它们。卡尔纳普对维特根斯坦的意义标准的修正是一种倒退。他通过效用标准问题来排挤真理问题；他们最希望的是将后一个问题当作形而上学放逐掉。在卡尔纳普看来，"形而上学命题不是'经验命题'"[61]，而是一种简单的同语反复。推动着形而上学的，不是感性经验（卡尔纳普最终将一切认识都还原到了这种经验上），而是中介的经验。康德总是不厌其烦地提醒这一点。 339

实证主义者转了一大圈之后，从科学中外推出一些应当为科学奠基和辩护的规则，这一点对于科学来说也有着灾难性的后果，科学的实际进展确实包含了那类本身未被科学规定和认可的经验。实证主义随后的发展证实了卡尔纳普的如下主张是多么站不住脚："记录命题……本身不需要证明，相反，它是科学中一切其他命题的基础。"[62]从逻辑和科学内部角度来说，直接性的确是不可或缺的；否则，中介范畴本身也就没有任何合乎理性的意义了。甚至与直接性相距甚远的那些范畴，如社会范畴，如果没有一种直接的东西也是不可能被思考的。人们如果不首先在社会现象中感知社会性的东西（它是在社会现象中表达出来的），那就不能进展到一种真正的社会概念上去。但是，在认识的进程中,直接性因素必须被扬弃。如社会科学家纽拉特和波普尔在反对卡尔纳普时指出的那样,记录命题是可以被修改的,这意味着这些命题本身是被中介的,首先,它们是由根据物理学模型所设想的感知主体中介的,自休谟时代以来,实证主义就认为对这种主体进行更为基础的反思是多余的,因此该主体总是一再作为未被注意的前提潜入进来。由此受到浸染的是记录命题的真理内容;这些命题既是真的,又不是真的。这可以用政治社会学调查中的一些调查问卷来阐明。作为初始材料的那些回答当然是"真的",尽管它们涉及主观意见,但它们本身就是这些意见所属的社会客观性的一部分。被调查者说出这一点或在这一点上画个叉,而没有说出别的或在别的选项上画叉。然而,另一方面,在问卷的语境中,回答经常是不一致的、自相矛盾的,可能会有这种情况:在抽象的水平上,他们可能是赞成民主的,而在面对具体的"事项"时,他们又是反对民主的。因此,社会学就不能满足于资料,而是必须努力得出矛盾;据此进行经验研究。科学理论从一开始就对科学中这些常见的考虑不屑一顾,从主体角度来看的话,这就为辩证的批判提供了攻击点。实证主义者从来就没有完全摆脱潜在的反智主义,这种反智主义早在休谟对理念(idea)的独断论式贬低[即将观念贬低为印象(impression)的单纯复写]中就已显露端倪。对于他们来说,思维不过就是领会(Nachvollzug),超出这一点的都是一种恶。毫无疑问,这种乔装改扮了的反智主义,连同其意想不到的在政治上的泛音,都要求实证主义的学说有所影响;在其追随者中,有那么一类人是与众不同的,因为他们缺乏反思维度,并且怨恨本质上在这种维度中运作着的精神性的处理方式。

实证主义将强制完全内在化为精神态度,后者将那种思维施加到已经全面社会化了的社会,以使它在社会中起作用。实证主义是认识的清教主义(Puritanismus)。[63]清教主义在道德领域所起的作用,在实证主义中被升华为认识的规范。按照这些规范的语言形式,康德的模糊告诫——"不要误入理知世界"——奏响序曲,黑格尔已将这一世界讥讽为"糟糕的房子"(schlimme Häuser);当然,这仅仅是哲学曲谱

的复调组织中的一个声部,然而,在实证主义者那里,通常所说的重要 341
的高音部旋律正是由此形成的。认识想要的东西、它渴望的东西,是它
从一开始就禁止了的,因为对社会有用劳动的亟需禁止了它,而后,认
识将施加到自身上的禁忌投射到目标上,并诋毁它无法触及的东西。
对于主体来说,主体原本无法容忍的过程,即将思想整合进主体的对立
面(这是必须被主体穿透的),被实证主义主体整合了起来,并且使之成
为主体自己的事情。认识的好日子到头了。如果想使实证主义服从
"向人还原",实证主义喜欢用这一点对付形而上学,那么就可以作如下
猜想:实证主义将性禁忌逻辑化了,这种禁忌并非直到今天才转变为思
维禁令。在实证主义中,"不要吃智慧树(Baum der Erkenntnis)的果
子"成了认识本身的准则。在思想的新东西中,好奇心遭到了惩罚,任
何形态的乌托邦都应当从思想中驱逐出去,即使是否定所构成的乌托
邦。认识屈从于重复性的重构。它就像劳动态度(Arbeitsmoral)支配
下的生活一样贫乏。事实被认为是人们必须坚持的,人们甚至不能通
过对它们的内推来与之保持距离,在这种事实概念中,认识被当成对现
存东西的单纯再生产。对此,演绎的、连续的、包罗万象的体系的理想,
是一种蒸发为逻辑的表达。昏头昏脑的启蒙变成了倒退。实证主义学 342
说中次要的、琐碎的东西并不是其代表人物的罪过;当他们脱下法袍
时,往往从中一无所获。客观的资产阶级精神已经喷涌而起取代了哲
学。在此,对交换原则的先入之见(parti pris)是显而易见的,交换原则
抽象成"为他存在"的规范,可领会性标准以及最终在文化工业中形成
的传播概念将之视为一切精神性的东西的尺度而服从之。将实证主义
者所称的经验的东西规定成"为他存在"的东西,这并非恶意为之,实事
本身从来就没有被掌握。认识不能达致其客体,而只是将之置于客体
的外部关系当中,实证主义者在对这一显见的缺点作出反应时,将之视
为直接性、纯粹性、所得和美德。实证主义精神为自己准备好了压制,
这种压制排挤了与自己不等同的东西。这使它变成了政治事件,尽管
它信奉中立性(如果它不是凭借这种信奉而变成政治事件的话)。它的
范畴潜在地是资产阶级的实践范畴,资产阶级的启蒙从一开始就带有

如下想法,即人们不能想出某些思想,来质疑占统治地位的理智的合理性。

实证主义的这种面相学,也是其核心概念即经验性的东西的面相学,是经验的面相学。一般来说,如果范畴不再是实体性的(黑格尔的术语)、不再是无可置疑地活生生的,范畴就被主题化了。在实证主义中,记录下来的是精神的历史状态,这种状态不再去认识经验,由此,它既消除了经验的剩余,又将自己当作经验的替代品提了出来,即作为唯一合法的经验形式。实际上将自身孤立起来的体系的内在性,既不能容忍任何质上不同的、可能被经验到的东西,也不能使适应了它的主体胜任尚未被规制的经验。人与人之间的一切关系的普遍中介和物化的状况,破坏了关于实事的特殊经验的客观可能性——究竟还能不能将这个世界经验为活生生的?——以及人类学对此的能力。舍尔斯基正确地指出,"未被规制的经验"的概念是辩证法家与实证主义者之间的争论点之一。实证主义规定的那种"被规制了的经验"取消了经验本身,并且按其意图而言,它也消除了进行经验的主体。对客体的漠不关心是与清除主体相关的,如果没有主体的自发接受性就不会有任何客体。作为社会现象,实证主义指向的是没有经验和连续性的那类人,它支持后者像巴比特(Babbit)* 那样将自己视为创造之王。实证主义的吸引力(appeal)必须在它对这类人的先天的适用中来寻找。此外,一种伪激进主义袭来,它制造了"白板",而不触及任何内容上的东西,并且去对付任何内容上激进的思想,因为它谴责这种思想是神话学、是意识形态、是过时的。物化意识自动地质疑任何没有预先覆盖上事实和图形(figure)的思想:证据何在?(where is the evidence?)无概念的社会科学的庸俗经验主义实践通常毫不理会分析哲学,但却泄露了关

---

* 巴比特是美国作家辛克莱·刘易斯 1922 年发表的长篇小说《巴比特》的主人公。巴比特是一位成功的商人,起初他还对通过奋斗多年所获得的经济地位很是自得,然而随后隐隐觉得生活中缺了点什么,于是企图寻找另一种"真正的生活"。为此,他外出漫游,尝试过一种玩世不恭的生活。但他又没有勇气去承受接之而来的社会冷落,于是,他重新投入了家庭生活和商人生涯的怀抱。——译者注

于后者的某些东西。与爵士乐迷的心态类似,实证主义是时代精神;对
年轻人的吸引力也是类似的。绝对安全性起作用了,这是实证主义在
传统形而上学崩溃之后所承诺的。但是,这种绝对安全性是虚假的:它
收束而成的纯粹无矛盾性不过是同语反复,是已经变成概念的重复强
制(Wiederholungszwang),它是没有内容的。安全性变成一种完全抽
象的东西并扬弃了自身:无畏地生活在世界中的那种渴望,在思想与自
身的纯粹等同中得到了满足。悖谬的是,实证主义的魅力,即安全
(Sekurität),和所谓"保险"是类似的,这是本真性的职员(Amtswalter)
从神学中领取的,因此之故,他们提倡的是一种无人信仰的神学。在启
蒙的历史辩证法中,本体论缩小为无维度的点;这个点实际上什么都不
是,却变成了一座堡垒,变成了科学主义者的不可言喻的堡垒。这与大
众的意识是一致的,他们觉得自己在社会上是多余的和虚无的,同时
又坚持认为,体系要想继续下去,就不能使他们挨饿。虚无性(Nich-　344
tigkeit)被当成毁灭一并吞下,而空洞的形式主义与任何持存的东西都
是漠不相关的并因此是调和性的:现实的无力变成了权威主义的精神
态度。也许客观的空洞对新出现的、人类学类型的无经验空洞施加了
特殊的吸引力。情感上对放弃了其实事的工具性思维的占用是以其技
术化为中介来实现的:技术化将这种思维呈现为先锋派的。波普尔倡
导一个"开放的"社会。然而,这种社会的理念同非开放的、被管制的思
维是有矛盾的,这种思维将其科学逻辑假定为"演绎体系"。最新的实
证主义完全契合被宰制的世界。在唯名论的起源时期,甚至对于早期
资产者来说,培根的经验主义意味着把经验从既定概念的"等级"中解
放出来,"开放"意味着从封建社会的等级制结构中突围出来,而今天,
由于无所约束的资产阶级社会动态趋向了新的静态,通过科学主义的
思维综合征而实现封闭的精神控制体系的重建阻断了那种开放性。如
果将实证主义的最高原理运用于它自身,那么可以说实证主义(对于资
产者来说它是具有亲合力的)是自相矛盾的,因为它宣称经验是唯一也
是一切,但同时又禁止了经验。它归派给经验理想的排他性将这一理
想体系化了,同时也因此潜在地扬弃了这一理想。

波普尔的理论要比通常的实证主义更为灵活。他并不像自韦伯以来最有影响的德国社会学传统那样非反思地坚持价值中立。比如,阿尔伯特曾解释说:"阿多诺的如下判断——'整个价值问题都是被错误地提出来的'——和对该问题的某一特定表述没有任何关系,因而几乎无法评判:这一断言听起来全面,但却是没有任何风险的。"[64] 对此可以这样来答复:遭到指责的表述抽象性同韦伯以来在德国被奉为神圣的二分法是相符的,这种抽象性只能被归为这种二分法的始作俑者(Inaugurator),而非其批判者。不过,实证主义因价值中立规范而陷入
345 其中的二律背反,完全是可以具体说明的。正如一种严格说来非政治的态度变成了政治事件、变成了向权力屈膝投降那样,普遍的价值中立同样也非反思地屈从于适用于实证主义者的价值体系。即使是波普尔也在某种程度上收回了他最初允准的东西,因为他要求,"科学批判的任务之一必须是,揭露价值的混合,并将真理、相关性、简单性等纯粹科学的价值问题与非科学问题进一步分离开来"[65]。实际上,这种二分法的问题在社会科学中是有迹可循的。如果严格贯彻价值中立(就像马克斯·韦伯在公开场看起来所做的那样,而他在其文本中并非始终如此),那么社会学研究就很容易违犯波普尔上面列出的相关性标准。例如,如果一门艺术社会学致力于形成物的效果,而推卸掉关于其等级(Rang)的问题,那么它就会错失相关的复杂结构,如通过意识工业实现的操纵的复杂结构,错失暴露在受试者面前的"魅力"的真理内容或虚假内容,最终无法明确洞察到意识形态是虚假的社会意识。如果一门艺术社会学不能或者不愿就一件真诚的、有意义的作品的等级与一件根据效果关联来计算的拙劣产品的等级之间作出区分,那它就不仅丧失了它想履行的批判功能,而且也已经失去了对如精神形成物的自律或他律之类的"社会事实"的认识,这种"社会事实"取决于形成物的社会处境,并决定了形成物的社会效果。如果忽视这一点,那么剩下的就是按照喜欢(like)和不喜欢(dislike)来清点人数(nose counting)(这充其量是以数学方式完善了的)之后的空洞剩余,而对于被调查的喜欢和不喜欢的社会意义则是不了了之了。对社会科学的评价行为所

作的批判不应当受到驳斥，也不应当让如舍勒中期的那种本体论的价值学说作为社会科学的规范死灰复燃。价值与价值中立的二分法（而不是两者中的哪一个）都是站不住脚的。如果波普尔认可科学主义的客观性理想和价值中立本身就是价值，那么这就一直延伸到判断的真理上了；判断的意义隐含着如下"评价性的"观念，即真的比假的好。对任何内容丰富的社会科学定理的分析，都必然触及它们的价值论要素，即使它们没有言明这些要素。但是，这些价值论因素不是与判断过程抽象对立着的，而是内在于后者中的。价值与价值中立并非分离开的，而是相互包含着的；无论是固执于某种外在价值的判断，还是因根除了内在的、不可消除的评价因素而使自身瘫痪的判断，都是虚假的。将韦伯的《新教伦理与资本主义精神》中的"待证主题"（thema probandum）和论证，同韦伯批判马克思的经济基础—上层建筑学说的意图（这绝非价值中立的）分开，那简直是瞎了眼。这种意图滋养着个别的论据，但它首先是将韦伯的上述研究同神学（Theologumena）的社会经济来源隔绝开来，根据这项研究，应当是这种神学建构了资本主义。韦伯的反唯物主义的基本立场不仅——如他所承认的那样——促使他在其宗教社会学中提出问题，而且也促使宗教社会学进行聚焦、选择材料和思想建构；他的论证片面地把经济上的推导弄得颠三倒四。一种既外在于思想也外在于实事的价值概念是僵化的，这是我们双方对价值中立之争都不满意的原因；此外，如涂尔干这样的实证主义者曾坦言（没有提到韦伯），进行认识的理性和进行评价的理性是同一个理性，因而价值和认识的绝对分离是没有说服力的。实证主义者和本体论者在这种分离中达成了一致意见。对所谓价值问题的解答（阿尔伯特认为辩证法家们那里没有这种解答），借用一下实证主义的概念来说的话，应该是到如下一点中去找寻："二选其一"被理解为假问题、被理解为抽象，它在碰到关于社会的具体观点和对关于社会的意识的反思时就会消散。针对这一点的，是如下关于价值问题之物化的论点：所谓的价值（无论它们被视为社会科学要排除的东西还是社会科学的幸事）被抬高为独立的、近乎自在存在着的东西，然而，无论在真实的历史上，还是作为认识的范畴,价值都不是这样的。价值相对主义与对价值的绝对主义神化相呼应:一旦价值脱离了进行认识的意识的任意和苦恼,并被剥夺掉对这种意识的反思以及它们出现的历史关联,价值就会陷入相对性,而对价值的召唤本是想消除这种相对性的。洛采(Rudolf Hermann Lotze)的哲学上的价值概念、西南学派的价值概念以及之后的价值客观性之争,都是以经济上的价值概念为模型的,这一概念是物化的原初现象,即商品的交换价值。马克思将拜物教分析与这种价值联系起来,这一分析将价值概念破译为人与人之间关系的镜像(Zurückspiegelung),这种关系就像是物的特性似的。规范性的问题产生于历史的星丛,这些星丛本身似乎无声地、"客观地"要求改变这些问题。对于历史记忆来说,后来凝结为"价值"的东西,实际上是现实的问题形态,其在形式上和波普尔的问题概念并没有多大差别。例如,只要生产力还没有充分满足所有人的基本需求,那就不能抽象地宣称"人人必须有饭吃"是一种价值。然而,如果还有人在一个鉴于现有的及显然可能的商品富足而此时此地应当避免饥饿的社会中挨饿,那么这就要求通过干预生产关系来消灭饥饿。这一要求产生于情境,产生于对情境的全方位分析,为此不需要一种价值观念的一般性和必然性。从情境中产生的这种要求投射到某些价值上,这些价值不过是对该要求的苍白复写,而且多数情况下是虚假的。中介范畴是内在批判。它以其非独断的理性的形态包含了价值中立的因素,它强调的是"社会表现出来的样子"和"社会是什么"之间的对立;但是,价值因素居于必须从情境中读出的实践要求之中,不过,要做到这一点就需要社会理论。价值中立与价值的分裂,被揭示为如理论与实践的分裂一样虚假的分裂。如果将社会理解为人的自身持存的功能关联,那么这一社会就"意味着":社会客观上以社会生活的充分再生产为目的,这种再生产与社会力量的状况相符;否则,最简单的认知知性都能看出,任何社会措施,甚至连社会化本身都是荒谬的了。目的—手段关系的主观理性只要实际上不被社会的或科学主义的权力诫命阻遏,它就会转化为客观理性,后者将价值论因素当作一种认识本身的因素包含着。价值与价值中立是辩证地相互中介着

的。任何指向非直接存在着的社会本质的认识(它希望事情有所不同)
都不是真的,就此而言,它将是一种"评价性的"认识;社会不会要求不
是从概念与经验探究之间的关系中产生的东西,这东西本质上就不是
认识。

  一种辩证的社会理论不会简单地无视价值中立要求,而是试图扬
弃它,同时也扬弃与之对立的要求,同样地,对于整个实证主义,它也应
当采取这种态度。马克思区分了叙述与认识来源,他想通过这一区分
来防止人们指责说他在设计一个演绎体系,而辩证法或许是出于对哲
学的厌恶(dégoût),以哲学的方式过于轻率地接受了这一区分;无论如
何,这一区分的真理在于,强调与不受约束的概念相对的存在者,强调
批判理论与唯心主义的尖锐对立。内在地自行向前运动的思想生来就
被诱惑着去轻视事实。然而,辩证的概念是中介,而不是自在的存在
者;这就使辩证的概念负起如下责任,即不要宣称任何与被中介者、与
事实相"分离"的真理。在对实证主义进行辩证批判时,最为紧要的攻
击点是物化,即科学的物化和未经反思的事实性的物化;因此,这种批
判绝不能将自己的概念本身物化。阿尔伯特正确地看到,如社会或集 349
体性等无法在感性上证实的核心概念不应被实体化,不应以幼稚的实
在论的方式把它们设定或固定为自在存在者。不过,一种受这种物化
之害的理论变成了关于对象的理论,因为对象本身是坚硬的,就像在理
论中作为理论的独断论一再复现那样(假如理论仅仅是"反映"的话)。
如果社会(这是一个功能概念而非实体概念)依然在客观上凌驾于一切
个别现象之上,那么即使是辩证的社会学也不能无视其物性方面:否则
这种社会学就歪曲了起决定作用的东西,即统治关系。就连涂尔干的
集体意识概念(这显然是精神现象的物化)也是从社会风俗习惯
(mores)施加的强制中获得其真理内容的;只不过,这一强制又是来源
于现实生活过程中的统治关系,而不应被当作一种终极存在着的东西、
当作"物"来接受。在原始社会中,生活资料的匮乏——也许——要求
组织上的强制力,而这些强制力在所谓成熟社会的匮乏情境中再现了,

这些匮乏情境是由生产关系引起的,因此并非必然的。是体力劳动与脑力劳动的社会必要分离在先,还是巫医篡夺的特权在先,这一问题类似于先有鸡还是先有蛋的问题;无论如何,巫师需要意识形态,没有意识形态是不行的。为了神圣的理论,绝不能排除如下可能性,即社会强制是动物—生物学意义上的遗产;动物世界中无法逃脱的魔咒在社会的野蛮统治中再生了,这个社会依然处于自然历史中。然而,不能以辩解的方式从中得出强制之不可改变性。最终,如下一点是实证主义最深刻的真理因素(尽管它抗拒这一真理因素,就像它抗拒它所着迷的语词那样):事实,即已然如此而非他样的存在者,只有在一个不自由的社会中(这个社会自己的主体不能掌握这个社会)才拥有那种不可穿透的力量,而后,科学思想中的科学主义的事实崇拜复制使这一力量倍

350 增。就连对实证主义的哲学拯救也需要被它所禁止的阐明程序,需要在世界进程中解释是什么阻止了解释。实证主义是否定性的社会在社会科学中的无概念显象。在这场辩论中,辩证法鼓励实证主义意识到这种否定性,意识到它自身的否定性:这种意识在维特根斯坦那里是有迹可循的。实证主义越是受到驱使,它就越是坚决地超出自身。韦尔默强调的那句维特根斯坦命题——"就算是为了使单纯的命名有意义,在语言中也必须做很多准备工作"[66]——至少达致了如下事态,即传统对于语言来说是建构性的,因此,恰恰是在维特根斯坦的意义上,传统对于一般认识也是建构性的。当韦尔默从中得出对维也纳学派的还原论的客观拒斥(即拒斥记录命题的效用标准)时,他正中要害;还原论越来越不是社会科学的权威榜样。在韦尔默看来,就连卡尔纳普也放弃了把一切术语还原为观察谓词的原则,而是在观察语言之外引入了一种仅作了局部解释的理论语言[67]。在此可以推断出整个实证主义的一种明确的发展趋势。随着不断推进的分化和自身反思,它将会消耗殆尽。按照一种广为流传的说法,实证主义的辩解者依然从中获利:与维也纳学派自己的状况相比较的话,针对该学派的核心异议是过时的,从而被搁置一旁。不久之前,达伦多夫说道,就其意义而言,法兰克福学派批判的实证主义已不再存在。然而,实证主义者越是无法诚实

地坚持他们具有诱逼性且粗暴生硬的规范,他们对哲学以及渗透着哲学的处理方式的蔑视就越是失去了合法化的假象。就连阿尔伯特似乎也像波普尔那样抛弃了禁令规范。[68]他的文章《总体理性的神话》("Der Mythos der totalen Vernunft")在临近结尾时,已经难以在波普 351 尔—阿尔伯特的科学概念同关于社会的辩证思维之间划出一条明确界线。如下差异依然是存在的:"对总体理性的辩证崇拜过于雄心勃勃,从而不能满足于'局部的'解答。由于没有什么解答能满足它的要求,所以它不得不满足于勾画、暗示和隐喻。"[69]然而,辩证的理论绝不是由对总体理性的崇拜所推动的;它批判这种理性。在局部的解答面前的傲慢自大和辩证的理论无关,只不过,它不会因这种解答而缄默不语。

　　尽管如此,还是不要小觑实证主义始终原封未动坚持着的东西。达伦多夫讽刺地说,法兰克福学派是最后的社会学学派,这就是一种征兆。他的意思可能是,在社会学中形成学派的时代已经过去,统一科学会以胜利者之姿,将学派定性为历史陈迹碾压而过。因此,无论这一预言的自身理解是多么民主的和平等的,它的实现将是理智上的极权主义,并恰恰会阻止被达伦多夫视为一切进步之动因的争辩。不断进步着的技术合理化的理想,乃至于科学的理想,都否认了辩证法的对手们原本尊崇的多元主义观念。在面对"最后的学派"这类口号时,人们不需要献身于任何社会学的心理主义,就会想起小女孩遇到大狗时问的那个问题——这样一条狗能活多久?

　　尽管我们双方都明确愿意用理性精神来进行争论,但这场争论依然保有其折磨人的尖刺。在报刊评论关于实证主义之争的种种说法中,尤其是第 16 届德国社会学大会之后的那些说法(此外,它们总是连恰当地和熟练地追踪辩论过程都做不到)中,刻板地重复着如下说法:没有取得进展,论据已经是众所周知的,看不到对立的解决,因此辩论的成果是可疑的。这些充满着怨恨的疑虑并未切中要害。在科学进步 352 的切实性以及关于科学进步的流行观念都遭受质疑的地方,它们还在期待着切实的科学进步。这两种立场是否会通过相互批判(就像按波普尔模式所做的那样)而达成和解,这一点是无法确定的;在这一点上,阿尔伯特蹩脚地以旁观者身份(ad spectatores)针对黑格尔的复杂结构的说法——更不要提他最新的评论了——并未带来新的希望。申明自己被误解了,这就像鉴于对手之声名狼藉的不可理喻而要用眼神呼吁共识一样,起不到更进一步的帮助作用。将辩证法和非理性主义混合起来的做法,是对如下一点的盲目反对,即对无矛盾性逻辑的批判,不是要宣布它是无效的,而是要反思它。在图宾根会议上已经可以看到"批判"一词包含着哪些歧义,这可以概括如下:即使使用的是同一个概念,甚至是达成了一致,实际上双方还是奋力地各说各话,以至于共识依然是作为门面掩盖了对抗。争论的深化必须使根本性的对抗清晰可见,迄今为止,这些对抗还没有得到完全阐述。在哲学史上经常可以看到如下情形:某些学说,其中一方自认为是对另一方的真正呈现,而它们因精神关联的气氛,直至其最内在之处,都是存在着分歧的;费希特同康德的关系就是最突出的例子。社会学中的情形也是一样。社会学是像孔德到帕森斯的传统那样作为科学来维护处于一定功能形态中的社会,还是要从社会经验出发努力改变社会的基本结构,这决定了一切范畴直至科学理论,因此几乎不能以科学理论的方式来确定。起决定作用的甚至不是同实践的直接关系,而是人们在精神生活中,最终在现实中给予科学何种重要意义。这里的分歧不是世界观的分歧。这些分歧是处于逻辑问题和认识论问题当中的,是处于关于矛盾与无矛盾性、本质与显象、观察与阐明的见解当中的。辩证法在这场争辩中表现得毫不妥协,因为它相信,它将在其对手止步的地方,也就是在科学事业的不可置疑的权威面前继续思考。

(1969 年)

注释

[1] Vgl. Theodor W. Adorno, Hans Albert, Ralf Dahrendorf u. a., *Der Positivismusstreit in der deutschen Soziologie*, Neuwied, Berlin, 1969.

［2］作者要特别感谢阿尔布莱希特·韦尔默(Albrecht Wellmer)在1967年夏季学期关于科学理论的小型指导课(由路德维希·冯·弗里德堡和作者主持)上所作的报告。

［3］Vgl. Einleitung zu E. Durkheim, *Soziologie und Philosophie*，Frankfurt，1967，S. 8 f.，Fußnote(中译参见本书第226页)。必须从一开始就重申的是，波普尔和阿尔伯特(Hans Albert)不同于特定的逻辑实证主义。尽管如此，作者还是将他们视为实证主义者，这样做的缘由可以从本文中得知。

［4］Ralf Dahrendorf, "Anmerkungen zur Diskussion der Referate von Karl R. Popper und Theodor W. Adorno", S. 145.(如果没有特别说明，所引页码来自 Theodor W. Adorno, u. a., *Der Positivismusstreit in der deutschen Soziologie*。)

［5］a. a. O.

［6］Vgl. Hans Albert, *Der Mythos der totalen Vernunft*, S. 197 f.

［7］Dahrendorf, S. 150.

［8］a. a. O., S. 151.

［9］这一概念是霍克海默提出的：Max Horkheimer, *Zur Kritik der instrumentellen Vernunft*, Teil 1, Frankfurt a. M. 1967。

［10］Ludwig Wittgenstein, *Tractatus logico-philosophicus*, 4.112, Frankfurt a. M. 1960(1963²), S. 31 f.中译参见维特根斯坦：《逻辑哲学论》，韩林合编译，商务印书馆2019年版，第37页。

［11］Hans Albert, *Der Mythos der totalen Vernunft*, S. 208.

［12］Vgl. Helmut F. Spinner, "Wo warst du, Platon. Ein kleiner Protest gegen eine 'große Pilosophie'", in: *Soziale Welt*, Jg. 18/1967, 2/3, S. 174 ff.

［13］Vgl. Hans Albert, a. a. O., S. 194, Fußnote 1.

［14］Theodor W. Adorno, "Stichwort Gesellschaft", in: *Evangelisches Staatslexikon*, Stuttgart 1967. Spalte 637.中译参见本书第4页。

［15］Vgl. Max Horkheimer, *Zur Kritik der instrumentellen Vernunft*, a. a. O., S. 20 f.

［16］Vgl. Hans Albert, *Der Mythos der totalen Vernunft*, S. 197 f.

［17］Vgl. a. a. O., S. 199.

［18］Adorno, "Zur Logik der Sozialwissenschaften", a. a. O., S. 133 f.

［19］Hans Albert, *Der Mythos der totalen Vernunft*, S. 207, Fußnote 26.

［20］Theodor W. Adorno, "Stichwort Gesellschaft", Spalte 639,略有改动。中译参见本书第7页。

［21］Vgl. Jürgen Habermas, "Analytische Wissenschaftstheorie und Dialektik. Ein Nachtrag zur Kontroverse zwischen Popper und Adorno", S. 191.

［22］Vgl. Theodor W. Adorno, "Zum Verhältnis von Soziologie und Psychologie", in: *Sociologica. Marx Horkheimer zum 60. Geburtstag gewidmet.* Frankfurt a. M. 1955，S. 12 ff.

[23] Max Horkheimer, *Kritische Theorie*，Band II，Frankfurt a. M. 1968，S. 82 ff.

[24] 语言的双重特征表现在，只要与实证主义者结盟，它就只能通过主观意图获得客观性。只有尽可能准确表达其主观意图的人，才会顺从并强化客观性，然而，任何信赖语言之自在存在及其本体论本质的企图，都会以关于语言形象之假设的糟糕的主观主义告终。本雅明注意到了这一点；在实证主义自身中（只有维特根斯坦除外），那种实证主义动机都是吃了亏的。许多科学主义者在风格上的疏忽，可以随着关于语言表达因素的禁忌而被合理化，这种疏忽透露出了物化意识。因为科学被独断地做成一种客观性，它不应被主体穿透，所以语言表达被低估了。谁要是常常将事态设定为自在存在者而没有设定主观中介，他就会对上述说法漠不关心，他们付出的代价是将实事偶像化了。

[25] 从抽象的一般性角度来说，波普尔的二十条论纲包含着某种我们两人都认同的东西。Vgl. Popper, "Logik der Sozialwissenschaften", a. a. O.，S. 119.

[26] 第二报告人赞成波普尔对"错误的和令人误解的方法论自然主义或科学主义"的批判（Vgl. Popper, a. a. O.，S. 107 和 Adorno, "Zur Logik der Sozialwissenschaften", Korreferat, S. 128），不过，不可讳言的是，第二报告人理解的批判观念必然比波普尔赞同的那种批判更为深远（Vgl. Adorno, a. a. O.，S.128 ff）。

[27] Popper, "Logik der Sozialwissenschaften", S. 106.

[28] Vgl. Hans Albert, "Im Rücken des Positivismus?", S. 286 f.

[29] a. a. O.，S. 288.

[30] Vgl. Jürgen Habermas, "Gegen einen positivistisch halbierten Rationalismus", S. 249.

[31] Popper, *Logik der Forschung*，Tübingen，1966，S. 63.

[32] "即便是记录命题也会遭受'被删除'的命运。"（Otto Neurath, "Protokollsätze", in: *Erkenntnis*，hrsg. v. Rudolf Carnap und Hans Klüthenbach，3. Band 19232/1933，Leipzig，S. 209.）

[33] s. Text oben, S. 284 f.

[34] Emile Durkheim, *Soziologie und Philosophie*，Frankfurt，1967，S. 141. 中译参见涂尔干：《社会学与哲学》，第 468 页。

[35] Popper, "Logik der Sozialwissenschaften", a. a. O.，S. 113.

[36] Habermas, "Analytische Wissenschaftstheorie und Dialektik", a. a. O.，S. 178 f.

[37] Popper, a. a. O.，S. 112.

[38] a. a. O.

［39］Vgl. Max Horkheimer, "Montaigne und die Funktion der Skepsis", in：*Kritische Theorie* II, a. a. O., S. 220, passim.

［40］Vgl. Habermas, "Gegen einen positivistisch halbierten Rationalismus", a. a. O., S. 260.

［41］Albert, *Der Mythos der totalen Vernunft*, a. a. O., S. 204.

［42］Albert, "Im Rücken des Positivismus?", a. a. O., S. 285, dazu Fußnote 41："Vgl. dazu auch Popper, Die Zielsetzung der Erfahrungswissenschaft, in：*Ratio*, Jg. I, 1957；wiederabgedruckt in：*Theorie und Realität*, hrsg. Von Hans Albert, Tübingen 1964."

［43］Popper, "Logik der Sozialwissenschaften", a. a. O., S. 114.

［44］a. a. O.

［45］Habermas, "Analytische Wissenschaftstheorie und Dialektik", a. a. O., S. 158；s. Text oben, S. 313.

［46］a. a. O., S. 164.

［47］Vgl. Theodor W. Adorno und Ursula Jaerisch, "Anmerkungen zum sozialen Konflikt heute", in：*Gesellschaft*, *Recht und Politik*, Neuwied und Berlin 1968, S. 1 ff.中译参见本书第143—157页。

［48］Vgl. Walter Benjamin, *Briefe*, Frankfurt a. M. 1996, S. 782 ff.

［49］Vgl. Habermas, "Analytische Wissenschaftstheorie und Dialektik", a. a. O., S. 163；dazu auch：Theodor Adorno, "Soziologie und empirische Forschung", S. 90.

［50］Wittgenstein, *Tractatus*, 4.21., a. a. O., S. 37.中译参见维特根斯坦：《逻辑哲学论》,第44页。

［51］Vgl. Popper, "Logik der Sozialwissenschaften", a. a. O., S. 105.

［52］a. a. O., S. 108.

［53］a. a. O., S. 105 f.

［54］Wittgenstein, *Tractatus*, 2.021., a. a. O., S. 13.中译参见维特根斯坦：《逻辑哲学论》,第8页。

［55］需要对实证主义的艺术概念用法进行批判性的分析。对于实证主义者来说,这一概念是一个垃圾桶,可以用来盛放受限的科学概念想要排除的一切东西,然而,由于这一概念很容易将精神生活当作事实来接受,所以它必须承认,精神经验并未在这一概念所容纳的东西中耗尽。在实证主义的艺术概念中,重点被放在了对虚构出的现实的所谓自由发明上。这在艺术作品中一直是次要的,而在今天的绘画和文学中则是完全消失了。因此,艺术参与到了认识中：它能够表达科学错失了的本质性东西,并因此必须付出代价,而这一点并未得到承认,或是按照假设的科学主义标准来说,从一开始就是有争议的。如果人们像实证主义所暗示的那样严格地向既定事态作出承诺,即使在面对艺术时,他们也要这样做。那么就不能认为艺术是对科学的抽象否定。实证主义者的严格主义很少会走得这

么远,以至于认真地、就如他们的结论中那样禁止被他们当作"恶棍"(en canaille)的艺术(关于它,他们几乎是不怎么了解的)。需要为此负责的,是他们的非批判的—中立的态度,这种态度主要是有利于文化工业;他们如席勒那样毫不猜疑地认为艺术是自由王国。然而无疑,并非完全如此。他们经常对背弃了绘画现实主义的激进现代主义表现出陌生的或敌对的态度:即使对非科学的东西,他们也秘密地按照科学模型(如事实性的东西的模型甚或图像模型,后者在维特根斯坦的科学理论中奇特地闪现过)来衡量。在实证主义者那里,"我不理解这一点"的姿态是下意识的,处处如此。对艺术的敌意和对理论的敌意,就其核心而言是同一的。

[56] Vgl. Albert, *Der Mythos der totalen Vernunft*, a. a. O., S. 207.

[57] Vgl. Wellmer, a. a. O., S. 15.

[58] 在哲学理性主义的鼎盛时期,帕斯卡尔(Blaise Pascal)着重区分了两类精神,即"几何学精神"(esprit de géométrie)和"敏感性精神"(esprit de finesse)。根据这位伟大的数学家的洞见(其预见到很多事情),这两类精神极少会在一个人那里合而为一,但却是可以调和的。在一种此后未遇反抗而滚滚向前的发展过程刚刚开启之时,帕斯卡尔就意识到,哪些富有创造性的理智力量会成为量化过程的牺牲品,并将健全的、"前科学的"人类知性理解为一种资源,它能够使数学精神受益,反之亦然。在随后的三个世纪里,科学的物化切断了这样一种相互作用;"敏感性精神"被踢出局了。在瓦斯穆特(Wasmuth)1946 年的译文中,这个术语重现了,它被译为"Geist des Feinsinns",这既表明了后者的可耻增长,也表明了作为合理性之质性因素的"敏感性"的衰落。

[59] Wittgenstein, *Tractatus*, 4.116, a. a. O., S. 32. 中译参见维特根斯坦:《逻辑哲学论》,第 38 页。

[60] Vgl. Wellmer, a. a. O., S. 8.

[61] a. a. O., S. 10.

[62] a. a. O., S. 14.

[63] 在 1968 年的法兰克福会议上,埃尔温·朔伊希特别提倡一种"仅仅是社会学的"社会学。有时候,科学的处理方式会让人想起神经症上对接触的恐惧。纯粹性被高估了。例如,如果剥夺掉社会学中一切与韦伯在《经济与社会》开篇的界定严格不相符的东西,那么它将一无所剩。如果没有了一切经济学的、历史学的、心理学的和人类学的因素,它就会围绕着每种社会现象摇来晃去。它的存在理由(rason d'etre)不在于它是一个专业领域(Sachgebiet)、一门"学科",而是在于旧风格的专业领域的关联,这种关联是构成性的,并且恰恰因此是被忽视了的;它是对分工所作的精神补偿的一部分,它本身不应反过来根据分工无条件地固定下来。不过,同样不能说,它仅仅是使这些专业领域的各个部分或多或少进行了富有成果的接触。人们所说的跨学科合作,在社会学中是实现不了的。这种合作旨在揭示实事范畴的中介,这些中介的每一个都会导致另一个。它的目标

是,实现经济学、历史学、心理学、人类学各自相对独立地处理的那些要素的内在相互作用;它试图科学地重建统一,这种统一是那些要素自己形成的社会性的统一,而它们又不断通过科学(当然不仅仅是通过科学)失去这种统一。这一点在心理学上是最容易看到的。甚至在采取单子论方法的弗洛伊德学派中,社会也"逗留"在无数的因素中。个体,即社会的基底,出于社会性的原因而使自己独立于社会。社会学理性的工具化或实际的数学化必然导致形式主义,这种形式主义完全消除了社会学同其他科学在质上的差异,并因此消除了它的那种由科学主义者宣称的自给自足。

[64] Albert，*Der Mythos der totalen Vernunft*，a. a. O.，S. 218.

[65] Popper，"Die Logik der Sozialwissenschaften"，a. a. O.，S. 115.

[66] Weller，a. a. O.，S. 12.

[67] Vgl. a. a. O.，S. 23 f.

[68] Vgl. Albert，"Im Rücken des Positivismus?"，a. a. O.，S. 268.

[69] Albert，"Der Mythos der totalen Vernunft"，a. a. O.，S. 233.

晚期资本主义还是工业社会？

按照已形成的惯例,德国社会学协会即将离任的主席要讲一些自己的东西。在此,他自己的立场和对课题的阐明是不能被严格拆分开的:其中一方不可避免地会进入到另一方中去。此外,他不能给出明确的解答,这恰恰需要在此次大会上予以讨论。大会主题原来是奥托·施塔默(Otto Stammer)倡议的。在为此次大会而召开的筹备会上,它逐渐被改变了;当前的标题是团队合作的结晶。不熟悉社会科学争论情形的人可能会质疑说,这涉及的是术语命名之争;认为专家们是瞎操心,去讨论当前阶段应当称为晚期资本主义还是工业社会。实际上,这涉及的不是术语,而是内容上决定性的东西。报告和讨论有助于判断,资本主义体系一如既往地(尽管是以变化了的模式)是统治体系,还是说工业发展使资本主义本身的概念、资本主义国家与非资本主义国家之间的区别,乃至于对资本主义的批判都失效了。换言之,今天社会学内部广为流传的观点——马克思过时了——是否恰当。根据这个观点,以意想不到的方式展开的技术已彻彻底底地规定了这个世界,以至于与之相对的、曾界定了资本主义的那种社会关系(即活劳动向商品的转变以及由此而来的阶级对立),变得不重要了,如果它还没有变成迷信的话。在此,人们可以联系到技术上最发达的国家之间,即美国与苏联之间显而易见的趋同。按照生活水平和意识,在典型的西方国家中,阶级差异远没有工业革命期间及之后的年代中那么明显。阶级理论的预测，如关于贫困化和崩溃的预测，并没有如人们必须理解的那样明显应验，即使它还没有丧失其内容；只能开着玩笑来谈及相对贫困化。即使在马克思那里尚不清晰的利润率下降规律以体系固有的方式得到了证实，但也必须承认的是，资本主义在自身内发现了将崩溃推迟到遥遥无期的资源——毫无疑问，其中居于首位的，当然是技术潜能的极大增长，以及由此而来的使所有发达工业国家获益的大量消费品。同时，鉴于这种技术发展，生产关系表明，它们比马克思所相信的更有弹性。

阶级关系的标准[经验研究喜欢将之称为"社会分层"（social strat-ification）的标准，即按照收入、生活水平、教育来分层]是对个别个体的调查结果的一般化。就此而言，这些标准应当被称为主观的。与之相反，更旧的阶级概念是客观的，它是独立于从主体生活中直接获得的指标而拟定出来的，无论这些指标表达出多少这种社会客观性。马克思的理论取决于企业主和工人在生产过程中的地位，并且最终取决于对生产资料的支配。在眼下占据统治地位的社会学潮流中，这一出发点很大程度上被当作独断的而摒弃了。争论要想在理论上决出胜负，就不能仅仅通过呈现事实来实现，虽然事实本身对于批判助力良多，然而，根据批判理论，事实同样掩盖了结构。即使是辩证法的对手也不再愿意茫茫无期地推延理论，理论考虑到了社会学的真正旨趣。从本质上来说，这场争辩是一场关于**阐明**的争辩——除非人们想把对阐明的期望放逐到非科学的东西这一地狱边缘中去。

一种辩证的社会理论面向的是结构规律，这些规律制约着事实，又在事实中显现自身，并且由事实来修正。这种社会理论是在结构规律下理解趋势的，这些趋势或多或少严格地遵从整个体系的历史构造。关于此，马克思给出的模型是价值规律、积累规律、崩溃规律。辩证的理论不会将结构说成是秩序图式，并尽可能将社会学发现完全地、连贯地、无矛盾地纳入这种秩序图式中；因而也不会将结构说成体系化，而是认为它是先于科学认识之程序和资料的社会体系。这样一种理论至少应当不受事实的影响，不应按照一种"待证主题"来适应事实。否则

356

它实际上就会再次陷入独断论,并通过思想重复了东方国家中僵化的权力用辩证唯物主义的工具犯下的罪孽;按照其自身概念只能被设想为运动的东西静止不动了。与事实拜物教相一致的是一种客观规律拜物教。辩证法深受这种客观规律统治地位之苦,但它不是要颂扬这种统治地位,而是要批判之,正如它对如下假象的批判:个别的和具体的东西已经此时此刻地规定了世界进程。在世界进程的魔力下,个别的和具体的东西似乎根本就不存在了。通过"多元主义"这个词,乌托邦被假定下来了,就好像它已经在这里了似的;这充当的是一种安抚。然而因此,辩证的理论(它进行批判地自身反思)本身就不会舒适地将自身置于普遍这一媒介当中。它的意图恰恰是突破这种媒介,即使它不能免于反思思维与经验研究的虚假分离的影响。前段时间,苏联的一位颇有影响的知识分子告诉我,在苏联,社会学是一门新科学。他所指的是经验社会学;这可能与一种在他的国家中上升为国教的社会学说有关,而他很少能想到,马克思也作过调查。物化意识不会在物化概念占据首席的地方终止。关于"帝国主义"或"垄断"等概念的夸夸其谈——其没有考虑到与这些词相应的事态,没有考虑到它们的有效范围有多大——是错误的,即不合理的,就像如下这种行为方式那样:为了其盲目的-唯名论的事态观念,它拒不接受如下一点,即交换社会等概念具有其客观性,这些概念揭示了事态背后的普遍的强制,这种强制根本不能充分地过渡到以操作方式界定的事态中。两者是相互反对的;就此而言,此次大会的主题"晚期资本主义还是工业社会"证明了出自自由的自身批判的方法论意图。

既不能期待也不能真正找到对这一主题中的问题的简单回答。如果二选其一,这就会迫使人们必须选择这一个或另一个规定,即便仅仅是理论上的,那么,这本身就已经是强制情境了,这些情境在一个不自由的社会得到了复制并且转移到精神上去,而精神本应当尽可能通过坚持反思这种社会来打破不自由。辩证法家完全不必在晚期资本主义与工业社会之间作出明确的抉择,同样地,他也不能满足于没有约束力的"一方面-另一方面"。与布莱希特的建议相反,辩证法家必须格外提防简单化,因为对于他来说,经过打磨的思维习惯诱发的是经过打磨的回答,就像他的对手感到相反的回答很是容易那样。谁要是不想阻碍自己去经验结构相对于事态的优先性,那他就不能如他的大多数对手那样,预先将矛盾贬低为方法的矛盾、贬低为思维错误,并谋求通过科学系统论的一致来克服这些矛盾。相反,他会将这些矛盾追溯到结构中,自严格意义上的社会存在以来,这种结构就是对抗性的,并且一直如此,就像超出了政治的冲突和战争灾难的永恒可能性(最近的例子就是苏联入侵捷克斯洛伐克)明显证明了的那样。二选其一的思维误解了这一点,这种思维是将形式逻辑的无矛盾性整个地投射到了有待思考的东西上去了。不是要按照科学的立足点或品位在两个公式中作出选择,而是说,它们的关系本身就表达了作为当前阶段之标记的矛盾,社会学理应在理论上清晰地呈现这一矛盾。

辩证理论的有些预测是相互矛盾的。有些则干脆无法实现;与此同时,某些理论分析的范畴导致了困境,只有用最造作的方式才能设想将之消除。其他的预言最初与上述内容紧密相关,却令人信服地证实了。即使是在预测中没有看到理论意义的人,在面对辩证理论的要求时,也不会满足于说,它是半真半假的。这些分歧本身需要在理论上作出解释。难以谈论典型资本主义国家中的无产阶级的阶级意识,这一点并非如一般见解所认为的那样,本身就驳斥了阶级的存在:阶级是通过在生产资料中的地位规定的,而不是通过其成员的意识规定的。阶级意识的缺失这一点,并不缺乏可信的根据:工人不再贫穷,他们日益被整合进资产阶级社会及其观念中,这是工业革命期间及刚结束之时人们未曾预料到的,当时,工业无产阶级是由穷人组成的,并且在社会中几乎处于半法外的状态。社会存在并不直接产生阶级意识。一百二十年过去了,大众并未更好地将他们的社会命运掌握在自己手中(这恰恰是因为他们的社会整合),因此,他们缺少的不仅仅是阶级团结,而且也没有充分意识到如下这点:他们是社会过程的客体而不是其主体,而他们却使这个过程继续作为主体。根据马克思的理论,质上的飞跃应当依赖于阶级意识,同时,根据社会过程,阶级意识又是一种附带现象。

然而,如果在阶级关系具有典型性的国家(特别是北美)中长期没有再出现阶级意识,而阶级意识在那里曾经存在过;如果无产阶级问题变成了字谜画,那么,量就翻转为了质,概念神话学的嫌疑就顶多能用法令来压制,而不是为了思想来将之清除。这一发展很难同马克思理论的核心部分即剩余价值学说分离开。据说这是以客观经济学的方式解释阶级关系和阶级对抗的加剧。但是,如果活劳动(就其概念而言,剩余价值只从活劳动中产生出来)的份额因技术进步的规模、实际上是因工业化而趋向于下降到一个临界值,那么核心部分即剩余价值理论就因此遭到了冲击。当下缺少一种客观的价值理论,这不仅是由学派经济学的方式造成的,今天学术界几乎仅接受这种经济学。这种缺乏会指向一种令人望而却步的困难,即阶级的形成不需要剩余价值理论就能在客观上得到奠基。在非经济学家看来,就连所谓的新马克思主义理论也试图用来自主观经济学的碎片填补其在处理构成性问题时留下的漏洞。要对此负责的当然不仅仅是理论能力的衰减。可以设想的是,当代社会挣脱了一种自身连贯的理论。马克思所要做的事情更为容易,因为他认为,完善的自由主义体系已经存在于科学中了。为了在对他认为既有的理论体系的规定的否定中得出一种本身类似于体系的理论,他只需要问,就其自身的动态范畴而言,资本主义是否符合这一模型。在此期间,市场经济遭到了破坏,以至于它嘲笑任何这样的对照。当代社会结构的不合理性阻碍了其在理论中的合理展开。有一种观点认为,对经济过程的驾驭转到了政治权力的手中,这种观点虽然是体系的可推断的动态导致的,但它同时也是关于客观的不合理性的观点。这(而不仅仅是这种观点的追随者的毫无创见的教条主义)应有助于解释,为何长久以来再未出现令人信服的客观的社会理论。在这方面,对这种理论的放弃将不会是科学精神的批判性进步,而是强制性倒退的表达。社会的退化与关于它的思维的退化是同步的。

与此同时,这种思维面对着同样严酷的事实,这些事实本身**没有**通过运用资本主义的关键概念来解释,而只是再一次暴力地、随意地来解释。对人的统治通过经济过程而持续着。长久以来,这一过程的客体不再仅仅是大众,而且还包括支配者及其追随者。依照旧有的理论,他们很大程度上变成了自己的生产设施的功能。与之相对,屡被讨论的"经理革命"(managerial revolution)问题,即统治从法律意义上的所有者向官僚的所谓转移的问题,是次要的。一直以来,这一过程即使没有如左拉的《萌芽》*所呈现的那样生产并再生产出阶级,但也至少生产并再生产着结构,反社会主义者尼采在说出"没有牧人的一群羊"这句话时就已预料到了这种结构。但是,这句话里掩盖了他不想看到的东西:古老的、只是已变得匿名的社会压迫。如果说,贫困化理论已经不能被完全(à la lettre)证实,那么,在如下同样令人不安的意义上它也还是被证实了的:不自由,即对一种逃离了掌控者之意识的设施的依赖,已经遍及全人类。屡遭抱怨的大众不成熟只是如下这点的反映:他们几乎不再像以前那样是他们生活的自律的主人;就像在神话中那样,这是他们遭遇到的命运。——此外,经验研究表明,即使在主观上,即按照他们的现实意识,阶级也绝没有如人们有时猜测的那样被拉平。就连帝国主义理论也没有因列强被迫放弃对殖民地的庞大权力就过时了。这些权力所指的过程,以两大强权集团对抗的形式继续存在。所谓过时了的社会对抗学说,连同崩溃这一最终目的,都被明显的政治对抗远远超过了。阶级关系是否以及在何种程度上被移置到领先的工业国和落后的发展中国家之间的关系上,可能一直没有探讨过。 361

在批判的-辩证的理论的范畴中,我想给出一个初步的、必然抽象的回答:就其生产**力**状况而言,当代社会绝对是工业社会。在所有地方,工业劳动都超出了一切政治体系的界限,成为了社会的样板。它发展成为总体,因为类似于工业处理方式的那些处理方式在经济上不可避免地扩展到物质生产、管理、分配领域以及我们所称的文化中。与之相反,就其生产**关系**而言,社会是资本主义。人依然是马克思在 19 世纪中叶分析的那样:机器的附属物,工人必须按照他们操作的机器的性

---

* 《萌芽》是法国小说家爱弥尔・左拉(Émile Édouard Charles Antoine Zola, 1840—1902)创作的长篇小说,其内容呈现了矿工凄惨的工作和生活状况、矿工进行的罢工的过程及其最后的失败。——译者注

状来适应,他们不再仅仅是字面意义上的,而是远远超出了比喻意义,直至在其最私密的冲动中,都必须顺从作为滚轮架的社会机制,并毫无保留地以它为样板作出改变。今日如往昔,生产依然是为了利润。各种需求已远超马克思时代所能预见的范围(长久以来,它们潜在地是如此的),完全变成了生产设施的功能,而不是相反。它们被彻底操控了。虽然在这种转变中,人的需求被固定下来并且要去适应设施的利益,这些需求是被携带着的,而后设施能够有效地以它们为据。但是,在此期间,商品的使用价值方面丧失了其最后的"自然发生的"自明性。需求不仅仅是单纯间接地,即经由交换价值满足的,而是在经济相关部门中,因利润旨趣才产生出来的,准确地说是以消费者的客观需求为代价产生出来的,如对充裕住房的需求,此外还有对教育和信息(这种信息与对他们影响最大的事情的过程有关)的需求。在不属于单纯生活保障的必需品领域,交换价值本身逐渐被替换掉、被享受掉;经验社会学用地位象征和威望等术语描述这一现象,因此没有客观地理解它。只要地球上的发达工业地区没有出现新的经济的自然灾难(虽然有凯恩斯主义),人们就学会了预防更为显而易见的贫困,即使没有达到"丰裕社会"(affluent society)的论点所担保的那种规模。然而,体系对人所施加的那种魔力(这样的比较是有意义的)通过整合而加强。在此有目共睹的是,物质需求的不断满足也更为具体地呈现了无匮乏的生活的可能性,尽管这些需求带有被设施歪曲了的形态。即使是在最贫穷的国家,也不再需要挨饿了。蒙在关于可能状况的意识面前的面纱还是变薄了,说明了这一点的,是各地各种形式的社会启蒙所引发的惊慌失措,这种启蒙并未纳入官方传播体系的计划中。马克思和恩格斯希望以合乎人道的方式来建立社会,而被他们痛斥为乌托邦的东西,据说只会破坏这一建立过程,但这种乌托邦似乎变成了触手可及的可能性。今天,对乌托邦的批判本身已经沦为意识形态的货底子,而与此同时,技术生产率的胜利被用来假装出如下一点:与生产关系不相容的乌托邦已经在生产关系的框架中实现了。但是,在这种乌托邦的新的、国际政治性的质中的矛盾,如东西方的军备竞赛,使得可能状况同时变为不可能的了。

要看穿这一点,无疑就要求人们不要把责任推到技术即生产力上(人们总是被引诱去批判它),不要在理论上进行一种居于更高阶段的"捣毁机器"(Maschinenstürmerei)。作为灾厄的并非技术,而是它与紧紧围住它的社会关系之间的纠缠。只需回忆如下一点,即技术发展为对利润旨趣与统治旨趣的考虑引路修渠:目前,它悲哀地与控制需求协调一致。并非无缘无故的是,破坏手段的发明变成了新型技术的原型。与之相反,技术的远离统治、中央集权与对自然的暴力的那些潜能,以及或许能够大为治愈被技术破坏了的(字面意义上和比喻意义上)东西的潜能,都萎缩了。

当代社会显示出其静态方面,尽管一再声明对立面,即其动态、生产的增长。这些静态方面属于生产关系。这些生产关系不再仅仅是财产的生产关系,而且还是行政管理的生产关系,直至作为总资本家的国家角色。由于它们的合理化类似于技术合理性、类似于生产力,因而它们无疑变得更为灵活。由此产生了一种假象,即普遍的利益就只是在现状中的利益,充分就业就是理想,而不是从他律的劳动中解放出来的。但是,从外在于政治的、终归极其不稳定的角度来看,这一状况只是暂时的平衡,是某些力量的结果,而这些力量的张力有撕裂这一状况的危险。在占统治地位的生产关系内部,人类实际上成为了这些生产关系自己的后备军并艰难维生。马克思的如下期望过于乐观了:生产力的优先地位肯定是历史性的,这种优先地位必然会突破生产关系。就此而言,马克思,这位德国唯心主义的死敌,依然忠于后者的肯定性的历史建构。对世界精神的信任有利于为世界秩序后来的版本作辩护,而根据《关于费尔巴哈的提纲》的第11条,这种世界秩序应当被改变。为了全然实现其自身持存,生产关系通过东拼西凑的东西与局部性的措施,继续征服无所约束的生产力。时代的标志是生产关系相对于生产力而言的优势,然而后者长久以来一直在嘲讽生产关系。人类延伸的手臂触及了遥远的荒凉星球,却不能在自己的星球上建立起永久和平,这凸显了社会辩证法正在走向的荒谬。事情未如人意,同样是因为社会吞并了凡勃伦所称的"底层人口"(underlying population)。只有将整体的幸福抽象地置于活生生的个人的幸福之上的人,才会希望这种情况没有发生。反过来,这种发展本身又依赖于生产力的发展。但是,它并不等同于生产力相对于生产关系的优先性。这种优先性从来都不能以机械论的方式来设想。它的实现需要那些有志于改变生产关系的人的自发性,他们的人数超过其中真正的工业无产阶级好几倍。然而,客观的利益与主观的自发性之间是有隔阂的;在既定的东西不成比例的优势之下,这种主观自发性萎缩了。马克思曾说,即使是理论,一旦它被群众掌握,就会变成现实的力量,这一点已被世界进程公然颠倒了。如果说,社会的建立(自动地或有计划地)通过文化工业和意识工业阻碍了对最危险的进程、对本质上批判性的理念与原理的最简单的认识和经验;如果说,这种建立远远超出这一点,削弱了将世界具体地设想成另外一番模样(对于组成这个世界的人来说,它具有压倒性)的单纯能力,那么,这种固定的、被操控的精神状况同样变成了现实的力量,一种压迫的力量,就像其对立面即自由的精神曾想战胜这种力量那样。

与此相对,"工业社会"这个术语在一定意义上暗示着,他们想从世界中消除的马克思的技术统治论因素,直接就存在于这个世界中;就好像社会的本质直接就是从生产力状况中产生出来的,而与生产力的社会条件无关。令人惊异的是,现在的社会学中很少谈到这些条件,它们很少会被分析。最好的东西(它绝对无需成为最好的东西),即总体,或者社会的穿透一切的"以太"(黑格尔语),被遗忘了。然而,这种"以太"绝不是超越凡尘的;毋宁说,它是"最真实的存在者"。就它自以为抽象而言,它的抽象性不是胡思乱想的、固执己见的、脱离事实的思维的责任,而是交换关系这种客观抽象的责任,社会生活过程服从于这种抽象。这种抽象对人施加的力量,比任何具体制度的力量都更为切实,后者从一开始就是悄悄地按照图式建构自身,并将这种图式反复灌输给人。个体在面对整体时经验到的那种无力,毫不掩饰地表达了这种情况。无疑,在社会学中,根据其外延逻辑意义上的分类本质,承载性的

365

社会关系即生产的社会条件，显得比那种具体的普遍更为稀薄。这些关系、条件被中立化为权力或社会控制等概念。在这些范畴中，愤懑消失了，因此人们也可以说，社会中真正具有社会性的东西，即社会的结构消失了。此次社会学大会就是要致力于改变这一点。

在此期间，将生产力与生产关系简单地当作两极对立起来的做法，对于一种辩证的理论来说是最不适宜的。它们相互制约，相互包含。恰恰是这一点导致了，在生产关系具有优先权的地方，要明确回溯到生产力。生产力比以往任何时候都更加通过生产关系来中介；或许是因如此彻底，以至于这些关系由此看起来像是本质；它们完全变成了第二自然。它们要为如下一点负责：在同可能状况的令人困惑的矛盾中，地球上的大部分人不得不忍饥挨饿。即使在商品相当充裕的地方，这一点也如诅咒般如影随形。趋于变为假象的需求，将其假象特征传染给了商品。客观上正确的需求和客观上虚假的需求的确是可以区分开的，尽管在世界上的任何地方都不能由此得出一种官僚监管权。在需求中，整个社会总是已经变成好的东西和坏的东西了；对于市场调查来说，它们可能是最切近的东西，而在被宰制的世界中它们本身不是第一位的。还需根据对整个社会结构的洞察，对正确需求与虚假需求、连同它们的一切中介作出判断。无疑，虚构的东西（它使今天所有的需求满足变得面目全非）是被无意识地感知到的；这也许为当代文化中的不满作出了贡献。但是，对此而言更为重要的，比几乎捉摸不透的需求代用品、满足、利润旨趣或权力旨趣还重要的，是对一种需求的持续不断的威胁，一切其他需求都依赖于它，这就是简简单单活下去的旨趣。当被困在炸弹随时会掉下来的地平线上时，最丰盛的消费品供应依然包含着几分嘲弄。但是，那些发展为第一次真正的全面战争的国际对抗，公然与最按原意理解的生产关系关联了起来。一种灾难的威胁因另一种灾难的威胁而被推迟了。如果没有新的经济危机带来的世界末日般的震动，生产关系就几乎不可能维持下来，社会产品中的相当大一部分就不会被留出来用于生产毁灭工具（否则它们就再也找不到市场）。在苏联，虽然市场经济被清除了，但同样的事情还是发生了。这一点的经济

366

301

理由是显而易见的:在落后国家,对快速的生产增长的渴望产生了专横且严厉的行政管理。从生产力的释放中产生出了重新具有束缚性的生产关系:生产变成了目的本身,并阻碍了"完整实现的自由"这一目的。在这两种体系下,"社会必要劳动"这一资产阶级概念都变得穷凶极恶,在市场上,它显示在利润中,而从未显示在对人本身来说显见的有用性甚或其幸福中。生产关系对人的这种统治再一次以已达到的生产力发展阶段为前提。尽管需要将二者区分开,但对于任何想掌握现状之魔咒的人来说,对一方的理解总是会变成对另一方的理解。生产过剩促逼出扩张,通过这种扩张,表面上主观的需求被捕捉到并被替换了。这种生产过剩是由一种技术设施喷涌出来的,后者在很大程度上变得独367 立了,以至于它低于一定的产量就变成不合理的了:变成不能获利的了。因而,这种生产过剩必定是由关系引发的。只有在全面毁灭的视角中,生产关系才没有束缚生产力。但是,国家调控的方法(大众同样坚持着这些方法)以集中和中央集权为前提,这不仅有其经济方面,而且还有其技术方面,如在大众媒介中显示的那样:仅通过对新闻与评论的选择和展示,就有可能强行地使无数人的意识变得一致,并只会从几种观点出发。

没有被推翻的那些生产关系的权力比以往更强大了,但同时,作为客观上的时代错位,它们处处害病、受伤,变得千疮百孔。它们不再自动地运转。经济干预主义并不像旧自由主义学派以为的那样,是以异于体系的方式硬凑起来的,而是内在于体系的,是自身辩护的体现;没有什么比这更切实地诠释了辩证法的概念。从前黑格尔法哲学的概念也是类似的,在那里,资产阶级的意识形态和资产阶级社会的辩证法深深交缠着,来自外部的、所谓超出社会力量争斗的、干预性的、借助警察力量来缓解对抗的国家,是从社会自身的内在辩证法中产生出来的,按照黑格尔的说法,如果不是这样,社会就解体了。非内在于体系的东西的侵袭同时也是内在辩证法的一部分,就像马克思在与之对立的一极上所作的如下设想那样:生产关系的彻底变革是在历史进程的逼迫下实现的,不过,这只是通过一种在质上不同于体系封闭性的活动引发的。但是,如果以干预主义,甚至以远远超出这一点的大规模计划为据,认为晚期资本主义摆脱了商品生产的无政府状态并由此不再是资本主义了,那么可以这样来反驳:对于这种资本主义来说,个人的社会命运还和以往一样是偶然的。资本主义模式本身从来不是像自由主义的辩解者所假定的那样是纯粹地起效的。在马克思那里,意识形态批判就已经表明,资本主义社会自身怀有的概念与现实是多么的不相符。具有讽刺意味的是,正是这种批判动机,即今天的自由主义不同于其巅峰时期,被转变了功能,用来支持如下观点,即资本主义不再真的是资本主义了。这也指明了一种转变。资本主义社会中历来就与自由公平的交换的理智相对的(准确来说与交换自身的内涵有关的)、不合理的东西:是不自由的、不公平的,这种东西已加剧到如此程度,以至于其模式崩解了。正是这一点此后被一种状况当作有价值的东西收入囊中,这种状况的整合变成了分裂的伪装。异于体系的东西表明自身是体系的构件,直至这一点变成了政治趋势。如果说,在干预主义中,体系的抵抗力量得到了证实(崩溃理论也间接地得到了证实),那么,向独立于市场机制的统治的过渡就是体系的最终目的。"组合社会"(formierte Gesellschaft)*这个词一不小心就透露出了这一点。自由资本主义的这种退化与意识的退化有关,也就是与人倒退到客观可能性背后有关,今天,这种可能性向人开放了。人丧失了他们不再需要且只会阻碍他们的那些特质;个体化的核心开始瓦解。只是在最近,相反趋势的痕迹才在不同的青年群体中变得明显:反抗盲目的适应,自由变成被合理选择的目标,反感这个作为欺诈和观念的世界,思考改变的可能性。与之

---

* "组合社会"(又译为"有序社会")是德国新自由主义学派经济学家,并曾任联邦德国经济部长、总理的路德维希·艾哈德(Ludwig Wilhelm Erhard,1897—1977)提出的一种社会构想,这指的是"一个社会不再由彼此目的相悖的阶级和组织构成,而是抛开国家问题上的所有意见分歧在根本上可合作的社会,也就是说,一个筑基于所有组织和旨趣共同协作的社会。这样的社会已经包含在社会市场经济体制中,他的可合作性并不是来自强势胁迫,而是来自自身的力量,来自自己的意愿,来自对相互间彼此不可分离性越来越清晰的意识和认识"(引自王涌:《两种主张的较量与战后德国经济发展》,《外国问题研究》2011年第4期)。——译者注

相对的、社会上不断上升的毁灭驱力是否依然会胜利这一问题,则被断然拒绝了。主观上的倒退反过来促进了体系的退化。由于体系变得功能失调了(在不同的场景下应用一下默顿的表述),大众的意识因如下一点而使自己与体系变得相同了:固定的、同一的自我的合理性不断丧失,而这种合理性依然包含在一个功能社会的概念之中。

369　　今天,生产力和生产关系是一回事,因此人们似乎可以轻而易举地从生产力出发来建构社会。这是社会必然假象的当代形态。它之所以是社会必然的,是因为实际上早已相互分离了的社会过程诸因素(包括活着的人)被统合起来了。物质生产、分配、消费全都被管理起来了。它们的界限消失了,这些界限曾在总过程之内,将这个总过程的彼此联系的领域相互分开并由此尊重质上的差异。一切即一。中介过程的总体,实际上就是交换原则的总体,产生出了第二种虚妄的直接性。这种直接性会眼睁睁地看着分离与对抗被遗忘,或是从意识中排挤出去。但是,这种关于社会的意识是假象,因为它虽然考虑到了技术上的和组织上的统一化,但没有看到,这种统一化并非真正合理的,而是依然服从于盲目的、不合理的规律性。不存在任何社会总主体。应该这样表述这种假象:今天,一切社会定在者都完全是被中介了的,以至于中介因素也正是被其总体阻断了。指向"传动装置"之外的某个位置,以由此出发为骇人之事命名,这一点再也不可能了;只有在这"传动装置"自己的不连贯性中才会形成操纵杆。这就是霍克海默和我几十年前用"技术面纱"概念所指的东西。世界的建立与其居民之间的虚假同一性,通过技术的全面扩张导致了对生产关系的证实,在这期间,人们徒劳地探寻这些生产关系的受益者,这就像无产阶级已变得不可见了那样。体系相对于一切人(包括支配者在内)的独立化,达到一个临界值。这种独立化变成了一种不幸,它表达在无所不在的、用弗洛伊德的话来说是自由奔涌的畏惧中;之所以说是自由奔涌,是因为这种畏惧不再能

370　够紧随活生生的东西、不再紧随人或阶级。但是,最终独立了的,只有被掩埋在生产关系之下的人与人之间的关系。因此,物的压倒性的秩序同时依然是人自己的意识形态,这种秩序实际上是无力的。因而,魔

力是捉摸不透的,但它仅仅是魔力而已。如果说,社会学不是仅为代理人和利益提供受人欢迎的信息,而是要实现最初构想它时所要实现的目的,那么,它就要用那些本身没有屈服于普遍拜物教特征(也许诸位依然满足于这种特征)的手段,来为魔力的消解作出贡献。

(1968 年)

第 二 部 分

关于阶级理论的反思

一

　　根据阶级理论,历史是阶级斗争的历史。但是,阶级概念是与无产阶级的出现联系在一起的。即使是革命的资产阶级也还是称自己为第三等级。在将阶级概念扩展到史前时代(Vorzeit)时,阶级理论不仅谴责资产者,他们因财产和教育而得的自由延续了旧的不公正传统。它还反对史前时代本身。父权制的善意假象被摧毁了,这种假象是史前时代自无情的资本主义算计胜利以来所假定的。已变易东西的令人敬畏的统一,即被设想为有机体的社会中的等级制的自然权利,已经表现为受益者的统一。等级制一直是占有异己劳动的强制组织。自然权利是失去时效的历史不公正,被划分了的有机体是分裂的体系,等级的形象是已建立起来的资产阶级最好用的意识形态,其形态是可靠的收入、忠实的劳动,最后是等价交换。通过展示使资本主义展开的历史必然性,政治经济学批判变成了对整个历史的批判,资产阶级像它的先辈那样,从历史的不可变更性中获得了特权。最近的不公正存在于公正的交换本身中,人们因其灾难性的力量而认识到这种不公正,这种不公正意味的,不过是将自己与被它毁灭的史前时期相等同。如果说,人曾对人施加的所有压迫在现代、在自由雇佣劳动的冷酷痛苦中达到顶峰,那么,历史状况本身的表达在关系和物——工业理性的浪漫对立面—— 上表现出旧苦难的痕迹。金字塔和废墟的古老沉默是唯物主义思想本身固有的:它是工厂噪声在不变的东西的景观中的回响。雅各布·布克哈特怀疑,柏拉图的《理想国》的洞穴比喻(这是永恒理念学说最郑重的象征),是以可怕的雅典银矿的形象为蓝本的。[1]那么,关于永恒真理的哲学思想就是从对当前痛苦的沉思中产生出来的。一切历史都意味着阶级斗争的历史,因为一直就是这样,一直就是史前史。

二

在这里,有一个关于如何认识历史的指示。从最近的不公正形态出发,重点总是落在整体上。只有这样,阶级理论才能让历史定在的沉重有利于对当下的洞察,而不是甘心地屈服于负担本身。资产阶级和追随者都知道赞扬马克思主义中的动态,在其中,他们察觉到了对历史的勤奋模仿,这种模仿接近于历史自己的活动。恩斯特·特洛尔奇在《历史主义及其问题》一书中赞赏道,马克思主义辩证法"保留了其建设性的力量,也保留了对现实的根本动荡的参与"[2]。对建设性的参与的赞扬引起了对根本动荡的猜疑。动态只是辩证法的一个方面:对实践精神、对支配性的行动、对不知疲倦的创制能力的信仰更愿意强调这一点,因为持续不断的更新是掩盖旧的非真东西的最好方式。辩证法的另一个不太受欢迎的方面是静态的方面。概念的自身运动,即将历史视为三段论(如黑格尔哲学所认为的那样)的观念,不是发展学说。对此,它只是造成了对精神科学的公认的误解。它由以理解不断出现的新东西的不停歇的破坏性展开的那种强制在于,每时每刻,新东西都同时是旧东西。新东西不会将自己添加到旧东西中去,毋宁说,新东西仍然是旧东西的困境(Not),是旧东西的贫穷(Bedürftigkeit),正如这种困境与贫穷通过旧东西的思维着的规定、通过与旧东西本身中一般的不可或缺的对立而成为内在矛盾那样。因此,在所有反题式的中介中,历史仍然是一种过度的分析判断。这是主客体在绝对中实现同一这种形而上学学说的历史实质。历史体系指的是将时间性的东西提升为意义的总体,它作为体系,扬弃了时间,并将之还原为抽象地否定的东西。

作为哲学的马克思主义一直忠实于这种体系。它将黑格尔的唯心主义确认为关于具有自身同一性的史前史的知识。但是,它通过将这种同一性揭露为史前史的同一性而使黑格尔的唯心主义以脚立地。对于它来说,同一物确实只被表达成贫穷,是人的贫穷、概念的贫穷。推动历史运动的否定性的东西的不可调和的力量,是剥削者加于牺牲者身上的东西的力量。作为代代相传的枷锁,它就像自由一样,阻碍了历史本身。历史的体系统一性应当赋予个体痛苦以意义,或应庄严地将之贬低为偶然,这种统一性是哲学对人类至今仍在其中苦苦挣扎的迷宫的挪用,是痛苦的缩影。在体系的禁区,新东西、进步、旧东西都是一样的,都是不断更新的灾厄。认识新东西,并不意味着参与新东西和动荡,而是抵制动荡的僵化,是猜测出世界历史的行军是一种原地踏步。用最近的灾厄的反光来照亮被燃尽的史前史的轮廓,以便意识到这种灾厄在史前史中的对应物,除此之外,阶级理论不知道还有什么"建构性的力量"。正是最新的东西,而且只有它,是古老的惊骇,是神话,其恰恰存在于时间的盲目进程中,凭借有耐心的、愚蠢地无所不知的诡计,这一进程撤回到自身,就像驴子吃掉奥克诺斯(Oknos)的草绳 * 那样。人们只有认识到最新的东西都是相同的东西时,才能服务于不同的东西。 376

三

阶级社会的最新阶段是由垄断支配的;这一阶段推进至法西斯主义,这是与之相称的政治组织形式。虽然它以集中和中央集权证明了阶级斗争学说是正确的,没有去调解极端的权力与极端的无权,并使两

---

* 奥克诺斯是古希腊画家波留克列特斯为德尔斐阿波罗神庙所画的湿壁画《奥德赛降至哈迪斯》中的一个人物。他喜欢将灯芯草编起来喂给驴子吃。而对于驴子来说,无论灯芯草编成什么样子,乃至于是否被编起来,都是无所谓的,因为这只不过是它的饲料。奥克诺斯这一人物形象代表的是,看似做了很多事情,但终归做的是没有任何意义的无用功。——译者注

者因完全的矛盾而对立,但是,它使敌对阶级的存在被遗忘了。这种遗忘比意识形态更有助于垄断,意识形态已经变得如此单薄,以至于它们招认自己就是谎言,为的是更强烈地向那些必须相信它们的人展示他们自己的无权。社会的总体组织通过大企业(big business)及其无处不在的技术,完全占据了世界和观念,以至于认为情况可能完全不同的思想都几乎变成了无望的努力。各阶级因它们之间的关系僵化而变得不可见,这是一幅残酷的和谐图景,这幅图景获得了超越意识的现实力量;之所以如此,完全是因为,鉴于当前无权与权力的分配,如下观念看起来是没有指望的,即一切国家中的被压迫者即无产者想团结为阶级并终结恐怖。文化保守主义的和社会学的帮凶哀叹道,大众社会被拉平了,实际上,这种拉平绝望地认可差异是同一性,大众即体系的囚徒致力于实现这种同一性,因为他们模仿残缺的统治者,为的是,在他们只是为了充分显示自己时,也许能从这些统治者那里获得施舍。有组织的阶级仍然可以领导阶级斗争,这种信仰使得被剥夺者与自由主义
377 幻想闹崩了,这与工人的革命联合曾经嘲笑资产阶级被风格化为一个等级的做法没有太大区别。阶级斗争被放逐到理想之下,它必须满足于宽容和人道,这些已成为工会主席演讲的口号。仍然可以建造路障的时代,几乎就像手工业的黄金时代那样,是极乐的。压制的万能及其不可见性是一回事。由驾驶员、电影观众和人民同志 *(Volksgenosse)组成的无阶级社会,不仅讥讽这个社会之外的人,而且也讥讽自己的成员,即被统治者,他们既不敢再向他人,也不敢再向自己承认这一点,这是因为,仅仅知道这一点,就已经因对丧失存在和生命的痛苦畏惧而遭受了惩罚。张力日益增长,以至于不可通约的两极之间根本就不再有任何东西。统治的不可估量的压力使大众如此分离,以至于就连被压迫者的否定性的统一也被撕裂了,在 19 世纪,这种统一曾使得大众成为了阶级。为此,他们直接被施加到他们身上的体系的统一所没收了。

---

* 人民同志是纳粹党的前身德意志工人党的政治术语,指的是具有纯正日耳曼血统的德国公民。1920 年德意志工人党更名为纳粹党的集会上公布的"二十五点纲领"继承了这一术语。——译者注

阶级统治打算使匿名的、客观的阶级形式存留下来。

四

因此,有必要切近地观察阶级概念本身,以便坚持它,同时也改变它。之所以要坚持它,是因为:它的根据,即社会分裂为剥削者和被剥削者这一点,不仅持续存在,而且就强制性和牢固性而言还在增强。之所以要改变它,是因为:被压迫者,根据阶级理论的预测来说也就是今天的大多数人,不能将自己经验为阶级。他们当中那些抱怨这个名字的人,通常来说意味着他们在现存东西中有着特殊利益,就像工业中的头面人物使用"生产"概念时那样。剥削者与被剥削者之间的区别并不那么明显,以至于这种区别将团结作为被剥削者的"最后的手段"(ultima ratio)呈现在他们眼前:对于他们来说,顺从是更合理的。长期以来,对同一阶级的从属性并不能转化为利益和行动方面的平等。不仅是在工人贵族中,而且在资产阶级本身的平等主义特征中,都可以找到阶级概念的矛盾因素,今天,这种因素以充满灾难的方式出现了。如果政治经济学批判就意味着对资本主义的批判,那么,阶级概念,即这种批判的中心,本身就是按照资产阶级的模式形成的。作为生产资料及其附属物的所有者的匿名统一体,这就是阶级。但是,使其变得如此的那种平等主义特征本身被政治经济学批判所消解了,不仅是在同无产阶级的关系中被消解了,而且也作为资产阶级本身的规定被消解了。资本家之间的自由竞争已经暗示了他们联合起来施加到雇佣工人身上的那种不公正,他们不仅将后者当作处于交换之中的对象来剥削,而且同时通过体系将之生产出来。竞争者之间的平等权利和平等机会在很大程度上是虚构的。他们的成功取决于——在竞争机制之外形成的——资本的力量(他们凭借它进入竞争)、取决于他们代表的政治权力和社会权力、取决于新旧征服者的掠夺、取决于他们对竞争经济从未认真清算过的封建占有的接纳、取决于他们同直接的军事统治设施的关系。利益的平等被还原为对大人物的战利品的参与,当一切所有者都向大人物承认至高无上的财产原则时，这种原则就得到了准许，它保证了他们的权力及其扩展了的再生产：整个阶级必须准备最大限度地愿意接受财产原则，而它实际上主要是指大人物的财产。资产阶级的阶级意识指向的是自上而来的庇护，这是真正占统治地位的所有者对那些将身体和灵魂奉献给他们的人所作出的让步。资产阶级的宽容将得到容忍。这种宽容并不意味着对下层人的正义，即使对于自己阶级中凭借"客观趋势"来谴责上层人的那些人来说也不是正义；等价交换379 及其在法律政治上的反映形式的规律是一种契约，这种契约默默地在权力关系的意义上调节着阶级的核心与阶级中的大多数人之间的关系，调节着资产阶级"领主"(Lehensleute)之间的关系。换言之，阶级就是如此真实的，它本身就已经是意识形态。如果阶级理论证明公正交换、资产阶级的自由和人道是值得怀疑的，那么它因此就揭示了阶级的双重特征。这种双重特征在于，阶级的形式平等既具有压迫其他阶级的功能，又具有通过最强者来控制本阶级的功能。它被阶级理论贴上了统一体的标签，贴上了与无产阶级相对立的阶级的标签，为的是揭露其所代表的整体利益之局部性。但是，这种局部的统一必然本身是非统一的。平等主义的阶级形式既是统治者得以享有超出附属者的特权的工具，同时也掩盖了这种特权。对自由主义社会的批判不能停留在阶级概念上，这一概念与自由主义体系一样，既是真的，也是非真的。它的真理性是批判性的：它指出了资产阶级利益的局部性得以实现的统一。它的非真理性在于阶级的非统一。阶级的内在规定通过统治关系成为一种贡物，它必须将这种贡物献给自己的局部性，这种贡物有利于它的统一。在阶级的真实的非统一面前，同样真实的统一已变成了面纱。

五

在市场经济中，阶级概念的非真理性是潜伏着的：在垄断之下，这种非真理性变得像它的真理性一样可见，但阶级的存在是看不见的。随着竞争及其斗争，阶级的统一也早已消失，就像它不再作为斗争的游戏规则、不再作为共同利益将竞争者聚合起来那样。在面对无产阶级时,资产阶级很容易否认自己的阶级特征,因为实际上,它的组织抛弃了利益平等这一共识形式(这在 18 和 19 世纪将之建构为阶级),代之 380 以大人物在经济和政治上的指挥权,这给附属者和工人带来了同样的警察威胁(Polizeidrohung),强加给他们同样的功能和同样的需求,并因此使工人几乎不可能看透阶级关系。阶级理论关于少数所有者和绝大多数无财产者的预测已经实现,但是,阶级社会的本质并没有因此变得人所周知,而是被阶级社会在其中得以完善的大众社会施加了魔法。统治阶级隐身于资本集中的背后。这种集中达到了一定的规模、赢得了自己的分量,由此,资本将自己呈现为制度、呈现为对整个社会的表达。局部性的东西凭借它的实施的全能而篡夺了整体:旧的商品拜物教特征终结于资本的社会总体方面,这种特征将人的关系反映为物的关系。今天,整个定在秩序变成了这样的物。在其中,对于无产阶级来说,阶级形成的可能性因自由市场(这对于工人来说一直是谎言)而被客观地阻断了,并且最后通过统治者的自觉的意志以大的整体(他们自己就是这个整体)的名义、通过一些措施阻止了。但是,无产者如果想要活下去,就必须去适应。无论在哪里,自身持存都经由集体而推向了被密谋的宗派。在自己人中间强制性地再产生出领袖与随从的分裂,这种分裂在统治阶级本身那里进行着。工会成为垄断组织,干部成为强盗,他们要求那些被接纳的人盲目地服从,他们威胁组织之外的人,然而,他们诚实地准备好与其他垄断者共享掠夺品,如果后者只是没有事先以公开的法西斯主义的形式将整个组织掌控在手的话。这种情节的进展终结了自由主义的插曲;昨天的动态招认自己是今天的僵化了的史前时期,匿名的阶级招认自己是自封的精英的专政。就连政治经济学(自由主义的政治经济学理论强烈地预先规定了它的概念)也作为短暂的东西消解了。经济学是经济的一个特例,是为统治所准备的匮 381 乏的特例。不是交换规律导致了最近的统治(它是现阶段整个社会再生产在历史上的适当形式),而是旧的统治有时进入经济设施,为的是一旦完全掌控这种经济设施就打碎它,并使生活变得轻松。在这种对阶级的废除中,阶级统治就出现了。根据最后的经济阶段的图景,历史是垄断的历史。根据今天由和睦相处的劳资领袖犯下的明目张胆的篡夺的图景,历史是帮派斗争的历史,是一群囚犯与匪徒的历史。

六

马克思终生致力于阶级理论的阐述,工人运动以之作为自己的基础。它不仅是最有效的鼓动手段,而且,在资产阶级的民主时代、在无产阶级群众政党和罢工的时代,也就是在垄断取得公开胜利之前、在失业扩展为第二自然之前,它与冲突是相匹配的。只有改良主义者才会空谈阶级问题,为的是以对斗争的否认、对中产阶层的统计学上的赞赏和对无所不包的进步的赞美来遮掩已经开始的背叛。对阶级的否认是捏造出来的,这种否认促使阶级理论的负责任的承担者将阶级概念本身当作教育剧本(Lehrstück)来捍卫,而没有进一步推进它。由此,阶级理论就暴露出了自己的单纯性,并且对于实践上的灾厄也是负有一定责任的。各国资产阶级社会学都充分利用了它。如果说,它在总体上因马克思(他就像磁针似的)而偏转了,变成了辩解性的,并且日益坚持价值中立,那么,在事实认为萎缩了的阶级理论是错误的地方(它作为信条,本身堕落为关于事实的陈述),它的实证主义,即对事实性的东382 西真正贴合,就能够使它的努力获得回报。研究的唯名论将本质性的东西即阶级关系当作理想类型而放逐进方法论,并将现实交付给仅对它作了些点缀的独一的东西;这种唯名论与那些分析联合了起来,后者证明阶级——例如在其特定的政治等价物即政党中——具有寡头政治的特征,认为阶级理论忽视了这些特征,或是恼怒地将之视为"垄断资本主义"的附属物。在这一方面,人们越是彻底地从事实中清除具体概念、清除事实与剥削体系的现状的关系(这种关系内在于一切事实当中并起着规定作用),事实就越是适合于抽象概念,适合于包含了一切时代的特征统一体,这种统一体不过是从事实中扣除掉的东西,其对于事实再也无能为力了。寡头政治、意识形态、整合、分工从统治历史的因素,变成了人的社会化的一般范畴,人们只看到自己光鲜的生活之树,而再也看不到这些因素构成的灰暗之林。对所谓的阶级形而上学的怀疑,在形式社会学的预兆中成为规范性的:阶级之所以存在,并不是由于不可改变的事实;但是,这些事实的不可改变性取代了阶级,并且,因为社会学的目光在寻找阶级的石块时却总是只找到精英的面包,并且经常经验到,没有意识形态是绝对不可能的,所以,最明智的做法就是,停留于社会化的形式上,并可能悲痛地使不可避免的精英的实事变成自己的意识形态。基于反例来反对"有充分基础的幻觉"(phantasma bene fundatum),否认群众政党的寡头政治特征,不承认阶级理论在政党干部口中实际上变成了意识形态,这些做法是纯粹的无力,只是将辩解术的精神带入了阶级理论,而资产阶级辩解者是为了对付阶级理论而编织出了这种辩解术的罗网。除了用来自社会学概念的真理来反对产生出这些概念的非真理之外,没有什么能够起到帮助作用。社会学针对阶级现实说出的,无非阶级社会的原则:社会化的普遍性是统治在历史上得以贯彻的形式。在用盲目的事实建立抽象的统一时,383 社会学打算的是完成关于无阶级的幻景,这种统一本身是对人之为人的资格的剥夺,是使人成为客体,这是由统治造成的,并且在今天也浸染了阶级。社会学的中立性重复着社会暴力,它躲在盲目的事实背后构筑防线,这些事实是世界被秩序打破之后形成的瓦砾,这种秩序是社会学家赞同的。针对没有规律的未来,一般规律没有作任何说明,因为它的一般性本身就是压制的逻辑形式,这种形式必须被废除,这样人类才不会退回到其根本还没有摆脱的野蛮当中。民主之所以是寡头政治,并不是因为那些人,根据他们的成熟的领导者的看法和利益,他们还不成熟,不应当享有民主;而是因为一种非人性,它将特权刻进了历史的客观必然性中。当赤裸裸的宗派统治最终从阶级辩证法中凸显出来时,一直打算这么做的社会学就完成了它的使命。其形式上不变的东西被证明是对最近的实质趋势的预测。从今天的情况中学习辨别阶级中的帮派的理论,是对形式社会学的拙劣模仿,后者否认阶级,以使帮派永久化。

七

马克思主义的阶级学说最容易受到辩解式批判的地方似乎是贫困化理论。共同的贫困使无产者成为阶级。这种共同的贫困作为结果，是因他们在资本主义经济生产过程中的地位而产生的，并且随着这一过程而增长到无法容忍的程度。这样一来，贫困本身就变成了应当战胜贫困的革命力量。无产者失去的只有他们的锁链，而他们将会赢得一切：对于他们来说，作出选择应当并不困难，资产阶级民主是进步的，因为它为阶级组织提供了活动空间，而阶级组织在数量上的分量会带来颠覆。但所有统计数据都可以反对这一点。无产者失去的不仅仅是他们的锁链。与《共产党宣言》的作者看到的一百年前的英国状况相比，他们的生活水准没有恶化，而是有所改善。随着技术生产力的发展，劳动时间的缩短、衣食住行的改善、家庭成员和老年人的保障、平均寿命的提高，这些情况都发生在工人身上。再也不能说，饥饿迫使他们无条件地联合起来并进行革命。为此，联合和群众革命本身的可能性都变得可疑了。个人在利益组织中比在自己的利益中更为繁盛，技术—军事的权力手段如此超常地集中于雇主手中，以至于这种集中从一开始就将旧式的提升驱逐到英雄记忆中的普遍容忍的领域，即便在资产阶级民主的门面依然存在的地方，也绝不会允许形成这样一个群众政党，它可以思考革命、可以谈革命。这样一来，对贫困化的传统建构就瓦解了。用相对贫困化这一辅助概念来修补之，就像人们在修正主义之争的时代试图做的那样，只有社会民主党的反辩解者才会这样做，他们的耳朵已经因自己的喧嚷而变得如此迟钝，以至于他们甚至连他们的努力从相对贫困化这一表达出发时遇到的那种讥讽也听不到了。必须做的，是考虑贫困化概念本身，而不是对其效用范围进行吹毛求疵式的修正。但是，这是一个严格的经济学概念，是由绝对积累规律界定的。后备军、人口过剩、需要救济的赤贫的增长与"执行职能的资本"[3]是成正比的，同时它们也压低了工资。贫困化是自由主义体系中各种力量的自由游戏的否定性,马克思的分析揭露了这一体系的概念的荒谬性:在资本主义的生产关系下,随着社会财富的增加,社会贫穷因内在的体系强制而增长。这里预设的是不受干扰的、自律的经济机制进程,就像自由主义理论所假定的那样:有待分析的"经济表"(tableau économique)的封闭性。其他一切都算在有所修改的"情况"中,而"对这些情况的分析不属于这里的范围"[4]。但因此,贫困化理论本身表明,它依赖于阶级的双重特征,即依赖于其概念所包含的被中介的压制和直接的压制之间的差异。贫困化是存在的,因为资产阶级确实是匿名的和未自觉的阶级,因为它和无产阶级都是被体系支配的。在纯粹经济必然性的意义上,贫困化是绝对地发生着的:如果自由主义真的是马克思所说的自由主义,那么,在和平的世界中就已经存在着需要救济的赤贫了,今天,这种赤贫在军事上被征服的国家中是显而易见的。但是,统治阶级不仅被体系所支配,而且通过体系来统治,并最终支配体系本身。这些有所修改的情况不受政治经济学体系的掌控,但对于统治历史来说是核心性的。在经济学的清算过程中,这些情况不是修改,而是本质本身。就此而言,它们涉及的是贫困化:为了不炸毁体系,这种贫困化就不应当出现。体系以其盲目性而是动态的,并积累了贫困,但是,体系通过这种动态所实现的自身持存,也在面对贫困时终结在了一种静态中,这种静态是由史前动态的"长音"(Orgelpunkt)发出的。在垄断条件下对异己劳动的占有(这种占有更多地是通过市场规律实现的)越少,整个社会的再生产就越少。贫困化理论直接包含着以工人竞争为形态的市场范畴,通过这种竞争,劳动力商品的价格就会下降,然而,这种竞争及其所意味的一切,已经同资本家的竞争一样,都变得可疑了。贫困的动态因积累的动态而停顿了。下层人经济形式的改善或稳定是外在于经济的:更高的水准是由收入或垄断利润来支付的,而不是由可变资本(v)来支付的。这种水准就是失业救济金,即使在没有宣布这一点的地方,即使在劳动与工资假象依然浓厚的地方也是如此:额外给的东西,即统治者意义上的小费。这和善良意志与心理无关。这种进步的理智是体系关于其持久存在的条件的自身意识,

385

386

而不是无意识的图式数学。马克思的预测以一种意想不到的方式得到了验证:统治阶级彻底地依赖于异己劳动,以至于它坚决地将它的命运即"必须养活工人"当作自己的事,并确保"奴隶在奴隶制中活下去",为的是巩固自己的存在。最初,群众的压力、潜在的革命会引发翻转。后来,随着垄断的中央机构(Zentralstellen)的加强,工人阶级的状况将会因对超出自身封闭地界定的经济体系的好处的期望——不是直接通过殖民利润(Kolonialprofite)——得到改善。所有的计算项目都考虑到了权力的最终建立。但是,隐性的、仿佛被审查过的贫困的发生地点是政治上和社会上的无权。它使所有人都成为垄断集团及其国家的单纯管理对象,就像自由主义时代的贫民(pauper)那样,而当时,只有这些贫民才被允许在高度文明化中消亡。这种无权使战争能够在所有国家中发动起来。正像战争事后证实权力设施的"非必需费用"(faux frais)是有利可图的投资那样,它兑付了贫穷的信用,统治集团明智地推延了这种贫穷,然而,他们的这种明智的不可动摇的界限也是在贫穷中。能够战胜贫穷的,只有统治集团的垮台,而非一直伪装起来的操纵。

八

"落下什么,你就应当推什么。"(Was fällt, das sollt ihr stoßen.)尼采的这句话将阶级社会的现实实践所界定的原则当作准则说了出来。这只是在仇恨世界中用来反对爱的意识形态的准则:尼采属于文艺复兴以来的资产阶级思想家的传统,这些思想家出于对社会之非真理的愤慨,以玩世不恭的态度将社会的真理用作针对理想的理想,并借助了与另一种真理相对抗的批判性暴力来实现这一点,他们最为猛烈地讥讽这另一种真理是非真理,史前史使它沉迷于这种非真理。但是,相比于自由竞争时代之初的"一切人反对一切人"(bellum omnium contra omnes)的观点,这一准则说出了更多的东西。落与推的联盟是阶级的历史悠久的双重特征的密码,这种特征直到今天才显现出来。体系的客观趋势总是被支配它的人的自觉的意志所倍增、认可和合法化。因为盲目的体系是统治;因而,它总是有利于统治者,即使在它似乎威胁后者的地方也是如此,统治者的助产士服务(Geburtshelferdienste)见证了关于这一点的知识,并且,当体系的意义被历史进程的客观性、被它本身的异化形态所掩盖时,这种助产士服务恢复了体系的意义。存在着一种自由资产阶级的"本原行动"的传统,这一传统从"火药阴谋"*(Pulververschwörung)开始——也可能从雅典发生的破坏赫尔墨斯神像**开始——直到"国会纵火案";存在着诸如贿赂兴登堡和会见银行家施罗德***等阴谋,客观趋势的行家对这些阴谋漠不关心,而是简单地将之视为为了实现自身而利用了世界精神的偶然之事,但这些阴谋绝非那么偶然:它们是自由的行为,这些行为证明了,客观的历史趋势之所以是一种欺骗,是因为它并不容易与那些通过历史来命令历史的人的主观利益相协调。理性甚至比黑格尔想要证明的还要狡猾。它的秘密与其说是激情的秘密,不如说是关于自由本身的秘密。在史前史中,这是宗派对被称为命运的灾难匿名性的支配。这些宗派被本质的假象所制服,是他们自己使这种本质起作用的,因而只是看起来制服了这种本质。在对他们自己的自由的意识中,历史是通过历史客观性实现进步的,而这种自由只不过是其他人的不自由的另一面。这就是历史与帮派之间的真实的相互作用,是"内在的同一……在这同一中,必然被提高为自由"[5]。人们正确地指责唯心主义将世界神化了,388 同时,唯心主义也是关于世界的最为可怕的真理:即便在其积极因素中,即在关于自由的学说中,它也明显地包含着其对立面的伪装,在它

---

* 这是一次未遂的阴谋。1605 年 11 月 4 日午夜前后,信仰天主教的英国贵族盖伊·福克斯(Guy Fawkes)被发现潜伏在议会大楼下的地窖中,同时发现了火药。经过审讯,福克斯透露自己是英国天主教阴谋的参与者,其试图在议会开会期间刺杀詹姆士一世和议员,并由天主教徒取而代之。涉嫌密谋的福克斯和其他成员因叛国罪被审判并处决。——译者注

** 公元前 415 年,在雅典为远征西西里作准备的时候,发生了全城赫耳墨斯神像遭到破坏的事件。由于赫耳墨斯神像是城邦民主政治的伴生物,所以雅典人最终怀疑有一个试图推翻民主政治的阴谋。——译者注

*** 科特·冯·施罗德(Kurt von Schroeder)是公认的资助希特勒的国际银行家之一。纳粹上台后,他曾担任国际清算银行的德国代表、德意志帝国银行的首席私人顾问等职务。战后因反人类罪被判处有期徒刑三个月。——译者注

将人规定为逃脱之人的地方,即正是在史前史中,人最为彻底地陷入了厄运。虽然不是在普鲁士国家中,但却是在元首的"超凡魅力"中,自由呈现为必然的重复。如果大众只是不再爱静听关于自由的谈论,那么这不仅仅是他们的错或误用名称的错。他们怀疑,强制的世界恰恰总是自由、支配和设定所构成的世界,而自由人是能从自己身上拿走某些东西的人。不同的东西是无名的,而今天代表着这一点的东西,即团结、温柔、体谅、思虑周详,与当前的自由人的自由几乎没有什么相似之处。

九

经济上的贫困化和经济之外的生活水准的改善,这两种彼此分离的趋势导致无产阶级在社会上的无权,而阶级理论并未预测到这一点。对前一种趋势的主要洞见与如下期待是相应的,即贫穷的压力会直接变成反对压迫者的力量。但是,对于阶级理论来说,关于无权的思想并不陌生。这种思想是以非人化之名出现的。正如工业使得其牺牲者遭受身体上的残疾、疾病、畸变那样,它也带来了使意识畸变的威胁。阶级理论明确提及了工人的野蛮化,他们被迫对依赖他们的人再次做出他们曾遭受的事情,而且与他们再也不能理解的机械化劳动过程日益相异化。但如下问题没有被提及,即被如此规定的人如何能够采取行动,这不仅需要明智、概观全局的能力以及沉着果断,而且需要极端的自我牺牲的能力。阶级理论从一开始就避开了心理主义的危险——并非偶然的是,"社会主义心理学"的作者最终成为法西斯主义者,就像那位研究政党制度的社会学家*那样——,而这比资产阶级哲学顽固地捍卫其在认识领域的客观性要早得多。马克思没有涉及工人阶级的心理学。这种心理学是以个体性,即具体动机关联的自给自足为前提的。这种个体性本身是一种社会地产生出来的概念,其属于政治经济学批判。即使在相互竞争的资产者中,个体在很大程度上也是意识形态,在

389

---

* 即罗伯特·米歇尔斯。——译者注

这种情况下,这些资产者的个体性被财产秩序剥夺掉了。这就是所谓的非人化。同无产阶级的对比否定了资产阶级的人的概念,就像这否定了资产阶级经济学的诸概念那样。之所以抓住人的概念,只是为了在其矛盾中将之揭示出来,但这一概念还没有被一种马克思主义的"人类学"所确证。凭借市场经济的自律和在其中形成的资产阶级个体性,就连市场经济的对立面,即被社会排斥的人所遭遇的血腥的非人化也已成为过去。晚上醉醺醺地回家并殴打家人的工人形象被推到了最边缘:相较于他,他的妻子更害怕的是向她提供建议的社会福利工作者(social worker)。再也谈不上对已不再理解自己的劳动过程的无产者的愚弄了。尽管高度发达的分工使工人越来越远离组装起来的最终产品(而过去的手工业者对最终产品是熟悉的),但与此同时,个别的劳动进程在取消资格方面越来越彼此接近,以至于,做一件事的人,实际上就可以做一切事并理解整体。在福特公司流水线上的人总是重复着同样的操作,他对成品车非常了解,但其中并不包含按照那种操作的模式而无法设想的秘密。即使是工人和工程师(他们的劳动本身是机械化的)之间的区别也可能逐渐导致单纯的特权;战争对技术专家的需要表 ³⁹⁰明,差异有多么灵活,专家就多么不再可能是专家。但是,这最初并未对无权作出多少改变,就像之前赤贫并未变成革命那样。今天,机敏的机械师越来越不是个体,就像一百年前生活工场(working house)中沉闷的居住者那样,无疑,他们的个体性不太可能加快革命。不过,他们理解的劳动过程,比过去不被理解的劳动过程更为彻底地形塑了他们:劳动过程变成了"技术面纱"。他们在阶级的双重特征中有其份额。如果体系制止了非人化(它威胁着统治者,直到他们因自己的非人性而被纳入这种非人化当中),那么因此,马克思的"体系产生无产阶级"的洞见就以全然无法预见的方式得到了兑现。人凭借自己的需求和体系的无所不在的要求,真的变成了体系的产物:文明化了的人的非人化,在垄断条件下完成了,这种非人化确实与他们的文明相吻合,这是人自己所理解的物化,而不是未被理解的残暴。社会总体在如下一点上得到了证明,即它不仅完完全全地没收了其成员,而且按照自己的形象来创造他们。归根结底,这涉及的就是权力和无权的张力的两极分化。只有那些像垄断一样的人,垄断才会向其提供当今社会稳定所依赖的资助。这种使自身等同、文明化和适应的过程,消耗了一切可能使情况有所不同的能量,直到从受限的全人类中产生出他们所是的那种野蛮。统治者有计划地再生产出社会生活,他们也恰恰由此再生产出了被计划者的无权。统治移居到人们之中。他们不需要——如自由主义者倾向于凭借其市场观念而设想的那样——被"影响"。大众文化使他们一次又一次地变成这样,就像他们已然处于体系强制之下那样;大众文化

391 控制了缺口,将实践的官方对应物当作实践的公共道德(public moral)补充进来,并为他们提供模仿的模式。不能指望电影对不同类型的东西产生影响,即使是同类型的东西也已不完全相信电影:自律的残余、连带着那些在自律与统治之间起中介作用的意识形态的残余也消失了。非人化不是由外而来的权力,不是任何形式的宣传,不是被文化所排斥。它正是体系中被压迫者的内在性,他们曾经至少因贫困而脱离体系,然而今天,他们的贫困是,他们再也出不来了,他们怀疑真理就是一种宣传,而他们接受了宣传文化,这种文化以拜物教化的方式颠倒成一种臆想,即它可以无限映射。但因此,非人化同时也是它的对立面。物化的界限就在被物化的人身上。他们赶上了技术生产力,在后者中隐藏着生产关系:这样一来,通过异化的总体,这些生产关系失去了异化性的恐怖,不久也许也会失去其威力。只有当牺牲者完全具有了占统治地位的文明的特征时,他们才能使这种文明摆脱统治。差异中还剩下的东西被还原为赤裸裸的篡夺。只有在其盲目的匿名性中,经济看起来才像是命运:它的魔力被能看得见的独裁政权的恐怖打破了。阶级社会转变为无阶级社会,这一假象是如此成功,以至于虽然被压迫者被吸收了,但一切压迫变得十分多余。古老的神话在其最近的无所不能中是相当脆弱的。如果动态一直是等同的东西,那么今天它的终结并不是结束。

(1942 年)

注释

［1］Cf. Jacob Burckhardt，*Griechische Kulturgeschichte*，Bd. I，4. Aufl.，Stuttgart 1908，S. 164，Anm. 5.

［2］Ernst Troeltsch，*Der Historismus und seine Probleme*，Tübingen 1922，S. 315.

［3］Cf. Marx，*Kapital* I，ed. Adoratskij，S. 679 f.中译参见《马克思恩格斯文集》第5卷，人民出版社2009年版，第742页。

［4］ibid.中译参见《马克思恩格斯文集》第5卷，第742页。

［5］Hegel，*Sämtliche Werke*，ed. Glockner，Bd. 4：*Wissenschaft der Logik*，1. Teil，Stuttgart 1928，S. 719.中译参见黑格尔：《逻辑学》下卷，杨一之译，商务印书馆1982年版，第231页。

关于需求的提纲

1. 需求是一个社会范畴。自然,即"驱力"也包含在其中。但是,社会的需求因素与自然的需求因素不能一个被当作次要的,另一个被当作主要的而被分开,这种分开的目的是据此建立满足的等级秩序。被理解为自然范畴的饥饿,可以用许多野蛮人所吃的蝗虫和蚁卵来缓解。而属于文明人的具体饥饿之满足的,是适宜吃一些他们不厌恶的东西,整个历史在厌恶与其对立面中得到了反映。每一种需求都是如此。每一种驱力都是被社会所中介的,以至于它的自然性从来不是直接出现的,而总是只作为通过社会产生的东西出现。在面对任一需求时,对自然的诉求永远只是否认和统治的面具。

2. 表面需求与深层需求之间的区别,是一种社会产生的假象。所谓的表面需求反映了将人变成"机器的附属物"的劳动过程,机器迫使人在劳动之外沦为劳动力商品的再生产。这些需求是一种状况的标志,这种状况迫使它的牺牲者逃离,同时又牢牢控制着他们,以至于逃离总是蜕变成对他们躲避的状况的极力重复。在所谓的表面需求中,糟糕之处并不是其表面性,这种表面性的概念是以本身就可疑的内在性(Innerlichkeit)概念为前提的。毋宁说,在这些需求——它们根本就不是需求——中,糟糕的是,它们指向一种满足,同时这种满足又恰恰在这种满足上欺骗了它们。需求的社会中介,作为通过资本主义社会而实现的中介,已到了需求与自身相矛盾的地步。批判必须与之相联系的正是这一点,而不是某种预先确定的价值与需求等级。

3. 所谓的深层需求,就其本身而言,在很大程度上是拒绝过程的产物,并起着一种分散转移的功能。挑唆这种需求与表面需求相竞争的做法确实是靠不住的,因为垄断在此期间早已占据深层,就像其早已占据表面那样。托斯卡尼尼(Arturo Toscanini)指挥的贝多芬交响曲并不比接下来的娱乐电影更好,每一部有贝蒂·戴维斯(Bette Davis)参演的娱乐电影都已经是综合。正是这种综合是极端可疑的。

4. 需求理论面临相当大的困难。一方面,它代表了需求的社会特征,因此也代表了处于最直接、最具体形式中的需求的满足。它不能先天地区分好的需求和坏的需求、纯正的需求和制成的需求、正确的需求和虚假的需求。另一方面,它必须认识到,目前形态下的现存需求本身是阶级社会的产物。在需求上,人性与压制的结果不能被截然区分开。通过人的被垄断了的需求,统治转移到人身上,这种危险不是一种通过咒语就可以驱除的异端信仰,而是晚期资本主义的真实趋势。它不是指革命之后的野蛮的可能性,而是指总体社会对革命的阻止。辩证的理论必须把握住这种危险和需求中的一切矛盾。它要想做到这一点,只能是在其与整体的具体关联中来认识每一个需求问题,而不是一般地认可需求、管制需求,甚或将之当作糟糕的东西的遗产而加以抑制。今天,在垄断下,起决定作用的是,个别的需求同垄断的持续存在之间的关系是怎样的。对这种关系的展开是一个重要的理论任务。

394

5. 需求不是静态的。今日需求似乎具有的静态,即它们固着于总是等同的东西的再生产,本身只是对物质生产的反映,随着市场和竞争的消除,在阶级统治同时继续存在的情况下,物质生产具有了静态的特征。随着这种静态的结束,需求将看起来是完全不同的。需求矛盾的解决办法本身就是矛盾的。**如果生产无条件地、不受限制地立即转化为需求的满足,尤其是资本主义生产出的需求的满足,那么恰恰因此,需求本身就会发生决定性的变化。**纯正且虚假的需求的不可穿透性从本质上来说是属于阶级统治的。在阶级统治中,生活的再生产与生活的压制形成为一个统一体,虽然生活的规律在整体上是透明的,然而这种统一体的具体形态是不可穿透的。如果不再有垄断,那么很快就会表明,大众并不"需要"破烂即文化垄断,也不"需要"实际垄断提供给他们的可怜的卓越。例如,认为除了吃住,电影也是劳动力再生产所必需的观点,只有在那样一个世界中才是"真的",该世界将人引向劳动力的再生产,并迫使他们的需求同企业主的利润旨趣和统治旨趣相协调。即使在这个世界中,对样品的检验也已经是以人的彻底改变为前提的。但是,如下想法是荒谬的,即一个革命的社会迫切需要海蒂·拉玛(Hedy Lamarr)拙劣的演技或糟糕的坎贝尔汤(Suppe von Campbell)＊。汤越好,对拉玛的放弃就越令人愉快。

6. 令人不解的是,今天的整个文化活动为何还将会在一个无阶级社会中继续下去。如下一点的确是荒谬的,即资本主义危机摧毁了用于满足需求的生产资料;但是,如下观念绝没有因此而变得荒谬,即在无阶级社会中,电影和广播被大范围关闭了,它们可能已经几乎不服务于一种需求了。因为许多需求的自相矛盾的特征会导致这些需求的瓦解,如果它们不再被由上而来的直接的或间接的恐怖所发动的话。如下想法是拜物教的,即技术生产力的状态本身必须进一步满足需求,并再生产出需求,这些需求的假象随着资本主义社会而消失了。在苏维埃民主(Rätedemokrate)中,并非所有的齿轮都会运转:要求本身意味着面对失业者时的恐惧,失业者随着资本主义剥削而消失了。

7. 关于需求的立即满足的问题,不是从社会的和自然的、主要的和次要的、正确的和虚假的等方面提出的,这一问题与地球上绝大多数人的**痛苦**问题是相吻合的。如果**所有**人此时此地最迫切需要的东西被生产出来了,那么人们就可以解除因其需求之合法性而来的、社会心理意义上的过度担忧。毋宁说,只有在如下情况下这种担忧才会出现:理事会和得到授权的委员会建立起来,对需求进行分类,在呼吁人不单靠面

＊ 坎贝尔汤罐头原是美国快餐商品,美国波普艺术(Pop Art)最重要的代表安迪·沃霍尔(Andy Warhol, 1928—1987)以此为原型,于1962年创作了《坎贝尔汤罐头》(又译为《金宝汤罐头》),作品包括三十二块帆布,每块帆布上面画一个坎贝尔汤罐头,风格大体一致,仅有细微差别,由此代表32种口味。该作品利用流行文化作为创作主题,成为波普艺术的代表作,反映了20世纪60年代美国广告与大众消费文化的繁荣景象。——译者注

包而活的同时,宁愿以格什温唱片(Gershwinplatte)的形态,将很少的一部分定量面包分配给他们。

8. 仅仅为了满足需求而进行生产,这种要求本身就属于史前史,今天属于这样一个世界,在该世界,生产不是为了需求,而是为了利润和建立统治,因此匮乏统治着这里。如果匮乏消失了,那么需求与满足之间的关系就会改变。在资本主义社会,为了需求而被迫进行生产(这种生产是以需求的被市场所中介而后固定的形式进行的),是促使人得以坚持的主要手段之一。任何所思、所写、所为和所做都不能超出这个社会,它在很大程度上通过那些受其摆布的人的需求来保持权力。不可想象的是,在无阶级社会,满足需求的强制作为生产性力量的桎梏而持续存在。资产阶级社会在很大程度上拒绝满足内在于其中的需求,但为此,恰恰又通过诉及需求而将生产控制在其魔力之下。资产阶级社会既是实际的,又是不合理的。无阶级社会废除了不合理性(生产为了利润而陷入了其中),满足了需求;同时,这个社会也废除了资产阶级的远离目的的"为艺术而艺术"(l'art pour l'art)中仍然适用的实际精神。它不仅扬弃了生产与消费的具有资产阶级性质的对抗,而且也扬弃了两者的具有资产阶级性质的统一。有些东西是无用的,这一点不再是一种耻辱。适应丧失了其意义。生产率只会在真正的,而非扭曲的意义上对需求起作用:不是通过拿无用的东西抑制住未被满足的需求,而是通过让被抑止的需求能够与世界联系起来,而又不会因普遍有用性遭到损伤。如果无阶级社会通过扬弃现实与可能之间的张力来承诺艺术的终结,那么,它同时也承诺了艺术即无用的东西的开始,关于它的观点倾向于与自然的和解,因为它不再为对于剥削者来说有用的东西服务。

396

（1942 年）

反犹主义和法西斯主义宣传

　　包含在这篇文章中的观察，是以哥伦比亚大学社会研究所资助的反犹主义研究项目的三项研究[1]为基础的。这些研究分析了大量的反民主的和反犹主义的宣传，主要包括一些西海岸的煽动者的广播讲话的简写本、小册子和周刊。虽然它们经常涉及经济、政治和社会问题，但它们首先具有一种心理学性质。因此，这里考虑的是宣传分析的心理学方面，而非这种宣传的客观内容。本文的目的既不是对所采用的方法进行全面的处理，也不是对关于反民主宣传的完全成熟的精神分析理论进行阐述。此外，本文也省略了那些熟悉精神分析的人通常知道的事实和解释。毋宁说，本文的目的是指出一些发现，尽管这些发现是初步的和零碎的，但也许暗示了进一步的精神分析评估。

　　这里所研究的材料本身表明了一种心理学方法。它是着眼于心理角度而非客观角度构想出来的。它的目的是通过**利用人们无意识的机制**，而不是通过提出观点和论据来赢得人们的支持。蛊惑人心的法西斯主义政客的演讲技巧具有精明的不合逻辑的、伪情绪化的性质；不仅如此，更重要的是，与作用于听众的心理刺激相比，积极的政治规划、假设以及具体的政治观点都发挥着次要的作用。正是从这些刺激及其他信息出发，而非从模糊的、混乱的演讲舞台出发，我们才能认定他们就是法西斯主义者。

　　让我们考虑一下目前美国法西斯主义宣传中占主导地位的心理学方法的三个特点。

1. **个性化的**宣传,本质上是非客观的。煽动者将大部分时间用于谈论他们自己或他们的听众。他们将自己描绘成独行侠,描绘成健康明理的、具有强健本能的美国公民,描绘成无私的、不知疲倦的;他们不断地透露关于自己和家人生活的真实或虚构的隐私。此外,他们似乎对听众的日常小烦恼有着强烈的兴趣,这些听众在他们的描绘下是贫穷但诚实的、有常识但没有理智的本地基督徒。他们将自己与听众等同起来,但又特别强调自己既是谦逊的小人物,又是才华横溢的领袖。他们经常将自己说成只是即将降临之人的信使——这种伎俩在希特勒的演讲中已经司空见惯。这种方法可能也与一种"集体自我"对父亲意象的取代密切相关。[2]另一种极受欢迎的个性化图式指的是,惦记着细琐的财务需求并乞求不多的钱财。煽动者否认任何关于优越性的借口,并暗示即将上任的领袖是一个和他的同胞一样软弱的人,但他敢于毫不掩饰地承认自己的弱点,因此将变成强者。

2. 所有这些蛊惑人心的政客都以手段替代目的。他们大谈"这场伟大的运动",大谈他们的组织,大谈他们所希望实现的美国全面复兴,但他们却很少提及这样一场运动会通往何方、这个组织有何益处,以及这种神秘的复兴有何积极的目的。这里有一个典型的例子,是西海岸最成功的煽动者之一对复兴概念的冗长描述:"我的朋友,复兴只有一种方法,所有的美国人都必须复兴,所有的教堂都必须复兴。威尔士的伟大复兴*的故事就是这样的。人们变得极度渴望上帝在世界中的圣洁,他们开始祈祷,他们开始要求复兴(!),无论人们走到哪里,复兴都在进行之中。"对行动、对进行中之事的颂扬,同时抹杀并取代了这场所谓的运动的目的。其目的是:"我们可以向世界证明,爱国者即敬畏上帝的基督徒是存在的,他们愿意为上帝、家园和祖国的事业献出自己的生命。"[3]

3. 由于这种宣传的全部重心在于提升手段,宣传本身也就成为最终内容。换句话说,宣传可以起到**实现愿望**的作用。这是它最重要的

399

---

* 这指的是 20 世纪初发生在威尔士的基督教信仰复兴运动。——译者注

模式之一。人们被"放进来",据说他们能够获得内部消息,是被信任的,是被当作精英来对待的,他们有权知道那些不为外人所知的可怕秘密。窥探的欲望得到了鼓励与满足。丑闻故事(大多是虚构的),尤其是关于性放纵和暴行的故事不断被讲述;对污秽和残忍的愤慨是对这些故事传达给听众的那种快乐的合理化,这种合理化虽然稀薄,但在目的上却是透明的。偶尔会出现一个口误,通过这个口误可以很容易地将散播丑闻的行为确定为目的本身。因此,某个蛊惑人心的西海岸政客曾承诺,在他的下一次演讲中将详细说明苏联政府组织俄罗斯妇女卖淫的虚假法令的全部细节。在公布这个故事的时候,演讲者说,没有一个真正的男子汉在听到这些事的时候脊梁不会感到刺痛。这种"脊梁刺痛"的伎俩中暗含的矛盾心态是显而易见的。

在一定程度上,所有这些模式都可以得到合理的解释。极少的美国煽动者敢于公开宣称法西斯主义的与反民主的目的。与德国不同的是,这个国家的民主意识形态已然发展出某些禁忌,违反这些禁忌便可能会危及从事颠覆活动的人。因此,出于政治审查和心理战术的原因,这里蛊惑人心的法西斯主义政客在言论上会受到更多限制。此外,法西斯主义本身在政治目的方面存在一定的模糊性。这部分是由于它本质上的非理论性质,部分是因为它的追随者将最终遭受欺骗因而其领袖必须避免任何可能需要一直坚持的表达。还应当指出的是,在恐怖主义与镇压措施方面,法西斯主义惯于**超出**其所宣布的范围。极权主义意味着不知道任何限度、不允许任何喘息,以绝对的统治征服并彻底消灭所选中的敌人。关于法西斯主义"活力"(dynamism)的这一含义,任何明确的程序都会起到限制作用,甚至对敌人来说也是一种保证。对极权主义统治来说,具有本质性的是,什么都不能保证、不对冷酷专制作任何限制。

最后,我们应该记住,极权主义不将大众视为可以理性地决定自己命运的自决的人,因而也就不将大众当作理性主体来对待,而是仅仅把他们当作管理措施的对象,最重要的是要教会他们谦逊与服从命令。

然而,这最后一点如果比"法西斯主义下的大众催眠"这一陈词滥调意味着更多东西的话,那么就需要对其进行更仔细的审查。非常值得怀疑的是,在法西斯主义中是真的发生了大众催眠,还是说这是一个使观察者省去进一步分析的比喻。相比心理上的陶醉,愤世嫉俗的清醒可能更切合于法西斯主义的心态特征。此外,任何一个有机会观察法西斯主义态度的人都无法忽视如下事实:即使是"大众催眠"这个术语所指的那些集体狂热的阶段,也包含着一种领袖甚至个体主体自己有意操纵的要素,这很难仅仅被视为被动传染的结果。从心理学上讲,自我在法西斯主义的不合理性中扮演着非常重要的角色,因此不应认为所谓的疯狂仅仅是无意识的表现。如果关于法西斯主义的心理学理论不屈服于法西斯主义本身所宣扬的不合理口号,那么我们需要重点关注在法西斯主义的歇斯底里之中自称的、自身设定的、虚假的东西。

法西斯主义者,尤其是反犹主义的宣传演说,现在想要达到怎样的 401 目的? 可以肯定的是,它的目的不是"合理的",因为它没有试图去说服人们,而且总是停留在一个非论证性的层面。在这一关联中,有两个事实值得详细研究:

1. 法西斯主义宣传攻击的是幽灵而非现实的敌人,换言之,它建立了犹太人或共产主义者的**意象**并将其撕成碎片,而不关心这些意象与现实之间的关系。

2. 它不使用推理逻辑,而是会特别地在演讲展示中进行所谓的有组织的观念跳跃。前提与推论之间的关系,被仅仅基于相似性的观念联系所取代——这通常是通过使用相同的特征词将两个逻辑上完全不相关的命题联系起来。这种方法不仅避开了理性审查的控制机制,而且也使听众在心理上更容易"追随"。他不需要进行严格的思考,而是可以让自己被动地沉浸在语词之流中。

然而,尽管有这些倒退的模式,反犹主义宣传绝不是完全不合理的。"不合理性"这个术语太过模糊,无法充分描述如此复杂的心理现象。尤其是,我们知道,法西斯主义宣传及其所有扭曲的逻辑与荒诞的变形,都是经过有意识的计划与组织的。如果它被称作不合理的,那么这也是应用上的不合理性,而非自发的不合理性,这是一种心理技术,它让人联想到当今大众文化的大部分表现形式——如电影和广播——中显著的、计算过的效果。然而,即使法西斯主义煽动者的心态在某种程度上类似于其潜在追随者的糊涂,即使领袖本身也是"歇斯底里甚至偏执的类型",但他们已经从丰富的经验以及希特勒这一鲜明的例子中,学会了如何利用自己的神经症或精神病倾向来达到完全符合现实原则(realitätsgerecht)的目的。我们的社会中普遍存在的状况是,倾向于将神经症甚至轻度精神错乱变换为一种商品,患者一旦发现其他许多人都与他的疾病相似,他们就可以轻易地出售这种商品。法西斯主义煽动者通常是个推销自己心理缺陷的高手。而这之所以可能,只是因为追随者与领袖之间存在着普遍的结构相似性,并且宣传的目的是在两者之间建立一种和谐,而不是向听众传达任何从一开始就不属于他们自己的观念或情感。因此,关于法西斯主义宣传的真正心理性质的问题可以阐述为:在这种宣传情境中,领袖与追随者之间的这种融洽是由什么构成的?

我们的观察提供的第一个线索是,这种类型的宣传发挥着满足的作用。我们可以将其与肥皂剧这一社会现象相比较。正如家庭主妇在一刻钟的广播节目中享受自己最喜欢的女主角的苦难和善举之后,会感到有必要购买赞助商出售的肥皂一样,法西斯主义宣传行为的听众在获得乐趣之后,出于对表演的感激也会接受演讲者呈现的意识形态。"表演"这个词确实恰如其分。自封的领袖的成就,让人联想到戏剧、体育及所谓宗教复兴中的表演。这是蛊惑人心的法西斯主义政客的特点,他们吹嘘自己年轻时是体育英雄。他们就是这么表现的。他们大喊大叫,在哑剧中与魔鬼搏斗,在攻击"那些邪恶的力量"时脱下外套。

法西斯主义领袖的类型通常被称作歇斯底里型。不管他们的态度是如何达到的,他们歇斯底里的行为都可以起到一定的作用。尽管他们实际上在很多方面与他们的听众相似,但两者之间有一个重要的不同之处:他们知道在表达自己的时候没有任何限制。不善表达的听众想做但不能或不敢做的事,领袖通过"做"和"说"的方式为他们代行功能。他们打破了所有中产阶级社会在正常的、实事求是的公民身上所

402

设置的表达行为禁忌。可以说,法西斯主义宣传的一些效果是通过这种突破实现的。法西斯主义煽动者之所以受到认真对待,是因为他们冒着出丑的风险。

受过教育的人一般都会觉得理解希特勒演说的效果是困难的,因 403 为这些演说听起来都是如此的不真诚、不真实,或者用德语来形容就是"捏造的"(verlogen)。但如下观点是欺骗性的,即所谓的普通人对真情实意有一种永恒的天赋,并且蔑视虚伪。希特勒之所以被人喜欢,并非与其低级的滑稽动作无关,相反,正是因为这些动作、因为他那错误的语调与扮小丑的方式,他才被人喜欢。这些就是这样被观察与欣赏的。真正的民间艺术家会与他们的听众真正地接触,并且经常使用给人以深刻印象的"错误语调",比如吉拉迪(Alexander Girardi)及其《维也纳出租马车之歌》(Wiener Fiakerlied)就是这样。我们经常在那些失去自控能力的醉汉身上发现类似的表现。普通人的感伤绝不是原始的、不加思考的情感。相反,这是伪装,是对真实情感的虚假且卑鄙的模仿,往往是自觉的、是对真实情感本身的轻微蔑视。这种虚构性是法西斯主义宣传表演的生命要素。

这种展示所造成的情境或许可称为**仪式性的**情境。宣传者的雄辩的虚构性、演讲者的人格同演说的内容与特点之间的鸿沟,都可以归因于他所假定和被期望的典礼性角色。然而,这个典礼只是对他口头所说的同一性的一种象征性揭示,而这种同一性对听众来说是可感可思但无法表达的。这也是听众真正想让演讲者做的事情,他们既不想被说服,也不想被鞭策得发狂,而是想表达出自己的想法。他们从宣传中得到的满足很可能就在于这种同一性的展示,无论它实际上可以做到怎样的程度,因为他们在演讲者的赘言中已经找到对他们自己不善言辞的一种制度化了的救赎。这种揭示行为,以及对负责的、自足的严肃性的暂时抛弃,都是宣传者仪式的决定性模式。当然,我们可以将这种认同行为称为集体退行现象。这不仅是对古老的、原始的情感的回归,而且是对一种仪式性态度的回归,在这种仪式性态度中,情感的表达是由社会控制机构批准的。在这一语境中,值得注意的是,西海岸最成功

且最危险的煽动者之一，一次又一次地鼓励他的听众沉浸在各种情感
404 之中，屈服于他们的情绪，去叫喊、去流泪，去持续攻击由既定宗教教派
与整个清教传统带来的严苛的自身控制的行为模式。

自身控制的这种放松以及个人冲动与仪式图式之间的合并，同自
足个体普遍的心理衰弱密切联系着。

关于法西斯主义宣传的综合理论将相当于对每个法西斯主义演说
中或多或少严格的仪式进行精神分析式的解读。本文的篇幅只允许简
要提及这种仪式的几个特点。

1. 首先，我们所知的所有法西斯主义宣传材料都有着惊人的刻板
性。不仅每个个体演讲者不断重复相同的模式，而且不同的演讲者也
都使用相同的陈词滥调。当然，最重要的是黑与白、敌与友这样的二分
法。刻板性不仅适用于对犹太人的诽谤或政治观念，比如谴责共产主
义或银行资本，而且也显然适用于非常遥远的事情和态度。我们总结
了一份所有法西斯主义煽动者实际使用过的典型心理学伎俩的清单，
总共不超过三十个公式。其中的许多公式在前文中已有所提及，比如
独行侠伎俩，"不屈不挠""被迫害的无辜者""伟大的小人物"等观念，以
及对运动本身的赞美，如此等等。当然，这些伎俩的一致性可以部分地
通过参考一个共同来源来解释，比如希特勒的《我的奋斗》（*Mein
Kampf*），甚或通过所有煽动者的组织联系来解释，这一点在西海岸的
情况中是显而易见的。但是，如果该国许多不同地区的煽动者使用相
同的具体说法——比如，他们的生命受到了威胁，并且，一旦威胁实施，
他们的听众将知道谁应为此负责，虽然这种事从未发生过——原因必
须从别处寻找。出于心理上的原因，这些模式被标准化了。潜在的法
西斯主义追随者渴求这种严格的重复，就像吉特巴舞者渴求流行歌曲
的标准模式那样，如果游戏规则没有得到严格遵守，他们就会变得愤
405 怒。这些模式的机械应用是仪式的实质之一。

2. 并非偶然的是，在法西斯主义煽动者中发现了许多有着虚假宗
教态度的人。当然，这有社会学方面的原因，这点将在后文中予以讨
论。然而，从心理学角度来说，过去宗教的遗留物（它们是中立的且缺

乏具体的教义内容)被用来服务于法西斯主义的仪式主义的态度。宗教语言与宗教形式的使用是为了给人以一种得到认可的仪式的印象，这种仪式由一些"共同体"一次又一次地表演。

3. 具体的宗教内容及政治内容被一些可简称为**"对存在者的崇拜"**的东西所替代。埃尔斯·布伦斯维克* 所说的"认同**现状**"的态度与这种崇拜密切相关。麦克朗·李(McClung Lee)在他关于考克林神父(Father Coughlin)的书中指出的伎俩，比如乐队马车的想法或证词技巧(暗指名人或成功人士的支持)，都只是一种影响更广泛的行为模式的要素。这明确表示，任何**存在**并因此建立了其力量的东西也都是正确的，是要遵循的健全的原则。一位西海岸煽动者有时甚至要求他的听众普遍地去听从他们领袖的建议，但没有具体说明他指的是哪种领袖。没有任何明显想法与目标的领导得到了赞美。使现实和既定权力关系变成物神的做法，比其他任何事情都更容易诱使个体放弃自己，加入到所谓的未来浪潮之中。

4. 法西斯主义仪式的一个内在特征是**影射**(innuendo)，有时，随着这种影射而来的，是对所暗示的事实的实际披露，但更多时候不是这样的。这种趋向的合理原因也是可以很容易给出的：法律或至少现行的惯例都禁止公开发表亲纳粹的或反犹性质的言论，所以想要传达这些观念的演讲者不得不采取更间接的方法。然而，影射似乎可以作为一种满足**本身**来使用和享受。例如，煽动者说"那些黑暗势力，你们知道我指的是谁"，听众立刻明白他的言论是针对犹太人的。听众因此被视 406 作一个内群体(in-group)，他们已经知道演讲者想告诉他们的一切，并且在演讲者给出任何解释之前就同意他的观点。如前所述，演讲者与听众之间情感和观点的和谐是通过影射建立起来的。影射的作用是确认领袖与追随者之间的基本同一性。当然，影射的精神分析含义远远超出了这些表面的观察。此处参考了弗洛伊德的观点，即暗示在有意

---

*　埃尔斯·布伦斯维克(Else Brunswik, 1908—1958)，奥地利裔美国心理学家，与阿多诺等人合作进行了《权威主义人格》的研究。——译者注

识与无意识之间的相互作用中起着作用。法西斯主义的影射丰富了这一作用。

5. 仪式表演本身在很大程度上发挥着作为法西斯主义宣传的最终内容的功能。精神分析已表明仪式行为同强迫性神经症的关系；显然，典型的法西斯主义启示仪式是性满足的替代品。然而除此之外，也许还可以对法西斯主义仪式的具体象征意义作一些推测。将这种仪式解释为献祭也是不过分的。如果如下假设是正确的，即法西斯主义宣传演说中的绝大多数指控和暴行故事都是演说家及其追随者意愿的投射，那么每一次宣传演说中庆祝的全部象征性的启示行为，无论多么隐蔽，都表达了对所选定敌人的神圣杀戮。在法西斯主义者的活动中心，反犹主义宣传仪式是对仪式性谋杀的渴望。法西斯主义宣传的日常精神病理学证据也可以证实这一点。宗教要素在美国法西斯主义和反犹主义宣传中具有的重要作用上文已有提及。一位法西斯主义的西海岸电台牧师在广播中如此说道："难道你们看不出来吗？除非我们尊崇上帝的圣洁，除非我们宣告上帝在我们这个世界中是正义的，除非我们宣告天堂和地狱的事实，除非我们宣告没有赦罪、**没有流血**这一事实，否则就无法赦罪。难道你们看不出只有基督和上帝才是主宰，而革命最终只会夺走我们这个国家吗？"将基督教教义转化为政治暴力的口号的做法，在这段话里再粗鲁不过了。圣礼的观念、基督的"流血"，在政治动荡的语境里被直截了当地解释为一般的"流血"。实际的流血被提倡为必要的，因为据说这个世界是通过基督的流血而得到救赎的。谋杀被赋予了圣礼的光环。因此，在法西斯主义宣传中，牺牲的基督的最终提示是**"犹太人的血必须流出来"**，耶稣受难被转变成大屠杀的象征。从心理学上讲，所有的法西斯主义宣传都是这样一套符号体系。

在这一点上，必须注意的是破坏性，这是法西斯主义精神的心理基础。计划是抽象的和模糊的，实现是虚假的和虚幻的，因为法西斯主义演讲者所说的承诺只不过是破坏本身。所有的法西斯主义煽动者都老是想着某种灾难即将来临，这绝非偶然。虽然他们警告即将到来的危险，但他们及其听众从关于不可避免的厄运的观念中得到了一种刺激，甚至没有明确区分他们的敌人的毁灭蕴含着他们自己的毁灭。顺带说一下,在德国,这种心态行为在希特勒统治的最初几年可以清楚地观察到,并且它有着深厚的古老基础。一位蛊惑人心的西海岸政客曾经说过:"我想说的是,男人和女人,你们和我,都正生活在世界历史上最可怕的时代,我们也正生活在最亲切和最美好的时代。"这是煽动者的梦想,一个恐怖与美好的联合体,一个以拯救为幌子的毁灭的谵妄。要有效地反击这类宣传,最大的希望在于指出其自身毁灭的含义。自身毁灭的无意识的心理欲望忠实地再现了政治运动的结构,这场运动最终将其追随者转变成为牺牲者。

(1946 年)

注释

［1］作者:T. W. 阿多诺、列奥·洛文塔尔(Leo Lowenthal)、保罗·M. 马辛(Paul W. Massing)。

［2］See Max Horkheimer, »Sociological Background of the Psychoanalytic Approach«, *Anti-Semitism*:*A Social Disease*, ed. Ernst Simmel(New York, 1946), pp. 8 f.

［3］所有的引用都是原封不动地从简写本中照抄下来的。

弗洛伊德理论和法西斯主义宣传的模式[1]

过去的十年间,社会科学家紧锣密鼓地对美国法西斯主义煽动者的演讲和小册子的性质与内容进行了研究。其中有些研究是沿着内容分析路线进行的,它们最终集中呈现在 L.洛文塔尔和 N.古特曼的《欺骗的先知》(*Prophets of Deceit*)[2]一书中。所获得的全景图有两个主要特征。首先,除了一些怪异的和完全否定性的建议(如将外国人送到集中营或驱逐犹太复国主义者)之外,这个国家中的法西斯主义宣传材料几乎不关注具体的和真实的政治议题。在所有煽动者的陈述中,占据压倒性多数的,径直地就是针对人的。它们显然是以心理学上的计算为基础的,而无意通过对合理目标的合理陈述来获得追随者。"暴民煽动者"(rabble rouser)这个术语虽然因其固有的对大众本身的蔑视而是令人反感的,但它仍然是恰当的,因为它表达了一种非理性的、情绪上的攻击氛围,这是由我们当中将成为希特勒的那些人有意推动的。如果说,将人称为"暴民"是冒失无礼的,那么,煽动者的目标恰恰就是要将这些人变成"暴民"(也就是群众投身于没有任何明智的政治目标的暴力行为),并营造出大屠杀的氛围。煽动者的普遍意图是,有条不紊地鼓动自古斯塔夫·勒庞的名著*以来就众所周知的"大众心理学"。

其次,煽动者的方法的确是体系性的,并遵循着一套僵硬的、明确

---

* 这指的是勒庞的代表作《乌合之众:大众心理研究》(1895 年)。——译者注

的"伎俩"模式。这不仅仅适用于政治意图的最终统一:通过大众对反对民主原则的支持来废除民主,而且更多地涉及宣传本身的内容和演示的内在性质。这些不同的煽动者,从广为人知的人物例如考克林、杰拉德·史密斯(Gerald Smith)到小地方不太有名的仇恨贩子,他们的宣传方式都是极为相似的,因此,在原则上,我们只要分析其中一个人的言论就能了解他们所有人。[3] 而且,这些演讲极其单调乏味,人们只要掌握极为有限的伎俩就能不断进行复制。事实上,不断的重复与观念的匮乏是整套技术必不可少的组成部分。

尽管这种模式机械般的僵化是显而易见的,而且它本身表现了法西斯主义心态的某些心理方面;但是人们不由得会觉得法西斯主义的宣传材料形成了一个具有总的一般概念的结构性单元,无论它是有意识的还是无意识的,它都能决定每一个说出来的语词。这个结构性单元似乎既涉及含蓄的政治概念,也涉及心理本质。迄今为止,只有每种 410 伎俩的分离的、某种意义上孤立的性质才得到了科学的关注;伎俩的精神分析内涵得到了强调和详尽阐述。既然已经充分说明这些要素,那么现在是时候该关注包含和引起这些要素的心理系统本身了,如果这个术语让人联想到偏执狂,那么这也许并不完全是偶然的。这么做似乎更恰当一些,否则精神分析对个别伎俩的阐释将依然会是某种程度上无序的和武断的。我们必须发展出一种可供参考的理论参照系。由于个体的伎俩几乎不得不用精神分析来阐释,因此,我们便可以合乎逻辑地假定:这个参照系的组成部分应该包括将更全面的、基础的精神分析理论应用到煽动者的总体方法上。

远在德国法西斯主义的危险激化之前,弗洛伊德本人就在《群体心理学与自我分析》(*Group Psychology and the Analysis of the Ego*)一书中提出了这样的参照系,该书的英译版早在 1922 年就出版了。[4] 尽管弗洛伊德对这一问题的政治方面几乎不感兴趣,但是他在纯粹心理学范畴中清楚地预见了法西斯主义大众运动的性质和兴起,我们这么说并不是夸大其词。如果分析师的无意识真的察觉到了病人的无意识,那么就可以假设,他的理论直觉能够预测仍然潜伏在理性层面的趋

势,但也能够在更深层次上将这些趋势显现出来。也许并不偶然的是,

411 在第一次世界大战后,弗洛伊德将注意力转向特定意义上的自恋和自我问题。很明显,这涉及的机制和本能冲突在当今时代发挥着越来越重要的作用;然而,执业分析师的临床数据表明,曾作为方法模型的"经典"神经症——比如转换性歇斯底里——现在发生的频率比弗洛伊德创建自己理论的时候要低;那个时候,夏科(Jean Martin Charcot)在临床层面处理歇斯底里症,易卜生将歇斯底里症当成自己的一些戏剧的主题。在弗洛伊德看来,大众心理学问题与具有时代特征的新型心理痛苦密切相关,由于社会—经济原因,这个时代见证了个体的衰落及其随之而来的衰弱。虽然弗洛伊德不关心社会变化,但是可以说,在个体的单子论限度内,弗洛伊德阐述了个体的深远危机的轨迹,而且也揭示了个体对外部的、集体的强力机构毫无质疑的屈服意愿。虽然弗洛伊德终究没有投身对当代社会发展的研究,但他还是通过自己工作的发展、他的研究主题的选择和主导概念的演化指出了历史趋向。

弗洛伊德这本书的方法,构成对勒庞关于大众心理的描述的动态解释,也构成对一些教条概念——它们可以说是有魔力的——的批判,勒庞和其他前分析的心理学家曾使用这些概念,似乎它们是理解某些惊人现象的钥匙。顺便提一句,在这些概念中,最重要的是暗示概念,在关于希特勒及其同伙施加到大众身上的魔咒的流行思考中,暗示概念作为一种权宜之计起着很大作用。勒庞对大众有过非常著名的描述,他认为大众在很大程度上是去个体化的、非理性的、易受影响的,而且大众倾向于采取暴力行动,总之,大众具有一种退行性的特点。弗洛伊德对勒庞上述描述的准确性提出了异议。他与勒庞的不同之处在于,他不像传统心理学理论那样蔑视大众,而这种蔑视是绝大多数传统心理学家的"待证主题"。弗洛伊德的推论并未从通常的描述性发现出发,这些发现认为大众本身是低级的并且很可能会一直这样;他以真正的启蒙精神发问:是什么让大众成为大众? 他拒绝简单地假设一种社

412 会性的东西或群体本能,他认为这种做法是预示着问题,而没有解决问题。除了为这一拒绝给出了纯粹心理学的理由,人们可能会说,他还脚

踏实地从社会学视角出发。径直将现代大众形态与生物学现象进行比较的做法很难被视为有效的,这是因为,最起码当代大众的成员**乍看起来**是个体,是一个自由的、竞争的、个体主义的社会的子女,习惯于保持自己作为一个独立的、自身持存的单位;他们不断地被告诫要"坚强",被警告不能投降。即使我们假设古老的、前个体的本能仍然存在,但我们也不能仅仅是指出这种遗传,而是必须去解释,为什么现代人会返回到同他们自己的理性水平和启蒙了的技术文明的当前阶段格格不入的行为模式。这正是弗洛伊德想要做的。他试图找出哪些心理力量导致个体转化为大众。"如果群体中的个体结合成一个统一体,那么一定有什么东西将他们统一起来,这一纽带也许就是群体的特征。"[5]然而,这一探索就等于去阐述关于法西斯主义操纵的基本论题。法西斯主义煽动者必须赢得数百万人来支持在很大程度上与人们自己的合理的自身利益不相容的目标,对于这些煽动者来说,只有人为地创造出弗洛伊德寻找的那种**纽带**才能做到这一点。如果煽动者的方法是完全切合实际的——他们取得的普遍成功证实了这一点——那么就可以假设,这里讨论的这一纽带就是煽动者试图综合性地创造出来的纽带。事实上,这是煽动者各种伎俩背后的起着统一作用的原则。

　　与一般的精神分析理论一致的是,弗洛伊德认为,将个体整合为大众的纽带具有**力比多的**性质。早期的心理学家偶尔会触及大众心理学的这个方面。"在麦独孤看来,当人们在群体中时,他们的情绪会被搅动到在其他条件下很少能达到的程度;这些人彻底地屈从于自己的激情,然后融合为群体并失去了其个体性的束缚感,这对于他们来说是一种愉快的体验。"[6]弗洛伊德超出了这种观察,他用快乐原则解释大众的凝聚力,也就是说,个体从向大众的屈服中得到了实际的或替代的满足。顺便说一句,希特勒清楚地知道通过屈服来形成大众这一过程的力比多根源,因此他故意将女性的、被动的特征赋予集会参与者,因此也暗示了无意识的同性恋在大众心理中的作用。[7]弗洛伊德将力比多引入群体心理学的最重要结果是,人们通常归于群体的那些特性失去了看似原始且不可还原的特征,对特定大众或群体本能的随意构造反

413

映了这种特征。这种特征是结果而不是原因。弗洛伊德认为,大众独有的,与其说是一种新特性,不如说是经常隐藏起来的旧特性的表现形式。"我们认为,我们不必将新特征的出现看得那么重要。对于我们来说,这样说就足够了:在一个群体中,个体被带入一种允许他摆脱无意识本能的压抑的状况中。"[8]这不仅省掉了**专门的**辅助性假设,而且也恰当处理了如下简单的事实:那些深陷于大众中的人并不是原始人,而是表现出了与**正常的**理性行为相矛盾的原始态度。然而,即使是最微不足道的描述也清楚地表明了大众的某些特性与古老的特质之间的密切联系。在这里,应该特别提到的是从暴力情绪到暴力行为的潜在捷径,所有研究大众心理的作者都强调了这一现象,在弗洛伊德论原始文化的著作中,这一现象引出了以下假设:对原始部落的父亲的谋杀不是想象出来的,而是符合史前现实的。从动力学理论的角度来看,必须将这些特质的复苏理解为一种**冲突**的结果。这也许有助于解释法西斯主义心态的某些表现形式,如果不假设各种心理力量之间存在对抗的话,就很难理解它们。在这里,首先要思考的是弗洛伊德在《文明及其不满》(*Civilization and its Discontent*)中处理的"破坏性"这一心理学范畴。作为对文明的背叛,法西斯主义不仅是古老东西的再现,而且是后者在文明中并通过文明自身的再生。仅仅将法西斯主义的背叛力量定义为摆脱现存社会秩序压力的强大本我能量是不够的。相反,这种背叛从其他被迫为无意识服务的心理机构中借用了一部分能量。

由于大众成员之间的力比多纽带显然不具有一种不受限制的性本质,因此出现了一个问题:哪些心理机制将原始的性能量转化为将大众团结在一起的情感。弗洛伊德通过分析"暗示"和"受暗示性"(suggestibility)这两个术语涵盖的现象来解决这个问题。他认为暗示是将"爱的关系"隐藏起来的"遮蔽物"或"屏障"。暗示背后的"爱的关系"依然是无意识的,这一点是本质性的。[9]弗洛伊德阐述了如下一点:在军队或教会这样有组织的群体中,成员之间要么完全不谈爱,要么只是以某种宗教形象为中介,以升华的和间接的方式表达爱,在对这一形象的爱中,成员团结起来,在对待彼此的态度上,他们被期望去模仿这一形象

的无所不包的爱。看似重要的是，在当今社会，法西斯主义大众被人为
地整合起来，对爱的指涉几乎被排除了。[10]希特勒摒弃了慈父这一传
统角色，取而代之的完全是带有威胁性的权威的否定性角色。爱的概
念被降格成了关于**德国**的抽象观念，如若不冠以"狂热"（fanatical）的修
饰语，爱就很少被提及，通过这一修饰语，这种爱甚至会对不被它笼罩
的人怀有敌意和攻击性。法西斯主义领导的基本信条之一是，将原始
的力比多能量保持在无意识的水平上，从而以适应于政治目的的方式
转化其表现形式。宗教救赎等客观观念在大众形成中所起的作用越
小，大众操纵就日益成为唯一目的，不受限制的爱就越是被彻底地压抑
和塑造为服从。法西斯主义意识形态的内容中，几乎没有什么**可以**去
爱的东西。

　　法西斯主义的力比多模式和法西斯主义煽动者的整套技术都是权
威主义的。这就是煽动者和催眠师的技术同心理机制相一致的地方，
通过这种机制，个体身上发生退行，这种退行将他们还原为群体的单纯
成员。

　　　催眠师通过种种手段，唤醒主体过往所继承的东西的一部分，
　　这种继承也使被催眠者顺从于他的父母，而且使他在与父亲的关
　　系中经历一次个体的重生：因此，被唤醒的是关于一个至上的、危
　　险的人格的观念，对于这种人格来说，只有被动的、受虐的态度才
　　是可能的，人的意志只能向他屈服——当单独与这种人格相处时，
　　"注视他的脸"似乎是一件危险的事。只有这样，我们才能描绘原
　　始部落的个体成员同原始父亲的关系……因此，群体形成的不可
　　思议性与强制性的特征——这些特征表现在暗示现象中——就可
　　以合理地追溯到它们在原始部落中的起源。群体的领袖仍然是令
　　人畏惧的原始父亲；群体依然希望被不受限制的力量统治；它对权
　　威有着极大的热情；用勒庞的话说就是，它渴望服从。原始父亲是
　　群体的理想，它代替自我理想统治着自我。催眠状态有恰当理由
　　被描述为由两个人组成的群体；依然有对暗示的定义——一种信

念,它不是建立在知觉和推理之上,而是建立在一种性欲的纽带之
上的。[11]

这实际上定义了法西斯主义宣传的性质与内容。它是心理学的,
因为其非理性的权威主义目的不能通过理性信念,而只能通过巧妙地
唤醒"主体过往所继承的东西的一部分"来达到。不管领袖是实际上起
到了领导作用,还是他仅仅作为群体利益的代理人,法西斯主义的煽动
都集中在领袖这一观念上,因为只有领袖这一心理学形象才有可能复
活关于全能的并具有威胁性的原始父亲的观念。这是法西斯主义宣传
之神秘的**人格化**的最终根源,即从来不讨论客观原因,而是不断地提及
各种人名和所谓的伟人。一个无所不能的且肆无忌惮的父亲形象远远
超越了个体父亲,并因此很容易扩大为"群体自我",这种父亲形象的形
成是激发"被动的、受虐的态度……人的意志只能向他屈服"的唯一途
径。法西斯主义的追随者的政治行为越是与他作为私人的合理利益、
与他实际所属的群体或阶级的合理利益不相容,他就越是需要这种态
度。[12]因此,从领袖的角度来看,追随者身上被唤醒的不合理性是非
常合理的:它必然是"一种信念,它不是建立在知觉和推理之上,而是建
立在一种性欲的纽带之上的"。

那种将力比多转换为领袖与追随者之间、追随者自己之间的纽带
的机制,是**认同机制**。弗洛伊德书中的很大一部分内容都是在分析认
同。[13]这里不可能讨论认同与内射之间极其微妙的理论区别。然而,
有一点需要注意的是,恩斯特·齐美尔(他为关于法西斯主义的心理学
作出了突出贡献)在其后期理论中接受了弗洛伊德关于认同具有矛盾
性质的概念,即这种性质是力比多组织的口欲期的衍生物。[14]他还将
之扩展为一种分析的反犹主义理论。

关于认同学说同法西斯主义宣传与法西斯主义心态之间的相关
性,有一些观察我们是赞同的。这种相关性被一些作者,特别是埃里
克·洪堡·埃里克森(Erik Homburger Erikson)观察到了,他认为,具
体地来说,典型的法西斯主义领袖似乎并不是如古代国王那样的父亲

形象。然而,这种与弗洛伊德关于领袖作为原始父亲的理论的不一致只是表面的。弗洛伊德对认同的讨论,能够很好地帮助我们从主体动态的角度出发,理解一些实际上是因客观历史条件而产生的变化。认同是"对与他人的情感联系的**最早**表达,它在俄狄浦斯情结的早期历史中"[15]发挥了作用。很有可能,这种前恋母情结(pre-oedipal)的认同成分有助于领袖形象——全能的原始父亲形象——与现实的父亲形象相分离。作为对俄狄浦斯情结的回应,孩子对其父亲的认同只是一个次要现象,因此,婴儿般的退行也许会越过这一父亲形象,并通过一种"依恋的"过程达到一种更古老的形象。此外,认同的原始自恋的方面是一种将爱的对象**吞噬**为自己的一部分的行为,这也许能给我们理解如下事实提供一条线索:有时候,现代领袖的形象似乎是主体自身人格的放大,是他自己的集体投射,而不是父亲的形象,在当今社会,这一形象在主体婴儿期后期所起的作用可能大为减小。[16]所有这些方面都需要进一步的阐释。

认同在法西斯主义群体的形成中发挥了作用,而自恋又在认同的形成中起到了重要作用,这在弗洛伊德关于**理想化**的理论中可以看出来。"我们看到,对象和我们自己的自我被以同样的方式对待,所以,当我们处于爱的状态时,大量的自恋力比多就会溢出到对象上。在爱的选择的许多形式中,很明显的是,对象充当了我们自己某些未实现的自我理想的替代品。我们爱对象,是考虑到我们为我们自己的自我而努力达到的完美,现在,我们愿意以这种迂回的方式设法取得这种完美,并以之作为满足我们的自恋的手段。"[17]这种对自己的理想化,正是法西斯主义领袖企图推广到其追随者中的,"元首"(Führer)这一意识形态助长了这种理想化。法西斯主义领袖必须面对的民众普遍遭受着一种典型的现代冲突:冲突的一方是充分发展了的合理的,自身持存的自我机构[18];另一方是他们的自我需求一直得不到满足。这种冲突导致强烈的自恋冲动,只有理想化(即将自恋力比多部分地转移到对象上)才能吸收和满足这股冲动。在这里,我们再一次看到领袖形象与放大了的主体之间的相似之处:可以说,主体通过将领袖当作自己的理想

419

来爱自己，但是丢弃了那些破坏自己的经验自身图景的挫折与不满的污点。然而，这种通过理想化来实现认同的模式——这是对真正的、自觉的团结的拙劣模仿——是集体性的。它对大部分具有相近的性格学意向和力比多偏好的人都有效。法西斯主义的**人民共同体**完全符合弗洛伊德对群体的如下定义："是这样的许多个体，他们用同一个对象来取代他们的自我理想，并因此不断地在他们的自我中彼此认同。"[19]可以说，领袖形象反过来从集体力量那里借来原始父亲般的全能。

弗洛伊德对领袖形象的心理学建构通过其与法西斯主义的领袖类型的惊人相似性而得到了证实，至少就关注到其公开的舆论造势这一点而言是这样的。弗洛伊德的描述与希特勒形象的相符程度，不亚于其与美国煽动者试图在自己身上塑造的理想化的相符程度。为了允许 420 自恋式的认同，领袖必须表现得绝对自恋；这一点来自如下洞见，即弗洛伊德得出了"部落中的原始父亲"的形象，这或许也是希特勒的形象：

> 他就站在人类历史的开端之处，他是**超人**[20]，尼采只期待他在未来出现。即使在今天，群体的成员仍然需要如下幻觉，即他们的领袖平等地、公正地爱着他们；但是，领袖自己不需要爱别人，他可能有一种卓绝的天性：绝对自恋，但又自信且独立。我们知道，爱能抑制自恋，并且，通过这种运作，我们能看到爱如何成为文明的一个因素。[21]

因此，煽动者的演讲的最显著特点之一（即缺少确定的计划，不"给予"任何东西；威胁与否定的悖谬词句随处可见）就可以解释为：领袖只有不去爱才能被爱。然而，弗洛伊德意识到领袖形象还有另一个方面，而这个方面显然与前一个方面相矛盾。当作为超人出现时，领袖还必须同时展示出普通人的形象，用普通人的方式来创造奇迹，比如希特勒就表现得犹如金刚与郊区理发师的混合体。关于这一点，弗洛伊德也用自恋理论来解释。在他看来：

个体放弃了他的自我理想,并且用体现在领袖身上的群体理想来取代它。(然而,)在许多个体身上,自我与自我理想之间的分离并不十分明显;这两者仍然容易重合;自我常常保持其早期的自身满足。这种情况非常有利于领袖的选拔。领袖只需要具有特别清晰且纯粹形式的个体典型特质,只需要给人留下一种拥有更强力量和更多的力比多自由的印象;在这种情况下,对强大首领的需要常常会使个体向领袖妥协,并且会赋予领袖一种他在其他情况下也许无法主张的支配权。通过"暗示",也就是通过认同,群体的其他成员——除了上述情况外,他们的自我理想不会原原本本地体现在自己身上——和剩下的人都变得不清醒了。[22]

421

因此,弗洛伊德的理论甚至预见到了法西斯主义领袖的惊人的自卑征候,也预见到了他与蹩脚演员、反社会的神经症患者的相似之处。为了追随者的那部分自恋力比多(这些力比多没有被投射到领袖形象上去,而是仍然依附于追随者的自我)之故,超人必须仍然与其追随者相像,而且要表现为追随者的"增强版"。相应地,"伟大的小人物"概念就是人格化的法西斯主义宣传的基本伎俩之一,他既指的是全能,又表明了如下观念,即他就是一个普通人,一个没有被物质或精神财富玷污的、朴实的、充满活力的美国人。心理上的矛盾心态有助于创造社会奇迹。领袖的形象满足了追随者既想服从权威又想成为权威本身的双重愿望。这与被施加了非理性控制的世界相符,尽管这个世界已经失去了普遍启蒙带来的内在信念。服从独裁者的人也意识到独裁者是多余的。他们通过假设自己就是无情的压迫者来调和这一冲突。

对煽动者的所有标准伎俩的设计,都是沿着弗洛伊德对人格化[23]技术和关于"伟大的小人物"的观念的揭露展开的,两者成为之后法西斯主义蛊惑人心的基本结构。我们来看几个随机选出来的例子。

弗洛伊德详细地描述了非理性群体中的等级制要素。"很明显,士兵将他的上级,也就是军队的领袖,当成自己的偶像;然而他又认为这

422　一偶像与自己是平等的,并且从他们的自我共同体中衍生出了相互帮助和分享财产的义务,这种义务是蕴含在战友情中的。但是,他若试图"有意识地、直接地"以为自己与将军是平等的,那就很荒唐了。"[24]法西斯主义者,即使是微不足道的煽动者,也都在不停地强调仪式性典礼和等级区分。在高度合理化与量化的工业社会,越是保证没有等级制,法西斯主义者就越会出于纯粹心理-技术上的原因,人为地建立和固执地强加一个没有客观"存在理由"(raison d'être)的等级制。然而,需要补充的是,这并不是所涉及的唯一的力比多根源。因此,等级制结构就完全与施虐-受虐狂性格所期望的东西相一致。希特勒的著名公式:"对上负责,对下立威"(Verantwortung nach oben, Autorität nach unten)很好地将这种性格的矛盾心态合理化了。[25]

　　践踏下层的倾向(这灾难性地表现在对弱小无助的少数民族的迫害中)与对外部人员的仇视一样明目张胆。实际上,这两种倾向常常一同出现。弗洛伊德的理论阐明了被爱的内群体与被排斥的外群体(out-group)之间无处不在的、严格的区别。自始至终,在我们的文化中,这种思维和行为方式已经被视为不言自明的了,以至于人们很少认真地发问,为什么人们爱那些与自己相像的人,而却厌恶那些与自己不同的人。在这里,与在许多其他例子中一样,弗洛伊德方法的创造力就在于他对普遍为人所接受的东西的质疑。勒庞注意到,非理性人群"非常容易走极端"[26]。弗洛伊德拓展了这一观察,并指出,内群体与外群体的二分法已经根深蒂固,以至于它甚至都影响到了那些在"观念上"显然反对这些反应的群体。因此,弗洛伊德在 1921 年就放弃了如
423　下自由主义的幻想,即文明的进步将自动地带来宽容的增加和对外群体的暴力的减少。

　　　　在基督的王国中仍有一些人不属于信徒共同体,他们不爱基
　　　督,也不为基督所爱,他们在这层纽带之外。所以,即使一种自称
　　　为爱的宗教,它依然要对不属于它的那些人冷酷无情。从根本上
　　　来讲,所有宗教对自己的信徒来说,的确都是这种爱的宗教;然而,

它们都会很自然地对不属于它的那些人采取残忍和不宽容的态度。无论对于我们个人来说有多困难,我们也不应以此过分谴责信徒:在这个方面,不信教的人或对宗教态度冷漠的人的心理境况要好很多。即使今天这种不宽容表现得已不再像之前几个世纪那样暴力和残忍,但我们也不能推断人的态度已经软化。毋宁说,原因在于,宗教情感和依赖于这种情感的力比多纽带不可否认地变弱了。如果有另一种群体纽带取代了宗教纽带(社会主义纽带似乎成功地做到了这一点),那么,在对待群体外人员时,依然会像宗教战争时期那样不宽容。[27]

弗洛伊德在政治预测上的错误(即他谴责"社会主义者"是他们德国人的主要敌人),与他预言法西斯主义具有消灭外群体的破坏性[28]一样,都是令人震惊的。事实上,宗教的中立化导致的,似乎恰恰与弗洛伊德这位启蒙者的预期相反:信徒与非信徒之间的分隔得到了维持和具体化。但是,这种分隔本身已经成为一种结构,它独立于任何观念内容,而且,由于失去了内在的信念,它又得到了更为顽强的捍卫。同时,宗教中爱的学说的缓和作用不复存在了。这就是所有法西斯主义煽动者使用的"山羊和绵羊"(buck and sheep)* 伎俩的本质。在关于谁被选中、谁被拒绝这个问题上,他们不承认任何精神标准,所以,他们用诸如种族[29]这样的伪自然标准来代替,这种标准似乎是不可避免的,因此,他们可以无情地使用之,这比中世纪的异端标准更无情。弗洛伊德成功地确证了这种伎俩的力比多功能。它作为一种否定性的整合力量起作用。肯定性的力比多已经被完全投射到原始父亲即领袖的形象上了,并且几乎没有什么肯定性内容可用了,所以,必须找到一个否定性的力比多。"可以说,领袖或起领导作用的观念也可能

424

---

* 《新约·马太福音》第 25 节提到,耶稣"好像牧羊的分别绵羊、山羊一般,把绵羊安置在右边,山羊在左边。于是,王要向那右边的说:'你们这蒙我父赐福的,可来承受那创世以来为你们所预备的国'"。右边绵羊代表义人,应得永生。左边山羊则代表恶人,应像魔鬼一样受到惩罚。——译者注

是否定性的;对某个人或某个制度的仇恨可能会起到与肯定性的联系相同的团结作用,唤起与之相同的情感纽带。"[30] 不言而喻的是,这种否定性的整合依赖于破坏性本能,弗洛伊德在《群体心理学》中没有明确提及这种本能,然而,他在《文明及其不满》中承认了破坏性本能的决定性作用。在当前的语境下,弗洛伊德解释了带有自恋性质的对外群体的敌视:

> 人们毫不掩饰地对那些必须面对的陌生人表现出厌恶和反感,在此,我们也许可以辨认出自爱的表现——自恋的表现。这种自爱服务于个体的自身肯定,并且表现得好像是,任何对个体自己特殊发展路线的偏离的出现,都涉及对这些路线的批判和改变它们的要求。[31]

法西斯主义宣传提供的自恋性的**好处**是显而易见的。这种满足不断地、有时采用迂回方式进行暗示:仅仅是因为属于内群体,追随者就比那些被排除了的人更好、更高贵、更纯洁。同时,任何批判或自身意识都会被当作自恋的丧失而遭到憎恨,并引起愤怒。这就解释了一切法西斯主义者对他们认为的"瓦解"(zersetzend)作出的暴力反应("瓦425 解"揭穿了他们自己坚持的价值观),这也解释了怀有偏见的人对任何一种内省的敌意。与此同时,将敌意集中于外群体的做法,消除了自己群体内部的不宽容,否则,这种不宽容将会让群体成员同群体的关系陷入极大的矛盾中。

> 但是,这整个不宽容,作为群体形成之结果,在群体中暂时地或永远地消失了。只要群体持续形成或扩张,个体表现得就好像他们是一致的,能容忍他人的个性,能平等地对待他人,不厌恶他人。根据我们的理论观点,对自恋的限制只能由一种因素产生,即与他人的力比多纽带。[32]

　　这是煽动者的标准"团结诡计"所贯彻的路线。他们强调自己与群体外人员的差异,但是却淡化自己群体内的差异,并且倾向于消除他们自己之间的个性差异,而仅仅保留等级差异。"我们都在同一条船上";没有人应该过得更好;势利小人、知识分子和寻欢作乐的人时常受到攻击。怀有恶意的平均主义暗流,即由包含一切的羞耻所构成的兄弟情谊暗流,是法西斯主义宣传和法西斯主义本身的组成部分。希特勒臭名昭著的"大锅炖菜"(Eintopfgericht)命令 * 就是其象征。他们越是不愿改变固有的社会结构,就越是空谈社会正义,意思就是:"人民共同体"中的任何成员都不能沉迷于个人的快乐。压抑性的平均主义——而不是通过消除压抑来实现真正的平等——是法西斯主义心态的重要组成部分,这种平均主义反映在煽动者的"如果你只知道"的伎俩中,这种伎俩承诺会报复性地揭露所有遭到禁止,但被别人享受到的快乐。弗洛伊德依据个体向心理上的"兄弟部落"成员的转换来解释这种现象。他们的凝聚力是对彼此之间的原始嫉妒的反向形成,这种原始嫉妒不得不为群体的凝聚力服务。

　　　　社会中后来以"群体精神"(Gemeingeist, esprit de corps)的形式出现的东西,其根源在于原始嫉妒。任何人都绝不愿意出风头,大家必须都一样,而且拥有的东西也必须是一样的。社会正义意 426
　　　　味着,我们放弃自己的许多东西,以至于其他人也不得不放弃它们,或者换句话说,人们不再能要求这些东西。[33]

　　可以补充一点的是,煽动者的技术不断地表达出对兄弟的矛盾心态,这非常明显。弗洛伊德和兰克(Otto Rank)指出,在童话故事中,蜜蜂和蚂蚁之类的小动物"其实就是原始部落中的兄弟,正如在梦中,

---

* 纳粹党上台后推出了所谓帮助穷人的"冬季援助计划",其中一项命令是,每年的 10 月至次年 3 月的每个月的第一个星期天,德国民众不要吃"大锅炖菜",将省下的钱捐给"冬季援助计划",同时以这种方式体会数百万同胞的穷苦生活,体会自己作为德意志民族共同体的成员。——译者注

昆虫或害虫象征自己的兄弟姐妹一样（轻蔑地认为他们是小不点儿）"[34]。由于内群体成员据说已经"通过对同一对象的相似的爱而成功地实现彼此等同"[35]，他们就不能承认彼此之间的这种贬低。因此，他们通过对这些低等动物的完全否定性的投注（cathexis）来表达贬低，它融合了对外群体的仇恨，并且被投射到后者上去。事实上，这是法西斯主义煽动者最喜欢的伎俩之一——洛文塔尔对此进行了细致入微的研究[36]——即将所有的外国人，尤其是难民和犹太人比作低等动物和害虫。

如果我们有权假设，法西斯主义宣传的刺激与弗洛伊德《群体心理学》中阐述的机制相一致，我们就不得不问自己一个几乎不可回避的问题：这些粗鲁的、没怎么受过教育的法西斯主义煽动者是如何获得关于这些机制的知识的呢？希特勒的《我的奋斗》对美国煽动者的影响不大，因为希特勒关于群体心理学的理论知识水平似乎不可能超出从通俗化了的勒庞那里得出的最微不足道的观察。也不能固执地认为，戈培尔是宣传的策划者并且完全了解现代渊博的精神分析学的最先进发现。仔细阅读他的演讲和他最近出版的日记选集之后，给人的印象是：他是一个精明的人，可以玩强权政治的游戏，但是他对所有社会问题和心理问题的看法都极其幼稚肤浅，水平还不如他自己设计的标语和报纸的社论。老练的、"激进的"知识分子戈培尔，这一观念是魔鬼传奇的一部分，这一传奇与他的名字相关联，并且是由热心的新闻业培植出来；顺便提一下，这一传奇本身就需要作精神分析学的解释。戈培尔自己刻板地思考，并且完全处于人格化的魔咒之下。因此，我们必须到学问以外寻找根源，必须寻找大肆宣扬的法西斯主义对操纵大众心理的技术的掌握。最重要的根源似乎是已提到过的领袖与追随者之间基本的同一性，它限定了认同的某一方面。领袖可以猜到那些容易受到自己宣传影响的人的心理欲求和需求，因为他和这些人在心理上是相似的；他与这些人的区别不在于某种固有的优越性，而是在于他能毫无顾忌地表达他们内心中潜藏的东西。领袖通常都是口欲期性格类型，他怀有一种不断说话、愚弄他人的强烈冲动。领袖对其追随者使用的著

354

名魔咒似乎很大程度上取决于他的口才：缺乏理性含义的语言本身，以一种魔法般的方式运作着，并且推动着将个体还原为群体成员的古老退行。由于这种不受限制但又充满联想的演讲以自我控制的（至少是暂时的）缺乏为前提，因此它很好地显示出了软弱而非强势。法西斯主义煽动者在自夸强势时，的确经常隐隐约约地伴随着对这种软弱的暗示，尤其是在乞求金钱援助时——可以肯定的是，这种暗示与关于强势本身的观念巧妙地融合在了一起。为了成功地满足其听众的无意识意向，可以说，煽动者只需向外输出自己的无意识。他独特的性格征候使他有可能准确地做到这一点，而经验则教会他自觉地运用这种能力，即合理地运用自己的不合理性，类似于演员或某类知道如何贩卖自己的神经症和敏感的记者。因此，就算不知道这一点，他也能够按照心理学的理论来说话和行动；理由很简单：心理学理论是正确的。如果煽动者想让听众与他产生心理上的共鸣，那么他只需要巧妙地利用自己的心理就行了。

428

还有另一种因素增强了煽动者伎俩之于其目的的心理基础的适当性。我们都知道，法西斯主义煽动现已成为一种职业，也可以说是一种谋生的手段。这种煽动有充足的时间来测试各种诉求的有效性，通过所谓的自然选择，只有最吸引人的诉求能留存下来。这些煽动的有效性本身是消费者心理的一项功能。留存下来的诉求通过一个"冻结"的过程——我们能在现代大众文化使用的技术中观察到它——被标准化了，类似于那些被证明对促进商业来说最有价值的广告标语。反过来，这种标准化符合刻板思维，也就是说，符合那些容易接受这种宣传的人的"刻板症"以及他们对无休止的、不变的重复的幼稚愿望。很难预测后一种心理意向是否会阻止煽动者的标准伎俩因过度使用而变得迟钝。在纳粹德国，每个人都会取笑一些宣传语，例如将"血与土"（Blut und Boden）戏称为"布鲁伯"（Blubo），或者从北方种族（nordic race）的概念中衍生出"增加北方人种比率"（aufnorden；northernize）这个动词。然而，这些诉求似乎并没有失去其吸引力。相反，人们可能会犬儒主义式地、施虐狂式地享受这些诉求的"虚假性"（phonyness）；这说明了一个事实:在第三帝国,只有权力能决定人的命运,也就是说,理性的客观性不能阻碍权力的施展。

此外,有人可能会问:为什么我们在这里讨论的群体心理学为法西斯主义所特有,而在其他绝大多数争取大众支持的运动中却没有这种心理学的应用呢?只要将法西斯主义宣传与那些自由进步政党的宣传随意作下比较就能表明这一点。然而,弗洛伊德和勒庞都没有看到这样的区别。他们以类似于形式社会学的概念化方式谈论人群"本身",而没有区分所涉群体的政治目标。尽管应当注意到的是,教会与军队——这是弗洛伊德为了证明其理论而选择的例子——在本质上是保守的和等级制的,但实际上,弗洛伊德和勒庞思考的都是传统的社会主义运动,而不是其对立面。另一方面,勒庞关注的主要是无组织的、自发的、临时的人群。只有远远超出心理学范围的、清晰的社会理论才能充分回答这里提出的问题。我们满足于如下几点看法。首先,法西斯主义的客观目标很大程度上是不合理的,因为这些目标与它们试图容纳的大部分人的物质利益是矛盾的,尽管在二战前,希特勒掌权的头几年确实有过一段繁荣时期。法西斯主义固有的持续战争危险意味着毁灭,大众至少在前意识中意识到了这一点。因此,法西斯主义在施展自己的不合理力量时(无论这种在意识形态上使不合理的东西合理化的神话有多虚假),它并不是完全在撒谎。由于法西斯主义不可能通过合理的论据来赢得大众,因此其宣传必须脱离推理性的思考;它必须以心理为导向,并启动非理性的、无意识的、退行的程序。所有阶层中那些遭受不知不觉挫败并形成了发育不良的、非理性的心态的人,因其心智构架而促进了法西斯主义宣传。法西斯主义宣传的秘密很可能在于,它就是按照人们本来的样子来对待他们;今日标准化了的大众文化的真正子女,几乎完全被剥夺了自律和自发性,而没有设定一个其实现将会超越心理现状的目标,也没有设定社会目标。为其自己的意图,法西斯主义宣传只需要**再生产**现存的心态;——它无需引发改变——强迫性的重复(这是其最重要的特征之一)将是与这种持续再生产的必要性相一致的。它完全依赖总体结构,也依赖权威主义性格的每一个独有的特性,这种性格就是现代社会不合理方面的内在化的产物。在占统治地位的条件下,法西斯主义宣传的不合理性在本能经济的意义上变成合理的了。这是因为,如果人们将现状看作理所当然的和不可改变的,那么,识破现状所需的努力,要比适应它和通过认同现状(这是法西斯主义宣传的焦点)而获得些许满足时所需的努力要大得多。这或许可以解释,比起那些更为忠于大众的运动,为什么极端反动的大众运动能在更大程度上利用"大众心理学"。然而,无可置疑的是,即使是最进步的政治运动,如果因倒向盲目的权力而失去了自己的合理内容,那么也会退化到"群体心理学"及其操纵的水平上去。

所谓的法西斯主义心理主要是由操纵引起的。经过合理计算的技术带来的,是大众的不合理性,人们天真地认为这种不合理性是"自然的"。这一观点可能有助于我们解决以下问题:作为一种大众现象的法西斯主义是否能够完全从心理角度来解释? 虽然大众确实潜在地对法西斯主义很敏感,但是同样可以肯定的是,如果要实现这种潜在的敏感,对无意识的操纵是必不可少的,这种操纵就是弗洛伊德曾用遗传学术语解释过的"暗示"。然而,这证实了这样一种假设,即法西斯主义**不是**一个心理问题,任何试图从心理角度理解其根源与历史作用的尝试都仍然停留在意识形态层面,法西斯主义本身推动的"不合理力量"就属于这种意识形态。虽然法西斯主义煽动者无疑在其演讲中采取了某些趋势,但他之所以这么做,是因为他是强大的经济利益和政治利益的代理人。实际上,心理意向不会产生法西斯主义;相反,是法西斯主义界定了一个心理领域,各种力量可以基于自身利益的理由(这些理由完全不是心理的)成功地利用这个领域。当大众被法西斯主义宣传俘获时,发生的不是关于本能和欲望的自发原初的表达,而是大众心理的准科学的复活——弗洛伊德在讨论有组织的群体时描述的人为的退行。大众心理被领袖控制,并被转变为领袖的统治手段。这不会通过大众运动直接表达出来。这也并不是一种全新的现象,在各个历史时期的反革命运动中都有预兆。心理远非法西斯主义的根源,而是一个叠加起来的体系的诸要素之一,大众抵抗的潜能——大众自身的合理

430

431

357

性——必然让这一体系成为总体。弗洛伊德理论的内容(即对领袖形象的认同取代个体的自恋)指明了所谓的"压迫者盗用大众心理"的方向。可以肯定的是,这一过程有一个心理维度,但这也表明,旧有、自由主义意义上的心理动机有逐渐被废除的趋势。上面提到过的社会机制系统地控制并吸收了这种心理动机。当领袖观察到了大众心理并掌握在自己手里时,这种动机在某种意义上就不复存在了。这一点潜在地被包含在精神分析的基本结构中,因为对于弗洛伊德来说,心理概念在本质上是否定的。他用无意识的至上性来界定心理领域,而且假设了什么应当成为自我。如果人们能从其无意识的他律中解放出来,那么无异于废除了自己的"心理"。法西斯主义用永恒的依赖取代潜在自由的实现,用社会控制剥夺无意识而不是让主体意识到自己的无意识,从而在相反的意义上推动了这种废除。这是因为,虽然心理总是标志着某种对个体的束缚,但是它也预设了自由,这种自由是个体的某种自足和自律意义上的。19 世纪是心理学思想的伟大时代,这并不是偶然的。在一个完全物化的社会,人们之间实际上已经没有了直接的联系,每个人都被还原为社会原子、还原为集体的单纯功能,心理过程虽然仍存在于每个个体身上,但这些过程已不再作为社会过程的决定性力量出现。因此,个体的心理已经丧失黑格尔可能会称为实体的东西。也许,弗洛伊德这本书的最大功绩就在于:尽管弗洛伊德局限于个体心理领域,而且他明智地放弃了从外部引入社会学因素,但他仍然触及了心

432 理退位的转折点。主体心理上的"贫乏状态"让他"不得不向客体投降",并且用客体"取代了主体最重要的组成部分"[37];也就是说,超我几乎凭借洞察力预见了那些形成了法西斯主义集体的后心理的、去个体化的社会原子。在这些社会原子中,群体形成的心理动态已经过度膨胀,并且不再是一种现实。"虚假性"这个范畴适用于领袖,也适用于大众的认同行为和他们那些所谓的狂热与歇斯底里。就像很少有人在内心深处相信犹太人是魔鬼一样,也没多少人完全相信领袖。人们并不是真的认同领袖,而是在表演这种认同、表演他们自己的狂热,并因此参与到他们领袖的表演中。正是通过这种表演,他们在自己身上不

断调动起来的本能冲动与他们已达到的启蒙的历史阶段之间取得了平衡,而这一平衡是不能被随意打破的。也许正是对自身"群体心理"的这种虚构性的怀疑,才使得法西斯主义分子如此无情、如此不友好。如果他们哪怕停下一秒来进行理性的思考,那么整个表演就会分崩离析,他们也将陷入恐慌。

弗洛伊德在一个意想不到的语境中发现了这一"虚假性"要素:在讨论催眠的时候他说道,催眠是个体向原始部落与原始父亲之间的关系的倒退。

> 正如我们从其他反应中了解到的那样,个体在不同程度上保留了复活这些古老情境的天赋。有人认为,催眠终究只是一种游戏,是一种对这些古老印象的虚假的复兴,不过它依然存留下来并提醒我们,在催眠中,因意志的中止而产生的任何严重后果都会招致抵抗。[38]

与此同时,这种游戏已经被社会化了,这些后果也已经被证明是非常严重的了。弗洛伊德将催眠界定为只发生在两个人之间的,此定义区分开了催眠和群体心理。然而,领袖盗用了大众心理,并且使他们的技术变得高效;这能让他们将催眠魔咒集体化。纳粹的战斗口号"德意志觉醒"完全隐藏了这个口号的反面。另一方面,魔咒的集体化和制度化使移情变得越来越间接和不稳定,以至于表演的方面、热情认同的"虚假性"和所有传统的群体心理动态得到了极大的增强。一旦大众突然意识到魔咒的非真理性,这种增强就可能会终止,并最终分崩离析。社会化了的催眠在自身内部孕育了一股力量,通过远程控制,这股力量将会干掉退行的幽灵,最终,它将唤醒那些虽然已不再沉睡但却仍闭着眼睛的人。

433

(1951 年)

注释

[1] 本文是作者与马克斯·霍克海默一起主编的文集的一部分。

[2] Harper Brothers，New York，1949. Cf. also：Leo Lowenthal and Norbert Guterman，"Portrait of American Agitator"，*Public Opinion Quart.*，(Fall) 1948，pp. 417ff.

[3] 这里需要作些限定。如下两种人之间有着某些差异：一种人是，对大规模经济衰退有着或对或错的推测，在参与到迫害犹太人的工作之前，他们力图维持一种得体的姿态而且否认自己是反犹主义者；另一种人是公开的纳粹党人，他们想独立行动（或者至少他们自己相信自己是这个样子），使用着最暴力、最下流的语言。此外，也许可以区分两种煽动者：一种是传统的、朴素的基督教保守党人，反对"失业救济金"是他们的显著特点；另一种人遵从着一种更为高效的现代版本，他们绝大部分对年轻人有吸引力而且有时假装成革命的。但是，我们不应高估这些差异。尽管小心翼翼地助长的东西不一样，但他们演讲的基本结构及其所用的伎俩是一致的。必须面对的是分工而不是真正的分歧。值得注意的是，纳粹党精明地保留了类似的差异化，但这些差异化从未造成任何影响，也没有在党内引发严重的政治观念冲突。认为 1934 年 6 月 30 日（即"长刀之夜"，这是希特勒主导的清洗纳粹党冲锋队领导层的一次行动——译者注）的牺牲者是革命者的信念，是一种神话。"血腥清洗"是各路欺诈之间的较量，而与社会冲突无关。

[4] 德文版于 1921 年出版，题为 *Massenpsychologie und Ichanalyse*（《大众心理学与自我分析》）。译者詹姆斯·斯特雷奇（James Strachey）正确地指出，"群体"这个术语的含义等同于勒庞的"大众"(foule)和德语的"大众"(Masse)。需要补充的是，在该书中，不同于本我和超我，自我这个术语并不表示弗洛伊德晚期著作中描写的特殊的心理机构，而是仅意味着个体。如下一点是该书最重要的内涵之一：他并不认为存在着独立的、实体化的"群众心理"，但是他把勒庞和麦独孤观察和描述的那种现象简化为退行，这发生在每一个个体的身上，他们形成群众并倒在退行的魔咒之下。

[5] S. Freud，*Group Psychology and the Analysis of the Ego*，London，1922，p. 7.

[6] *Ibid.*，p. 27.

[7] 弗洛伊德在书中并没有跟进问题的这一方面，但是附录中的一段话表明他非常清楚这一点。"同样地，对女性的爱打破了种族、国家隔离和社会阶级体系的群体关系，因此，它作为文明中的一个因素发挥着重要的作用。也许可以肯定的是，同性之爱更适合群体关系，即使它具有不受限制的性倾向。"（第 123 页）这一点在德国法西斯主义中得到了证实，在这里，公开的同性恋和被压抑的同性恋之间的分界线，正如公开的受虐狂和被压

抑的受虐狂之间的分界线那样,比在自由的中产阶级社会中要流畅得多。

[8] *L.c.*, pp. 9 and 10.

[9]"……爱的关系……也构成了群体心理的本质。我们要记住,权威没有提及任何此类关系。"(*Ibid.*, p. 40.)

[10]导致这一惊人现象的原因之一也许是:夺取政权前的法西斯主义煽动者不得不面对的大众主要不是有组织的,而是大城市里的零散人群。这些杂七杂八的人群的特征是结构松散,因此迫切的是,以牺牲对爱的离心式的、未被改造的欲望为代价,强调纪律性和连贯性。煽动者的一部分任务在于,让人群相信他们自己是像在军队或者教会中那样被组织起来的。因此有了过度组织化(over-organisation)的趋势。物神就是由这样的组织化造出来的;这种组织化不再是手段,而是成为了目的,这种趋势贯穿于煽动者的演讲中。

[11]*L.c.*, pp. 99—100.这是弗洛伊德群体心理学中的一段关键阐述,它不经意间解释了关于法西斯主义人格的最具决定性的观察之一:超我的外化。"自我理想"这个术语,是弗洛伊德早期对他后来所称的超我的表达。自我理想被"群体自我"(group ego)所取代,这种取代确确实实地发生于法西斯主义人格中。他们没有发展出一种独立的、自律的良知,而是用一种对集体权威的认同来取代这种良知,正像弗洛伊德所描述的那样,这种集体权威是非理性的、他律的,具有僵化的压迫性,它在很大程度上与个体自身的思维是不相容的,因此,尽管集体权威的结构是僵化的,但却很容易被替换。这一现象在纳粹的公式——为德国人民服务的就是好的——中得到了充分的表达。这种模式再次出现在美国法西斯主义煽动者的演讲中,他们从不诉诸其潜在追随者自身的良知,而是不断地援引外部的、传统的和刻板的价值观,这些价值观被视为理所当然的,并被当作具有权威有效性的来对待,而从不服从于生活经验或推理检验。正如《权威主义人格》(*The Authoritarian Personality*, by T. W. Adorno, Else Frenkel-Brunswik, Daniel J. Levinson, and R. Nevitt Sanford, Harper Brothers, New York,1950.)一书所述:心怀偏见的人通常信仰传统价值观,而不是自己作道德决定,并且认为"已经做过之事"是正确的。通过认同,他们也趋向于以牺牲自身的自我理想为代价来屈服于群体自我,而他们的这种自我理想几乎与外部价值观相融合了。

[12]法西斯主义的追随者的受虐狂不可避免地伴随着施虐冲动,这一点与弗洛伊德关于矛盾心态的一般理论——最初是在与俄狄浦斯情结的关联中发展起来的——相一致。因为法西斯主义将个体整合为大众的做法只能以替代的方式满足个体,所以,他们对文明的受挫依然心怀憎恨,但是这种憎恨得到了疏解,并逐渐与领袖的目标相一致;这在心理上与权威主义的顺从相融合。虽然弗洛伊德没有提出后来所称的"施虐-受虐狂"问题,但是他对此有着清醒的认识,这一点,通过他对勒庞的如下观念的接受就能看出来:"因为群体毫不怀疑什么构成了真理与谬误,而且意

识到自身拥有强大的力量，所以它像服从权威那样不接受权威。群体崇
尚武力，受宽仁的影响很小，它认为宽仁只是一种软弱的形式。群体需要
它的英雄具有力量（甚至是暴力）。它渴望被统治和被压迫，而且害怕它
的主人。"(Freud, *op. cit.*, p. 17)

[13] *Op. cit.*, pp. 58ff.

[14] *Ibid.*, p. 61.

[15] *Ibid.*, p. 60.

[16] Cf：Max Horkheimer, "Authoritarianism and the Family Today", *The Family：Its Function and Destiny*, ed., R. N. Anshen(Harper Brothers, New York, 1949).

[17] Freud, *op. cit.*, p. 74.

[18] 在翻译弗洛伊德的作品时，Instanz 这一术语被译为"机能"(faculty)，然而，"机能"一词不能表达出德语原词中包含的等级的含义。也许"机构"(agency)这个词更合适。

[19] Freud, *L.c.*, p. 80.

[20] 需要强调的是，尼采的超人概念与这幅古老意象没什么共同之处，这种"超人"的未来图景与法西斯主义也没有什么共同之处。只有在"超人"变成廉价的口号后，弗洛伊德的影射对于超人来说才是显然有效的。

[21] *L.c.*, p. 93.

[22] *Ibid.*, p. 102.

[23] 更多细节参见 Freud. *l.c.*, p. 44 脚注部分，在那里，弗洛伊德讨论了观念和领袖人格之间的关系；在第 53 页，他将"次级领袖"(secondary leaders)定义为那些将群体凝聚在一起的、本质上非理性的观念。在技术文明中，领袖实际上是未知的、遥远的、**立即**移情(transference)到领袖身上是不可能的。更准确地来说，这里出现的，是非人的、超然的社会权力的再人格化，这种再人格化是退行性的。弗洛伊德清楚地设想了这种可能性。"……一种共同的倾向——即许多人共有的愿望——也许会……起到替代物的作用。而且，这种抽象可能再次或多或少地完全体现在我们所称的次级领袖的形象中。"

[24] *L.c.*, p. 110.

[25] 德国民间用一个极端的象征来表达这种特质：骑自行车的人(Radfahrernaturen)的特点，即上半身弯腰，下半身蹬腿。

[26] Freud, *l.c.*, p. 16.

[27] *L.c.*, pp. 50—51.

[28] 关于中立化的、淡化的宗教在法西斯主义心态构成中的作用，请参阅《权威主义人格》。从精神分析角度对这整个问题域作出过重要贡献的有：特奥多·赖克(Theodor Reik)的《自己的上帝与陌生的上帝》(*Der eigene und der fremde Gott*)和保罗·费登(Paul Federn)的《无父的社会》(*Die vaterlose Gesellschaft*)。

［29］可以注意到的是,根据弗洛伊德,种族意识形态清楚地反映了,原始兄弟情谊观念通过大众形成过程中涉及的特殊退行而苏醒。种族观念与兄弟情义共享着两个属性,即它被认为是"自然的""血缘"的纽带,并且是去性别化的。在法西斯主义中,这种相似性停留在无意识中。相对来说,法西斯主义很少提及兄弟情谊,这通常只用于生活在德意志帝国边境之外的德国人身上("我们的苏台德兄弟")。当然,由于能让人回忆起法国大革命时期的"博爱"(fraternité)理想,兄弟情谊对于纳粹来说是禁忌。

［30］*L.c.*, p. 53.

［31］*L.c.*, pp. 55—56.

［32］*L.c.*, p. 56.

［33］*L.c.*, pp. 87—88.

［34］*L.c.*, p. 114.

［35］*L.c.*, p. 87.

［36］Cf. *Prophets of Deceit*.

［37］*L.c.*, p. 76.

［38］*L.c.*, p. 99.

关于政治和神经症的评论

> 某些社会学家……特别沉迷于心理学建构，而没有涉及技术心理学的思考。
>
> ——塔尔科特·帕森斯

阿瑟·库斯勒(Arthur Koestler)在其文章中将神经症概念转移到政治上。[1]在这里，他使用的方法是类比：他谈到"政治神经症患者"，特别是谈到了"政治的力比多"，认为其"至少与性的力比多一样复杂、被压抑和被扭曲"。因而，这是基于如下假设，即弗洛伊德为个体领域及其驱力动态所塑造的范畴，可以转移到与之类似的，而在其他方面又独立于它的一些领域上。"政治本能"甚或"政治无意识"等词语表明了这一点。

三十年来，精神分析本身一直在试图理解政治现象。它专注于所谓的大众运动，正是这些运动促使库斯勒的文章进入深度心理学。库斯勒虽然熟悉相互竞争的精神分析概念，但对最近为一种分析的社会心理学所作的努力却几乎不了解，这种情况要归咎于糟糕的科学分工。这种社会心理学始于弗洛伊德那部卓越的著作《大众心理学与自我分析》(1921年)。在这里，他接受了勒庞和麦独孤从个体驱力动态中得出的关于大众心理的那些著名观察。由此，他就将大众心理概念**祛魅**了：对于他来说，大众心理的征候并不是神秘的集体性的本己本质(Eigenwesen)，而是基于发生在大众中每个成员身上的进程，即基于对

364

父亲形象的认同。弗洛伊德认真地对待了通常模糊使用的"大众催眠"这一表达,大众的类似于催眠的行为方式,是从那些结合为大众的人的驱力生活中发展出来的。通过这一转变,弗洛伊德的理论表达了一种社会状况,在其中,大众的形成是以人的原子化和异化为前提的。

　　紧接着弗洛伊德的著作,精神分析学家之间进行了广泛的讨论。自20年代末以来,经验的社会研究一直在使用他的大众心理学概念。在这里,我想提一下我们社会研究所的工作,它从一开始就有一个精神分析部门,这是由后来丧生于贝尔森集中营的卡尔·兰道尔(Karl Landauer)领导的。在马克斯·霍克海默构思和编辑的选集《权威与家庭研究》[2]中,在广泛的调查材料上,权威约束行为的深度心理机制首次与社会动态本身联系了起来。我们研究所在美国期间的工作继续遵循这一意图:《权威主义人格》[3]系统地研究了政治意识形态与性格学结构之间的相关性,1950年发表的这部作品在美国引发了今天已经无法估量的文献。

　　库斯勒的论点与几十年来一直在追求的这种科学努力之间的区别在于,在后者中,"政治神经症"本身并不被视为独立的疾病,而是在功能上同个体驱力结构和心理有关。这一区别不仅仅是学术上的区别, 436 后一种区别只涉及对人们基本一致赞同的进程的细致阐明;毋宁说,这一区别涉及的是核心观点。一旦人们将概念从其按意义而言所属的理论中分离出来,并将其拉平到所谓的"常识"(common sense)的层次上,那么这些概念就会改变其意义,并且不再做它们本应做的事。

　　面对库斯勒的文章,人们首先问的是,政治的力比多究竟是什么,它能如此明确地与性的力比多分开。依然悬而未决的问题是,如何解释政治的压抑机制,如果人们不坚持压抑概念的严格心理学含义,那么可以说,库斯勒为之引用了一个相当有力的例子,即在德国对罪责进行的压抑。库斯勒想将政治的力比多直截了当地界定为,"个人成为一个整体之部分的需求、完全献身于一个共同体的需求、以某种方式归属于共同体的需求"。这些口头定义是没有什么用的。实际上,库斯勒描述的实情只是提出了分析的社会心理学必须处理的问题,而并没有为其提供解答。还是说,他真的想回溯到麦独孤的前弗洛伊德的多元主义驱力学说? 该学说在其他大量的、绝大部分是发明出来的本能之外,提出了"社会本能",而没有进一步考虑驱力列表中提及的东西的起源和关系。人们想"归属于共同体"这一点真的是不言而喻的吗? 如果人们想揭露极权主义意识形态的心理根源,那么必须进一步研究的,难道不正是这个概念吗?

但是,由于库斯勒将描述与解释相混淆了,所以他就绝对地设定了政治领域。因而,他不仅错失了极权主义诱惑的心理上的发生过程,而且更为重要的是,也错失了其社会性的发生过程。在本真的精神分析理论的意义上,库斯勒刻画的对"内群体"的固执认同的显象,在很大程度上是一种集体的**自恋**的显象。退回到阉割情结的自我削弱[库斯勒显然不熟悉农贝格(Hermann Nunberg)引入的这个概念],在一个全能的、膨胀的,然而又与自己的削弱了的自我极为相似的集体形成物中寻求补偿。这种体现在无数个人身上的趋势,本身变成了一种集体的力量,其程度迄今尚未得到适当评估。但是,它并不是对自成一体的"政治神经症"的表达,毋宁说,其心理根源在于人所经历的自我满足的丧失。

库斯勒的即兴式方法导致了后果严重的误判,因为集体自恋绝不简单地意味着"不惜一切代价回避现实"。因而库斯勒正确地观察到,某些政治事实,只要它们与自恋不相容,就会陷入压抑当中,而他忽略了的是,长期以来,集体自恋与"现实原则"很好地结合在了一起。即使极权主义的追随者的外观在许多方面无疑被扭曲了,但如果认为他们是不切实际的,那就太过天真了。在精神分析中,自恋意味着:以力比多的方式占有自己的自我,而不是占有对其他人的爱。这种推移的机制不仅是社会性的,它还重视每个个人的硬化,即赤裸裸的自身持存意志。集体自恋的驱力目标凭借其与自我的结合,而与合理的目标、与对既定条件的敏锐洞察极为一致。库斯勒将今日德国和法国的意识形态挑选出来作为政治神经症的范例,这些意识形态与共享它们的人的具体利益完美地和谐一致。当然,在某种最高的意义上,这种自恋无论从

437

政治上来说还是从心理上来说都是不合理的。一种自身毁灭的因素内在于这种自恋之中，而不再是内在于一种世界秩序中，在这种世界秩序中，它是被迫形成起来了的。在看待他那个时代的欧洲时，难道希特勒不是比国际联盟的政治家更为"现实主义"吗？后者从健全人类知性出发干下了一件又一件的蠢事。极权主义体系中被扩大的自我利益的冷酷统治释放出一种合理性，它往往在选择手段上优于其对手，并且只是盲目地为目的服务。极权主义心理反映了一种社会现实的首要地位，[438] 这种社会现实创造了已和它本身一样疯狂的人。但是，这种疯狂恰恰在于，被俘获的人只是作为这种压倒一切的现实的代理人，他们的心理只是构成了这种现实的趋势的"中转站"。关于客观社会规律本身的学说可以成为一种妄想体系，这一点绝不应诱使人们退回到一种心理主义上去，这种心理主义安于社会外表，甚至在心理上也是不充分的。没有什么"政治神经症"，精神畸变确实会影响政治行为，但这完全没有解释政治行为的畸变。这种行为与其说是基于"生活的意义问题"，即基于对实际折磨人的东西的相当抽象的稀释，不如说是基于高度具体的困境，如技术失业、个别国家中生产资料状况与原材料占有之间的不一致，以及到处存在的如下经济上的不可能性，即靠自己的努力来掌握生活，这种不可能性以可怖的"合理性"驱使个体走向他律的大众运动。

我谈到的社会心理学研究无疑表明了典型的心理结构与政治态度之间的关联。具有"权威约束性格"的人，即在童年经历的压力下未能形成一种自律的自我的人，会特别倾向于极权主义意识形态。但如下与库斯勒观点截然相反的结果是同样无可争议的：具有权威主义性格的人绝不比具有其他类型性格的人更是"神经症"的。如果想要谈论他们身上特殊的心理缺陷，那么这些缺陷更有可能——这一点应当尤为注意——是处于精神疾病，尤其是偏执狂方向的，而特定的神经症冲突则更有可能在相反的类型上被感知到。谈及"大众精神疾病和大众幻觉"的那种不严格的语言，显然比政治神经症理论更接近实情。但是，[439] 如下做法也是错误的，也就是将那些在心理上倾向于极权主义体系的人——就像经常发生的那样——设想成精神疾病患者、设想成疯子。

相反，根据恩斯特·齐美尔的见解，他们所献身的集体妄想体系（库斯勒在这种体系的现象学上作出了很大贡献）显然可以保护个人免受公开的精神疾病的侵害——被封装起来的妄想使他们能够在其他领域表现得更为"现实主义"。他们身上的病态因素更多地在于这种现实主义本身，即一种冷漠和无情，这使得他们避开了神经症患者的冲突。在他们那里，神经症似乎是被预先决定的。他们毫无保留地与世界相等同；如果他们像库斯勒所说的那样不能从经验中学习，那是因为他们变得如此物性，以至于他们无法再真正地创造经验。最为一贯地呈现了极权主义的非本质的警察局长当然不是神经症的。与之相反，根据与弗朗茨·亚历山大（Franz Alexander）引入的性格神经症概念的类比，也许应当在真正意义上的极权主义之人的类型中来谈论精神疾病性格。然而，越是深入地研究极权主义性格在心理上的发生过程，就越是不能满足于仅从心理角度来解释它，就越是需要解释如下一点，即它在心理上的硬化是适应一个硬化了的社会的手段。

（1954 年）

注释

[1] Vgl. Arthur Koestler, "Politische Neurosen", in: *Der Monat* 63, Jg. 6, Dezember 1953, S. 227 ff. ——德文版编者注

[2] Vgl. *Studien über Autorität und Familie. Forschungsberichte aus dem Institut für Sozialforschung.* (*Schriften des Instituts für Sozialforschung*, hrsg. von Max Horkheimer, Bd. 5.) Paris 1936.

[3] Vgl. Th. W. Adorno u. a., "The Authoritarian Personality". (*Studies in Prejudice*, ed. by Max Horkheimer and Samuel H. Flowerman.) New York 1950.

个体与组织

　　我的任务不能是重复或总结关于人与组织之间关系的那些广为流传的意见。毋宁说,我假定各位对这一关系感到不安,正如各位可以确信我熟悉这种不安的所有动机那样。但是,我不会以既有东西的代言人自居,也不会创造一种一致赞同的、每个人都从共鸣中获得满足的愉快气氛。辩证法不是去肯定各种意见,相反,它要去清理意见,要去反思先入之见。对于这里要处理的对象来说,这一点尤其紧迫。如果人们依然对越来越多的生活领域被有组织地覆盖这一点噤若寒蝉,并以个体或——如现在人们乐于称道的那样——人的名义来抗议这一点,那么就很容易被分散对真正有威胁的东西的注意力。不是今天才这样的。关于社会的批判性洞见早已认识到希特勒的独裁政权公然暴露出来的东西:对无意识、原始、未被扭曲的本性、天赋人格的诉诸,以及宣传总是就不合理的权力所阐明的东西,都只会增强一种非人化的设施的优势,直至产生完全非人性的后果。今天,谁要是谈论组织的危险,那他就必须首先确保,他是在概念中筑房,用一位内行的建筑师的话来说,这座房子的屋脊上有一个舒适的鹊巢,但又是以防空洞为地基的。第三帝国被打败了,然而如下趋势仍然存在,即组织和机械化——这两 个概念就其实质而言是合在一起的——的增长伴随着对这种增长的抱怨,这种抱怨掩饰了这种增长,而不是有助于改变它。在我看来,为抵抗这一点而进行自卫并就组织本身的问题发表一些看法,并不是一项可鄙的任务。

我拒绝提前定义它们的概念。这一概念的内容在一定限度内处于各位的眼前,我想避免以切断就实事而言属于它的关联的方式来限制它,因为这些关联没有进入定义中。诸如现代组织等社会现象总归只能以它在社会进程中的地位来规定,因而实际上通过一种详细阐明了的社会理论来规定。挑出几个特征,并为了实事本身而武断地划定与这些特征相应的东西的范围,这种做法是形式主义的。无论如何,从方向上来说,应当记住的是,组织是一个被有意识地创造和操控的目的联合体(Zweckverband)。因此,它既不同于部落或家庭等自然发生的群体,也不同于未被计划的社会过程整体。具有本质性的是目的合理性。因而,一个要求有"组织"之名的群体具有如下性质,即尽可能完全地并以相对最少的付出来实现它存在的目的。组织之组成者的性质在组织的架构中退居整体的利于目的性(Zweckdienlichkeit)之后。"组织"这个名字让人想到器官、工具。这听起来是,被组织所掌控的人们主要不是为了自己,而恰恰是作为实现组织所服务的目的之工具而从属于组织,而这目的又间接地——如果各位愿意的话,也可以说是作为"工具"——使他们受益。换言之,在组织中,人际关系不是直接的,而是由目的中介的。根据美国学界的术语,任何组织都是次级群体。这种中介性,即个人对于组织而言的工具特征,以及组织对于个人而言的工具特征,设定了僵化、冷漠、外部性和暴力这些因素。在德国哲学传统的语言中,这可以用异化和物化这两个词来概括。异化和物化随着组织的扩张而增加——马克斯·韦伯已经说明,这样做的渴望是每个组织固有的。然而,直到今天,这种扩张渴望只是在发挥功能的轨道中发生的。越来越多的新部门被纳入该机制,并变得可控。组织吞噬了它所能触及的一切,在此,它遵行技术的标准化,可能也是在遵行它自己的权力。然而,它几乎没有考虑它的定在及其在社会整体中扩张的意义。工具与目标的分离最初界定了组织原则,而在现代社会中,这种分离比以往任何时候都更加危及组织同其合理基础的关系。组织由于脱离了自身之外的目的，它变成了目的本身。它越是被推动着变成总体，如下假象就越是得到了加强：它，即工具体系，就是实事本身。它将与自己不相同的东西隔绝开来。悖谬的是，排他性的、局部性的性质正是包纳一切的组织所固有的。各位都知道，极权主义组织会经常并且无情地选定不属于它的群体，各位也都明白，这种选择是任意的。但是，这种任意绝不只在极端恐怖领域起支配作用，而且也作为阴影伴随着组织的客观性（Sachlichkeit）。有人可以被排除在组织之外，这一点属于组织概念，这就像排除程序带有统治的痕迹那样，这种统治是通过群体意见来行使的。合法律的东西中的这种任意，对于被宰制的世界的令人惊恐之处所负有的责任，要远远大于人们通常所指控的合理性。在人们遭遇到组织暴力的地方，他们可能会推断出最终并非属于联合起来的众人自己的利益。

对组织的上述试探性的刻画，绝不仅仅适用于现代组织，而且也适用于罗马时期的宰制或中世纪的封建等级制。组织只有通过其膨胀程度和支配力才能获得新的、令人震惊的性质：无所不包的性质，即彻头彻尾由结构性东西组成的社会。过去的大型组织也不缺乏这种趋势；只不过，这种趋势显然只能凭借现代机制才能完全实现。但是，这种历史动态冲破了如这里一开始提到的那些形式社会学的概念规定。组织是一个彻头彻尾的历史事物。它只从历史运动中获得其生命。如果有人无视这一点，如果他们使他们的概念成为所谓不可改变的，那么，他们所保留下来的，不过是一个无用的铸件。只不过，各位会疑虑：将组织视为一个合理的目的联合体的规定虽然是普遍适用的，但其中隐含的威胁直到今天才变得明显。例如，在一个高度组织化的埃及帝国通过组织来进行一场关于人所遭受的威胁的对话，这种思想实验将会是荒诞的。我想试着说的是，这种对话本身已经是以无比发达的组织水平为前提的，同时也是以个体自由的动机为前提的。组织作为无所不在的生命权力，不仅秘密地，而且也公开地抵消了这种自由的可见潜能，只有在这样一个历史时刻，被组织起来的人才能够去反思造成这一状况的原则。

　　我建议各位去切近观察的这一广为流传的意见可以概括为两个论点。其一,组织不可避免地膨胀到一切社会领域和个别的人的生存领域,它是一种命运。目的合理的社会化不再留下任何未被掌控的冲动并捕捉了一切,它被视为一种自然权力;有时候它的批判者也会这么认为。要谈的第二个论点也许可以这样说,组织的当前状态并不总是容忍自由、直接性、自发性,并且倾向于将那些构成完整社会的人贬低为

444 单纯的原子,这种状况从根本上威胁着人。奥尔德斯·赫胥黎和乔治·奥威尔的否定的乌托邦描绘了这一点。请各位不要误解我。我没有忽略这些书中表现出的精确想象的力量和人道抵抗的力量,我也不想否认凝聚在这两个论点中的冲动。谁要想谈论我们在这里努力做的事,那他就必须首先经验过世界的组织性硬化,经验过那里发生的、我们无法理解的事情带来的震撼。他也不能对如下一点缄默不言:我们凭借我们的意志或是违背我们的意志,被迫共同充当传动装置上的齿轮,我们的个体性被日益限制在我们的私人生活和我们的反思上,并由此日渐凋萎。人们需要固执的迷信才能确保如下一点,即通过这种限制不会影响个体自身之所是。如果我们自己的个体性在某种程度上成为奢侈品,那么,这与一种状况是极为不同的,社会生活本身主要是在这一状况中期望个体的独立性和主动性。个体性曾经是被偏爱的,而今天它使自己被怀疑成偏差:对于它来说,这种气氛几乎是无益的。这一切必须从一开始就全都说出来。谁要是对这种痛苦不熟悉,那他必然就会提高对宗教的适应程度,并真的满足于对社会保障的不可靠的感觉,或是满足于对汽车、冰箱和电视机产量增加的自豪感。

　　如果人们不想这样,那就不能一直困在空洞的惊骇中。首先,关于无可避免性的论点。它听起来是可信的,但其中有真亦有假。诚然,社会不能违背其本性而维持,如果没有组织,社会是不可能活下来的,在这一点上,今时尤甚以往。否则,就不会建造原始的栈桥,也不会阻止篝火的熄灭。但是,这种必然性不仅仅是最终将人埋葬于其下的厄运。理性在其中占有一席之地。衡量理性的尺度是集体的自身持存和掌控

445 自然的任务。因而,理性不应被绝对地设定,而是总要经受如下问题的

拷问:它是否服务于唯一为其实存作辩护的东西。如果去谈组织的无可避免性,就很容易遗忘如下决定性之处,即组织是一种社会化形式,是人为人自己创造的东西。今天,每个个人在面对制度的力量时都会感到无力;他们无法阻止组织的进步或改变其方向,这给这种进步施加了魔法,使其变成了形而上学意义上被强加的东西这种假象。这里形成的,是当前历史阶段中一切社会关系的一般趋势,其表现为全然有效的、绝对的:这就是今天变成它自己的意识形态的东西。针对这种关于组织之无可避免特征的论点,我们必须坚持的是,许多我们称为组织的目的联合体的合乎理性的必然性掩盖了所涉及的人,这种必然性往往是极其可疑的。关于目的之合乎理性、更确切地说是关于整体之合乎理性的思想,被败坏成手段的最终偶然的合乎理性,即使这些手段只是被设计成毁灭。组织的概念离不开合理性的概念,这种合理性属于不合理性的权力范围。对外部自然的掌控不会去问对自然做了什么,这种掌控的盲目性传递到掌控人的组织上;关于如下一点的意识消失了:组织本身的客体是人,因而与组织的所谓主体是同一的,它将这些主体联合起来了。由于社会在掌控个别领域时越来越合乎理性并且运作得越来越好,它越来越表现出其非理性因素。它危及了整体,也危及了自己的持续存在。因而,我请各位理解我的如下断言,即关于组织之无可避免性的论点,既是真的,同时也是非真的。之所以说是真的,是因为组织是必需的,由此人类得以再生产;之所以说是非真的,是因为源自组织的威胁,主要不在于组织本身,而是在于它所依赖的不合理的目的。但是,这都是人的目的,并且可以从根本上被人所改变,尽管这种可能性对于今天的大多数人来说也许是很难做到的。组织的致命之处不是它的理性,而是相反,只不过是将过错推卸给了理性。面对被宰制的世界时的畏惧,其真实对象并不在孤立的组织范畴中,相反,这种畏惧必须转移到对组织在整个社会过程中占据的地位的认识上。这样的组织既不是恶也不是善,它可以是两者兼而有之,其权利和本质取决于它服务的东西。至少在西方世界,所有人都倾向于斥责组织,然而,处于畏惧背后的灾难,不是组织过多,而是组织过少:毁灭一切的战争威

446

胁以及与之密切相关的每个个人的如下意识,即自己在占统治地位的社会传动装置中是多余的,并且可能会丧失其实存基础。人们完全可以去思考,如果组织是按照一种自由的和成熟的人类需求形成的,那么面对组织时的震颤*是否会消失。组织之所以给人带来痛苦,是因为它客观上缺乏理性和透明性,而不仅仅是由于那些构筑起防御工事并为了一己之私而进行控制的人。因而,即使今天这样做的诱惑与客观的不合理性交织在一起,但一般来说,对官僚和官僚机构的普遍抱怨还是会分散对重要实情的注意力。在公共舆论看来,官僚机构继承了人们过去习惯所称的非生产性的、寄生性的职业,即中介人和中间商的遗产:官僚机构是被宰制的世界的替罪羊。对目前状况起着决定性作用的是,将日益庞大的经济单位和社会单位合并为局部性的、本身不透明且有害的目的。但是,对于人来说,没有什么比经验和看穿这种匿名的、客观的东西更困难的了。作为活生生的人,他们要想曲折地前进,只能通过再次在人身上寻找对否定性东西所担负的责任,从而似乎是将非人化的危险人化了。应当这样做的是官僚,而不应迫使世界(其需要官僚)的建立和所有与公共事务有关的人变成官僚性的。这种强制本身绝不仅仅是否定性的。例如,走进一个政府部门并期望从中得到帮助的个人,由于他的个体利益与政府部门所代表的更为一般的利益之间存在差异,所以,他倾向于指责那位虽给予他帮助但比他所期望的要少的官员,说后者是按"老框框"办事。在这里,这个抱怨的人在今天可能的需求的范围内往往是足够正确的。但同时,对待他时所依据的"老框框",作为抽象处理方式(即允许官僚机构以自动的、"不考虑人"的方式处理每个案件),如在形式法中那样,也是一种正义的要素,是对如下一点的保证,即由于同一般的这种关系,任意、偶然、裙带关系不会掌控一个人的命运。对于这个个人来说,在他与之打交道的官僚身上,去人格化和物化是触手可及的,它们表达了整体与其人性目的相异化,就此而言,它们是否定性的;反过来说,它们也是对那种能够使所有人

---

* 原文为 Schauer,应为 Schauder 之误。——译者注

受益的理性的见证，只有这种理性才能防止最坏的事情发生。组织的双重特征再清楚不过了；但是，同样再清楚不过的是，关键在于它在社会整体中所做的事，而非在于它推出来的那些经常会犯错的人。虚假的人格化是非人化的阴影。在反思组织和社会时，必须避免直接从个体身上得出组织之恶，个体是组织的附属物，其直至最内在的反应方式都必须以组织为准。

据此，对于第二个论点，即关于人遭受威胁的论点，也可以作出一些澄清。没有人会否认存在着威胁状况，它打算将每个人（无论他是否知道）都转变为传动装置的某种功能。但是，为了应对这种威胁，必须 448 从它身上剥夺掉那种使意识陷入瘫痪的形而上学激情。这种激情是由"畏惧"这个便捷的概念反映出来的，后者本身已经是意识形态的一部分了。这一概念将一种趋势神化了，似乎这种趋势就是定在的原初被给予性或"现身情态"（Befindlichkeit），而实际上，这种趋势虽然独立地与人相对，但又植根于人的生活过程，并因此是可变的。但是，这种思想的深度并不在于将糟糕的东西当作本质性的来辩护。组织的威胁并非源于一种神话般的崇高命运，这种命运能使人类失去其根基，并任由非人化的摆布。相反，人在似乎通过秘密审判而强加给自己的东西中再也不能认出自己，并因此表现出准备接受那种灾厄（更不要说肯定它了）。但是，这种准备为关于人遭受所谓威胁的论点涂上了油彩。这种论点默默地将一种盲目的和人们熟知的东西、确切地说是组织和社会的聚集，与本身静止的、不变的东西，也就是人类对立起来。人的静态形象因历史之动态而被打破了。有人将个体生存与这种生存在社会性的交织中所遭遇的事情之间的分裂投射到星空中，并将这种分裂提升为被对象化的进程与纯粹内在性之间的绝对二元论；充其量是进行了如下修正，即人不仅遭受来自外部的威胁，而且也遭受来自内部的威胁。这种修正再次歪曲了真理：它对如下一点避而不谈，即人本身在技术社会中发生的变化，明显同技术的发展和社会的发展有关——法国著名社会学家乔治·弗里德曼（George Friedmann）的著作揭示了这一核心事态。但是，我想首先探讨另一件事，即在人这一概念本身中存在

着的欺骗,因为人们今天就像习惯于追随存在主义本体论那样使用这
一概念,而存在主义本体论不能如其想要的那样,免除其在这种误解上
449 的责任。"人"并不像人们可能会认为的那样,是人们为了在面对历史
性的纠缠时站稳脚跟甚或打开通往本质之门而必须穿透的定在根据。
相反,这种人是扣除掉一定历史性的人及其关系之后的抽象物,而后,
为了不变的真理这一传统哲学理想,它变得独立了,或者——如人们所
称的那样(冒着被批判为哲学的风险)——被实体化了。这种人的概念
绝非神圣且不可转让的。它不允许自己被召唤,也不会对组织的不公
正提出异议。毋宁说,它是可以从一般人类事物中获得的最空虚、最贫
乏的规定;随着教育而失去对宏大哲学,特别是对黑格尔的记忆的那种
意识,才会被这种取代了历史之主体与客体的具体规定的替代品所欺
骗。存在主义本体论赋予定在——定在不过是表示主体性的新词而
已——的大部分所谓永恒的基础范畴,如畏惧、"常人"(Man)、闲言
(Gerede)、"被抛状态"(Geworfenheit)等,不过是一种相当特殊的、充满
矛盾的社会状态的疮疤。因而,"被抛状态"概念是对如下一点的具有
伤感色彩的表达,即每个人在被宰制的世界面前都是无力的,并且随时
都可能陷入车轮之下,然而,不同于早期的依赖时代,我们以"我们能够
掌控我们自己的命运"这种理念来衡量我们的命运,因而,当我们被教
导说还有更糟糕的东西时,我们就会绝望。任何庄重的姿态都无法继
续指出关于一种可能的人的状况的理念,在这种状况中,人免于畏惧,
不再将自己经验为盲目的被抛者,不再屈服于匿名性和被毁掉的语言:
如果他们能够建立起一个公正的世界的话。

之所以不能谈论组织对人的威胁,是因为客观过程和它所遭遇的
主体,不仅是相互对立的,而且也是一体的。正如这个可怕的客观东西
450 即不断增长的组织只是表面上客观的,因为它是由一定程度上伪装起
来的局部利益所决定的,反过来,人在很大程度上又是由这个客观过程
产生的。正是这一点阻止了人去洞察这一过程,并使得从简单理性的
实事出发进行改变变成了几乎难以想象的困难之事。技术性的劳动过
程已经从起决定性作用的部门,即工业部门,扩展到整个生活当中,而

这种扩展方式的中介环节还远未得到充分揭示。该过程造就了它所服务的主体,有时人们也会想说,就是它创造了这些主体。只有在如下意义上才可以认真地谈论人所遭受的威胁:世界状态已经阻止了在其中发展出那些能够看穿它并由此得出真正实践的人。新时代之初发生在人们身上的事情,今天在更高的历史阶段上重演了,只不过重心颠倒了。当自由市场经济取代了封建制度并需要企业主与自由雇佣工人时,这些类型不仅成为职业性的,而且同时是人类学的;出现了诸如自身负责、展望、自足的个人、履职等概念,但也出现了顽固的良心强制、内心中与权威的结合。个体本身,正如其名称至今所使用的那样,就其特殊的实质而言,几乎不会太晚于蒙田或哈姆雷特,至多可以追溯到意大利文艺复兴早期。今天,相对于聚集起来的大公司及与之相应的集体,竞争和自由市场经济变得越来越不重要。历史上产生的个体概念达到了其历史限度。在为经济服务的人的身上发生的改变,其影响几乎不亚于精神科学津津乐道的现代人的诞生。技术能力以及超出这一点的所谓的对技术的人类学亲合力,都出人意料地增加了。由此,对掌控自然这一点的信任增加了,对一切神话主张的敏锐怀疑也增加了。同时代人如此有能力处理任何设施,以至于一个被另一个取代的可替代性已经变得可以预见。没有人再会傻乎乎地相信,等级关系是由人的自然秉性或只是由教育差异所辩护的。虽然到处都有对专门化的抱怨,但是,批量生产所导致的劳动过程的日益分解实际上使劳动过程丧失了资格,将之拉平为如此小的且可比较的事务,以至于人们很容易将一个学科的专家视为另一个学科的专家。但是,迄今为止,这一在经济与社会建立中表现出一种决定性进步之潜能的过程,虽然将意识祛魅了,但绝没有对之进行启蒙。并非无缘无故的是,在这里出现的同样务实和精明的人(他们绝不仅仅存在于两个变种的极权主义国家中),表现出一种令人沮丧的意愿,即放弃理性的自身规定权(虽然这种理性在他们身上显得相当强烈),并致力于一种不合理性,在这种不合理性中,反映着世界建立过程本身的令人吃惊的不合理性。他们使自己类似于设施:只有如此,他们才能在当前条件下继续存在下去。人不仅在客观

451

上越来越成为机器的组成部分,而且他们本身也自为地,即根据自己的意识而成为工具、成为手段,而不是成为目的。关于客观的整体理性的思想,从这种既得到增强又变得顺从的理性的视野中消失了。当我警告说不要将人与组织原始而僵硬地对立起来时,那我就已事先想到了这一点。人不仅屈服于一种外在于他们的、有威胁的东西,而且,这种东西同时也是对他们自己本质的一种规定,他们已经变得外在于自身了。因而,他们使自己被早已不再有益于他们的幸福和自由的成就所哄骗。他们满足于社会保障(social security),这是安全的替代品,是一452 项福利事业,它延伸到所有人身上,甚至延伸到那些尚未涉及的人身上。那些从一开始就知道自己是这种福利的可能客体而不是团结的主体的人,拼命地禁止关于已实现的自由的思想,尽管这种思想无论如何也是不能被驱逐的。他们始终处于这样一种裂隙上,即将对虚假的和受骗的状况的愤慨,转化为对这种状况的较弱的牺牲者或对认真地想有所改变的人的愤怒。但是,这种行为并不是他们的过错和原罪,而是由他们的生活条件具体地预先确定下来的。我提到的这些发展通常被称为大众化。对这一点的愤慨,让人们想到了"抓小偷"的口号。适应强加给集合起来的个人的东西,要么是算在其单纯数量的头上,要么是算在其以抽象的自律理想来衡量的弱点的头上。有罪的不是杀人犯,而是被杀的人,这是表现主义者进行抗议时所说的话,在今天,这已经变成顺世主义的托词,它责备那些死去的灵魂再也没有过上他们实际上被抛入其中的生活。

人们会一次又一次地遇到如下保证,即关键只在于人。如果有人说出在硬化了的世界的压力下人有什么,那么这位批判者自己就会遭受反噬,被指责说是非人性的。"关键只在于人"这一点,再次变成抽象的因而难以攻击的命题之一,然而,在这些命题中,真与非真有害地混合在一起。如下一点是真的,即厄运退回到人身上、退回到人类社会,并且可以被人扭转。但是,如下一点是非真的,即这直接取决于人,人首先必须变成另一意义上的人,由此使濒于崩溃并因而乱套了的世界重新变得有序。这是一种古老的、黑格尔和歌德就已经拒绝了的幻觉,是个体主义社会的自欺,即人的内在是从自身中展开的,而无需考虑外在的形态。例如,如果有人说,组织对人的威胁可以通过如下这些做法来克服,即人保留作出决定的内在自由,或者参与到精神性的东西中,453 或者自行赋予毫无意义地经由他们发出的东西以意义,那么,这将是无用的和徒劳的。将组织人化的努力,无论其用意多么美好,虽能够减轻和装扮社会矛盾的当前形态,但并不能扬弃之。

各位都能想到国家社会主义进行的各种活动的怪诞之处,它们在办公室和工厂中装上彩色印刷品和花盆,以假装成人民共同体。只有在恐怖能够有助于替代情感时,这些花招才会上演。但是,如下建议就其实质而言与这些花招并无太大的不同:凭借以测试心理学为基础的人际关系措施来帮助克服组织中的主体的工具特征。在美国,人们对人际关系的培育要比我们这里更宽泛,但他们也意识到这所具有的意义。因此,在一家乳制品的那则全国知名的美化艾尔西(一头得到满足的奶牛)的促销广告之后,"奶牛社会学"(Cow-Sociology)这个词变得司空见惯。向顾客展示这只被选中的动物得到的精心培育以及它生活的幸福条件,为的是让顾客相信,艾尔西与它的同类提供的牛奶肯定也很棒。根据奶牛社会学的玩笑,被培育的人际关系导致的,是人际关系所有者效率的提高,他们不想满足于奶牛的那种满足感。可以肯定的是,只有顽固的非理性才能阻碍技术化了的和有组织的世界中的劳动条件的改善。技术与组织的进步(今天,对人的处理已成为这种进步一部分)从一开始就是为了生产与销售而实现的,然而,它又总是对它所处理的主体有好处。但是,期望个体由此可以得救或恢复的想法是幼稚的。对于个体的展开来说,社会基础已经凋萎,对此,外表的改善是起不到什么作用的。454

关键不在于将人性的、直接的或个体的东西嵌入组织。通过这种嵌入,这种东西被组织起来了,并恰恰被剥夺了人们希望其保留的品质。自然保护区不能拯救自然,并且迟早会证实的是,它不过是社会传动装置中的障碍。像对待花朵那样来浇灌个体的做法,对于个体来说是无济于事的。如果人明确地领悟到关系的强制将他们放逐到了何种地位,那么,这对于人来说,比如下做法更好,即在妄想中鼓励人说,即便他们内心深处非常清楚他们必须服从,但他们依然是主体。只有当他们完全认识到这一点时,他们才有可能改变之。在被宰制的世界中用陈词滥调——从社会伙伴直到遭遇、委命、关切以及沉默者总是想要或应该进入的交谈——保留了活生生东西的那种语言的空洞性,暴露了起点的虚妄。这些陈词滥调指向的是一种伪具体的、神圣的本真性行话,这种行话借用了神学的超验余辉,而又不能依赖神学内容。

鉴于组织的力量与个体的力量之间的不对称关系,以及现状的暴力与试图穿透现状的思想的无力之间的不对称关系,提出如何进行改进的建议是愚蠢和幼稚的。谁要是相信,人们可以围桌而坐,出于善良意志一起商讨为了拯救人、拯救内在性,为了渗透组织或为了类似的崇高且长期的目标而必须做些什么,那他就是脱离现实的。在他假定存在着一种自觉地塑造社会的共同主体的地方,本质恰恰在于这样一种一致的理性主体的缺席、在于矛盾占据优势。唯一可以正当提出的要求是,无力的个人通过对自己的无力的意识来使自己依然是有力的。个体意识承认了个体被纳入其中的整体,即使在今天,这种意识也不仅仅是个体的,而是在思想的结果中具有一般性。面对在当今世界中篡夺了世界精神的集体性的力量,一般的和合乎理性的东西,在孤立的个人这里,比起在更强有力的、顺从地献出理性一般性的大部队那里,能够更好地度过寒冬。上千只眼睛看到的,要超过两只眼睛看到的,这种说法就是一个谎言,并且是对集体性和组织的拜物教化的准确表达,打破这种拜物教化,构成了今天社会认识的最高义务。

如果在被宰制的世界中仍然存有希望,那么这希望不是在中介中,而是在端点中。在需要组织的地方,也就是在物质生活关系和基于这些关系的人际关系的塑造中,组织太少了;而在形成意识的私人领域,组织又太多了。这并不是说,我想认可公共的职业领域与私人领域的分裂:这种分裂本身就是对分裂了的社会的表达,这一社会的断裂延伸到每个个人那里。但是,一种适用于更好情况的实践,不能否认历史上形成的公共与私人的分离,而是必须将之视为客观既定的并与之联系起来。只有在另一个端点中,即在个体意识中,对既过大而又不完整的组织的抵抗被唤醒之时,公共事务的合乎理性的秩序才是可以设想的。只有在似乎残留的生活领域,对被宰制的世界的否定方面的洞见才会成熟,由此一种更为人道的世界的理念也才会成熟。文化工业关注的事情是,不让这一点发生,束缚意识并使之变得暗淡。必须从那些机制中解放出来,它们只会有意识地再生产出每个人身上盲目地、社会地产生的愚昧。因而亟需的是直截了当地说出今天的意识形态,它存在于文化工业的一切部门对生活的二重化中。使人预防每一部电影、每一 456
个电视节目、每一份插图报纸散发出的极度愚蠢,这本身就是能够作出改变的实践的一部分。我们可能不知道人是什么,不知道什么是人类事物的正确塑造;但是,我们知道的是,人不应该是什么,什么样的人类事物的塑造是错误的,并且只有在这种确定的和具体的知识中,别样的、积极的东西才是对我们开放的。

(1953 年)

论意识形态学说[1]

意识形态概念普遍地进入了科学语言当中。最近,爱德华·斯普朗格(Eduard Spranger)写道:"很少还有人谈论政治理念和政治理想,相反却有很多人谈论政治**意识形态**。"[2]通过与动机关联相联系,精神形成物被从认识拉入了社会动态中。这些精神形成物必不可少的自在存在假象以及它们的真理要求被批判地穿透了。精神产品的独立性,甚至它的独立化本身的条件,都是以意识形态的名义,与真实的社会历史运动一起构想出来的。这些精神产品是在这一运动中产生出来的,并在其中对这一运动发挥功能。它们应当是情愿或不情愿地为局部利益服务的。的确,它们的分离化本身、精神领域的构成、精神的超越性,同时也是作为分工的社会结果而被规定的。就其单纯形式而言,这种超越性已经是在为一个分裂了的社会作辩护的。只有那些因被排除在体力劳动之外而享有特权的人,才能参与到永恒的理念世界中。只要谈到意识形态,这类动机就会引起共鸣,其概念以及处理这一概念的社会学,是与传统哲学相对立的。后者依然声称(即使用词并不完全相同)是与显象的变化相对立的,是与持存的和不变的本质有关的。人所共知的,是一位今天仍颇具权威的德国哲学家的格言,他在前法西斯主义时代就将社会学比作偷窃成性的"梁上君子"。这些观念早已渗入流行意识,并大大助长了对社会学的不信任,十分有必要对之进行反思,因为它们将长期以来不相容的、有时是极为矛盾的东西混合在一起。在通过意识形态批判将精神内容动态化时,人们习惯于忘记的是,意识形态学说本身就是在历史运动中的,即便不是意识形态概念的实质,那么至少其功能也是历史地变化着的,是服从于动态的。什么叫意识形态、哪些是意识形态,要想澄清这些问题,那就只能恰当对待概念的运动,这一运动同时也是实事本身的运动。

如果说,人们曾忽视了古希腊哲学中那些因柏拉图-亚里士多德传统而声名狼藉的对立逆流(它们直到今天才被精心地重构出来),那么,至少从16、17世纪之交的现代资产阶级社会开始以来,人们已经注意到虚假意识内容的一般条件。弗朗西斯·培根关于理性解放的反教条宣言,宣称要与"偶像"进行斗争,后者是一种集体偏见,无论是在时代之初,还是在时代之终,它始终压在人类身上。他的表述有时候听起来像是对现代实证主义的语言批判思想、语义学思想的预期。他刻画了这样一种偶像类型,精神必须摆脱它,这就是"市场偶像"(idola fori),翻译过来也就是大众社会的偶像:"人借助言谈而相互结交;但是,语词是根据人群的看法而被赋予事物的。因而,不恰当的命名是以一种奇怪的方式对待精神……语词对精神施加了暴力,并扰乱了一切。"[3]这些来自现代启蒙运动之初的句子中,有两点是值得强调的。其一,将欺骗归咎于"这些"人,因而似乎是归咎于不变的自然本质,而不是归咎于那些使他们如此或他们作为大众而服从的条件。关于与生俱来的蒙蔽的学说是一种世俗化了的神学,即便在今天,它依然属于庸俗的意识形态学说的武器库:由于将虚假意识归咎于人的一种基本特性或他们的一般社会化,不仅人的具体条件被忽略了,而且蒙蔽似乎也被辩护成一种自然规律,由此也说明了统治被蒙蔽者的理由,就像培根的学生霍布斯后来实际上所做的那样。其二,将欺骗归咎于命名法、归咎于逻辑上的不纯粹,由此归咎于主体及其可错性,而不是归咎于客观的历史星丛,例如,最近特奥多·盖戈(Theodor Geiger)又将意识形态当作"心态"问题而解决掉,并将其同社会结构的关系谴责为"纯粹的玄想"[4]。培根的意识形态概念——如果可以谈论这样一种概念的话——就像今天所流行的概念那样是主观主义的。他的偶像学说想帮助资产阶级意识形态从教会的家长制作风中解放出来,并因此符合整个培根哲学的

459

进步特征,但是,在他那里,这种意识的局限性就已经可以预见到了:例如,根据人们追求的古代国家的模型而设想出来的关系在精神上的永恒化、从来没有预料到孤立的主体范畴本身中存在非真理因素的抽象主观主义。

此后,培根勾画的对虚假意识进行批判的政治进步冲动,在18世纪的启蒙运动中更加明确地出现了。因而,左翼百科全书派中的爱尔维修和霍尔巴赫声称,总是被培根归于人的那些偏见,有其明确的社会
460 功能。它们服务于维持不公正的状况,并反对实现幸福和建立一个合乎理性的社会。爱尔维修说,伟大人物的偏见是小人物的法则[5],在另一部著作中,他说道,"经验向我们表明,几乎所有的道德问题和政治问题都是由权力而非理性决定的。如果说是意见掌控世界,那么从长远来看,就是掌控意见的有权者在掌控世界"[6]。现代民意调查行业忘记了这个公理,直到最近它才相信,它应当驻足于各自传播开来的主观意见(作为最终被给出的资料);在这一点上,人们能够认识到,启蒙运动的动机随着社会变迁而经历了什么样的功能转换。曾经批判地构思出来的东西只是为了确定"事实情况"如何,由此,发现本身也受到了影响。关于意识形态的表层,也就是关于意见的分布情况的陈述,取代了对意见之于整个社会意味着什么的分析。无疑,即使是百科全书派也没有完全洞察到意识形态的社会功能的客观起源和客观性。偏见和虚假意识通常还是被归因于有权者的手腕。霍尔巴赫说道:"权威一般认为维持已起作用的观点(les opinions reçues)是符合其利益的:他认为确保其权力所必需的偏见和错误,是由从不服从理性的(qui jamais ne raisonne)权力所延续的。"[7]然而,大约在同时,爱尔维修(他也许是百科全书派中最伟大的思想家)已经关注到了百科全书派会归咎于阴谋集团(Camarillen)之邪恶意志的那种东西的客观必然性:"我们的理
461 念是我们生活于其中的社会的必然结果。"[8]

此后,必然性这一主题成为一个法国学派的工作的核心,该学派自称为意识形态家学派。"意识形态"这个词源自该学派主要代表之一德斯图特·德·特雷西(Destutt de Tracy)。他结合了经验主义哲学,后

者将人类精神进行了分解,为的是揭示认识机制并将真理与约束性问题追溯至这种机制。但是,他的意图并不是认识论的,也不是形式的。他不想在精神中寻找判断之有效性的单纯条件,而是像对待一个自然对象(如矿石或植物)那样,观察、拆解和描述意识内容本身和精神现象。他曾颇具挑衅意味地说,意识形态是动物学的一部分。他紧随孔狄亚克的明确的唯物主义的感觉主义,想将所有的理念都追溯到其在感官中的起源。对于他来说,驳斥虚假意识和谴责它投身于其中的事情,这些做法已经不敷其用了;相反,每一种意识,无论是虚假的还是正确的,都应当被带到它所依据的规律上去,毕竟,只有从这里开始,才能迈出理解一切意识内容之社会必然性的一步。凭借着古老的传统以及最新的实证主义,意识形态家共有着一种数学-自然科学取向。德斯图特·德·特雷西还关注了语言表达的出现和发展;他还想将对原始素材的检验同一种数学化了的语法与语言结合起来,在后者中,每个理念都被清楚地分配了一个符号,就像莱布尼茨和更早的理性主义也已经打算做的那样。但是,所有这一切正在被用于一种实际的政治意图。德斯图特·德·特雷西仍然希望,通过与感性的既定性进行对照,来阻止虚假的、抽象的原则固定下来,因为这些原则不仅会损害人们之间的沟通,而且还会损害国家与社会的建设。他期望的是,他的这门关于理 462 念的科学即意识形态,能够显示出如物理学和数学一样的确定性与可靠性。科学的严谨方法应当准备好一劳永逸地终结意见的任意性和随意性,自柏拉图以来的宏大哲学一直这样抨击意见;虚假意识,也就是后来所称的意识形态,应当在科学方法面前烟消云散。但同时,科学和精神恰恰由此被赋予了首要地位。这个意识形态家学派不仅受到唯物主义源泉的滋养,而且也受到唯心主义源泉的滋养,尽管它是经验主义的,但它忠实于如下信念,即意识决定存在。德斯图特·德·特雷西认为,关于人的科学是最高的科学,它是为整个政治生活和社会生活提供基础的。因而,在意识形态家们这里,实际上已经包含着孔德的如下想法,即社会学扮演着科学的,最终也是现实社会的统治者的角色。

他们的学说最初也是有着进步意味的。理性应当占统治地位,世界应当是为了人的利益而建立的。只要每个人按照自己的、被充分理解的、本身透明的利益行事，就是以自由主义的方式接纳了社会力量之间的和谐平衡。这也是意识形态概念最初在现实的政治斗争中起到的作用。根据帕累托引用的一段话，虽然拿破仑的专政本身在很多方面与资产阶级解放有关，但他已经指责意识形态家（尽管是以更微妙的方式）在起着瓦解作用，此后这种指责像影子一样伴随着对意识的社会分析。在这里，这种指责用具有卢梭色彩的语言强调了不合理的因素，后来，人们在面对意识形态批判的所谓理智主义时反复援引这些因素；然而，意识形态学说本身在其后期即在帕累托那里，再次与极端非理性主义融合在一起了。拿破仑是这样说的："意识形态家的学说——这种模糊的形而上学，钻牛角尖般地搜寻着最初的原因，并想以此为基础为人民立法，而不是使法律适应对人类心灵的认识和历史的教训——，必须将我们美丽的法国所遭受的一切不幸归咎于这种学说。正如实际上发生的那样，这种学说的错误必然是招致恐怖政权。实际上，是谁宣布暴动原则是一项义务？是谁通过将人民提升为一种其无法实行的主权而诱骗了人民？是谁破坏了法律的神圣性和对法律的尊重？因为这个人不再从神圣的正义原则、事物的本质和市民权利秩序中得出法律，而完全是从不了解民法、刑法、行政法、政治法和军事法的人所组成的人民代表机构的任意中得出法律。如果人们被召唤来更新一个国家，那么他们就必须始终遵循相互矛盾的原则（des principes constamment opposés）。历史展示出了人类心灵的图景；在历史上，人们必须努力去认识各种立法活动的利与弊。"[9] 尽管这些话可能不那么明确清楚，并且是将法国大革命的自然法学说与后来的意识生理学搞混了，但很明显的是，拿破仑在任何一种对意识的分析中都感觉到了对一种肯定性的威胁，在他看来，这种肯定性在心灵中会保存得更好。后来的语言用法在拿破仑的宣言中也有所呈现，这种语言用法以"现实政治"之名，用"脱离现实的意识形态家"这一表述来针对所谓的抽象乌托邦主义者。但他没有认识到的是，意识形态家的意识分析与统治利益绝非那么不相容。这种分析已经伴随着一种技术—操纵的因素。实证主义的社会学说从未放弃过这种因素,并且总是准备将其发现用于相互对立的社会目的。对于意识形态家来说,关于理念的起源与产生的知识也是专家的研究领域,专家拟定的东西应当使立法者和国家领导人能够实现与维持他所希望的秩序,当然,在这里,这一秩序仍然是被等同于合乎理性的秩序。但是,如下观念占了上风,即可以通过关于理念化的恰当知识来指引人;与此相比,正如在意识形态家学派激发的那种怀疑的意义上,如下这些问题并不重要,即关于理念的真理性与客观约束性问题、关于客观的历史趋势(无论是在其盲目的"自然法"进程中,还是在其有意识的合乎理性的秩序的潜能中,社会都要依赖于这些趋势)的问题。 464

后来,这些因素在科学社会主义的意识形态学说中变成决定性的了。我在这里不去讨论这个学说。它的大概情况是众所周知的。但是另一方面,它所依据的那些表述,特别是关于精神内在一致性与独立性同其社会地位之间的关系问题,则是需要细致解释的。这些表述必须参与到辩证哲学的核心问题当中来。意识形态会对社会现实产生反作用,这虽然是众所周知的,但还是不够的。精神性的东西的客观真理性与其单纯的为他存在之间的矛盾是传统思维无法应对的,这一矛盾应当被规定为实事之一,而不仅仅是方法之不足。由于我今天首先关注的是意识形态及意识形态概念的结构转型与功能变化,所以,我想转而探讨另一个因素,即意识形态与资产阶级性(Bürgerlichkeit)的关系。我曾提醒过各位的、来自意识形态概念之史前史的那些思想动机,都属于一个尚不存在发达的工业社会的世界,在这个世界,恰恰几乎不会出现如下怀疑,即自由是否实际上也是通过建立形式性的公民平等来实现的。由于关于社会物质生活过程的问题还没有出现,所以,在所有那些具有启蒙作用的学说中,对意识形态的研究都有其特殊地位:人们相信,为了使社会有序,只要将意识整理好就够了。但是,这种信念不仅 465仅是资产阶级性的,而且也是意识形态本身的本质。作为客观上必然的、同时又是虚假的意识,作为真与非真的交织,意识形态既不同于完全的真理,也不同于纯粹的谎言,它即使不仅属于现代市场经济,那么至少也是属于一种发达的城市市场经济。因为**意识形态就是辩护**。它需要有关于一种已经出现问题而又需要捍卫的社会状况的经验;另一方面,它还需要正义本身的理念,如果没有这种理念,也就没有辩护的必要性,这种理念的模型就在可比较的东西的交换上。在单纯的直接权力关系占统治地位的地方,实际上是没有任何意识形态的。复辟思想家、封建关系或专制关系的颂扬者,仅通过推理逻辑的形式、通过本身包含着平等主义和反等级要素的论证的形式,就已经是资产阶级性的了,并因而总是单纯地破坏他们所歌颂的东西。一种关于君主制的合理理论应当证明君主制本身的不合理性,只要是在君主制原则仍然起着实质作用的地方,这种理论听起来就像是大不敬:通过理性来为实际的权力奠基,这实际上就是废除了承认现存东西这一原则。据此,即使是意识形态批判(它将意识形态与意识形态自己的真理相对照),也只有在意识形态包含批判可以对之发挥作用的合理要素时才是可能的。这适用于诸如自由主义、个体主义、精神与现实之同一性等理念。然而,如果有人想这样来批判所谓的国家社会主义意识形态,那么他就会陷入无力的天真当中。希特勒和罗森伯格这样的作家的水平不仅是经不起任何一种批判。他们的低劣水平(Niveaulosigkeit)(战胜它可以说是最微不足道的乐趣)是一种状况的征兆,关于意识形态的概念,即关于必然的、虚假的意识的概念根本不再直接触及这种状况。这样一种思想并没有反映出客观精神,而是以操纵的方式构思出来的,是单纯的统治手段,它根本没有期待人(即使是代言人)被相信或被认真对待。以使眼色的方式提到了权力:用你的理性去反对它,你将会看到你要向何处去;在很多情况下,这些论点的荒谬性似乎就是要试验人们究竟能被强加多少东西,只要他们听见空话背后的威胁或如下承诺,即他们会得到一些好处。在意识形态被得到认可的世界观所取代的地方,意识形态批判实际上就被关于"何人受益"(cui bono)的分析取代了。在这就可以察觉到,意识形态批判与相对主义没什么关系,而人们总是喜欢将两者混为一谈。意识形态批判是黑格尔意义上的规定的否定,是将精神性的东西与其实现相对照。它的前提是,在判断中区分真与非真,

466

以及,在被批判者中要求真理。具有相对主义性质的不是意识形态批判,而是带有极权主义敲击声的专制主义,是希特勒、墨索里尼和日丹诺夫(Andrei Alexandrovich Zhdanov)的布告,他们将对这些布告的阐述本身称作意识形态,这并非没有道理的。对极权主义意识形态的批判不必反驳它们,因为它们根本不要求或只是完全模糊地要求自律与一致。毋宁说,针对它们,合适的做法是,分析它们指望人身上的哪些意向,它们试图在人身上唤起什么,这与官方的高谈阔论是完全不同的。有待进一步追问的是,现代社会为何以及如何产生了对那些魅力感兴趣并且需要这些魅力的人,他们的代言人在很大程度上是各式各样的领袖和煽动者。导致意识形态发生这种变化的发展是必然的,但这种发展并未导致意识形态内容和架构发生变化。极权主义意识形态是为这种人类学意义上的变化量身定制的,这些变化源于社会的结构变化,只有在此,而非在它们表明的东西中,它们才是实质性的。今天,意识形态作为客观精神,是大众的意识状况与无意识状况,而不是蹩脚的、为了再生产出这种状况而模仿和压低它的产品。真正意义上的意识形态所需要的,是本不透明的、被中介的,因而也是得到缓和的权力关系。为此,因其复杂性而受到不当斥责的社会,在今天已经变得过于透明了。

但正是这一点最终是应得的。意识形态越少,其遗产越粗糙,就越会有意识形态研究,这种研究承诺以牺牲关于显象之多样性的社会理论为代价来衡量自身。在东方集团,意识形态概念已经变成一种酷刑工具,它不仅摧毁不顺从的思想,而且也惩罚那些敢于思考这种思想的人;而在我们这边,它在科学市场的磨损中被软化了,失去了其批判内容,从而失去了同真理的联系。尼采已经在这样做了,当然,他所表达的意思是不一样的,并且想用受限的资产阶级理性的自大来打击它的形而上学尊严。而后,就像今天的实证主义社会学一样,马克斯·韦伯否认了社会总体结构及其同精神的关系是存在的,或至少是可认识的,并要求,人们应借助不服从任何原则而只服从研究旨趣的理想型,不带偏见地探究,什么是首要的、什么是次要的。在这里,他触及了帕累托

467

的愿望。如果说,马克斯·韦伯是将意识形态概念限制在对各种个别依赖的证明上,并以此将之从一种关于整个社会的理论还原为关于各种遇到的东西的假设(甚至还原为一种"理解社会学的范畴"),那么具有同样影响的是,帕累托通过著名的"衍生物"学说扩展了意识形态概念,以至于这一概念不再包含任何特殊的差异。对虚假意识的社会解释全然变成了意识的破坏活动。对于马克斯·韦伯来说,意识形态概念是一种需要检验的偏见;对于帕累托来说,一切精神性的东西都是意识形态——在两者这里,意识形态概念都是被中立化了。帕累托从中得出了社会学相对主义的全部后果。精神世界,只要它不仅仅是机械的自然科学,那么它就被剥夺了任何真理特征;它消融为利益处境的单纯合理化、消融为对一切可以想到的社会群体的辩护。从对意识形态的批判中产生出精神的一种"丛林法则":真理变成了业已胜出的权力的单纯功能。帕累托尽管有着明显的激进主义,但他还是与早期的偶像学说有相似之处,即他实际上没有一种关于历史的概念,而只是将意识形态、"衍生物"分配给人。尽管他着重地提出了一种实证主义的要求,即根据自然科学模式,以逻辑的、实验的,忠于事实的方式进行意识形态研究,并以此表明,自己完全不受和他一样有着价值中立激情的马克斯·韦伯的认识论批判思考的搅扰;但是,他使用了诸如"所有的人"(tout le monde)甚或"人类"(les hommes)之类的表达。他无视如下一点:人的本性对于他而言意味着什么,这是随着社会关系而改变的,这也涉及真正起推动作用的动机、剩余物同其后裔、衍生物或意识形态的关系。《普通社会学总论》(*Traité de Sociologie Générale*)中有一个重要的段落写道:"基本上,衍生物形成了每个人都使用的手段……直到当代,各门社会科学通常都是由剩余物与衍生物组成的理论构成的。它们有一个实际任务:它们应当使人以一种确定的、被认为是对社会有用的方式行事。与之相对,眼前的这部著作是试图将这些科学完全转移到逻辑的、实验的层面,而无意于直接的实际用处,其唯一的意图是获悉社会事件的规律性……相反,谁要是只想进行逻辑的、实验的研究,那他就必须非常小心,以避免使用衍生物:对于他来说,这些衍生物是研究的对象,而从来不是论证的工具。"[10]通过与人本身,而非与人的社会化具体形态相联系,帕累托回到了旧的、几乎可以说是前社会学的意识形态学说立场,即心理学的立场。他停留于如下局部认识上,即必须区分,"一个人自己所打算的和所说的,和他实际上所是的和所做的",而不必坚持如下补充性的要求,即"在历史斗争中,必须更多地将各方的空话和想象同他们的现实有机体和现实利益区分开,必须将他们的观念同他们的现实区分开"。在某种程度上,意识形态研究被引导回了私人领域。人们正确地指出,帕累托的衍生物概念与精神分析的合理化概念密切相关,后者是欧内斯特·琼斯首先提出的,而后被弗洛伊德接受:"人有一种……强烈的倾向,即将逻辑发展与非逻辑的行为连结起来。"[11]帕累托的这种原则上的主观主义可以追溯到他的主观经济学,这种主观主义实际上不是从社会关系和客观上预先确定的盲目关联中得出意识形态的非真理性,而是从如下一点中得出的,即人随后力图为其真实的动机提出理由和作辩护。他没有去探寻意识形态的真理要素,这种要素无法以心理学的方式来掌握,而只能在同客观关系的联系中来掌握:对于帕累托来说,意识形态似乎只具有人类学功能。汉斯·巴特在《真理与意识形态》(*Wahrheit und Ideologie*)一书中正确地说道,对于帕累托来说,精神世界只要声称不是以力学为典范来研究因果关系,那么它就既没有自己的规律,也没有认识价值。[12]意识形态学说表面上的科学化包含着科学向其对象的屈服。由于帕累托对意识形态中的理性视而不见,就像黑格尔在历史必然性概念中对这种理性的思考那样,他同时就放弃了理性对一般意识形态进行判断的权利要求。这种意识形态学说本身就极好地适合于极权主义强权国家的意识形态。由于它从一开始就将一切精神性的东西都纳入宣传与统治的目的,它就为犬儒主义准备了科学上的问心无愧。墨索里尼的名言和帕累托的论文之间的关联是众所周知的。政治上的晚期自由主义在言论自由概念中终归是同相对主义有一定的亲合力的,只要每个人都允许思考他想要的东西(无论这东西是否是真的),因为每个人都只思考对他有利和自身主张最有利的东西——这种自由主义就绝不能免受对意识形态概念的这种曲解的侵害。这也证实了,人类的极权主义统治不是几个不逞之徒从外部施加的,它呈现的不是笔直的进步车道上的事故,相反,它的毁灭力量是在文化之内孕育成熟的。

通过将意识形态学说从哲学的社会理论中分离出来,一种虚假精确性建立起来了,但概念的现实的认识力量被牺牲掉了。这一点,在概念被哲学本身所吸收的地方、在马克斯·舍勒那里也表现出来了。帕累托的衍生物学说是以无形的方式进行拉平,与这种学说相反,舍勒寻求的是一种类型学,而不是试图说出意识形态的本体论。在不到三十年之后的今天,他的这一曾备受推崇的尝试读起来却有着令人惊讶的天真:

> 对于这些按照阶级确定下来的形式的思维方式,我补充以下内容:……
>
> 2. 考虑变化——下层阶级;考虑存在——上层阶级……
>
> 4. 现实主义(世界主要是作为"抵抗")——下层阶级;唯心主义——上层阶级(世界主要是作为"理念领域")。
>
> 5. 唯物主义——下层阶级;灵性主义(Spiritualismus)——上层阶级……
>
> 8. 乐观主义的未来展望和悲观主义的回顾——下层阶级;悲观主义的未来展望和乐观主义的回顾……——上层阶级。
>
> 9. 寻找矛盾的思维方式或"辩证的"思维方式——下层阶级;寻找同一性的思维方式——上层阶级……
>
> 主要以一种或另一种形式来理解世界,都是受阶级限制的**潜**意识类型的**倾向**。这些不是阶级-偏见,而是超出了偏见:即偏见**形成**的**形式规律**,准确来说是关于形成某些偏见的主要倾向的形式规律,这些规律仅植根于**阶级情况**中——完全脱离了个体性……等等。如果这些规律得到了完全的认识,并在其**必然产生**于阶级处境这一点中得到理解,那么它们就将构成知识社会学的新内容,我想将之描述为与培根的偶像学说类似的东西……关于思维、观察和评价的**"社会学偶像学说"**。[13]

471

这清楚地表明,即使在舍勒自己看来,这种上层阶级和下层阶级的粗糙图式(其与帕累托一样都缺乏历史意识,尽管两者在哲学上是对立的两极),既没有接近社会划分的具体内容,也没有接近意识形态形成过程的划分的具体内容。静态的本体论思维与动态的唯名论思维之间的对立,不仅是粗糙的、不加区别的,而且相对于意识形态形成过程本身的结构来说也是错误的。今天,舍勒所称的上层阶级的意识形态在很大程度上具有极端唯名论的特征。对现存关系所作的辩护是,对这些关系的批判是任意的、自上而来的概念建构,是"形而上学",而研究必须以未被构造的事实,即"晦暗的事实"(opaque facts)为准绳:帕累托自己就是这样一种极端唯名论的辩解术的例子,今天盛行的社会科学实证主义(很难将之归入舍勒图式中的下层阶级)也显示出了同样的趋势。相反,会被舍勒归为下层阶级意识形态的那些理论中最重要的,恰恰是与唯名论对立的。它们从社会的客观总体结构和黑格尔提出的关于自行展开的真理概念出发。舍勒的现象学程序,作为一种被动的、放弃了建构、在所谓可观察的本质性(Wesenheit)上进行的哲学测量,即使在其后期阶段,也仍然沉溺于一种二阶的实证主义、一种某种程度上精神性的实证主义。但是,如果概念没有建构实事,实事本身就会从它身上溜走。

在舍勒和曼海姆那里,意识形态学说变成了知识社会学的学术分支。这个名称是足够突出的:一切意识,不仅是虚假意识,而且还有真实意识,恰好都是"知识",都应当服从于对社会条件性的证明。曼海姆以引入"意识形态总体概念"而自豪。例如,在其主要著作《意识形态与乌托邦》(Ideologie und Utopie)中,他说道:

> 随着意识形态总体概念的一般阐述方式的出现,**单纯的意识形态学说**发展成为**知识社会学**……显然,在这种情况下,意识形态概念具有了新的意义。这里产生了两种可能性。第一种可能性是,从现在开始,在意识形态研究中,放弃任何"揭示性的"意图……并且,在任何地方都仅限于强调**社会**存在处境与观点之间

的关联。第二种可能性是,这种"价值中立的"态度随后与一种认识论的态度相结合。这……会……导致的,要么是一种**相对主义**,要么是一种**关系主义**,两者不能相互混淆。[14]

很难真的将曼海姆为总体意识形态概念的应用而设想的两种可能性区分开。曼海姆将第二种可能性,即一种认识论相对主义的可能性或用更高贵的词来说是关系主义的可能性,当作"认识论"态度,与第一种可能性,即对"存在处境与观点"之间的关系,也就是下层建筑与上层建筑之间的关系的价值中立的研究对立起来,但这两种可能性之间根本就不是对立的。第二种可能性充其量是勾勒出了如下意图,即以方法论上的存在理由来掩护一种实证主义的知识社会学程序。曼海姆的确感觉到,意识形态概念只能是作为一种虚假意识的概念才有其权利,但是,他不再能从内容上来掌握这样一种概念,而只是形式地将之假定为所谓认识论上的可能性。取代了规定的否定的,先是一般的世界观,而后是(效仿马克斯·韦伯的宗教社会学)对社会与精神之间的经验关联的具体指明。意识形态学说分裂成了两部分,一部分是一种高度抽象的、缺少确凿表达的总体构思,另一部分则是专题研究。在这两者之间的真空地带,意识形态的辩证问题消失了:这些意识形态虽然是虚假意识,但又不仅仅是虚假的。在社会与其对自身本质的洞察之间必然存 473 在的面纱,同时借助这种必然性表达了这种本质本身。实际的意识形态只有通过它们同现有的现实的关系才会变成非真的。它们可以是"自在地"真的,诸如自由、人道、正义这些理念就是这样,但是它们的举动,就好像它们已经实现了似的。意识形态总体概念允许将这些理念贴上意识形态的标签,这常常证明的,与其说是与虚假意识的不可调和,不如说是一种愤怒,这种愤怒所针对的东西,在即使相当无力的精神反思中也能指向一种更好状况的可能性。有人正确地说道,在这里,蔑视这类所谓意识形态的概念的人,他们所指的,往往不是被误用的概念,而是这些概念所代表的东西。

在引入讨论这一意图的意义上,我不想对今天如何表述意识形态概念这个问题作理论探讨,而是想就意识形态本身在当前的具体形态作些说明,并以此结束。意识形态的理论建构取决于实际上作为意识形态起作用的东西,同样地,这种建构反过来也预设了对意识形态的规定和穿透。请各位允许我首先诉诸一种我们任何人都无法逃避的经验:在精神的特殊分量中,某些起决定性作用的东西发生了改变。如果我可以回忆一下作为最忠实的历史地震仪的艺术,那么在我看来,毫无疑问的是,出现了一种与1910年左右的现代性的英雄时代形成了鲜明对比的衰弱。在这里,社会思想家不能满足于将这种衰弱(其他的精神领域,如哲学也几乎未能幸免于此)回溯到所谓的创造力减弱,或回溯到邪恶的技术文明。毋宁说,他将觉察到一种"岩体位移"(Gesteins-verschiebung)。在面对社会深层结构中的灾难进程时,精神本身接受了一些短暂的、稀薄的、无力的东西。鉴于目前的现实,精神几乎不能坚决地主张其严肃性要求,而这对于19世纪的文化信仰来说曾是不言而喻的。这种"岩体位移"——实际上是上层建筑与下层建筑之间的位移——一直延伸到意识和精神形态最细微的内在问题当中,并使力量瘫痪了,而不是缺乏这些力量。不去反思这一点,而是像什么都没发生过一样继续着的精神,似乎从一开始就陷入了无助的虚荣中。如果意识形态学说向来都在提醒精神有其弱点,那么今天,它的自身意识必须面对这一方面;几乎可以说,在今天,已被黑格尔从本质上规定为否定性因素的意识,只有接纳了意识形态批判之后才能活下来。只有在一种精神性的东西独立地、实质地并以带有自己要求的方式从社会过程中产生出来时,我们才能有意义地谈论意识形态。意识形态的非真理性恰恰总是这种分离的代价,是否认社会基础的代价。但是,即使是它们的真理因素也在坚持这种独立性,坚持一种意识,这种意识不仅是存在者的单纯印记,而且也努力穿透存在者。今天,意识形态的标志就是缺乏这种独立性,而不是其要求带来的欺骗。随着资产阶级社会的危机,传统的意识形态概念本身似乎失去了它的对象。精神分裂了:一方是批判性的真理,这种真理摆脱了假象,但又是深奥的、是疏离于直接的社会作用关联的;另一方则是对曾是意识形态的东西进行有计划的管理。如果将今天很大程度上充斥在人的意识中的那些精神成果的总体规定为意识形态遗产，那么在其中可以理解到的，与其说是对自己的社会内涵视而不见的自律精神，不如说是批量生产出来的东西的总体，这种东西为的是俘获作为消费者的大众，如果可能的话，还要塑造和固定他们的意识状况。今天，受社会所限的虚假意识不再是客观精神，即便在如下意义上它也不是客观精神：它绝不是盲目地、匿名地从社会过程中结晶出来的，而是科学地为社会量身定制的。文化工业的产品，如电影、杂志、插图报纸、广播、各种类型的畅销文学都发生了这种情况，其中，小说-传记扮演着特殊的角色，而现在在美国则主要还有电视。不言而喻的是，这种本身相当整齐划一的意识形态要素，与其许多传播技术相比，并不是新东西，很多已彻底僵化了。它同高级文化领域与低级文化领域的传统区分相结合，这种区分在古代就已经呈现出来了；在这种结合中，低级文化领域被合理化了，并与高级精神的破落残余整合在一起了。从历史上看，当代文化工业的图式可以追溯到 1700 年左右的英国早期通俗文学。它已经拥有大部分今天从银幕和电视屏幕上向我们咧嘴笑的老套路。但是，对从质上来说新的现象所作的社会思考，不能因指出这一现象的组成部分及基于此的关于原初需求之满足的论据都是古老的，就被骗过去。因为关键不在于这些组成部分，也不在于今天大众文化的原始特征通过一种未成熟人类的时代而保持不变，而是在于，它们今天全都被控制了，整体已经成为一个封闭的体系。"脱身而去"几乎不再是可以被容忍的，人被四面八方地包围住了，凭借歪曲了的社会心理学（或可恰如其分地称之为颠倒了的精神分析）的成就，终归是日益增长的社会压力所释放的退行趋势得到了增强。社会学在"传播研究"（communication research）、大众媒体研究的标题下，抓住了这一领域，在此，它特别强调消费者的反应以及他们与生产者之间的相互作用的结构。这些研究几乎不会否认其起源于市场研究，它们的认识价值当然是不容剥夺的；但是我认为，在意识形态批判的意义上来处理所谓的大众媒体，要比满足于其单纯定在更为重要。通过描述性分析来默默地承认这种定在，这本身就构成了意识形态的一个要素。

由于这些媒体(此外也包括广义的体育,其早已被转化为意识形态)在今天对人施加了难以描述的暴力,所以对它们的意识形态内容的具体规定就是迫在眉睫的。这种内容旨在以合成的方式将大众与规范和关系等同起来,这些规范和关系,无论是否匿名,无论是否被文化工业所宣传,都是文化工业的后盾。一切不一致的东西都遭到了审查,就连最细微的灵魂冲动也都已练就顺世主义。在这里,文化工业之所以能够作为一种客观精神发挥作用,是因为它总是与一些在其受众中活跃的人类学趋势相结合。它抓住了这些趋势,加强并证实了它们;而一切不顺从的东西,要么远离了,要么被明确地拒绝了。大众社会中盛行的思维的缺乏经验的僵硬性,可能会被这种意识形态所强化,然而同时,一种被打磨过的伪现实主义(它在一切外在东西中提供了经验现实的准确映象)阻止我们看透被提供的东西,这些东西已经是在社会控制的意义上被预制出来的。制造出来的文化商品越是与人相异化,人就越会被说服去相信,它们与自己有关、与他们自己的世界有关。人们在电视屏幕上看到的东西,与他们十分熟悉的东西是相似的;然而,诸如"一切外来的都是可疑的"或"成功和事业是生命中的至高之事"之类的口号,作为"违禁品"则是一劳永逸地被偷运进来。如果用一句话来总结大众文化的意识形态实际上导致了什么,就必须将这种意识形态呈现为对如下这句话的拙劣模仿:"成为你自己",也就是呈现为对业已存在的状况的夸张的二重化和辩护,将一切超越性和一切批判都包含在内。由于社会上起作用的精神限于再次向人展示构成其实存条件的东西,但同时宣布这种定在是它自己的规范,所以,人在对纯粹实存的无信仰的信仰中得到了巩固。477

作为意识形态,除了对现状本身的承认之外、除了一种与关系之至高无上相适应的行为模式之外,什么都没有留下。并非偶然的是,今天最有效的形而上学与"实存"这个词联系在了一起,就好像,通过最高的抽象规定而对单纯定在(这些规定正是从这种定在中得出的)进行的二重化,与这种定在的意义同样重要。这在很大程度上与人头脑中的状况是相应的。面对幸福的开放的可能性,这种疯癫的情境凭借本可避免的灾难而威胁着每一天,人虽然不再将这种情境当作一种理念的表达(就像他们仍然会感受到资产阶级的民族国家体系那样),但是,他们以现实主义的名义满足于既定的东西。个人从一开始就经验到自己是棋子,并由此使自己平静下来。但是,自从意识形态所说的不过就是"事情就是这个样子"以来,它自己的非真理性也就萎缩为如下稀薄的公理,即事情只能是如此。当人屈服于这种非真理性时,他们同时也在暗中看穿了它。对单纯定在的力量和不可抗拒性的赞扬,同时也是对单纯定在进行祛魅的条件。意识形态不再是外壳,而只是世界的骇人面容。它变成了恐怖,这不仅是因其与宣传交织在一起,而且也是以自己的形态为根据。但是,因为意识形态与现实以这种方式相互接近;因为现实在没有任何其他令人信服的意识形态的情况下变成了意识形态本身,所以,只需稍微动动脑筋,就可以抛弃既无所不能而又毫无意义的假象。

(1954 年)

注释

[1] 本文是作者与马克斯·霍克海默正在一起做的研究的一部分。——还要由衷感谢海因茨·毛斯(Heinz Maus)先生和赫尔曼·施韦彭霍伊泽先生的协助。

[2] E. Spranger, "Wesen und Wert politischer Ideologien", in: *Vierteljahreshefte für Zeitgeschichte* 2(1954), S. 118 ff.

[3] F. Bacon, *Novum organum*, in: *The Works of Francis Bacon*, London 1857, Vol. I, S. 164.——Vgl. H. Barth, *Wahrheit und Ideologie*, Zürich 1945, S. 48.感谢汉斯·巴特的著作为意识形态概念的发展提供了更多的例证。

[4] Th. Geiger, "Kritische Bemerkungen zum Begriffe der Ideologie", in: *Gegenwartsprobleme der Soziologie*, Potsdam 1949, S. 144.

[5] C. A. Helvétius, *De l'Esprit*;在翻译时引用的是 H. Barth, op. cit., S. 65。

[6] C. A. Helvétius, *De l'Esprit*;在翻译时引用的是 H. Barth, op. cit., S. 66。

[7] d'Holbach, *Système de la Nature*, A Paris, *l'an deuxième de la*

République Françoise une et indivisible，I，IX，S. 306/07；在翻译时引用的是 H. Barth，op. cit.，S. 69。

［8］C. A. Helvétius，*De l'Esprit*；vgl. Barth，op. cit.，S. 62.

［9］在翻译时引用的是 V. Pareto，*Traité de Sociologie Générale*，Paris 1933，Vol. II，§ 1793，S. 1127。

［10］在翻译时引用的是 V. Pareto，op. cit.，Vol. II，§ 1403，S. 791。

［11］在翻译时引用的是 V. Pareto，op. cit.，Vol. II，§ 180，S. 92。

［12］H. Barth，op. cit.，S. 345(Anmerkungen).

［13］M. Scheler，*Die Wissensformen und die Gesellschaft*，Leipzig 1926，S. 204 f.

［14］K. Mannheim，*Ideologie und Utopie*，3. Aufl.，Frankfurt a. M. 1952，S. 70 f.

　　论经验的社会研究在当代德国的地位

　　我有责任告诉各位一些关于经验社会学在德国的地位的情况。本次工作会议应当在研究本身的状态、参与其中的机构、科学方法与问题以及组织问题等方面，为各位提供一个具体的想法。对此，我不想用一些一般性的措辞来预期各位会从具体的文章中学到哪些更好的东西。毋宁说，我想谈谈经验的社会研究在公共意识中的地位、它同当代趋势之间的关系以及它屡次遭遇到的批判性异议。我可以用"经验的社会研究的精神处境"来描述我关注的事情，当然前提是，"精神处境"这一表述还没有被彻底败坏，在相当真实的社会力量和经济力量在起作用的地方，它没有显得像涉及一场幻象的斗争、涉及纯粹科学的争端。

　　本次会议代表的科学类型还没有被命名，虽然共同之处是显而易见的，但只是近年来，这种科学类型才在德国更加明显地突出出来。在第一次世界大战之前和魏玛共和国期间，属于这种科学类型的是具体调查，而它本身还没有作为一门独立学科形成起来。在希特勒独裁统治期间，根据当时流行的行话，这种科学类型是不受欢迎的。特别是在"民意调查"（public opinion research）中，对于这个领域来说，"民意调查"这个不幸的词汇已经变得司空见惯了，而纳粹在这一领域敏锐地看
到了一种民主潜能。对于统计评价来说每张选票都是同等重要的，"代表"概念（它在横截面形成的过程中是如此重要）并不知道任何特权，这一点很容易让人想起自由的和无记名的选举，它与有关的调查共享"投票"（Poll）这一名称。1945 年以来美国的影响，也就是人的如下这种强

烈的、尽管未清晰表达出来的需求,即他们的判断、愿望和需求不仅在选票上有效,迎合了战后德国的"社会研究"方法。在这个被摧毁的、经济上混乱的国家中,支持这一点的是根据一种对关系的认识进行行政管理的需求,这些关系只能通过受控的经验方法来获得:例如难民的社会处境和炸弹破坏的社会后果。同时起到决定性作用的,还有尽可能减少风险的经济趋势。与其让自己的处置随后服从于市场的裁决,不如事先凭借高度或然性来确定供求之间的相互关系,而后据此进行处置;此外,这样一种趋势是与市场本身的功能变化直接相关的,即使在大公司的活动领域也是如此。

鉴于经验的社会研究常常可应用于局部目的,我提到的民主潜能就意味着我们的最高义务。我们必须小心,不要将我们研究的人看成其思维与行为都服从于盲目规律的单纯量子。我们知道,当他们被束缚在自己无法看透的关联中时,他们也还是人,他们仍然有着自由的自决和自发性的可能性,并且,大数规律的界限就是在这种自发与自觉的要素上。因而,虽然我们能够在当今社会的机制(这在很大程度上是被决定的)之内对可能之事作出有根有据的预测,但是,我们无法像预言日食那样预言政治事件。谁要是期望我们这样做,那他就是歪曲了我们的意图,并将我们变成了不自由的代理人,而我们关于人之所思与所欲的问题,只应当为人的自由服务。我们不是所谓趋向的盟友;我们不 480 能也不应像命运之声那样说话。

德国社会学中的经验趋势的推进,并非源于对压倒一切的事实性的崇拜。这些趋势源于内在的科学发展。在唯心主义时期,社会思维与对总体的哲学思考是一回事。具体地展开的哲学思维拥有当时所有可用的事实材料。而后,随着宏大的哲学体系的出现,出于令人信服的理由,理论思想与具体经验内容的统一消失了。理论概念脱离了体系,而面对批判,体系无法坚持自己的真理要求。这些概念的遗产落入分离开来的特殊领域。因而,黑格尔形而上学中曾意味着存在之动态总体的精神理念,凝结成了精神的特殊领域,即文化的特殊领域。而后,这一特殊领域构成了狄尔泰的精神科学的对象,其理念和方法对德国社会学产生了这样的影响，即它认为自己就是一门精神科学。但是，当诸如精神之类的概念从其关联及其与材料的关系中挣脱出来时，它们首先是变成孤立的，而后变成被绝对设定的，最后变成物神、变成蒙昧主义的工具。让我用一个十分明显的案例向各位解释这一点。在宏大的思辨体系的时代，人际关系的直接性及其对立面（即异化或物化）的诸概念，起着决定性的作用。它们最初被设想为自身分裂而又和解的精神的必要因素。这种构想与唯心主义学派融合在一起。但是，直接的东西和被中介的东西的概念存留在了社会中。对更新的德国社会学贡献尤大的斐迪南·滕尼斯（Ferdinand Tönnies）将这种概念两极性（Begriffspolarität）从赋予其意义与局限的哲学语境中抽离出来，使之成为社会认识所依据的唯一秩序原则。在这一方面，他的意图是最纯正的：社会学要服务于人际关系的建立。但是，由于他将共同体概念和社会概念变成了排他性的分类原则，所以，他不仅将它们变得粗糙了，不仅将一种局部因素变成了统治一切的因素，而且为胡扯大开方便之门。这两个稀薄的概念使德国社会学在其前法西斯主义的衰落时代，将社会世界划分为绵羊和山羊。共同体被认为是好的，而社会则被认为是坏的。由此迈出的一步，不过仍然是对自然发生的关系、血与土地、种族的崇拜，这些后果是被纳粹所诽谤的滕尼斯做梦也想不到的。即使在今天，德国社会学仍然保留着这种思维方式的痕迹。因而，在农业社会学中，人们仍然总是会遇到诸如依恋土地、农人等表达和沉沦的浪漫主义这类陈词滥调，它们只适合于向人掩盖一定的技术化与合理化趋势，或是让人尝到这种趋势的甜头。

正是作为精神科学的德国社会学的这种状况，迫切需要经验方法对其进行纠正。这种经验方法的真正意义是批判的冲动。经验的社会研究不能让这种冲动荒废，不能在对社会关联的认识中被愚弄。科学必须意识到现实的严酷，而不是首先借助意识形态概念粉饰社会现实的和解图景，而后满足于关系之现状。因而，只有如此，我才能至少去理解，最近人们乐于所称的现实社会学（Realsoziologie）。社会学不是精神科学。它必须去处理的那些问题，从本质上来说，并非主要是人

（他们构成了社会）的意识甚或无意识的问题。它们预先同人与自然之间的冲突有关,同客观的社会化形式有关,这些形式绝不能回溯到人的内部状态意义上的精神。德国的经验的社会研究不得不严格地、不加变形地强调社会现状的客观性,这种客观性很大程度上是从个人甚至集体意识中抽离出来的。例如,如果我们在提到作为精神科学的社会学的某些所谓权威时遇到这样的说法,即所谓的农人因其本质上的保守精神或他的"态度"而抵制技术与社会方面的革新,那么,我们是不会满足于这些解释的。我们将要求提供令人信服的证据证明它们是真的。因而,例如,我们会派熟悉农民的采访者到农村,并督促他们,在农民向他们解释出于对家乡的爱和对父辈习俗的忠诚而留在农庄时继续追问。我们将把保守主义与经济事实作对照,并调查,例如,在低于一定规模的经营单位中进行技术革新是否无利可图,并会导致相当高昂的投资成本,以至于在这样一家企业中,技术合理化将会是不合理的。我们将继续关注,对于被调查的农民来说,对地产的坚持之所以得到了辩护(即使根据商业会计原则来说其收益很少),是因为他们通过自己家庭的廉价劳动力获得的实际收益,要比他们在城市中可能获得的收益要高。我并不是说这可以用来理解一切,而且我当然不会低估不合理因素在社会关联中的重要性,但是,我们不能让自己被笼统的高谈阔论所欺骗,而这在德国仍然很常见。当然,并非所有的经验-社会学调查都能发挥批判功能。但是我坚信,即使是带有明确限定主题的市场分析,如果它们真的想兑现其承诺,也必须具有一些这种非意识形态的启蒙精神。这种与启蒙的关系,是与对盲目的、独断的和任意的论点消解的关系,这种关系是客观的、是处于实事当中的,正是这种关系,使作为哲学家的我与经验的社会研究结合起来了。

社会现象是由精神、是由人的意识来中介的,这一点并没有诱使我们轻易地从一种精神原则中得出这些现象本身。在一个很大程度上由超出人的头脑而运行的经济规律所掌控的世界中,在原则上将社会现象理解为"有意义"的这种想法是虚幻的。单纯的事实是什么,这是应当由"事实调查方法"(fact-finding methods)来回答的。如果有人竭力反对将自然科学的方法转用到所谓的精神领域,那么他就会忽略如下一点,即社会科学对象本身在很大程度上具有盲目本性,更确切地说,一切都是由精神来规定的。人的目的合理性是这些对象中的一个因素,这使得它们既不是合理的,也不是人性的。谁要是想将它们当作就是这样的来处理,那他将有助于美化单纯施加于人的东西。经验的社会研究是机械的、是过于粗糙和非精神性的,这种流行的异议将责任从科学对象转移到了科学上。经验方法的饱受诟病的非人性,比非人的东西的人化更为人道。这不是从字面上说的,也不是死板地理解的。负责任的经验的社会研究必须解释其可能的对象,而不是在其一无所获之地嬉闹。例如,可以引证一个怪诞的,但绝非单纯想象出来的案例:如果想将统计方法应用于诗歌,并通过计算其中的语词或思想,希望获得一些严格科学的东西甚至客观的标准,那么,结果不是一种更高程度的真理,而是不懂艺术的胡说八道。但是,即使在这里,也就是在所谓"内容分析"(Content Aanlysis)的领域(顺便说一下,这在本次工作会议上不会涉及),事情也并非像传统精神科学的傲慢所设想的那样。如今,一切所谓的文化产品早已并不都是自律的精神形成物了,相反,无数的文化产品都是被计算出来的,本身就是在市场范畴中被设计

484 出来的。人们在穿透文化工业的成果时,与其说是带着审美标准,不如说是带着市场研究的诸概念。例如,各位可以想想政治上的"煽动使徒"(Hetzapostel)的演说。这种演说几乎不包含诸如意义关联或结构关联之类的东西,而只要通过心理学花招来捕获如同客户一样的听众就行了。对于分析和防御来说,剖析这些花招,从量上确定它们的频率和强度,以及借助统计的民意调查获得类似结果,可能比考虑这些产品的精神甚或其创作者的心理状态更有意义。在德国,仍然有一种倾向,即用自负的和浮夸的范畴来掩饰那些属于粗糙的物质实践的现象。在经验的社会研究的各种启蒙任务中,这是一个尤需纠正的任务。在西方国家的传统中,社会认识与使被传播的东西具有人的尺度的意愿是不可分割的。但是,直到最近,这种意愿在这样一个国家中还是可疑的,在这个国家,如果不加上"平淡无奇"这个词,有教养者就不愿谈及

启蒙。我们都应该意识到这样一种危险，一位本身从哲学传统中走出来的社会思想家曾将之称为"因深刻而来的肤浅"。

我相信，正是在德国最常见的针对经验的社会研究的异议会遭遇这种情况。我无需强调，我自己不想用意识形态来促成这种肤浅性，也就是将社会科学转变为关于经济和管理的单纯辅助性学科。相反，请允许我谈谈经验的社会研究与常常被硬推到其位置上的讽刺画之间的不同之处。这将能够有力地反驳如下要求，即范畴必须适合于其对象，因此在批量生产和大众文化的世界，精神科学的方法再也行不通了。科学的任务不是对事实进行整理、分类，不是按它们呈现的样子将之接⁴⁸⁵受下来。毋宁说，需要做的是对事实进行阐明。它们的社会本质往往只是被呈现为现象的东西掩盖了。我坚信上述观点。刚才我向各位举的那个例子，即我们不应满足于农民自己所说的，他留在农场是出于对家乡的爱，而是应当调查这样一种说法背后的实情。在这里，我是想用一个简单的案例来提出一项义务，即要从显象推进到本质。但是，这完全取决于如下一点，即走向本质的步骤不是任意地、基于从外部带到现象中的固定观念进行的，而是来自现象本身。因而，正如没有理论一切都不能查明那样，一切被查明的东西都终止于理论。在研究者相信能够接近现实的研究中，他好像既不对一种关于现实的观念感兴趣，也不对特殊的回答感兴趣，而只是希望知悉他的部门的一切情况；这些研究就像那些满足于单纯发现的研究一样，都是从属性的。即使是受行政管理约束的社会研究者也逐渐承认：就算是禁欲般的客观研究也是基于选择原则的；理论含义潜在地内在于这些原则中；每一项富有成效的研究都需要一个焦点。

谁要是经验过这种禁欲主义，并将每次经验研究都限制在少数几个可以决定的问题（它们在面对难题时往往显得无济于事）上，那他就会倾向于表述出如下规则，即任何研究能产生多少有意义的成果，取决于研究者为其倾注了多少思想。尽管材料经常会证实这一规则，但人们还是应当提防，不要过于匆忙地怀疑经验发现所具有的生产力，也不能过于匆忙地信任之。在一项合理设计的调查中，研究者可能会收到意想不到的结果,这些结果本身具有理论后果,这在某种程度上与自然科学中的情况类似。这不是凭空臆想出来的可能性。在美国有一项关于儿童偏见的研究,社会研究所也参与其中并做了很多工作。这项研究表明,所谓的"乖巧"儿童,也就是那些几乎不反抗学校的儿童,是没有偏见的。然而,研究开始时获得的关于成年人的数据恰恰表明,保守主义与偏见之间高度相关,反过来,非顺世主义与无偏见性之间高度相关。我们曾期待在儿童这里也有类似的情况。而现在我们被迫修改理论。正是那些成功将权威内化于心的儿童,才能够在成年后独立思考和行动,即使是在与起作用的权威相矛盾时依然如此;而那些在童年时期没有做到这一点的儿童,就连心理上的独立都没有发展出来,并且当其成年时,他倾向于不经检验地接受外在设定的标准。如果没有经验研究,这一理论步骤几乎是不可能令人信服地进行的。各位可能会反驳说,我为这一令人惊讶的发现所提供的解释,其可信度就像我们由以出发而后又被驳斥了的假设那样。事后看来,事情几乎总是这样的:只有少数结果是可以想象的,不能对它们作出"明白易懂的"解释,而这种事态实际上可能落后于如下规则,即研究中得出的不会比人们在思想上投入的更多。但是,在理论上同样"明白易懂的"东西之间作出决定,这本身就具有理论上的重要性。

一切都取决于,理论是独断地、非中介地、某种程度上自上强加于事实,还是在它与调查发现之间建立了一种令人信服的互惠关系。经验的社会研究的症结实际上就在此处。关于此,我不想通过声明现在或以后可能会实现综合来一掠而过。在精神科学中,理论与事实的彼此接近的方式不同于自然科学。只有一小部分理论上的想法可以转变为"研究"课题。那些无法转变的东西并未因此就丧失了其认识价值,因为理论与事实之间的张力就同我们社会的特性有关。形塑了一切个人的总体可以在每个个人身上诊断出来,但不能从个人出发来证实。我现在还不能更深入地探讨这一点。然而,各位当中,谁要在自己的工作中努力将定量发现与通过理论才推断出的东西结合起来,那他就会知道原则性的困难,而这些困难不是通过援引经验的社会研究的"青年时代"来解决的。绝不能通过经验探究来验证一般的、基础性的理论。然而,每当人们努力将理论加工成"研究"课题时,资料本身的重要意义就发生了变化。它们开始说话了。

在这里,我只需提醒各位精神分析在今天美国社会科学中的作用。弗洛伊德的理论是在没有统计宽度的情况下在个案中发展起来的,因此,数十年来不得不遭受正统心理学和社会科学的指责,被说成是在做无根无据的一般化。今天,由于调查是基于精神分析的参照系进行的,理论意义上的,同时具有足够统计分级精度(discriminatory power)的调查材料就建构起来了。对此,我们自己的研究中得出的关于有偏见倾向的人与无偏见倾向的人的区分提供了一个例证。众所周知,弗洛伊德希望他的理论以自然科学的方式得到理解。通过现代研究方法及其逐步改进,它也将被定量地验证,这一点并非不可能。然而,如果从一开始就通过要求这种验证来遏制理论的形成,那么弗洛伊德的构想就永远不可能实现。在这一点上,各位可能会认识到经验的社会研究与理论之间的复杂关系。

恰恰也是在深度心理学的影响下,经验的社会研究本身早已发展出了方法,通过这些方法可以抵消那种肤浅性,纠正粗糙的论断。在德 488 国,有这样一个广为流传的观点,即经验的社会研究仅限于数清个体的自觉意见,而忽视了这里存在着的大量难题,例如这种意见的模糊性和非约束性,它的分化,以及它以个体方式与群体方式所承受的动态方面——这种观点是错误的。社会研究的"投票"方法可以有很多冲动,特别是,如果没有"民意测验"技术,就几乎不会产生统计横截面的日益精细的选择程序,然而,这类研究只占经验的社会研究的一小部分。虽然凭借"投票"技术,人们可以了解事实,例如,民众与当局的关系,以及选举的推测结果。但是,在真的涉及个体的特殊性质时,"投票"技术是不敷其用的。人们已经学会的是,或通过间接提问,或通过测试,或通过能够补充细节的深度访谈,将定量结果与那些躲避固定的选择问题及类似东西的因素联系起来。人们还使用了诸如小组讨论与小组访谈等技术,它们可以在实验条件(这些条件接近于现实中的条件)下研究意见的形成过程和行为方式,并将受试者在小组情境中的反应与其在个体情境中的反应进行比较。人们还发现了将理论上预先形成的定性发现进行量化的手段和途径。经验的社会研究逐渐分化了,而它同时证实了,在我们生活于其中的世界,人绝不是像个体主义信仰所希望的那样分化了。正是在所谓的人格的深层中可以观察到一种齐一性,这与弗洛伊德关于无意识的古老原初特性的学说是一致的,但它通过当代技术文明化中人的标准化而从外部得到了加强。在这里,方法与其对象之间似乎呈现出一种先定和谐。

但是,经验的社会研究也遭受到了来自对立一方的指责。这不仅剥夺了它的深度,而且剥夺了事实上的可靠性。经验的社会研究确实关注对大数行为的预测——我再说一遍,这只是其任务的有限部分——,就此而言,对于这些任务来说,它通常是胜任的。在几个失败的、成了轰动事件的案例中,特别是在 1948 年杜鲁门当选总统这件事上,不能将预测视为有约束力的断言。除了某些技术缺陷外,责任在于公共领域及其对"投票"的反应方式。在这里,一个不合理的因素不容忽视。一切看起来是"流程化的"(streamlined)、在简化与节省劳动的意义上是现代的东西,散发着神奇的吸引力。如果对统计预测的不合理认同使被高估的、带有情感色彩的期望感到失望,那么这种期望就会变成仇恨和盲目的拒绝。因而,在德国,对于经验的社会科学的进步来说,真正重要的是,它同公共领域的关系是自觉负责的、不带情感的、摆脱了暗示性效果的,只要这在大众文化中是可能的。经验的社会研究不是猜测未来的魔镜,不是科学上更扎实的占星术,这一点怎么强调都不为过。我们的工作会议不仅面向专业学者,而且还应当为建立同公共领域的实质关系、为防止社会研究不堪重负而遭到谴责作出贡献。毫无疑问,存在着滥用"投票"的危险。站在似乎肯定是赢家的一方,这种并不民主却又流行的趋势会被一种伪装成科学的宣传所利用。即使是市场研究也有其障碍;它本身就是在市场上,它必须去竞争;使程序更为简便的研究,并没有与根据可靠性,特别是根据"抽样"(sampling)进行的研究顺利地协调一致。因而,如果我们在此次会议上,除了实际的科学问题之外，还要处理组织问题，那么，引导我们的，就不会是行业的特殊旨趣，当然也不是对这样一种组织的爱。相反，本着友好合作的精神，我们想努力防止滥用。我们的章程应当关心的是，不要出现公共舆论的庸医，并防止利用人的如下危险倾向，即在他人的启发下寻求实际上由自己决定的东西。经验的社会研究为我们提供了充分的标准。今天，"抽样"技术，即建立可靠的统计横截面的技术如此发达，以至于坚持科学制定标准的人由此提供了一些保证，因而不会将不是这样的横截面当作有约束力的给出来。当然，即使是最严格的方法，在应用于其不足以解决的难题时，也总是有可能导致错误的结果。但是，没有哪门科学可以避开这种危险。没有什么灵丹妙药，而只有坚持如一的、不屈不挠的自身批判的义务。因而，经验的社会研究者必须牢记，基本的社会趋势（如政治发展）往往并不取决于整个人口的统计横截面，而是取决于最强烈的利益和塑造了公共舆论的利益。研究者必须尽可能根据具体差异来进行调查，而不是在所有情况下都遵循统计手段。当我说需要一种社会理论来确保发现的经验的可靠性时，我想到的正是这些难题。例如，什么是关键群体，这不能由统计本身来教授，而只能由对社会中的实际权力分配的反思来教授。各位可以看到，对于我们的科学来说，定量分析和定性分析的关系是多么有现实意义。因为在统计方法与其对一定内容的充分适用性之间起到中介作用的那些洞见，491 在很大程度上是定性的。今天，正是在定量方法被推到当前高度的美国，定性工作的必要性不仅被认为是一种补充，而且还被认为是经验的社会研究的一种构成性要素。

经验的社会研究，即狭义的"社会研究"的特有情况，与它实际上并不植根于旧的"知识的总和"（universitas litterarum）这一点有关。它比任何其他科学都更接近美国的实用主义。它从市场研究中脱颖而出，它的技术在很大程度上是为商业的和行政管理的目的量身定制的，这一点对于它来说并非外在的。它获得的是——如果我可以缩略地用马克斯·舍勒的表达来说的话——统治知识，而不是教育知识。在自然科学中，这样一种认识结构被认为是理所当然的（除了在少数领域之外）。在关于人类事物的科学中，它则显得奇怪，并且与尊严、内在性等概念不相容。这里的理论洞见与实践的分离（即使在社会领域也存在着这种分离）本身也只是长期历史过程的结果。如果说，亚里士多德的政治学和他转而反对柏拉图的理想国，都是基于对大量希腊城邦状态的比较研究，那么这基本上就是"社会研究"，是今天所谓"政治科学"中调查程序应用的原型。值得思考的是，为什么人们如此强烈地反对对它的回忆。也许人们感到羞愧的是，自古以来，社会认识的这种实际努力的用处，远不如操控人之外的自然的科学努力。纯粹沉思的优越性要求并不能摆脱"可望而不可即"这种蔑视。尽管有各种经验材料，但人在整理自己的事务时，至今还未能具备和制造生产商品、消费商品与

492 杀伤商品时一样的合理性，而是看到自己遭受着重新陷入野蛮的威胁。因而，如果期望经验的社会科学取得和以经验方式控制的自然科学类似的胜利，那这就是幼稚的。从本质上来说，科学对社会的实际适用性取决于其自身状况。能够普遍贯彻（就像医学中用一款新药物是不言而喻的那样）科学的治疗方法——如果可以有意义地谈论这一点的话——的所谓社会总主体是不存在的。正是在涉及结构而非涉及缺陷之弥补的地方，利益分裂开来。这就是经验的社会科学的方法如此容易使局部目的受益的真正原因。在人无力地面对目标的地方，他就认命了，并更加愿意局限于弄清楚，如何能够最有效地和最经济地解决预定的任务，如销售一件商品、影响一群人，就好像在现阶段，这类活动是广受欢迎的。面对本真东西时的无助也总是同时支持局限在精确定义了的且可通观的部门，人们很容易将之归功于严格的科学责任意识。我们的科学的技术化危险，也就是方法与其对象相分离的危险，并不是源自科学之内的畸形，而恰恰是源自科学对象的特性和其在当今社会中具有的地位。因而，人们将最广义的"行政管理的社会研究"概念与"批判研究"（critical research）概念进行对照。然而，这两个概念的对立并不是非中介的。如果没有中央计划办公室传递关于最多样化的社会关系的准确信息（这些信息只能通过经验的社会研究的技术获得），当今条件下的生活再生产似乎就是不可能的。同时，在今天，真正的社会

理论有责任不知疲倦地用实际关系条件来衡量它的构想，就像在亚里士多德时代那样。对于一种社会理论来说，改变并不意味着"周日套 493 话"(Sonntagsphrase)这种理论恰恰必须吸收进行反抗的事实性的全部力量，如果它不想依然是无力的梦的话，这种梦的无力又反过来只有利于现存东西的力量。我们的学科同实践的密切关系（我们当中没有谁会草率地评估这种密切关系的否定性因素）包含如下潜能：既消除自欺，同时又准确地、有效地干预现实。我们试图做的事情的合法性在于理论与实践的统一，这种统一既不会迷失于自由悬浮着的思想，也不会滑入拘谨的忙乱中。技术专家地位是不能被某种程度上作为补充附加的、抽象的、不具约束力的人道主义要求所战胜的。假使真正的人道主义道路成功地在社会整体中领悟到专业难题与技术难题的意义，那么这条道路就会一直走到这些难题当中去。或许，接下来的讨论也将为此作出一些贡献。

（1952 年）

社会研究中的团队合作

美国的批评家以及经验的社会研究本身中的讨论常常认为,如下日益明显的缺陷,即已经明确无误的材料数量与获得的真正知识之间是不成比例的,似乎只是一种畸形的产物,更不消说——如伯纳德·贝雷尔森(Bernard Berelson)也简略提到过的那样——是"美国风"(Amerikanismus)的产物,其征候在经验的社会研究中之所以得到贯彻,就是因为这种研究是在美国蓬勃发展起来的。绝非巧合的是,它在那里找到了它的重点。它的许多范畴必须从批量物质生产的条件中发展出来,为了给投资成本作辩护,这些条件从一开始就想弄清楚商机,并且不再想使之委身于一种盲目的机制,由于资本集中在大公司(Mammutgesellschaft)手中,这种机制终归几乎不再能发挥其传统意义上的功能。但是,如果人们仅仅将其成问题的方面归因于其展开的外部条件,并认为可以在一定程度上取其精髓,而又毫不费力地去其糟粕,那么这就意味着,人们可以轻易接受经验的社会研究最近针对自身提出的异议。毋宁说,必然性就潜伏在这些成问题的方面本身中。它们与经验的社会研究为了符合其概念而必须提出的合法要求紧密交织在一起。正是这种交织最终拒绝了历史哲学的与认识论的问题式。

人们也许最早可以在一个也是由贝雷尔森提出的范畴上看出这一点,这个范畴就是经验的社会研究的集体特征,即"团队合作"(team-work)。任何从自己的工作出发熟悉经验的社会研究实践的人,都会形成如下印象,即在当前所说的这个研究领域,团队合作不能被旧式的个别学者的工作所取代。"一个人进行研究"(one man studies)总是可疑的;大部分情况下是半吊子的。对代表性样本进行选择时,就已经几乎离不开专门的统计小组的帮助,更何况是这种样本的具体的获得过程;使访谈占据支配地位,这就是经验的社会研究的抱负。在一个很大程度上适应于物质生产过程、竭力效仿其成就并以小时计的领域,这种抱负在面对团队合作时确实会起作用。具有典型性的是诸如"盲判法"(blind scoring)之类的处理方式,在此,团队中的更多成员应当是相互独立的,因而应当独立于个别评分者的判断。但是,即使在这还没有扩展至最终作为订单之委托的经验的社会研究组织时,其已经意味着将打磨一切边缘、打磨一切在范畴上还没有被初步整理的东西,由此,形成新认识的自由受到极大的限制。人们可以以这种方式掌控大量材料,这远超研究中的每个合作者作为个人在没有他人帮助的情况下取得的东西的总和。不仅如此,最终,一切经由机器的工作在很大程度上变成相互兼容的、相互类似的,以至于对整个社会研究成果所作的理论"整合"(这直到今天仍然是缺乏的),以双重悖谬的方式起着作用。

但是,这种"流程化"必须付出的代价是非常高的。这种代价可以与文化产业中音乐的命运相比较,例如电影音乐。其制作按照分工分配给各个部门,如作曲家、和声配音师、乐器师、指挥家、音响师,从而实现了精确的工作,电影所有技术的和社会心理的要求都得到了最准确的满足,但同时发生了一种中立化,它使这样一种音乐失去了一切特征、一切鲜明的个性、一切自发性的痕迹,最终导致了一种始终等同性,而这又使最缜密的社会心理学计算落空了,因为这样经过过滤的音乐最终几乎不再会被电影观众注意到。被这种消除过程牺牲掉的,不仅有个体的偶然性,还有在进行客观洞察时只能给予思维着的个体且在抽象过程中被蒸发掉的一切,这种抽象过程将更多的个体归结为一个共同的意识公式,而具体的差异就由此被切除了。经验的社会研究者的经验最终导致了近年来发生了具有自身批判意味的爆破,在这些经验中,最令人不安的也许是如下一点,即一项从很多视角出发、从关于本质关联与深刻问题的思想开始的研究,在从设计到实现的过程中,尤

496

413

其是在预测试的瓶颈处,经常丧失其最好的一面,以至于这里真正富于精髓和重点的措施失去了实施(Tat)之名,而这并不是任何个别的参与者的过错、恶意与狭隘造成的,而是由于在机器本身中起支配作用的客观强制。因此,在社会心理学导向的设计中,可以不断地观察到如下一点,即在研究的发展过程中,研究工具失去了最富有成果的核心所处的问题或命题,这是因为,这些在某种程度上被编织得太过精细的研究,放弃了所需的区分度,而最终剩下来的问题(它们选取的群体实际上是截然不同的),或多或少都是接近表面意见(Oberflächenmeinung)的,并且因这种表面意见粗糙的缘故,必须将诸如个案研究和深度访谈等附加手段引入进来以作为补充,但这种补充绝不总是充分的。此外,特别是在团队合作中,存在所谓的瓶颈效应(bottleneck-Effekt):为了被一个群体施行,一项研究必须适应群体内最低的精神容纳能力,这指的是,当某些事情超出研究承担者理解能力时,他就会立即针对不科学性提出抗议。例如,研究负责人据说可以凭借很有把握的概述和更为深入的洞察来纠正这些缺陷,但这一点通常是虚幻的;他在开始时投入到研究中的东西,在机器控制的广阔范围内被牺牲掉了;但是,如果他最后,也就是在最终报告中,试图恢复失去的东西,那么,同资料的关系通常就会不可挽回地破碎了,现在被记录下来的思索就会变得没有约束力,也就是不能为事实所满足。而后,还会有人带着些许讽刺的语调说道,这些理念应该在未来的研究中进行测试,然而这些测试通常不会发生。

所有这些都与"一切皆可被替代"的观念密不可分,这是对民主精神的滑稽模仿,这种模仿实际上认为个体只是任意实事的单纯功能,个体的精神根本无需与这些实事有任何本质性的关系。这种默默地占据主流的观点忽视了一般与特殊相互交织到了何种程度;有人正确地批评说,如果弗洛伊德使知识的游戏规则误入机器中,并最终完全证实之,也就是将之歪曲为巫医(其知道一些人根本不可能知道的东西)的奇迹,那么,他那供养了今天如此广泛的经验的社会心理学研究的定理就几乎不可能得到发展;只有那种在人们确证之前就已或多或少是不言而喻的东西,才被认为是不可质疑的科学。

团队合作似乎是认识者的一种相对于个体主义状态而言的更高形式的团结,最终也是一种更高形式的实践活动。但实际上,这只是一种更高形式的物化,也就是将每个个体削减为与其他个体相等同的,因此通常是打上社会烙印的偏见。当人以第三方的名义,即以一种客观地使他们运动起来的实事的名义相互结合起来时,他们之间的精神共同体就形成了;但是,在团队合作中,他们从根本上来说只不过是一种机制的更不完善的部分功能,这种机制的目的(Wozu)根本就不包含在他们的工作中,因而也就根本不能使他们真正团结起来。除了物质利益之外,将他们联系在一起的通常只是那种人际关系,此后,这种人际关系在必要时会得到领导层的有条理的帮助。通常,最终报告不得不为此"买单";不能将研究整理成文(write-up),这是一种反复被提到的缺陷,而这不能用缺乏写作才能来解释,因为这样一种报告不是单纯文献惯例的事情,而是需要有对研究的全面理解——毋宁说存在着如下困境,即最终报告必须呈现一种诸如意义关联之类的东西,而整体依据的那种程序的内在意义恰恰是对一种意义关联的否定,是单纯事实性的胜利。因而,提供给理论的不过是口头上说说的东西,因为根据客观趋势,通过事实来获得理论根本就不是目标,而是相反,理论据说应当在某种程度上溶解在事实材料中,应当因发现而变得多余,正如马克斯·韦伯已经为他的理想型所假定的那样。经验的社会研究的成果是充分的,也可以从审美角度来说最令人满意的陈述形式是表格;用翻译性的和释义性的语词来对表格进行阐明的做法,有着一些相对于表格而言非本真的,而且往往是荒谬的东西,而为了成为科学,表格需要用一种概念来解释,而这种概念正是它通过自己的形态几乎否定了的。

(1957 年)

论德国社会学的现状[1]

就德国社会学现状说些什么，这一任务几乎不能在单纯概览的意义上来理解，而是必须对这种现状进行反思；需要给出一些能够有助于更好地理解它的观点。当然，这要从战后的情况出发。不仅要想到当时在德国学界占据统治地位的普遍真空；想到德国的发展与整个国际发展的隔绝，而且也要想到一种特殊情况，即希特勒及其御用文人头目敌视作为科学的社会学。如果人们从对所谓自然的、不变的、假称为人类学的、同历史与社会相对的因素的强调中得出这种敌意（如国家社会主义者想做的那样），那么对这种敌意的理解就太过于意识形态了。那些自然因素（更不用说那些批量生产出来的神话，它们被称为 20 世纪的神话，这并非无缘无故的）根本就不是自然的，而是任意的，是以暴力来免于科学批判，并且，作为世界观，为了政治目的而强加于人。国家社会主义者对社会学的仇恨，无非表达出了一种对认识的极端恐惧，这种认识能够触及社会的真正具有规定作用的力量、触及统治关系和利益差异。越是死板地控制自己的人，就越是顽固地否认这种认识。社

会学看起来是危险的，因为它恰恰能够揭示出这个政权拥护的宣传论点是单纯的权力工具、是意识形态，除此之外，它并没有将这些论点当真。简言之，对于当权者来说，社会学——用他们的话来说——是腐蚀性的。因轻率地使用语词上的相似性，人们将社会学与社会主义联系了起来，而对如下一点毫不在意：根据其特有的、源自孔德的概念，社会学服务于抵制因解放第四等级而引发的社会动态，而非继续推动这种

动态。国家社会主义者眼中的恶魔(Schwarzer Mann),即社会学,总是声称,凭借科学客观性,它在社会力量的相互影响的彼岸拥有其社会地位,并由此来操控社会(如柏拉图已经宣传的那样),而这并没有扰乱国家社会主义者。最后,集伪革命和伪保守于一体的国家社会主义之所以憎恨社会学,与其说是由于其偏见,不如说是由于客观性,这就像今天在东方独裁政权之下客观主义是一种咒骂和死亡威胁那样。

因而,首先是在战后,大门敞开了,十二年来遗漏的许多东西都尽可能地引入了进来,尤其是来自美国的,在那里,自 30 年代早期以来,由于市场研究、民意调查和传播研究的要求,一个社会学的分支,即"经验的社会研究",以一种在德国几乎不可设想的广度,发展成最精炼的方法。战后德国社会学最显而易见的趋势是向这些方法的转向和理论的退却,这是大灾难前德国的特征,并且仍深入到如马克斯·韦伯这样的社会学家的著作中,他在很多方面已经是经验主义和实证主义的了。作为价值中立和完全以唯名论方式设想的理想型(韦伯否认这种理想型是实体性的)的捍卫者,他知道自己与社会学的哲学形而上学残余是对立的,而他的方法论著作的大部分内容又致力于对社会学的本质与处理方式进行哲学反思。他的核心概念之一,即"理解"概念,与同时代 502 的威廉·狄尔泰的哲学有着共同之处,它依然是一种哲学思辨:它是在如下希望中来领悟社会,即社会本身在本质上是精神性的,是与进行理解的精神相类似的。但是,战后德国的研究希望其方法尽可能地同自然科学的量化与分类化程序相适应,而韦伯,这位德国西南学派唯心主义在科学理论上的追随者,则希望将之作为自成一体的而与这种程序分隔开。

德国社会学的现状被鲜明地刻画成是与哲学相分离的。并非无缘无故的是,在战后年代,只有吕斯托和弗莱尔[2]等老一辈代表提出从总体上呈现当代社会之问题式的尝试,这种对总体的关注必然是哲学的。社会学领域(人们实际上可以将一切想到的东西都塞进去)的"恶无限"并不能充分解释,为何年轻一代的社会学家全然放弃了统治自己学科历史(自孔德与斯宾塞到帕累托)的东西。精神习惯已然改变:年轻一代的社会学家属于怀疑论的一代,他们放弃了自己偏爱的研究对象。他们更愿意坚持个别的东西与中等的东西,将之视为一目了然的和得到保障的,并让其提出要求,人们或多或少在某种程度上会感觉到这些要求是一个时代的遗产,在这个时代中,社会学的专门任务及其方法,都还没有被足够清晰地制定出来,而这被认为是现在必须要解决的。专门化趋势通常是客观地、不以科学家的意愿与意志为转移地进行的,在人们进行反思时,这种趋势与其说是遭到了批判,不如说是被明确地采用了。

503　　这种发展不仅是由外界引发的,例如美国印象的影响,尽管德国从一个极端到另一个极端的倾向也在一定的需求(即美国人可能会超美国化)中表达了出来,然而反过来,即使在今天,美国人也趋向于对社会学进行批判的、哲学的反思。美国社会学与德国社会学原来是对立的两极,而现在则很大程度上在日益趋同;德国社会学被卷入国际性的整合过程中,这一过程似乎与用庞大的社会计划将世界划分为若干庞大空间是相应的。但之所以如此,是因为德国社会学的内在张力:一方面是哲学概念,如果没有它,社会学就根本不能掌握其对象,即社会;另一方面是经验的确证,如果没有它对不受约束的思想作反神话的抵抗,社会中的思维就越会表现得卓绝超凡,也就越会依然被谴责为无力的。不可透视的与不透明的东西这一因素是经验研究在同哲学传统相对立时着力强调的,而这种因素恰恰被建构性地添加到社会概念当中:这一概念表达的是,社会就像历史那样,是超出了人的头脑而运行着的。埃米尔·涂尔干一直是通过个别主体遭遇的强制来定义社会事实,并将盲目的集体合规则性等同于社会学的真正对象,与他同时代的马克斯·韦伯的学说相反,这种对象据说是"不可理解的"。韦伯和涂尔干的分歧表达出了实事的二律背反。非哲学的社会学屈从于对实际情况的单纯前科学描述,并且,由于没有联系实际情况由以被中介的概念,外表、假象实际上都是非真的。但是反过来,为了与它自诞生以来就信奉的、与实证主义这个名字紧密联系在一起的科学理念相匹配,社会学被迫从哲学中解放出来。这一思想史过程成为后来一种更为广泛的过

程的组成方面,通过后一过程,哲学在一种始于前苏格拉底时期的全面 504
启蒙进程中,必须将越来越多的专业领域移交给具体科学;那些社会问
题接续着自然与历史,自柏拉图的《理想国》以来,哲学思想就一直致力
于从根本上解决这些问题。方法上逐渐发展的分工式分化是以牺牲形
而上学所指的总体为代价的——昨日的合理性总是会变成今日的形而
上学偏见,并伴随着倒退的阴影。社会学就体现着这一点,它是后来展
开的,并且似乎是与社会的退化过程同步的。以一种本身几乎完全不
合理的热情(这种热情是从方法论旨趣相对于内容旨趣的优势中得出
的),社会学总是力图同临近的科学,特别是国民经济学和心理学区分
开。对真正的经济问题,即对关于基础性的社会生产与再生产过程(它
赋予所谓的社会化形式以生命)的问题的淘汰,导致社会学主题被稀释
了。科学希望通过对社会因素同社会的自身持存及其问题式的关系进
行抽象,将社会性的东西析离出来,这种科学不得不将一种残余,即"人
际关系"拜物教化;这取消了科学在与自然、在与社会总体及其全部本
质矛盾进行物质变换时的功能。如此,按照科学主义澄清分歧的程度
来说,社会学就变成了在它看来尴尬的东西,变成了社会心理学。实际
上,在当代德国的"现实社会学"中,经济单位中的人际关系往往是与真
正的经济利益状况相分离的,并被归入所谓企业特有的动机中。但是,
根据其他研究的结果,这些动机本身是整个社会经济条件的性格面具。
这些条件在每个个别企业中具体地实现,但又不遵循后者各自的人际
关系形式。[3]此外,与此相应的另一方面是,在科学地图上与社会学分 505
离开的经济学,也放弃了理解基本的社会生活过程的要求,甚至可能将
之留给了逃避这一过程本身的社会学;当代经济学用高度发达的数学
设施,为已经发展起来的交换社会中的可能关系设计图式,而不能容忍
对交换关系本身、对交换关系的社会本质及其在经济学主题范围中的
动态进行分析。在社会学与经济学之间的鸿沟中,赋予这两门学科以
真正的存在理由的旨趣消失了;一方对另一方所期望的,是后者做不到
的事情,而对这些事情漠然处之正是构成了后者的科学主义骄傲。同
样脆弱的是社会学与心理学的分离。如果人们已经关注到主观的和不

合理的"人际关系",那么心理学就是不可回避的;按照弗洛伊德的《大众心理学与自我分析》,将一种集体的,特别是社会学意义上的"人际关系"与个体的"人际关系"进行对比,是粗糙的独断论。然而,通过将重点转移到社会的主体因素上,尽管有着各种实证主义的要求,如下偏见还是被带到了社会学中:它直接处理的是人,而不是人之生存的客观条件,即制度。"关键只在于人",这句话早已沦为了意识形态的口号,这并非无缘无故的。这为的是使实际上希望从社会学中获得可靠信息的活动受益,这些信息是与如何最顺利地组织人群、如何(如今天所说的)"操控"人群相关的。然而,一切并不只是畸变与畸形,这些可以从外部来纠正,例如通过对实际上被半路遗忘的伟大社会学传统的思索、通过哲学理念甚或所谓的"模范"的浸润。实事的逻辑,即致力于特属于社会学的、无懈可击的、牢固的具体发现,不可避免地会产生那些以"听天由命"告终的局限,这些局限切断了相关问题,并导致社会意识的退化,即使社会意识具有科学的反思形式时也是如此。

506

战后德国社会学的繁荣源于一种真正的需求。在彻底战败之后,在城市遭到物质摧毁之后,在诸如数百万难民涌入等事件之后,计划和任务出现了,而这需要无懈可击的信息资料。如难民和归来人员重返社会的可能性等问题,不是单纯作些统计性说明就行的,因此,"行政管理研究"[4]的方法对于管理来说就是不可或缺的。伸展开来的、在某些方面显然相互矛盾的研究希望弄清楚的是,在战后不久,家庭形式是否以及在多大程度上抵消了整个人口阶层的背井离乡。不可避免而且可以理解的是,这个问题的提出已经包含某种支持家庭的倾向,这种倾向通过方法与研究机构而同结果联系起来。关于此,一些相反的倾向,如长期以来的削弱家庭的倾向就很容易落空。从理论上说,为了纽带、为了其在某些情境中发挥整合作用而肯定所谓的纽带的原因就在于此。但是,人们几乎不再去思考这些纽带的实体性与合法性,因为这会违犯社会学的反哲学禁忌。

对工业社会学与企业社会学的非比寻常的兴趣,也有其现实原因。

507 根据或多或少有着专制色彩的德国重工业企业法(这源自威廉二世时

期的德意志帝国,持续到魏玛共和国,并在希特勒帝国中得到了加强),
在组织、心理行为方式和无数个别问题(如共同决定权)中,形成了适应
民主的游戏规则的形式。对此就需要有关劳动者主观意识状态的信
息,而这只能凭借社会学的调查技术来获得。这些兴趣也与一种反理
论的特征联系在一起,即使在工人组织要求战后社会学的地方也是如
此。默认与马克思的理论保持着距离,之所以如此,一方面是因为德国
社会民主党的历史,另一方面是因为俄国的长期专政对辩证唯物主义
的掠夺和蛊惑性的伪造;这种保持距离造成了真空。唯一的替代品是
价值中立的经验社会学,它似乎与工人运动中的科学性传统取得了一
致,但又不是马克思主义的,也不是明显反马克思主义的。祛魅的激
情,即经验社会学在其最新阶段所坚持的现实主义,同工人阶级的醒悟
了的意识状态正相适应,他们再也看不到面前有什么现实的力量能够
像社会主义传统曾经预期的那样从根本上改变整体。然而,对这些关
联的洞察并不能使对任何所谓中立的社会学研究的中立性的高估合法
化。随着放弃全面的、超越可确证的东西的,因此必然是放弃批判的思
维,经验社会学太过于顺从它所记录的有限的意识状态,而它本应以社
会的方式得出这种意识状态。从社会机器更好运转的角度来看,这种
意识状态将自己魔化为某种可取的东西。并非无缘无故的是,功能正
常和功能失调的二分法是塔尔科特·帕森斯的工作所能达到的最高的
二分法,今天,这一工作在德国许多地方开始展露其影响力。相反,应
当是从——按照此时此地之可能情况的程度来说——萎缩了的社会性
格与持续的社会适应的要求之间的矛盾中得到结果。当然,这种结果
几乎不能用当下的材料来证实。然而,当代社会学按照其范畴结构,甚 508
至没有通过偏见或依赖,就将现存东西的单纯重建提升为了理想。正
如在科学中经常发生的那样,关于此,一种模棱两可说出的真相,要比
它的语义学批判所愿意承认的要多:实证主义不仅意味着一种坚持实
证的既定东西的意向,而且还意味着一种实证地信守这种东西的意向,
这种意向在一定程度上通过反思明确地献给了已然不可避免的东西。
“不应该是这样的”,因为不可能是这样。这是听天由命(Amor fati)的

绝望且致命的,同时又是社会化了的秘密,在尼采看来,这种听天由命听起来仍然像是一个不一致的口号。

只有依据这一点,关于德国社会学状况的具体说明才能获得其重要性,这些说明是作为模型的,并且是有些随意地选出的。在德国,大量的引介、综述、总结和教科书证明了日益浓厚的社会学兴趣。这些文献主要是在弥补耽误了的东西的需求中、在正确对待因社会学学习者与其学院教师之间的人数悬殊而产生的合法挑战的需求中产生的。当然,它们也可能部分地取代人们不再冒险去做的理论规划或具体进行的研究。普及化的进程是显而易见的:主要出版商再次显示出他们对社会学平装书和百科全书的偏爱。这类文献当然填补了一个空白,但毫无疑问的是,这也已经面临着为消费做准备而进行科学"教育"的压力。与其他国家、尤其是盎格鲁—撒克逊国家的产出相比,在德国发表的严肃的经验研究的数量仍然很低;也缺乏对它们进行差强人意的概览的可能性。无论如何,与战后最初几年关于西德的特殊现象与问题的可用信息的贫乏相比,情况已有明显改善。因此,有了关于工人阶级

509 意识方面[波比兹(Popitz)等]、关于雇员[巴尔特(Bahrdt)、穆勒、诺伊恩多费尔(Neundörfe)]、家庭、乡村、大城市、中等城市、青年、政党及其他群体的出版物,这些可能是德国三十年以来的第一批。在数量上,这些出版物远远超过了近年来出现的历史—社会学或社会历史著作;曾在德国一直特别活跃的教义史也退出了。与1933年以前的时期相比,主题焦点明显地转移了。

在政治社会学中,非历史的、经验的具体分析也占据着统治地位,尽管在德国,这门学科正是从历史研究与理论研究的传统即国家学(Staatswissenschaft)传统中产生的。政治社会学的主阵地是柏林政治科学研究所,其领导者是奥托·施塔默。在那里,与其他大学研究所一样,有两个主题范围作为核心:政党社会学与议会外利益社团社会学。对政党制度的研究要归功于高度现实的要求:不同于魏玛宪法,联邦共和国的《基本法》指派政党参与人民政治意志形成过程,并保证这种参

与(《基本法》第 21 条)。由此造成的宪制状况同人民主权原则与议会代表制原则(这些原则同样植根于《基本法》)之间的关系,提出了无数的社会学问题。也许值得一提的是,一些与政党制度社会学相关的研究,如奥托·比施(Otto Büsch)和彼得·弗斯(Peter Furth)关于德意志社会主义帝国党(SRP)的研究,利用了某些社会心理学类型的认识,这些认识记载在于美国出版的《权威主义人格》一书当中。

政党社会学研究者的问题意识,更多地是指向对政治组织与制度的结构变化的讨论,而不是实际上进一步追踪理论上选定的问题。既然社会学家、历史学家与国家学家之间的分工将经验研究留给了社会学家,那么后者在很大程度上就依赖于国家学家的发现与解释,然而, 510 在德国,相比以往,这些发现与解释本身更为强烈地要去了解社会学的研究与课题。这一领域最重要的著作要归功于柏林政治科学研究所,即 1956 年出版的、由西格蒙德·诺依曼(Sigmund Neumann)所编的《联邦共和国中的政党:关于德国政党发展为议会选举的研究(1953)》(*Parteien in der Bundesrepublik. Studien zur Entwicklung der deutschen Parteien bis zur Bundestagswahl 1953*,hg. Von Sigmund Neumann, Stuttgart/Düsseldorf 1956)。有七本专著涉及 1953 年 9 月选民能够选择的政党。这些著作的作者在现有的——主要不是自己调查获得的——材料的基础上,分析了这些政党 1945 年以来的发展、组织架构、计划、与社团的合作及其成员的社会来源。与此相反,他们较少强调政党的"组织现实性":它们的实际内部结构、领导层同成员与地方机构的关系、高层意志的形成、社团与政党之间的相互关系。他们并未讳言这一缺陷。这使得这项工作是初步的。但不能由此来指责这项工作:在德国,社团以及政党,无论怎么遮掩,都一如既往地、最为激烈地抵抗着对它们的本质性的真实结构(当然,这种结构与它们形式上的法律建构不是一回事)的科学渗透。威廉二世时期德国的专制结构在"社团时代"保存了下来,这并非政治社会学与政治科学被迫远离了那些曾起着关键作用且在 20 世纪仍主导讨论的问题的最终原因,这些问题包括,官僚机构在现代民主当中的功能、上层公务员的政治意识、国家与经济的关系、政党的资金筹措,以及最终的如下难题,即现实的社会权力如何在制度中实现。权力概念本身很少被处理:就此而言,即使是政治社会学似乎也变成了一门非政治的科学。

511

关于议会外利益社团的讨论大概是由特奥多·埃森堡(Theodor Eschenburg)大力推动的,其著有《社团的统治?》(*Herrschaft der Verbände?*, Stuttgart 1955)。该书不仅引发了对这一对象的原则性讨论,而且还引出了一种文献,后者介绍了更重要的社团的组织、架构、成员、计划,以及它们的干部同联邦议会两院和公共管理的从属关系[除了埃森堡之外,还可主要参见鲁珀特·布雷特林的《联邦共和国中的社团:类型与政治作用方式》(Rupert Breitling, *Die Verbände in der Bundersrepublik. Ihre Arten und ihre politische Wirkungsweise*, Meisenheim am Glan 1955);约瑟夫· H. 凯泽的《有组织的利益的代表》(Joseph H. Kaiser, *Die Repräsentation organisierter Interessen*, Berlin 1956)]。埃森堡证明了重要的社团对政治决策的影响。但是,对于社团的内部运作,其走向寡头政治和自身延续的趋势,及其对政党、政府和官僚机构的影响的程度与方法,简言之,对其现实的社会权力,仍然没有进行经验分析。这种缺陷的原因是明显的:在德国乃至在全世界,社会学在获取触及社会神经的原始材料时处处碰壁。但是,这正意味着,从科学上来说,社会学——因此也包括公共领域——对于联邦、州与市镇的意志形成的本质方面是不了解的;关于当代德国民主制度的运作问题,人们很难获得真实情况。尽管德国战后社会学极力强调现实主义,但它几乎没有接近它需要处理的最重要的真实复杂情况。

关于政党制度历史的出版物数量相对较多,如路德维希·贝格斯特塞尔的《德国政党史》(Ludwig Bergsträsser, *Geschichte der politischen Parteien in Deutschland*, 8. und 9. völlig neu bearbeitete Afulage, München 1955)、威廉·蒙森的《德国政党计划:从三月革命前到当代的选择》(Wilhelm Mommsen, *Deutsche Parteiprogramme. Eine Auswahl vom Vormärz bis zur Gegenwart*, München 1952);沃尔夫冈·特洛

伊厄的《德国政党计划（1861—1954）》（Wolfgang Treue，*Deutsche Parteiprogramme 1861—1954*，Göttingen/Frankfurt/Berlin 1954）；O. K. 弗勒希特海姆的《1945 年以来的德国政党：出处与摘录》（O. K. Flechtheim，*Die deutschen Parteien seit 1945. Quellen und Auszüge*，Berlin/Köhn 1955）。有关这一主题的较早著作，如罗伯特·米歇尔斯 512 关于政党制度的社会学著作（其已经潜在地是反民主的），以及马克斯·韦伯的著作，就像许多较早的社会学文本那样，都出了新版。西方社会学界关于东方势力范围的研究并不多；当然，要为此负责的，主要是专政国家给实事求是的研究造成了阻碍。柏林研究所还拿出了关于民主德国的具体研究，例如 M. B. 朗格的《极权国家中的科学：走向斯大林主义的苏占区科学》（M. B. Lange，*Wissenschaft im totalitären Staat. Die Wissenschaft der sowjetischen Besatzungszone auf dem Weg zum Stalinismus*，Stuttgart/Düsseldorf 1956）。

德国社会学的经验—实证主义转向、其服务于管理目的的实践功能与其在现存关系之优势下的顺从性的编排之间的关联，在社会学主题最接近社会生活过程中心之处，即在工业生产领域，变得最为明显。这里发生的事情通常属于群体社会学的概念。但是，自 1945 年以来，尽管在现有的社会学与社会科学的手册和百科全书中有着关于群体的各种各样的规定与定义（Bernsdorf und Bülow，1955；Ziegenfuß，1956；König，1958），但从整个社会角度进行的思考，即对群体范畴的思考却消失了。关于群体在社会过程中的意义与功能，只能找到很少的基本分析。

与相对缺乏整体意图的群体研究形成惊人对比的，是柯尼希——以及涂尔干或鲍茄德斯（Emory S. Bogardus）——经常倡导的一种倾向，即将对群体的关注提升为社会学的真正对象。至少，他在关于"群体"这一关键词的那些导言性质的评论（*Fischer Lexikon*，"Soziologie"，Frankfurt am Main 1958）是可以这样来理解的："为了理解群体概念的不可比拟的重要性，弗洛里安·兹纳涅茨基（Florian Znaniecki）在一开始就提出了一个观点，根据这个观点，在今天的社会学中，群体概念已 513

经占据了'社会'概念曾经具有的地位。这一论断无疑是正确的,它具有两个方面的重要意义:1. 它显示了一种方法论上的重要倾向,即摆脱对整个社会的宏大结构的依附,转而关注那些至少与我们更接近,因而可能比前者更清晰的子结构;2. 这里出现了一个尚未被普遍接受的决定,即将群体视为社会学的主要研究对象。当然,这就提出了如下进一步的问题:这些群体同整个社会的宏大结构的关系是怎样的。"

这些意图在企业社会学中占据着统治地位。这种社会学"正同科学的劳动技术、劳动生理学和企业经济学、企业心理学一道,成为科学的现代企业管理的基础之一"[《德国的企业社会学:一则评述》,《合理化的共同体"人与劳动"论丛》,1956 年第 4 辑(Otto Neuloh, "Deutsche Betriebssoziologie. Eine Bestandsaufnahme", *Schriftenreihe der Rationalisierungsgemeinschaft "Mensch und Arbeit"*, 4,1956)]。很难有什么批判比奥托·诺伊洛的这句具有赞同意味的评论更准确地表达对德国的这一科学分支的现状的疑虑。批判的冲动曾激发了对工业化及其后果、对资本主义中生产力与生产关系之间的科学处理。此后,在 20 世纪,由此产生了从企业出发进行社会变革的努力[罗森斯托克(Rosenstock)、米歇尔],但这种努力必然是徒劳的。所有这一切似乎都被遗忘了、被消除了,或者仅仅作为教育时的回忆材料而拿出来炒炒冷饭。这一问题从社会的"社会问题"变成了企业中的"人际关系"问题。战后德国新获得的工业社会学与企业社会学作为连字符社会学,更多地是基于美国的社会研究的成果与方法,而不是自己的传统。

可以肯定的是,在针对 19 世纪的宏大理论以及 20 世纪初的社会514 政治抱负时,它在经验上的基础是有欠缺的。然而,弥补这一点的愿望,即重心从对对象的反思转移到对事实的(按照马克斯·韦伯的假定来说)无偏见的调查,对其对象并非是漠不关心的。实情被呈现为最终的对象、呈现为科学认识的真正的合法源泉,而这些实情本身是被中介的,它们只能被理解为对社会总体的表达。[5] 人们没有去追踪这种中介,而是假定它在有待研究的复合体中已经起作用了,并且很大程度上将之抽离掉了。为此,经验的社会研究利用了一种可能性,正是这种可能性才使其有了最近的发展：根据科学的游戏规则，精确地记录与预测大规模人群的行为与意识。这种可能性满足了行政管理与操作的需求。它同如下这种主体导向的意图是相应的：对特定（技术的或群体社会学的）条件下的人在企业，尤其是大型企业中发挥功能或不发挥功能的情况进行调查。对这些研究影响最大的是著名的霍桑研究。虽然这项研究的方法和成果（尤其在美国）早已被讨论[6]，而在德国的企业社会学文献中，关于非正式群体的关键特征的观念几乎是神圣不可侵犯的。

对于企业社会学的"主体主义"构想来说，如下观念是不容忽视的，即社会学为了证实其存在的权利，必须能够定义出将之与所有其他科学学科区别开的对象领域。这些领域本身提供的（如果不考虑内在的心理方面），是工业企业中的所谓人际关系。诺伊洛想将"生活进程"同企业中的"劳动进程"分开，就好像劳动的客观形态及其商品特征与劳动者的生活没有关系似的。他明确地解释说："对于社会学家和形成物学说（Gebildelehre）来说具有决定性的，总是相互协作着的人。其次，他们才会作为专业人士、作为功能位置的持有者出现，如经理、工程师、工匠、工人，由此，他们形成了在企业中的关系。"[《德国的企业状况》（*Die deutsche Betriebsverfassung*，1956）]人们努力将企业社会学与企业经济学区分开来，而不承认科学分支之间的分界线并没有勾勒出对象本身的存在论秩序。企业经济学不能无视在企业中劳动着的人；同样地，企业社会学也不能忽视企业的目的，它规定了劳动者的客观功能。如诺伊洛那样将企业称为"共生体"（Konvivium）；将企业社会学的对象还原为工人的并非由企业目的直接规定的行为部门（柯尼希），这些做法意味着，从社会学的对象中去除掉个体为了再生产出自己与社会的生活而必须服从的强制。

当然，这些立场并不就是当代德国企业社会学的立场。然而，它们刻画出了一种强烈的倾向。其参照系也是以商业性的私人民意调查机构进行的企业调查为基础，这些调查旨在使企业获得改善。虽然个别企业对社会的依赖有时会被承认，但这种承认只是笼统的——在研究中,它们通常是被分开处理的。当然,赫尔穆特·舍尔斯基强烈建议工业社会学与企业社会学不要将公司分离出去,而是要"在其同整个社会的各种结构与问题式的关系中来仔细思考企业问题"。但是,他也将如516 下两者的关系描述为"现代工业文明的基础性的张力与动力":一方是企业,从纯粹经济-技术成效角度来看,它形成一个独立的单位;一方是企业进入社会的努力,这种努力是通过企业内外的社会措施实现的。他没有看到的是,这种"基础性的张力"是由内在于企业的因素(如以利润为导向的生产率的提高),而非任何可以与经济目的分开的关系引起的;同时,他可能又高估了社会政治措施与社会心理措施在社会学上的相关性。他认为,如果企业社会学总是只追求如下双重目标:提高劳动着的人的社会的与精神的满意度,提升企业的生产成效与经济性,那么,它就架起了"企业主与劳动力之间鸿沟的桥梁"[舍尔斯基:《企业社会学的任务与界限》(Schelsky, *Aufgaben und Grenzen der Betriebssoziologie*, 1954)]。但是,鸿沟并不是在社会的与精神的满意度同生产成效与经济性之间,而是在那种经济性本身的社会形态中。

　　同当代许多企业社会学家的主体导向与以所谓整合难题为导向的意图相反,一系列从工业企业及其成员的客观既定性与功能出发的研究,分析了这一方面的冲突、利益对抗和权力关系。顺便说一句,一些差异颇大的工作在这一点上达成了一致,如皮尔克(Pirker)和卢茨(Lutz)、波比兹和巴尔特、达伦多夫,以及法兰克福社会研究所的工作。在其 1957 年的《工业社会学与企业社会学》(*Industrie- und Betriebssoziologie*)中,达伦多夫说道,"在处理工业企业中劳动着的人时,社会学家的目光主要不是将这些人视为具有完全丰富性与个体性的人格,而是视为社会角色的载体,如生产人员或秘书或部门主管、流水线工人或领班或经理。因此,对于企业社会学家来说,重要的是企业成员之间的517 关系问题,他们凭借的是其职位与任务,而非其人格"。达伦多夫是如何关注结构性冲突的,这一点在其著作《工业社会中的社会阶级与阶级冲突》(*Soziale Klassen und Klassenkonflikt in der industriellen Gesellschaft*, 1957)中得到了证明。这里依然悬而未决的是,究竟能给一个范畴（如"具有完全丰富性与个体性的人格"范畴）的客观结构留下多大的空间。皮尔克、卢茨和博朗（Braun）在他们 1955 年的巨著《工人、管理层、共同决策》（*Arbeiter，Management，Mitbestimmung*）中，处理了企业中人事关系民主化的客观前提。波比兹、巴尔特、于尔斯（Jüres）和凯斯汀（Kesting）1957 年的《技术与工业劳动》（*Technik und Indus-triearbeit*）的研究重心，是一家冶炼厂中劳动的客观条件以及由此产生的工人合作形式与反应方式。与此密切相关的是同年的《工人的社会形象》（*Das Gesellschaftsbild des Arbeiters*）。社会研究所关于煤矿业波动的研究从采矿业的社会状况的角度出发，关注的是一个特别具体的问题，即个别矿区全体职工的变化。

一种凭借其范围而进行的对社会学文献（关于战后青年的研究）的更为详细的概览，也证实了对主体研究的偏好。关于战后青年的客观的生活条件的研究相对较少；大部分涉及的是他们的行为方式，很少有人敢从社会结构出发来阐明之。青年社会学的论点从此广为人知，这些论点在 1947 年的两篇描述性的文章中就已经存在了：伊丽莎白·利珀特（Elisabeth Lippert）的《时代心理学的青年研究》（"Epochalpsychol-ogische Jugendforschung"）和路德维希·蔡泽（Ludwig Zeise）的《德国青年的形象》（"Bild der deutschen Jugend"）［这两篇文章都发表在《国会报告》第三卷（"Kongreßbericht"，Bonn 1947，Band III）］。这两篇文章都强调了青年的清醒-务实的、现实-实际的、冷静的和理智的态度，尽管在其他方面，如青年是"封闭的"还是"开放的"问题上，两位作者是有分歧的——这可能是因为各自所指的社会心理学上的深度层次不同。认为今天十五到二十五岁的青年是清醒和务实的论点，在菲利克斯·申克（Felix Schenke）的纽伦堡演讲《论今日青年之心理》（"Zur Psychologie der Jugendlichen heute"，in："2. Nürnberger nationalwis-senschaftliche Woche 1952"，Berlin 1953）中得到了确证。当然，在这里，那种现实主义的反面，即大量难以教育的、被忽视的和反社会的青年变得显而易见。彼得·海因茨（Peter Heintz）和勒内·柯尼希编辑的《科隆社会学与社会心理学杂志》（*Kölner Zeitschrift für Soziologie*

518

und Sozialpsychologie, Kölner, 1957) 的第二期特刊"青年犯罪社会学"就是关于这一点的。柯尼希还贡献了重点文章《关于青年犯罪问题在社会学中的地位的几点评论》("Einige Bemerkungen zur Stellung des Problems der Jugendkriminalität in der Soziologie")。由此值得关注的，还有格尔德·比尔曼（Gerd Biermann）的文章《青年的犯罪之路》("Wege zur Jugendkriminalität")，这篇文章要求，研究应当考虑到儿童早期的被忽视现象，应当将之回溯到自我脆弱的（ichschwache）儿童与一个往往已经变成神经症的家庭之间的错乱关系，特别是青年早期所经历的母子关系上的失败。不合群性（Asozialität）和反社会性（Dissozialität）的所有可能方面都是目标，这些方面包括：主动的退行（过度补偿）、被动的退行（气馁沮丧）、"城市化创伤"、才能下降难题［参见威廉·罗斯勒：《教育领域中的青年》(Wilhelm Roessler, *Jugend im Erziehungsfeld*, Düsseldorf 1957)］。只不过，关于青年的性行为，很少有负责任的研究，而是一般地认为，对于当代青年来说，性生活"不是什么难题"，而这与 1900 年前后或一战之后的青年是不同的。

一些与达姆施塔特社区研究 * 相关的专著，在某种程度上与青年社会学的潮流是背道而驰的：格哈德·鲍默特的《战后时代的青年》(Gerhard Baumert, *Jugend der Nachkriegeszeit*, Darmstadt 1952) 和厄玛·库尔的《一座被炸毁的城市中的学校与青年》(Irma Kuhr, *Schule und Jugend in einer ausgebombten Stadt*, Darmstadt 1952)。鲍默特未能观察到战后在许多职业上的社会性的"拉平"。按此，青年关于他们的"地位"的意识似乎也没有改变。被确认的是，青年的反应方式，特别是在十岁的孩子那里，是非常关注实际的和易得的东西。然而，在这种"具体主义"的薄壳之下，隐藏着不安全感：青年为失落的父亲权威寻找替代品。厄玛·库尔也强调了机会主义与权威约束的矛盾心态，两者比表面看起来更容易结合：正是在学生中，权威主义的行为

519

---

* 该项研究由 9 本专著组成，由社会科学研究所和法兰克福社会研究所于 1952—1954 年合作完成，阿多诺与马克斯·罗尔夫斯（Max Rolfes）共同为这些专著写了导论。——译者注

方式显得很盛行。这所学校被不加批判地接受,尤其是被孤儿、难民和工人阶级的子弟接受了。他们处于关系的压力之下,以至于他们几乎没有抗拒这些关系。青年的"合乎现实"意味着无防御性,最终意味着对童年的上等人式的保留形式的清算:逃避进顺世主义当中,甚至是通过非顺世主义的反应图式来实现[对此,可特别参见吉泽尔海德·克普尼克的《十三年级的女孩们》(Giselheid Koepnick, "Mädchen einer Oberprima", Darmstadt 1952)]。

卡尔·贝德纳里克(Karl Bednarik)的著作《今天的青年工人——一种新类型》(*Der junge Arbeiter von heute — ein neuer Typ*, Stuttgart 1953)的影响力已经超出科学范围。这位作者根据他与维也纳青年工人打交道的经验,描述了工人阶级从资产阶级社会的惯例强制下解放出来,但也描述了无产阶级的阶级意识的衰退,并在所谓的"解放到无政府状态"这一最高问题的方面,勾勒出诸如"迷失方向""替代个性""社会化了的仇父""失落的团结"等类似的生存状况,但没有展开这些范畴的心理动态内涵,它们在很大程度上只是描述了反应的形成。青年同劳动与就业的具体关系,对应于同公共领域的距离;在面对国家时,他们当中一部分表现为受益者,一部分表现为抱怨者。对上述类型的潜在同情有时会转为明确的赞同。

在今天,从主观方面进行的对青年工人的经验研究之所以如此受欢迎,是因为它为关于普遍社会平等的论点提供了事实上无可辩驳的证据。通过青年工人精神的所谓资产阶级化,即他们缺乏阶级意识这一点(顺便说一句,社会主义的社会理论从未将阶级意识假定为工人的一种既定财产,而是要他们自己生产出来),应当证明的是,实际上已经没有无产阶级了。在理论上通过生产资料与生产者的分离来规定无产阶级的做法,遭到了如下标准的排挤,即工人,特别是不再在工人运动传统中成长起来的青年工人,是否仍然觉得自己是工人。即使是赫尔穆特·舍尔斯基编辑的两卷本《青年的失业与职业困境》(*Arbeitslosigkeit und Berufsnot der Jugend*, Köln 1952)与此也并非完全不同。关于青年问题的一般性陈述是从极端情况,而不是从失业的具体

520

情况和影响中得出的。从 1950 年到 1951 年,该调查对 2 278 名十四至二十五岁的青年进行了调查;研究手段是所谓的深度访谈。在职员总数中,工业的份额与手艺的份额的比例,似乎同学徒总数中两者的比例成反比。"学徒培养"是由所谓的旧中产阶层推行的;在完成培训后,青年常常必须改变职业,并且在工业中作为"生手"而劳动。由于学徒期的完成是为了声望,所以,这种职业的转变带来的降级与气馁的感觉,要比在那些毕业后立即进入工业企业的青年身上看到的这种感觉更严重。根据这项研究,在受访者中,职业被普遍视为社会进步的工具,就业也据此被作了评估。除了错误的职业选择和不成功的学徒生涯,这种感觉也要为频繁跳槽负责。一般认为,"失业的青年恰恰不是来自辅助工人家庭,而是来自专业技工家庭,也有部分来自中产阶层家庭与上层家庭"。60％来自不完整的家庭;通常,亲子关系是"被过度组织的",这导致在进行职业选择时情绪起的作用过大,从而容易出现神经症症状。从中没有看到失业对家庭生活造成的影响,这与希特勒时代的失业研究[如关于马林塔尔(Marienthal)的著名研究*]是相反的。正是家庭的声望经常使相关人员忍受一段时间的失业,以避免滑向不太合格的职业。在他关于面对国家与政治时的态度的文章中,海因茨·克卢特(Heinz Kluth)强调,"青年的接触关系在某种程度上下降了,并且变得不安全,就像接触形式变得更非个人、更抽象那样,因而个人联系也就更少了"。他认为,青年的去政治化,即他们对政治常常抱有的敌意,反映了这种趋势,但这种趋势不应被高估:他们常常只是在模仿成年人的姿态。对政治意识形态的冷漠和对政党的不信任当然是普遍的。这里出现了一些权威约束的特征,比如下面这种观点,即国家必须"创造更多的秩序"、关心"人民共同体""确保各得其所",而同时,个人的私人领域应该不受损害。但是,克卢特拒绝在这里谈及权威信仰,为此,他偏向于使用"象征信仰"这一更具实证色彩的表达。当他遇

521

---

* 1931 年,拉扎斯菲尔德领导进行了关于奥地利纺织工业村庄马林塔尔的失业情况的研究。这一研究不局限于经济层面,而是将重心放在了失业对群体的多方面影响,试图回答失业究竟意味着什么。——译者注

到权威主义的性格特质,甚至是对国家社会主义理念的同情时,他将其解释为对民主中以政治方式发生的事情的"抽象合理性"的反应。尽管受访者所说的行话令人生疑,但他并没有将这种倒退现象看得太严重。

舍尔斯基在自己的"被拉平的中产阶层社会"概念的意义上,对研究结果进行了总结。他认为,青年失业的原因是"当代德国青年难以融入成年人的世界和社会"。如果手艺学徒制在青年工人中如此流行,以至于人们更愿意接受失业而不是放弃失业,那么,在舍尔斯基看来,这里有着"资产阶级世界转变了的占有努力"。如果人们在学徒期结束时经常必须作出调整并对此感到失望,那么,"现在取代了在手艺学徒期起主导作用的成效追求与效果要求的,就是将职业活动视为单纯谋生的职业观"。与之相反,无论如何要记住的是,这种职业观的渗透(在这一点上是没有疑问的)首先来自劳动过程的变化,这一过程不仅使学徒期,而且使传统意义上的一般经验变得日益多余,并引起了普遍的资格剥夺,而后不可避免地不再容忍工资等价物这一量化尺度以外的任何其他尺度。与他的总体观点一致的是,舍尔斯基将家庭视为形塑职业态度的决定性因素,并坚持认为,现代工业社会的抽象合理性恰恰驱使着人们坚守家庭等私密领域。但是,关于面对世界异化时的心理反应形成过程的观察,绝不能确保诸如家庭等传统主义的基本形式长远地履行这一功能。并非无缘无故的是,极权主义政权在很大程度上自上地用自己的大集体取代了这些形式,此外又没有放弃"家庭是核心"这种耐久的说法。

舍尔斯基还编辑了《青年工人的昨日与今朝》(*Arbeiterjugend gestern und heute*, Heidelberg 1955)。其中收录了克卢特的文章《青年工人:概念与现实》("Arbeiterjugend: Begriff und Wirklichkeit"),在这篇文章中,克卢特试图突出的,是今日德国青年工人在行为与自我意识上不同于19世纪与一战后时期的世代特点。他的论点也是众所周知的:首先是关于阶级意识缺失的论点。作为个体,而不是作为一个阶级或群体的一员,想要在社会上得到晋升的愿望,从根本上改变了同整个社会、职业和自由时间的关系。因而有了今日青年的"清醒"和"接近现实"——以及他们对政治意识形态的厌恶,在所有这些研究中,政治意识形态的概念被毫无顾虑地扩展到本身构想了意识形态概念及其批判的理论上。青年知道自己被束缚在各自的职业上。由此,他们分裂为523 大量相互陌生的群体,除了例如与雇员的差异之外,这些群体几乎没有什么共同之处。"今天,职业等级制可能是社会能提供给青年的以实现其对社会声誉之需求的唯一秩序图景,它发挥着相对普遍的约束作用。"然而,这种态度不能与"职业心态"相混淆;对换工作的厌恶不是基于所谓的与企业亲密无间,而是基于机会主义。这里适用的价值观念,基本上是为小资产阶级所接受的。

在《青年工人的昨日与今朝》中还有乌尔希·洛玛尔(Ulrich Lohmar)所作的研究,即"在社会与国家的组织张力场中的劳动青年"("Die arbeitende Jugend im Spannungsfeld der Organisation in Gesellschaft und Staat"),它与舍尔斯基有些不同:根据洛玛尔的观点,青年在其群体中并不寻求"共同体体验",而是希望"被当作个体来对待"。洛玛尔将这种异化现象描述为现代社会的"迷宫特征",这增大了同国家形成"内在关系"的难度。针对这一几乎遍及所有文献的论点,至少有必要提出如下问题:在客观上,现代社会是否像它被认为的那样,对为社会学所掌握的那些人(尤其明显的是对社会学家)来说那么不透明;消除复杂的社会中介机制的趋势,在大型组织的时代是否比高度自由主义时期更容易;据此,社会是否有自己的隐藏机制,使其在人看来如此难以理解,这种机制本身是首先应该研究的。社会的迷宫特征也许可以被理解为无力者的一种投射,他们不再能够在社会中做曾被称为"走自己的路"的事情。

最后,鲁道夫·塔尔特勒(Rudolf Tartler)在其文章《今日青年的社会形态与当代的代际关系》("Die soziale Gestalt der heutigen Jugend und das Generationsverhältnis der Gegenwart")中,将代际冲突规定为对特定社会状况的表达,这是十分正确的。今日的青年没有"代际意524 识";这一发现与在德国的发现是一致的,后者也是在经验的社会研究

框架中,观察到历史连续性意识中的断裂(如果不是整个历史意识中的
断裂的话);在这一方面,就如在许多其他方面那样,德国的青年一代可
能会接近美国式的结构。

现在在德国也有一系列关于青年问题的具有代表性的调查,这些
调查的理论反思显然是在实地工作完成之后才开始的,因而这些调查
很难做到足够细致,但这并不意味着范围广泛的数字材料因此失效。

1953 年春,德国西北广播电台(NWDR)在其发送区域进行了一项
研究,该研究于 1955 年在慕尼黑发表,题为"今日青年"("Jugendliche
heute")。在这里,格哈德·施勒特尔(Gerhard Schröter)研究了"对大
众传播手段的兴趣",并得出了如下值得注意的主要结论:青年的品位
与成年人几乎没有什么不同。人们对书本的兴趣远比想象的要大;当
然,这种兴趣专注于一种冈霍费尔(Ganghofer)和克尼特尔(Knittel)等
人所定义的水平。各种大众传播媒介相互之间似乎没有竞争,而是携
手共进;无论如何,没有哪个青年没有接触过这种大规模的大众传播手
段。——格奥尔格·格拉姆瑟(Georg Gramse)关于"青年对政治的态
度"的报告。其结果基本上证实了其他知名研究的结果:青年对政党持
疏远和不信任态度,在这一点上与成年人并无原则上的区别。格拉姆
瑟为他的发现选择了一个表述:在面对更重要的事情时有某种普遍的
迟钝,但在政治问题上没有有意识的反对态度。——海尔格·鲁舍韦
(Helga Ruscheweyk)处理的是"青年对信仰问题的态度",并打算在一
半的青年中建立一种"内在的信仰纽带"。这一点在中小城市尤为强
烈——此外,对政治的兴趣也是如此。

市场与民意调查机构埃姆尼德民调研究所(EMNID)在 1953 年、
1954 年和 1955 年进行了三次调查["15—24 岁的青年:三次调查"525
("Jugend zwischen 15 und 24", drei Untersuchungen, Bielefeld 1954,
1955, 1956),最后一次调查的标题是"不良青年为何如此之多?"
("Wie stark sind die Halbstarken?")]在最后由罗尔夫·弗勒内(Rolf
Fröhner)及其同事撰写的报告中,包含了前两份报告的成果。首要的
是,今日青年的所谓"正常"是需要被证明的,而这一范畴显然已经是构

建问卷的基础。关于榜样的问询非常详细。大多数青年所列的人都来自他们自己的生活圈子。作为来自旧德国的榜样出现的,主要是政客和好战分子;据此,人们会再次得出这样的结论:当代德国青年中有一种强烈的权威约束成分,这与人们常说的集体性过度只是表面看来矛盾。大多数青年(约四分之三)赞同其父母的教育措施。"青年不应该批判规章,而应该遵守规章"这句话,得到了55%的肯定。这里也缺乏代际冲突的征兆。另一方面,职业选择与职业愿景又揭示在社会上实现晋升的强烈倾向(47%),但作为"世代的阶段迁移,人们只会各自设定更近的目标"。从职业上讲,人们更青睐中小型企业,因为那里有令人期待的更良好的"人际关系";当然,那些在小公司工作的人恰恰希望从大企业那里得到这种关系。关于青年之清醒和务实的论点一再得到证实:物质方面的愿景以41%的比例占据优势;政治兴趣比之前猜想的要强烈。不过,有57%—62%的人对政治不感兴趣。对于当代民主国家,有39%的人赞同,19%的人反对,42%的人没有作决定。只有50%的人觉得自己在政治上要共负责任:这又是一个权威约束性态度增加的指数。三分之一的受访者回避了关于希特勒和国家社会主义的问题。普遍的合并趋势与经济发展是相应的。大众传播手段发挥了主要作用:82%的人听收音机,72%的人阅读报纸,70%的人阅读杂志等,62%的人看电影。在调查前的四周内,有52%的人读了一本或若干本书。

德国民意调查研究所(DIVO)提出了一份令人兴奋的工作报告,即《论德国青年及其领袖的意识形态导向与政治导向》(*Zur ideIogischenundpolitischeOrientierung der deutschen Jugend und ihrer Führer*, Bad Godesberg 1957)。1 579名联邦德国青年接受了采访,这与众多的"青年领袖"的人数大致相同,也与成年人的代表性的横截面大致相同。青年组织的成员主要生活在较小的社区,通常是以教会为导向的,大多数仍在接受教育,收入低,但有更合格的职业,或接受更高的学校教育。25%的受访者是有组织的——其他的研究,如赖格罗茨基(Reigrotzki)的"联邦共和国中的社会性交织"("Soziale Verflech-

526

tungen in der Bundesrepublik")得出了更高的结果。受访者同政治的关系更多地取决于他们对经济形势的评估,而不是民主因素和所谓的个人变量。反民主的态度与对法西斯主义的同情是相互关联的,但前者的范围要比后者更广。"我们应该再次拥有一个唯一真正代表所有阶层人民利益的强大政党"这句话,41％的人赞同,42％的人反对,17％的人没有作决定;这个结果只有在与总人口的相应数字进行比较时才能发现其重要性:25％—47％—28％。"我们需要一个铁腕领袖"这句话,21％的人赞同,62％的人反对,17％没有作决定(总人口:16％—55％—29％)。此外,对国家社会主义的同情所指的,并不是军国主义和帝国主义,而是那些被追念的社会措施;即使在共产主义中它们也是被赞扬的,否则共产主义——首先是反精神的——就是极不受欢迎的。DIVO的研究和大多数青年研究一样,也引出了权威约束与社会性的安全追求即对"关怀"(Betreuung)的需求之间的关系。——对社会中少数群体的容忍度显示,在DIVO的受访者中,对共产主义者的反感是最为强烈的,其次是纳粹、犹太人和大实业家。没有意见的人比例比较大;特别是关于对纳粹和犹太人态度的问题被认为是令人不快的。 ⁵²⁷

赫尔穆特·舍尔斯基的作品《怀疑的一代:德国青年社会学》(*Die skeptische Generation. Eine Soziologie der deutschen Jugend*,Düsseldorf/Köln 1957)从前述关于青年之清醒的论点的意义上解释了经验研究。在这种怀疑下,对浪漫主义的自由、拥抱自然(Naturschwärmerei)和模糊的理想主义——青年运动的特征就是如此——的拒斥得到了理解;取而代之的是转而关注实际的、易得的东西,这是一种有利于自身主张和社会性的安全的思维与行为,这种思维与行为又是同对计划与秩序的追求相适宜的。这一发现可能是当前所有青年社会学工作共有的,但是在这里,它与其说是遭受了理论批判,不如说是"被拯救"了,这是这部作品的特殊之处。"在冷淡地起着作用的、怀疑式的世界智慧背后,是一种真正活生生的需求,即要去认识事物和人之中实质性的且在规范意义上有约束力的东西,并遵循之;但同时,在这种智慧背后,还有一种因被空话,甚至被词句欺骗而导致的深深的羞怯。"(第60页)人们无需忽视这一观察的真理内容,然而人们会犹豫,是否将具体主义的理解的关键特征归于这种羞愧。舍尔斯基没有忽视这种怀疑的消极方面,但他用如下一点来安慰自己:毕竟,政治冷漠会防止青年陷入幻想。"问题是,拥有大型组织结构的现代大众民主……是否不会全然引发这种非政治的同意的行为类型,而且,从长远来看,是否必须以肯定的态度认识到这种行为类型是体系的支撑层。"舍尔斯基将青年转移政治责任的倾向称为"非政治的民主"行为;这使得对时下要求的洞察更为清晰:"行为安全"的寻求是今日青年的"从人类学和社会学角度看都合理的基本需求"。"巩固私人生活关系"的愿望源于建立经济生存之必要性,诚然,这绝不能把现在与其他时期区分开来;与这种愿望相符的,是青年对成年人世界的极端适应。舍尔斯基认为,这就解释了青年特有心态之缺乏这一经验结果。"青年在社会中是独立的,因此可以实现积极规定的角色""再也不存在了",毋宁说,我们"被迫将今日青年的这种社会角色仅定义为从依然对象性的儿童角色到成年人角色的过渡阶段,成年人角色如今在很大程度上被认为是社会上普遍的和决定性的"。如果人们不愿将对客观的社会既定性的更高适应程度视为青年的特征,那么青年的行为就缺乏与成年人不同的社会学特征:"成年了的青年""适应了的青年""怀疑的青年"等概念都是等价的。当然,这种适应通常是停留在表面上的,并不局限于防御反应与解决反应,这些反应隐藏而非消除了构成性的行为不安全性。舍尔斯基在"伪成年性"中也保留了具体主义这一表达所影射的那种变形的特征。但是,他没有作出诊断说,对最易得的-现实的东西的具体主义依恋是致病因(即童年的伤害造成的自我削弱)。这使得他能够给出肯定的回答。他为当代青年辩护,反对"被权威约束"和"潜在反民主"等指控;毋宁说,在他看来,青年是私人主义的(privatistisch),而且是相当宽容的。这些论点首先是在青年工人和雇员中,而不是在高中生和大学生中得到证明的:前者展现的是青年一代的"主导结构和塑造行为的形象";然而,青年大学生也倾向于"同职业和考试相关"的行为方式。相对于国家,"消费者的态度"居支配地位。然而,舍尔斯基认为,所有这些都应受到欢迎,因为它们适应了已改变的社会条件。

在某些方面,格哈德·维茨巴赫尔(Gerhard Wurzbacher)及其同事的《青年女工:社会课程和青年工作论文集》(*Die junge Arbeiterin. Beiträge zur Sozialkunde und Jugendarbeit*,Müchen 1958)与舍尔斯基是有分歧的。在青年辅助工人的反应形式中,正如在影响他们的规 529 范与制度中那样,由于顾及劳动、自由和家庭,前工业的和早期工业的残余变得显著了,而与此同时,工业社会的行为图式被广泛接受。这种冲突既导致了迟滞现象,也导致了极度的夸张。独立于舍尔斯基所解释的经验研究的整个复合体的,有两项社会心理学研究成果,它们的成果与德国社会学的主流观点相反。恩斯特·利希滕斯坦(Ernst Lichtenstein)在《社会课程手册》(*Handbuch für Sozialkunde*,Berlin und München 1955)的 A II 部分(第 1—111 页),概述了一种社会学的青年课程。他敏锐地看到,青春期不是一种单纯的自然现象,相反,其本质上是一种历史现象,是与社会动态交织在一起的。今天,成熟期往往以牺牲童年为代价而缩短;同时,向成熟的过渡被延迟,青年的中间状态延长。这与青年社会地位的改变是相符的。利希滕斯坦也触及了走向适应的强制,即走向他律行为的强制;然而,在他看来,这种强制带来的不是合乎现实,而往往几乎是一种"生活方式上的精神分裂症"。劳动世界与自由时间之间出现了鸿沟。被其劳动成就规训的人,依然是外在于成就领域的,并固定在一个婴儿期发展阶段上;将注意力集中在企业中得体的行为上,这使得经验视域、抽象能力、区分能力和语言萎缩了,由此,青年容易受到"形象的魔力"(这来自由大众媒介所提供的社会心理学程式)的影响。社会架构中过早起作用的东西的顺世主义,使我们容易受到大众情绪和各种各样的精神心灵短路的影响。

亚历山大·米切利希在《青春期与传统》("Pubertät und Tradition", in:*Verhandlungen des 13. Deutschen Soziologentages*,Köln 1957)一文中提出,社会所传播的传统行为模式已不再足以应对现实,因此也无法提供其约束力。由此产生的冲突,以及被广泛观察到的青春期进 530 程的加速,导致了"持久的幼稚病"(Infantilismus);因而,米切利希认为,适应的代价不仅远远高于舍尔斯基和柯尼希的估计,而且看起来健康的行为本身,即极为夸张的常态,也显示出自己是神经症的。这一理论力图将对新一代青年的与现实相适应的特征的观察,同青年的受损状况动态地结合起来。根据这一理论,青年的世界是以过度刺激和通过替代满足来补偿不愉快状态(即对冲动的放弃,这是青年因过于强大的社会秩序而遭受的)倾向为特征的。具有保护作用的传统的缺失,破坏了自我形成的心理过程。米切利希认真地对那些只有在人们坚持对之所作的描述时才显得无害的现象作了深层心理学解释。

在利希滕斯坦和米切利希等人的工作中,权威问题成了中心。联合国教科文组织 1954 年的一个项目就与此问题有关,这是关于战后德国青年的最有成效的成果之一:克努特·皮平(Knut Pipping)和他的同事所作的《与德国青年的对话:论权威问题》(*Gespräche mit der deutschen Jugend. Ein Beitrag zum Autoritätsproblem*, Helsinki 1954)。根据皮平的研究结果,父亲形象在德国青年的心理中仍然占据着一个显见的位置,尽管其最初不像母亲形象那么明显;男孩和女孩都更依恋父亲而不是母亲;父亲通常被认为更富爱意。皮平认为,年轻人的心理动态也不像普遍观点愿意认为的那么"进步",因为教育和惩罚是德国青年的代名词。在 444 名受访青年中,只有 12% 的人拒绝接受问卷中的这句话:"当你年老时,你会感激你小时候受到的殴打。"该项研究也表明,对完全沉浸在私人领域的青年来说,公共事务的作用很小。"我们经常会在如下情况下发现对权力的真正认同:父亲被描绘成自由、热心的同伴,而母亲则被描绘成相对冷漠和强势的。"(第 421 页)

531 德国青年社会学升级为一场争论:人们是在双重意义上实证地记录当代青年的压倒性的强烈适应倾向,还是承担退化因素的责任,几乎没有人会质疑这些因素的存在,它们不仅是个人的致病性征候,而且是对一种病态的整体社会状况的表达,这种状况在个人伤疤中再生出来了。

(1959 年)

注释

[1] 对于这篇报告来说,法兰克福大学社会研究所的同事们贡献尤大,以至于这应当被视为集体作品。要特别感谢的是海尔格·普罗斯(Helge Pross)、埃贡·贝克尔(Egon Becker)、路德维希·冯·弗里德堡(Ludwig von Friedeburg)和卡尔·马库斯·米歇尔(Karl Markus Michel)。本文几乎没有去探讨研究所的研究。

[2] Alexander Rüstow, *Ortsbestimmung der Gegenwart. Eine universalgeschichtliche Kulturkritik*, 3 Bde., Erleben-Zürich und Stuttgart 1950—1957; Hans Freyer, *Theorie des gegenwärtigen Zeitalters*, Stuttgart 1955.

[3] Vgl. Theo Pirker, Siegfried Braun, Burkart Lutz, Fro Hammelrath, *Arbeiter, Management, Mitbestimmung. Eine industriesoziologische Untersuchung der Struktur, der Organisation und des Verhaltens der Arbeiterbelegschaften in Werken der deutschen Eisen- und Stahlindustrie, für die das Mitbestimmungsrecht gilt*, Stuttgart und Düsseldorf, 1955.

[4] Paul F. Lazarsfeld, "Remarks on Administrative and Critical Communication Research", in: *Studies in Philosophy and Social Science*, Vol. IX, 1941, p. 2 ff.

[5] Vgl. Theodor W. Adorno, "Soziologie und empirische Forschung", in: *Wesen und Wirklichkeit des Menschen, Festschrift für Helmuth Plessner*, hrsg. von Klaus Ziegler, Göttingen 1957, S. 245 ff.

[6] Vgl. U. a. G. Friedmann, *Problèmes humains du machinisme industriel*, Paris 1946, S. 301 ff. D. C. Miller und W. H. Form, *Industrial Sociology*, New York 1951, S. 35 ff.; C. M. Arensberg, "Behavior and Organization: Industrial Studies", in: *Social Psychology at the Crossroads*, hrsg. Von J. H. Rohrer und M. Sherif, New York 1951, S. 324 ff.

民意调查和公共领域

民意调查一般是根据实际需求进行的。例如,有人想要可靠地预测选举结果。这里采取的技术是在市场调查中形成的。未经反思的、实用的社会学顺应了这一点。无疑,与社会学过去关注的内容相比,这似乎有点外在和肤浅。一种必要性因素还是适合于一门新学科的发展,它将乐意延伸到整个社会科学知识上去。

可能是为简洁起见,德语中的"民意调查"(Meinungsforschung)一词去掉了一个关键的形容词,而只有它才刻画了这种调查的意图:对公共舆论的研究(Erforschung der öffentlichen Meinung)。这个形容词指涉的是公共领域概念。从其自身历史就可以得出,为何这会变成诸如民意调查之类的东西的。公共领域(即社会环境中的行动日渐明显)源远流长。然而,直到资产阶级时代初期(大约在 17 世纪)公共领域才开始被专门考虑。自那时起,在这一概念中,一切可能的思维方式、处理方式和行动的公开存在(Öffentlichsein)都意识到自身并且是被需要的。公共领域是一个资产阶级范畴,正如哈贝马斯在他关于其结构转型的开基之作中简洁地表述的那样,该书使我受益良多。他强调,资产阶级民主社会最初的重要哲学家之一约翰·洛克,"把'舆论法则'作为一个范畴,并和'神圣法则''国家法则'等相提并论"[1],并认为,美德和恶习一般是根据这种法则才被规定下来的。然而,"公共领域"和"公共舆论"存在着的模糊性(在洛克那里已经如此),不能通过精确的口头定义来纠正。公共领域没有什么稳固的轮廓,相反,它有的是成问题的本质:曾经非公开的东西应当变成公开的。只有在这一关系中,这一概念才能被理解为对专制主义的密室政治的批判,这就像反过来说,贵族秩序需要保守秘密,直到当代的精英理论都还在庆贺这种秘密。

公共领域从来不能,现在也不能被认为是既定的。它是民主的政治观念的产物,它假定公民是负责任的,并且对自己的基本利益了如指掌。公共领域与民主完全是紧密结合着的。只有在自由改变意见的民主权利得到保障时,公共领域才能发展;只有公民对之有发言权的事情是公开的时,民主才是可以想象的。但是,公共领域本身在其实际发展中受到了资产阶级社会的经济形式的威胁;变成了商业机构,它从它输送给民众的信息中谋求自身利益。由此,从一开始,一个起着限制作用的、局部性的东西的因素,就在实践中被添加到理论上一般的公共领域概念当中。这种公共领域在很大程度上屈服于依赖它而存活的机构的物质利益。这澄清了界定公共领域概念的众所周知的困难。一个社会子部门垄断信息并根据其利益来对信息进行着色。公共领域概念就被从民众那里推移到这些机构上:由此,当人们谈到公共舆论时,他们经常会想到报纸上出现的东西;特别是,所谓的公共舆论对任何政治的或社会的事实的抵抗是根据其在传播手段中的回响来评估的,这些抵抗与其说是想反映民众之所想,不如说是想控制它。资产阶级社会中的一切范畴的独立化和对象化,也为公共舆论和公共领域奠定了基础。534它们与构成公共领域概念之实质的活生生的主体分离开。这扭曲了资产阶级历史一直以来所认为的进步和民主。公共领域成为它想成为和应当成为的东西,即大众的公共意识,民主政治的意志形成越是不受缚于所谓显赫的和有教养的旧圈子,它就越是不明确的。人民变成了公共舆论机器的附属物,即本质上被设想为被动的观众,他们在面对向他们传递的消息(包括客观上最重要的政治消息)时,其行事与剧院中的观众没有什么不同,后者要求向自己提供一些东西。就此而言,今天的小报和杂志以及它们关于电影明星和当权者的无关紧要的私生活的八卦故事,都是资产阶级公共领域发展的结果。由于与私人利益相纠缠,公共领域总是伴随着与其相矛盾的私人要素。今天的公共领域服务于那些它根本不会涉及的人,并且向他们隐瞒或是以意识形态的方式准备好它真正涉及的东西。哈贝马斯将这种发展概括为公共领域的瓦解。也许,公共领域实际上从未实现过。起初,由于公共领域并非现成的,因此它必须是被开创出来的,那么它就日益阻碍它所意味的那种成熟。人对公共领域的权利翻转成了将公共领域提供给他们;他们本应是公共领域的主体,而现在却变成了它的客体。他们的自律(这需要公共信息作为媒介)遭到了公共领域的阻碍。谁要是不想因知识精确性理想而使最简单的人类知性丧失活力,那他就不会让自己相信,公共领域机构(恰恰在诉诸大众时)由以淹没大众的那种东西的内容,除了愚蠢,几乎不会造成任何别的后果。但是,不能因此将人的尊严遭到贬低这一点归咎于公共领域本身,认为它本身是虚假的、糟糕的,只有在占统治地位的条件下,它才会凭借其社会功能堕落成这样子。普遍利益与私人利益的不协调也表现在公私之间的矛盾中。制度化了的公共舆论错误地扬弃了这种矛盾:私变成公,公变成私。糟糕的不是公共领域的过剩,而是过少;如果它是完备的,如果它没有因说出来的东西而转移了对未说出的本质性的东西的注意力,那么它就会达到其正确的位置。

535

公共舆论的这种问题式规定了民意调查的重要性。一方面,鉴于公共舆论被其生产机构取代,在这里占统治地位是一种操控的旨趣:由它选出的舆论是否以及在多大程度上也被民众的舆论所实际接受或选择;是否激起大众针对这种"专营"(Oktroi)的反抗和独立。大型经济单位与行政管理单位的成功计划,即对市场的预期性的科学控制,是在其组合与合理化意义上的。民意调查的增长是与这种趋势相应的;它是实用的市场研究,它将市场研究的处理方式传递到了被传播的精神形成物上。P. F. 拉扎斯菲尔德提出的"行政管理的社会研究"(administrative social research)概念,即基于管理目的的经验的社会研究,相当恰当地描述了事态;此外,市场研究只是民意调查的根源之一;另一根源是社会调查,在德国,其史前史也与马克斯·韦伯的名字密不可分。目前,在美国,市场研究和民意调查是同一的(在德国,这两者在术语上的确是联合在一起的),这种同一性完全是在健全人类知性的观察的意义上的:对政治候选人名字的偏好和对品牌名字的偏好之间的差异不是根本性的,绝没有自律的和成熟的人民与批量产品的客户群之间的理论差异所期待的那么大。在这一方面,民意调查将不仅仅是一种技术,而且也是作为科学的社会学的对象,这是一门探究社会客观结构规律的科学。 536

但是,它的意涵无需仅限于此。它准确地进入了通过公共舆论概念的过渡而在舆论之产生与控制之间出现的裂缝:按其可能性,它本能够展示,民众的舆论在多大程度上被操纵了,实际的公共舆论在多大程度上是篡夺者的舆论的反映。改善的潜能是从操纵的界限中看出来的。这里仅举一个最明显的例子,即假定政治社会学的每一项调查都不是天真的:如下问题是可检验的,即民众是否实际支配其合理的政治决定首先依赖的那些信息。在实际情况并非如此的地方,民意调查尽管没有任何社会批判意图,但也将会不自觉地变成社会批判。通过分析信息来源及其提供给民众的东西、分析被问询者(他们本身又是通过整个社会条件,特别是他们赖以生存的意识工业的条件塑造的)意识状态,它可以查明对信息缺乏信任的原因。有意义的公共舆论研究,如美国人所说的"在篱笆的另一边"(on the other side of the fence),即在大众自己身上,能够在如下问题上做得更多,即所谓的公共舆论机构是否真的代表了大众,以及反过来,这些舆论是自发的和合乎理性的,还是与社会强制机制相结合的。假如政治生活中的公开性(Publizität)概念变成现实,对公共舆论的研究就能弥补因这种舆论被其机构(这些机构在市场上被普遍接受)所取代而犯下的罪孽。这无疑包含着如下要求,即民意调查不能被绝对化,它不能将它碰到的资料误认成最终的、直接的真理,而是要始终意识到它自己是被社会结构以及舆论形成机构(目前它们的权力总是在增长的)所中介的。民意调查只有在它的发现 537 以及它的研究的课题涉及客观的社会既定性时,它才能兑现其承诺。一旦客观的社会机构(如新闻界)从公共舆论这里夺走了民主权利,公共舆论也就被中心化了,并由此与活生生的主体的理念背道而驰,而它本应当掌握这些主体的多样的舆论,那么,民意调查就陷入了如下诱惑(这种诱惑同样是抽象的、孤立的)当中:与舆论的单纯主观因素,即个别的人(他们形成了静态的宇宙)的想法相隔绝,并且将客观社会规律性的单纯反映与社会过程的基础相混淆。如此,民意调查就变成了意识形态,这一点可以在如下要求中看出来:公共舆论机构(如大众媒体)必须适应民众的舆论,而这种舆论本身又返回到对公共舆论的操纵上。民意调查很容易以牺牲客观真理为代价来辅助对公共舆论的操纵。但是,它在这一点上指明了一种与政治事务领域中相同的辩证法,舆论概念在其中安家落户,并且舆论一如既往地属于政治事务。即使它是一种意识形态,但它也曾批判地、熟练地击穿意识形态,其结论也曾能够改变现存东西。

(1964 年)

注释

[1] Jürgen Habermas, *Strukturwandel der Öffentlichkeit*, Neuwied 1962, S. 106. 中译参见哈贝马斯:《公共领域的结构转型》,曹卫东等译,学林出版社 1999 年版,第 109 页。——译者注

社会理论与经验研究

1957 年以来，一场争论随着德国社会学中日益增长的紧张程度而发展，目前，它在法兰克福召开的第 16 届德国社会学大会上达到了顶峰。关于此的文件已发表在《德国社会学中的实证主义之争》[1]一书当中。可以以口号的方式，将这两个相互交锋的方向分别称为"批判的社会理论"和"实证主义"，尽管这并不完全准确。在被概括地称为实证主义者的社会学家中，一些最活跃的人知道自己没有被理解为实证主义者。今天，我不想进入基本的论争当中，而是想谈谈其在科学实践上带来的后果。有一种广为传播的观点认为，批判的方向的代表（人们习惯于用"法兰克福学派"这一名称来指称之），在面对经验的社会研究时，即使不是拒斥它，也是与之相异的，尽管这一学派已经作了三十余年的经验研究。勒内·柯尼希（他虽然没有直接介入这场争论，但无疑可以算作实证主义的一方）提出了一种术语学，根据它，人们必须将他所称的"社会哲学"以及在很大程度上同"批判的社会理论"一致的东西，与社会学相分离。在公正的读者看来，这可能就像一个单纯的命名法问题；但这背后有十分现实的旨趣。如果将"批判的社会理论"从社会学中划出去，那么经验的方向就会在社会学中赢得垄断地位；因为更大范围的社会学研究，就其针对广大人群的意见、行为方式、动机而言，大部分时候都要依赖于团队合作，不同于旧式学者在书桌前的工作，这 种研究的成本变得相当大。然而，一种批判的社会学的代表绝不像他们通常被认为的那样满足于书桌工作；他们也需要所谓的"田野研究"。

如果人们从那种分离中得出组织-财务方面的结论,那么批判的方向将会遭遇最为严重的不利的威胁。经验研究将会成为经验主义者的特权。相比之下,未能强调得足够清楚的是,这场争论涉及的,不是作不作经验研究,而是对经验研究的解释及其在社会学内部被赋予的地位。任何审慎的社会科学家都不能放弃经验研究;这不仅是因为,在德国,不受约束的思辨——这是一种精神的行为方式,关于它,批判理论的一位伟大代表曾说过:"这不是一位坚定的思想家能完成的"——因诸如将种族视为社会生活过程决定性因素的学说而丢尽颜面。不仅如此,自从德国唯心主义及其或多或少伪装起来的后继方向崩溃之后,同事实的关系发生了根本性的变化。瓦尔特·本雅明(他当然不是实证主义者)曾说过,今天,定在的暴力更多是在事实上,而不是在信念上,如此,他表达出了关于存在者今天无所不在的优势的意识,而精神只有在以存在者、事实来填充自己时,才能表明自己能与这种优势相匹敌。如果说,存在者、事实曾被视为盲目的、被视为与精神格格不入的,那么在今天,曾经被认为至高无上的精神,只能通过让事实说话来保护自己。但是,如果精神要参照经验探究,那么它就不能不理睬受控的经验研究的那些已经形成的方法,尽管它也不会将这些定量方法视为最终目标;因为这些方法是途径而非目的本身。从定量的研究中产生的富有成果的认识,其本身必然是定性的,否则社会学实际上就会深陷对数字的迟钝展现中而不能自拔,许多关于调查的出版物都在谴责这种展现是没有创造性的,这一点是众所周知的。然而,重要的社会理论家从来没有蔑视经验研究。在古代,亚里士多德对希腊国家的宪法进行了研究,这实际上已经相应于当今的调查(survey)概念。对奥古斯特·孔德的社会学实证主义抱有轻蔑态度的马克思,投入了大量精力对工人作经验研究(Enquête ouvrier)。《资本论》以及恩格斯的《英国工人阶级状况》,都充满了经验材料,不过这种材料始终是服务于理论建构的例证。即使马克斯·韦伯坚持价值中立并反对这种建构,但他同时力图理解社会大趋势,他进行了大范围的经验—社会学研究,并且不满足于社会历史材料。

我曾提到过,法兰克福学派从一开始就是用经验的社会研究的手段来工作的。《权威与家庭》以及在美国时的《权威主义人格》的研究、后来关于德国民众的政治意识的群体研究、《大学生与政治》(*Student und Politik*),以及最近关于后希特勒时代德国的权威主义潜能的调查量表的研究都运用了这些手段。法兰克福社会研究所认为,将其理论构想转变为经验研究是一项基本任务,这样做是为了检验构想,但也是为了给经验研究提供冲动,并为其确立比通常情况下更有意义的研究任务。不过,在此不容忽视的是,至今,这些理论冲动实际上只有一小部分转换为了经验研究问题。部分原因当然在于许多经验研究者对一般理论方法的抵制。在不久之前,人们可能还会听到如下严肃的说法,即如果在一项研究中投入太多思想(这些思想已变成了偏见),那么就会有碍研究的客观性。不过,与此同时,显而易见的是,在进行研究时,如果没有理念指导,什么都得不出来。正确理解的话,任何研究在结果上所获的收益,都不会超过在精神上对它的投入;只不过,这并不是说,投入的理念也必须作为结果出现。这将会是教条主义。例如,研究工具可能会失败,定理可能根本无法以常用方法来验证,特别是,它们可能会被证明是错的。但是,在定理不存在的地方、在缺乏定理的地方,什么都不会发生。最多是为某些部门提供技术上可用的信息。即便是最偏激的实证主义者也不再会要求社会学必须局限于保罗·拉扎斯菲尔德所谓的行政管理研究。

然而,理论与经验探究之间持续的不匹配的原因还没有被充分刻画出来。这一点不应被轻视。社会学尽管具有了更新的形态,但人们还是可以将其开端追溯到圣西门,它已有近二百年的历史;它做了一些有利于其年轻一代的事情,并利用后者,将一种据说被认为是无人不晓的理论与一种经验活动(它与理论不匹配,也很难够得上理论)之间的裂痕,解释为对尚未达到自然科学般成熟这一点的表达。实际上,这种裂痕可能是由于极不同名的东西被概括在社会学这一名称之下。我在1957年时曾写到,它们的处理方式只是在如下高度抽象的意义上相互结合着:它们都是以某种方式来处理社会性的东西。有的处理方式适

541

用于社会总体及其运动规律,另一些处理方式则与此截然对立,是适用于个别的社会现象的,将这些现象与某个社会概念相联系的做法则被当作形而上学而遭到了唾弃。* 显然,如此不同的旨趣方向和模式是没有什么公约数的。就经验研究是服务于这种还是那种构想而言,它必然也具有不同的性质。我不想因此断言,社会理论与经验研究之间有542 着僵硬的、不合时代的对立,我最多是想关注,一种以理论为导向并且在理论语境中被理解的经验研究的特点是什么。正是经验研究这样的做法,一直决定并影响到受理论激发与调控的研究的技术设施,以及那些坚持既定的(部分是统计的、部分是其他的)游戏规则的经验的社会研究。也许我可以用我自己主要参与的一项研究来说明这一点,就是因为我最清楚其内在机制。1950 年出版的《权威主义人格》对美国以及德国的经验的社会研究产生了持久的、经常得到证实的影响。对我来说早已变得不可估量的文献紧随其后。另一方面,根据经验的社会研究的惯常尺度,它无疑有着严重的缺陷。如通常以大学为中心的研究那样,其抽样主要是在大学生中进行的,因而远远不具有代表性。我们也从未宣称它具有这种代表性。所使用的量表力求最大限度地获得定性结果,而这不符合古德曼(Lewis Goodman)以来形成的最严格的度量标准。甚至间接确证和衡量权威主义趋势的原则也遭到了批判;它被说成是循环论证,因为人们必然已经知道关于事态的间接问题(这些问题是针对这类事态的)是否形成了某种东西,因为只有通过直接的问题才能知道这一点,而这些问题正是间接方法企图回避的。尽管如此,这本书在一定程度上不仅刺激,而且改变了经验的社会研究的方向趋势,这是因为,它在一种以弗洛伊德为导向的社会心理学的理论复合体与经验的研究方法之间建立起了一种具体的联系。这并不是无理地要求在经验上证实或反驳弗洛伊德。鉴于精神分析的内省特征,几乎543 不可能以定量的方式做到这一点,尽管不乏这样的尝试。但是,所谓的F-量表(当时的研究最大限度地从它出发)的问题显露出希望。这并不

---

* 这指的是阿多诺的《社会学与经验研究》一文。——译者注

是简单地调查意见并作统计处理,相反,每一个针对意见的问题同时包含着关于性格结构和可能会在政治上产生影响的潜在倾向的结论。由于在《权威主义人格》中不仅使用了根据所谓的课堂方法而来的问卷调查,而且还使用了一系列其他测试与临床访谈(它们的核心处于同一关联当中),并且结果是一致的,因此,这种方式的创造性已经得到证明,尽管还有着技术缺陷,人们可以就此指责这项研究。顺便说一句,这些缺陷恰恰是社会学研究中很难完全避免的,对于这些研究来说,洞察到基本事态要比单纯的程序正确性更重要。谁要是聚精会神地在经验的社会研究领域工作,那他将会证实,人们总是要面临如下选择:一些发现是绝对无懈可击的,是可一般化的,但往往又是浅薄的;另一些发现看起来是严肃的,但恰恰又不严格遵守游戏规则。值得一提的是,从理论到经验课题的转化(这也是我所追求的)同时也会给理论带来严重的难题。定理本身不是它们在经验研究中表现的那样,不是假说,不是关于事实上出现的东西的预言。根据其形态,它们超出了事实性的东西,坚持着本质与显象之间的区分,而这种区分正是经验主义不愿意说出来的。一位严肃的精神分析学家会发现,难以攻击定量研究,这种研究就其性质而言是不能进行精神分析的,这种难度不亚于正统的社会研究者想发现其中的要素是令人反感的,这些要素——也许——被证明是具有创造性的。尽管如此,我们一直在寻找并将继续寻找那种结合。相当基础性的社会理论思考使我们坚持本质与显象之间的区分,这种区分对于官方的经验主义来说是一种禁忌。我们猜想,这种区分是在简单的、说出来的意见与这种意见的基础之间的差异当中的。本质与 544 显象不是古时童话,而是取决于一个社会的基本结构,该社会必然有其自己的面纱。

因此,我引入了"客观的社会结构"概念。至少我想大体说明一下,我们所关注的概念是如何在关于经验研究的构想中起作用的。正统的"社会研究"(它虽然有时候口口相传着理论,但却是将之视为必要的恶),就像经验主义的鼻祖约翰·洛克那样,从一种"白板"观念出发。社会研究者必须按照公民投票或市场研究的模型来坚持被调查者的言论,而不去关心这些意见与什么有关。对于这位研究者来说,这些意见是认识的最终合法来源。虽然他几乎不会否认它们本身是被社会中介的,但他通常会因此满足于通过所谓的动机研究来追踪这种中介,因而满足于确定受试者是以何种方式形成其意见的。由此,研究的重点仍然理所当然的是受试者的单纯主观性。我们希望理论与经验研究相互渗透的构想,并不满足于主体,但同样也不满足于对社会作一般陈述。当然,社会,即惯常的社会学所称的"人际间关系"的无处不在的"以太",本身就是一个抽象,而不是可以在个别事实中抓住的东西。对我们来说,最为合乎理性的做法是,将定量的经验研究与对客观社会制度的分析联系起来,要调查的意见和行为方式都是同这些制度有关的。例如,在社团社会学领域,我们不仅研究社团的意识形态(如其在社团成员的言论中反映出来的那样),而且我们也尽可能地研究组织本身。我们分析组织用以影响其成员的出版物,然而主要是研究组织本身的
545 结构,特别是如下问题,即组织实际上是否具有某种功能以及复合体,自马克斯·韦伯和罗伯特·米歇尔斯以来,这种复合体作为官僚化、凝固化与独立化的复合体而变得日益重要。将主观意见与客观要素进行对照,这样做会比白板式方法得出更为本质性的东西,因为后者认为意见为王,就像市场上的所谓买家那样。如果社团成员坚持认为,他们的社团如社会学行话所说的那样是功能失调的,也就是变得不再必需、变得多余,那么就有了一个客观的尺度来批判虚假意识,即批判意识形态。当然,正统的社会研究对这些要素也不陌生。但是,它们是作为背景信息(background information)、作为主观指向的调查的背景的附加信息,呈现在如下不确定的希望中,即由此学会更好地理解主观的反应方式,而不需要认真地执行将主观要素与客观要素相对照这一决定性的步骤。从这一方面来看,经常被指责为思辨的法兰克福学派,可能比它的对手更切合实际。因为在一种本身不回避科学确证的程度上,从主体身上调查出来的东西是客观的既定性的功能。

我并没有系统地提出一项也许可称为批判的或辩证的社会研究的规划,而是触及了一些关键点,给出了一些模型,它们使经常谈到的差

异之真正结果变得显明。批判的社会研究希望通过其理论解码使经验探究真正具有创造性。最后，我要提醒人们注意一个悖论。根据其概念，经验主义是一种哲学，它承认经验在认识中具有优先性；但实际上，如我所说，由于经验主义缺乏自身反思，在经验主义控制的科学思维中，经验既没有得到释放和产出成果，也没有得到约束和管教。我们的目的是，为一种与这种经验主义相对的经验作辩护，为科学提供一个不怎么受限、不怎么狭隘且物化的经验概念。争辩的目标不是肯定或否 546 定经验探究，而是对经验探究本身，特别是所谓的经验方法作出解释。从哲学上来说，这种解释在我们这里并不比在经验主义者那里少。经验主义和辩证法都曾意味着哲学。然而，如果人们承认这一点，那么"哲学"这个词（人们就这个词向我们提出异议，就好像它是一种耻辱似的）就会失去其惊恐一面，并表明自己是一门科学的条件与目标，这门科学不再想单纯地屈服于技术和官僚主义统治。

（1969 年）

注释

[1] Vgl. Theodor W. Adorno u. a., *Der Positivismusstreit in der deutschen Soziologie*, Neuwied，Berlin 1969.

论社会科学的逻辑

　　一般来说，补充报告人要么选择做迂腐的学究，要么就做附庸。首先我要感谢波普尔先生，因为他让我避免了这种尴尬的处境。我要接着他的发言[1]来说，但又不用从头说起，也不用逐字逐句地大量重复他的报告，尽管我本来是必须依赖于他的报告的。在拥有如此不同的知识背景的作者之间，有着如此大量的实质上的一致，这简直令人惊叹。我常常不必针对他的论点提出相反的论点，而是能够先接受他所说的内容，并努力作进一步反思。当然，我理解的逻辑概念要比他的更宽泛；在这里，浮现在我面前的是社会学的具体处理方式，而非一般的思维规则、推论纪律。在此，我不愿切除社会学中特有的问题式。

　　相反，我从波普尔关于"完全的知识"与"无界限的无知"的区分开始。在社会学中，这一区分是有足够说服力的，是完全确定的。无论如何，社会学总是被提醒说，直到今天，这一区分还没有被收入可与自然科学相比较的、被承认的法则的集合中。然而，这一区分包含着一种成问题的潜能，这种潜能是一种流行观点认为的，而这种观点肯定不是波普尔意义上的。根据这一区分，由于其众所周知的落后性（Zurückgebliebenheit），社会学在精确科学的后面亦步亦趋，首先是安于收集事实、澄清方法，而不是要求提出有说服力同时也是至关重要的知识。那么，关于社会及其结构的理论思考往往就被斥为一种对未来的不当预判而遭到禁止。但是，如果我们从圣西门，而非社会学的受洗神父（Taufvater）孔德那里开始考虑社会学，那么它就已经有一百六十

548

多年的历史了。它再也用不着因其"青年时代"而扭捏作态了。它曾在这一"青年时代"中表现出的无知,是不能在不断进步的研究和方法论中、通过"综合"(这是一个令人不快的、不甚恰当的术语)而直截了当地解决的。相反,实事是与联结着的命题的显明的体系统一性相对抗的。我的目的并不在于自然科学与精神科学之间的传统区分(如李凯尔特关于法则性方法与个别性方法的区分),相比于我,波普尔更是将之视为实证的。但是,在实事本身之处,进行一贯的、尽可能简单的、如数学般简洁的解释的认识理想落空了:社会并非一贯的、并非简单的,也没有中立地醉心于范畴赋形的偏好,相反,它不同于推论逻辑的范畴体系对自己的客体所做的预先期待。社会是充满矛盾的,然而是可规定的;是合理与不合理的统一,是体系与断裂的统一,既是盲目的自然又是通过意识中介了的。社会学的处理方式必须尊重这一点。否则,出于反对矛盾的纯粹主义热情,它便会陷入最具灾难性的矛盾中:它的结构与它的客体的结构之间的矛盾。所以,社会很少能摆脱理性认识;它的矛盾及其条件越是透明,那么思维假定就越不能在这些矛盾和条件上耍把戏,这些假定被从一种与看似无差别的材料相对的知识中扣除掉,这种材料不设定任何对科学运用(这些运用常常与进行认识的意识相协调)的反抗。社会科学的事业永远存在如下危险,即它出于对清晰性和精确性的偏爱,会错失它想要认识的东西。波普尔批评如下陈词滥调,即认识经历一个逐级上升的过程,也就是从观察到观察材料的组织、整理和系统化的过程。这种陈词滥调在社会学中变得如此荒唐,因为它无法支配不具资格的(unqualifizierte)资料,而仅能支配通过社会总体关联构建出的资料。所谓的社会学无知,在很大程度上只标志着作为 549 对象的社会与传统方法之间的分歧;因此这也难以由一种知识来弥补,这种知识为了自身的方法论而否认其对象的结构。但另一方面,与理论相对的经验主义的禁欲也是无法贯彻的,波普尔同样毫无疑问地肯定这一点。如果没有对那种结构性因素的预期、对整体(它几乎不可能适当地转换为个别观察)的预期,那么个别观察就没有任何重要意义。从而,没有什么类似的东西能够得到捍卫,如文化人类学(cultural anthropology)的如下趋势：某些原始社会的中央集权和总体特征通过选出的坐标系而转述到西方文明中。如果人们像我一样感到指向总体形式的向心力以及个体的败落并非幻象，前个体社会与后个体社会之间的诸种差异便明确了。在以民主方式管理的工业社会国家中，总体是一个中介范畴，而非直接的统治和屈服。这包含着如下一点，即在工业的交换社会中，绝非所有的社会性的东西都能轻易地从这个社会的原则中演绎出来。在它之中包含着不计其数的非资本主义飞地。需要考虑的是，在当前的生产关系下，为了自身的永久化，它是否并不必然需要这些飞地，例如家庭。家庭局部的不合理性似乎在相当程度上补充了结构的不合理性。社会总体并非在它所归并的东西之上而独自存在，它是由这些东西组成的。通过它的诸多个别因素，它生产和再生产着自身。其中的许多因素维持着一种相对独立性，这种独立性是原始总体社会不知道的，也是其未经历的。但是，生活整体不能同其要素的合作与对抗隔离开来，同样地，任何要素也不能在没有对整体的洞见的情况下仅就其功能而得到理解，这个整体的本质在于个别东西的运动之中。体系与个别是交互的，并且只有在其交互性中两者才能被认识。即使是那些飞地、那些不同时代的社会形成物、那种想摆脱社会概念（一如其想摆脱十足思辨的哲学命题一样）的社会学宠儿，其所是也不是自在的，而是处在与其所背离的占统治地位的总体东西的关系中。在今天最为人所喜爱的社会学构想即中层理论中，这一点被严重低估了。

与自孔德以来引进的观点相对，波普尔主张问题相较于知识与无知之间张力的优先性。波普尔针对自然科学方法的错误转换、针对"错误的和误导性的方法自然主义或科学主义"所说的全部内容，我都是同意的。如果波普尔指责那位社会人类学的学者说，他通过臆想的更高客观性，也就是通过他的从外部来思考社会现象的客观性，取消了追问真理与非真理的问题，那么这就是一个好的黑格尔；在《精神现象学》的序言中，有些人就遭到了黑格尔的嘲讽，他们之所以超乎事物之上，只是因为他们没有在事物之中。我希望柯尼希先生不要生我的气，并且我也要批评一下与波普尔的对话,他说这是哲学而非社会学。在我看来值得一提的是:一位将辩证法视为诅咒的学者,发现自己被迫走向根植于辩证思维中的诸多表述。另外,波普尔关注的社会人类学(social anthropology)问题应当是同方法相对于实事的独立化密切相关的。将发达资本主义国家中无碍运行的习俗(mores)与可能过度研究过的特罗布恩岛民的仪式进行比较,就像凡勃伦的蒙昧文化理论那样,肯定是有其优点的。但是,选择坐标系的臆想自由翻转为对客体的伪造,因为对于现代国家的任何一个成员来说,其从属于这个国家的经济体系这一点,远比图腾与禁忌的精妙类比更具无可比拟的现实意义。

在我赞同波普尔对科学主义的批判和他关于问题优先地位观点的同时,或许我必须再进一步,如果他同意的话。因为社会学的对象,即社会,才是重要的问题,社会及其成员维持着生存,同时又经受着毁灭的威胁。但这就是说,社会学的问题并不总是通过发现而产生的,"在我们的臆想的知识中有不对头的地方……在我们的臆想的知识的内在矛盾的发展中"。这一矛盾绝非如波普尔在此至少会猜想的那样,是一个单纯"出现"在主体与客体之间的矛盾,它仅被当作判断的不充分性而推给了主体。毋宁说,它能够极为现实地在实事中占有一席之地,而绝不是通过增长了的认识和更加清晰的表述从世界中创造出来的。最早关于这样一种必然在实事中展开矛盾的社会学模型,是日益著名的黑格尔《法哲学原理》的第243节:"人们通过他们的需要而形成的联系既然得到了普遍化,以及用以满足需要的手段的准备和提供方法也得到了普遍化,于是一方面财富的积累增长了,因为这两重普遍性可以产生最大的利润;另一方面,特殊劳动的细分和局限性,从而约束于这种劳动的阶级的依赖性和匮乏,也日益增长。"[2] 在我看来,有一处模糊的地方需要稍微指出一下:在波普尔那里,问题不过是认识论意义上的,而在我这里,它同时也是实践的,最终甚至是世界的成问题状态。对此作这样的区分真的是有道理的。如果人们将科学的内在问题与现实问题极端地割裂开(这些现实问题在它们的形式主义中纯粹地反映出来),那么就会将科学拜物教化。没有任何一种逻辑绝对主义学说

551

（无论是塔斯基的还是胡塞尔的）能够下令说,事实要臣服于逻辑原则,这些逻辑原则的有效性要求得益于清除所有事实内容。我必须满足于552 回忆《认识论元批判》中对逻辑绝对主义的批判,在那里,这种批判是与对社会学相对主义的批判结合起来的,我知道,在这后一种批判上,我与波普尔先生是一致的。另外,关于社会现实之矛盾性的观念并未破坏关于社会现实的认识,也并未交付给偶然,这是由于如下可能性,即仍然将矛盾理解为必然的,从而将合理性扩展到其上。

　　方法并非依赖于方法论理想,而是依赖于实事。提出关于问题之优先性的论点时,波普尔进行了潜在的估量。他断定,社会科学成就的质量同其问题的意义或旨趣之间存在着确切的关系,那么接下来无疑就是对一种不相关性的意识,无数的社会学研究被判定具有这种不相关性,因为它们屈从于方法的优先地位,而非对象的优先地位;因为它们为了自身之故而继续提出方法,并马上挑选出对象,以让那些已经掌握的方法能够处理之。波普尔关于意义或旨趣的谈论指出了有待研究的实事本身的分量。对它唯有以如下方式才能定性:即使对象的相关性也不总是能被先天地判断的。范畴之网结得如此紧密,以至于某些处于这张网之下的东西被意见(哪怕是科学意见)的惯例所遮蔽,在这种情况下,这张网未掌握住的那些偏离现象就会获得有时意想不到的分量。对这些现象的特性的洞见也解释了那被视为核心领域的东西,但绝非向来如此。这一科学理论动机可能与弗洛伊德致力于研究"显象世界的剩余"的决心曾经不无关系;在齐美尔的社会学中,这一动机同样表明自身是成果丰富的,因为他质疑体系性的总体东西,并沉浸到社会细节当中,例如敌人或演员。即使是对问题相关性的研究,人们也不可将之教条化;在很大程度上,社会学家在他所选择的客体上能看出来挑选研究对象的合法性根据;此外,这并不是给那些仅仅为了学术升553 迁而乐于进行的无数项目提供借口,在这些项目中,客体的不相关性与研究技术家们的枯燥乏味幸运地结合在一起。

　　带着些许谨慎,我还想揣摩一下,在问题相关性之外,波普尔赋予真实方法的那些特征。诚实,即不虚构,不拐弯抹角地表达曾被承认的东西,这应该是不言而喻的。然而,在实际的科学进程中,这条规范常常遭到可怕的误用。从而,一个人纯粹地沉浸于实事之中,那就意味着他没有将自身的任何东西带到实事上,而是将自身等同于一架记录仪;想象力的放弃或者创造性的缺乏,被认可为科学伦理。人们不应该忘记,坎特里尔(Albert Hadley Cantril)和奥尔波特(Gordon Willard Allport)对美国的诚实(sincerety)理想的批判带来了什么;即使在科学当中,一个人如果思考所有人都思考的东西,没有假装的虚浮(即想要看出某种特别的东西),并因此已经随声附和了,那么他就总是会被视为坦诚的。同样地,爽直和简单在实事复杂的地方并不是无可置疑的理想。健全人类知性的那些答案让自己的范畴涉及现存之物,因为它们倾向于增强后者的面纱,而不是穿透之;说到爽直的话,人们通向认识的道路是难以预期的。鉴于社会学的现状,我想在波普尔所称的科学品质的诸标准中,着重强调被推荐的解决办法的——这本身当然也是要被反复批判的——大胆和魄力。最后,问题范畴也不应该被实体化。谁要是在某种程度上不偏不倚地掌控了自己的工作,那他就会触及一种事态,所谓无前提性的禁忌只是增加了承认这种事态的难度。人们不是缺少解决办法;某个东西出现了,人们就会在事后构建出问题。但这不是偶然的:社会作为一种概括性的和汇总性的东西,具有相对于其个别表现的优先性,这种优先性在社会认识中通过一些洞见表达出来, 554 这些洞见源于社会概念,并且通过预期与特定材料的事后对抗才转化为个别的社会学问题。一般说来,认识论(如被培根和笛卡尔以来的宏大哲学独立提出并流传下来的认识论),都是自上构想出来的,即使在经验主义者那里也是如此。它们依然总是与鲜活地完成的认识不相称;它们按照一种异于且外在于这种认识的科学规划,将这种认识裁剪为归纳的或者演绎的连续体。在认识论应该已经完成的任务中,尤其需要反思的是(柏格森已经注意到),这究竟是怎样被真正认识到的,而不是事先按照一种逻辑的或者科学的、与创造性的认识实际上根本就不相符的模型来描述认识成就。

在波普尔的范畴架构中,解决办法概念是归属于问题概念的。解决办法被提出来并接受批判。借助于批判的关键特征，一个与主张观察具有优先地位的学说（这一学说是粗糙的、异于认识的）相对的、起决定性作用的东西被点了出来。社会学认识实际上就是批判。但是在这里，重要的是细微差别，归根结底，与其说科学立场的决定性差异被隐藏在细微差别中，不如说应当是这些差异带来了宏伟的世界观概念。波普尔说，如果一种解决办法的尝试不能得到实质性的批判，那么它恰恰因此就被作为非科学而排除掉，即使可能仅仅是暂时排除。这至少是有歧义的。如果这种批判指的是还原到的所谓的事实上，也就是完全通过被观察的东西来兑现思想，那么这亟需将思想拉平为假设，并且从社会学那里剥夺掉本属于它的预期*因素。有这样一些社会学定理，它们作为对在表面背后起作用的社会机制的洞见，本身原则上出于社会的根据而与显象相矛盾，以至于从这些显象出发根本不可能充分地批判它们。对它们的批判致力于前后一贯的理论，致力于持续思考，而非（如波普尔先生也没有说出的那样）跟记录命题相对抗。因此，在社会中，事实并不是最终的、知识可以附着于其上的东西，因为事实本身就是通过社会而被中介的。并非所有的定理都是假说；理论是最终目的，而非社会学的工具。

在将批判与反驳的努力相等同这一点上似乎还需要停留一下。反驳只有作为内在批判才是富有成效的。黑格尔已经意识到这一点。关于"概念的判断"，《大逻辑》第二卷写下了这些句子，它们同时可以抵得上此后关于价值的大部分预言："善、劣、真、美、正确等宾词表示事情在其普遍概念里，即在全然事先建立的'应当'里，得到衡量，是与概念一致或不是。"[3] 从外部出发，一切都是可以反驳的，但又没有什么是可以反驳的。应当去怀疑这种讨论游戏。它证明了将有组织的科学视为真理主管机关的信任，在面对这种信任时，社会学应该是变得脆弱了。鉴于科学的思想控制（thought control）拥有特别的分量（社会学本身也要列出其条件），波普尔要为批判范畴留出中心位置。批判的冲动与对

---

* 原文为 Antezipation，应为 Antizipation 之误。——译者注

向来占统治地位的意见的顽固的一致性的反抗是一回事。这一动机在波普尔那里也出现了。在他的第十二条论纲中,他将科学客观性与批判传统严格地等同起来,这一传统"总是不顾任何反对,能够批判占统治地位的教条"。像不久前的杜威和更早的黑格尔一样,他呼吁开放的、非固化的和非物化的思维。对于这种思维来说,实验性的(不可被说成游戏的)因素是必不可少的。不过,我还是要质疑,是否能将其与"尝试"概念毫无保留地等同,甚至接受"试错"(trial and error)这一原理。在其由以产生的气氛中,"尝试"这个词是有歧义的;它恰恰携带着自然科学的联想,并转而将其矛头指向每种无法被检验的思想的独立性。但是,某些思想,并且最终是本质性的思想无法进行这种检验,然而又占据着真理内容:因此这也是与波普尔一致的。其实,没有任何实验能令人信服地说明每一社会现象对总体的依赖性,因为整体(它塑造了可把握的社会现象)本身从不进入任何局部性的尝试规程中。但是,有待观察的社会性的东西对整体结构的依赖性,真的要比任何在个别东西中不容辩驳地证实了的发现要有效得多,这种依赖性绝不是单纯的思想编织物。如果人们不想最终将社会学与自然科学模型相混淆,那么尝试概念也就必须延展到思想上,这种思想饱含着经验的力量,它超出经验,为的是把握经验。不同于在心理学中,在社会学中,狭义的尝试没有什么创造性。——在社会认识中,思辨因素并不缺乏,反而是社会认识不可或缺的因素,即使曾赞颂思辨的唯心主义哲学已成过去。也可以换一种说法,那就是批判与解决办法根本不应割裂开。有的时候,解决办法是初级的、直接的,并招致了批判,而只有通过批判,解决办法才得以被促成为认识过程的进步;但重要的是,如果批判的确成功了,那么批判的形象反过来就已经包含了解决办法;两者向来都不可能是从外部进入的。这就涉及"规定的否定"这个哲学概念,波普尔距此其实已经不远了,尽管他声称对黑格尔没有什么好感。由于他将科学客观性与批判方法的客观性等同起来,所以他就将这种方法提升为真理的工具论。今天的辩证法家要求的似乎也不过如此。

当然,我由此得出一个结论,这是波普尔的报告没有说出来的,而

556

我也不知道他是否预见到了。他将他的立足点称为批判的,这与康德意义上的批判是十分不同的。但是,一旦人们看重方法对实事的依赖性,就像它内在于波普尔的某些规定(如将相关性和旨趣视为社会认识之尺度)当中那样,那么社会学的批判工作就不仅限于对其命题、原理、概念构件与方法的自身批判和反思。它同时也是对对象的批判,所有主体方面(即被囊括进有组织的科学当中的主体)的有确定位置的因素都依赖于这个对象。如果可以以工具性的方式来定义处理方式的因素,那么这些因素对客体的适当性总还是被要求的,即使是隐藏着的。如果它们缺少这样的适当性,那么这种处理就是非创造性的。实事必须按照其自身的分量在方法中起作用,否则即使最精致的方法也是糟糕的。这里涉及的只是,实事的形态必须以理论的形态表现出来。对社会学范畴的批判何时仅仅是对方法的批判,概念与实事之间的差异何时成为实事(它并不是概念所声称的那样)的负担,这些都是由有待批判的定理的内容所决定的。批判的道路不仅是形式性的,而且也是质料性的;批判的社会学,如果真有这个概念的话,按照其理念必然同时是对社会的批判,如霍克海默在他关于传统理论与批判理论的论文中展开的那样。康德的批判主义在某种程度上说也是这样。他针对关于上帝、自由和灵魂不朽的科学判断所提出的东西,反对这样一种状态:为了合理性,人们谋求通过欺骗来挽救那些已然损失掉其神学约束力的理念。"欺诈",康德的这一术语在思维错误中遭遇了辩解式的谎言。批判主义是战斗性的启蒙。然而,如果批判的意向在现实面前止步,在工作中满足于自身,那么相反,它作为启蒙就很难获得进步。由于它蔫除了自身的动机,所以它必定也会漠不关心,正如将"行政管理研究"与批判的社会理论相比较时鲜明地揭示出的那样。时下正是社会学反抗这种藏匿在无形的方法背后的漠不关心的时候。因为认识存活于与其自身不同的东西,即与它的他者的联系中。但是,如果认识只是在批判性的自身反思中单纯间接地进行着,那么它就能不满足于这种联系;它必须过渡到对社会学客体的批判。如果社会科学——在此我不预先断定这些命题的内容———方面抓住一种将自由主义的社会理解为自由和平等的概念,另一方面因决定着人与人之间关系的社会权力的不平等而原则上反驳自由主义中的这些范畴的真理内容,那么,它涉及的就不是应该通过更正确的定义来清除的逻辑矛盾,也不是事后添加上的经验限制、初始定义的分化,而是涉及社会本身的结构特征。但如果是这样,那批判就不仅意味着为了科学关联的一致性而重述相互矛盾的命题。这种逻辑性会因为推脱现实的分量而变成错误的。我想要补充的是,这一转向同样影响到了社会学认识的概念手段;一种批判的社会理论将社会学认识那持久的自身批判导向了另一个维度。在我看来,将有组织的社会科学视为真理担保人的那种信任是天真的,在此,我只想提醒一下,我在这样认为时勾画出了什么。

诚然,所有这一切都预设了真理与非真理的划分,这是波普尔牢牢坚持的。作为怀疑论相对主义的批判者,他激烈地批判了尤其受到帕累托和曼海姆影响的知识社会学,就如我曾一再做的那样。但是,所谓总体意识形态概念,以及真与非真的模糊化,并不是在经典的意识形态学说(如果可以这么说的话)的意义上的。它表现的是这种学说的衰落形式。这种衰落形式与如下尝试结合了起来,即让这种学说接受批判的尖刺,并且将之中立化为科学事业中的一个分支。曾经,意识形态意味着社会必然的假象。意识形态批判曾是与对一条定理或一个教条之非真理性的具体证明结合在一起的;单纯的怀疑意识形态,如曼海姆所说,是不够的。马克思曾以黑格尔的精神嘲笑这种怀疑是抽象的否 559 定。将意识形态从社会必然性中推导出来,这并没有减轻对其非真理性的判断。将它从如商品拜物教特征[这意味着第一虚假之物(πρῶτον φεῦδος)]等结构规律中推导出来,正是要将其置于科学客观性的尺度之下,波普尔也着意于这种尺度。人们习以为常的关于上层建筑和经济基础的谈论,已经将这一点变得浅薄了。知识社会学(它消融了正确意识与错误意识之间的区分)作出的举动,就好像它是科学客观性意义上的进步似的,但通过这种消融,它倒退到在马克思那里被彻底客观地理解的那种科学概念的后面去了。只有通过如视角主义这样的胡扯和造新词,而非通过含有实事的规定,总体意识形态概念才能跟世界观上空洞无物的庸俗相对主义保持距离。从而,对于知识社会学的公开或者秘密的主观主义,波普尔的批判是有道理的,并且在其批判中,宏大哲学与具体科学工作是一致的。这种工作是绝不能与认为所有人类认识都具有相对性这一一般条款(Generalklausel)相混淆的。如果波普尔批判的是科学的客观性被科学家的客观性所污染,那么他由此击中的就是被矮化为总体的意识形态概念,而非真正的意识形态概念。后者指的是对虚假意识的确定,这种确定是客观的,是独立于个别主体及其多重立场的,而且在社会结构的分析中是可以被证实的;此外,还有一种思想,即使不是回溯到培根也是要回溯到爱尔维修的。对个别思想家之立场有限性的过度忧虑来源于如下一点,即无力坚持曾经获得的如下洞见:真理在客观上被扭曲了。它与这些思想家及其整个心理之间了无关系。简言之,我与波普尔先生对知识社会学的批判是一致的。但由此也是与那种未被稀释的意识形态学说是一致的。

560 在波普尔这里,正如曾经在韦伯的著名论文 * 中那样,社会科学客观性问题是与价值中立问题结合在一起的。他没有回避如下这点,即这个时下被教条化了的范畴,这个只有借助于实用主义的科学事业才能被很好理解的范畴,必须被重新思考。客观性与价值的分离并非如韦伯笔下那般令人信服,在韦伯的文本中,这一分离无疑被评价得比对它的加油助威声所期望的都要高。如果波普尔将无条件价值中立的要求称为悖谬的,因为科学客观性和价值本身也是价值,那么这一洞见就并非如波普尔估计的那样不重要。从中可以引出一些科学理论上的结论。波普尔强调,对于科学家来说,他的评价是不可能被禁止或毁掉的,除非他作为一个人且作为一个科学家被毁灭。但这说的不仅仅是某种单纯认识实践的东西;"他作为科学家被毁灭"涉及的是科学本身的客观概念。评价行为与价值中立行为的分裂是虚假的,只要价值以及价值中立都是物化的话;准确地来说是,只要精神的行为不能按照偏

---

* 这指的是 1919 年韦伯在慕尼黑大学为青年大学生做的题为《以学术为业》的演讲。——译者注

好逃离物化的立场的话。所谓的价值问题,只有在目的与手段为了顺利实现对自然的掌控而被撕裂开时才会成立;此时,在目的没有减少甚或有所增长的不合理性那里,手段的合理性取得了进步。康德和黑格尔还没有使用在政治经济学中安家落户的价值概念。这一概念只是到了洛采时才挤进哲学术语表的;康德在实践理性中关于尊严与价格的区分同它应该是不兼容的。价值概念形成于交换关系中,是一种为他的存在。在一个一切都已经变成功能性的东西——波普尔觉察到的那种对真理的否认所揭示的就是这一事态——的社会中,这种"为他"被魔化为一种"自在"、一种实体性的东西,从而它就变成非真的了,并习惯于按照占统治地位的利益的趣味去填充敏感的真空。那些后来被人们认可为价值的东西,并不处于实事的外部,并不是实事对面的"分离者",而是内在于其中的。实事,即社会认识的对象,并不是一个无所谓应当与否的东西(Sollensfreies),不是单纯的定在者——它只有经过抽象的裁剪才会变成这样,正如不能将价值钉在彼岸的理念天空中那样。对实事的判断肯定需要主观的自发性,不过这种判断也总是会同时被实事预先规定,而且并非如韦伯想象的那样在主观的不合理决断中耗尽自身。这种判断,用哲学的语言来说就是实事关于自身的判断;实事的脆弱性在此也得到了见证。但是,这种判断是在实事与整体的关系中成立的,这个整体藏在实事本身之中,而不是直接既定的,不是事实性;这样就过渡到如下命题,即实事该用其概念来衡量。据此来看,总的价值问题(这是社会学及其他学科所携带的负担)是以错误的方式提出来的。关于社会的科学意识(这种意识装作价值中立的)忽略了的是,实事是建立在或多或少被预先规制并武断地确立的价值之上的;如果人们屈从这一选项,那么他便会陷入二律背反之中。即使是实证主义也无法摆脱这些二律背反;涂尔干,尽管他的物本主义尤其在实证主义意向上要胜过韦伯——后者在宗教社会学本身中有其待证的主题,但他并不承认价值中立。波普尔对此二律背反是有贡献的,因为他一方面拒绝价值与认识之间的分离,另一方面又希望认识的自身反思觉察到内涵于认识中的价值;也可以说,认识的真理内容并不为了证实什

561

465

么东西而被篡改。这两方面期望都是合法的。只不过,关于其二律背反的意识也应当被纳入社会学。存在与应当的二分法就像历史的强制一样是虚假的;并且因此而不能简单地忽略掉。只有通过社会批判洞察到其强制性,它才会变得清楚明了。实际上,价值中立行为不仅在心理上是不可能的,而且在实质上也是不可能的。社会学的最终目标是对社会的认识,如果社会学不想作为一门单纯技术的话,一般都会围绕一个关于正确社会的构想而结晶出来。但是,这个正确社会不是作为562 假装的价值而与现存东西抽象地对立,而是发源于批判,也就是发源于关于社会矛盾和社会必然性的意识。波普尔说,"因为尽管我们不能合理地为我们的理论辩护,甚至连它是或然的也不能证明,但是我们能够合理地批判它",这一说法不仅适用于社会,而且也适用于关于社会的理论。这就会导出一种态度,它既没有沉醉于价值中立(这会蒙蔽社会学的本质旨趣),也不是从抽象的和静止的价值教条主义中得出来的。

波普尔看透了那种价值中立的知识社会学潜藏的主观主义,知识社会学尤其得益于其科学主义的无偏见性。顺理成章地,他还攻击了社会学心理主义。在此我同意他的意图,或许我可以参引一下我在《霍克海默纪念文集》中的那篇文章,在其中,我提出了这两门学科(它们都被归于"人的科学"这个稀薄的种概念之下)的不一致性。* 然而,促使我和波普尔走向同一个结果的动机并不相同。在我看来,将人与社会环境分离开的做法是有些外在的,尤其是这种分离过于以已经形成的科学蓝图为导向,而波普尔则是根本拒绝这种科学蓝图的假设。心理学承诺要研究的主体,不仅仅是如人们所说的被社会影响,而且连其最内在部分都是通过社会而形成的。自在的人(即被存在主义再次复活的、跟环境相对立的人)这一基底,始终是一个空洞的抽象物。反过来,以社会的方式发生影响的环境,则是由人、由有组织的社会所产生的,尽管是以如此间接和匿名的方式。虽然如此,心理学还是不能被视为社会科学的基础科学。我想简单地提示如下一点,即社会化的形式(在

---

* 这指的是阿多诺的《论社会学与心理学的关系》一文。——译者注

盎格鲁-撒克逊的语言用法中,这被称为制度)已经借助其内在动态,独立于活生生的人及其心理,作为一种陌生同时又超强力的东西而与人相对立,以至于向原初的行为方式的还原(如心理学所研究的那样),甚至是向典型的、可信地普遍化了的行为模式(behavior pattern)的还原,都够不到超出人们的头脑而发生的社会过程。不过,由于社会相对于心理的优先性,我不会像波普尔那样得出两门科学彻底互不依赖的结论。社会是一个总过程,在其中,被客观性所包围、操纵和赋形的人,也反过来对客观性施加影响;心理学很少进入社会学,正如单个个体很少进入生物学种类及其自然史一样。完全可以肯定的是,法西斯主义是不能用社会心理学来解释的,正如人们有时候对"权威主义人格"的误解那样;但是,如果那种权威约束性格本身不是出于以社会学方式所透视到的原因而如此广泛传播的话,那么,法西斯主义无论如何都不会有大众基础的,如果没有这种基础,它就不可能在一个社会中,如在魏玛民主国家中成功掌权。社会过程的自律本身不是自在的,而是奠定在物化之中的;即使是与人相异的过程也仍然是属人的。因此,这两门科学之间的界限并非绝对的,正如社会学与经济学之间,或如社会学与历史学之间的界限那样。将社会视为总体这一洞见还隐含着如下一点,即一切都在这一总体中起作用,并且那些绝没有毫无保留地相互还原的因素必须进入认识中;它们不能被科学分工区域化。社会性的东西相对于个别人的东西的优先性是从实事出发来解释的,这一实事是指,个体在社会面前是无力的,这在涂尔干看来就是"社会事实"的标准;但是,社会学的自身反思也必须警惕科学史的遗产,这份遗产诱使人们夸大这门后来的科学的自给自足性,在欧洲,这门科学还总是不为"知识的总和"公平接受。

女士们、先生们,波普尔先生在一次早于我的报告的表述的通信中,曾这样描述我们立场之间的差别,即他相信我们生活在有史以来最好的世界中,而我则并不相信这一点。至于他,为了使争论针锋相对,他的确有点夸张了。在不同时代的社会的糟糕程度之间进行比较,是棘手的;没有什么社会会比孵化出奥斯维辛的社会更好,这种说法我是难以接受的,就此而言,波普尔对我的描述毫无疑问是正确的。只不过,我没有将对立理解为单纯立场的对立,而是理解为可决断的;我们两人都是否定立场哲学的,因此也是否定立场社会学的。关于社会现实的充满矛盾的特征的经验并非随意的出发点,而是构成社会学之可能性的动机。只有对于能够设想一个不同于现存社会之社会的人来说,社会——用波普尔的话来说——才会变成问题;只有通过其所不是,才能揭穿其所是,这一点要在这样一种社会学中达到,它无疑如其大多数计划那样,不满足于为公共的和私人的统治目的服务。或许,这恰恰指出了,社会在作为具体科学发现的社会学中没有一席之地的原因。如果说,孔德提出这个新学科规划的目的在于,在毁灭性的潜能面前保护他那个时代的创造性的趋势,保护生产力之解放(当时,这种潜能在其中已经成熟了),那么,从那时起,社会学在这个初始情境上就没有作出任何改变,除非这个初始情境被推向了极端,社会学本应注意到这一点的。孔德这位十足的实证主义者认识到社会的那种对抗性特征是决定性的,而后来实证主义的发展却想将其戏变为形而上学的思辨,从而,实证主义后来诸阶段上的愚蠢行为再次证明,社会现实是如何嘲弄了那些以认识这一现实为职业的人的要求。同时,社会学必须不断揭示的危机,不仅是市民社会秩序的危机,而且也直接威胁到整个社会的物质性持存。鉴于关系的那种赤裸裸地出现的强力,孔德的希望,即社会学能够操控社会权力,被表明是天真的,除非它为极权主义的当权者提供计划。社会学对一种批判的社会理论的放弃就是退却:人们再也不敢冒险去思考整体,因为人们必须怀疑对这个整体的改变。但是,如果社会学因此就在服务现存东西时对关于事实和图形(figures)的认识宣誓效忠,那么这种在不自由中的进步也必然日益损害那些细节洞见,并完全堕入漠不相关之中,而它自认为凭借这些细节洞见战胜了理论。波普尔的报告是以色诺芬的一句话结尾的,这象征着,他像我一样在哲学与社会学之间几乎不作区分,这对今天的社会学来说有助于使其心平气和。但是色诺芬,尽管其有爱利亚学派的本体论,但他也是一个启蒙者;并非无缘无故的是,在他那里已经有了后来被阿纳托尔·

法朗士(Anatole France)复兴的如下理念,即如果动物也有关于神性的观念的话,那么它与动物自己的形象是相同的。这类批判是整个欧洲启蒙运动自古流传下来的。今天,这份遗产在相当大的程度上被移交给了社会科学。它意味着去神话化。然而,这不是单纯的理论概念,也不是不加选择的破坏偶像——这种破坏将真与非真、正当与错误之间的区别打得粉碎。向来启蒙在进行祛魅时所实现的,就其本义来说就是将人从魔力中解放出来;过去是从魑魅魍魉的魔力中解放出来,今天则是从人类关系给人施加的魔力中解放出来。遗忘了这一点的启蒙,漠不关心地维持着魔力的原状,并为生产出可用的概念构件而费尽心机,这种启蒙破坏了自己以及波普尔将之与知识社会学对立起来的真理概念。在真正的真理概念中,社会的正确建构是一道被考虑的,但不应该将其作为未来图景勾画出来。"向人还原"——它激励着所有批判性的启蒙——对于只是在一个自身具有强力的社会中才得以产生出来的人来说已然成了实体。然而,在当今社会,社会性的非真是其唯一的索引。

(1962 年)

注释

[1] Vgl. Karl R. Popper, "Die Logik der Sozialwissenschaften", in: *Kölner Zeitschrift für Soziologie und Sozialpsychologie* 14(1962), S. 233 ff.; auch in: Theodor W. Adorno u. a., *Der Positivismusstreit in der deutschen Soziologie*, Neuwied, Berlin 1969, S. 103 ff. ——德文版编者注

[2] Hegel, *Sämtliche Werke*, ed. Glockner, Bd., 7: *Grundlinien der Pilosophie des Rechts*, Stuttgart 1927, S. 318;中译参见黑格尔:《法哲学原理》,278 页。

[3] Hegel, a. a. O., Bd., 5: *Wissenschaft der Logik*, 2. Teil, Stuttgart 1928, S. 110 f.中译参见黑格尔:《逻辑学》下卷,第 333 页。

附　　录

《社会》演讲的导言

阿多诺将下述评论置于"社会"的开头，他于 1966 年 10 月 14 日在罗马以此作了演讲。

我向各位展示出来的关于社会的思考，需要作一些导入性的交代。我所作的各种表述很难与它们的场合分离开。我将它们写了下来，是供《福音派国家辞典》(*Evangelisches Staatslexikon*)使用的。当我收到为该辞典撰写"社会"这个关键词的邀请时，我起初被吓了一跳，因为显然不可能在一个十分有限的篇幅内恰当地处理一个只有用一本书才能一定程度上负责任地谈论的对象。我只能将这项任务当作"绝技"(tour de force)来对待，就好比单脚站立那样。然而，正是这一点吸引了我。我看到了以非常简短的方式表达想法的机会，而又不会因此有妨碍性的顾虑。我不仅几乎完全放弃了通行的参考指引和深奥的工具，而且还放弃了人们可以合理期待的奠基性关联。我尝试做的，是对思考的结果进行浓缩，而不是给出思考本身。如果问题的提出和一些答案之间的相关性是不言而喻的，那么这里可以期待的只有对做法的辩护。似乎独断的是，正如按科学惯例来说是"有失体统的"那样，我冒着风险，提出了一些诸如我的社会观的精髓之类的东西。

这种未加掩饰的思想被指责成主观主义。这指的是，一个人表达自己之所想，而没有事实支持，甚至没有充分参考思想史。但是，在这种陈词滥调看来是主观主义的东西，在我看来则是恰恰相反。今天占统治地位的社会科学,以经验方法的严格客观性为名,退回到主观发现上,即退回到主体各自提出的意见、观点、态度上,它们是以统计的方式概括出来的。与之相对,我遵循的兴趣是对社会客观性的兴趣。正是这种客观性建构了主观的处理方式。而又正是这种客观性需要主观思想来构思它:它不是直接遇到的。它在很大程度上避开了进行对象化的科学方法。只有在社会客观性之内,这些方法才能赢得其重要性,当然,客观意义上的理论构思本身也可能会发生改变。因而,我无意设计一种所有社会性的东西、所有可以想到的研究成果都能在其中找到自己位置的叙述图式并将之作为社会理论来呈现;也无意在认识者与实事之间推动一种方法论并尽可能将之看成实事。我只想就实事本身即社会说些东西。

这样做的尝试也完全适合于知识分子的行为方式。无疑,对知识分子的诽谤(眼下,这种诽谤又风行起来了)也将会降临在这种尝试上;在关于社会学的学术讨论中,不乏或多或少明确希望用研究技术人员代替知识分子的声音。为这些渴望奠基的,是一种主观理性的模型:思考仅由思考者的类型来衡量,而不是由被思考对象来衡量。那些贬低知识分子及其态度的人,在完全没有意识到这一点的情况下,设想了各种各样的真理,它们分别适用于:具有健康人类知性的合乎理性的人;人们习惯于鄙视的大众;知识分子,他们通常会说出不友好的东西,不适合承担呈现出来的所谓实证任务,并且会激起反感。但是,问题在于认识的客观性,而不是认识者的社会的或心理的特性;在今天,问题首先在于,某些本质性的东西是否被触及了,或者,健康的人类知性以及科学设施是否遭到了这一点的妨碍。鉴于此间无处不在的预先形成的意见和处理方式,知识分子的行为既不能被事实所敷衍,也不能被各种文章所敷衍,其很可能有特定的功能,这就是,拒绝安于表面,有着某种执着,即执着于事情究竟如何这一问题,而不是执着于事情被认可的样子。

目前,人们很少会像前法西斯主义时代和法西斯主义时代那样公开反对知识分子;几乎不会对他们破口大骂。公开反对知识分子、对他们破口大骂,不仅在战术上是不明智的,而且违背了备受吹捧的科学价值中立理想。与那些满足于确定社会科学事实的人相比,人们更倾向于将知识分子视为过时的而淘汰掉。在此秘密遵循着的是社会达尔文主义。知识分子消亡了,因为在现行实践中不再需要他们的工作;他们不再有什么用了,就好像早已不适宜的古生物时期的器官和生物那样。在希特勒的意识形态中,知识分子扮演着鬣狗的角色;而今天则是扮演着恐龙的角色。甚至人们任其依本性而为,在这样做时,这些人相信,很少会有人追随知识分子,因为从他们身上学到的东西不会直接获得职业机会,甚至还可能会阻止职业功能的发挥。这种预测可以追溯到马克斯·韦伯。当然,他在提出这种预测时还是带有批判意味的;他预见到,起源于专制主义时代及更早时期的有教养的人的类型,将被专业人士的类型所取代。在他看来,这种发展就像世界的不断官僚化那样是势在必行的,但他所考虑的是如何纠正。他关于超凡魅力的思想同样也是为了这种纠正而产生的,尽管其有着灾难性的后果。但是,自《经济与社会》首次出版以来的四十多年里,占统治地位的意识已经颠倒了事态。社会学的自身反思站在了这种马克斯·韦伯仍然感到不寒⁵⁷²而栗的发展一边。从他对历史趋势的描述中产生出了一种欢快的思想失败主义,这得到了一种相当外在的历史观的支持。精神的进步不应在于力量、不在于其洞见的合乎逻辑性。进步的标准变成了意识对异于它的外部任务的适当性。持如下观点的人的看法同样深奥,他们认为,即爵士乐比在质上现代的音乐更为现代,因为它与一定的社会—心理需求相应。被忘记的是,合乎时宜的东西是在实事本身的形态当中的。有一种内在的进步性,其有时与对当前所谓恰恰需要的东西的适应无关,而眼下则恰恰相反。今天,与适应机制的普遍性相对,那些不服从这种机制并拒绝按照其游戏规则来进行的思想可能是更进步的。通过思维适应它所发明的机器来取得进步的道路,不是进步的,而是倒退的。这一道路的终点就是愚笨。关于本质性的东西的思想越是被思维的技术化所破坏,那么就越是需要被这一过程牺牲掉的东西,而市场上,甚至精神的市场上都不需要这种东西。但是,这种兴趣是由知识分子代表的;这种人敢于并且足够独立地去认识对思想的控制,而不是避开这种控制。因而,我在此演讲的内容,是从知识分子明确的、自觉的立场出发说出来的,这种立场不会放弃思辨的权利,尽管这种思辨在今天遭到了唾弃。占统治地位的看法要求精神去适应,而根据精神自己的概念,这种适应又是与精神相对立的。即使根据这种看法的尺度,也可以回答按时间顺序形成的对知识分子的诽谤。实际上,人绝不会如被规整了的思想的管理者所希望的那样,避开未被规整的思想。相反,在未被损坏的、未被物化的意识仍然敢于活动的地方,人可以松一口气。在相信这一点的同时,我将与各位分享一些我关于社会的思考;如果各位愿意接受这个构想,我将不胜感激。

573

一场关于"半教育理论"的讨论的导言

该文本是在 1960 年 10 月为一次广播讨论而写的，但在此次讨论中并没有用到。

我们的讨论依据的演讲 * 不是基于任何关于教育社会学的经验研究。它具有理论性质，当然，它又并非无意地提出某些可以凭经验回答的问题。那次演讲的文本发表在《月份》(Monat) 杂志第 132 期以及 1959 年德国社会学协会柏林会议的档案中。然而，由于我们不能假定各位熟悉这些出版物，因此我想最为简略地复述其中的一些想法；这不是如人们所说的汇报那次演讲本身。我并不认为有可能对负责任地表达出的事物作摘要。我写的东西是全然反对可摘要性的。这种可摘要性是以陈述形式与内容的分离为前提的，我不能毫不动摇地承认这种分离。如果能对一个文本作恰当的摘要，那么所需要的就不是文本，相反，摘要似乎才是实事本身。因而，我勾勒的主旨是片段的和不充分的。这些主旨不会被原封不动地接受下来，而只是被当作讨论的原材料。

如下论点是出发点，即今天的教育已经变成社会化了的半教育。但是，这并不能归咎于它自己的历史或如教育学的历史，而是要从社会角度来理解的。文化本身具有双重特征：一方面是作为精神文化，另一方面是作为对自然的适应性掌控。教育在其鼎盛时期，正如人道概念

---

* 这指的是阿多诺的《半教育理论》一文。——译者注。

所指的那样,包含了这两个因素。在此期间,这两个因素之间的张力很大程度上消失了。关于精神文化,除了专业从事的人,其他人几乎再也经验不到什么实质性的东西,在一个普遍社会化了的社会网络中适应变得无所不能,并且几乎不再留下对于一种精神上独立的东西的记忆。

在这种无疑总是成问题的独立性的意义上的精神开始变得过时。如果它不加反思地反对这个过程,它就会有编造性之危:它变成了物神。但是,适应也不过是指,普遍组织起来的手段优先于社会整体的任一合乎理性的目的。

单凭教育,从来也不能像它认为的那样,带来或保证一个合乎理性的社会。在它的绝对地设定了文化的理想中,就已渗透着对文化本身的质疑。虽然整个历史上一直在文化上起作用的经济权力与经济无权之间的矛盾,以及由此而来的客观地强加给无权者的教育限制都没有发生决定性的变化,但意识形态却发生了更为根本的变化。今天,它也使得必须承担认识社会分裂之重负的人成为可能的了。意识从上到下都是相互适应的。在主观上,社会差异被日益稀释了。大众通过无数渠道获得了以前为上层所保留的教育商品。然而,教育本身的前提,也就是生动地经验到在此期间凝结而成的教育商品的前提,依然是可疑的。就劳动过程而言,承载着一切曾被称为教育的东西的经验概念瓦解了。这种发展不是偶然的,也不是基于如文化工业支配者的邪恶意志,而是客观上基于社会的趋势,即使是善良意志也不能随意取消这种发展。

目前,这种趋势的结果是普遍的半教育,也就是将一切精神内容转化为消费品。这些消费品不再具有约束力,也不再能被真正理解。相反,人们是为了参与到文化中而去了解它们。实际上,它们只适于掩盖基础性的社会进程。半教育在传播精神性的东西时,没有与活生生的主体建立起活生生的关系,并且被拉平到与占统治地位的利益相适应的观点上。文化工业成为延展到一切媒介当中的体系,它不仅服从于集中这一经济必要性和技术标准化,而且同时明确地为反感文化的人生产文化。半教育是被排斥者的被操控了的精神。

精神没有被批判地经验到,其本身也没有成为具有批判性的要素,相反,它被加工成主导形象,为陷入无形象之绝望境地的人提供替代品。直到表现主义时代还被人称为精神(这本身就是一个徒虚荣的和可疑的表达)的东西正在消亡。但是,它的继承者,也就是自以为现实的精明的东西,并没有接近实事,而是只准备不费吹灰之力地吞下塞给它的一切。

精神不会单纯自在地始终远离这一切。在其最内在的组成中触动它的是如下一点,即教育不再被认真地期望,在社会上不再受到奖励。社会上更有用的、更可利用的是半教育,是被商品的拜物教特征所捕获的精神。这种精神也撕裂了曾经处于上面的东西。没有什么是过于好和过于贵的,但也没有什么依然是未被破坏的,一切都是从生产方面出发为那些被视为消费者的人量身定制的。

目前条件下教育的普及化之路(它是无条件地启蒙的)遭到了怀疑,即便这个过程很难撤回,即便它取得了丰硕的成果。传播开来的教育商品往往通过其加工而恰恰改变了那种人们自豪地传播着的意义。在精神事物中没有真理的近似值。一知半解不是教育的初级阶段,而是它的死敌。天才和伟人直接自为地证明自己并使自己得到理解,这种想法是虚幻的。任何有充分理由被称为教育的东西,都不能被无前提地掌握。然而,半教育使这个秘密王国变成了所有人的,这个王国曾将许多人不恰当地排除在外,就因为这一点,它就不是一个恰当的王国。所有人都可以有发言权,所有人都属于这个王国,但只是作为顺从者,而不是自律的、自由的,而这种自律、自由是在同实事的关系中成长起来的,就像教育本身的理念曾经所指的那样。

在那次演讲中,我曾提出过上述这些想法。在赫尔穆特·贝克尔先生发言之前,我或许可以提请各位注意如下一点,即在一种关于社会的批判理论(它认识到社会落后于自身的潜能)的意义上,这些想法恰恰违背了那些与常用的进步性概念有关的观点。这种矛盾实际上就是我们得以展开讨论的媒介。

关于"晚期资本主义还是工业社会"的讨论

1968 年 4 月 8 日,在法兰克福举行的第 16 届德国社会学大会上,阿多诺作了题为"晚期资本主义社会还是工业社会"的开场演讲。次日,拉尔夫·达伦多夫在其报告"统治、阶级关系和分层"(*Herrschaft, Klassenverbältnis und Schichtung*)中对阿多诺的演讲作了回应。[1]随后的讨论由阿多诺的下述文章开启,尽管该文在表述上有些随意,并且暴露出阿多诺对自己所说的话作了原则性的保留,但因为它有着实质的相关性,此处还是将之付梓了。

我首先必须为再次出现在这里向各位道歉。但是,由于昨天没有对我的报告进行预定的讨论,而且由于达伦多夫先生在他的报告中明确提到了我的报告,所以,如果我不回答他,并且像他对我的报告那样果断地回答,我会觉得这是在逃避;当然,在此,我不想就勃兰特(Brandt)先生宣读的与工作组报告有关的要点预先作出判断,这个工作组代替的是特施纳(Teschner)先生。

我想首先至少就理论与实践的复合体谈几句。令我惊讶的是,达伦多夫先生指责说,我所倡导的,也是工作组所倡导的事情,与实践相去甚远。到目前为止,我已经从完全不同的方面出发为回应这一指责579作好了准备。我不能就整个复合体作展开探讨,而是想满足于对达伦多夫先生在这一点上所说的内容进行内在批判。他的论据的核心可能是,一种所谓关于整个社会的构想,必然也涉及整个社会的实践这一概念,而有望成功的实践是指对现实作些真正的改进,在这种实践中,人们满足了今日众所周知的要求,也就是在具体的细节中证明自己。好吧,我确实相信,理论与实践之间的整个关联必须以一种新的和激进的方式来思考,特别是,人们不能以格格相响的和机械的方式假设理论与实践之间的关联。我也意识到了如下风险,即理论与实践相统一的要求很容易导致通过实践来审查理论,我认为我的工作已充分表达了这一点。由此,有意义的实践所必需的社会分析可能就不会发生。但我还是认为,理论与实践这两个范畴和整个社会的或经验的个别分析之间的概念组合,正如其作为达伦多夫先生的建构的基础那样,是站不住脚的。在此,我想提及一个非常简单的事实。也就是说,如果有人试图在一个有限的、所谓具体的领域——现如今谁不想要具体呢?——改变某些东西,那么,他几乎会以抽象的必要性、以带着丧失活力的刻板特征的合规则性,触碰到这种局部实践的界限。在今天这个场合,我特别遗憾的是,我的同事特施纳先生没有和我们在一起,他在其关于政治课程的研究中,以极其具体和令人信服的方式表明,在这一对于一个自由社会之未来极为重要的部门中提出的改革与改进建议,马上就触碰到了界限,这种界限只能被描述为体系产生出来的界限。我现在不想就理论与实践的宏大方面展开讨论,不过,这应该足以证明如下一点,即实践主要不是在个别的、具体的紧急情境中展开的,而是包含了整体意味的东西。当然,社会基础最终是具体的情境:必须改变的,是个人的现实生活。但是,这样一种改变,此时此地并不必然直接就是人的生活的改变,因为他们的生活不是直接的,而是早已由整个社会的因素决定的。这些因素的特性是,虽然每时每刻都可以经验到,但其本身又极其难以翻译为事实,当前社会学的最高任务就是认识这些因素。在今天这个场合,达伦多夫先生之所以攻击我,是因为他认为我在传播一些类似于新的"本真性行话"的东西。我想这样认为:这指的是法兰克福学派的以理论为导向的工作的术语学。达伦多夫先生,如果我在这里说得很直白,那么我想请您原谅。但是,您的异议是一种回敬,并且是一种不会使我身心交瘁的回敬。任何科学,无论它是什么种类的,都离

580

不开一定的术语学。读过《本真性的行话》(*Jargon der Eigentlichkeit*)的人都知道,我在书中攻击的,不是那种语言的术语学,而是攻击一种举止似乎不是术语学的术语学。或者换句话说:对社会中介了的关系的表达,它被规定成好像是对人的原初经验的表达。《本真性的行话》是一种意识形态批判,而且只能这样来理解,因此,也只能因它的具体内容而受到批判。以书中的"行话"概念为例,这样一种意识形态批判的基本理解是:人们不是简单地根据科学的游戏规则来对待这个概念,并问这真的是一种行话吗;而是动脑子思考这里批判的-模仿的因素。当然,我坚持这一点,并想象,这部作品至少为德国氛围的去意识形态化作出了一点贡献。我和我最亲密的朋友因之而遭到指责的那种所谓的行话,如果它是因摆脱简单的理解而出众,那么它之所以能够做到这一点,恰恰是因为,这里试图做的,是通过对实事本身的非常严格的表达,来摆脱普遍传播的草率,后者就像今天的社会一样,本身仅有助于通过一种普遍同意的假象来遮盖真理。

581

达伦多夫先生进一步指责说,我以一种不太负责任的方式使用"客观的"和"主观的"这两个范畴,尽管他是以相当谨小慎微的语气表达了这一点。我想澄清这些概念,尽管各位知道,即便是我所支持的观点,也没有像代表相反立场的那些观点那样,毫无保留地赞同定义原则。但毕竟还是需要作些定义:在这里,"**客观的**社会学"所指的,是一种相信可以诉诸社会结构的社会学,如我昨天已经表达过的,这些社会结构取自社会体系本身,或是遇到了社会体系本身,而不是由科学主义的需求和科学主义的组织产生出来的体系化或秩序图式。与之相对,我用"**主观的**"这个词是来指两类不同的东西。

一是科学主义的主观主义:分类科学的秩序范畴应该以实事本身的结构为代价,给出认识的真正媒介。这也许更像是达伦多夫先生所想到的那种主观主义的意思,它体现在:在实际上涉及个人在生产过程中被客观地预先规定了的位置时,诉诸主观资料,例如,收入群体或地位意识、角色意识甚或美国分层社会学所使用的著名指数。

达伦多夫先生卓有成效地指出,一种社会事实,如工人阶级子弟在所谓更高的教育机构中的参与情况是远没有代表性的,最终确实是一个具体的问题,但是,根据我所使用的范畴,这是受到了不相干化(Vergleichgültigung)的影响。我不想引起任何误解;我绝没有低估这些事情,这么说仍然是太过脆弱和蹩脚的。当然,批判的社会理论的最终落脚点是个人的现实生活。但区别在于,是从个别部门出发,还是看到个别部门、个人经验与社会本身有结构性关联。无论人们在多大程度上可以独立于这一点而对个别现象作出些改变,眼下都必须以此为基础;在我看来,范围是非常狭窄的。但是我所指的,是达伦多夫先生作为研究马克思的真正行家也肯定能想起来的东西,即马克思和恩格斯最为尖锐地批判了对"贫穷的"和"富有的"这两个概念的使用,如乌托邦主义者对这两个概念的使用,这在老莫鲁斯 * 那里已经存在了。马克思之所以这样来理解,并不是因为他想轻视贫困的事实,而是因为他相信,人的现实的贫困虽然是最真实的和最紧迫的,但同时,从结构上来说其并不是第一位的,而是派生的和次要的,人们必须在其中介中来认识它。如果有人在这里真的追根溯源,那他也就会因此被指责成非人性的,因为他没有直接思考人。但是,我认为这也是蒙蔽关联的一部分。这里涉及的非人性,恰恰指的是人在其活生生的命运中已经变成客体,而不是指试图说出这一点的社会学的非人性。

好吧,关于面对未来时的谨慎克制,我只能重复我昨天说的话;也就是,真正的理论的意义不是预测。这实际上是属于实证主义之争的内容,因为在实证主义中,真理的检验标准都是预测性的。达伦多夫先生提出了很多问题,以至于关于预测这个主题,我也许可以用一个问题来回答。这在过去确实是可能的——霍克海默曾经在一项之前的工作中非常透彻地探讨过这个问题——而正是由于与体系格格不入的要素(工作组指出了这一点),预测,特别是对整个社会的预测是不再可能的,这正是社会的不合理性的特性之一。

---

* 托马斯·莫鲁斯(Thomas Morus)是托马斯·莫尔在《乌托邦》一书中设计的人物,该人物实际上就是莫尔观点的代表。——译者注

关于无政府状态概念,很抱歉,我认为,达伦多夫先生在这一点上的想法有点不辩证。无政府状态当然不足为奇,但也许有人会说这是个奇事。看起来,马克思仿佛是在彻底批判的意义上使用了无政府状态概念,这是我们都知道的。但这背后是关于商品生产的无政府状态的观念,也就是关于这样一种状态的观念,即人经验到,经由他们而发生的整个社会过程,对于每个个人来说都是盲目的和偶然的。对这样一种无政府状态进行批判时,背后还有一种理念,即批判统治人的体系,而绝不是批判整个地摆脱统治这种理念。人们只要不理解对无政府状态的批判的这种双重性质、不理解对无政府状态的一般立场,就会将整个复杂的事情看得太过简略。在其致力于批判无政府主义的岁月里,马克思并不想阻挠一种无统治的状态,而是认为某些短视的行为会阻挠对这种状态的设想。

要点是统治问题。在我看来,对统治范畴的重新接纳——众所周知的是,这与恩格斯的《反杜林论》是截然对立的——似乎可以追溯到霍克海默和我共同撰写的《启蒙辩证法》。在这一点上,这个理论并非像我们有时被指责的那样,是一种单纯的回退。毋宁说,这里表达了一些非常真实和严肃的东西,这些东西在以往的文章中已经一次又一次地说到过;有这样一种趋势——我明确地说是趋势,即当代社会如果其政治形式应被迫彻底附和于经济形式,那么,它就直接在确切的意义上走向了元经济形式,即不再具有由经典的交换机制所定义的形式。对于这类趋势的存在,我们之间应该是不会有什么争论的。但是,统治概念实际上重新在纯粹的经济过程中获得了一定的优势。在结构上,那些形式看起来是通过一种内在的社会经济运动产生或呈现的东西,而后又从纯粹经济和纯粹内在的社会辩证法的决定关联中走了出来,直到在一定程度上变得独立,而且绝没有变成"善"。在《法哲学原理》中,黑格尔以"恶魔之无辜"预测到了这一点,他说道,市民社会为了不分裂、为了继续在某种程度上正常发挥其功能,会自行唤起一些力量,即所谓的同业公会和警察,而这些力量本身又应当不受纯粹社会的力量相互作用的影响。他将这看成是肯定性的,而与此同时,我们通过法西斯主义——我相信,我们知道法西斯主义是什么——已经彻底了解了,重新过渡到直接的统治会意味着什么。

此外,我认为,齐美尔提出的、达伦多夫先生至少暂时追随的冲突理论(Streittheorie)不能被实体化,至少冲突本身不能被实体化。在当前情境下,我想说的是,合法冲突的显而易见的最终目的是建立和平。人的这一基本需求,也就是先于其他需求的需求——这在工作组的报告中表达过,昨天,完全独立于工作组的报告,我在我自己的报告中也表达过——有其优先地位,因为所有其他需求——达伦多夫先生,请您原谅这种令人吃惊的陈词滥调——只有在人们活着的情况下才会具有。虽然当前四分五裂的、对抗性的社会要用社会斗争的手段来回答,但这绝不能使我们将冲突范畴本身当成人性中的不变项。我认为,这是一项成本过高的人类学运动;今天现实的冲突形式才是真实的,这些形式都是相似的,它们确实给人的生活带来了磨灭之危。有人认为冲突或至关重要的需求是富有成效的,这种想法当然曾经有过其真理因素。鉴于当前技术的破坏性潜能,另一方面也鉴于一个真正彻底和平的状态的可预见性,我并不相信,这种认为冲突具有如虎添翼般力量的观念仍然适用。这种观念确实来自一个相对无害的竞争阶段,但该阶段失去了其无害性。我们多次听到有人说,我们的社会结构不再是真正的竞争结构。我宁愿信奉康德的永久和平理念,也不愿信奉费希特的唯心主义,在后者那里,只有当人的自由的本原行动不受束缚地展开时,动态本身才会成为目的。如果说,有人以如下担忧对此作出回答,一个和平的社会是否真的不会止息、不会停滞不前,等等,那么,我首先会相当简单地说,这都是杞人忧天(curae posteriores)。对我来说,世界变得太过美好这种可能性并不那么令人吃惊。此外,如果说有什么听起来像是19世纪自由主义的重演,那正是这种敏感的担忧。

女士们、先生们,请让我就乌托邦范畴再说几句。它也服从于一种历史动态。眼下,我暂不考虑马克思针对无政府主义的乌托邦主义的疑问。但是,生产力、物质生产力,在今天已经发展到如斯地步,即在合理地建立社会的过程中,物质上的必需品不再是急需的了。这样一种

585

状态可以以大地(tellurisch)为尺度,在整个地球上建立起来,在 19 世纪,这一点会被谴责为极端乌托邦的;在鱼子酱与鲱鱼的例子中也还回荡着这种意味。由于客观的可能性如此无限扩大,无论如何,以匮乏永久化为导向对乌托邦概念进行的批判实际上已不再具有现实性。

586　　就统治而言——如果我可以对此发表评论的话,我认为,鉴于今天现存的潜能,达伦多夫先生在这里的解释也太过于单纯了。统治总是有可怕东西的因素。如果今天人们必须着手对统治进行彻底的批判,那么,这样做的根据,不是棕榈树下的极乐状态这种儿时梦想,而只是为了使今天的统治保持着酝酿走向总体的趋势。而且我们知道极权主义统治意味着什么。这就是为什么我们不应该对统治的概念如此过分敏感,我们也不应该想到它有时的确具有的那些善的方面。与我相信我们仍然面临的绝对恐怖的潜能相比,这些善的方面不可能具有重大意义。

　　再谈谈总体和具体。在这次大会截至目前的讨论中,很容易看出来的是,一方面,仿佛有一群审慎的科学家,他们处理的是具体的东西,他们按照"扎实思考"(songez au solid)这一公式行事,而另一方面,似乎还有些放荡不羁的思想家、轻浮之人,在他们的头脑中除了抽象总体之外别无他物。自不必说,我希望,我对总体与个别之间关联的复杂性非常了解。就算是总体的优先地位也不能被实体化。总体一再从社会生活的个别部分,最终是从个体中再生产出自身。达伦多夫先生,我们如此重视社会总体,并不是因为我们陶醉于宏大概念、陶醉于总体的力量和壮美,相反,是因为我们在其中看到了厄运,如果我可以引用自己的话来说,那就是"整体不是真的"。如果今天有人与此相对,去谈论多元主义,那么必须去怀疑的是,这种多元主义在整个体系的日益增长的统治下变成了一种意识形态。关键在于打破总体的优势,而不是假装多元性已经存在。有必要努力使诸如多元性、自由人的联合等事情成为可能。不过,在这里,还必须同时考虑到个体与社会之间关系中的整587　个辩证法。

　　最后,我只想说,即使在关于社会学说——眼下,在谈论它时,我是没有任何权威的——的构想中,也是最为强调具体的、个别的东西,但是在另一种意义上做这种强调,即总体——它虽然抽象,但在某种意义上也不为一般概念所掌握——的优势,只有在对个别东西的经验中以及在对这种经验的阐明中才会遭遇到。除此之外,在仍能进行思考的地方,有必要去抓住个别的和具体的东西。在此,更好地建立社会这种潜能正在经历寒冬,这将是一个许多人可以安全与和平地共处其中的社会。一种批判的社会理论对总体的兴趣,并不是想确立这种总体。对于达伦多夫先生的演讲,我所想到的够散漫的了,感谢各位如此聚精会神地听我说了这些。

注释

[1] Vgl. *Spätkapitalismus oder Industriegesellschaft? Verhandlungen des 16. Deutschen Soziologentages*, hrsg. von Theodor W. Adorno, Stuttgart 1969, S.88 ff.

后　记[*]

　　在 1968 年的一篇带有作者自传性质的文章(这是其最后的作品之一)中,阿多诺写到,他感觉到如下做法对于他来说同样"是恰当的,是必须的",即"**阐明**现象,而不是确定、规整、分类事实,更不是将事实当作信息来支配"[1]。对于阿多诺的思想以及整个批判理论来说,既没有"纯粹的"社会学,也没有"纯粹的"哲学。对于阿多诺来说,使科学分工倒退,这是不切实际的幻想。相反,他似乎很大程度上是将哲学的问题转让给了具体科学,因为相较于特殊的哲学课题,他对社会学的、心理学的、音乐的与文学的课题的使用是更为频繁的。尽管如此,他的作品对于上述学科所作的贡献是十分有限的:内容相对于传统哲学的空洞抽象的无条件优先地位(这是阿多诺所捍卫的),也总是为精神的部门化提供了敌手。在他的所有作品中,阿多诺或现或隐地对分工进行了批判,这种分工是更为具体的科学学科从传统哲学那里抢夺走的,并将之固化为彼此相对的专业、固化为当前的科学活动形态。在阿多诺这里,哲学对这种活动的社会条件的反思,既是为批判的意识(即关于事实性的东西之合法性的问题)找寻具体科学,也是为哲学重新赢回
"客观的真理",即具体东西的丰富性。

---

[*]　在德文版中,《社会学文集》包含第 8 卷(*Soziologische Schriften I*)和第 9 卷(*Soziologische Schriften II*)。德文版编者为两卷写了一篇"编者后记",附于第 9 卷第 2 册之后。本书译了与第 8 卷相关的部分内容,此处页编码为德文版第 9 卷第 2 册页码。——译者注

　　阿多诺虽然曾选修过社会学,但他是在 1931 年之后才与社会学工作有了创造性的联系,此时他的好友马克斯·霍克海默成了社会研究所的所长,《社会研究杂志》也开始出版。阿多诺从事社会学的第一批明证,是《论音乐的社会处境》("Zur gesellschaftlichen Lage der Musik")和《论爵士乐》,这两篇论文分别于 1932 年和 1936 年发表在《社会研究杂志》上;以及对曼海姆知识社会学的批判,这在当时一直未发表,后来以改写的形式收录在《棱镜》中。1938 年,阿多诺成为移居纽约的社会研究所的成员;与此同时,他开始主持普林斯顿广播研究计划中的音乐研究部分。自此持续进行了广泛的经验-社会学研究,在其中,他是起着决定性作用的合作者。在结束流亡返回德国之后,阿多诺接掌了法兰克福大学的哲学与社会学教席,并且成为重新定向的社会研究所所长(最初还是与霍克海默共同担任)。从 1949 年直至他去世,他的大部分时间都是用在社会学上:除了参与研究所大量集体进行的经验项目,他还担当着学术领导人的角色。关于阿多诺在这两个方面的工作强度和付出的精力,他的著作版本自然很难给人留下印象。这些年已出版的阿多诺的社会学著作没有被直接视为一种关于当代社会的理论,就此而言,这些著作基本上是集中在经验的社会研究与社会学理论形成之间的关系问题上。由阿多诺发起的这一课题,在长达数年的实证主义之争的标签下,在联邦德国已有的社会学中占据了大部分。

关于《社会学文集 I》(第 8 卷)

　　如果人们忽略了《权威主义人格》——这是一部集体作品,除了阿多诺之外,作者还有埃尔斯·弗伦克尔·布伦斯威克(Else Frenkel Brunswik)、丹尼尔·J.莱文森(Daniel J. Levinson)和 R.内维特·桑福德(R. Nevitt Sanford)——以及汇集了霍克海默与阿多诺的讲话和演讲的《社会学 II》[2](Sociologica II),那么,阿多诺的名字在任何有着特殊社会学内容的独立书籍出版物上都找不到。然而,在他去世前不久,他曾计划编纂这样一本书,其标题是《整合—分裂》(Integration-

404

Deintegration）。《社会学文集 I》的第一部分收录了作者打算纳入这本书中的作品。[3]这些作品的编排顺序是由编者作出的。它们的具体版次情况如下：

Gesellschaft（《社会》），in：*Evangelisches Staatslexikon*. Hrsg. von Hermann Kunst u.a. Stuttgart，Berlin 1966，S. 636—643。这是一则简短的参考文献，在第一版中并没有提及阿多诺的这个文本，它可能是由辞典的编者添加上的。

Die revidierte Psychoanalyse（《被修正的精神分析》），in：Max Horkheimer und Theodor W. Adorno，*Sociologica II. Reden und Vorträge*. Frankfurt a. M. 1962.（*Frankfurter Beiträge zur Soziologie*. Bd. 10.) S. 94—112。——《社会学 II》的"版次说明"（ebd.，S. 241f.)指出，这"最初是 1946 年 4 月在旧金山精神分析学会上所作的演讲；发表于 *Psyche*，VI. Jahrgang，1952，Heft 1，S. 1ff."。虽然在《文集》中，编者通常遵循的规则是，将阿多诺英文撰写的文本以原文付梓，除非阿多诺自己已译为德文；但编者认为，对于《被修正的精神分析》这部作品，应当采取不同的处理方式：阿多诺自己曾说过，莱纳·克内的翻译要比那篇从未发表过的在美演讲原稿更能反映他的意图。

Zum Verhältnis von Soziologie und Psychologie（《论社会学与心理学的关系》），in：*Sociologica. Aufsätze，Max Horkheimer zum sechzigsten Geburtstag gewidmet*. Frankfurt a.M. 1955.（*Frankfurter Beiträge zur Soziologie. Bd. 1.*) S. 11—45。

Postscriptum（《会议后记》），in：*Kölner Zeitschrift für Soziologie und Sozialpsychologie* 18(1966)，S. 37—42(Heft 1).

Theorie der Halbbildung（《半教育理论》），in：Horkheimer und Adorno，*Sociologica II*，a.a.O.，S. 168—192。——"版次说明"指出，这是"1959 年 5 月在德国社会学协会柏林会议上所作的演讲。发表于 *Der Monat*，II；Jahrgang，September1959，S. 30 ff."另一印刷本载于：*Soziologie und moderne Gesellschaft. Verhandlungen des 14. Deutschen Soziologentages*. Stuttgart 1959. S. 169—191。

Kultur und Verwaltung（《文化和宰制》），in：Horkheimer und Adorno，*Sociologica II*，a.a.O.，S. 48—68。——"版次说明"指出，这"最初是一篇演讲，载于 *Merkur*，XIV. Jahrgang，1960，Heft 2，S. 101 ff."。另一印刷本载于：*Vorträge, gehalten anläßlich der Hessischen Hochschulwochen für staatswissenschaftliche Fortbildung*. Bd. 28. Bad Homburg v.d.H. u.a.1960. S. 214—231。

Aberglaube aus zweiter Hand（《二手迷信》），in：Horkheimer und Adorno，*Sociologica II*，a.a.O.，S. 142—167.——"版次说明"指出，这 406 是"一篇暂时的，但又与原文非常不同的稿本，载于 *Psyche*，Jahrgang 12，Heft I，1959，S. 561 ff.。[4] 完整的原文发表在 *Jahrbuch für Amerikastudien*，Band 2，1957。——这项研究是在美国完成的，并且利用了美国的材料，当时（1952—1953 年）作者领导着位于加利福尼亚州比佛利山庄的哈克基金会的科学研究。作者要感谢该基金会，也要感谢弗里德里克·哈克（Frederick Hacker）博士，是他使得这项研究得以可能，并提供了很多启发"。

Theodor W. Adorno und Ursula Jaerisch，*Anmerkungen zum sozialen Konflikt heute*（《关于当今社会冲突的注解》），in：*Gesellschaft, Recht und Politik*. Hrsg. von Heinz Maus u.a. *Wolfgang Abendroth zum 60. Geburtstag*. Neuwied，Berlin 1968.（*Soziologische Texte*. Bd. 35.）S. 1—19。

407

Soziologie und empirische Forschung（《社会学与经验研究》），in：Horkheimer und Adorno，*Sociologica II*，a.a.O.，S. 205—222。——"版次说明"指出，这"最初是 1957 年 3 月社会研究所的一场讨论的开场报告。发表于 *Wesen und Wirklichkeit des Menschen*，Göttingen 1957，S. 245 ff."。

Über Statik und Dynamik als soziologische Kategorien（《论作为社会学范畴的静态与动态》），in：Horkheimer und Adorno，*Sociologica II*，a.a.O.，S. 223—240。——"版次说明"指出，这"源自 1956 年 8 月阿姆斯特丹社会学家大会上的一次简短的讨论会发言。载于 *Neue*

Deutsche Hefte 81，Mai/Juni 1961，S. 47ff.”。需要补充的是，这篇文章是"关于静态与动态的评论"("Bemerkungen über Statik und Dynamik")的修订版，后者载于 *Kölner Zeitschrift für Soziologie und Sozialpsychologie* 8(1956)，S. 321—328(Heft 2)。

Notiz über sozialwissenschaftliche Objektivität(《关于社会学客观性的笔记》)，in：*Kölner Zeitschrift für Soziologie und Sozialpsychologie* 17(1965)，S. 416—421(Heft 3)。

Einleitung zu Emile Durkheim，»*Soziologie und Philosophie*«(《埃米尔·涂尔干〈社会学与哲学〉导言》)，in：Emile Durkheim，*Soziologie und Philosophie*. Aus dem Französischen von Eva Moldenhauer. Frankfurt a.M. 1967. S. 7—44。

Einleitung zum »*Positivismusstreit in der deutschen Soziologie*«(《〈德国社会学中的实证主义之争〉导言》)，in：Theodor W. Adorno，Hans Albert，Ralf Dahrendorf u.a.，*Der Positivismusstreit in der deutschen Soziologie*. Neuwied，Berlin 1969. (*Soziologische Texte*. Bd. 58.) S.7—79。

Spätkapitalismus oder Industriegesellschaft?(《晚期资本主义还是工业社会?》)，in：*Spätkapitalismus oder Industriegesellschaft? Im Auftrag der Deutschen Gesellschaft für Soziologie*，hrsg. von Theodor W. Adorno. Stuttgart 1969. (*Verhandlungen des 16. Deutschen Soziologentages*.) S. 12—26。——阿多诺的这篇演讲有一个所谓的"广播版"，其也已印刷出版。虽然它的出现要晚于这里印刷的文本，但它可能是阿多诺文献出版中的唯一一个案——作者试图通过语言简化，特别是通过将外来词德语化，以适应广播听众。因此，目前的印刷版使用的是阿多诺在第16届德国社会学家大会上给出的稿本，这也是他用于付408 梓的唯一稿本。

在《社会学文集 I》的第二部分中，编者汇集了更具有理论特征的文章和演讲；其中一部分是阿多诺本人在不同地方发表的，一部分则仅是以手稿形式存在。编者犹豫的是，《社会学附录》(*Soziologischen*

Exkurse)是否也属于这里,在本卷中,阿多诺的社会学概念比其他地方都更为简洁,但又尤其带有最显著的辩证技巧[vgl. Institut für Sozialforschung, *Soziologische Exkurse. Nach Vorträgen und Diskussionen.* Frankfurt a. M. 1956. (*Frankfurter Beiträge zur Soziologie.* Bd.4.)]。然而,正如阿多诺一直是《附录》中起着决定性作用的共同作者那样,"该书的著作权属于整个社会研究所"(a.a.O., S. 8)。因此,关于"偏见与性格"("Vorurteil und Charakter")的演讲(这收入了《社会学文集 II》中)和关于意识形态的文章,不是按照它们在《附录》中的稿本,而是以原始形式印刷的,阿多诺单独或与霍克海默共同对这种形式负责。

《社会学文集 I》第二部分收录的文本的版次情况如下:

Reflexionen zur Klassentheorie(《关于阶级理论的反思》),基于遗留下的打字稿。

Thesen über Bedürfnis(《关于需求的提纲》),基于遗留下的打字稿。

Anti-Semitism and Fascist Propaganda(《反犹主义和法西斯主义宣传》),in: *Anti-Semitism. A Social Disease.* Ed. by Ernst Simmel. New York 1946. pp. 125—137。

Freudian Theory and the Pattern of Fascist Propaganda(《弗洛伊德理论和法西斯主义宣传的模式》),in: *Psychoanalysis and the Social Sciences*, Vol. 3, ed. by G. Róheim, New York 1951, pp. 279—300。

Bemerkungen über Politik und Neurose(《关于政治和神经症的评论》),in: *Der Monat 65*, Jg. 6(1953/54), S. 482—485。

Individuum und Organisation(《个体与组织》),in: *Darmstädter Gespräch. Individuum und Organisation.* Hrsg. von Fritz Neumark. Darmstadt 1954. S. 21—35. 再版于 *Die Herausforderung. Darmstädter Gespräche.* Hrsg. von Heinz Winfried Sabais. München 1963. S. 135—147。

Beitrag zur Ideologienlehre(《论意识形态学说》),in: *Kölner Zeitschrift für Soziologie und Sozialpsychologie* 6(1953/54), S.

409

360—375(Heft 3/4).

Zur gegenwärtigen Stellung der empirischen Sozialforschung in Deutschland(《论经验的社会研究在当代德国的地位》), in: *Empirische Sozialforschung*. Frankfurt a. M. 1952. (*Wissenschaftliche Schriftenreihe des Instituts zur Förderung öffentlicher Angelegenheiten*. Bd. 13.) S. 27—39。另一印刷版的标题是"社会学家和现实：论德国社会学研究的状况"("Die Soziologen und die Wirklichkeit. Über den Stand der Sozialforschung in Deutschland"), 载于 *Frankfurter Hefte* 7 (1952), S. 585—595(Heft 8)。

Teamwork in der Sozialforschung(《社会研究中的团队合作》), 基于遗留下的打字稿。

Zum gegenwärtigen Stand der deutschen Soziologie(《论德国社会学的现状》), in: *Kölner Zeitschrift für Soziologie und Sozialpsychologie* 11(1959), S. 257—280(Heft 2)。

Meinungsforschung und Öffentlichkeit(《民意调查和公共领域》), 基于遗留下的打字稿。

Gesellschaftstheorie und empirische Forschung(《社会理论与经验研究》), in: Th. W. Adorno, H. Albert u. a., *Soziologie zwischen Theorie und Empirie. Soziologische Grundprobleme*. Hrsg. von Willy Hochkeppel. München 1970. (*sammlung dialog*. Bd. 39.) S. 75—82.——最初是在巴伐利亚广播电台上做的一次演讲。

Zur Logik der Sozialwissenschaften(《论社会科学的逻辑》), in: *Kölner Zeitschrift für Soziologie und Sozialpsychologie* 14(1962), S. 249—263(Heft 2)。再版于：Theodor W. Adorno, Hans Albert, Ralf Dahrendorf u. a., *Der Positivismusstreit in der deutschen Soziologie*. Neuwied, Berlin 1969. S. 125—143。

《社会学文集 I》附录的前两篇文本依据的是阿多诺遗留下的打字稿；"Diskussionsbeitrag zu Spätkapitalismus oder Industriegesellschaft?"(《关于"晚期资本主义还是工业社会的"讨论》)首次印于第 16 届德国

社会学家大会论文集(vgl. a.a.O., S. 100—106)。——在《社会学文集
I》的每篇文本末尾都给出了形成的年份,而这并不总是与其首次印刷
的年份一致。

注释

[1] Theodor W. Adorno, *Stichworte*, Frankfurt a. M. 1969, S. 113 f.

[2] 由于阿多诺想将他在《社会学 II》中的全部文章都收录在他自己计划的社
会学文集中,所以这里也应该提到一则标记着"1962 年春于法兰克福"的
文本,霍克海默和阿多诺将之放到了《社会学 II》的开篇之处:

> 正如《社会学》第一卷那样,第二卷也并不声称要求根据主题或论文
> 的形式而形成一个统一体。各种内容的文本(其中包括许多即兴作品)都
> 被并排放置。它们既没有展开一个完整的理论思想,也没有就一系列相
> 互关联的研究作出报告。就像研究所的另一份出版物一样,它们都是些
> 附录;只不过,它们无意讨论社会学科学的主要范畴。只有在两位作者的
> 共同经验和意图中,才有理由确定什么构成了它们的统一。
>
> 这些作品早些时候曾以两位作者的名义分别发表,这里用我们名字
> 的首字母标记出来了。而对于眼前的这个整体,我们两人是要共同负责
> 的。往往在着相互竞争的诱惑的地方,人们就会忘记,只有彼此才能使
> 两者像今天这样发展。[Max Horkheimer(und) Theodor W. Adorno,
> *Sociologica II. Reden und Vorträge*. Frankfurt a. M. 1962. (Frankfurter
> Beiträge zur Soziologie. Bd. 10.) S.1.]

[3] 阿多诺曾反复谈到他想为这个计划补充撰写的一些作品,例如关于当今
社会中整合与分裂的解题文章和关于体育社会学的作品;他再也不能将
它们写下来了。

[4] 虽然在美发表的文本收录在《社会学 II》中,但在这里,阿多诺为这篇"暂
时的"德文稿本所写的一则"引言"还是有其位置的:

> 这里发表的文本给出的是一项研究的成果,这项研究是作者 1953 年
> 在哈克基金会框架内进行的,当时是由作者领导该基金会的科学研究。
> 原始资料是美国共和党的大型报纸《洛杉矶时报》在 1952 年 11 月至
> 1953 年 2 月期间的每日星座运势专栏。
>
> 英文原文载于《美国研究年鉴》1957 年第二卷(*Jahrbuch für Amer-
> ikastudien*, Band II, 1957)。鉴于美国报纸与德国报纸上的星座运势就
> 其基本态度和趋势是一致的,作者决定以德文发表:这一文本的思考无
> 论是在这里还是在那里都是恰当的。然而,原文中引用的逐字逐句的例

证尽可能地省略了；尤其是当它们涉及特属美国的情况或利用了德国报纸中常见的陈腔滥调时。材料的结构并不会因此受到影响。

由于作者不可能写一个新的、独立的德文版本，而且也没有将自己在美国时期的文本翻译过来的充足经验，所以，翻译工作被委托给玛丽安娜·冯·埃卡特(Marianne von Eckardt)夫人，她以不同寻常的理解力和最大的强度承担了这项任务：作者要对她报以最真诚的谢意。作者自认为如下做法是正确的，即对她的翻译基本上不加改变，只是作一些细微的打磨，而不是试图使这篇论文在语言上与他的德语作品相类似。冯·埃卡特夫人所作的不可避免的、相当显著的删减，乃至于某些较长段落的简明扼要的概括，《心灵》(Psyche)杂志和作者都是完全赞同的。(Th. W. Adorno, "Aberglaube aus zweiter Hand. Zur Sozialpsychologie der Zeitungshoroskope", in: Psyche 12[1958/59], S. 561.)

术 语 索 引

（术语后的数字为德文版页码，即本书页边码；高频出现的术语未列出）

人 名 索 引

(人名后的数字为德文版页码,即本书页边码)

译　后　记

　　作为法兰克福学派第一代的学术旗手，阿多诺在学派内部，乃至于在整个西方马克思主义思潮中，都占据极为重要的地位。正如霍耐特为"阿多诺选集"所写的总序中所说，"如今，被称为批判理论或者法兰克福学派的东西，几乎等同于特奥多·W. 阿多诺的著作"，他"成为了所有批判理论在精神上的核心人物；任何在今天努力接续法兰克福学派传统的人，都必须接受阿多诺哲学的严格、严肃和远见的衡量"*。可以预料的是，随着近些年阿多诺著述的中文译本的不断面世，国内学界关于阿多诺思想的研究也将会日益深入。在这一过程中，"社会"应当成为我们思考的关键词。作为"选集"中第一个以"社会"为主题的作品，希望《整合与分裂》的出版能对这种思考作出些推进。

　　《整合与分裂》并非阿多诺生前编辑的，而是由德文版选集编者收集的。在德文版选集的后记中，编者对这一文本收集的各篇文章的出处作了较为详细的说明，该说明也已译出并附于书后，因此无需就此再作赘述。对于包括译者在内的阿多诺研究者来说，更为关心的是，在这一文本中，作为哲学家的阿多诺，究竟为我们呈现了一种什么样的社会学。

　　如果宽泛地谈阿多诺的社会学，其至少包含两个组成部分：一是阿多诺主持或参与的经验研究工作，如著名的《权威主义人格》；二是指导

着阿多诺经验研究的理论思考,这种思考并未限于通常所理解的社会学理论,而是从哲学出发的批判反思,按照哲学学科的"行话",也许我们可以称之为"社会哲学"。在这种社会哲学中,阿多诺回答了两个对于社会研究来说至关重要的问题,即对象问题与方法论问题。对象问题是指,如何来理解社会学研究的对象,或者说,如何形成一个恰当的社会概念。方法论问题是指,如何采取恰当的方法去理解社会这一对象。这也是《整合与分裂》的主题,因此,译者将就此谈一些粗浅之见。

无论是社会学,还是社会哲学,作为一种研究方式,其对象必须是明确的,这对象就是社会。正是因此,在《整合与分裂》中,《社会》一文被编者放在了第一篇的位置。作为一位以哲学为精神内核的社会学家,阿多诺关于社会的理解与经验的,特别是实证主义的社会学家有着极为显著的不同。他曾如是描述社会:"社会是充满矛盾的,然而是可规定的;是合理与不合理的统一,是体系与断裂的统一,既是盲目的自然又是通过意识中介了的。"* 这一颇具辩证色彩而又看似悖谬的描述,恰恰反映了社会,特别是包括阿多诺在内的法兰克福学派理论家重点关注的现代社会的特征,即作为一个对抗性的总体。虽然"反对总体"是阿多诺哲学的"标签"之一,但在关于社会的表述中,他却使用了总体概念。为何?原因在于,只有这一概念才能切实地呈现现代社会的特征。因此阿多诺强调,在这一语境中,总体是一个批判性的概念。虽然我们基于现代社会之实情而必须将之视为总体,但并不意味着我们将之作为实证主义的不可还原的"社会事实"而非批判地予以接受,而是必须运用自己的理论思维穿透之,发现其内在蕴含着的、自身不可克服的矛盾。其中,具有决定性的矛盾就是,社会本应服务于人的自身持存,但在现代性条件下,社会成为了一个高居于人之上的、超主体的体系,而人则成为维持这一体系功能运转的零部件。

当然,阿多诺也意识到,这样一种关于社会的定义,不仅对于普通

---

* 参见本书第 455 页。

人来说难以理解,而且显然也会遭到具有实证主义思维方式的理论家的攻击,因为这样一种社会概念是无法如自然科学对象那样被直接把握和验证的。由此我们可以看到,阿多诺的社会哲学与实证主义支配下的社会学在关于研究对象的理解上的分歧。对于后者来说,可直接把握的、可立即验证效果的对象,才能够成为科学的对象,作为科学的社会学就是应当去研究这种实在对象,阿多诺的社会哲学规定的社会概念不过是以往形而上学的残余。而阿多诺针锋相对地认为,这种社会学构想、这种所谓的实在论才是不切实际的。为何?阿多诺指出,"虽然既不能从任何个别事实中抽象出社会,也不能像抓住事实那样抓住社会本身,但是,没有任何一种社会事实不是由社会所决定的"*。据此,任何所谓不可还原的社会事实都是被社会总体决定的,其不可还原性只是假象。换言之,社会事实是经过一个中介过程而成为其所是的。在阿多诺看来,社会总体与个别的社会事实之间不是对立的,而是相互中介的。个别的社会事实之形成和存在有赖于社会总体、有赖于它在总体中的位置与功能;而社会总体之存在,也有赖于由其决定的个别的社会事实,并通过后者显现出来。

除了这类较为抽象的论述,阿多诺还在《启蒙辩证法》《最低限度的道德》等诸多文本中,对这个作为对抗性的总体的社会有过很多精彩的,甚至极为细微的描绘。这种描绘并非无关宏旨的。恰恰相反,这正体现着阿多诺所主张的社会研究方法。实际上,阿多诺关于社会悖谬特征的表述已经暗示出了他所主张的方法,即以辩证思维来面对社会。换言之,这正是对象所要求的:"社会学的对象迫使社会学重新发现了辩证法。"** 那么,如阿多诺所说这种来自哲学的思考方式,如何反驳实证主义所谓的"偷偷从后门溜入的神学"的指责?进而言之,它如何比它的对手更加能够切中社会的真相?关于此,我们可以从两个方面来看。

---

* 参见本书第 4 页。
** 参见本书第 144 页。

一是阿多诺的社会哲学批判总体神话,在这一点上与实证主义是有一致之处的。在关于社会的表述中,阿多诺使用了诸如总体等传统的哲学概念,如前所述,这是因为它反映着社会实在。但这种哲学传统的沿用不是最终目的,其目的在于从强制性的、对抗性的总体中摆脱出来。因此严格来说,阿多诺不是简单地继续哲学传统,而是要由此发现这些概念本身的内在矛盾、这些概念与社会实在的关系,以及社会实在本身的真相。例如阿多诺指出,"作为一切社会事实的中介,总体不是无限的,相反,恰恰它因其体系特征而是封闭的、有限的,哪怕它难以捕捉。如果说,宏大的形而上学范畴是内在于社会中的经验向本就衍生于社会的精神的投射,那么,它们一旦被回溯到社会,就不再保有绝对者这一假象,这种假象是那种投射为它们创造的"＊。虽然总体是社会悖谬现实的表征,但这种总体并不能被无限化,以往形而上学(包括黑格尔的哲学)中的总体是这种无限化的精神后果,因此社会哲学对它的批判需要回到社会,从而揭穿其绝对者、第一者的假象。而在回到社会这一过程中,不可避免地会触及实证主义引以为基础的所谓社会事实。

二是阿多诺的社会哲学关注总体,但并不意味着放弃了个别的东西,这在他关于社会的规定中就已经能够看出。从方法论上来说,阿多诺反对的,不是经验研究,而是经验研究中的实证主义或科学主义观念。虽然后者自认为是在进行扎扎实实的细节研究,但阿多诺一针见血地指出,实证主义由于缺乏中介思维,将个别的具体从其与中介的联系中割裂出来,将之从其发生过程中抽离出来,将之从与其决定性的本质的联系中割裂出来,因而并不能真正达成对个别的具体的认识。这一点上,阿多诺使用了一个比喻:"相较于实证主义的社会观,辩证的社会观更接近微观学","由于个别现象本身遮掩了整个社会,所以微观学和通过总体进行的中介互为对位"＊＊。正是因此,阿多诺自信地宣称,"无论辩证的社会观在多大程度上兑现了其客观性要求,以及对于它来

＊　参见本书第 262 页。
＊＊　参见本书第 263 页。

说这一点究竟是否仍是可能的,它都是比其对手更认真地对待这一要求的"*。

由上可见,阿多诺的社会哲学既要有对本质、总体等的探查,也要求关注个别的具体。关键在于,这两个方面如何结合起来,而不会使持有"中道"的辩证运动走向某一端,即重蹈唯心主义形而上学覆辙或堕入实证主义。对此,阿多诺提出了一个社会学"定义":"社会学是显现者的社会面相学。"** 在这里,阿多诺可能想到的是黑格尔《精神现象学》中的"理性的确定性与真理性"中的"面相学"。在黑格尔那里,这一面相学作为观察的理性到实践的理性的过渡环节,遭到了批判。不过由此,我们也能看到面相学指的是试图在显象与本质之间建立起联系,而这恰恰也正是阿多诺认为社会学应承担的任务。这就意味着,对显象、现象的关注并非最终目的,而是要把握使现象成为现象的、在现象背后缄默不语的本质。

阿多诺将这一工作称为阐明:"在社会学中,阐明是从如下两方面获得其力量的:一方面,如果不联系总体(这是真实的总体系,但是,它不可转译为任何具体确凿的直接性),便无法思考任何社会性的东西;然而另一方面,这种社会性的东西,只有当它在事实性的、个体性的东西中被理解时,它才能够被认识。"*** 这种处理方式必须去关注细节,但不可沉溺于细节而不能自拔。阐明这种处理方式不同于具体科学的处理方式,它来自哲学,同时向具体科学开放,而又不将自己同化于具体科学。这也是阿多诺一直以来的观念,他在其 1931 年在法兰克福大学就任讲师时所作的讲演"哲学的现实性"中就曾说道,"哲学只有从具体科学的现状中才能获得问题在材料上的丰富性和具体性。它也不能高居于具体科学之上,也就是说,不能将具体科学的'成果'当作最终完成的东西接受下来,不能远离具体科学而沉思默想。相反,哲学问题始终存在于具体科学的最为确定的问题之中,这在一定意义上是不可消

---

* 参见本书第 235 页。
** 参见本书第 256 页。
*** 参见本书第 256 页。

除的。哲学和各门科学……核心的差异在于，具体科学仅仅将它们的发现（至少是它们最终的、最深刻的发现）当作不可消除的、静止不变的东西接受下来，而哲学却认为它遇到的最初发现是需要揭秘的符号。简言之，科学的理念是研究，哲学的理念是阐明"*。就是说，这种关于社会的思考不能非反思地接受具体经验科学的成果，相反，这也将促进后者本身的变化。

虽然《整合与分裂》以及阿多诺其他的社会学著述为我们提供了蔚为可观的社会研究观念与方法，但我们并不能由此期待阿多诺为我们提供一把解开我们自己的社会之谜的万能钥匙。恰恰相反，如果他提供了这样一套能够独立于事物的方法程序，那则是违背了辩证法的要求，因为"辩证法根本不会恪守事物与方法的区分"**。阿多诺说道，"我无意设计一种所有社会性的东西、所有可以想到的研究成果都能在其中找到自己位置的叙述图式并将之作为社会理论来呈现"***。阿多诺乃至于马克思主义理论家的理论，如恩格斯所说，"是进一步研究的出发点和供这种研究使用的方法"。因此重要的是，我们能够将这种出发点和方法，真正地与我们所面对的时代结合起来，以回答属于我们自己的时代之问。而这恰恰符合辩证法的唯一原则：回到事情本身。

另外需要说明的是，在德文版选集中，并没有"整合与分裂"（Intergration-Desintergration）这一标题。如德文版选集编者所说，阿多诺生前曾计划编纂一部以此为题的文集，本书第一部分收录的，就是阿多诺计划纳入该文集的文章。在此，译者将"整合与分裂"当作本书的标题，不仅是想以这种方式"完成"阿多诺的心愿，更重要的，在译者看来，这一概念对子颇为恰当地呈现了阿多诺对现代社会的基本论断：这是一

---

* Theodor W. Adorno："Die Aktualität der Philosophie"，*Theodor W. Adorno：Gesammelte Schriften*，Bd.，1，*Philosophische Frühschriften*，Rolf Tiedemann，Hg.，Frankfurt a. M.，1990，S. 333—334.

** 阿多诺：《认识论元批判——胡塞尔与现象学的二律背反研究》，侯振武、黄亚明译，谢永康校，上海人民出版社 2020 年版，第 3 页。

*** 参见本书第 474 页。

个经由交换等机制而不断整合的社会,同时,这种整合并不是对社会中各种矛盾的消除,而是将产生于不同甚或相互矛盾的利益的各方强行关联起来,因而这又是一个不断分裂的社会,所谓的整合不过是通过人们之间的相互疏离/异化(Entfremdung)而将人们联系在一起。

在本书出版前,谢永康教授翻译的《论社会科学的逻辑》、我翻译的《社会学与经验研究》以及《〈德国社会学中的实证主义之争〉导言》,已先行发表于《当代国外马克思主义评论》。《反犹主义和法西斯主义宣传》与《弗洛伊德理论和法西斯主义宣传的模式》分别由我指导的两位硕士研究生张行健和李晨瑕翻译,并由我作了统一校对。

本书的翻译工作历经三年完成,最终能够呈现在读者面前,要感谢"选集"翻译工作群。本书的试译稿及完成稿均经过了群内师友的审读,在此特别感谢谢永康教授、彭蓓博士、毛林林副教授、夏钊副教授、刘一霖博士、彭晓涛博士、李菲博士等各位审读人,对本书试译稿与完成稿的细致审读,他们提出的修改建议补正了本书译稿的错漏之处,使之能够尽可能准确地以中文形态反映阿多诺文本中内蕴的思想主旨。在本书即将出版之际,还要感谢上海人民出版社的毛衍沁编辑,正是她的耐心细致的工作,使得这个译本得以作为"阿多诺选集"一员,顺利地与读者见面。

最后,作为这个译本的负责人,我诚请专家和读者对译本中错漏与不妥之处提出批评指正,以便日后改进这个译本。

侯振武

2025 年 1 月于天津

图书在版编目(CIP)数据

整合与分裂：社会学文集 / (德) 阿多诺
(Theodor W. Adorno) 著；侯振武等译. -- 上海：上
海人民出版社，2025. -- (阿多诺选集). -- ISBN 978
-7-208-19434-2

Ⅰ. C91-53

中国国家版本馆 CIP 数据核字第 2025A3C110 号

责任编辑　毛衍沁
封面设计　零创意文化

阿多诺选集

整合与分裂
——社会学文集

[德]阿多诺 著

侯振武　等 译

出　　版　上海人民出版社
　　　　　(201101　上海市闵行区号景路 159 弄 C 座)
发　　行　上海人民出版社发行中心
印　　刷　江阴市机关印刷服务有限公司
开　　本　635×965　1/16
印　　张　33.5
插　　页　2
字　　数　459,000
版　　次　2025 年 5 月第 1 版
印　　次　2025 年 5 月第 1 次印刷
ISBN 978 - 7 - 208 - 19434 - 2/C · 738
定　　价　168.00 元

本书根据德国苏尔坎普出版社(Suhrkamp Verlag)《阿多诺全集》第八卷 *Soziologische Schriften I*(2015)译出

马克斯·霍克海默

《启蒙辩证法：哲学断片》

《理性之蚀》

《批判理论》

《文化批判》

特奥多·W.阿多诺

◇ **阿多诺选集·哲学**

《否定的辩证法》

《美学理论（修订译本）》

《最低限度的道德：对受损生活的反思》

《黑格尔三论》

《认识论元批判：胡塞尔与现象学的二律背反研究》

《本真性的行话：论德意志意识形态》

《批判模式》

《棱镜》

《整合与分裂：社会学文集》

《全无范例：小美学》

《文学笔记》

◇ **阿多诺选集·音乐**

《论瓦格纳与马勒》

《音乐的瞬间》

《音乐与被支配的世界》

《新音乐哲学》

◇ **阿多诺选集·遗著**

《道德哲学的问题》

《辩证法导论》

《否定辩证法讲演录》

《社会学导论》

《康德的纯粹理性批判》

《形而上学:概念和问题》

《1949—1968演讲集》

阿多诺选集·书信

《阿多诺-托马斯·曼书信集》

利奥·洛文塔尔

《文学与大众文化》

《文学与人的形象》

《虚假的先知》

尤尔根·哈贝马斯

《交往行为理论(第一卷):行为合理性与社会合理化》

《包容他者》

《后民族结构》

《社会科学的逻辑》

《真理与论证》

《在自然主义与宗教之间》

阿克塞尔·霍耐特

《权力的批判:批判社会理论反思的几个阶段》

《为承认而斗争:论社会冲突的道德语法》

《承认:一部欧洲观念史》

《再分配还是承认?——一个政治哲学交辩》

《理性的病理学:批判理论的历史与当前》

《时代的活体解剖:20世纪思想史画像》

《承认还是歧义:一场辩论》

《物化:承认理论探析》

《正义的他者》

《道德、承认与当下社会》

《作为社会批判的承认理论》

《劳动的主权：规范的工作理论》

《自由的贫困》

南希·弗雷泽

《食人资本主义》

《正义的中断：对"后社会主义"状况的批判性反思》

《正义的尺度：全球化世界中政治空间的再认识》

《伤害＋侮辱：争论中的再分配、承认和代表权》

哈特穆特·罗萨

《新异化的诞生：社会加速批判理论大纲》

《不受掌控》

《晚期现代社会的危机：社会理论能做什么?》

《加速：现代社会中时间结构的改变(修订译本)》

《共鸣：世界关系社会学》

《共鸣教育学》

《当野兽咆哮天使歌唱：重金属摇滚社会学》

莱纳·福斯特

《辩护的权利：建构主义正义论的诸要素》

《正义的语境：超越自由主义与社群主义的政治哲学》

《冲突中的宽容：一个争议性概念的历史、内涵与当下境遇》

《本体共和国——康德之后的批判建构主义》

《规范性与权力——社会辩护秩序分析》